Klaus Peter Treumann · Sonja Ganguin · Markus Arens

E-Learning in der beruflichen Bildung

Klaus Peter Treumann
Sonja Ganguin · Markus Arens

E-Learning in der beruflichen Bildung

Qualitätskriterien aus der Perspektive lernender Subjekte

Bibliografische Information der Deutschen Nationalbibliothek
Die Deutsche Nationalbibliothek verzeichnet diese Publikation in der
Deutschen Nationalbibliografie; detaillierte bibliografische Daten sind im Internet über
<http://dnb.d-nb.de> abrufbar.

1. Auflage 2012

Alle Rechte vorbehalten
© VS Verlag für Sozialwissenschaften | Springer Fachmedien Wiesbaden GmbH 2012

Lektorat: Dorothee Koch | Monika Mülhausen

VS Verlag für Sozialwissenschaften ist eine Marke von Springer Fachmedien.
Springer Fachmedien ist Teil der Fachverlagsgruppe Springer Science+Business Media.
www.vs-verlag.de

Das Werk einschließlich aller seiner Teile ist urheberrechtlich geschützt. Jede
Verwertung außerhalb der engen Grenzen des Urheberrechtsgesetzes ist ohne
Zustimmung des Verlags unzulässig und strafbar. Das gilt insbesondere für
Vervielfältigungen, Übersetzungen, Mikroverfilmungen und die Einspeicherung
und Verarbeitung in elektronischen Systemen.

Die Wiedergabe von Gebrauchsnamen, Handelsnamen, Warenbezeichnungen usw. in diesem Werk
berechtigt auch ohne besondere Kennzeichnung nicht zu der Annahme, dass solche Namen im
Sinne der Warenzeichen- und Markenschutz-Gesetzgebung als frei zu betrachten wären und daher
von jedermann benutzt werden dürften.

Umschlaggestaltung: KünkelLopka Medienentwicklung, Heidelberg
Satz: Horst Haus
Gedruckt auf säurefreiem und chlorfrei gebleichtem Papier

ISBN 978-3-531-17304-7

Inhalt

Vorwort 11

1. Einleitung und Fragestellungen 15

2. Theoretische Rahmung subjektorientierter E-Learning-Nutzung in der beruflichen Bildung 19
2.1 Berufliche Bildung und gesellschaftlicher Wandel... 19
    2.1.1 Begriffsbestimmung berufliche Bildung 19
    2.1.2 Globalisierung und Differenzierung.. 20
    2.1.3 Wissensexplosion und Bildungsexpansion 23
    2.1.4 Risikobiografie.. 27
    2.1.5 Subjektorientierte Lebensführung 28
    2.1.6 Arbeitskraftunternehmer... 30
2.2 E-Learning 38
    2.2.1 Begriffsbestimmung E-Learning.. 38
    2.2.2 Klassifizierung von E-Learning-Systemen.. 39
        2.2.2.1 Chronologische Klassifizierung... 39
            Traditionelles computerunterstütztes Lernen 39
            Multimediales Lernen 40
            Telekommunikationsunterstütztes Lernen 42
        2.2.2.2 Technologische Klassifizierung.. 43
            Teleteaching.. 43
            Teletutoring... 44
            Offenes Telelearning 44
        2.2.2.3 Blended Learning.. 45
    2.2.3 Lerntheoretischer Hintergrund 47
        2.2.3.1 Behaviorismus... 48
        2.2.3.2 Kognitivismus 49
        2.2.3.3 Konstruktivismus.. 51
        2.2.3.4 Motivationspsychologische Determinanten......................... 55
    2.2.4 Didaktisches Potenzial von E-Learning.. 56
2.3 Qualität 59
    2.3.1 Begriffsbestimmung von Qualität... 59
    2.3.2 Qualität von E-Learning 64
2.4 Der Einfluss Neuer Medien auf die allgemeine und berufliche Bildung 67
    2.4.1 Lebenslanges Lernen 67
    2.4.2 Selbstsozialisation... 72
    2.4.3 Selbstgesteuertes Lernen 74

2.4.4 Medienkompetenz.. 78
2.4.5 Habituskonzept und Kapitalsortenansatz.. 82
2.4.6 Generationsspezifische Medienpraxiskulturen.. 84
2.5 E-Learning in der beruflichen Bildung 89
2.5.1 Einsatz von E-Learning in deutschen Unternehmen....................................... 89
2.5.1.1 E-Learning in großen Unternehmen 91
2.5.1.2 E-Learning in KMUs 92

3. Forschungsdesign..**95**
3.1 Zur Kombination qualitativer und quantitativer Forschungsmethoden 96
3.2 Methoden der Datenerhebung 96
3.2.1 Problemzentrierte Interviews und Stichprobenbeschreibung........................ 96
3.2.2 Standardisierte Online-Befragung und Stichprobenbeschreibung 97
3.3 Methoden der Datenanalyse 99
3.3.1 Qualitative Datenanalyse 99
3.3.1.1 Qualitative Inhaltsanalyse 100
Deduktive Kategorienanwendung 101
Induktive Kategorienentwicklung.. 102
Computerunterstützte Durchführung der Qualitativen Inhaltsanalyse mit Hilfe von MAXqda 2 104
Stärken und Grenzen der Methode.. 106
3.3.1.2 Grounded Theory... 106
Der Forschungsprozess 107
Das Kodieren 109
3.3.1.3 Typenbildung.. 112
3.3.2 Quantitative Datenanalyse 113
3.3.2.1 Datenüberprüfung und -bereinigung.. 113
3.3.2.2 Uni- und bivariate Datenanalysen... 117
3.3.2.3 Durchführung der Hauptkomponentenanalysen.................................. 117
3.3.2.4 Durchführung der Clusteranalysen... 119
3.3.2.5 Logistische Regressionen 121

4. Qualitative Ergebnisse **123**
4.1 Motivstrukturen von E-Learnern im Kontext der Aufnahme einer
Weiterbildungsmaßnahme (Grounded Theory) 123
4.1.1 Subjektive Theorien zur Entscheidung zur Teilnahme an einer
Weiterbildungsmaßnahme 123
4.1.2 Heuristisches Handlungsmodell.. 125
4.1.3 Das heuristische Handlungsmodell am Beispiel von Herrn Andres........... 127
4.1.4 Fallkontrastierung/ Fallvergleich des Phänomens »Entscheidung zur
Durchführung einer Weiterbildungsmaßnahme«.. 130
4.2 Qualitative E-Learner-Typologie 136
4.2.1 Der autonome E-Learner.. 136
4.2.1.1 Falldarstellung: »Frau Englisch, die einzelkämpferisch-orientierte E-Learning-›Wiederholungstäterin‹« 139

4.2.2 Der intrinsisch motivierte und Herauforderungen suchende E-Learner 145
    4.2.2.1 Falldarstellung: »Frau Conrad, die thematisch interessierte und selbstreflexive lebenslange E-Learnerin« 149
4.2.3 Der fremdgesteuerte E-Learner 156
    4.2.3.1 Falldarstellung: »Herr Baltes, der krisenfeste, den äußeren Druck benötigende E-Learner« (SL03a) 160
4.2.4 Der gruppenorientierte E-Learner 167
    4.2.4.1 Falldarstellung: »Herr Anstett, der effektivitätsorientierte und medienkompetente Wissensarbeiter« (ST01a) 171
4.2.5 Fazit 175

5. Quantitative Ergebnisse 179
5.1 Uni- und bivariate Datenauswertung 179
5.2 Multivariate Datenauswertung 193
    5.2.1 Dimensionierung der Strukturen subjektorientierter E-Learning-Nutzung in der beruflichen Bildung (Hauptkomponentenanalyse) 193
        5.2.1.1 Struktur der Computerakzeptanz von E-Learnern 193
        5.2.1.2 Struktur der Motivation zur Computernutzung bei den E-Learnern 196
        5.2.1.3 Struktur der Computer- und Internetnutzung von E-Learnern 198
        5.2.1.4 Instrumentell-qualifikatorische PC-Medienkompetenz von E-Learnern 199
        5.2.1.5 Weiterbildungsverhalten von E-Learnern 200
        5.2.1.6 Struktur der Gründe für das Online-Lernen aus der Nutzerperspektive ... 202
        5.2.1.7 Struktur des Kursaufbaus: E-Learning vs Präsenzlernen aus der Nutzerperspektive 204
        5.2.1.8 Struktur der Vorteile des Lernens in Gruppen aus der Nutzerperspektive 206
        5.2.1.9 Struktur der technischen Probleme während der Durchführung von E-Learning-Kursen aus der Nutzerperspektive 207
        5.2.1.10 Erwünschte Merkmalsstruktur von computer- und internetgestützten Lernumgebungen aus der Nutzerperspektive 209
        5.2.1.11 Struktur der hauptsächlich erreichten Ziele durch die Teilnahme an einem E-Learning-Kurs 213
        5.2.1.12 Struktur des individuell vorherrschenden Verständnisses von Qualität ... 214
        5.2.1.13 Struktur der Qualitätsansprüche an den individuellen Lernprozess 216
        5.2.1.14 Fazit 218
    5.2.2 Typologie subjektbezogener E-Learning-Nutzung (Clusteranalyse) 223
        5.2.2.1 Die selbstbestimmten medienaffinen E-Learner (n=114) 223
        5.2.2.2 Die betrieblich delegierten, aber desinteressierten E-Learner (n=141) 224
        5.2.2.3 Die auf ihre berufliche Praxis zentrierten E-Learner (n=88) 226
        5.2.2.4 Synopse der Cluster 227
        5.2.2.5 Clusterprofile 232
        5.2.2.6 Empirische Verteilung der Clusterzugehörigkeit 236
        5.2.2.7 Fazit 236
        5.2.2.8 Methodologische Reflexionen zum Verhältnis qualitativer und quantitativer Typologiekonstruktionen 237

5.2.3 Mehrdimensionale Kontextuierung der Typen akteursbezogener E-Learning-
Nutzung.. 240
   5.2.3.1 Binär-logistische Regressionen 240
      5.2.3.1.1 Die selbstbestimmten medienaffinen E-Learner.............................. 240
      Soziodemografische Rahmenbedingungen.. 240
      Kulturelles Kapital... 241
      Ökonomisches Kapital.. 244
      Lerntyp... 246
      E-Learning-Erfahrung.. 247
      Persönliche Einstellungen gegenüber computerbasierten Weiterbildungsmaßnahmen............. 248
      5.2.3.1.2 Die betrieblich delegierten, aber desinteressierten E-Learner............ 249
      Soziodemografische Angaben... 249
      Kulturelles Kapital... 250
      Ökonomisches Kapital.. 252
      Lerntyp... 252
      E-Learning-Erfahrung.. 254
      Persönliche Einstellung gegenüber computerbasierter Weiterbildungserfahrung.............. 255
      5.2.3.1.3 Die auf ihre berufliche Praxis zentrierten E-Learner....................... 256
      Soziodemografische Rahmenbedingungen.. 256
      Kulturelles Kapital... 257
      Ökonomisches Kapital.. 259
      Lerntyp... 260
      E-Learning-Erfahrung.. 262
      Persönliche Einstellung gegenüber computerbasierten Weiterbildungsmaßnahmen............... 263
      5.2.3.1.4 Fazit 263
   5.2.3.2 Multinomial-logistische Regressionsanalysen 265
   5.2.3.3 Aufbau und Interpretation des handlungstheoretischen Rahmenmodells zu den
      Bedingungen subjektbezogener E-Learning-Nutzung... 266
   5.2.3.4 Schlussfolgerungen aus der empirischen Überprüfung des Rahmenmodells.............. 271
5.2.4 Dimensionierung zentraler Qualifizierungsstrategien des Arbeitskraftunternehmers
am Beispiel von E-Learnern in der beruflichen Bildung..271

6. Zusammenfassung der Studie und medienpädagogische Konsequenzen 279
6.1 Fazit der qualitativen Teilstudie 279
  6.1.1 Faktoren zur Teilnahme an einer Weiterbildungsmaßnahme mit Neuen Medien 279
  6.1.2 Anforderungen an E-Learning-Angebote... 281
     6.1.2.1 Typus 1: »Der autonome E-Learner«... 282
     6.1.2.2 Typus 2: »Der intrinsisch motivierte E-Learner« 283
     6.1.2.3 Typus 3: »Der fremdgesteuerte E-Learner« 284
     6.1.2.4 Typus 4: »Der gruppenorientierte E-Learner«...................................... 285
6.2 Fazit der quantitativen Teilstudie.. 286
  6.2.1 Hauptkomponentenanalysen als Methode zur Strukturierung von inhaltlichen
     Teilbereichen der computer- und internetgestützten Weiterbildungsaktivitäten 286
  6.2.2 Clusteranalyse und logistische Regression – Heterogenität statt Homogenität......... 287
6.3 Medienpädagogische Konsequenzen... 288

7. Literatur	293
8. Verzeichnis der Tabellen	301
9. Verzeichnis der Abbildungen	305
10. Anhang	309
10.1 Standardisierter Fragebogen der Studie	309
10.2 Leitfadenstruktur der qualitativen Einzelinterviews	331
10.3 Leitfaden für die qualitativen Einzelinterviews	332
10.4 Postkript zum Leitfaden der qualitativen Einzelinterviews	340
10.5 Kodewortbaum in MAXqda zu den Einzelinterviews	341
10.6 Zusammensetzung der qualitativen Untersuchungsstichprobe	346
10.7 Qualitative Inhaltsanalyse	348
10.8 Vergleichsdimensionen	361
10.9 Transkriptionsregeln	366
10.10 Merkmalsräume	367
10.10.1 Merkmalsraum Weiterbildung	367
10.10.2 Merkmalsraum Lernen	368
10.10.3 Merkmalsraum Qualität von E-Learning	370
10.11 Vergleichsdimensionen zur Entwicklung einer E-Learner-Typologie	372
10.12 Ausprägungen der 3 Cluster auf den 39 Hauptkomponenten (z-Werte)	373
10.13 Übersicht über alle Titel der Hauptkomponenten einschließlich ihrer Kurzbezeichnungen als abgeleitete Fragebogen-Themenmodul-bezogene Supervariablen, die bei der Clusteranalyse berücksichtigt wurden	375
10.14 Erläuterung der statistischen Kennziffern in den Tabellen zur binär-logistischen Regression	376
10.15 Exemplarische Axiale Kodierschemata	379
Autorenverzeichnis	**391**

Vorwort

Die hier vorgelegte umfangreiche empirische Studie zu den Möglichkeiten, Bedingungen, Erfolgen aber auch Hindernissen bei der Aneignung von Inhalten der beruflichen Fort- und Weiterbildung mithilfe und in Form des E-Learnings aus der Perspektive von erwachsenen Teilnehmerinnen und Teilnehmern umfasst insgesamt sechs Kapitel.

Im *einleitenden* Hauptabschnitt werden zentrale Fragestellungen der Studie formuliert. Im Mittelpunkt steht die Frage, was die Qualität von E-Learning ausmacht, und zwar aus der Sicht jener Akteure, die sich mittels dieser Lernmethode dem Ziel zuwenden, sich beruflich fort- und weiterbilden, um ihre Handlungsfähigkeit in Zeiten rasanten gesellschaftlichen und technologischen Wandels zu verbessern. Die Fortbildungsmaßnahmen, deren Teilnehmerinnen und Teilnehmer wir befragt haben, decken das gesamte Spektrum von Darbietungsformen ab, das von reinen E-Learning-Umgebungen bis hin zu umfangreichen Blended-Learning-Settings reicht.

Das *zweite* Kapitel ist bestrebt, eine facettenreiche theoretische Rahmung subjektorientierter E-Learning-Nutzung in der beruflichen und betrieblichen Bildung zu entwickeln. Sie soll vor allem sowohl der Operationalisierung der Fragestellungen als auch der konzeptionellen Einbettung der Analysen sowie der weiterführenden Interpretation der Befunde dienen und damit zum einen neue Erkenntnisse über den Forschungsgegenstand eröffnen und zum anderen unsere Ergebnisse anschlussfähig an andere Untersuchungen aus dem Forschungsfeld machen. Die einzelnen theoretischen Dimensionen nehmen das Verhältnis von gesellschaftlichem Wandel und beruflicher Bildung in den Blick – so etwa von der Wissensgesellschaft bis hin zum Konzept des Arbeitskraftunternehmers. Sie fokussieren auf Klassifizierungen von E-Learning-Systemen und deren lerntheoretische Fundierungen, umreißen den Qualitätsbegriff von E-Learning, arbeiten verschiedene Aspekte des Einflusses Neuer Medien auf die allgemeine und berufliche Bildung heraus, die sich vom lebenslangen und selbstgesteuerten Lernen über Prozesse der Selbstsozialisation bis hin zur Medienkompetenz sowie zu generationsspezifischen Medienpraxiskulturen erstrecken, und betrachten schließlich Einsatzmöglichkeiten von E-Learning in Unternehmen.

Das Forschungsdesign und die Methodologie dieser Studie werden im *dritten* Kapitel dargestellt. Sie sind gemäß dem Leitbild der Triangulation als Kombination qualitativer und quantitativer Methoden strukturiert.

So wurden einerseits 24 leitfadengestützte problemzentrierte Interviews mit E-Learnern unterschiedlicher Kursformen geführt, die verschiedene inhaltliche Angebote aus Weiterbildungsinstitutionen sowie aus Unternehmen differenter Branchen wahrnahmen. Diese Interviews sind mehrperspektivisch sowohl mithilfe der Qualitativen Inhaltsanalyse als auch der Grounded Theory analysiert und interpretiert worden. Ein weiterer Auswertungsschritt zielte darauf ab, mithilfe des Verfahrens der Typenbildung von Kelle und Kluge (1999) eine E-Learner-Typologie zu rekonstruieren.

Demgegenüber sollte die standardisierte quantitative Online-Fragebogenstudie mit 430 E-Learnern darüber Aufschluss geben, inwieweit sich die ermittelten Qualitätsaspekte und Qualitätsbedürfnisse bzw. -strategien im Hinblick auf eine Grundgesamtheit von E-Learnern generalisieren lassen, die sich in Deutschland bei kommerziellen Bildungsinstitutionen beruflich oder betrieblich weiterbilden. Des Weiteren bildeten die erhobenen Daten die Basis für fragenbogenbereichsspezifische inhaltliche Klassifizierungen von Erhebungsvariablen mittels Hauptkomponentenanalysen zur Aufdeckung der jeweiligen Struktur der Bereiche. Sie diente des Weiteren als Basis für das Erkenntnisziel, eine clusteranalytisch fundierte Typologiebildung von E-Learnern aufgrund der strukturierten Variablenbereiche zu bilden. Die einzelnen Clustertypen werden dann mittels *externer* Variablen, d.h. solcher Merkmale, die bei der Formung der Cluster nicht einbezogen wurden, unter Anwendung von binär-logistischen Regressionsanalysen validiert.

Schließlich wird mithilfe schrittweise durchgeführter multinominaler Regressionsanalysen der Einfluss der externen Variablen, die aufgrund theoretisch begründeter Überlegungen zu inhaltlich konsistenten Blöcken zusammengefasst wurden, auf typische Formen »subjektorientierter E-Learning-Nutzung« zu einem quantitativen handlungstheoretischen Rahmenmodell verdichtet.

Nicht unerwähnt soll schließlich die umfassende Dokumentation der qualitativen und quantitativen Verfahrensschritte der Datenerhebung und -analyse in dem 81-seitigen Anhang bleiben.[1] Hiermit wird vor allem intendiert, die für die applizierte qualitative Forschung auswertungsstrategisch besonders wichtigen »Gelenkstellen« sichtbar werden zu lassen (siehe die Anhangsteile 10.2 bis 10.11 u. 10.15).

Das *vierte* Kapitel beinhaltet die Ergebnisse der qualitativen Forschung. Zum einen geht es uns um die Aufdeckung zentraler Motivstrukturen von E-Learnern im Kontext der Aufnahme einer Weiterbildungsmaßnahme, wobei die Qualitätsbedürfnisse und die Qualifizierungsstrategien der Teilnehmerinnen und Teilnehmer den Schwerpunkt bilden. Zum anderen intendieren wir, aufgrund von Einzelfallanalysen und -kontrastierungen entlang der Vergleichsdimensionen »Weiterbildungsverhalten«, »Lernpräferenzen, -kompetenzen, und -einstellungen« sowie der »Wahrgenommenen Qualität von E-Learning-Weiterbildungsnahmen«, eine empirisch belastbare E-Learner-Typologie zu rekonstruieren und diese durch jeweils prototypische Einzelfälle differenziert zu beschreiben und theoretisch zu verorten (vgl. Kap. 2).

Der *fünfte* Hauptabschnitt, in dem die Auswertungsergebnisse der quantitativen Teilstudie dargestellt werden, weist fünf Schwerpunkte auf. *Erstens* geht es um Befunde zur uni- und bivariaten Analyse von Basisdaten der Befragten, die von soziodemografischen Variablen über ihre Bildungsabschlüsse sowie ihre bisherigen Erfahrungen mit verschiedenen Arten von Computersoftware und E-Learning-Aktivitäten bis hin zu ihren Selbstwirksamkeitsüberzeugungen in Bezug auf die Medienkompetenz reichen. *Zweitens* werden aufgrund von applizierten Hauptkomponentenanalysen Ergebnisse zur *internen inhaltlichen Struktur* von verschiedenen Modulen des standardisierten Online-Fragebogens zur subjektorientierten E-Learning-Nutzung in der

---

1   Eines der wichtigsten Prinzipien jeglicher Forschungsberichterstattung stellt die Sicherstellung der Nachvollziehbarkeit des methodischen Vorgehens durch Außenstehende dar. Anders als in der quantitativen Forschung, wo die Ergebnisse vieler Auswertungsschritte sich zu Maßzahlen verdichten lassen – man denke nur an Reliabilitäts- oder Validitätskoeffizienten oder an Maße der erklärten Varianz –, impliziert bei interpretativen Verfahren das zentrale Merkmal der »Offenheit gegenüber dem Forschungsgegenstand« als grundlegendes Qualitätskriterium die Einhaltung einer hinreichenden Dokumentation der angewendeten Analyseschritte.

beruflichen Weiterbildung systematisch wiedergegeben und interpretiert. Diese für das E-Learning als relevant angesehenen Bereiche erstrecken sich von der Computerakzeptanz, der Motivation zur Computernutzung, zur tatsächlichen Computer- und Internetnutzung, zur instrumentell-qualifikatorischen PC-Medienkompetenz, zum Weiterbildungsverhalten von E-Learnern und deren Gründen für das Online-Lernen über die Gestaltung des Kursaufbaus (E-Learning versus Präsenzlernen), die wahrgenommenen Vorteile des Lernens in Gruppen, die Beschaffenheit von computer- bzw. internetgestützten Lernumgebungen und die erreichten Kursziele aus der Nutzerperspektive bis hin zum Verständnis der E-Learner von Qualität und ihren Qualitätsansprüchen an den individuellen Lernprozess. *Drittens* gehen wir aus quantitativer Sicht der Frage nach, ob es sich bei den E-Learnern insgesamt um eine relativ homogene Gruppe handelt oder ob die Grundgesamtheit, aus der die untersuchte Stichprobe entstammt, sich in empirisch abgesicherte homogene Untergruppen von solchen E-Learnern aufteilen lässt, deren Angehörige einerseits ähnliche inhaltliche Eigenschaftsprofile aufweisen, aber andererseits hinreichend große Unterschiede zu Angehörigen aller anderen Cluster zeigen, sodass sich eine auch theoretisch begründbare E-Learner-Typologie identifizieren lässt, was wiederum eine auf die jeweiligen Clustertypen bezogene Gestaltung von E-Learning-Arrangements implizieren würde. Der *vierte* Schwerpunkt beinhaltet das folgende Ziel: Durch die Einbeziehung von externen Variablen, die *nicht* in die Bildung der Clustertypen eingegangen sind, aber gleichwohl eine theoretische Affinität zur Typologie besitzen, als unabhängige Variablen in binär-logistische Regressionsanalysen, wobei die Zugehörigkeit zu einem bestimmten Clustertyp als abhängige Variable fungiert, wird die Validität der Clustertypologie überprüft. So wird beispielsweise untersucht, ob und in welchem Ausmaß das Bildungsniveau, welches E-Learner besitzen, deren Zugehörigkeit zu einem bestimmten Cluster determiniert. Abschließend werden in einem *fünften* Auswertungsschritt die externen Merkmale unter einer handlungstheoretischen Perspektive zu den zusammengehörigen Variablenblöcken »Soziodemografische Rahmenbedingungen«, »Ökonomisches Kapital«, »Kulturelles Kapital«, »Lerntyp«, »E-Learning-Erfahrung« und »Persönliche Einstellungen gegenüber computerbasierten Weiterbildungsmaßnahmen« gebündelt. Diese Variablenblöcke gingen sukzessive als unabhängige Merkmale in hierarchisch angeordnete multinominale Regressionsanalysen ein, wobei die »(cluster)typischen Ausformungen subjektorientierter E-Learning-Nutzung« als abhängige Variable fungierten. Unser Erkenntnisinteresse zielt also in synthetisierender Absicht auf die Entwicklung eines handlungstheoretischen Rahmenmodells ab. Mit seiner Hilfe konnte die subjektbezogene E-Learning-Nutzung innerhalb eines theoretisch-begrifflichen Bezugsrahmens als eine Funktion gegebener »soziostruktureller Lebensbedingungen«, »personenbezogener Ressourcen« sowie »akteursspezifischer Orientierungen und Erfahrungen« quantifiziert und deren jeweiliges relatives Gewicht abgeschätzt werden.

Abschließend gehen wir in einem *empirischen Exkurs* der Frage nach, ob sich bei E-Learnern besonders häufig eine Affinität zu Merkmalen des berufs- und betriebssoziologisch viel diskutierten *verbetrieblichten Arbeitskraftunternehmers* nachweisen lässt, der zunehmend den verberuflichten Arbeitnehmer ablöst und der sich durch die Qualifikationsdimensionen bzw. Handlungsmaximen der »Selbst-Kontrolle«, »Selbst-Ökonomisierung« und »Selbst-Rationalisierung« auszeichnet.

Das *Schlusskapitel* fasst eine Reihe von zentralen Befunden zusammen. Des Weiteren werden (medien-)pädagogische Konsequenzen und Empfehlungen zum Handlungsfeld E-Learning entwickelt.

Die Autoren danken der Deutschen Forschungsgemeinschaft (DFG) und deren Gutachtern ausdrücklich für die Förderung dieses Forschungsprojekts. Ferner bedanken wir uns bei allen E-Learnern, die an den qualitativen Interviews und der Online-Fragebogenerhebung teilgenommen haben, sowie bei den Anbietern von E-Learning-Kursen, die uns bereitwillig den Zugang zum Kreis ihrer Teilnehmerinnen und Teilnehmer ermöglicht haben.

Vielfältige Schreibarbeiten für das Projekt und das Buchmanuskript erledigte Petra Buchalla auf das Vortrefflichste. Das Korrekturlesen, die Redigierung des Manuskripts und das Textlayout lagen in den bewährten Händen von Horst Haus. Auch ihm gilt unser herzlicher Dank für seine professionelle Arbeit. Jörg Vos vom Dekanat der Fakultät für Erziehungswissenschaft unterstützte uns sehr konstruktiv, wenn es galt, bürokratische Klippen erfolgreich zu umschiffen. Frau Katrin Emmerich und Frau Monika Mülhausen vom Lektorat Forschung des Verlags für Sozialwissenschaften danken wir für ihre Beratung und Unterstützung.

Für die Autoren

Klaus Peter Treumann   Bielefeld, im Oktober 2011

1. Einleitung und Fragestellungen

Es wird immer deutlicher, dass die Frage nach der *Qualität beim E-Learning* in Zukunft über den Erfolg und die Akzeptanz solcher Maßnahmen entscheidet. Gleichzeitig breiten sich multimediale Lernarrangements, die netzgestütztes Lernen ermöglichen, im Bereich der beruflichen Bildung immer weiter aus. Derzeit werden unterschiedliche Konzepte entwickelt, um die geforderte Qualität solcher Maßnahmen sicherzustellen. Im vorliegenden Forschungsvorhaben soll die Frage nach der Qualität beim E-Learning in der beruflichen Bildung *aus Sicht des Teilnehmers*[2] gestellt werden. Eine solche – subjektorientierte – Perspektive auf das Thema Qualität ist bislang kaum erforscht, zeichnet sich aber in jüngster Zeit als zunehmend relevant in der Qualitätsforschung ab. Das Forschungsvorhaben untersucht die Qualitätsanforderungen und -begriffe von Lernern, die sich beruflich fort- und weiterbilden.

Welche Qualitätsanforderungen Lerner haben, wird über die Analyse *ihrer Qualifizierungsstrategien* analysiert. Insbesondere wird exploriert, welches die persönlichen Ziele und Anforderungen in ihren Bildungsbestrebungen sind. Dabei werden solche Strategien als erfolgreich definiert, welche die Fähigkeit zur Gestaltung der eigenen beruflichen Entwicklung und eine gewünschte Partizipation an der gesellschaftlichen Entwicklung ermöglichen. Das heißt, wenn sie dem lernenden Subjekt eine größere Handlungskompetenz in seinem jeweiligen Bezugskontext (z.B. dem Arbeitsplatz oder auch einem anderen gesellschaftlichen Feld) eröffnen. Das heißt, der hier zugrunde gelegte Qualitätsbegriff definiert Qualität als *Ermöglichung einer Stärkung subjektbezogener Handlungskompetenz und Partizipations- bzw. Gestaltungsfähigkeit*. Damit beinhaltet er vor allem einen anwendungsbezogenen Ansatz (vgl. Wallmüller 1990, S. 7), der sich auch anlehnt an eine Qualitätsdefinition, wie sie etwa in der internationalen Norm DIN EN ISO 9000-9004 ausgeführt wird: Qualität wird dort definiert als die »Gesamtheit von Merkmalen [...] einer Einheit [die] bezüglich ihrer Eignung, festgelegte und vorausgesetzte Erfordernisse zu erfüllen [hat]« (DIN EN ISO 9000-1 vom August 1994). Die Erfüllung dieser impliziten und expliziten Qualitätsansprüche von Lernern setzt deren *vorherige Identifizierung* voraus. Es ist also zunächst ein Herausarbeiten jener Qualifikationen und Fähigkeiten notwendig, die benötigt werden, um gesellschaftliche – und insbesondere berufliche – Handlungsfähigkeit in Zeiten eines gesellschaftlichen Wandels hin zur Wissensgesellschaft zu erhalten und auszubauen. Dies ist eine *zentrale Fragestellung* der hier vorgelegten empirischen Studie.

Gerade der veränderte Stellenwert wissensintensiver Produkte und Dienstleistungen, der sich im Modell der Wissensgesellschaft idealtypisch zuspitzt, sowie strukturelle Wandlungsprozesse der Arbeitswelt fordern eine veränderte Auffassung der Ware Arbeitskraft, die vor allem durch eine größere Selbstbestimmung und -verantwortung gekennzeichnet werden kann. In diesem Kontext erscheinen die mit E-Learning verbundenen Gestaltungsoptionen des zeit- und ortsunabhängigen Lernens als eine adäquate Form beruflicher Fort- und Weiterbildung.

---

2   Die Verwendung der maskulinen Form in diesem Text schließt ausdrücklich beide Geschlechter mit ein und stellt keine Diskriminierung dar.

Die Untersuchung der Qualität im E-Learning-Bereich aus der Subjektperspektive macht es erforderlich, solche Bedingungen computerunterstützter Lernsettings zu erfassen, unter denen aus der persönlichen Sicht der E-Learner qualitativ hochwertiges Lernen realisiert wird. Dazu zählen sowohl individuelle Lernstrategien als auch spezifische Anforderungen an die didaktische Infrastruktur der jeweiligen Lernumgebung.

Obwohl immer deutlicher wird, dass dem Individuum im Bereich der beruflichen Bildung zunehmend die *Definitionsmacht für Qualität* zufällt (vgl. z.B. Gnahs 1998) und diese Entwicklung durch das Individualisierungspotenzial des E-Learnings noch verschärft wird (vgl. z.B. Baumgartner 1997), sind die Qualitätsbegriffe und -ansprüche von Individuen, die sich onlinegestützt beruflich weiterbilden, bislang nicht hinreichend erforscht worden. Das Forschungsvorhaben untersucht daher Qualitätsbegriffe und -anforderungen von E-Learnern.

Darüber hinaus sollen die sich ergebenden Befunde unter einer anwendungsorientierten Perspektive dazu dienen, den Aufbau von *Qualitätssystemen* im Hinblick auf deren Definitionen und Standards bei den Anbietern onlinegestützter Qualifizierungsmaßnahmen empirisch fundiert zu unterstützen. Denn erst neu gewonnene Informationen über die Bedürfnisse, Ansprüche und Qualifizierungsstrategien der lernenden Subjekte im Hinblick auf ihre selbst gesetzten Ziele erlauben es, die Forderung, ja Notwendigkeit zu erfüllen, dass sich das jeweilige Lernarrangement auch bei der Planung interaktiver Medien an wesentlichen Eigenschaften der jeweiligen Zielgruppe auszurichten hat (Kerres 2001; Schenkel et al. 2000). Damit sollen die Ergebnisse zugleich helfen, die Anschlussfähigkeit für weiterführende empirische Untersuchungen zu sichern.

Die Erforschung der subjektbezogenen Qualitätsauffassung bei E-Learnern der beruflichen Fort- und Weiterbildung erweist sich als ein komplexes Untersuchungsfeld und es gilt, zahlreiche Parameter des gesamten individuellen Lernsettings differenziert zu berücksichtigen. Die zentralen Fragestellungen des Forschungsvorhabens bewegen sich deshalb auf unterschiedlichen Ebenen von deskriptiven und analytischen Zugängen und bedürfen jeweils angepasster Operationalisierungen, was v.a. in den Kapiteln 2 und 3 geschieht und im Anhang (Kap. 10) ausführlich dokumentiert ist.

Für das Individuum wird der Kompetenzbereich Wissen, Bildung und ständige Weiterbildung zu einem immer wichtiger werdenden *biografiebestimmenden* Element. Nur eine ständige Mobilität in Richtung des Erwerbs neuen Wissens, neuer Qualifikationen und neuer Kompetenzen – im Sinne eines stetigen Anpassungsprozesses – ermöglicht hohe Beschäftigungschancen auf dem Arbeitsmarkt und eröffnet Perspektiven zur sozialen und kulturellen Teilhabe und Mitwirkung. Aus der obigen generellen Forschungsfrage lässt sich eine Reihe von *Untersuchungszielen* ableiten:

- Die Ermittlung von Strategien, die aus der Sicht der lernenden Subjekte erfolgreich sind, um die Herausforderungen des lebenslangen Lernens bestehen zu können. Dabei steht die Beantwortung der Frage im Mittelpunkt, ob und inwieweit sich aus der retrospektiven Sicht des Interviewten im Prozess seiner Habitualisierung hin zum erfahrenen Online-Lerner *subjektbezogene Komponenten von Qualität* rekonstruieren lassen.
- Die Untersuchung, ob aus diesen Strategien lernerorientierte Qualitätsanforderungen für Angebote onlinegestützter beruflicher Bildung abgeleitet werden können. Dies umfasst des Weiteren die Ermittlung von *zielgruppenspezifischen Qualitätsprofilen* aufgrund von Rekonstruktionen einer qualitativ orientierten Typologie einerseits und einer quantitativ ausgerichteten Clustertypologie andererseits.
- Die Entwicklung eines quantitativ fundierten *handlungstheoretischen Rahmenmodells* subjektorientierter E-Learning-Nutzung, das eine erste Abschätzung darüber erlauben soll, in

welchem Ausmaß ausgewählte Variablenblöcke zur Erfassung von »Sozialstrukturellen Bedingungen der Lebenslage«, »Personenbezogenen Ressourcen«, und »Akteursspezifischen Orientierungen von E-Learnern« einen Einfluss auf die Zugehörigkeit zu unterschiedlichen Typen von Teilnehmern an computer- und/oder internetgestützten Weiterbildungsmaßnahmen hinsichtlich deren Handlungs- und Nutzungsstilen besitzen.

2. Theoretische Rahmung subjektorientierter E-Learning-Nutzung in der beruflichen Bildung

2.1 Berufliche Bildung und gesellschaftlicher Wandel

2.1.1 Begriffsbestimmung berufliche Bildung

Da sich das vorliegende Forschungsvorhaben hauptsächlich auf den Bereich der beruflichen Weiterbildung bezieht, soll hier zur analytischen Unterscheidung der Bildungsbereich kurz differenziert werden, da sich dieser nicht einheitlich darstellt (vgl. Wittpoth 1997). Insgesamt wird zwischen beruflicher, betrieblicher und allgemeiner Weiterbildung unterschieden, wobei zwischen den Bereichen der beruflichen und der betrieblichen Weiterbildung nur selten differenziert wird, da auf beiden Gebieten eine arbeits- und berufsbezogene Professionalisierung im Mittelpunkt steht. Um einer verständlicheren Kategorisierung willen sieht es Meister (2003) als hilfreich an, die im Vordergrund stehende Funktion heranzuziehen, also unter einer systemischen Perspektive eine Differenzierung vorzunehmen. Nach Meister stellt die berufliche Weiterbildung die Person mit ihren jeweiligen Qualifikationen stärker in den Vordergrund. Die erworbenen Kompetenzen und Fähigkeiten werden dabei für den eigenen Lebenslauf genutzt, indem sie im Hinblick auf die persönlichen Interessen eingesetzt werden. Demgegenüber »dient die Weiterbildung in betrieblichen Kontexten letztlich der Organisationsentwicklung« (Meister 2003, S. 202), da die Ziele der Weiterbildungsmaßnahmen durch den Betrieb vorgegeben werden, um die erworbenen Qualifikationen in den Organisationskontext zu integrieren. Kurtz (2003) präzisiert die Differenzierung von betrieblicher und beruflicher Weiterbildung:

> »Während sich die berufliche Form der Weiterbildung in erster Linie an Teilnehmer wendet und damit der Karriere von Personen dient (z.B. die Weiterbildung zum Meister oder aber staatlich geförderte AFG-Maßnahmen), ist die betriebliche Form der Weiterbildung diejenige, bei der die Qualifizierungsmaßnahmen vom Betrieb selbst initiiert werden, um damit das eingesetzte Betriebskapital zu erhöhen« (Kurtz 2003, S. 8f.).

In diesem Kontext ist allerdings darauf hinzuweisen, dass auch im Alltag Probleme hinsichtlich der vorgenommenen Kategorisierung auftreten können, da die hier vorgestellte Trennung dort weniger trennscharf vollzogen wird. Beispielsweise werden zur beruflichen Weiterbildung oftmals auch Kurse der Industrie- und Handelskammer (IHK) oder von Weiterbildungsanbietern gezählt, »die ein Arbeitnehmer im Interesse seines Arbeitgebers für einen definierten betrieblichen Vorteil besucht« (Meister 2003, S. 202), oder aber betriebliche Weiterbildungsmaßnahmen sind für den eigenen Lebenslauf nützlich, da sie einen allgemeinbildenden Charakter besitzen. Zudem kann, was die berufliche Bildung angeht, gerade der erzielte Erwerb von Qualifikationen in einem neu aufkommenden Tätigkeitsbereich die eigene Position am Arbeitsmarkt erheblich stärken. Aus diesem Grund wird dann nach Hauptinteressen differenziert, wie etwa dem wirtschaftlichen Erfolg des Betriebes, die von Nebeneffekten flankiert sein können, wie zum Beispiel der Steigerung des Selbstwertgefühls oder der Teilhabe am politischen, kulturellen und sozialen Leben.

2.1.2 Globalisierung und Differenzierung

Bühl (1995) moniert die Unzulänglichkeit, die Entwicklungen einer Gesellschaft durch einen einzigen Terminus (Informationsgesellschaft)[3] ausdrücken zu wollen (vgl. ebd., S. 37). Einerseits werde dadurch die dahinter liegende Komplexität ignoriert, andererseits können durch unterschiedliche technologische Entwicklungen resp. politische und wirtschaftliche Weichenstellungen *mehrere* Informationsgesellschaften innerhalb *einer* globalen Informationsgesellschaft entstehen.

In der heutigen Gesellschaft hat sich eine Achsendrehung ereignet, in deren Verlauf die Dominanz der industriellen Massenproduktion durch die Dominanz höher qualifizierter Dienstleistungen abgelöst worden ist. Ferner bewegt sich der Trend wieder zu singulären Produkten (statt Massenware) und einer flexiblen Arbeitsorganisation. Erfindungen wie Schrift, Buchdruck und die Computerisierung haben zu einer zunehmenden Externalisierung des Wissens beigetragen (vgl. ebd., S. 43). Allerdings darf Wissen nicht mit Information gleichgesetzt werden, da Wissen immer mit menschlichem Entscheidungsverhalten zu tun hat. »Damit aus Information Wissen wird, muss der Mensch auswählen, vergleichen, bewerten, Konsequenzen ziehen, verknüpfen, aushandeln und sich mit anderen austauschen« (Reinmann-Rothmeier 2001, Bd. 3, S. 466).

Schäffer (2003) weist ebenfalls auf die wichtige Differenzierung der Begrifflichkeiten ›Information‹ und ›Wissen‹ hin (vgl. Schäffer 2003, S. 97f.) hin. Seiner Meinung nach stellt Wissen im Gegensatz zu Informationen eine »humangebundene Kategorie« (ebd., S. 97) dar, die lediglich durch den Menschen »aufgebaut, aktualisiert, tradiert, transformiert und angewandt« (ebd.) werden kann. Dieser Prozess führt schließlich zu einer »kommunikativen ›Umwandlung‹ von Information zu Wissen« (ebd., S. 98), die jeweils in soziale und kulturelle Kontexte eingebettet ist. Seine Argumentation weitet der Autor in diesem Zusammenhang auf den Bereich der Medien aus, indem er schlussfolgert, dass Medien an sich keinerlei Wissen ›besitzen‹ oder beinhalten, sondern lediglich »kommunikative Möglichkeiten und Anlässe« bereitstellen, dass »Daten von Individuen oder von Kollektiven in Informationen und diese in Wissen transformiert werden« (ebd.).

Bühl sieht die Gefahr, »daß eine Zunahme an (oberflächlicher) Information mit einem Verlust an (strukturiertem) Wissen verbunden ist« (Bühl 1995, S. 43).

Die globale Expansion der Informationen und der Informationstechnologie betrifft Wissen nur in seiner oberflächlichen Schicht. Wissen zeichnet sich aber gerade dadurch aus, dass es strukturiert und mit einer großen kollektiven und persönlichen Internalisierungsleistung verbunden ist (vgl. ebd.).

Nach Bühl läuft die sogenannte Informationsgesellschaft Gefahr, von einer Informations-*inflation* überschwemmt zu werden, mit der kein Wissen mehr vermittelt wird. Eine vorwiegend konsumtive Einstellung der Bevölkerung gegenüber politischen, ökonomischen oder kulturel-

---

[3] In diesem Zusammenhang ist hier zur Einführung des Begriffs Informationsgesellschaft anzumerken, dass ein gesellschaftlicher Wandlungsprozess zu erkennen ist, den Bühl mit »neuer Vergesellschaftung« (Bühl 1995, S. 12) bezeichnet. Die Begrifflichkeiten für diese Entwicklung sind dabei keineswegs einheitlich; neue Bezeichnungen wie »Weltgesellschaft«, »Wissensgesellschaft«, »Mediengesellschaft« oder eben »Informationsgesellschaft«, rufen das Ende der Industriegesellschaft aus.

len Informationen hat den Begriff des ›Infotainment‹ hervorgebracht, bei dem der Transport von Informationen stets mit Unterhaltung gekoppelt ist. Falls in Zukunft nur noch solche Daten genutzt bzw. weitergegeben werden, die zum Massenkonsum tauglich sind, wird der Informationsgehalt dieser Daten langfristig immer oberflächlicher ausfallen (vgl. ebd., S. 47).

Allerdings ist es unzureichend und einseitig, die Struktur der Informationsgesellschaft lediglich anhand des Informations- oder Wissensmanagements aufzuzeigen. Vielmehr übt die Technologisierung und Neuorganisation der Industriearbeit einen erheblichen Einfluss auf die Zukunft der Informationsgesellschaft aus. Seit einiger Zeit wird in diesem Zusammenhang bereits von der dritten technologischen Revolution gesprochen, die nach Bühl durch den Wechsel von der Maschinenarbeit zur Systemarbeit gekennzeichnet ist (vgl. ebd., S. 55).

Es entstehen neue Innovationsfelder, deren Qualität sich durch die größere Wissens- und Forschungsintensität, technische Komplexität, Miniaturisierung und Ressourcenminimierung sowie durch eine Steigerung des Humankapitalbedarfs für anspruchsvolle Dienstleistungen verändert. Nach der Meinung Bühls ist vor allem die Schaffung neuer ›generischer Technologien‹ von größter wirtschaftlicher Relevanz im Rahmen der Globalisierung, wobei Globalisierung die Verflechtung von regionaler Entscheidungsfindung, lokaler Implementation und globaler Auswirkung meint.

Als ›generisch‹ werden solche Technologien bezeichnet, die aus sich selbst heraus weitere Technologien erzeugen resp. bereits bestehende Technologien derart durchdringen, dass diese auf ein neues Effizienzniveau gehoben werden, wie z.B. die Informatik oder Kommunikationstechnologie (vgl. ebd., S. 56). Einer globalisierten Wissenschafts- und Technologiepolitik sind jedoch bestimmte Grenzen gesetzt, da der Staat nach wie vor den Schutz des Allgemeinwohls der Bevölkerung verfolgt und somit eine wichtige Rolle innerhalb der ökonomischen Entscheidungsprozesse einnimmt.

Technik und Wissenschaft lassen sich wiederum nur in begrenztem Umfang steuern. Der hohe Grad an Komplexität einer globalisierten Gesellschaft lässt sich nicht durch lineare Steuerungsversuche bewältigen, sondern bedarf einer Steuerung ›höherer Ordnung‹, d.h., dass »ein Organisationsdesign gewählt worden ist, das notfalls einen Wechsel der Interaktionslinien innerhalb und zwischen den Organisationen bzw. das Funktionsverschiebungen und Umfunktionierungen ermöglicht und allgemein die Selbstorganisationskräfte herausfordert« (ebd., S. 80). Die Analyse und Identifizierung kurz- und langfristiger Wirkungen einer Technologie, sowie ihrer Nebenfolgen und Synergieeffekte ist Ziel der Technikfolgenabschätzung (TFA) (vgl. ebd., S. 81).

Als wissenschaftliches Analyseinstrument steht die Technikfolgenabschätzung von Beginn an vor erheblichen methodologischen Problemen, die im Einzelnen aus Theorie-, Methoden- und Datenproblemen resultieren. Es existieren keine einheitlichen Verfahren, die eine systematische Interpretation der gegebenen gesellschaftlich-strukturellen Zusammenhänge erlauben, sondern in der Regel finden sich subjektiv gefärbte Datensätze und Methoden, die sich situationsspezifisch und ideologisch unterschiedlich interpretieren lassen (vgl. ebd., S. 82).

Insgesamt ist das Dilemma der Technikfolgenabschätzung darin zu sehen, dass mit ihr schnell und direkt in einem speziellen Funktionszusammenhang eine Wirkung erreicht werden soll, obwohl die zugrunde liegenden Prozesse multidimensional und internationalisiert sind und sich somit einer eindimensionalen Zugriffsweise entziehen. Bühl nimmt den Zusammenhang von Innovationen und Technologietransfer zum Anlass, dieses Problem zu illustrieren: Bei

Innovationen handelt es sich um Prozesse, durch die neue Produkte geschaffen werden bzw. Innovationen können ebenfalls als eine Art materialisiertes Wissen bezeichnet werden. Der Wissensanteil innovativer Produkte kann jedoch nur in einem sehr begrenzten Umfang gemessen werden. Ein wesentlich höherer zeitlicher und damit auch finanzieller Aufwand wird bei der Konstruktion, der Testphase und der Realisierung eines Produkts betrieben. Aus diesem Grund sind die Möglichkeiten, eine Forschungsförderung über die Bereitstellung finanzieller Mittel direkt zu verursachen resp. Innovationen direkt zu initiieren, eher als gering einzustufen. Eine größere Reichweite kann eventuell dem Technologietransfer zuerkannt werden, der einen Prozess darstellt, durch den eigene Innovationen von außen substituiert werden. Laut Bühl kann im Technologietransfer zwischen einem horizontalen und einem vertikalen Transfer differenziert werden:

> »Der vertikale Technologietransfer meint den Transfer von technologischer Information durch verschiedene Stufen des innovativen Prozesses hindurch, also z.B. von der Grundlagenforschung zur angewandten Forschung und zur Invention, oder von der technischen Entwicklung zur industriellen Innovation und später Diffusion.
> Der horizontale Technologietransfer hingegen bezieht sich auf die Übertragung und Umformung einer technologischen Information im Übergang von einem Projekt zum andern bzw. von einer Firma zur andern. Natürlich umfasst er nicht nur Produkte, sondern vor allem Produktionsverfahren und inkorporiertes Wissen« (vgl. ebd., S. 92).

Als weiterer Faktor, der direkte Zugriffsmöglichkeiten auf dem Gebiet der Innovationen und Forschungsentwicklungen erschwert, ist die komplexe Verbindung zwischen technologischen und sozialen Variablen zu nennen, wie etwa zwischen Angebot und Nachfrage, Arbeitsmarktsituation etc. (vgl. S. 93). Als weiteres Beispiel nennt Bühl (1995) die Bildungsinstitution Universität.[4]

---

[4] Beispielhaft für einzelne gesellschaftliche Bereiche, deren Funktionen durch den Wandel von Wissenschaft und Technologie beeinflusst werden, beschreibt Bühl die (Massen-)Universität. Seiner Meinung nach verfügt keine andere wissenschaftliche Bildungsinstitution über ein so reichhaltiges Netz von funktionalen Querverbindungen wie die Universität (ausgehend von der Grundlagenforschung über die Verbindung Forschung/hochqualifizierte Lehre, die Kontrolle wissenschaftlicher Publikationsmittel zu systematisch betriebener Wissenschaftskritik; vgl. ebd., S. 97). Den häufig angeprangerten Leistungsabfall innerhalb der deutschen Universitäten weist Bühl zurück, da dieser These zugrunde liegende Untersuchungen – wie das 1989 vom SPIEGEL veröffentlichte Hochschulranking, auf das er sich hier bezieht – auf defizitäres forschungsmethodologisches Vorgehen aufbauen und eine angemessene Seriösität vermissen lassen. Ferner macht er in diesem Zusammenhang darauf aufmerksam, dass bei einer Diskussion um den Leistungsabfall in den Universitäten zwischen zwei verschiedenen Populationen differenziert werden sollte. Einerseits existiert eine Population von Studierenden, die ihre Scheine fristgerecht erwerben, über die Zwischenprüfung hinauskommen und sich schließlich der Abschlussprüfung stellen. Dies bezeichnet er als ›Arbeits-Universität‹, die der vom Steuerzahler legitimierten, geplanten funktionalen Universität entspricht. Andererseits gibt es auch die Population von Studierenden, die zwar Studienerfahrungen sammeln, jedoch nicht über die Zwischenprüfung hinauskommen und sich eher in einer Universität als Lebenswelt und Freizeitort eingerichtet haben. Diese Population benennt Bühl als ›Wohlfahrts-Universität‹, die die Legitimität der Universität bedroht.
Obwohl der Autor aufgrund der stabilen Struktur und der komplexen Verflechtung einzelner Elemente keinen völligen Funktionsverlust der Universität prognostiziert, sieht er durchaus die Notwendigkeit, einen Funktionswandel des äußeren und des inneren Systems vorzuschlagen. Ins Zentrum der Funktionen des äußeren Systems, also der Funktionen der Universität für die Gesellschaft, sollte wieder zunehmend die Forschung rücken (vgl. ebd., S. 104), um einer global ausgerichteten technologischen Konkurrenz entgegentreten und mit dieser mithalten zu können. Neben die Forschung treten die Lehre, die an der Forschung auszurichten ist, und die Expertenfunktion, die sich in einer Berater- und Gutachtertätigkeit und der Schaffung akademischer Berufe niederschlägt, als zwei weitere wichtige Funktionen hervor, die die Bildungsinstitution Universität bestimmen. Zusätzlich zu den drei intendierten Hauptfunktionen kommen noch indirekte Funktionen wie z.B. Bildung, Erziehung, Verbesserung des sozialen Status (der Familie), das Streben nach Führungspositionen usw. Damit wird deutlich, dass mehrere ineinander verschachtelte Universitäten koexistieren.

2.1.3 Wissensexplosion und Bildungsexpansion

Nach Geißler gehört die so genannte »Bildungsexpansion« (Geißler 2002, S. 334) zu den auffälligsten Erscheinungen des sozialen Wandels der letzten Jahrzehnte, wobei dieser Begriff aus der Bildungsforschung stammt und den enormen Ausbau der sekundären (Klassen 5-13, Berufsschulen) und tertiären Bereiche (Hoch- und Fachschulen) des Bildungswesens bezeichnet.

Aus sozialstruktureller Perspektive bedeutet dies »die Verbesserung der Qualifikationsstruktur, die Höherqualifizierung der Bevölkerung« (ebd.). Immer mehr Menschen erwerben mittlere bzw. höhere Bildungsabschlüsse; immer mehr Menschen verweilen immer länger im Bildungssystem.

Geißler zeigt auf, dass die Bildungsexpansion, trotz Warnung vor den so genannten »Qualifikationsüberschüssen« (ebd., S. 335), bis in die 1990er-Jahre anhielt. Inzwischen würden sich allerdings Stagnationstendenzen bemerkbar machen. Dabei wird auch das Problem der Bildungschancen wieder öffentlich diskutiert, da einerseits in einigen Sektoren des Arbeitsmarktes qualifizierte Arbeitskräfte und hochqualifizierte Spezialisten wie z.B. Computerexperten fehlen, andererseits die internationale Vergleichsstudie PISA der Qualität und der sozialen Selektivität des deutschen Bildungssystems ein »miserables Zeugnis« ausstellt[5] (ebd., S. 336).

Zu den bedeutendsten Funktionen des Bildungssystems in modernen Leistungssystemen gehört nach Geißler die Platzierungsfunktion. »Der Zugang zu verschiedenen sozialen Positionen mit ihren Privilegien und Benachteiligungen, der Zugang zu verschiedenen Schichten, soziale Aufstiege und Abstiege sind relativ eng an das Bildungsniveau gekoppelt« (ebd., S. 333). Daher ist Bildung eine zentrale Ressource für Lebenschancen, weshalb Pierre Bourdieu von Bildungskapital (capital scolaire) spricht.

Die Auslese erfolgt allerdings nicht nur nach Leistung, sondern es gibt auch eine soziale Auslese, so Geißler. Soziale Merkmale von Personen, also ihre soziale, ethnische und regionale Herkunft sowie ihr Geschlecht, beeinflussen nämlich ihre Bildungskarrieren. »Über soziale Selektion und soziale Platzierung beeinflusst das Bildungssystem sehr stark das Ausmaß der vertikalen sozialen Mobilität einer Gesellschaft« (ebd.). Mit sozialer Mobilität ist der Wechsel von Personen zwischen sozialen Positionen gemeint. Dazu gehört insbesondere der Wechsel zwischen Berufsgruppen oder Schichten. Die soziale Auslese führt nach Geißler zu bestimmten gesellschaftlichen Problemen:

> »Die soziale Auslese im Bildungssystem mit ihren nachhaltigen Folgen für die unterschiedlichen späteren Lebenschancen wird dann zum Problem, wenn man Auslese und Platzierung von der Norm der Chancengleichheit her betrachtet« (ebd., S. 334).

Zur Analyse sozialer Ungleichheit hat die Soziologie vor allem zwei zentrale Konzepte entwickelt: (1) den älteren Begriff der Klasse und (2) den jüngeren der Schicht. Allen Klassen-

---

Neben dem äußeren System verfügt die Bildungsinstitution Universität über ein inneres System, das die Eigenfunktionen der Universität wie Wahrheitssuche und Systematisierung des Wissens repräsentiert. Für Bühl sollten innerhalb dieses inneren Systems zentrale Ziele wie die akademische Sozialisation, »die Selektion und Graduation des wissenschaftlichen Personals«, eine »systematische Theoriekritik« und die »Kodifikation und Standardisierung des wissenschaftlichen Wissens« (ebd., S. 109) verfolgt werden.

5 »Deutschland gehört – zusammen mit Belgien, Ungarn und der Schweiz – zu den vier Ländern, wo Kompetenzunterschiede zwischen 15-jährigen Jugendlichen aus den oberen und unteren Schichten am krassesten ausgeprägt sind« (Geißler 2002, S. 362).

und Schichtbegriffen ist die Differenzierung der Bevölkerung nach Soziallagen gemeinsam. Ferner wird von der Vorstellung von klassen- bzw. schichttypischen Prägungen ausgegangen sowie von klassen- und schichttypischen Lebenschancen. Das von Geißler (1994) angesprochene Problem der Chancengleichheit[6] zeigt sich konkret, wenn beispielsweise Kinder aus unterschiedlichen Schichten oder etwa Stadt- und Landkinder unterschiedliche Bildungsoptionen und damit auch unterschiedliche Lebensoptionen haben. Derartige Ungleichheiten können einen Verstoß gegen die Norm der gleichen Chancen für alle bedeuten.[7] Zwar habe die Bildungsexpansion die Bildungsmöglichkeiten für alle Schichten erheblich erhöht, aber zu einer Umverteilung der Chancen, zu einem Abbau der Chancenunterschiede zwischen den Schichten sei es nur bei den mittleren Abschlüssen gekommen. Die Bildungsexpansion hat also ein paradoxes Ergebnis produziert: Sie hat die Bildungschancen aller Schichten verbessert,[8] ohne gleichzeitig gravierende schichttypische Ungleichheiten zu beseitigen.

So lassen sich die Auswirkungen der Bildungsexpansion auf die paradoxe Formel bringen: mehr Bildungschancen – aber wenig Bildungsgerechtigkeit. »Schichttyptische Chancenungleichheiten haben ein enormes Beharrungsvermögen und lassen sich wegen ihrer hoch komplexen Ursachen nur schwer mildern. Während geschlechtsspezifische Chancenunterschiede im Zuge der Bildungsexpansion weitgehend verschwunden sind und sich teilweise sogar in ihr Gegenteil verkehrt haben, ragen schichttypische Unterschiede nach wie vor wie ein trutziger Fels in die Brandungswellen der Bildungsexpansion hinein« (ebd., S. 361).

Die Ursache der Bildungsexpansion ist nach Geißler der zunehmende strukturelle Bedarf an Bildung. Diese Entwicklung bezeichnet Schelsky als die Entfaltung der »wissenschaftlich-technischen Zivilisation« (Schelsky 1965, S. 465).

> »Wissenschaftlicher und technischer Fortschritt, die zunehmende Durchdringung der Arbeitswelt, aber auch aller anderen Lebensbereiche mit Technik und technischen Erneuerungen, der zunehmende Einsatz von Sozialtechnologien, um den sozioökonomischen Wandel in einer komplexen Gesellschaft zu kontrollieren und – zumindest teilweise – zu planen und zu steuern, erhöhen kontinuierlich den Bedarf an besseren Qualifikationen« (Geißler 2002, S. 340).

---

6   Der politische Begriff Chancengleichheit »bezeichnet das Recht beziehungsweise den Anspruch auf gleiche Ausgangsbedingungen für die einzelnen Glieder von Staat und Gesellschaft bei der Entfaltung ihrer unterschiedlichen Fähigkeiten und Interessen (…). Neben der Gleichstellung aller Bürger vor dem Gesetz fordert Chancengleichheit für alle Mitglieder der Gesellschaft gleiche Startbedingungen bei der Entfaltung ihrer Persönlichkeitsrechte, bei der Wahrnehmung ihrer Lebenschancen. Das Gebot der Chancengleichheit, das v.a. aus dem Gleichheitsgrundsatz fließt, gilt nicht allein der individuellen Emanzipation und der sozialen Gerechtigkeit für den Einzelnen, sondern auch für die Entfaltungsmöglichkeiten von Gruppen und Organisationen. Im Sinne der modernen Verfassungsidee sind Verstöße gegen die Chancengleichheit, z.B. die Diskriminierung einzelner Menschen oder/und Menschengruppen etwa nach Geschlecht, Alter, Rasse, ethnische Zugehörigkeit oder Religion, verboten. Gradmesser für den tatsächlichen Stand der Chancengleichheit, v.a. in einer hoch entwickelten Industriegesellschaft, sind u.a. die allgemeine Wirksamkeit der Bürgerrechte (z.B. die Realisierung der Gleichberechtigung von Mann und Frau), der Zugang zu den Bildungseinrichtungen für alle (z.B. für Angehörige wirtschaftlich schwächer gestellter Gruppen), der allgemeine Zustand der menschlichen Arbeits- und Wohnbedingungen sowie die Umweltqualität« (Brockhaus 2000 – Die Enzyklopädie in 24 Bänden).

7   Chancengleichheit ist nicht mit Chancengerechtigkeit gleichzusetzen. Chancengerechtigkeit meint, dass alle Kinder formal die gleichen Möglichkeiten erhalten und in der Schule gleich behandelt werden. Chancengleichheit bedeutet, dass man die Ausgangssituation für Schüler und Auszubildende angleicht durch den Abbau des Einflusses äußerer Faktoren (soziokulturelle Faktoren, wie z.B. Schichtzugehörigkeit, Wohngegend, Beruf der Eltern, Bildungssystem) auf die Leistung und das Endergebnis im einzelnen.

8   »Die Quote der Abiturienten – 1960 noch ein kleiner exklusiver Kreis von 6% – nahm um das 4,5fache auf 27% im Jahr 1999 zu. Ähnlich stark steigen die Anteile der Studienanfänger an den Hochschulen: Im Jahr 2000 beginnen 24% eines Jahrgangs ein Universitätsstudium, 1960 waren es erst 6%« (Geißler 2002, S. 337).

Darüber hinaus steigt der Qualifikationsbedarf durch die wachsende Komplexität der Gesellschaft an, da diese mit einer Verwissenschaftlichung und Technisierung einhergeht. Dies bezieht sich auf die zunehmende Differenzierung und Spezialisierung in Wirtschaft, Sozialstruktur und Politik sowie die zunehmenden internationalen Verflechtungen. Dabei gewinnt das (theoretische) Wissen eminent an Bedeutung für das wirtschaftliche und gesellschaftliche Leben sowie den sozialen Wandel und wird somit zur Triebkraft für die ökonomische und soziale Entwicklung. Bell spricht dementsprechend von der »nachindustriellen Wissensgesellschaft«, die vor allem durch die »Zentralität des theoretischen Wissens« geprägt sei (Bell 1989, S. 3).

Willke (1998) reflektiert ebenfalls diese Entwicklung und postuliert, dass zwei Faktoren unsere heutige Arbeits- und Wohlfahrtsgesellschaft grundlegend verändern: *erstens* der Produktionsfaktor Wissen, der stetig an Bedeutung gewinnt, und *zweitens* die schwindende Rolle des Nationalstaates.

Hinsichtlich des erstgenannten Faktors gibt Willke an, dass die herkömmlichen Produktionsfaktoren, wie Land, Kapital und Arbeit aufgrund von zunehmender Expertise im Sinne von »intellectual capital« (ebd., S. 163) an Bedeutung verlieren. Diese Entwicklung belegt er damit, dass sich eine Zunahme von wissensbasierten Tätigkeiten beobachten lässt, was zu einer verstärkten Nachfrage an professioneller Expertise in allen gesellschaftlichen Bereichen führt. Dabei benutzt Willke den Expertisebegriff, wenn Wissen »auf konkrete Entscheidungen bezogen ist«, wogegen er die Entstehung von Wissen meint, wenn »Informationen in bestimmte Erfahrungskontexte eingebunden sind« (ebd., S. 162). Das ›intellectual capital‹ wird zu dem Produktionsfaktor, der die zukünftige Leistungsfähigkeit von Organisationen bestimmt. Begründend führt der Bielefelder Soziologe an, dass die Leistungsfähigkeit von Organisationen von zwei neuen Elementen abhängig ist, die er auch als generische Kernkompetenzen für Organisationen ansieht, nämlich die der organisationalen »Lernfähigkeit« und die der organisationalen »Innovationskompetenz«.

Seine zweite These, die der schwindenden Rolle des Nationalstaates, begründet Willke mit dem Siegeszug der »Gesellschaftsform der kapitalistischen Demokratie über den Sozialismus, dem Aufbau leistungsfähiger und globaler digitaler Datennetze und der Verdichtung globaler Kontexte für lokales Handeln« (ebd., S. 163). Aufgrund der sich globalisierenden Wirtschaft sind Sozialleistungen und Subventionen nämlich nicht mehr nationalstaatlich organisier- und kontrollierbar.

Aufgrund dieser Überlegungen formuliert er die These, dass die in Zukunft relevante Form der Arbeit die Wissensarbeit sein wird. Unter dem Begriff Wissensarbeit versteht Willke, dass relevantes »Wissen (1) kontinuierlich revidiert, (2) permanent als verbesserungsfähig angesehen, (3) prinzipiell nicht als Wahrheit, sondern als Ressource betrachtet wird und (4) untrennbar mit Nichtwissen gekoppelt ist, so dass mit Wissensarbeit spezifische Risiken verbunden sind« (ebd., S. 161).

Wissensarbeit kennzeichnet nach Willke »ein Kernelement der Morphogenese der Industriegesellschaft zur Wissensgesellschaft« (ebd.). Dabei lässt sich nach seiner Auffassung von einer Wissensgesellschaft sprechen, »wenn die Strukturen und Prozesse der materiellen und symbolischen Reproduktion einer Gesellschaft so von wissensabhängigen Operationen durchdrungen sind, dass Informationsverarbeitung, symbolische Analyse und Expertensysteme gegenüber anderen Faktoren der Reproduktion vorrangig werden« (ebd., S. 162). Insgesamt kommt Willke zu dem Schluss, dass organisierte »Wissensarbeit ein Kernstück der Transformation der Arbeits- und Industriegesellschaft zur Wissensgesellschaft sein« (ebd., S. 175) wird.

Ebenso wie die Veränderungen in Unternehmen hin zu organisierter Wissensarbeit nach Willke macht auch die Bildungsexpansion deutlich, dass sich Deutschland auf dem Weg in die »wissenschaftlich-technische Zivilisation« (Schelsky) resp. »Wissensgesellschaft« befindet.

Zusammenfassend lassen sich die Ursachen der Bildungsexpansion auf die Zunahme des strukturellen Bedarfs nach Bildung (wachsende Komplexität) und die Eigendynamik durch Statuskonkurrenz auf den Punkt bringen. Die Höherqualifizierung der Bevölkerung verändert das soziale Leben der Menschen in mehreren Bereichen, die zum Teil auch empirisch nachgewiesen werden können.

> »Wenn die Theorie Hondrichs (1997, S. 11f.) über den Zusammenhang von Qualifikationsniveau und Demokratisierung stimmt, dann dürfte von der Bildungsexpansion ein Demokratisierungsdruck auf die Macht- und Herrschaftsstrukturen in allen gesellschaftlichen Bereichen ausgehen« (Geißler 2002, S. 341).

Es ist wahrscheinlich, dass ein hohes Bildungsniveau für den Einzelnen ein Mehr an Reflexion, Selbstfindung, Selbststeuerung, Selbstsozialisation und Individualisierung (Beck 1986, S. 205ff.) zur Folge hat und dass Individualisierungstendenzen wiederum Auslöser für eine Erosion traditioneller Normen und Werte sowie für mehr Pluralismus im Wertebereich und in den Lebensformen und Lebensstilen sind. Insbesondere profitieren Frauen und Mädchen von der Bildungsexpansion, und dies führt zur Verringerung der sozialen Ungleichheit zwischen den Geschlechtern (vgl. Geißler 2002, S. 342).

Weiter beeinflusst der Ausbau des tertiären Sektors die altersspezifische Differenzierung der Sozialstruktur. Da immer mehr junge Menschen im Alter zwischen 18 und 30 Jahren im Bildungssystem verweilen und erst relativ spät ins Berufsleben eintreten – Zinnecker spricht hier vom »Bildungsmoratorium« (1991) – schiebt sich zwischen die Statusgruppen der Jugendlichen und Erwachsenen eine weitere Phase in den Lebenslauf, für die häufig der Begriff »Postadoleszenz« (Meyer 1992, S. 133ff.) verwendet wird, oder in den Worten der Biografieforschung: Die Bildungsexpansion leistet einen Beitrag zur Entstandardisierung des Lebenslaufs (vgl. Geißler 2002). Letztendlich sind die Folgen der Bildungsexpansion für die Sozialstruktur der BRD

– der Demokratisierungsdruck,
– die Individualisierung,
– der Pluralismus,
– die Verringerung der sozialen Ungleichheit zwischen den Geschlechtern und
– die Differenzierung der Formen des privaten Zusammenlebens.

> »Mit der Bildungsexpansion ist Bildung als zentrale Ressource für die soziale Platzierung aufgewertet worden: Mittlere und höhere Bildungsabschlüsse werden immer wichtiger für den Einstieg in viele Berufslaufbahnen. Wo früher niedrige Schulabschlüsse genügten, werden heute mittlere und höhere gefordert. Die Folge davon ist die vertikale Verdrängung. Besser Qualifizierte verdrängen schlechter Qualifizierte beim Wettbewerb um begehrte Arbeitsplätze und die damit verbundenen Lebenschancen« (Geißler 2002, S. 343).

Diese Entwicklung macht deutlich, dass Bildung in unserer modernen Gesellschaft eine wichtige Voraussetzung für die Wahrnehmung von gesellschaftlichen Chancen sowie für die Minimierung sozialer Risiken ist. Folglich hängen mit der Höhe des Qualifikationsniveaus das Ausmaß des Lebensstandards und die Chancen auf beruflichen Erfolg, Selbstbestimmung und

Freiheit zusammen (vgl. ebd.). Die folgenden Beispiele konkretisieren diese allgemeine Aussage:

- Das individuelle Bildungskapital lässt sich in der Regel über gesellschaftliche Führungspositionen auch in entsprechend überdurchschnittliche Einkommen und einen hohen Lebensstandard umsetzen: Universitätsabsolventen verdienten 1995 das 2,2-fache eines Ungelernten und ca. 70% mehr als eine gelernte Fachkraft (vgl. Geißler 2002).
- Von den Risiken der modernen Gesellschaft sind nicht alle gleichmäßig betroffen; die modernen Risiken sind nicht »demokratisiert« (Beck 1986, S. 48, 149).
- So bietet eine gute Ausbildung zwar keinen absoluten Schutz vor sozialen und Arbeitsmarktrisiken, kann diese allerdings erheblich herabsetzen. Die Gefahr, unter die Armutsgrenze zu rutschen, ist beispielsweise für Ungelernte um das Fünffache höher als bei Hochschulabsolventen (Goebel 2002).
- Darüber hinaus schafft eine gute Qualifikation auch die psychischen Voraussetzungen für ein höheres Maß an individueller Lebensgestaltung, ein Herauslösen aus Traditionen und überkommenen Bindungen, eine Lebensführung nach eigenen Wünschen und Vorstellungen. »Die viel beschworene Individualisierung des Lebens in der Moderne vollzieht sich nicht etwa mit gleichmäßiger Intensität in allen Schichten, sondern ist vor allem ein Phänomen im Umfeld akademischer Milieus« (Konietzka 1995, S. 125).

Geißler (2002) zeigt auf, dass schichtsoziologisch mit der Höherqualifizierung der Bevölkerung auch eine synchrone »Umschichtung nach oben« (S. 340) in der Berufs- und Einkommensstruktur einhergeht, denn mit dem Wandel zur Dienstleistungsgesellschaft schrumpfen die unteren Schichten der manuell Arbeitenden. Gleichzeitig dehnen sich mittlere und obere Schichten im tertiären Sektor aus.

> »Eine gute Bildung hat also ihren Wert als wichtige Ressource für gute Lebenschancen erhalten können, weil sich nicht nur die höheren Bildungsabschlüsse vermehrt haben, sondern in ähnlichem Umfang auch die mittleren und höheren Berufspositionen mit entsprechenden Einkommens- und Lebenschancen« (ebd., S. 344).

In diesem Zusammenhang hebt Bourdieu mit Recht neben dem Bildungskapital auch das gesellschaftlich geerbte kulturelle Kapital (capital cultural hérité) als wichtige Ressource für Lebenschancen hervor. Mit Letzterem sind Habitusmerkmale gemeint, die sich neben den Einflüssen von Schule und Hochschule durch Sozialisationserfahrungen in den Familien herausbilden – wie z.B. bestimmte Formen des Auftretens und Sprechens, des Umgangs, des Geschmacks oder der Allgemeinbildung. »Das in der Regel schichttypische kulturelle Familienerbe kann die Effekte der Bildungszertifikate auf die soziale Platzierung nachweislich fördern oder bremsen« (ebd., S. 344f.) (vgl. Kapitel 3).

2.1.4 Risikobiografie

Eine weitverbreitete These hinsichtlich der gesellschaftlichen Veränderungen durch die Beschleunigung von Modernisierungsprozessen besagt, dass sich die Normalbiografie des Einzelnen auflöst und sich dagegen eine »Patchwork-Biografie« beziehungsweise »Risiko- oder

Bruchbiografie« (vgl. Beck 1986) etabliert. Diese setzt sich aus diversen Versatzstücken zusammen und entspricht kaum mehr den Erwartungen an einen standardisierten Lebensablauf. Die eigene Bildungsbiografie muss demnach immer wieder neu ausgehandelt werden, wobei ein permanenter Wechsel zwischen dem Abwägen von Alternativen und dem Aushandeln von Gestaltungsmöglichkeiten stattfindet. Die damit verknüpften Veränderungen in den Lebenszusammenhängen werden mit den Stichworten »Entstrukturierung«, »Entstandardisierung« und »Enttraditionalisierung« bezeichnet (vgl. Gruber 2001).

Die Folge davon ist die Integration von Gesetzen der Marktlogik in die individuelle alltägliche Lebensführung, indem die Individuen versuchen, konkurrenzfähig zu bleiben, zeitrational zu handeln, sich erfolgreich zu »verkaufen«, also sich selbst zu ökonomisieren. So werden wir nach und nach Lebensunternehmern in eigener Sache.

Ein weiterer sich abzeichnender Trend ist, dass Menschen in Zukunft nicht nur ihre Berufe häufiger wechseln müssen und damit kein klares Karrieremuster mehr absehbar ist, sondern dass sich auch die Berufsform selbst verändert. Als These formuliert, bedeutet es, dass aufgrund des Einsatzes neuer Techniken und neuer Formen der Arbeitsorganisation die Berufsform selbst zur Disposition steht. Diese Entwicklung kann dabei als Entberuflichung verstanden werden, was sich darin widerspiegelt, dass sich einerseits infolge von Globalisierung die Vernetzung von beruflichen Handlungsräumen internationalisiert, andererseits ehemals präzise definierte Berufsmerkmale verwischen und somit die Zuordnungen zu Tätigkeiten und Berufen erschwert werden. Als Folge davon werden Kompetenzen verlangt, die breiter und allgemeiner ausgerichtet sind, sowie Qualifikationen, die stetig erneuert und ergänzt werden müssen. Zu beachten ist hierbei, dass der Ausbau dieser Kompetenzen nur schwer in einer traditionellen Berufsausbildung erwerbbar ist.

Der Tenor aktueller Diskussionen, die die Unvorhersehbarkeit zukünftiger Berufsbiografien und Berufsformen aufgreifen, tendiert dahin, dieses Problem durch (lebenslanges) Lernen kompensieren zu können. Die Paradoxie dabei wird deutlich, wenn man sich anschaut, dass Lernen und Bildung einerseits als Motor technologischer und gesellschaftlicher Entwicklung angesehen werden, andererseits aber auch im Modernisierungsprozess als Strategie zur Bewältigung und Lösung der Folgen dieser permanenten Veränderungen fungieren sollen.

2.1.5 Subjektorientierte Lebensführung

Fragt man nach der Modernisierungsdynamik im Bereich der Bildung und Weiterbildung, dann lässt sich eine zeitliche, inhaltliche und räumliche Entgrenzung des Bildungsprozesses aufzeigen. Traditionelle Bildungseinrichtungen werden flexibler und allgemeiner ausgerichtet, und lebenslanges Lernen hat sich veralltäglicht und pluralisiert. Die Erwachsenen- und Weiterbildung hat nicht nur ihre angestammten Institutionen verlassen, sondern es findet auch eine Diffusion mit immer mehr Anbietern in der Weiterbildung statt.

Diese Tendenzen greift auch Kade (1997) auf, wenn er der allgemeinen Weiterbildung einen Wandel von der Bildungsinstitution zu einer komplexen Infrastruktur subjektorientierter Lebensführung konstatiert. Während in der Vergangenheit die bildende Institution und nicht das lernende Subjekt im Zentrum des theoretischen Diskurses der allgemeinen Weiterbildung stand (vgl. Kade 1997, S. 301), gewinnt die *Teilnehmerperspektive* mittlerweile zunehmend an Bedeutung.

2.1 Berufliche Bildung und gesellschaftlicher Wandel

Studien, die sich mit der Bildungsinstitution Volkshochschule (VHS) aus der Aneignungsperspektive befasst haben, sind zu dem Ergebnis gekommen, »daß Bildung für die Teilnehmer an Volkshochschulkursen nur eine besondere Form der identitätsorientierten Aneignung von Bildungsangeboten bedeutet«[9] (ebd., S. 307). Die Besucher von VHS-Seminaren wählen spezielle Kurse ganz bewusst nach den Kriterien der Identitätsentwicklung, -stabilisierung, -erhaltung und -behauptung aus. Diesen Trend thematisiert Kade als ein Resultat des Übergangs von einer konventionellen Berufsbiografie zu einer Weiterbildung in Form eines biografischen Programms (vgl. ebd., S. 310).

Seine Argumentation verdichtet Kade mithilfe von fünf Thesen, die den Wandel der allgemeinen Weiterbildung konkretisieren sollen. Mit der *ersten* These wird die Behauptung aufgestellt, Erwachsenenbildung sättige heutzutage nicht nur Bildungs-, sondern auch Tätigkeits-, Stabilitäts- und Gemeinschaftsmotive (vgl. ebd., S. 310f.).

Ferner wird Erwachsenenbildung nach der *zweiten* These zur institutionsbezogenen Lebensform, in der sich temporär individuelles Leben abspielt. Im Gegensatz zum 19. Jahrhundert kann Erwachsenenbildung nicht mehr eindeutig einem sozial-kulturellen Kreis zugeordnet werden. Vielmehr ist sie mittlerweile zu einem Ort avanciert, an dem neue sozial-kulturelle Milieus entstehen und erzeugt werden (vgl. ebd., S. 311f.).

Mit seiner *dritten* These macht der Autor darauf aufmerksam, dass zunehmend ökonomisches resp. finanzpolitisches Kalkül die Erwachsenenbildung dominiert. Daraus resultiert die Gefahr, dass normative Grundlagen individuumsabhängigen Interessen weichen (vgl. ebd., S. 312f.).

Dieser Prozess wird auch mit der *vierten* These aufgegriffen, in der eine Atomisierung der Bildungsinstitutionen prognostiziert wird, die Kade damit begründet, dass eine wachsende Teilnehmer- und Lebensweltorientierung mit einer steigenden Abhängigkeit der Institutionen von individuellen Entscheidungen der Teilnehmer einhergeht (vgl. ebd., S. 313). In diesem Zusammenhang soll jedoch darauf hingewiesen werden, dass diese Entwicklung auch Chancen für die Teilnehmer impliziert. Beck spricht diesbezüglich von einem »aktiven Handlungsmodell des Alltags« (1986, S. 217), das es den Individuen erlaubt, »die aufbrechenden Gestaltungs- und Entscheidungsmöglichkeiten in bezug auf den eigenen Lebenslauf sinnvoll kleinzuarbeiten« (ebd.).

Mit der *fünften* und letzten These wird die Frage formuliert, welche professionsbezogenen Konsequenzen aus einer aneignungstheoretisch orientierten Teilnehmerforschung gezogen werden sollten (vgl. ebd., S. 313f.). Eine mögliche Antwort auf diese Frage soll im Folgenden anhand eines lernerorientierten Qualitätsmodells gefunden werden, das im E-Learning-Bereich der allgemeinen Weiterbildung verankert ist.

Die Folgen der Technologisierung im Rahmen der Entwicklung hin zur Informationsgesellschaft beschäftigen auch Wissenschaftler, die sich mit dem theoretischen Konstrukt der funktionalen Differenzierung auseinandersetzen. Mit diesem Konstrukt wird die moderne Gesellschaft nach Subsystemen (z.B. Politik, Wirtschaft, Bildung, Religion etc.) differenziert, die alle über eine je eigene Handlungssphäre resp. eigene Sprachkodes verfügen und spezifischen funktionalen Prinzipien gehorchen.

Der fortschreitende Modernisierungsprozess, der die Individualisierung und Flexibilisierung von allgemeiner und beruflicher Weiterbildung zur Folge hat, zeigt auch Veränderungen auf der Ebene der Angebote. Der Trend geht dabei also hin zu individuellen, auf die *Bedürfnisse der*

---

[9] Kade benutzt hier eine zirkuläre Definition, um den Begriff der Bildung aus der Sicht der VHS-Teilnehmer zu erklären

Nutzer ausgerichteten Angeboten, die zeitlich und inhaltlich flexibel sowie räumlich unabhängig ausgerichtet sind.

Es geht um Lernarrangements für Individuen oder Gruppen sowie Unternehmen und Institutionen, deren Hintergrund der Individualisierungs- und Rationalisierungsgedanke bildet, der nun verstärkt im Bildungsbereich angewendet wird. Auf dieser Ebene der Angebote spielen E-Learning-Systeme (vgl. Kapitel 2.2.1, S. 38ff.) eine bedeutende Rolle.

Aber nicht nur die Angebotsstruktur folgt den mit der Modernisierung einhergehenden Veränderungen, sondern auch die Lehr- und Lernformen befinden sich im Wandel und beeinflussen die Lebensführung der Subjekte. Selbstorganisierte und offene Lernformen gewinnen an Bedeutung. Es klingt plausibel, dass die Befähigung zur selbstverantworteten Gestaltung neuer Berufskonzepte nicht mehr allein durch Frontalunterricht erzielt werden kann, sondern vermehrt über Formen der *Selbstorganisation,* beispielsweise durch E-Learning-Arrangements erreicht werden muss. Dementsprechend verändern sich auch die Lernorte. Lernen wird ortsunabhängiger, was zudem zu einem prozessorientierten und autonomen Lernen führt.

Die ARD/ZDF-Online-Studie 2005 (n=1.075 Internet-Nutzer und 782 Offliner), die seit 1997 jährlich im zweiten Quartal eines Jahres durchgeführt wird und die Internetentwicklung innerhalb der bundesdeutschen Bevölkerung abbildet, weist nach, dass unter den Onlinern sowohl der Anteil der Personen, die nur zu Hause das Internet nutzen, von 1997 bis 2005 von 27% auf 49% als auch jene Quote von Menschen, die das Netz sowohl am Arbeitsplatz, an der Hochschule und an der Schule als auch zu Hause nutzen, im selben Zeitraum von 14% auf 37% gestiegen ist (vgl. van Eimeren/Frees 2005). Der Lernort »zu Hause« ist damit für die meisten Anwender (83%) selbstverständlich geworden.[10] Der Anstieg der gewohnheitsmäßigen Nutzung des Internets zu Hause ist eine gute Rahmenbedingung für selbstorganisiertes E-Learning in der privaten Umgebung. Die Fähigkeit, sich Inhalte und Kompetenzen durch E-Learning-Arrangements autodidaktisch anzueignen, erhält zunehmend den Charakter einer Schlüsselqualifikation. Das Konzept der Selbstsozialisation gewinnt an Bedeutung.

2.1.6 Arbeitskraftunternehmer

Unter einem weltweit verschärften Wettbewerb und dem »Zwang, rasch auf Veränderungen am Markt reagieren zu müssen« (Meister 2003, S. 87) sowie veränderter Arbeitsanforderungen von Arbeitenden in Richtung von Selbstbestimmung und Sinnbezug, haben sich in den 1990er-Jahren in vielen Unternehmen betriebliche Reorganisationsprozesse vollzogen. Neue Strategien der Arbeitsorganisation setzen auf einen Abbau direkter Kontrollmechanismen und auf verstärkte Selbststeuerung der Arbeitskräfte, wodurch deren Leistungspotenziale besser ausgeschöpft werden sollen. »Die Arbeitswelt der Zukunft wird immer weniger aus starren Organisations- und Arbeitsformen bestehen, sie wird vielmehr Strukturen eines hochspezialisierten, flexiblen Netzwerkes aufweisen, das die Erwerbstätigen zwingt, sich ebenso flexibel zu verhalten und sich als Planungszentrum der eigenen beruflichen Entwicklung zu verstehen« (Wittwer 2000, S. 124).

---

10   Offensichtlich ist aufgrund der inzwischen erfolgten weiten Verbreitung des Internets im häuslichen Bereich in den nachfolgenden jährlichen ARD/ZDF-Studien auf eine differenzierte Erhebung des Ortes der Onlinenutzung verzichtet worden.

2.1 Berufliche Bildung und gesellschaftlicher Wandel

Vor diesem Hintergrund fragen Voß und Pongratz nach dem »Wandel von Lohnarbeit und ihrer künftigen Bedeutung als grundlegende Instanz privatwirtschaftlicher Arbeitsgesellschaften«, indem sie die Ware Arbeitskraft unter einer »analytischen Arbeitskraft-Perspektive« untersuchen (Voß/Pongratz 1998, S. 132). Im Mittelpunkt der Überlegungen der Autoren steht, dass sich aufgrund der neuen Anforderungen am Arbeitsplatz die Ware Arbeitskraft selbst verändert und sich auch das Bewusstsein der Arbeitstätigen grundlegend wandelt beziehungsweise wandeln muss:

> »Die für uns entscheidende Veränderung ist, dass das komplizierte, teure und ungewisse Geschäft der Sicherstellung der durch Arbeitsvertrag und Lohn nicht eindeutig zu gewährleistenden Transformation von Arbeitskraft in Arbeitsleistung bei Selbstorganisationskonzepten in grundlegend erweiterter Form den Arbeitenden zugewiesen wird (...). Das für den Betrieb unvermeidbare Transformationsproblem wird nun gezielt und systematisch verstärkt in die personale Umwelt des Betriebes *externalisiert*« (ebd., S. 138).

Die These von Voß und Pongratz lautet: Der Arbeitnehmer verändert sich zum »Arbeitskraftunternehmer«. Während der Arbeits- und Lebenszusammenhang des verberuflichten Arbeitnehmers im Fordismus auf Kontinuität angelegt war, steht beim Arbeitskraftunternehmer die stetige Anpassungsbereitschaft sowie -notwendigkeit im Vordergrund (Diskontinuität). Dies führt zu einer veränderten Verfasstheit von Arbeitskraft insgesamt, da sich das unternehmerische Verhältnis der Arbeitskräfte zu ihrer eigenen Arbeitskraft wandelt und sie somit zum »Unternehmer-ihrer-selbst« (S. 133) werden. Somit läuft die Entwicklung vom Arbeitskraftverkäufer zum Arbeitskraftunternehmer.

Voß und Pongratz definieren diesen neuen Typus des Arbeitskraftunternehmers als die »gesellschaftliche Form der Ware Arbeitskraft, bei der Arbeitende nicht primär ihr latentes Arbeitsvermögen verkaufen, sondern (inner- oder überbetrieblich) vorwiegend als Auftragnehmer für Arbeitsleistung handeln« (ebd., S. 139). Dies bedeutet, dass der Arbeitskraftunternehmer im internen Wettbewerb als Unternehmer agiert und sich ausschließlich am in- oder externen Kunden oder am Markt zu orientieren hat. Somit gehen Voß und Pongratz mit der These vom Arbeitskraftunternehmer als neuem Leittypus der Erwerbstätigkeit davon aus, dass Erwerbstätige zunehmend unternehmerisch mit ihrer eigenen Arbeitskraft umgehen müssen, um den Forderungen der Betriebe nach mehr Eigenverantwortung und Selbstorganisation in der täglichen Arbeit zu entsprechen (vgl. Pongratz 2001).

Als Kennzeichen diesen neuen Typus sehen Voß und Pongratz aus arbeitskraftsoziologischer Sicht die »systematisch erweiterte Selbstkontrolle der Arbeitenden, einen Zwang zur forcierten Ökonomisierung ihrer Arbeitsfähigkeiten sowie eine entsprechende Verbetrieblichung der alltäglichen Lebensführung« (Voß/Pongratz 1998, S. 132), wobei Letzteres von Pongratz auch als »Selbst-Rationalisierung« bezeichnet wird (vgl. Pongratz 2001). Demzufolge versuchen die Autoren, die spezifische Qualität des Arbeitskraftunternehmers als neuem Typus von Arbeitskraft mit den drei Thesen der (1) Selbst-Kontrolle, der (2) Selbst-Ökonomisierung und der (3) Selbst-Rationalsierung idealtypisch zu fassen.

Die erste leitende Annahme der Selbstkontrolle (Voß/Pongratz 1998, S. 140f.) wird unter der etablierten industriesoziologischen Theoriefigur der *Transformationstheorie* analysiert. Während der proletarische Lohnarbeiter des Frühkapitalismus seine Arbeitskraft als »Rohstoff« lieferte und der verberuflichte Arbeitnehmer des Fordismus seine Arbeitskraft als »Massenware« in standardisierter Berufsform anbot, liefert der Arbeitskraftunternehmer des Postfordismus seine Arbeitskraft als individualisiertes hochwertiges »veredeltes Halbfertigprodukt« (vgl. ebd., S. 150). Die erweiterte Form der übernommenen Selbstkontrolle wird dabei anhand verschiedener Dimensionen zur Steuerung von Arbeit offengelegt.

Erstens werden von Voß und Pongratz die veränderten Arbeitszeiten, die mit einer zeitlichen Vervielfältigung und Flexibilisierung einhergehen sowie mit der Notwendigkeit, die zu erledigende Arbeit zeitlich zu strukturieren, als erweiterte Form der übernommenen Selbstkontrolle genannt. *Zweitens* weisen sie daraufhin, dass sich der Arbeitsraum verändert, beispielsweise aufgrund einer zunehmend notwendigen Mobilität, sodass die räumliche Eigenkontrolle stärker forciert wird. Ein weiteres Stichwort wäre in diesem Zusammenhang die Teleheimarbeit. *Drittens* zeigen die Autoren auf, dass soziale Steuerungsvorgaben reduziert werden und dafür interpersonale Beziehungen die Kontrolle der Arbeit und die Herstellung ihrer Regulierung, beispielsweise in Form von Gruppen- oder Projektarbeit, übernehmen. *Viertens* führen sie an, dass Arbeitskräfte heute fachlich »zunehmend flexibel sein müssen« (ebd., S. 141), was sich einerseits auf den betrieblichen Einsatz, andererseits auf berufliche Qualifikationen bezieht, die eine kontinuierliche Anpassung erfordern, die immer häufiger von den Betroffenen in Eigeninitiative übernommen werden muss.

Darüber hinaus wird in heutigen Arbeitszusammenhängen die Fähigkeit zur Selbstmotivation vorausgesetzt, die *fünfte* Dimension, die sich auf die sinnhaften und motivational basierten Faktoren im Arbeitsprozess bezieht. *Schließlich* sprechen Voß und Pongratz als letzten Punkt die technischen bzw. medialen Veränderungen am Arbeitsplatz an, die erweiterte Eigenleistungen der Arbeitnehmer erfordern. Dies reicht von der Voraussetzung der eigenen privaten technischen Ausstattung, beispielsweise Telefon oder PC, um erreichbar zu sein, bis zur Erwartung, dass selbstverständlich kompetent mit dem Computer umgegangen werden kann. Es wird also auch eine grundlegende Medienkompetenz auf dem Gebiet der Informations- und Kommunikationstechnologien erwartet.

Nach Voß und Pongratz versuchen Betriebe durch erweiterte Externalisierung der Transformationsfunktion in allen diesen sechs Dimensionen, den Kontrollaufwand über die Arbeitenden zu reduzieren und dadurch neue Leistungspotenziale zu erschließen. Es findet eine Veredelung von Arbeitskraft durch qualifizierte »Vorkontrolle« der Arbeitenden selbst statt, eine neue Qualität der Ware Arbeitskraft: Der Arbeitskraftunternehmer ist ein »selbsttätig aufgeweckter, manifestierter Leistungsträger« (ebd., S. 141). Nach Pongratz könnte die Devise dieser Annahme lauten: »Wie sie die Arbeit machen, ist uns egal – Hauptsache das Ergebnis stimmt« (Pongratz 2001, S. 24).

Die zweite leitende Annahme, die der *Selbstökonomisierung* (Voß/Pongratz 1998, S. 142f.), wird unter der *Subsumtionstheorie* (vgl. Brandt u.a. 1978; Schmiede 1996) aufgegriffen: Zur Subsistenzsicherung in einer privatwirtschaftlich basierten Gesellschaft versucht der Akteur, seine nutzbare Arbeitskraft »hochgradig gezielt und dauerhaft auf eine potentielle wirtschaftliche Nutzung hin« zu entwickeln und zu verwerten (ebd., S 142). Es geht demnach um eine individuelle Ökonomisierung der eigenen Arbeitskraft, die von Voß und Pongratz analytisch als Doppelprozess von Produktions- und Marktökonomie verstanden wird.

Erstens wird aufgrund der erweiterten Selbstorganisation von Arbeit das gesamte Leistungsvermögen der Arbeitenden in die Arbeitstätigkeit eingebracht. Die Nutzung des gesamten Leistungsvermögens wird zu einer zunehmend zweckgerichteten und effizienzorientierten individuellen Produktionsökonomie durch den Produzenten selbst. Die Autoren sprechen von einer »Produktion der Produktion« (Voß/Pongratz 1998, S. 142), da nun das eigene produktive Handeln im Vordergrund steht.

Zweitens erfordern die flexibilisierten Arbeitszusammenhänge, dass Arbeitsleistung und Arbeitsvermögen aktiv von dem Arbeitnehmer in den Betriebskontext integriert werden, da es für die »eigenen Leistungen Nachfrager zu finden« (ebd., S. 142) gilt. Es wird eine »individuelle Marktökonomie« (ebd.) erforderlich; die Arbeitsperson hat sich zu auch im Unternehmen verstärkt zu ›verkaufen‹.

Diese beschriebene doppelte Selbstökonomisierung von Arbeitskraft führt zu einer Orientierung an abstrakten Markterfordernissen, sodass sich der Arbeitnehmer selbst ökonomischen Zwecken unterwirft. Hier könnte nach Pongratz die Devise lauten: »Sie bleiben nur solange, wie sie nachweisen und sicherstellen, dass sie gebraucht werden und Profit erwirtschaften« (Pongratz 2001, S. 24).

Als *dritte* leitende Annahme, die die These des Arbeitskraftunternehmers stützt, nennen die beiden Autoren die Verbetrieblichung des Lebenshintergrunds von Arbeitstätigen (Voß/Pongratz 1998, S. 142-145), die unter dem *Betriebsstrategieansatz* betrachtet wird.

Somit wird von ihnen die neue Arbeitskraftstrategie auf betrieblicher Ebene als »fremdorganisierte Selbstorganisation« gekennzeichnet, die alle Lebensbereiche durchdringt und somit zu einer »systematischen Organisation des gesamten Lebenszusammenhangs« führt (ebd., S. 143). Dadurch hängt die Nutzung der eigenen Aktivitätspotenziale von den vorhandenen einsetzbaren Ressourcen der jeweiligen Person ab, womit nicht nur berufsfachliche Qualifikationen gemeint sind, sondern alle individuell verwertbare Potenziale angesprochen werden, vom ökonomischen (Geldvermögen) bis hin zum sozialen Kapital (soziales Netzwerk), das einer Person zur Verfügung steht.

Nach dem Betriebsstrategieansatz (vgl. Altmann/Bechtle 1971; Altmann u.a. 1986; Bechtle 1994) lassen sich dabei nach Voß und Pongratz vier wichtige Perspektiven aufzeigen:

Erstens lässt sich das Theorem der Organisierung sowie das der Technisierung aus dem Kontext der Wirtschaftsbetriebe auf die unter Ökonomisierungszwang stehende Arbeitsperson und ihren Lebenszusammenhang übertragen, da Arbeitskraft-Betriebe auf ein großes Repertoire elaborierter Technikformen zugreifen würden, die den Alltag erleichtern und somit die Produktivität der eingesetzten Leistung erhöhen (vgl. Voß/Pongratz 1998, S. 144). *Zweitens* muss eine systematische Qualifizierung auf der Ebene der erforderlichen Tätigkeiten betrieben werden. Außerdem müssen Kompetenzen aufgebaut werden, die sich auf die Aufrechterhaltung und Entwicklung des Arbeitskraftbetriebes beziehen. Die *dritte* Perspektive bezieht sich auf eine sowohl nach außen (Märkte) als auch eine nach innen (konkurrierende individuelle Bestrebungen) gerichtete Autonomisierung. *Viertens* führen die Autoren eine systemische Dimension an, womit gemeint ist, dass Arbeitnehmer anfangen, ihre sozialen Netzwerke unter einer Perspektive der Vermarktung und Produktion ihrer selbst zu instrumentalisieren. Es geht insgesamt um eine systematische Durchgestaltung des gesamten Lebenszusammenhangs hinsichtlich des Erwerbs und der Nutzung individueller Ressourcen. Die Devise nach Pongratz lautet dementsprechend: »Wir brauchen Sie voll und ganz und zu jeder Zeit – und dazu müssen Sie Ihr eigenes Leben im Griff haben« (Pongratz 2001, S. 24). Nach Weber und Marx könnte man diesen Umstand so ausdrücken, dass man nun das eigene Leben als Betrieb zu organisieren hat.

Insgesamt kann aus den drei oben beschriebenen Annahmen entnommen werden, dass sich zwar die Freiräume der Arbeitspersonen erweitern und sie ein gewisses Maß an Autonomie hinzugewinnen. Allerdings wird der Leistungsdruck erheblich erhöht, da Selbstkontrolle und Selbstdisziplinierung immer stärker in den Vordergrund rücken. Die Gefahr besteht dabei, dass die Ausbeutung durch die Unternehmer um die Selbstausbeutung der Arbeitskräfte ergänzt wird, denn der Arbeitskraftunternehmer sieht sich dem stetigen Zwang ausgesetzt, sein Potenzial zur Gestaltung der eigenen Arbeit und eben auch der eigenen Lebensbedingungen zu erhöhen.

Neben persönlichen Kompetenzen, die auf die Bewältigung der neuen Freiheiten und Anforderungen des Arbeitskraftunternehmers anspielen, und womit neben fachlichen Fähigkeiten auch die überfachlichen gemeint sind (Soft Skills), rücken immer stärker Kompetenzen zur Führung der alltäglichen Lebensorganisation in den Mittelpunkt. Das bedeutet, dass die eigene Biografie und die soziale Umgebung effizient zu steuern sind.

In diesem Zusammenhang ist das Konzept von Marotzki (2001) anzuführen, der versucht, Bildung und Biografie miteinander zu verknüpfen. Er weist, wie auch Voß und Pongratz, darauf hin, dass die neuen Informationstechnologien unsere Arbeits- und Lebenswelt verändern und dies Folgen für den Bildungsbereich sowie für die Biografie mit sich bringt.

Im Bereich der Arbeitswelt spricht Marotzki *erstens* die Expansion des Dienstleistungssektors an. Er zeigt auf, dass immer mehr Jobs im Dienstleistungsbereich entstehen – vor allem im Bereich der Informationstechnologien –, während das produzierende Gewerbe seine Rolle als volkswirtschaftlicher Leitsektor immer mehr verliert. Aufgrund dessen werden die beruflichen Tätigkeiten »in Zukunft immer mehr mit den Faktoren Dienstleistung und Information umzugehen haben« (Marotzki 2001, S. 5), was seiner Ansicht nach auch Folgen für die Qualifikation haben wird. *Zweitens* führt der Autor an, dass die Informationstechnologien in das Arbeitsleben eindringen, sodass eine »solide Computer-Literacy« immer bedeutender wird, »wenn der Anschluss und der Zugang zum Arbeitsmarkt gesichert werden soll« (ebd.). *Drittens* thematisiert Marotzki eine Transformation der Wirtschaft in eine New Economy, womit er auf den Sachverhalt hinweist, dass immer mehr Wirtschaftsaktionen (z.B. Kaufen und Verkaufen) durch das Medium Internet abgewickelt werden. Diese Transformation hat ebenfalls Folgen für den Arbeitsmarkt wie beispielsweise die Forderung nach einer »Internet-Literacy« belegt, die Marotzki als Kernbestandteil von Qualifikation für den Arbeitsmarkt ansieht.

Die strukturellen Folgen sind, dass – wie bereits auch Voß und Pongratz aufgezeigt haben – neue Beschäftigungsmodelle entstehen: »Die Arbeitszeiten werden flexibler, die Entlohnung ergebnisorientiert und selbstständige Arbeit nimmt zu. Wir haben einen Anstieg unterschiedlicher Formen von Teilzeitarbeit und selbstständiger Erwerbsarbeit zu verzeichnen, vor allem der *Telearbeit*« (ebd., S. 6). Darüber hinaus weist Marotzki mit Blick auf die modernen Informations- und Kommunikations- (IuK) Technologien darauf hin, dass sich auch die Organisationsstrukturen verändern, indem Kundenorientierung, Flexibilität, Individualität und Geschwindigkeit zu neuen Leitbildern erhoben werden. Die IuK-Technologien machen es möglich, die starren Organisationsstrukturen durch fließende Prozesse abzulösen, bei denen die Kommunikation eine entscheidende Rolle spielt. »Festgefügte Arbeitsorganisation wird tendenziell ersetzt durch wechselnde und eigenverantwortlich handelnde Projektgruppen und Teams« (ebd.).

Die Veränderungen in der Arbeitswelt führen nach Ansicht Marotzkis zu einem Wandel im Bildungsbereich, dem es sich seiner Ansicht nach zu stellen gilt.

>»Da Deutschland den internationalen Wettbewerb um niedrige Arbeitslöhne nicht gewinnen kann, wird es sich in Zukunft noch stärker als bisher auf wissensintensive Produkte und Dienstleistungen konzentrieren. Daraus folgt,

dass sich die Qualifikationen und allgemeinbildenden Ressourcen der heranwachsenden Generation entsprechend entwickeln müssen. Das meint die Rede vom größer werdenden Bildungs- und Ausbildungsdruck« (ebd., S. 8).

In diesem Zusammenhang zeigt er verschiedene Funktionen von Bildung auf. *Erstens* spricht er von einer *Qualifikationsdimension* im Kontext einer Bildungsökonomie. *Zweitens* führt er die *Partizipations-* und *Kommunikationsdimension* an, die sich auf eine politische, soziale und kulturelle Teilhabe bezieht, indem man dazu befähigt wird, seine Meinung öffentlich zu artikulieren. Er betont in diesem Zusammenhang auch die Sensibilität gegenüber der Vielfalt der Sprachen. *Drittens* schreibt er Bildung die Funktion der Übernahme von ethischer Verantwortung zu. Die *ethische Dimension* intendiert, eine moralische Verantwortung gegenüber sich selbst und anderen zu übernehmen. *Viertens* nennt er die *Sinndimension* als die Fähigkeit, seinem eigenen Leben eine bestimmte Bedeutung zu geben bzw. es auf die Erreichung selbst gesetzter Ziele auszurichten. Insgesamt führen laut Marotzki die Veränderungen des Arbeitsmarktes dazu, dass sich auch die Biografisierung verändert, »jene Form von Anstrengung, die erforderlich ist, um dem eigenen Leben eine durchgehende Linie, letztlich einen Sinn zu geben« (ebd., S. 8). Zusammenfassend diskutiert der Autor daher ein Bildungskonzept, das neben der notwendigen Qualifizierung für den Arbeitsmarkt auch Raum für Partizipation, Verantwortung und Sinnorientierung für den einzelnen Menschen bietet:

> »Wenn die Brüche im Leben immer häufiger werden, wenn Diskontinuitäten immer wieder integriert werden müssen, dann entstehen erhöhte Anforderungen an die Biographiearbeit. Biographiearbeit ist die umfangreichste Bildungsarbeit, die wir kennen; und das ist der eigentliche Sinn, wenn gesagt wird, wir stehen vor neuen Bildungsherausforderungen« (ebd.).

So lässt sich zusammenfassend festhalten, dass Marotzki dafür plädiert, Bildungsmaßnahmen aus einer rein einseitigen bildungsökonomischen Perspektive in Richtung auf eine umfassende Biografiearbeit zu erweitern.

Ferner illustriert er in seinem Artikel »Medienbildung und digitale Kultur«, dass es sich eingebürgert hat, die gesellschaftlichen und technologischen Veränderungen mit dem Begriff des Übergangs in eine »Informations- bzw. Wissensgesellschaft« zu umschreiben. Erkennbar wird dieser Wandlungsprozess nach Marotzki dadurch, dass immer mehr soziale Handlungen und Tätigkeiten wissensbasiert und weniger interpersonal erfolgen, also Interaktionen heute zunehmend technikvermittelt stattfinden, wie dies etwa bei dem Kauf einer Fahrkarte am Automaten deutlich wird. Marotzki zeigt auf, dass in der Mitteilung der Europäischen Kommission »Einen europäischen Raum des lebenslangen Lernens schaffen« (vgl. Europäische Kommission 2001) und in der Debatte über die Integration in die Wissensgesellschaft (E-Inclusion), »E-Learning als ein wichtiges Mittel für die Realisierung der Informations- bzw. Wissensgesellschaft herausgestellt« wird (Marotzki 2003, S. 6). »E-Learning müsse als ein wichtiger Faktor bei der Qualifikation und Bildung Erwachsener gelten, wobei dem informellen und nichtformellen Lernen zunehmende Bedeutung zukomme« (ebd.). In diesem Zusammenhang weist der Autor darauf hin, dass der Leitgedanke der verabschiedeten Dokumente der Europäischen Kommission nicht etwa auf eine neue Art des Lernens nach der Art von E-Learning abzielt, sondern vielmehr das viel umfassendere Projekt der Entwicklung einer »Digitalen Kultur« im Mittelpunkt der Überlegungen steht. Der Begriff der »Digitalen Kultur« bezieht sich allerdings nicht auf eine technische Ausstattung im Sinne eines flächendeckenden Online-

Zugangs, sondern auf die Integration Neuer Medien, vor allem des Internets, in den Alltag der Menschen, sodass sie sich mit Neuen Medien ebenso selbstverständlich auseinandersetzen wie auch in anderen kulturellen Räumen.

Anhand von drei Beispielen plausibilisiert Marotzki seine These vom Kulturraum Internet: *Erstens* bezieht er sich auf die im Oktober 1997 in Amsterdam stattgefundene europäische Konferenz mit dem Titel »Towards a European Media Culture«, mit der er den neuen Kulturraum Internet offiziell als eingeführt betrachtet. Fazit der Amsterdamer Agenda ist nach Marotzki, »dass unser Verständnis vom Menschen sich verändern wird. Wenn neue Kulturräume entstehen, habe der Mensch auch differenziertere Möglichkeiten, ein Verhältnis zu sich und zur Welt aufzubauen. Weil sich Selbst- und Weltreferenzen der Menschen verändern, ist dieser Kulturraum auch ein neuer Bildungsraum« (ebd.). *Zweitens* geht Marotzki auf die von Müller-Maguhn[11] vorgebrachte Regierungserklärung vom 16.10.2000 ein, in der Folgendes dargelegt wird:

> »Die Wirklichkeit in den Köpfen der Menschen wird derzeit in einem zunehmenden Umfang von Medieninhalten geprägt, die durch elektronische Netze zugänglich sind. Das Internet ist nicht nur ein solches Netz, basierend auf Protokollen, Standards, Adressierungen und Regeln. Es ist vor allem ein Kulturraum, dessen Teilnehmer vom Prinzip her nicht festgelegt sind, ob sie Sender oder Empfänger sind. So wird die Netz-Wirklichkeit von den Nutzern gemacht« (Müller-Maguhn 2000).

Drittens versucht Marotzki, seine These zum Kulturraum Internet durch die Position von Künstlerinnen und Künstlern im Netz zu untermauern, die das Internet als neuen Experimentierraum entdecken, in dem beispielsweise mit veränderten Wahrnehmungsformen gespielt wird (vgl. Marotzki 2001, S. 7).

Insgesamt dienen diese drei Beispiele dem Autor als Beleg für seine These vom »Internet als Kultur- und Bildungsraum«. Dabei kommt er zu dem Schluss, dass es für den Gebrauch der digitalen Kultur notwendig ist, von dem Konzept der Medien*kompetenz* abzurücken, das für ihn eine zu instrumentalistische Perspektive auf Medien einnimmt, um statt dessen das Konzept der Medien*bildung* einzuführen. In Bezug auf das Medium Internet bedeute Medienbildung, »die Strukturen des Netzes zu verstehen und als kulturellen Raum zu nutzen«, sodass das Internet zu einem »demokratischen Medium des öffentlichen Raums« wird (ebd.).

Aus politischer Perspektive bedeuten die Ausführungen von Marotzki sowie von Voß und Pongratz, dass Arbeitnehmer einerseits durch sozial- und tarifpolitische sowie arbeitsrechtliche Rahmen vor Fremd- und Selbstausbeutung geschützt werden müssen und andererseits die Kompetenzen gefördert werden müssen, die »als Schlüsselqualifikationen des Arbeitskraftunternehmers gelten können« (Voß/Pongratz 1998, S. 155). Dazu gehören etwa unternehmerisches Denken (auch hinsichtlich der Vermarktung der eigenen Fähigkeiten und Leistungen), Fähigkeiten zu Selbstsozialisation, Selbstkontrolle sowie Selbstorganisation von Beruf und Alltag sowie Autonomisierung.

In wirtschaftlicher Hinsicht können die »Entwicklungen in Verbindung mit dem Internet dazu führen, dass Kunden viel schneller auf neue Trends aufmerksam werden und Ansprüche auch offensiver gegenüber Firmen vertreten« (Meister 2003, S. 95), sodass Angebotsformen

---

11 Deutscher Vertreter bei der ICANN (Internet Corporation for Assigned Names und Numbers). Die ICANN regelt die Vergabe von Namen, Nummern, die Einführung der Protokolle und erstellt die dafür geltenden Regeln. Somit ist die ICANN für die Architektur des Netzes verantwortlich.

und Neuorientierungen sich ausweiten. Dies bedeutet, dass eine Neuorientierung in der Wirtschaft stattfindet, nämlich hin zu einer stärkeren Kundenorientierung.

Die von Voß und Pongratz sowie von Marotzki beschriebene Entwicklung nimmt aber auch Einfluss auf die Weiterbildung. Aufgrund der Wandlungsprozesse in den Geschäftsabläufen und durch die Einführung neuer Technologien in Unternehmen sowie der »Verlagerung von Aufgaben hin zu sekundären Dienstleistungen« (ebd., S. 96) entsteht ein erheblicher Weiterbildungsbedarf, insbesondere bei dem neuen Typus Arbeitskraftunternehmer. Dieser muss sich nämlich prospektiv weiterbilden, um mit aktuellen Entwicklungen Schritt zu halten und damit diese Wandlungen nicht zu verpassen. »Diese ökonomisch und technologisch bedingten Wandlungsprozesse fordern die Weiterbildung heraus, da für die Adressaten nun lebenslange Angebote bereit gestellt werden müssen« (ebd., S. 96). Infolgedessen wird das Angebot stark ausgeweitet und differenziert. Die Quantität von Weiterbildungsangeboten steigt an, und auch die Qualität dieser Angebote verändert sich aufgrund der häufig umfassenden Vorbildung der Teilnehmer. So lässt sich vermuten, dass sich die Anforderungen des neuen Typus Arbeitskraftunternehmer auf den Weiterbildungsbereich übertragen, »Teamarbeit und Selbstverständlichkeiten wie das Aneignen von Wissen erfordern dann umfassende Reaktionen seitens der Weiterbildung im Hinblick auf spezifische Adressatenansprüche« (ebd., S. 97). Darüber hinaus stellt Meister die These auf, dass die Betroffenen innerhalb dieser gesamten Entwicklung »nicht nur einen funktionalen Zugang zu Weiterbildungsangeboten suchen werden, sondern dass hier auch ein Potential für Orientierungswissen, Beratung, Reflexion und Vergewisserung heranwächst, das von entsprechenden Angeboten erst aufgefangen werden muss« (ebd.).

Dementsprechend machen sich insgesamt die Fragmentierung von Erwerbsverläufen sowie der Anspruch an lebenslanges Lernen als Rahmenbedingungen von Bildungsmaßnahmen bemerkbar (vgl. Pongratz 2001). Hier stellt sich u.a. die Frage, welche Bildungsmotive Teilnehmer an E-Learning-Angeboten haben, da jene zunehmend vielfältiger werden und auch in späteren Lebensphasen enger an Erfordernisse des Erwerbslebens gebunden sind, sodass sie nicht mehr pauschal beantwortet werden können. Aus diesem Grund gewinnt die Berücksichtigung *individueller Interessen* für die Gestaltung des eigenen Bildungsprozesses weiter an Bedeutung.

Dieser Formwandel von Arbeitskraft könnte dabei nach Voß und Pongratz bisherige soziale Ungleichheiten (soziale Lage der Erwerbstätigen, Geschlecht, Qualifikation, Branche, Region etc.) perpetuieren, aber auch zu einer neuen Gewichtung der Dimensionen sozialer Ungleichheit führen. So zeigen die beiden Autoren deutliche Unterschiede zwischen Gewinnern und Verlierern dieser Entwicklung auf, »die bereits gängigen Mustern sozialer Ungleichheit folgen, verbunden mit damit zusammenhängenden überfachlichen Fähigkeiten und Kompetenzen, die über das soziale Kapital (Bourdieu) erworben werden« (Meister 2003, S. 94). »Die neuen Möglichkeiten des Arbeitskraftunternehmers für Arbeitskraftanbietende und -nutzende könnten daher für Gruppen zwar attraktive neue Herausforderungen bedeuten, für andere werden sie aber die Gefahr einer notorischen beruflichen wie insgesamt existentiellen Verunsicherung und Überforderung mit sich bringen« (Voß/Pongratz 1998, S. 154). Diese Überforderung und das Aufarbeiten des Scheiterns würden in diesem Zusammenhang ebenfalls zu den Aufgaben zählen, die die Weiterbildung zu bewältigen hätte, indem sie entsprechende Angebote der Reflexion und des Verstehens für Betroffene bereitstellt.

2.2 E-Learning

2.2.1 Begriffsbestimmung E-Learning

Back/Bendel/Stoller-Schai (2002) erklären, dass der E-Learning-Begriff keinen wissenschaftlichen Ursprung hat, sondern etwa 1999 als Neologismus aufkam, wobei diese Entwicklung im engen Zusammenhang mit der weltweiten E-Business Marketingkampagne von IBM zu sehen ist. Das junge Wort E-Learning gehört zur Familie der E-Begriffe (engl.: e-terms), die gleichzeitig auch als Marketing-Begriffe fungieren: Mit seinem Aufkommen wird also im Hinblick auf die Erfordernisse des Absatzmarktes ein Wort e-isiert und damit interessant und verwendungsfähig gemacht.

»E« steht für »electronic« und bezieht sich in erster Linie auf elektronische Informationsverarbeitung und elektronisch unterstützte Kommunikation, also auf die Verwendung von Informations- und Kommunikationstechnologien (IKT) und entsprechende Systeme. Der andere Teil des jeweiligen E-Begriffes weist auf Gegenstände, Bereiche und Prozesse hin, die bereits ihren etablierten Ort haben. Somit verbindet ein E-Begriff Innovation und Tradition.

›Lernen‹ als der traditionelle Teil des Kompositums E-Learning wird definiert als das »Aneignen und Hinzugewinnen von Wissen« (Back/Bendel/Stoller-Schai 2002, S. 31). Wissen wird im Lernprozess transferiert und verarbeitet. Wird die Definition von Wissen[12] aus der allgemeinen Literatur herangezogen, so spielt neben der Kenntnis und der Erfahrung die Beobachtung eine primäre Rolle, um Wissen zu bilden, sowie das lernende Aneignen von Informationseinheiten. Wenn man die Einteilung nach implizitem (verinnerlicht, schwer mitteilbar) und explizitem (formal beschreibbares oder artikulierbares) Wissen berücksichtigt, ist Lernen die Aneignung von implizitem wie auch explizitem Wissen. Es ist ein Vorgang, der bei Personen eine innere Veränderung verursacht, indem Kompetenzen und Fähigkeiten auf- bzw. ausgebaut werden. Dadurch verändert das Lernen Personen und ihre Potenziale: Es macht sie kompetent für bestimmte Aufgaben. Die Kompetenzen werden zur Basis von professionellen Handlungen, von Geschäftsaufgaben und -problemen. Dadurch ist der Nachweis von Lernerfolgen zu einem Schlüssel der Verteilung sozialer Positionen und Chancen geworden.

Das »E« rückt nun das Lernen in einen neuen Zusammenhang. Es geht um Lernen, das elektronisch, nämlich durch die Benutzung von Informations- und Kommunikationstechnologien respektive darauf aufbauenden Systemen unterstützt bzw. durchgeführt wird.

Mehr und mehr etabliert sich der Begriff E-Learning als Oberbegriff für die Formen IKT-basierten Lernens. »Nur ein weiter Begriff wie E-Learning kann durch seine Offenheit heutigen Erfordernissen Rechnung tragen und künftige Entwicklungen mit einschliessen« (sic) (ebd., S. 35).

Ferner zeigen Back/Bendel/Stoller-Schai auf, dass E-Learning entweder als eine Form zur Unterstützung von Lernprozessen oder als Form der Vermittlung zu verstehen ist, wobei sich unterschiedliche Lernformen und Lernsysteme unterscheiden lassen, die folgende Polarisierungen beinhalten: Der E-Learning-Begriff kann als technologiebasiertes resp. virtuelles System oder als integrierte Lösung verstanden werden, in stationär oder mobil, lokal oder verteilt, sta-

---

12 Wissen ist in Meyers großem Taschenbuchlexikon definiert als alle »Kenntnisse im Rahmen alltäglicher Handlungs- und Sachzusammenhänge (Alltagswissen); im philosophischen Sinne die begründete und begründbare (rationale) Erkenntnis im Unterschied zur Vermutung und Meinung oder zum Glauben. Wissen kann primär durch zufällige Beobachtung, durch systematische Erforschung (Experimente) oder deduzierende Erkenntnis gewonnen werden, sekundär durch lernende Aneignung von Wissensstoff« (Meyers Lexikon (2002), Band 25).

tisch oder dynamisch, synchron oder asynchron und individuell oder kollaborativ unterschieden werden (vgl. Back/Bendel/Stoller-Schai 2002). Ehlers (2002) versteht unter E-Learning alle Formen des Lernens mithilfe elektronischer Medien, sowohl online als auch offline.

Seufert und Mayr (2002) indes integrieren in ihrer Definition von E-Learning die pädagogische Intention, die elektronischen Lernumgebungen inhärent sein sollte, indem sie den absichtsvollen Einsatz medialer Elemente in E-Learning-Programmen betonen: »E-Learning findet statt, wenn Lernprozesse in Szenarien ablaufen, in denen gezielt multimediale und (tele-)kommunikative Technologien integriert sind« (S. 45f.).

In den folgenden Ausführungen wird E-Learning entsprechend der genannten Definition von Seufert und Mayr definiert und somit als Oberbegriff für sämtliche Bereiche des Lernens mithilfe elektronischer Medien verwendet.

2.2.2 Klassifizierung von E-Learning-Systemen

Es gibt unterschiedliche Versuche, E-Learning Systeme zu klassifizieren, um die zurzeit fast unüberschaubare Fülle von Lernangeboten hinsichtlich verschiedener Kriterien handhabbar zu machen. Bezogen auf E-Learning Systeme lässt sich aufzeigen eine technologisch-orientierte und zeitliche Systematisierung aufzeigen.

2.2.2.1 Chronologische Klassifizierung

Betrachtet man multimediale Lernmöglichkeiten nach ihrer chronologischen Entwicklung, so ist auf dem Weg vom alleinstehenden, CD-ROM-gestütztem Lernen über multimediales Lernen bis hin zum Online-Lernen ein Fortschritt zu erkennen. Diese Lernformen variieren nach dem Grad der Betreuung oder der Kooperation des Lerners mit anderen Lernern oder Tutoren. Breuer (2000) betrachtet die unterschiedlichen Lerntechnologien in ihrer zeitlichen Entwicklung und unterscheidet drei Gruppen (Epochen):

Traditionelles computerunterstütztes Lernen

Zu den traditionellen Formen von E-Learning zählt der computerunterstützte Unterricht, wobei unter diesem Begriff nach Twardy »alle gegenwärtig möglichen Einsatzarten automatisierter Datenverarbeitung im Rahmen von Lehr-/Lernsituationen« (Twardy 1985) verstanden werden können. Die Verwendung des Terminus »Unterricht« liefert dabei erste Hinweise auf die Situation des Lernenden in diesen frühen Konzepten. Mit der technischen Entwicklung lässt sich eine parallel verlaufende Veränderung konstatieren, die eng mit lerntheoretischen Entwicklungen zusammenhängt, nämlich die Wende vom Behaviorismus zu kognitiven Lerntheorien. Nach der behavioristischen Lerntheorie zeigt sich ein Erfolg an beobachtbaren äußeren Verhaltensweisen. Menschliches Verhalten lässt sich als Reaktion auf bestimmte Reize beschreiben. Es geht darum, die Wahrscheinlichkeit des Auftretens von erwünschten Verhaltensweisen zu erhöhen. Der Behaviorismus wird als wirksame Struktur von Lernanreizen für den im Prinzip als passiv und fremdgesteuert betrachteten Lernenden verstanden. Seit der kognitionspsychologischen Wende galt die hier skizzierte behavioristische Denkweise als veraltet und ergänzungsbedürftig.

Im Vergleich zum Behaviorismus untersuchen kognitive Lerntheorien,[13] wie das menschliche Gehirn Informationen aufnimmt, verarbeitet, speichert und erinnert. Die Entwicklung des Menschen wird als aktiver Prozess eines mit Erkenntnisfunktion ausgestatteten Subjekts verstanden, in dessen Verlauf das Individuum durch die aktive Auseinandersetzung mit der Umwelt fortschreitend Erkenntnis aufbaut.

Die auf dieser Lerntheorie basierende Software schließt damit auch Elemente ein, die dem Lernenden eine adaptive Bearbeitung ermöglichen (Lernsteuerung). Sie erleichtert dem Lernenden, Lerninhalte mit individuellen Erfahrungsstrukturen zu verknüpfen (lebensnahe Informationsdarstellung) und bietet Hilfen an, mit denen bei Bedarf auf vertiefende Darstellungen der Lerninhalte zurückgegriffen werden kann. Mögliche Grundformen sind Tutorials und Simulationen.

Multimediales Lernen

Den Begriff »Multimediales Lernen« gibt es etwa seit Beginn der 1990er-Jahre. Heute bezeichnet Multimedia, das »informationstechnische Potential, Informationen unterschiedlicher Art nicht wie bisher über eine Vielzahl voluminöser Apparate, sondern über eine einzige Medienstation darzustellen bzw. auf ihr abrufbereit zu halten« (Euler/Twardy 1995, S. 356). Vonseiten der Fachliteratur gibt es sehr unterschiedliche, jeweils disziplinär ausgerichtete Kategorisierungen für das Themenspektrum ›Multimedia‹.

Eine Möglichkeit, Multimedia präzise und umfangreich zu bestimmen, zeigt Klimsa (1997) auf, indem er den Begriff anhand der Dimensionen *Technik* und *Anwendung* differenziert. Innerhalb der *technischen* Dimension fasst er *Multimedialität* und *Multimodalität* zusammen. Während mit *Multimedialität* die Integration und Kombination zeitabhängiger (z.B. Video, Audio, Animationen etc.) und zeitunabhängiger (z.B. Texte, Grafiken, Bilder etc.) Medien berücksichtigt wird, beschreibt Multimodalität ein »Charakteristikum der Art und Weise der Medienintegration und -präsentation« (Klimsa 1997, S. 8). Die Multimodalität spaltet Klimsa nach den Aspekten *Multitasking* (mehrere Operationen und Prozesse können durch den Computer gleichzeitig ausgeführt werden), *Parallelität* (mehrere Medien werden parallel präsentiert) und *Interaktivität* (der Benutzer kann auf die Darstellung der zur Verfügung stehenden Medien einwirken).

Die Qualität der Interaktion in multimedialen Anwendungen kann sehr unterschiedlich ausfallen. Vom einfachen ›Seiten umblättern‹ über das Abspielen von Videos resp. Animationen bis hin zur Möglichkeit, Antworten einzugeben, die anschließend durch das System evaluiert werden, kann sich Interaktion sehr facettenreich darstellen (vgl. Schaumburg/Issing 2003, S. 719). Das Ausmaß, in dem den Lernenden solche Interaktionen angeboten werden, kann als bedeutende Variable für das jeweilige Lernumfeld interpretiert werden. Sind die Interaktionsmöglichkeiten einer spezifischen Software relativ umfangreich, so entsteht dadurch auch ein Grad an Adaptivität, der die differenzierten individuellen Lernwege der einzelnen Lerner besser unterstützen kann (vgl. ebd.). Im Kontext der ›Theorie der Verarbeitungstiefe‹ von Craik und Lockhart (1972), die vor allem für Erkenntnisse auf dem Gebiet der Instruktionspsychologie fruchtbar gemacht worden ist, gewinnen die Interaktionsmöglichkeiten innerhalb computerbasierter Lernprogramme zusätzlich an Bedeutung. Die Theorie der Verarbeitungstiefe gründet auf der Annahme, »dass Aufmerksamkeits- und Wahrnehmungsprozesse,

---

13 Für eine ausführliche Darstellung des Kognitivismus und Konstruktivismus als Lerntheorie in Bezug auf E-Learning siehe Kerres (2001).

die bei der Verarbeitung von neuer Information ablaufen, auf unterschiedlichem Niveau stattfinden können« (Schaumburg/Issing 2003, S. 726). Mit der Verarbeitungstiefe ist die Intensität gemeint, mit der (neue) Informationen semantisch analysiert werden. Zusammen mit der Anzahl kognitiver Operationen bestimmt die Verarbeitungstiefe, wie gut die Informationen von den Lernenden behalten werden. »Eine tiefere Analyse-Ebene sorgt für länger andauernde und stärkere Gedächtnisspuren als eine oberflächliche Analyse« (ebd.).

Die Instruktionsforschung geht nunmehr davon aus, dass besonders der interaktive Charakter computerbasierter Lernarrangements den Lerner dazu befähigen kann, sich aktiv und bedeutungsvoll mit einem Lerngegenstand zu beschäftigen und somit einen erheblichen Einfluss auf den Lernerfolg ausübt. Letztendlich wird die Interaktivität als didaktisches Gestaltungsmittel interpretiert, »das eine tiefere Verarbeitung hervorrufen kann« (ebd.).

Die Dimension der Anwendung des Multimediabegriffs ist nach Klimsa unbedingt in die Betrachtung einzubeziehen, da erst die »Anwendung der multimedialen Technik« den Terminus ›Multimedia‹ konkretisiert und ihn der »kontextbezogenen Analyse« (ebd.) zugänglich macht.

Die Anwendung von Multimedia ist demnach vor allem durch ihre Multifunktionalität gekennzeichnet. Darunter versteht Klimsa verschiedene Anwendungskategorien, in denen sich der Nutzer multimedialer Technik bewegen kann, wie z.B. Datenbanksysteme, Kommunikationssysteme, Hypermediasysteme, Autorenumgebungen, Tools sowie virtuelle Realitäten (vgl. ebd.).

Weidenmann (1997) geht bei der Differenzierung des Begriffs Multimedia noch weiter, indem er mediale Angebote einerseits nach ihrer lernpsychologischen Interpretation von Multimodalität, andererseits nach ihrer technologischen Kodierung einordnet. Im Gegensatz zu Klimsa repräsentiert der Begriff Multimodalität nach Weidenmann solche Medienarrangements, die verschiedene Sinnesmodalitäten der Nutzer ansprechen (z.B. audiovisuelle Medien) (vgl. Weidenmann 1997, S. 67). Darüber hinaus führt er den Aspekt der Multikodalität für die Charakterisierung (multi-)medialer Szenarien ein. Damit bezieht er sich auf Medienangebote, die unterschiedliche Kodierungen bzw. Symbolsysteme integrieren, wie z.B. Texte mit Bildern oder Grafiken mit Textfeldern.

In diesem Zusammenhang ist außerdem auf Weidemanns Unterscheidung zwischen harten und weichen Treatments hinzuweisen. So geht er davon aus, dass Neue Medien den ›weichen Treatments‹ zuzurechnen sind.

> »Der traditionelle Unterricht – zumindest in der Schule und in Teilen der Weiterbildung – hingegen folgt einem ›harten Treatment‹, sprich, der Lernort, die Lernzeit, die Zusammensetzung der Lerngruppe, das Lernmaterial, der Lernweg und die Leistungskontrollen sind streng kontrolliert und normiert, genauso wie die sozialen Rollen der beteiligten Schüler und Lehrer« (Meister 2003, S. 168).

Dementsprechend empfiehlt Meister, für die Nutzung Neuer Medien im Unterricht weiche Treatments einzusetzen, die »Raum und Zeit für informelles Lernen, Eigenaktivitäten, und auch für selbstgesteuertes Lernen« gewähren (ebd.). Multimedia symbolisiert demzufolge die Verbindung mehrerer Medien.

In letzter Zeit werden Formen multimedialen Lernens zunehmend mit nicht-linearen Informations- und Interaktionsstrukturen, sogenannten Hypertexten verbunden. Multimediale und hypermediale Systeme eröffnen den Lernenden im Vergleich zu früheren Formen computerunterstützten Lernens mehr Möglichkeiten des selbstgesteuerten Lernens. Hiermit wird auch die Interaktivität von Lernprogrammen angesprochen, die als »die Eigenschaft von Software

[…], dem Benutzer eine Reihe von Eingriffs- und Steuermöglichkeiten zu eröffnen« (Haack 1997, S. 153) definiert wird. Funktionen von Interaktivität sind einerseits die Individualisierung durch die Auswahl und Darbietung von Lerninformationen nach den Interessen und Bedürfnissen der jeweils Lernenden, andererseits die Motivation durch den Einbezug des Lernenden in das Lerngeschehen. Der Lernende nimmt im Lernprozess eine aktive Rolle ein, die ihm bestimmte Freiheitsgraden gibt.

Telekommunikationsunterstütztes Lernen

In der aktuellen Diskussion steht das Telekommunikationsunterstützte Lernen, das auch Telelernen genannt wird. »Tele« kommt aus dem Griechischen und bedeutet »fern, weit«; das Adjektiv ›telekommunikationsunterstützt‹ betont, dass in diese Lehr-Lernprozesse Telekommunikationsnetze (und andere Datennetze) in irgendeiner Form integriert sind. Telekommunikationsunterstützt bedeutet nicht, dass der Lernende während des gesamten Lehr-/Lernprozesses ständig online, d.h. mit dem Netzwerk verbunden sein müsste. Das Netzwerk kann auch lediglich als Distributionsweg fungieren, z.B. um Lernsoftware und -materialien für den eigenen Arbeitsplatz herunterzuladen. Neben dem Internet sind dies auch andere Techniken, wie z.B. Videokonferenzen. Kennzeichnend ist, dass offenbar eine räumliche und/oder zeitliche Distanz zwischen Lernenden und Lehrenden (auch zwischen Lernenden und Mitlernenden) vorliegt, die durch Technik überwunden werden soll.

Eine lerntheoretische Vorstellung, die in der Diskussion um das telekommunikationsorientierte Lernen große Beachtung findet, ist der Konstruktivismus. Lernen wird nach konstruktivistischer Vorstellung als aktiver und an Vorwissen anknüpfender, situations- und kontextgebundener, selbstgesteuerter sowie sozialer Prozess verstanden. Wissen wird als vom individuellen Lernenden konstruiert betrachtet, d.h. dieser interpretiert wahrnehmungsbedingte Erfahrungen in Abhängigkeit von Vorwissen, mentalen Strukturen und Überzeugungen. Wissen wird vom Individuum selbst generiert, indem neue Informationen mit dem Vorwissen verknüpft werden. Wesentlich ist das soziale Aushandeln von Bedeutungen auf der Grundlage kooperativer Prozesse, wobei jeder Lernende zu unterschiedlichen Lernergebnissen kommt.

Versucht man, die aktuell verhandelten Ansätze telekommunikationsunterstützten Lernens zu systematisieren, so bieten sich folgende Unterscheidungskriterien an: *Erstens* wird die Anzahl der Sender und Empfänger unterschieden, also die kommunikative Situation des Lehr-Lernprozesses. Paulsen (1995) differenziert die Kommunikationsmöglichkeiten des Telelernens nach ›One-Alone‹, ›One-to-One‹, ›One-to-Many‹, ›Many-to-Many‹.

Zweitens repräsentiert die Zeit einen wesentlichen Faktor im Lehr-/Lernprozess. Die Lerninteraktionen können zeitgleich (synchron) oder zeitversetzt (asynchron) stattfinden. Nach diesem Muster lassen sich auch alte Medien klassifizieren (Beispiel: Lehrbuch: asynchron, Telefon: synchron).

Drittens ist die Art der Information von Bedeutung. Eine Information kann in verschiedenen Formen vorliegen, wofür auch der Begriff Kodierung bzw. Symbolsystem benutzt wird.[14] Symbolsysteme könnten verbaler, piktoraler und numerischer Art sein. Breuer (2000) kritisiert in diesem Zusammenhang, dass Darstellungen zur Kodierung nicht scharf von Unterscheidungen der Modalität getrennt werden. Mit Sinnesmodalität oder Sinneskanal werden die

---

14 Zum Begriff der Multikodalität siehe auch das Kapitel über ›Multimediales Lernen‹, S. 36ff.

Sinnesorgane des Individuums angesprochen, mit denen ein mediales Angebot wahrgenommen werden kann, z.B. auditiv oder visuell.

Viertens wird nach dem Kooperationsgrad beim telekommunikationsunterstützten Lernen differenziert, und zwar individuell versus kooperativ. Das Internet bietet mit seinen Diensten vielfältige Kommunikations- und Kooperationsmöglichkeiten, womit auch soziale Lernszenarien realisiert werden können. Lernende können mit anderen, räumlich entfernten Mitlernenden in Kontakt treten. Aufgaben können gemeinsam bearbeitet und von einem Tutor betreut und ausgewertet werden.

2.2.2.2 Technologische Klassifizierung

Technologisch orientierte Systematisierungsversuche können nach aufgabenbezogenen (Funktionen zur Unterstützung, Entwicklung und Administration von Lernprozessen) versus methodischen Gesichtspunkten (intendierter Verwendungszweck) differenziert werden.

Hinsichtlich der funktionalen Systematisierung klassifiziert Bodendorf (1990) die vorhandenen Lernwerkzeuge (Tools) einerseits in Entwicklungswerkzeuge für Lernumgebungen, andererseits in Anwendungswerkzeuge für Lehrende und Lerner. Unter Entwicklungswerkzeugen werden Softwaretools verstanden, die sowohl spezifische Autorensysteme oder Entwicklungs- bzw. Programmiersprachen (bspw. Java, XML, Flash u.ä.), als auch Standardsoftware wie z.B. Textverarbeitungsprogramme beinhalten. Anwendungswerkzeuge für Lehrende sind Werkzeuge zur Prüfungsadministration, Unterrichtsverwaltung und -organisation. Dagegen stellen die Anwendungswerkzeuge Möglichkeiten der interaktiven Nutzung auf Lernerseite bereit, vor allem in Lernumgebungen (wie z.B. die Integration von Videokonferenzen). Aufgrund des technologischen Wandels wird eine exakte Trennung zwischen Anwendungs- und Entwicklungswerkzeugen allerdings zunehmend schwieriger, da heutige Administrationssysteme oftmals auch Entwicklungsfunktionalitäten enthalten.

In Bezug auf methodische Klassifizierungssysteme von vernetzten Lernangeboten können drei Grundformen unterschieden werden: das »Teleteaching«, das »Teletutoring« und das »Offene Telelearning«. Sie stellen gewissermaßen Fixpunkte in einem Kontinuum von einem eher rezeptiv orientierten, dozentenzentrierten Lernarrangement (Teleteaching) bis hin zu einem völlig selbstständigen Lernen (Offenes Telelernen) dar. Im Folgenden werden die Vor- und Nachteile dieser drei Lernumgebungs-Formen nach Kerres (2001) skizziert.

Teleteaching

Das Teleteaching bezeichnet oftmals die synchrone Übertragung einer Lehrveranstaltung mithilfe von Videokonferenzen und ist ein geeignetes Mittel für einen Adressatenkreis, der sich nicht am Ort dieser Veranstaltung einfinden kann. Diese Technik wird häufig in international operierenden Unternehmen eingesetzt, die Produktschulungen mit Mitarbeitern durchführen, welche geografisch sehr weit verteilt sind. Die Rolle des Teilnehmers ist dabei weitgehend rezeptiv: Er widmet dem Dozenten seine Aufmerksamkeit. Als Merkmal des Teleteachings kann die synchrone, meist unidirektionale Kommunikation zwischen entfernten Personen verstanden werden. Der Vorteil besteht in der zeitgleichen, ortsunabhängigen Übertragung des Lehrprozesses. Mögliche Nachteile sind der technische Aufwand, die Notwendigkeit zur Synchronisation des Lehr-Lernprozesses sowie die oftmals nur mögliche Einweg-Kommunikation.

Teletutoring

Beim Teletutoring übernimmt der Tutor die Rolle des Moderators oder Lernbegleiters. Dabei spielt die Kommunikation eine entscheidende Rolle. Merkmale des Teletutorings sind die zeitlich getaktete Distribution von Lernmaterialien bzw. Lernaufgaben und die vornehmlich asynchrone Betreuung der Lernenden.

Als Vorteile werden die Betreuung durch den Tutor und die Möglichkeit des kooperativen verteilten Lernens in Gruppen[15] hervorgehoben. Potenzielle Nachteile können der Aufwand bei der Planung (u.a. Anpassung an die Zielgruppe), der organisatorische Aufwand bei der Durchführung und der zeitgebundene Zugriff der Nutzer sein.

Offenes Telelearning

Beim offenen Telelearning steht der einzelne Lerner im Vordergrund. Die Lehrmaterialien stehen im Internet zur Verfügung. Allerdings findet der Lernprozess ohne Kooperation oder Betreuung durch einen Tutor statt. Der Begriff »Offenes Telelearning« ist eng mit der »Open University« verbunden, wie sie in Großbritannien praktiziert wird. Viele kommerzielle E-Learning-Angebote funktionieren nach dem Prinzip von kostenpflichtigen Kursen sowie von Downloads strukturierter Lehrbriefe. Das offene Telelearning eignet sich besonders für kleinere Lerneinheiten und zur ›ad hoc-Behebung‹ eines Wissensdefizites (›learning-on-demand‹, ›just-in-time-learning‹). Der Lerner übernimmt die Rolle seines eigenen Bildungsmanagers, der selbstständig entscheidet, wann er was in welcher Detailtiefe lernt (individuelle Auseinandersetzung mit dem Inhalt). Diese Lernform ist allerdings häufig nur dann erfolgreich, wenn die Lerner fortgeschrittene Lernkompetenzen besitzen und bezüglich selbstorganisatorischer Prozesse erfahren sind. Merkmale des *offenen* Telelearnings sind, dass Lerninhalte in modularen Datenbanken angeboten werden, der Abruf wahlfrei erfolgt und keine organisierte Kommunikation vorhanden ist.

Tabelle 2.2.2.1: Vor- und Nachteile der methodischen Grundformen des E-Learnings (nach Kerres 2001, S. 299)

Offenes Telelernen	Teletutoring	Teleteaching
Merkmale: Lerninhalte werden in modularen Datenbanken angeboten, der Abruf erfolgt wahlfrei keine organisierte Kommunikation	zeitlich ›getaktete‹ Distribution von Lernmaterialien mit Lernaufgaben Betreuung vor allem asynchron	synchrone Kommunikation zwischen verteilten Lehr- und Lernpersonen
Vorteile: individuelle Auswahl von Lerninhalten und -wegen zeitlich freier Zugriff	Betreuung durch Tutor kooperatives verteiltes Lernen in Gruppen möglich	interpersonelle Interaktion ohne zeitliche Verzögerung
Nachteile: kein systematisch aufbereitetes Lernangebot keine systematische Betreuung geringer Lernerfolg für Anfänger	Aufwand bei Planung (u.a. Anpassung an Zielgruppe) organisatorischer Aufwand bei Durchführung Kein wahlfreier Zugriff	technischer Aufwand oft nur Einweg-Kommunikation Synchronisation des Lehr-Lernprozesses

---

15 Das verteilte kooperative Lernen stellt eine abgewandelte Form des Teletutoring dar, bei der die Gruppenarbeit der Lerner via Internet im Vordergrund steht.

Folglich beziehen sich die Vorteile des offenen Telelearnings auf die individuelle Auswahl von Lerninhalten und -wegen, den zeitlich freien Zugriff und die damit verbundene hohe Flexibilität aufseiten des Lerners. Nachteile könnten im Fehlen einer systematischen Aufbereitung des Lernangebots, der nicht vorhandenen systematischen Betreuung, dem geringen Lernerfolg für Anfänger, dem Fehlen von Kommunikation und sozialer Eingebundenheit des Lernens sowie in der nicht bestehenden Vernetzung der Lernangebote (z.B. CBTs) bestehen.

In Tabelle 2.2.2.1 werden die Merkmale, Vorteile und mögliche Nachteile der drei genannten methodischen Klassifizierungen abermals gegenübergestellt.

2.2.2.3 Blended Learning

Ehlers beschreibt die aktuell stattfindende Diskussion in der Weiterbildung mit ihren Konzepten dahingehend, dass, »eine ›blended‹-Lernorganisation heute eher anzutreffen« sei »als ›reine‹ E-Learning-Arrangements« (Ehlers 2002, S. 34). Der Blended Learning-Ansatz ist zu einem populären Konstrukt in der Weiterbildung geworden.

Blended Learning zielt darauf ab, aus den traditionellen Lehr- und Lernkonzepten sowie denen der E-Learning-Methoden die effektivsten herauszufiltern und symbiotisch miteinander zu verknüpfen. Blended Learning bezeichnet also Lehr-/Lernkonzepte, die eine didaktisch sinnvolle Kombination von traditionellem Lernen – gemeint sind Präsenzphasen, die sich an das traditionelle Klassenzimmerlernen anlehnen – und E-Learning anstreben (vgl. Seufert/ Mayr 2002, S. 22).

Unter Blended Learning versteht man demnach die Kombination von E-Learning und klassischen Lernmethoden mit dem Ziel, Synergieeffekte zu schaffen, sodass E-Learning eher als Ergänzung zu und nicht als Ersatz von herkömmlichen Lehrmethoden angesehen werden kann. »E-Learning ersetzt damit nicht klassische Lernformen, sonder ergänzt und bereichert sie« (Sauter/Sauter 2002, S. 14f.).

Der Begriff »Blended Learning« hat sich »im Laufe des Jahres 2001 etabliert und bezeichnet mittlerweile einen der vorherrschenden Trends für E-Learning Lösungen« (Seufert/Mayr 2002, S. 22). Der englische Begriff »Blended« bedeutet soviel wie »vermengt, vermischt, ineinander übergehend«.

Im deutschsprachigen Raum hat sich der Begriff des »Hybriden Lernens« verbreitet, der dem des »Blended Learning« sehr ähnlich ist. Allerdings gibt es auch im angloamerikanischen Raum den Begriff »Hybrid Teaching« (vgl. Soules 2000; Young 2002).

So bezeichnet »Hybrides Lernen« ebenfalls die Kombination verschiedener Lernformen. Im konkreten Fall kann der Mix unterschiedliche Perspektiven beinhalten, er kann aber auch verschiedene Technologien – etwa CD-Rom, CBT, WBT –, kombiniert mit einem Online-Chat können bezeichnen. Auch ist die Kombination verschiedener Kommunikationsformen z.B. die Mischung asynchroner und synchroner Kommunikationsformen möglich. Die dritte Perspektive zielt auf einen Methodenmix ab. Beispielsweise werden selbstzentrierte Lernformen mit teambasierten Methoden kombiniert (vgl. Seufert/Mayr 2002).

Die Wurzeln des Blended Learning-Ansatzes finden sich aus lerntheoretischer Sicht im Kognitivismus und Konstruktivismus (vgl. Kerres 2001). »Neues Wissen wird dabei über die Aufnahme und Verarbeitung von anschlussfähigen Informationen und deren Integration in vorhandene Deutungsmuster generiert. Der Blended Learning-Ansatz erhebt den Anspruch, dem Lerner die Anknüpfungspunkte zu bieten, die seinen individuellen Lernvoraussetzungen entsprechen« (Ehlers 2002, S. 35).

Die Lernplattform bildet das Zentrum der einzelnen Komponenten von Blended Learning. Sie besteht aus einzelnen Bereichen wie der Benutzerverwaltung (Zugang, Abrechnung, Zertifizierung und Evaluation) und der virtuellen Community, die den sozio-kommunikativen Bereich darstellt. Die Wissensdatenbank bildet eine weitere Komponente einer Lernplattform. Sie hält Informationen und Lernprogramme bereit. Zudem gibt es den Wissenspool, der einer Suchmaschine ähnlich ist, damit der Lerner schnell an die gewünschten Informationen kommt. Folglich ermöglichen Suchmaschinen ein effizientes Wissensmanagement. Dabei wird häufig der Wissenspool durch ein Content Management System[16] unterstützt. Eine wesentliche Rolle im Prozess des Blended Learnings nimmt der Tutor ein, der den Lernenden betreut und begleitet. Es ist somit Aufgabe des Tutors, den Lernprozess zu flankieren und zu unterstützen.

Der Mehrwert von Blended Learning im Vergleich zum reinen E-Learning kann in der Erhöhung der Qualität des Lernens und des Lernerfolgs durch die Kombination der Vorteile von Präsenzlernen und Online-Lernen bestehen, denn »Blended Learning basiert auf der Erfahrung, dass ein reines E-Learning-System nur eine begrenzte Lerneffizienz aufweist« (Sauter/Sauter 2002, S. 246).

Beim Blended Learning kann der Lerner bestimmen, wann und wo er lernen will. Es besteht eine Flexibilisierung und Individualisierung des Lernens. Der Lernende muss nicht mehr physisch an einem bestimmten Kursort präsent sein, sondern kann Ort und Zeitpunkt seines Lernens selbstverantwortlich wählen. Die damit verbundenen eingesparten Wege- und Zeitkosten sind beachtlich. Zudem steht das Lernmaterial überall und jederzeit zur Verfügung und versäumte Lektionen müssen nicht notwendigerweise nachgeholt werden. Prozesse individuellen und organisationellen Lernens können gleichzeitig stattfinden.

Ferner besitzt der Lerner die Möglichkeit, die notwendigen Lerninhalte (Module) und das Tempo des Lernprozesses zu bestimmen. Es ist wichtig, dass jeder in seinem eigenen Lerntempo lernen kann, da die Lerngeschwindigkeit von den individuellen Fähigkeiten des Einzelnen abhängt. Somit erfolgt das Lernen bedarfsgerecht und individuell entsprechend dem persönlichen Lernniveau und der jeweiligen Lerngeschwindigkeit.

Ein weiterer Vorteil des Blended Learnings besteht darin, dass die Unterlagen stets auf dem neuesten Stand sind. So wird die Anforderung nach Aktualität durch laufende Updates erfüllt und der Lerner muss sich nicht selbst um Aktualisierungen kümmern.

Durch die Teilnehmeraktivierung während der Präsenzphasen in Form von Präsentationen, Rollenspielen, Fallstudien etc. kommt das Konzept »Learning by doing« zur Anwendung. Die eigene Aktivität wird so ins Seminar eingebracht. Aber vor allem dienen Präsenzveranstaltungen, beispielsweise in Form von Seminaren, der Reflexion und dem Erfahrungsaustausch der Lernenden. Gerade durch den Einsatz dieser traditionellen Lehrmethoden werden alle Lerner unterstützt, in die Landschaft der Neuen Medien einzusteigen und Blended Learning zu nutzen, da diese für sie keine neue Lehrmethode darstellen.

Darüber hinaus wird die direkte Kommunikation gefördert, indem Lernen als soziales Phänomen mit Trainern und Mitlernenden im Seminar praktiziert wird. Ferner findet während

---

16 Content Management Systeme (CMS) sind komplexe Redaktionssysteme, »die sowohl die Abläufe eines kooperativen webbasierten Arbeitsprozesses koordinieren, als auch bei der Online-Erstellung der Inhalte (Funktionen von Autorenwerkzeugen) helfen« (Baumgartner u.a. 2002, S. 21).

der Online-Phase eine tutorielle Betreuung statt. Somit geht durch die klassischen Vertiefungskurse der soziale Kontakt durch E-Learning nicht verloren und das Lernen und Arbeiten erfolgt problem- und ergebnisorientiert mittels simulativer und projektorientierter Lernformen mit einem Feedback.

Insgesamt ergibt sich der Mehrwert des Blended Learnings aus der Erhöhung der Qualität des Lernens durch Methodenvielfalt und neue didaktische Konzepte. Genau auf diesen Punkt verweist auch der Begriff des Blended Learnings, da nicht das Lernen an sich »vermischt« ist, sondern die Methoden, mit denen gelernt wird.

Nach Ehlers integriert der Blended Learning-Ansatz »Phasen systematischer Wissensvermittlung und selbstgesteuerter Exploration. Wichtig ist die Abstimmung der Komponenten auf die Lernsituation und die -bedürfnisse der Teilnehmer« (Ehlers 2002, S. 35). Daher ist es auch schwierig, das optimale Verhältnis der Nutzung der Lernplattform zu den Präsenzphasen zu quantifizieren. Die Meinungen hierzu können sehr unterschiedlich sein, da dieses Verhältnis von der Zielgruppe (z.B. Vorerfahrungen im Umgang mit Lernplattformen der einzelnen Nutzer), dem Lerninhalt usw. abhängig ist. Jedoch kann festgehalten werden, dass den E-Learning-Komponenten oftmals ein größerer Raum zufällt. Häufig beginnt der Lernkurs mit einer Präsenzveranstaltung, damit sich die Teilnehmer kennenlernen können. Dadurch können die Lernenden in das Konzept des Blended Learnings eingewiesen und ihnen kann die Nutzung der einzelnen Medien erklärt werden (z.B. der Umgang mit Newsgroups, Mailinglisten etc.).

Aus einer bildungspolitischen Perspektive entspricht Blended Learning derzeit populären Forderungen wie denjenigen nach lebenslangem oder selbstgesteuertem Lernen. Dabei können durch den Blended Learning-Ansatz neue Zielgruppen angesprochen werden, die sich gegenüber traditionellen Qualifizierungen in der Weiterbildung verschließen oder aber gegenüber reinen E-Learning-Angeboten aufgrund der hohen Selbstverantwortlichkeit und der dazugehörigen Fähigkeit zur Selbstorganisation gehemmt sind (vgl. Ehlers 2002).

Somit setzte sich in der Weiterbildung die Erkenntnis durch, dass E-Learning, mit traditionellen Lern- und Lehrmethoden verknüpft, ein wirksames Konzept darstellen kann, um Lerner zu motivieren, zu interessieren und sie erfolgversprechend zu qualifizieren.

2.2.3 Lerntheoretischer Hintergrund

Lernen wird häufig als Grundbedingung menschlicher Entwicklung angesehen. Das Phänomen des menschlichen Lernens zählt seit Mitte des 19. Jahrhunderts zu den wichtigsten Forschungsobjekten (vgl. Kron/Sofos 2003). Nach Schiefele und Pekrun kann Lernen »als eine Aktivität verstanden werden, in deren Verlauf neue Gedächtnisinhalte (z.B. Wissen, Fertigkeiten) erworben werden« (Schiefele/Pekrun 1996, S. 249). Sie führen in diesem Zusammenhang drei Komponenten des Lernprozesses auf: die *Zielstellung* (Elaboration der Ziele), die *Operationen,* die während des Lernprozesses durchgeführt werden (z.B. Lernaktivitäten wie das Anfertigen von Notizen; Regulationsaktivitäten wie Verringerung der Lerngeschwindigkeit) und die zielorientierten *Kontrollprozesse* (Bewertung der Ergebnisse).

Die bekanntesten und am häufigsten angesprochenen Lernmodelle stammen aus der Psychologie, liegen aber durchaus im Schnittfeld pädagogisch-didaktischer Interessen. In diesem Zusammenhang sind vor allem der Behaviorismus, die Kognitionstheorien und die konstruktivistischen Theorien als bedeutendste Vertreter lerntheoretischer Strömungen zu erwähnen. Diese drei lernpsychologischen Ansätze bauen zeitlich aufeinander auf und man könnte metaphorisch von einer Entwicklung des Lernenden vom Antwortgeber über den Informationsverarbeiter zum Wissenskonstrukteur sprechen (vgl. Urhahne/Prenzel u.a. 2000).

Unabhängig von den lerntheoretischen Paradigmen, die der Strukturierung computerbasierter Lernsettings zugrunde liegen, sind auch motivationspsychologische Aspekte von besonderer Bedeutung für eine theoretische Fundierung multimedialen Lernens. Aus diesem Grund folgt im Anschluss an die Darstellung der drei Lernmodelle eine skizzenhafte Thematisierung motivationspsychologischer Thesen.

2.2.3.1 Behaviorismus

Behaviorismus ist die »Wissenschaft von der möglichst objektiven, durch Experimente abgesicherten Betrachtungsweise der beobachtbaren offenen Reaktionen bzw. Verhaltensweisen von Menschen und Tieren« (Kron/Sofos 2003, S. 86).

Die Bedingungen von Veränderungen von Verhaltensweisen, die als Lernen bezeichnet werden können, repräsentieren wesentliche Aspekte der behavioristischen Sichtweise. Der bekannteste Vertreter des behavioristischen Modells ist B.F. Skinner, der es als eine Hauptaufgabe des Behaviorismus angesehen hat, Gesetzmäßigkeiten im Verhalten von Menschen zu erforschen, um eine Vorhersage ihres Verhaltens zu ermöglichen. Die Verstärkung von Verhalten nimmt eine zentrale Rolle in diesem Modell ein. Beim behavioristischen Ansatz[17] wird Lehren und Lernen mit Medien als ein linearer Prozess verstanden, der in der Abfolge *Stimulus – Response – Reinforcement* verläuft: Bestimmte Faktoren (Stimuli) nehmen Einfluss auf das Individuum und führen bei diesem zu einem entsprechenden Antwortverhalten (Response). Wenn dieses Verhalten von der Umwelt positiv, z.B. durch Lob sanktioniert (Reinforcement) wird, dann steigt die Wahrscheinlichkeit, dass sich das Individuum in Zukunft ebenso verhält. Dieser Prozess wird *positive Verstärkung* genannt. Ebenso kann auch nicht normentsprechendes Verhalten verändert werden, in dem negativ sanktioniert, z.B. getadelt wird, um daraufhin einen neuen Stimulus auf das Individuum auszuüben, der das gewünschte Verhalten auslöst. Wird dieses Verhalten gezeigt, wird wiederum positiv sanktioniert, sodass der Betroffene gelernt hat, nicht erwünschtes Verhalten zu unterlassen. Das Prinzip der Verstärkung basiert also auf Maßnahmen, die die Konsequenzen der Lernaktivität betreffen. Der auf diese Weise strukturierte Lernprozess wird »operantes Lernen« genannt (ebd., S. 88).

Bezogen auf den Einsatz von Lernprogrammen bedeutet dies, dass der Lernende über eine positive Rückmeldung in seinem Verhalten bestärkt wird. Bei der Eingabe einer falschen Antwort bleibt die positive Rückmeldung hingegen aus und die Frage wird solange wiederholt, bis der Lerner das richtige Antwortverhalten zeigt. Diese Form von Lernprogrammen wird auch als »Drill-and-Practice« bezeichnet. Obwohl sie sich mit der heutigen Vorstellung vom Lerner nicht mehr uneingeschränkt vereinbaren lassen, werden sie trotzdem zur Aneignung grundlegender Fähigkeiten, wie etwa zum Vokabellernen, weiterhin verwendet (vgl. Urhahne/Pren-

---

17 Im Zusammenhang eines gemäßigten Behaviorismus spielt der Begriff der Motivation eine entscheidende Bedeutung (vgl. Kron/Sofos 2003), speziell die Unterscheidung von intrinsischer (selbstgesteuerter) und extrinsischer (fremdgesteuerter) Motivation.

zel u.a. 2000). Nach Skinners Klassifikation würden auch die Neuen Medien zu den Umweltfaktoren zählen, die das menschliche Verhalten stimulieren.

Dabei zeigen nach Kron Erfahrungen mit Jugendlichen, dass anscheinend vor allem die Neuen Medien stärkere Lernanreize (Stimuli), die die extrinsische Motivation betreffen, »auf den Heranwachsenden ausüben, als die klassischen Lernarrangements in Schule und Unterricht« (ebd., S. 88).

Vor diesem Hintergrund würde nach Kron auch die intrinsische Motivation und das mit ihr verknüpfte selbstgesteuerte Verhalten (intrinsische Motivation) hinsichtlich Neuer Medien ein neues Gewicht bekommen, da sie bei den Lernenden Selbstkontrolle und Selbststimulierung initiieren. Aufgrund dessen begeben sich Jugendliche wiederholt und häufiger in die stimulierende Lernumgebung Internet. Insbesondere in dieser Umgebung eignet sich der Lerner aus sich selbst heraus neue Techniken des Umgangs mit dem neuen Medium an. »Von diesem Phänomen her gesehen ist die Selbstverstärkung ein Mittel zum Zweck der Funktionalität des Systems. Sie dient nicht dazu, die Einzelperson in eine irgendwie geartete Freiheit zum System zu setzen, um sich selbst kritisch und distanziert verhalten zu können« (ebd.). Trotzdem fordern aber die Neuen Medien den Lernenden zu eigenständigen Leistungen heraus und Medienkompetenz wird zum zentralen Anliegen von Erziehung und Schule.

Die Frage, die sich Skinner (1961) bezüglich der Optimierung von Lehr- und Lernprozessen gestellt hatte, war, wie sich »die Lernleistung vom Individuum und zugleich dessen Beitrag zur Funktion der Gesellschaft steigern lassen – in einer Weise, die dem Betreffenden auch noch Freude bereitet. Die Antwort war die Erfindung des ›programmierten Lehrens und Lernens‹ resp. des ›programmierten Unterrichts‹«[18] (Kron/Sofos 2003, S. 89).

2.2.3.2 Kognitivismus

Seit der kognitionspsychologischen Wende galt die behavioristische Denkweise als veraltet und ergänzungsbedürftig. Anstatt einer passiven und vorwiegend stimulusgesteuerten Betrachtung des Lernenden wie im Behaviorismus ging man im Kontext der kognitiven Lerntheorien von einem aktiven Teilnehmer am Lernprozess aus. Der kognitionstheoretische Ansatz unterstreicht *Lernen als individuellen Entwicklungsprozess* (vgl. Aebli 1963). Kognitionspsychologische Stichworte sind Lernstrategien, Selbst, Selbstkonzept, Selbstüberwachung, Selbstaufmerksamkeit und Selbstregulation.

In der Regel wird die kognitionstheoretische Sichtweise vom Lernenden mit den Forschungsarbeiten von Jean Piaget belegt. In Piagets Ansatz spielt die Entwicklung der kognitiven Fähigkeiten bzw. Strukturen eines Menschen eine zentrale Rolle, weshalb auch vom strukturgenetischen Modell gesprochen wird. Lernen und Entwicklung beruhen nach diesem Ansatz auf dem Zusammenspiel von Handeln und Denken bzw. Erkenntnis. »Aus genetischer Sichtweise werden aus logischen Strukturen Handlungen antizipiert« (Kron/Sofos 2003, S. 96). Insofern steht das Erkennen in einem logischen, psychischen und sozialen Zusammenhang zum Handeln und umgekehrt.

---

18 Beim programmierten Unterricht muss jeder Schüler Lernaktivitäten zeigen und unmittelbar nach jeder Reaktion oder Verhaltenssequenz eine Rückmeldung bzw. Verstärkung bekommen. Weitere behavioristische Methoden sind das Tokensystem, bei dem eine intermittierende Verstärkung in bestimmten Abständen erfolgt und das Kontingenzmanagement, der geplante Einsatz von Verstärkung unter genau festgelegten Bedingungen (vgl. Schiefele/Pekrun 1996).

Kognitive Lerntheorien untersuchen, wie das menschliche Gehirn Informationen aufnimmt, verarbeitet, speichert und erinnert. Daher wird in diesem Zusammenhang häufig auch von einer informationstheoretischen Perspektive gesprochen (vgl. Urhahne/Prenzel u.a. 2000). Die Entwicklung des menschlichen Individuums wird als aktiver Prozess eines mit Erkenntnisfunktionen ausgestatteten Subjekts verstanden, in dessen Verlauf es durch die aktive Auseinandersetzung mit der Umwelt (Lebenswelt, Lernkultur, Lernangebot) fortschreitend Erkenntnis aufbaut (vgl. Breuer 2000).

»Die Person passt sich durch immer differenzierter strukturierende und sich organisierende kognitive Lernprozesse an die jeweiligen Gegebenheiten der Umwelt an. Piaget nennt diesen Prozess Akkomodation. Gleichzeitig nimmt der Organismus aus der Umwelt Informationen auf. Dieser Prozess heißt Assimilation. Zwischen beiden Prozessen stellt der Organismus ein Gleichgewicht her, das als Äquilibration bezeichnet wird. Sie befähigt den Menschen, aktiv in seiner Umwelt zu agieren« (Kron/Sofos 2003, S. 54).

Dabei hat Denken zwei Aspekte: den *figurativen*, mit dem das Interesse gemeint ist, das primär auf das Lernen von Inhalten gerichtet ist, und einen *operativen* Aspekt, der die Beziehungen der Gegenstände zueinander in den Blick nimmt. Piaget spricht daher auch an vielen Stellen analog zur Handlung von Operation, wobei Operation stets kognitive und handlungsmäßige Aspekte einschließt. »Mit der Annahme mentaler Repräsentationen steht dieser informationstheoretische bzw. kognitionstheoretische Ansatz im Kontrast zur behavioristischen Konzeption, die nicht beobachtbare, interne Repräsentationsformen äußerer Reize nicht berücksichtigt« (Urhahne/Prenzel u.a. u.a. 2000, S. 159).

Kognitive Lernstrategien sind beispielsweise Wiederholungsstrategien, die der unmittelbaren Einprägung neuer Informationen (z.B. mehrmaliges Lesen, Auswendiglernen) dienen. Außerdem zählen *Elaborationsstrategien,* die Verbindungen zwischen neuem Wissen und Vorwissen (z.B. Ausdenken von praktischen Anwendungen) herstellen sowie *Organisationsstrategien,* die die Selektion, die Strukturierung und den Verbindungsaufbau von Informationen (z.B. Zusammenfassungen, Unterstreichung der Hauptgedanken, Diagramme anfertigen) erleichtern, zu den kognitiven Lernstrategien (vgl. Schiefele/Pekrun 1996).

Hinsichtlich des Lernens mit Neuen Medien ist unter »der kognitiven Metapher des Lernens (…) der Lerner ein bewußter Verarbeiter der von Lernprogrammen bereitgestellten Informationen« (Urhahne/Prenzel u.a. u.a. 2000, S. 159). In diesem Zusammenhang wird häufig das menschliche Denken analog zum Computer beschrieben. Es wird von der Annahme ausgegangen, dass das menschliche Gehirn, ähnlich wie der Computer, Informationen abspeichern kann, und dass menschliches Denken wie ein Computerprogramm als eine Abfolge elementarer kognitiver Schritte funktioniert und die Datenstrukturen des Computers die mentalen Repräsentationen im menschlichen Gehirn symbolisieren. Eine kognitionstheoretisch basierte Lernsoftware (z.B. Tutorials und Simulationen) schließt damit auch Elemente ein, die dem Lernenden eine bedarfsgerechte Bearbeitung ermöglichen (Lernsteuerung), die es ihm erleichtern, Lerninhalte mit subjektiven Erfahrungsstrukturen zu verknüpfen (lebensnahe Informationsdarstellung) und die Hilfen anbieten, mit denen bei Bedarf auf vertiefende Darstellungen der Lerninhalte zurückgegriffen werden kann. Allerdings mangelt es »den Lernenden beim selbständigen Experimentieren mit Simulationsprogrammen häufig an einer systematischen, zielgerichteten, kognitiv und metakognitiv bewußten Vorgehensweise, die es ihnen ermöglicht, neue Informationen mit ihrem vorhandenen Wissen zu verbinden« (ebd., S. 166). Um in instruktional optimaler Weise die vorhandenen Wissensstrukturen der Lernenden zu berücksichtigen, wurden beispielsweise ›Intelligente tutorielle Systeme (ITS)‹ entwickelt. Diese geben den Lernenden über den Vergleich von Ist- und Sollzustand Anweisungen, wie er seine Wissensstruktur verbessern kann. Allerdings gehen Urhahne und Prenzel (2000) davon aus, dass es bei komplexen Lehrstoffen für den Lernerfolg effizienter ist, die Vermittlungsfähigkeiten eines menschlichen Tutors einzusetzen.

Insgesamt hat eine entsprechende Mediendidaktik aus kognitionstheoretischer Sicht folglich »Lernumgebungen zu schaffen, in denen die Lerner sich aktiv mit den Medien und mit den von diesen repräsentierten Angeboten auseinander setzen können« (Kron/Sofos 2003, S. 54). Seit Mitte der 1980er-Jahre gerieten die kognitiven Instruktionsdesign-Ansätze, beispielsweise die Instruktionskomponenten-Theorie von Merill (1987), die »sich ausschließlich auf den kognitiven Bereich und auf die Detailplanung der Instruktion bezieht« (Meister 2003, S. 173), vor allem von konstruktivistisch inspirierten Theorieüberlegungen, zunehmend in die Kritik. »Kritisiert wurde hier der ›objektivistische‹ Ansatz, also die Annahme, Bedeutungen würden unabhängig von subjektiven Erfahrungen existieren« (ebd., S. 174).

Die Kritik basiert dabei auf dem Problem der mangelnden Transferfähigkeit von abstrakt gelerntem Wissen. Daher wurde plädiert, auch die persönlichen Komponenten des Lerners zu berücksichtigen, indem die individuelle Konstruktion von Bedeutungen sowie die persönliche Lerngeschichte des Lerners einbezogen wird (vgl. ebd.).

2.2.3.3 Konstruktivismus

Aufgrund der Kritik an den bis dahin existierenden Instruktionsdesign-Ansätzen fand seit Ende der 1980er- und anfangs der 90er-Jahre die Idee der aktiven Wissenskonstruktion zunehmend Anerkennung. Das konstruktivistische Modell geht von der Annahme aus, dass »jeder Mensch in der Interaktion mit den gesellschaftlichen (...) Gegebenheiten sein Wissen konstruiert« (Kron/Sofos 2003, S. 54f.; vgl. auch Kelly 1986). Somit wird Lernen nach konstruktivistischer Vorstellung als aktiver und an Vorwissen anknüpfender, situations- und kontextgebundener, selbstgesteuerter sowie sozialer Prozess verstanden. Wissen wird als vom individuellen Lernenden konstruiert angesehen, d.h. dieser interpretiert wahrnehmungsbedingte Erfahrungen in Abhängigkeit von Vorwissen, mentalen Strukturen und Überzeugungen. Wissen wird vom lernenden Individuum selbst generiert, wobei neue Informationen mit dem Vorwissen verknüpft werden. Wesentlich ist das soziale Aushandeln von Bedeutungen auf der Grundlage kooperativer Prozesse, wobei jeder Lernende zu unterschiedlichen Lernergebnissen kommt (vgl. Breuer 2000).

Feng (1996) unterscheidet drei unterschiedliche Auffassungen konstruktivistischer Modelle, die er mit radikal, moderat und moderational bezeichnet. Die radikale konstruktivistische Sichtweise geht davon aus, dass es keine objektive, erfahrungsunabhängige Perspektive der Dinge gibt, sondern dass jeder Mensch aufgrund seiner Vorerfahrungen und Einstellungen, seine persönliche Realität konstruiert. Danach entwickelt sich ein Verständnis von bestimmten Sachverhalten am besten, wenn sich der Lernende in authentischen Lernumgebungen ein eigenes Abbild der Wirklichkeit konstruiert.

In diesem Zusammenhang versucht beispielsweise der ›Cognitive Apprenticeship-Ansatz‹ (Collins/Brown/Newman 1989) das Programm des Konstruktivismus umzusetzen. Bei diesem Modell »handelt es sich um ein Instruktionsmodell, das die Vermittlung von Expertentum fördern will«

(Meister 2003, S. 174). Collins, Brown und Newman greifen dabei das Problem vieler Lernender auf, nämlich dass erworbenes Wissen nicht genutzt wird. Renkl spricht hinsichtlich dieses Problems auch vom »trägen Wissen«, womit er meint, dass »Wissen, obwohl scheinbar vorhanden, nicht eingesetzt« wird, »wenn es gilt, anstehende Probleme zu lösen« (Renkl 1996, S. 78).

Eine mögliche Erklärung bildet nach Renkl der Situiertheitsaspekt, durch den der traditionelle Wissens- und Transferbegriff infrage gestellt wird. Die Grundannahme ist, dass Wissen prinzipiell situativ gebunden ist. So entsteht eine zu große Trennung zwischen dem Lernen von inhaltlichen Konzepten, zum Beispiel in der Schule, und ihrer Anwendung in authentischen lebensweltlichen Situationen. Demnach befürwortet der ›Cognitive Apprenticeship-Ansatz‹ das situierte Lernen in authentischen Lernumgebungen sowie bestimmte Lehrmethoden zur Förderung des Wissenserwerbs, die vor allem mithilfe des Computereinsatzes realisiert werden können. Die Lehrmethoden sind *erstens* das Vormachen (modeling), *zweitens* unter Anleitung trainieren (coaching), *drittens* das Unterstützen von Lernbemühungen (scaffolding), *viertens* das schrittweise Zurücknehmen der Hilfestellung (fading), *fünftens* die Versprachlichung der Problemlösestrategien (articulation) und *sechstens* die rückblickende Bewertung (reflection) (vgl. Urhahne/Prenzel u.a. 2000, S. 171). Somit orientiert sich dieses Modell an »der traditionellen Lehrlingsausbildung und meint, dass dem Lehrenden die Rolle des Vormachens, Zeigens und Erklärens zukommt, und der ›Schüler‹ sich das Thema durch ›handelndes Tun‹ aneignet« (Meister 2003, S. 174).

Empirische Untersuchungen, in die alle Lehrmethoden dieses Ansatzes in computergestützten Lernumgebungen einbezogen wurden, stammen beispielsweise von Casey (1996). Dabei erwiesen sich die Lernkomponenten des Vormachens und des Trainierens unter Anleitung als erfolgsbringende Methode für die Lernenden. Dagegen konnte in der Studie von Henninger et al. (1999) die Wirksamkeit des situierten Lernens in einer realitätsnahen, authentischen Lernumgebung nicht bestätigt werden.

Moderate beziehungsweise gemäßigte Konstruktivisten schließen gemeinsam geteilte Wissensbestände und Sichtweisen von der Welt nicht aus, da sie der Meinung sind, dass genügend Freiheiten zur Verfügung stehen, sich eine persönliche Meinung über die Welt zu bilden. Die Betrachtung eines Gegenstandes aus unterschiedlichen Perspektiven, »wie es der ›Cognitive Flexibility-Ansatz‹ vorsieht, hilft den Lernenden bei der Aufgabe, sich ihr eigenes, aber integriertes Bild von Wirklichkeit aufzubauen« (Urhahne/Prenzel u.a. 2000, S. 160).

Auch der ›Cognitive Flexibility-Ansatz‹ von Spiro et al. (1992) geht von der Problemlage aus, dass vorhandenes Wissen nicht genutzt werden kann. Das zugrunde liegende Problem ist dabei im Wissen selbst angesiedelt, d.h. das Wissen selbst ist nicht in einer Form vorhanden, die eine Anwendung erlauben würde. Dieses Problem resultiert aus dem Sachverhalt, dass in wenig strukturierten Wissensbereichen die Wissensanwendung für bestimmte einzelne Fälle sehr komplex und häufig auch sehr unterschiedlich ist sowie auf der Interaktion mehrerer Konzepte beruht (z.B. in der Medizin), sodass eine Übertragung von früher Gelerntem auf neue Problembereiche häufig nicht funktioniert. Somit betont dieser Ansatz die »Komplexität realer Handlungsfelder« (Meister 2003, S. 174). Nach der Theorie der kognitiven Flexibilität sollte der Lerner daher das Wissen flexibel im Gedächtnis gespeichert und je nach »Problemkonstellation situationssensitive Schemata von Wissensfragmenten neu zusammenstellen und applizieren können« (Urhahne/Prenzel u.a. 2000, S. 173).

In diesem Zusammenhang wird empfohlen, moderne Technologien zu Hilfe zu nehmen, da mehrdimensionale, nicht-lineare Hypertextsysteme die Möglichkeit bieten, auf unzureichend

2.2 E-Learning

strukturierte Aspekte des eigenen Wissens aufmerksam zu machen. Konkret lernt der Lernende wichtige Konzepte, indem er sie immer wieder neu, anhand von variierenden Fallbeispielen ausprobiert, auf diese Weise das Sachgebiet fortlaufend neu durchkreuzt (criss-crossing the landscape) und dadurch multiple Repräsentationen (multiple representations) aufbaut. »Über das Hypertextsystem wird ein Wissen erworben, welches sowohl abstrahierte wie fallspezifische Wissenskomponenten erhält, und den Wissenstransfer in gering strukturierten Wissensbereichen erleichtert« (Urhahne/Prenzel u.a. 2000, S. 173). Dementsprechend wird versucht, ein höheres Lernzielniveau zu erreichen, indem »der gleiche Inhalt mehrperspektivisch dargeboten wird, das heißt, zu verschiedenen Zeiten, Kontexten, unter verschiedenen Zielsetzungen und aus unterschiedlichen konzeptionellen Perspektiven« (Meister 2003, S. 174). Ebenso wie bei dem ›Cognitive Apprenticeship-Ansatz‹ kommen auch beim ›Cognitive Flexibility-Ansatz‹ verschiedene empirische Studien zu unterschiedlichen Ergebnissen, was die Effekte eines besseren Wissenstransfers angeht, sodass auch dieser Ansatz nicht oder nur in Teilen bestätigt werden kann (vgl. Jacobsen/ Spiro 1995 sowie Stark et al. 1995).

Neben dem ›Cognitive Apprenticeship-Ansatz‹ und dem ›Cognitive Flexibility-Ansatz‹ gehört auch der ›Anchored Instruction-Ansatz‹ der Vanderbilt-Gruppe um Bransford (Sherwood et al. 1998) zu »den Modellen der zweiten Generation des Instruktionsdesigns« (Meister 2003, S. 172), in denen sich situierte und konstruktivistische Lerntheorien vereinen. In diesem Ansatz der Verankerten Instruktion sind die Aufgaben in einem realistischen Lernkontext ›verankert‹ und bieten dem Lernenden die Gelegenheit zum aktiven Problemlösen. Das bekannteste Beispiel sind die Jasper-Woodbury-Videos der Vanderbilt-Gruppe. Auch hier sind Anwendungssituationen der Ausgangspunkt.

»Bei Lernprogrammen, die diesem Ansatz folgen, steht ein Anker oder ein Fokus im Mittelpunkt, der die Aufgabe hat, Interesse zu wecken, die Identifikation der Probleme zu ermöglichen und zu verstehen sowie die Aufmerksamkeit der Lernenden auf ihre eigene Wahrnehmung und ihr Verständnis dieser Probleme zu lenken. Dieser Ansatz entspricht in der pädagogischen Tradition dem fallbasierten Lernen« (ebd., S. 174).

Grotlüschen (2003) hat die Ansätze der ›Anchored Instruction‹, des ›Cognitive Apprenticeship‹ und der ›Cognitive Flexibility‹ daraufhin untersucht, inwieweit sie den erkenntnistheoretischen Prinzipien des Konstruktivismus (z.B. die autopoietische Wissenskonstruktion) und den Postulaten situierter Modelle (z.B. die Integration des Lernangebots in authentische Praxissituationen) gerecht werden (vgl. Grotlüschen 2003, S. 51f.). Dabei kommt sie zu dem Schluss, dass der ›Anchored Instruction-Ansatz‹ das konstruktivistische Prinzip der individuellen und autopoietischen Wissenskonstruktion nicht gänzlich erfüllen kann, da letztendlich festgelegte, kulturell determinierte Wissensbestände (wie z.B. mathematische Operationen) die Basis dieser Methode bilden (vgl. ebd., S. 52). Auch das Ziel situierter Ansätze, die Lernsituation in einen realen Praxiskontext der Lernenden einzubinden, wird im ›Anchored Instruction-Modell‹ nur unzureichend eingelöst, da der narrative Anker innerhalb einer fiktiven Abenteuergeschichte verortet ist.

Im ›Cognitive Apprenticeship-Konzept‹ werden zwar reale Berufsbildungs-Kontexte (z.B. in dem medizinischen E-Learning-Programm *Thyroidea*)[19] als Lernumgebung zur Verfügung ge-

---

19 THYROIDEA ist ein fallbasiertes, computerunterstütztes Lernprogramm, das am Lehrstuhl für empirische Pädagogik und Pädagogische Psychologie der Ludwig-Maximilians-Universität, München, für den medizinischen Bereich konzeptioniert wurde. Mithilfe von THYROIDEA lassen sich Probleme auf dem Gebiet der Schilddrüsenerkran-

stellt. Dennoch stößt auch hier die individuelle Wissenskonstruktion an die Grenzen, die durch das Programm vorgegeben sind (vgl. ebd., S. 53).

Bei der Methode der ›Cognitive Flexibility‹ sind die Lerninhalte ebenfalls in einen Praxisrahmen integriert. Im Vergleich zu den beiden anderen didaktischen Modellen vermag der ›Cognitive Flexibility-Ansatz‹ am ehesten, die Forderung nach autopoietischen Wissenskonstruktionen einzulösen (vgl. ebd., S. 54). Durch die unterschiedlichen Perspektiven, die den Lernern in Bezug auf die jeweils dargestellte Lernsituation präsentiert werden, entsteht ein Kontext, der dazu anregt, sein eigenes Problemlösungsverhalten zu konstruieren. Trotz der eingeschränkten Übereinstimmung mit den theoretischen Postulaten, erscheinen diese didaktischen Konzepte nach der Meinung der Autorin »in der pädagogischen Realität angemessen und tragfähig, insbesondere wenn man sie antiquierten Lehrformen gegenüberstellt, in denen praxisfern gelehrt wurde und von der unangreifbaren Wahrheit des Lehrerwissens ausgegangen wurde« (ebd., S. 54).

Aus der moderat-rationalen konstruktivistischen Perspektive »wird schließlich weder die Erfahrbarkeit einer äußeren Wirklichkeit ausgeschlossen noch behauptet, Wissenserwerb sei vollkommen individuell, so daß keine zwei Menschen zu der identischen Interpretation einer Sache gelangen konnten« (Urhahne/Prenzel u.a. 2000, S. 160). Hier wird die dynamische Struktur des Lernens betont, da sich das Wissen beim Lernen fortlaufend verändert. Wissenserwerb ist der aktive Versuch, neue Informationen an bestehende Wissensstrukturen anzukoppeln, sie zu interpretieren, zu verstehen und in bedeutungsvollen Mustern zu organisieren. Daher ist es nach der moderat-rationalen Auffassung nicht sinnvoll, instruktionale Entscheidungen ohne den Lerner festzulegen. Vielmehr soll dieser selbst seine Lernziele sowie Lernstrategien und Mittel auswählen und entwickeln. Dementsprechend tritt der Lehrer in diesen Lernarrangements zurück und fungiert eher als Moderator und Coach, indem er Lerngelegenheiten und Hilfestellungen anbietet. Dies setzt wiederum ein hohes Reflexionsniveau des Lerners voraus.

E-Learning-Arrangements, in denen sich die Lerner Wissen selbstständig und selbstorganisiert sowie autonom aneignen können, und wo der Tutor eher als Moderator fungiert (wie etwa beim WBT), bauen auf dieser moderat-rationalen konstruktivistischen Auffassung auf. Im Sinne einer konstruktivistischen Lernüberzeugung können Lernende durch das eigenständige Arbeiten am PC und im Internet aktiv und angepasst an ihr individuelles Lerntempo funktionale Zusammenhänge in einer virtuellen Welt erschließen. Darüber hinaus verbessert sich häufig auch die intrinsische Lernmotivation der Lerner durch die offenere Gestaltung der Lernumgebung. Zudem bergen die

> »netzwerkartigen Informationsstrukturen den Vorteil, sich in einem aktiven wissen- und interessengeleiteten Prozess selbstgesteuert Lerninhalte aneignen zu können. Der Lerner besitzt die Möglichkeit, sich seinen Lernweg selber auszuwählen und die Inhalte in der Reihenfolge zu bearbeiten, die er für richtig und sinnvoll erachtet. Auf diese Weise fordert und fördert der Umgang mit Hypertexten die Fähigkeiten zur Selbststeuerung und zur aktiven Wissenskonstruktion der Lernenden« (Urhahne/Prenzel u.a. u.a. 2000, S. 167).

> kungen thematisieren und analysieren (vgl. Mandl/Gräsel 1997, S. 180ff.). Neben Authentizität und multiplen Perspektiven, die den Lernenden zur Verfügung stehen, können unter anderem die Möglichkeit des sozialen Austauschs sowie instruktionale Hilfen von den Anwendern in Anspruch genommen werden. Darüber hinaus repräsentieren diese Programm-Charakteristika wichtige Eigenschaften konstruktivistisch orientierter Lernumgebungen.

Allerdings setzt diese Form des Lernens wiederum die Fähigkeit zur Selbstkontrolle, Selbstmotivation, Selbstorganisation sowie eine gewisse Medienkompetenz voraus. Andernfalls besteht beim Lernen mit Hypertexten die Gefahr des »Lost in Hyperspace«, die durch eine kognitive Überforderung des Lerners hervorgerufen werden kann.

Die Konsequenzen für die Weiterbildung, die sich aus den psychologischen Ansätzen und Forschungsarbeiten ableiten lassen, zielen dabei auf eine Standardisierung von computerunterstütztem Lernen ab, »da nur so der technische, finanzielle, organisatorische und didaktische Aufwand gerechtfertigt erscheint« (Meister 2003, S. 175). Dabei lieferten, so Meister, die didaktischen Design-Theorien den Beweis dafür, wie durchstrukturiert diese Lernprozesse heute sind, wobei die Autorin unter didaktischem Design »didaktisches, also lernwirksames Lernen« versteht, »das auf lern- und kognitionswissenschaftlichen sowie pädagogischen Maßnahmen beruht und das sich auf den Aufbau und die Struktur von Lernsoftware bezieht« (Meister 2003, S. 170). Dabei schaffe die hohe Standardisierbarkeit einerseits ein einheitliches Lernumfeld, das eine gewisse Orientierung biete. Andererseits setzt dies allerdings auch ein hohes Maß an Kompetenzen voraus, ohne die eine Partizipation an der Lerngemeinschaft schwierig oder gar unmöglich ist. Aus konstruktivistischer Sicht ist die Standardisierung sehr kritisch zu sehen, da gerade diese Standardisierung der Lernsoftware der Ausrichtung an den individuellen Bedürfnissen, der kognitiven Ausstattung und dem Vorwissen der Lernenden sowie der Situationsbezogenheit des Lernens entgegenwirkt.

2.2.3.4 Motivationspsychologische Determinanten

Die Motivation Lernender spielt vor allem im Rahmen instruktionspsychologischer Ansätze eine zentrale Rolle. Nicht nur für den Lernerfolg virtueller Lernszenarien, sondern auch für die Lernprozesse innerhalb konventioneller, traditioneller Lernumgebungen (z.B. das ›Klassenzimmerlernen‹) ist es unumgänglich, dass bei den Lernenden ein »wie auch immer gearteter Antrieb« (Schaumburg/Issing 2003, S. 730) bestehen muss, sich mit dem jeweiligen Lerngegenstand auseinanderzusetzen. Aus der Vielfalt motivationspsychologischer Ansätze ist besonders die *Erwartungs-Valenz-Theorie* vor dem Hintergrund der Lehr-Lern-Forschung hervorgehoben worden. Laut diesem theoretischen Konstrukt wird »jede Handlung als das Ergebnis eines subjektiven Entscheidungsprozesses [betrachtet], bei dem der/die Handelnde die ihm/ihr zur Auswahl stehenden Handlungsziele im Hinblick auf ihren subjektiven erwarteten Nutzen und die Wahrscheinlichkeit der Zielerreichung« (ebd.) interpretiert. Für den Lerner, der mit einer spezifischen Lernumgebung konfrontiert wird, bedeutet dies also, dass die Bearbeitung der dargebotenen Aufgaben sowohl als *gewinnbringend* empfunden als auch mit einer gewissen *Erfolgserwartung* verbunden wird (vgl. ebd.).

Nach einer Analyse des Komplexes der intrinsischen Motivation haben Malone und Lepper (1987) folgende Dimensionen herausgearbeitet, die ihrer Meinung nach zur Lernmotivation beitragen: (1) *Herausforderung*, (2) *Selbstvertrauen*, (3) *Kontrolle*, (4) *Neugier* und (5) *Phantasie*.

Der Faktor der *Herausforderung* baut auf Erkenntnisse aus der Leistungsmotivationsforschung auf. Demnach wird bei einem mittleren Anspruchsniveau die höchste Motivation erzielt. Ein geringes Anspruchsniveau führt zu einem Sinken der Valenz, da die jeweilige Aufgabe von allen Lernenden problemlos gelöst werden kann. Erscheinen die Aufgaben dagegen zu schwer, »sinkt die Erwartung des/der Lernenden, dass er/sie die Aufgabe lösen kann« (ebd.). Insgesamt sind Aufgaben, die weder zu schwer noch zu leicht sind, für die Motivation besonders förderlich.

Nach dem Ansatz der Selbstwirksamkeitserwartung von Bandura (1977) profitieren vor allem schwächere Schüler von einer Stärkung ihres *Selbstvertrauens*. In Lernarrangements kann dieses Postulat beispielsweise umgesetzt werden, indem das Anspruchsniveau dem Können des jeweiligen Lerners angepasst wird. Nach Meinung der Autoren kann dies mithilfe eines systemintegrierten Feedbacks erreicht werden, das einzelne Lernerfolge direkt auf das Können des Nutzers bezieht.

Die Dimension der *Kontrolle* wirkt auf den Lernenden in ambivalenter Weise. Zwar sollte »das Gefühl der Kontrollierbarkeit sich positiv auf die Selbstwirksamkeitserwartung des/der Lernenden auswirken« (ebd.). Stehen den Lernenden jedoch zu viele Freiheiten bezüglich der Programmsteuerung zur Verfügung, kann dies leicht zu Irritationen bis hin zu Frustrationen (schlimmstenfalls zum Abbruch des Lernprozesses) führen. Insofern scheint auch hinsichtlich der Kontrollmöglichkeiten des Lernprogramms ein mittlerer Grad den größten Erfolg zu versprechen.

Ein weiterer Parameter für die Beeinflussung der Lernmotivation ist die *Neugier*, die bei den Lernenden durch das Lernsetting geweckt wird. In Untersuchungen von Berlyne (1960) konnte gezeigt werden, dass eine »Verfremdung von bekannten Bildern« (ebd.) zu einer verlängerten Aufmerksamkeit und Zuwendung aufseiten der Lerner führte (bspw. wenn ein Tier mit dem Kopf eines anderen Tieres dargestellt wird) (vgl. ebd.). Neben der diesem Beispiel zugrunde liegenden Form der so genannten *epistemischen Neugier* gibt es darüber hinaus die *Wahrnehmungsneugier*. Von Wahrnehmungsneugier wird dann gesprochen, wenn beim jeweiligen Lerner eine »Zuwendung zu neuen, überraschenden Sinnesreizen« (ebd., S. 731) attestiert werden kann.

Schließlich lässt sich nach Malone und Lepper (1987) die Lernmotivation auch durch *Phantasie* fördern, »wenn ein Programm den Lernenden/die Lernende auf emotionaler Ebene durch phantasievolle fiktive Gestalten und Situationen, die mentale Bilder auslösen, anspricht und ihn/sie so zur Identifikation mit dem dargestellten Sachverhalt anregt« (ebd.).

2.2.4 Didaktisches Potenzial von E-Learning

Hinsichtlich des didaktischen Potenzials von E-Learning können die möglichen Kombinationen verschiedener Medientypen durch Multimedia nach Meister (2003) als Gewinn angesehen werden. Begründend bezieht sich Meister auf die Ausführungen von Peters (1997), der Möglichkeiten beziehungsweise Vorteile des Internets gegenüber Präsenzveranstaltungen aufführt.

Zunächst ist das *expositorische Lehren und rezeptive Lernen* zu nennen, womit gemeint ist, dass die traditionellen Lehrmethoden durch Multimedia perfektioniert werden können, indem beispielsweise aus dem klassischen Vortrag eine »multimediale Darbietungsform« wird (Meister 2003, S. 164). Indem der »Lehrende nun über kleinschrittige Darbietungsformen, Überprüfungen und Kontrollen den Lernenden viel stärker als in der klassischen Unterrichtsform an der ›kurzen Leine‹ halten kann, steigt die Dominanz des Lehrenden im Lernprozess stark an« (ebd.). Dies führt zu einer strukturellen Vereinheitlichung von Lehrprozessen, sodass sich

»beim Lehren und Lernen Normierungen über die Art und Weise, wie ein Lehrstoff aufbereitet und rezipiert werden sollte« entwickeln (ebd., S. 165).

Als weitere Möglichkeit wird das *entdeckende und erarbeitende Lernen* herangezogen, in dessen Mittelpunkt der Lerner steht, der sich das Wissen selbstorganisiert aneignet, den Lernprozess selbst steuert, und in dem der Lehrende hauptsächlich eine beratende Funktion einnimmt. »Eine multi- und telemediale Lernumgebung bietet für diese Formen des selbstgesteuerten Lernens sehr gute Voraussetzungen, da sie ein offenes Lernen an der ›langen Leine‹ befördert« (ebd.).

Lernen durch Exploration bezieht sich auf ein selbstständiges, nach Interessen abgestimmtes Navigieren im Internet. Da in diesem Fall Wissensinhalte nicht mehr linear bearbeitet werden müssen, wie etwa beim Lesen eines Buches, sondern durch die Möglichkeiten des Hypertextes die Wissensaneignung »aktiv und konstruktiv sowie kontextgebunden erfolgen kann« (ebd., S. 165), ist der Lernende in der Lage, seinen eigenen Lernweg zu gehen. »Nachteilig kann das selbstgesteuerte Lernen allerdings dann werden, wenn die Routine eines solchermaßen notwendigen Vorgehens fehlt und die Orientierung im Cyberspace verloren geht (cognitive overload)« (ebd.).

Lernen durch Informationssuche, Speichern und Informationsmanagement erhält durch die Möglichkeiten des Internets einen neuen Gehalt des autonomen Lernens, da der Lerner flexibler arbeiten kann, indem er *erstens* viel mehr Möglichkeiten besitzt, Informationen zu suchen und *zweitens* diese Informationen systematisch auf seinem Rechner abspeichern und somit individuell archivieren und verwalten kann. Der mögliche Nachteil besteht darin, dass der Lerner eine Selektionskompetenz besitzen muss, um relevante Informationen oder »die geforderte Information im Hinblick auf die eigenen Interessen« (Meister 2003, S. 166) abzugleichen und einzuschätzen. Hier sind also spezifische Kompetenzen hinsichtlich der Strategien und Arbeitsweisen der Informationssuche und -selektion gefordert.

Lernen durch Kommunikation und Kollaboration ist ein wichtiges Prinzip des Gruppenunterrichts, da »Gelerntes durch das Kommunizieren gefestigt und eingeübt wird, die soziale Integration, die Mitverantwortung, und die Selbstverwirklichung durch Interaktion gestärkt wird« (ebd.). Multimedia bietet viele Optionen, wie die Kommunikation und Kollaboration im Lernprozess gefördert werden kann, beispielsweise durch E-Mail, Chat, Newsgroups und Whiteboards. Hinzu kommt der Vorteil, zeitlich und räumlich unabhängig zu sein.

Lernen durch Darstellen und Simulieren. Gewöhnlich wird Gelerntes schriftlich, beispielsweise in Form von Referaten oder Aufsätzen wiedergegeben. Die Neuen Medien bieten in diesem Zusammenhang ein erhöhtes Potenzial, da durch sie Gelerntes neu aufgearbeitet oder dargestellt werden kann, wie etwa durch edv-basierte Präsentationstechniken (z.B. PowerPoint), sodass erworbenes Wissen anderen Personen ansprechender zugänglich gemacht werden kann.

Obwohl diese didaktischen Formen des Lernens viel Potenzial und Gewinn beinhalten, gilt es, auch die Grenzen eines Lernens unter der Nutzung des Internets zu berücksichtigen. So sieht Meister sogar Einbußen in der »didaktischen Substanz«, wenn das Gewicht zu stark auf die technologische Perspektive gelegt wird:

> »So geht die Spezifik realer Lernräume verloren mitsamt der Komplexität realer Lernarrangements. Desweiteren entfällt der Bereich der non-verbalen Kommunikation weitgehend und die räumliche und zeitliche Kontextualisierung des Lernens kann leicht verloren gehen, wodurch sich letztlich auch die Erfahrung des Authentischen und Realen erheblich reduziert« (ebd., S. 167).

Auch Grotlüschen (2003) macht auf die Veränderungen aufmerksam, die telematische resp. multimediale Lernformen mit sich bringen. Dabei betrachtet sie besonders das pädagogische Verhältnis zwischen Lehrenden und Lernenden. Ihrer Meinung nach bewirkt die Telekommunikation eine Virtualisierung und »deutliche Entfernung« (Grotlüschen 2003, S. 72) des pädagogischen Verhältnisses. Pädagogische Handlungen, die früher durch eine direkte, gegenseitige und synchrone Interaktion gekennzeichnet waren, erfahren in E-Learning-Kontexten eine Umstrukturierung.

In diesem Zusammenhang argumentiert die Autorin, dass das ehemalige pädagogische Handlungsfeld der Lehrenden durch den Einfluss computergestützter Lernformen mittlerweile in die drei Bereiche (1) *Objektivierte pädagogische Handlungen*, (2) *Besondere pädagogische Handlungen* und (3) *Selbstbezügliche pädagogische Handlungen* aufgespalten werden kann.

Mit objektivierten pädagogischen Handlungen werden solche Interaktionsformen bezeichnet, bei denen ein Objekt, z.B. »eine Lernsoftware mit Lerninhalten und Handlungsanleitungen« (ebd., S. 73), zwischen Lehrende und Lernende geschaltet wird. Elemente, die zuvor Teil pädagogischer Interaktionen waren (z.B. die Festlegung der Lernziele, Präsentation der Lerninhalte etc.), werden innerhalb computerunterstützter Lernformen durch das Medium erbracht und das pädagogische Verhältnis wird »entpersonalisiert« (ebd.). Eine weitere Abgrenzung der beteiligten Personen erfährt das pädagogische Verhältnis durch die Standardisierung, die durch den Einsatz der Medien geschaffen wird.

Mit der veränderten Rolle der Lehrenden im Umfeld telematischer Lernumgebungen, die vor allem durch Coaching- resp. Moderationsfunktionen charakterisiert ist, sowie der oben angesprochenen Objektivierung eines Teils der Lehrtätigkeiten fallen in E-Learning-Arrangements besondere pädagogische Handlungen für die Lehrenden an.

So konstatiert Grotlüschen in Bezug auf Rautenstrauch (2001), dass das »Fachwissen von Tele-TutorInnen an Bedeutung gegenüber Kompetenzen in den Bereichen der Mediennutzung, Moderation, Didaktik, Selbstgesteuertem Lernen sowie Kommunikation« (Grotlüschen 2003, S. 74) verloren hat. Ihrer Meinung nach zielt beispielsweise eine Fernbetreuung, die im Rahmen einer computerunterstützten Lernplattform eingerichtet ist, nicht auf Wissensvermittlung, sondern vielmehr auf die Hilfe zur eigenen Erarbeitung von Wissen (vgl. ebd.).

Als dritten Bereich des pädagogischen Handlungsfeldes thematisiert Grotlüschen ›selbstbezügliche pädagogische Handlungen‹. Darunter sind jene pädagogischen Handlungen einzuordnen, die von den Lernenden selbst übernommen werden. Hierzu gehören u.a. die Begründung der eigenen Lernhandlungen, die persönliche Zielsetzung, die Definition angemessener Lerninhalte, die Auswahl geeigneter Methoden oder die Kontrolle des persönlichen Lernstands. Auf diese Weise werden den Lernenden sehr große autodidaktische Kompetenzen abverlangt, die entweder bereits vorhanden sein oder parallel zum Lernprozess entwickelt werden müssen (vgl. ebd., S. 75). Es erscheint fast trivial zu sein, darauf hinzuweisen, dass diese Kompetenzen nicht bei allen Teilnehmern resp. Nutzern von E-Learning-Umgebungen gleichermaßen vorhanden sind. Tabelle 2.2.4.1 stellt die Vor- und Nachteile des E-Learnings und des Präsenzlernens gegenüber.

Die Erfahrungen der letzten Jahre zeigen, dass die Lernprozesse, die sich ausschließlich auf reines E-Learning ohne Präsenzveranstaltungen beziehen, tendenziell wenig effizient und erfolgversprechend sind (Dittler u.a. 2009; Grotlüschen 2003, 2005; Miller 2005). Diese Lernarrangements erfordern nämlich ein hohes Maß an Eigenverantwortlichkeit, Selbstorganisation,

Selbstkontrolle sowie an spezifischen Kompetenzen, was auf viele abschreckend wirkt. Außerdem rufen diese Anforderungen bei vielen Lernern, die im Umgang mit Neuen Medien nicht ausreichend geübt sind, Hemmungen hervor. Daher wurde überlegt, wie man Schulungen und Weiterbildungen für die Mitarbeiter interessanter, effektiver und informativer gestalten sowie deren Motivation steigern könnte. Im Vergleich wurde Lernszenarien, die eine Kombination aus virtuellen Räumen und Face-to-Face-Interaktionen erlauben, ein höherer Lernerfolg zugemessen. Aus diesen Überlegungen entwickelte sich das Konzept des Blended Learning, welches traditionelle Lernmethoden mit E-Learning-Methoden verbindet.

Tabelle 2.2.4.1: Vorteile des E-Learnings vs. Vorteile des Präsenzlernens

Vorteile des E-Learnings	Vorteile des Präsenzlernens
• expositorisches Lehren und rezeptives Lernen, • entdeckendes und erarbeitendes Lernen, • Lernen durch Exploration, • Lernen durch Kommunikation und Kollaboration, • Lernen durch Darstellen und Simulieren sowie • Lernen durch Informationssuche, Speichern und Informationsmanagement.	• Spezifik realer Lernräume, • Komplexität realer Lernarrangements, • zusätzliche Lerneffekte durch non-verbale Kommunikation, • räumliche und zeitliche Kontextualisierung des Lernens sowie • Erfahrung des Authentischen und Realen.

2.3 Qualität

2.3.1 Begriffsbestimmung von Qualität

Ein Blick in gängige enzyklopädische Werke lässt bereits erahnen, dass der Qualitätsbegriff nicht mithilfe eindimensionaler Erklärungsmuster fixiert werden kann. So stellen auch Harvey und Green (2000) ihrem Versuch, Qualität zu definieren, die Feststellung voran, dass der Begriff der Qualität sowohl von (a) dem, der sie verwendet, als auch von (b) dem Kontext, in dem sie verwendet wird, abhängig ist. Die Autoren resümieren sogar, dass es möglicherweise gar keinen determinierten Standard der Ergebnisse gibt, an dem sich Qualität orientieren lässt.

In ihrem Aufsatz differenzieren Harvey und Green fünf verschiedene Ausprägungen von Qualität: Zunächst kann Qualität als (1) *Ausnahme* begriffen werden. Damit wird dem traditionellen Verständnis Rechnung getragen, wonach Qualität mit Exklusivität assoziiert wird, die unabhängig von Kriterien als unerreichbar und abgesondert einzustufen ist. Qualität als Exzellenz durch die Einhaltung hoher Standards oder als Charakteristikum bestimmter Erzeugnisse, die die Minimalstandards erreichen, sind weitere Aspekte, die diesem Verständnis von Qualität als Ausnahme zugedacht werden.

Darüber hinaus kann Qualität als (2) *Perfektion* verortet werden. Diese Sichtweise richtet sich in erster Linie auf die Prozesse, die beim Streben nach Qualität erreicht werden sollen. Danach sind diejenigen als Produzenten von Qualität anzusehen, deren Produkte und Güter kontinuierlich fehlerfrei sind.

Weniger idealistisch gestaltet sich Qualität als (3) *Zweckmäßigkeit*, bei der es um das funktionale Verständnis geht, inwieweit ein Produkt seinen Zweck erfüllt. Diese Art der Zweckmäßigkeit kann weiterhin nach der Produzenten- und der Konsumentenperspektive interpretiert werden. Der Produzentenperspektive liegt die Frage zugrunde, wie der Standard erreicht wird, den der jeweilige Produzent sich selbst auferlegt hat, während die Konsumentenperspektive darauf abzielt, ob die vom Konsumenten erhobenen Anforderungen erfüllt werden.

Eine weitere Möglichkeit besteht darin, Qualität als (4) *adäquaten Gegenwert* zu begreifen. Dieses Qualitätsverständnis ist auch als ›Value-for-Money-Konzept‹ bekannt und gründet sich auf die Vorstellung, dass Qualität mit der Höhe der Anforderungen und den entstandenen Kosten gleichzusetzen ist.

Schließlich nennen Harvey und Green das (5) *transformative Verständnis* von Qualität. Damit sprechen die Autoren eine Veränderung resp. einen Wandel der Beschaffenheit von Personen oder Sachen an, den sie noch weiter ausdifferenzieren. Auf der einen Seite kann sich die Transformation auf die Weiterentwicklung der Konsumenten beziehen, in der Form, dass eine sichtbare Steigerung der Teilnehmer gegenüber der Ausgangssituation zu verzeichnen ist. Zur Feststellung solcher Entwicklungsfortschritte gewinnt ein Feedback der Lernenden in einer Evaluation entscheidend an Bedeutung. Auf der anderen Seite kann sich hinter einer transformativen Perspektive auch die Ermächtigung der Teilnehmer verbergen, ihre eigene Transformation beeinflussen zu können. Dabei lassen sich vier verschiedene Möglichkeiten der Ermächtigung unterscheiden: (a) die Evaluation durch Lernende, (b) den Lernenden werden Minimalstandards garantiert inkl. deren Überwachung durch Dritte, (c) die Lernenden erhalten die Kontrolle über den eigenen Lernprozess und (d) die Lernenden werden dabei gefördert, ihre kritischen Fähigkeiten zu entwickeln und auszubauen. Das umfassende Potenzial, Qualität begrifflich zu interpretieren, macht noch einmal deutlich, dass Qualität kaum auf einem einheitlichen Konzept basiert. Vielmehr erscheint es notwendig, von mehreren unterschiedlichen Qualitätsverständnissen auszugehen (zur Qualität als Bewertungsmaßstab s. Kap. 2.3.2).

Den Ansatz von Harvey und Green greift Ehlers (2003, 2004) in seinen sehr detailreichen Ausführungen über den Qualitätsbegriff im Bildungsbereich auf und erweitert ihn zu einem vielschichtigen Qualitätskonzept, das er in dem Bereich computergestützter Lernumwelten verortet. Er zeigt mehrere Dimensionen auf, anhand deren die eben dargestellten unterschiedlichen Qualitätsverständnisse noch einmal differenzierter analysiert werden können (vgl. Ehlers 2003, S. 56). Die oben beschriebenen verschiedenen Qualitätsverständnisse nach Harvey und Green unterscheidet Ehlers noch detaillierter, indem er jeweils unterschiedliche (a) *Qualitätsebenen*, (b) *Qualitätsperspektiven* und hinsichtlich (c) des Auftretens von *Qualität in unterschiedlichen Praxisfeldern* Abstufungen vornimmt.

a) Qualitätsebenen
Unter Qualitätsebenen subsumiert Ehlers die verschiedenen Ebenen innerhalb eines Bildungsprozesses, denen verschiedene Qualitäten zugeschrieben werden können. Die Art und Weise der Einteilung und Gliederung, die dabei vorgenommen wird, hängt von dem »jeweils zu Grunde liegenden Qualitäts- beziehungsweise Evaluationsmodell« ab (Ehlers 2003, S. 57). In seinen weiteren Ausführungen stellt der Autor daher die wichtigsten Evaluationsmodelle vor, die er als Qualitätsmodelle für den Bereich der Lernprozesse adaptiert, um am Ende eine Synthese dieser Qualitätsmodelle in Gestalt eines umfassenden Modells vorzunehmen. Zu-

nächst wird das CIPP-Modell als bekanntes Evaluationsmodell herangezogen, wonach die vier Qualitätsbereiche Kontextqualität, Inputqualität, Prozessqualität und Produktqualität bestimmt werden können.

Unter *Kontextqualität* wird das Vermögen einer (Bildungs-)Institution oder innerhalb eines Projektrahmens verstanden, bestimmte, definierte Kriterien zu erfüllen, die bei der Bereitstellung förderlicher Lehr-/Lernsituationen als sinnvoll erachtet werden (vgl. ebd., S. 57f.). Einerseits werden darunter die mit einer Bildungsmaßnahme verbundenen Parameter wie z.B. Dauer einer Maßnahme, inhaltliche Konzeption, Zielvorstellungen sowie didaktische Aufbereitung verstanden. Andererseits werden besonders strukturelle und organisatorische Konditionen, wie der ›Dozenten-Teilnehmer-Schlüssel‹, die Qualifikation des Lehrpersonals sowie Ausstattung und finanzielles Potenzial des jeweiligen Bildungsträgers im Rahmen der Kontextqualität berücksichtigt (vgl. ebd.).

Zur Betrachtung der *Inputqualität* werden die Lernangebote selbst in den Fokus der Betrachtung gerückt. Hier geht es vor allem um die kursspezifischen Ressourcen und Angebote, die in der Lehr-/Lernsituation identifiziert werden können.

Bei der Untersuchung der *Prozessqualität* wird der gesamte Prozess »während der Durchführung einer Intervention« (ebd.) in die Untersuchungen einbezogen. Den Kern dieser Analysen bildet »der Interaktionsprozess zwischen Programmausführenden und Zielgruppe (beispielsweise Prozesse der Arbeitsorganisation, Rahmenbedingungen der Lernorganisation, Kommunikationsabläufe oder die Wechselwirkung zwischen externen und internen Bedingungszusammenhängen)« (ebd.).

Unter der *Produktqualität* werden schließlich die Lernergebnisse erfasst, die innerhalb einer spezifischen Bildungsmaßnahme erreicht werden konnten. Einzelne Faktoren wie Lernerfolg, Vor- und Nachbereitungszeit der Lerneinheiten, Teilnehmerzufriedenheit, Leistungsniveau der Teilnehmer oder erreichte Abschlüsse können herangezogen werden, um die Produktqualität zu determinieren.

Mit dem PEI-Modell führt Ehlers ein weiteres Evaluationsmodell an, das er als Grundlage für unterschiedliche Qualitätsebenen nutzt (vgl. ebd., S. 60). Auf dessen Basis kann zwischen Prozessqualität, Ergebnisqualität und Impactqualität differenziert werden. Während Prozess- und Ergebnisqualität bereits durch das CIPP-Modell beschrieben werden (s.o.), geht Impactqualität über die bisherigen Darstellungen hinaus. Mit der Impactqualität werden Effekte erfasst, die unabhängig von der Zielgruppe und den angestrebten Lern- und Qualifikationszielen aufgetreten sind. Als Beispiel nennt der Autor »die Steigerung der Fähigkeit zum selbstgesteuerten Lernen« (ebd.) unter den Teilnehmern einer E-Learning-Umgebung; diese hätten damit ein Ziel erreicht, das außerhalb inhaltlich intendierter Lernziele läge.

Das SPE-Modell stellt das dritte Qualitätsmodell dar, das Ehlers in seine Systematisierung des Qualitätsbegriffs integriert (vgl. ebd., S. 61). In diesem Modell finden sich die Ebenen Strukturqualität (s. Inputqualität des CIPP-Modells), Prozessqualität (s. CIPP-Modell) und Ergebnis- resp. Outcomequalität. Mit Ergebnis- bzw. Outcomequalität ist innerhalb des SPE-Modells das »Ergebnis eines Prozesses« (ebd.) gemeint, z.B. der Transfererfolg des Gelernten auf eine Arbeitssituation.

Die drei hier beschriebenen Ansätze verdichtet der Autor zu einem fünfstufigen Qualitätsmodell, mittels dessen die verschiedenen Qualitätsvorstellungen lernender Subjekte beim E-Learning berücksichtigt werden sollen. In seinem Modellvorschlag sind fünf unterschiedliche Qualitätsebenen sowohl nach dem Zeitpunkt ihres Auftretens im Rahmen einer Bildungsmaßnahme als auch nach ihrem jeweiligen Interaktionskontext aufgeführt: So werden Kontext- und Inputqualität vor der jeweiligen Bildungsmaßnahme erhoben, die Erhebung der Prozessqualität setzt während der Bildungsmaßnahme an und Messungen der Ergebnis- sowie Impactqualität dienen nach der Maßnahme der Evaluation (vgl. ebd., S. 62). Ferner listet Ehlers zu jeder der fünf Qualitätsebenen die dazugehörigen Variablen bzw. Zielbereiche auf und stellt Leitfragen zusammen, die dabei behilflich sind, die betreffende Qualitätsebene präziser zu charakterisieren.

b) Qualitätsperspektiven
Je nach der Perspektive, aus der die Qualität beurteilt wird, können im Bildungsbereich unterschiedliche Anforderungen bezüglich Qualität aufgezeigt werden. Ehlers grenzt die Perspektive des (1) staatlichen von denen des (2) institutionellen und des (3) subjektiven Handelns ab (vgl. ebd., S. 63).

1. Aus der Sicht des *staatlichen Handelns* geht es um Mechanismen der Steuerung, die durch spezifische Normen und Rahmenbedingungen determiniert werden, nach denen Qualität im Bildungsbereich sicher gestellt werden kann. Nicht zuletzt durch den im Zuge der Globalisierung immer größer werdenden Konkurrenzdruck unter den Weiterbildungsanbietern und das für den Verbraucher oft undurchschaubare Angebot allgemeiner, beruflicher und betrieblicher Weiterbildungsoptionen ist in den letzten Jahren vermehrt der Ruf nach staatlichen Kontrollregelungen aufgekommen, mit deren Hilfe die Qualität einer Bildungsmaßnahme bestimmt werden kann.

2. Die Ebene *institutionellen Handelns* berücksichtigt Qualität aus der Sicht der Bildungsträger resp. Organisationen (vgl. ebd.). Für die Beurteilung dieser Qualität aus dieser Perspektive können fachliche Schwerpunkte, regionale Standortbedingungen, interne Zielsetzungen und andere kontextuale Faktoren der jeweiligen Institution von Bedeutung sein. Allerdings darf die Perspektive einer Institution nicht mit der Perspektive der in ihr agierenden Personen gleichgesetzt werden. Hier können mitunter stark divergierende Positionen entstehen.

3. Die Perspektive des *subjektiven Handelns* beinhaltet Qualität aus der Sicht des Subjekts. Je nach Status, Rollenmustern (z.B. als Lehrer, Lerner, Tutor etc.), persönlichen, emotional oder motivational bedingten Voraussetzungen und Zielen kann Qualität aus dieser Perspektive in großem Ausmaß variieren.

Hinsichtlich der verschiedenen Qualitätsperspektiven sollte letztendlich deutlich werden, dass ein stabiles Qualitätskonzept immer die Integration aller Perspektiven anstreben muss bzw. Kompromisse erzeugen sollte, um die verschiedenen Standpunkte zu bündeln.

c) Qualität in unterschiedlichen Praxisfeldern
Wie bereits oben mehrfach erwähnt, sollte Qualität immer unter den kontextualen Bedingungen analysiert werden, in denen sie auftritt. Aus diesem Grund ist sie als Diskussionsgegenstand im Bildungsbereich resp. im pädagogischen Handlungsfeld auch mit den unterschiedlichen Praxisfeldern (z.B. berufliche Bildung, betriebliche Bildung, Jugendbildung, Sozialarbeit etc.) zu verknüpfen, in denen sie in der jeweiligen Beurteilung verortet wird. Gerade im Bildungsbereich, der eine reichhaltige Palette voneinander unabhängiger thematischer Schwerpunkte beinhaltet, ist eine gelungene fachliche Ausdifferenzierung des Qualitätskonzepts vonnöten. Letztendlich müssen in einer Qualitätsdiskussion, die sich auf eine spezifische Subdisziplin

wie z.B. ›E-Learning in der beruflichen Bildung‹ bezieht, die bedeutsamsten Charakteristika, Anforderungen und Ziele dieser Disziplin wiederzufinden sein, um möglichst valide Aussagen bezüglich der Qualität von Interventionen in dem einzelnen pädagogischen Handlungsfeld treffen zu können.

Auch Heid (2000, S. 41) sieht wenig Sinn darin, Qualität losgelöst von den kontextualen Bedingungen interpretieren zu wollen, in denen das Wort gebraucht wird. Vielmehr versucht er zu verdeutlichen, dass Qualität »keine beobachtbare Eigenschaft oder Beschaffenheit eines Objektes, sondern das Resultat einer Bewertung der Beschaffenheit eines Objektes ist« (ebd.). Auf diese Weise betont er die Bedeutung subjektbezogener Qualitätskriterien bei der Beurteilung eines Objekts.

Für Fend (2000) repräsentiert der Terminus Qualität zunächst einmal die Differenz zwischen etwas Höherwertigem gegenüber etwas Geringerwertigem (vgl. Fend 2000, S. 56). Diese Auslegung projiziert Fend auf das Bildungswesen und stellt dabei fest, dass Qualität im Bildungswesen nicht automatisch entsteht, sondern erst von den verantwortlichen Institutionen und Behörden generiert werden muss. Somit proklamiert auch sein Ansatz eine (institutionelle) kontextuale Analyse des Qualitätsbegriffs. Bezogen auf die Qualitätsdiskussion in der Schule, geht Fend induktiv vor, indem er seinen Ansatz von der Unterrichtsebene über die Schul- bis hin zur Systemebene entfaltet und ein mehrebenenanalytisches Modell für Qualität im schulischen Bildungswesen konstruiert.

Auf der *Unterrichtsebene* wird Qualität nach Fend durch eine optimale »Synchronisierung von Angebotsmerkmalen und Nutzungsmerkmalen von Lernangeboten« (ebd., S. 57) hergestellt. Dahinter steckt das Postulat, so vielen Schülern wie möglich die notwendigen Rahmenbedingungen zur Verfügung zu stellen, ihre Fähigkeiten und Entwicklungsmöglichkeiten auf höchstmöglichem Niveau ausschöpfen zu können. In diesem Zusammenhang nimmt auch das Verhalten der Lehrerschaft einen bedeutenden Stellenwert innerhalb der Qualitätssicherung ein. Hier weist der Autor auf die Notwendigkeit hin, dass Lehrer sich als »Entwicklungshelfer« (ebd., S. 58) verstehen, die in ihrer Lehrstrategie nicht allein kognitive, sondern auch emotionale und motivationale Aspekte des Lernens berücksichtigen.

Für die Qualitätssicherung auf der *schulischen Ebene* fokussiert Fend vor allem auf die Gestaltung des schulischen Lebens bzw. der Umgangskulturen innerhalb der Schule. Die Schule sollte für Schüler und Lehrer als Lebensraum dienen, der soziale Annäherung, »produktive Problembewältigung« und »kommunikative Lebensformen« ermöglicht (vgl. ebd.). Nicht zuletzt gehören Selbstreflexivität und Selbstevaluation zu den Aspekten, die bei dem Erreichen dieser Ziele behilflich sein können.

Nach der Betrachtung der Unterrichts- und der Schulebene widmet sich Fend den Qualitätsanforderungen auf der *Ebene des Bildungssystems*. Seiner Meinung nach ist die fachliche Leistungsfähigkeit des Systems das zentrale Qualitätskriterium, das auch unter Berücksichtigung internationaler Evaluationen bestimmt werden kann. Dennoch geht es dabei nicht allein um ein hohes fachbezogenes Leistungsniveau, sondern auch »überfachliche Qualifikationen im Sinne von Schlüsselkompetenzen der beruflichen und privaten Lebensbewältigung« (ebd., S. 61) stehen im Vordergrund einer Beurteilung der Qualität des Bildungssystems. Fend sieht den Auftrag des Bildungswesens darin, »eine langfristige Lebensplanung der jungen Generation« (ebd.) zu ermöglichen. Zu diesem Zweck ist eine sorgfältige Planung curricularer Einheiten unumgänglich, die »auf möglichst hohem fachlichen Niveau in längerfristige Ausbildungswege gegliedert [sind]« (ebd.).

In seinem Fazit macht Fend auf die Notwendigkeit aufmerksam, das Bildungssystem ganzheitlich zu betrachten und zu beurteilen und zu berücksichtigen, dass dessen Qualität sich aus der »gelungenen Gesamtkonfiguration der bestmöglichen Sorge für die nachwachsende Generation ergibt« (ebd., S. 63). Die Interaktion von personalen und strukturellen Rahmenbedingungen steht im Zentrum dieser Konfiguration.

2.3.2 Qualität von E-Learning

Die Bereicherung konventioneller beruflicher resp. betrieblicher Weiterbildungsmaßnahmen durch E-Learning-Settings erfährt auf dem deutschen Bildungsmarkt eine zunehmende Relevanz. Gegenüber der bisher eher als ›zögerlich‹ einzustufenden Einstellung kleinerer und mittelständischer Unternehmen zum Einsatz computerbasierter Lernszenarien hat die Mehrheit der großen Betriebe E-Learning bereits fest in ihrem betrieblichen Bildungsalltag verankert. Gleichzeitig expandiert auch der Anbietermarkt von E-Learning-Lösungen permanent, sodass es für ein einzelnes Unternehmen zunehmend schwierig erscheint, die jeweils geeignetste Lösung in Anbetracht der wachsenden Angebotsvielfalt herauszufiltern.

Um eine wünschenswerte Transparenz dieses Marktsegments zu erreichen, sind Bestrebungen der Qualitätssicherung unerlässlich, mit deren Hilfe sowohl eine Etablierung der gesamten E-Learning-Branche gefördert wird als auch Unternehmen bei ihrer Entscheidung unterstützt werden, ein auf die eigenen Bedürfnisse zugeschnittenes, inhaltlich angemessenes und qualitativ hochwertiges E-Learning-Produkt auszuwählen. Zurzeit bestehen verschiedene Optionen zur Qualitätssicherung bezüglich computerunterstützter Lernszenarien.

Seufert und Mayr (2002) identifizieren vier Verfahren, nach denen ihrer Meinung nach mediengestützte Bildungsmaßnahmen bewertet werden: (1) *Qualitätssicherung durch Standardisierung*, (2) *Qualitätssicherung durch Benchmarks*, (3) *Qualitätssicherung durch Peer-Reviews* und (4) *Qualitätssicherung durch Akkreditierung* (vgl. Seufert/Mayr 2002, S. 104).

Eine *Qualitätssicherung durch Standardisierung* verfolgt vor allem das Ziel, unterschiedliche E-Learning-Angebote besser vergleichen und miteinander kombinieren zu können sowie den »Transfer in andere Infrastrukturen [zu] ermöglichen« (ebd.). Zu diesem Zweck können beispielsweise Metadaten benutzt werden, um computerbasierte Bildungsmaßnahmen besser zu indizieren und zu katalogisieren und somit darauf bezogene Suchanfragen zu unterstützen (vgl. ebd.). International haben sich bereits einige Standards durchgesetzt, die sich nach Meinung der Autoren in den nächsten Jahren auf einige wenige Industriestandards reduzieren werden (vgl. ebd.). In Tabelle 2.3.2.1 (S. 65) findet sich eine Auswahl der am weitesten verbreiteten Standards.

Von einer *Qualitätssicherung durch Benchmarks* wird gesprochen, wenn eine wettbewerbliche Vergleichsanalyse verschiedener Unternehmen oder ihrer Produkte durchgeführt wird. Ursprünglich stammt der Begriff ›Benchmark‹ aus dem Bereich der Vermessungstechnik, bezeichnet jedoch im Zusammenhang mit der Qualitätssicherung von Dienstleistungen die Kennzahlen, auf deren Basis spezifische Parameter eines Produkts quantitativ miteinander verglichen werden können. Es handelt sich demnach um »Referenzwerte, an denen verschiedene

Komponenten des E-Learnings gemessen werden können. Benchmarks geben Inhalte und Zielpunkte für Qualitätsmanagementmaßnahmen vor, wobei das zentrale Charakteristikum dieser Methoden ›Lernen von den Besten‹ (best practices) darstellt« (Ziegler/Hofmann/Astleitner 2003, S. 92). Anhand einer Befragung von Lehrenden, Verwaltungsangestellten und Lernenden namhafter amerikanischer Universitäten, in denen langjährige Erfahrungen im Umgang mit qualitativ hochwertigen E-Learning-Maßnahmen bestehen, wurden mehrere empirisch geprüfte Benchmarks ermittelt. Für die Gewährleistung einer hohen Qualität erwiesen sich dabei Faktoren wie (a) *die Unterstützung durch die Einrichtung, die E-Learning anbietet (z.B. anhand elektronischer Sicherheitsmaßnahmen, Zuverlässigkeit der elektronischen Lernumgebung etc.)*, (b) *die Kursentwicklung*, (c) *das Lehren und Lernen*, (d) *die Kursstruktur*, (e) *die Lernunterstützung*, (f) *die Unterstützung der Dozenten* sowie (g) *die Evaluation und Leistungsbewertung* als besonders wichtig.

Tabelle 2.3.2.1: E-Learning-Standards

Standard	Kurzbeschreibung
Dublin Core	Satz von Metadaten-Spezifikationen, soll die Suche nach digitalen Dokumenten und das Wiederauffinden von elektronischen Ressourcen erleichtern (http://www.en.eun.orgetb/dublincore.html).
Ariadne	Projekt der Europäischen Kommission, Empfehlungen für Educational Metadata enthält Spezifikationen mit mehreren Kategorien (http://ariadne.uni.ch/Metadata/ ariadne_metadata_v3final1.htm).
IMS	Initiative IMS (Instructional Management Systems), Spezifikationen auf der Basis des Standards XML (Extensible Markup Language) (http://imsproject.org).
Learning Objects Metadata (LOM)	Die Lom-Arbeitsgruppe gehört zur IEEE. Sie definiert Standards für die Syntax und Semantik der Metadaten für Lernobjekte; Metadaten werden definiert als Attribute, die ein Lernobjekt angemessen und vollständig beschreiben (http://ltsc.ieee.org/doc/wg12/LOM_WD4.pdf).
AICC	Aviation Industry Computer Based Training: weit verbreiteter Standard zur Entwicklung von CBTs, Standard aus der Luftfahrtindustrie (http://www.aicc.org).
SCORM	Sharable Courseware Object Reference Model (SCORM) (http://www.adlnet.org).

Quelle: Seufert/Mayr 2002, S. 50.

Um die Vergleichbarkeit unterschiedlicher E-Learning-Szenarien zu gewährleisten, haben einige Konsortien *Kriterienkataloge* für computerbasierte Lernangebote entwickelt, mit deren Hilfe bestimmte Eigenschaften des jeweiligen Produkts analysiert und bewertet werden. Der Vorteil solcher Kriterienkataloge liegt unter anderem darin, »dass sie Einschätzungen über die Lernwirksamkeit, die eigentlich nur über aufwändige empirische Verfahren erhoben werden können, relativ einfach zu ermöglichen scheinen« (Ehlers et al. 2003, S. 418). Welche Merkmale als Qualitätskriterien beurteilt werden, hängt davon ab, inwieweit deren »Lernwirksamkeit in einer Validitätsstudie nachgewiesen wurde« (ebd.). Leider werden auch häufig Merkmale einer computerbasierten Lernumgebung zu Qualitätskriterien ›erhoben‹, über die »keine expliziten Validitätsstudien vorliegen, sondern über die lediglich vermutet wird, sie seien lernwirksam« (ebd.). In den letzten Jahren wurde jedoch zunehmend Kritik an der alleinigen Verwendung von Kriterienkatalogen geübt.

Zwar kann der ihnen gegenüber gemachte Vorwurf, zu technologielastig ausgerichtet zu sein, nicht mehr aufrechterhalten werden, da sukzessive verstärkt pädagogische und didaktische Aspekte bei der Gestaltung von Kriterienkatalogen berücksichtigt worden sind (ebd.).

Dennoch haften einige Kritikpunkte, wie z.B. (1) *Mangelnde Beurteilerübereinstimmung,* (2) *geringe praktische Signifikanz der Qualitätskriterien,* (3) *differenzielle Methodeneffekte bei Qualitätskriterien* und (4) *Nichtberücksichtigung des Verwertungszusammenhangs einer Bildungssoftware* nach wie vor der Verwendung von Qualitätskriterienkatalogen an (vgl. ebd.).

Zur *mangelnden Beurteilerübereinstimmung* kommt es oftmals, da zwischen den einzelnen Gutachtern hinsichtlich der Quantifizierung einzelner Merkmale große Diskrepanzen auftreten, die aus jeweils subjektiven Dispositionen resultieren. Dementsprechend muss eine objektive Gültigkeit individueller Beurteilungen zunächst infrage gestellt werden. Ein weiteres Manko äußert sich darin, dass Merkmale, die gut operationalisiert werden können (z.B. die Frage nach der Nutzungsmöglichkeit eines Diskussionsforums), eine vergleichsweise *geringe praktische Signifikanz* bezüglich der Lernwirksamkeit besitzen. Dagegen haben Kriterien, die sich nur schwer operationalisieren lassen (z.B. metakognitive Fähigkeiten eines Lerners), einen großen Einfluss auf die persönliche Lernwirksamkeit (vgl. ebd., S. 419). Des Weiteren können bei der Evaluation einer E-Learning-Umgebung *differenzielle Methodeneffekte* innerhalb der Hauptfaktoren[20] auftreten, die einen unmittelbaren Zusammenhang zwischen ihnen und der abhängigen Variablen »Lernwirksamkeit« stören oder verdecken (vgl. ebd.). Schließlich bleibt als letzter gewichtiger Kritikpunkt noch die *unzureichende Berücksichtigung des jeweiligen Verwertungszusammenhangs einer Bildungssoftware* zu nennen. Die Mehrheit der verwendeten Qualitätskriterienkataloge stellt keine Bezüge zu Kosten-Nutzen-Relationen der begutachteten Lernsoftware her, womit eines der wichtigsten ›K.O.-Kriterien‹, nämlich der finanzielle Aufwand, unberücksichtigt bleibt.

Methodisch eng mit der Benchmarking-Methode verbunden ist die *Qualitätssicherung durch Peer-Reviews.* Dabei werden Bildungsprodukte ebenfalls durch Kriteriensysteme begutachtet, indem sich verschiedene Anbieter gegenseitig bewerten. So werden beispielsweise innerhalb des MERLOT[21]-Projekts strukturierte ›Peer-Reviews‹ eingesetzt, um Hochschulangehörigen von verschiedenen Standorten und Fachbereichen die Möglichkeit zu geben, die Qualität ihrer jeweils verwendeten Online-Lehr- und Lernmaterialien gegenseitig zu begutachten. Da mit der Verwendung der ›Peer Reviews‹ vor allem die Nutzerperspektive bezüglich der E-Learning-Materialien berücksichtigt werden soll, fördert MERLOT vor allem ›Peer Reviews‹, die auch von Usern unterschiedlicher Online-Lernumgebungen durchgeführt werden.

Erfolgt die *Qualitätssicherung* des jeweiligen E-Learning-Produkts *durch Akkreditierung,* übernehmen unabhängige professionelle Instanzen die Begutachtung (vgl. ebd.), die darüber hinaus auch Zertifikate für die Einhaltung entsprechender Qualitätsstandards verleihen können. Beispielsweise gibt es in Deutschland die ZEVA (Zentrale Evaluations- und Akkreditierungsagentur), die sich zur Aufgabe gemacht hat, die Qualitätssicherung in Lehre und Studium an den Hochschulen des Landes Niedersachsen zu begutachten.

---

20 Fricke (1995) schlägt für die Evaluation multimedialer Lehr- und Lernumgebungen vier Hauptfaktoren vor, nämlich (1) die multimediale Lernumgebung, (2) die Lernervariablen, (3) das Lernthema und (4) das Lernergebnis.
21 MERLOT= Multimedia Educational Resource for Learning and Online Teaching. MERLOT versteht sich selbst als frei zugängliche Quelle und als Fundort für gesammelte Online-Lehr- und Lernmaterialien. Ferner soll mithilfe von MERLOT eine Austauschplattform für Interessenten und Fachpersonal aus dem E-Learning- und Bildungsbereich etabliert werden, die sich gegenseitig bei ihrer Arbeit unterstützen. Nähere Informationen finden sich unter www.merlot.org.

2.4 Der Einfluss Neuer Medien auf die allgemeine und berufliche Bildung

2.4.1 Lebenslanges Lernen

Im Hinblick auf unser Forschungsvorhaben vertreten wir die These, dass lebenslanges Lernen[22] als die Fähigkeit zur Selbstvorsorge im Leben von Personen zukünftig eine immer bedeutsamere Rolle einnehmen wird. Die psychologische Forschung hat dafür den Grundstein gelegt, indem sie Befunde dafür geliefert hat, dass Erwachsene auch bis ins hohe Alter lernfähig sind, sodass Anschlusslernen, Um- und Neulernen als selbstverständliche Anforderungen gesehen werden, was sowohl den Beruf als auch die Freizeit oder Zeiten der Arbeitslosigkeit betrifft (vgl. Gieseke 2003). In diesem Zusammenhang unterscheiden Alheit und Dausien zwischen einer bildungspolitischen und einer pädagogisch orientierten Perspektive. Aus einer *bildungspolitischen Sichtweise* lassen sich vier Entwicklungstrends der postindustriellen Gesellschaft bestimmen. Dies sind (1) die Veränderungen von Arbeit, (2) die neue und veränderte Funktion von Wissen, (3) die Erfahrung der Dysfunktionalität bisheriger Bildungsinstitutionen und (4) die Herausforderungen an die sozialen Akteure, die noch unvollständig als *Individualisierung* und *reflexive Modernisierung* umschrieben werden (vgl. Alheit/Dausien 2002, S. 5). Die von Alheit bezeichnete *pädagogisch orientierte Perspektive* fokussiert auf Bildungsbiografien. Dabei sind Biografien »Rekonstruktionen des eigenen Lebens und Handelns vor dem Hintergrund gesellschaftlichen Eingebunden-Seins (…). Die Bildungsbiographieforschung setzt sich mit den individuellen situativen Lernakten auseinander« (Gieseke 2003, S. 49). Alheit spricht hier von »Lernen als Transformation von Erfahrungen, Wissen und Handlungsstrukturen im lebensgeschichtlichen und lebensweltlichen Zusammenhang« (Alheit 1990, S. 10). Demnach ist biografisches Lernen nicht an einen festgelegtem Ort oder eine festgelegte Zeit gebunden, sondern betrifft die lebensgeschichtliche Perspektive der Individuen.

Alheit (1995) zeigt weiter auf, dass neben Verschiebungen des »Lebenszeitbudgets« – womit er auf Veränderungen der Kindheits-, Jugend- und Altersphase hin zu immer länger andauernden, sich ausdehnenden Phasen im Gegensatz zur schrumpfenden Erwerbstätigkeit hinweist – sich auch der »Bauplan der Normalbiographie« (vgl. Kohli 1985) verändert hat. Der Lebenslauf wird seines Erachtens zunehmend diffuser, was daran erkennbar wird, dass die »problemlose Abfolge von ›Lern- und Vorbereitungsphase‹, ›Aktivitätsphase‹ und ›Ruhephase‹« heute nur noch auf eine geringe Anzahl von meist männlichen Lebensläufen in unserer Gesellschaft zutrifft (Alheit 1995, S. 277). »Längst sind Phasenübergänge zu sozialen Risikolagen geworden« (ebd.). Aufgrund dessen werden »Laufbahnen im sozialen Raum« (Bourdieu) ihre Eindeutigkeit verlieren, da der prognostische Wert der Klassen-, Geschlechts- und Generationslagen in Be-

---

22 Lernen bedeutet »im vorwissenschaftlichen wie auch im wissenschaftlichen Sprachgebrauch der relativ dauerhafte Erwerb, die Aneignung von Kenntnissen, Fertigkeiten, Fähigkeiten, Einstellungen und Verhaltensweisen oder ihre Änderung aufgrund von Erfahrung« (Brockhaus – Die Enzyklopädie: in 24 Bänden).
Dabei kann zwischen *explizitem* und *implizitem* Lernen differenziert werden. Explizites Lernen ist beispielsweise das Lernen von Vokabeln, also ein absichtsvoller, bewusster Erwerb von Wissen oder Fertigkeiten. Implizites Lernen meint die unbewusste, nicht-absichtliche Identifikation und Speicherung von Regelmäßigkeiten.
Lebenslanges Lernen: Das Adjektiv »lebenslang« im Zusammenhang mit Lernen bezieht sich vor allem auf die berufsbezogene »Weiterbildung nach Abschluss der schulischen und beruflichen Ausbildung, die als notwendige Entsprechung zu dem schnellen Wandel der modernen Arbeitswelt und als Bedingung für gesellschaftlichen und wirtschaftlichen Fortschritt gesehen wird. Bildungsorganisatorisch wird unter diesem Gesichtspunkt eine stärkere Integration der Erwachsenenbildung in das gesamte Bildungssystem und ein institutioneller Ausbau der Weiterbildung gefordert, z.B. Kontaktstudium an Hochschulen« (Brockhaus – Die Enzyklopädie: in 24 Bänden).

zug auf »tatsächliche Lebensläufe« gesunken ist (vgl. ebd., S. 278). Obwohl diese kollektiven biografischen Muster nach Alheit zwar immer noch als »biographische Ressourcen« von Bedeutung sind, werden sie nach der Individualisierungsthese von Beck (1986) durch individuelle Risikolagen tendenziell ›entmachtet‹. Aus diesem Grund kommt Alheit zu dem Schluss, dass die Biografie selbst zum *Lernfeld hinsichtlich Antizipation, Bewältigung von Lebensphasen und Identitätsfindung als Ergebnis komplizierter Lernprozesse* aufrückt und zu einem »Laboratorium« geworden ist, »in welchem wir Fähigkeiten entwickeln müssen, die vorläufig kein ›Curriculum‹ haben« (ebd.).

Diese Überlegungen führen Alheit dazu, sich mit den bildungssoziologischen Rahmenbedingungen biografischer Lernprozesse und Konzepte auseinanderzusetzen. Zu diesem Zweck zieht er die »biographische Illusion« von Bourdieu (1990) heran, worin die Lebensgeschichte als perfektes soziales »Artefakt« postuliert wird (Bourdieu 1990, S. 80), das mit der Wirklichkeit nichts gemeinsam habe. Unter Einbeziehung dieser provokanten These kommt Alheit zu drei verschiedenen Schlussfolgerungen.

Erstens nutzt er die Aussage Bourdieus, um seine Skepsis hinsichtlich des Konstrukts »Biografie« sowie dessen aufklärerischen Bedarf offenzulegen, verstanden als eine »spezifische Modernitätsdiagnose« (Alheit 1995, S. 288). In diesem Sinn interpretiert Alheit Bourdieu folgendermaßen: »Biographien sind allenfalls Laufbahnen im sozialen Raum. Es lohnt, über die Positionen aufzuklären, die durchlaufen werden. Eine zusammenhängende Geschichte indessen gibt es nicht« (ebd.). Entgegen dieser Sichtweise geht Alheit allerdings davon aus, dass trotz einschneidender Modernisierungsprozesse eine »gewisse innere Konsistenz« (ebd., S. 289) biografischer Abläufe vorhanden ist, wie Nuto Revelli (1977) wird in »Il mondo dei vinti« (»Die Welt der Besiegten«) empirisch belegt. Trotzdem bleibt für ihn die Frage offen, ob in Zukunft Biografien noch eine narrativ rekonstruierbare »Lebensgeschichte« produzieren können, da nach Habermas (1981) die narrative Struktur der Erfahrung »auf eine Vernetzung mit der Geschichte von Kollektiven angewiesen« ist. Wenn nun Personen »im Prozess radikaler Modernisierung überkommender Lebenswelten von den Ressourcen überlieferter oder fraglos geteilter Erfahrung abgeschnitten werden, geht mit der Vernetzbarkeit in kollektive Zusammenhänge womöglich eine zentrale biographische Kompetenz verloren« (Alheit 1995, S. 289).

Zweitens nutzt Alheit Bourdieus Kritik am Biografiekonstrukt, um die Bedeutung von Brüchen in heutigen Lebensläufen hervorzuheben und eine bildungswissenschaftliche Sicht des Biografischen zu eröffnen. In diesem Zusammenhang sieht der Autor neben den Risiken von Brüchen in Erwerbsverläufen auch eine Chance in dem Verzicht auf Sicherheit und Konventionen, indem sich neue »postkonventionelle Handlungsschemata« herausbilden könnten, die neue biografische Bewegungsräume erschließen wie etwa die Entstehung neuer sozialmoralischer Milieus.

Um allerdings die derzeitigen Entwicklungen als Chance zu begreifen und zu nutzen, müssen nach Alheit bestimmte Voraussetzungen gegeben sein: *Erstens* müssen die Folgen aktueller Modernisierungsprozesse biografisch integriert werden, müssen also »ökonomische und politische Machtstrukturen«, die das Leben von Biografieträgern auf der Makroebene beeinflussen, zum »expliziten biographischen Wissen« werden, insbesondere im Hinblick auf »Wissensstrukturen der beruflichen Qualifizierung« (ebd., 290f.). *Zweitens* zeigt er auf, dass Biografien ihrerseits auf Modernisierung angewiesen sind, da individuelle Reproduktionsstrategien sich auf Mischungsverhältnisse von konventionellen wie auch von modernen Wissensbeständen beziehen. Daher ist Alheits Schluss hinsichtlich der zweiten Voraussetzung: Wenn »gewachsene

Bindungen und Konventionen brüchig werden, wenn selbstverständliche Solidar- und Sinnressourcen verschwinden, ist eine ›Modernisierung‹ auch biographischen Wissens notwendig« (ebd., S. 291). Als letzte Voraussetzung nennt Alheit schließlich die Notwendigkeit einer Schlüsselqualifikation, die er als »*Biographizität*« bezeichnet und die die Fähigkeit umschreiben soll, »moderne Wissensbestände an biographische Sinnressourcen anzuschließen und sich mit diesem Wissen neu zu assoziieren« (ebd., S. 292). Dies bedeutet beispielsweise für die Nutzung von Bildungs- und Qualifizierungsangeboten, das moderne Wissen für die eigene Handlungsautonomie fruchtbar zu machen und damit neue Verknüpfungen herzustellen.

Anknüpfend an die Sichtweise Bourdieus kommt Alheit zum Ende seines Artikels zu dem *dritten* Schluss, dass über Biografie als Lebens- und Lerngeschichte stärker nachgedacht werden sollte. Im Gegensatz zu Bourdieu begreift Alheit die Lerngeschichte eines Individuums als eine Spannung zwischen Kontinuität und Diskontinuität. Nur aus dieser Spannung könne sich eine bildungswissenschaftliche Perspektive entwickeln. Und mit Bourdieu gesprochen muss festgestellt werden, dass zukünftig Lebensgeschichten komplizierter und anstrengender als früher werden, sodass die biografische Frage zu einem »bildungstheoretischen Problem« wird (Alheit 1995, S. 293). Aufgrund dessen beschäftigt sich Alheit abschließend mit den bildungstheoretischen Konsequenzen einer Biografieorientierung.

Hinsichtlich der bildungstheoretischen Konsequenzen beleuchtet Alheit Lernprozesse zwischen Subjekt und Struktur. In diesem Zusammenhang ist vorab auf das Konzept von Marotzki hinzuweisen, der die Komplexität des Einzelfalles zum Mittelpunkt einer »strukturellen Bildungstheorie« macht (Marotzki 1991, S. 234ff.), indem er die Unergründbarkeit des Individuellen betont. Obwohl Alheit den Ansatz von Marotzki als bemerkenswert ansieht, kritisiert er dessen einseitigen Fokus auf den Einzelfall, da hier die Strukturebene ausgeblendet werde. Infolgedessen hebt er zur Subjektivität noch die »soziale ›Hülle‹ des Individuums hervor, eine Art äußerliches Ablaufprogramm, ohne das eine moderne Lebensführung unmöglich geworden ist« (Alheit 1995, S. 293), also die Strukturebene. So kommt der Autor zu dem Schluss, dass Biografie »Gesellschaft und Subjektivität in einem« (ebd., S. 294f.) ist. Aufgrund dessen sieht Alheit die These, wir seien allein Subjekte unserer eigenen Biografie, insofern als problematisch an, als »unsere vorgebliche Handlungs- und Planungsautonomie biographischen ›Prozeßstrukturen‹ (Schütze) unterworfen ist, die wir nur sehr begrenzt beeinflussen können« (ebd., S. 294f.). Hierzu zählen etwa die soziale Dimension des Geschlechts (Gender), spezifische Familienstrukturen, Zugehörigkeit zu einer bestimmten Generation (vgl. Mannheim 1964) oder das jeweilige Herkunftsmilieu. Dies sind alles Faktoren, die unsere »Lagerung im sozialen Raum« beeinflussen und sich im Habitus manifestieren, sodass die individuelle Entfaltung der Biografie nicht als beliebig angesehen werden kann. Die »generativen Strukturen bleiben jederzeit spürbar« (ebd., S. 296).

Dass Individuen trotz dieser äußeren Rahmenbedingungen das Gefühl einer eigenen Planungsautonomie nicht verlieren, liegt nach Ansicht Alheits an der besonderen Art der biografischen Wissensverarbeitung darüber. Einerseits bedeutet sie eine Form der Entlastung, da wir Verantwortung für unsere eigene Biografie auf äußere Einflüsse ›abwälzen‹ können. Zum anderen können biografische Wissensbestände dazu neigen, »zu latenten oder sogar ›präskriptiven‹ Wissensformen zu werden und mit den Hintergrundstrukturen unserer Erfahrung zu verschmelzen« (ebd., S. 296). Letzteres bezieht sich vor allem auf Dependenzen, die nicht beliebig entwirrbar sind, wie Inhalte, die etwa auf psychoanalytische Erklärungskonzepte rekurrieren wie z.B. solchen der Substitution, Rationalisierung oder kognitiven Dissonanz (Festinger) und mit den einhergehenden (häufig unreflektierten) Habitusformen. Aufgrund dessen haben wir trotz aller Widersprüchlichkeiten das Gefühl, dass es sich um das eigene Leben handelt. »Diese einzigartige ›Hintergrundidee‹ von uns selbst haben wir nicht trotz, sondern gerade wegen der strukturellen Begrenzungen unserer sozialen und ethnischen Herkunft, unseres Geschlechts und der Zeit, in der wir leben. Struktur und Subjektivität gehen hier eine wichtige Verbindung ein, deren Auflösung zu krisenhaften Prozessen führen muss« (ebd., S. 298).

Aus diesem Grund plädiert Alheit, beiden Polen Rechnung zu tragen, »den strukturellen Rahmenbedingungen unseres Lebens und den spontanen Dispositionen, die wir zu uns selbst einnehmen. Zwischen diesen Polen entstehen ›Lebenskonstruktionen‹ (Bude), die auf Strukturen zurückwirken können« (ebd.). Somit sind Lebenskonstruktionen einerseits versteckte Referenzen an die strukturellen Gegebenheiten, denen wir unterliegen, und die Bourdieu mit seinem Habituskonzept überzeugend beschreibt. Andererseits erzeugen wir während unseres Lebenslaufs mehr Sinn, als »wir aus der Perspektive unserer biographischen Selbstthematisierung überschauen« (Bude 1985, S. 85; vgl. Alheit 1995). In diesem Zusammenhang verweist Alheit auf ein intuitives Wissen, nämlich dass der Mensch immer mehr Chancen hat, als er jemals realisieren kann (ungelebtes Leben). Hierin sieht der Autor eine bedeutende Ressource für Bildungsprozesse.

Zum einen handelt es sich um die Möglichkeit, die »Sinnüberschüsse unserer Lebenserfahrung zu erkennen und für eine bewusste Veränderung unserer Selbst- und Weltreferenz nutzbar zu machen« (ebd., S. 299). Dies erinnert an das Konzept der »Modalisierungen« von Marotzki (1991, S. 144ff.) in Bezug auf seine strukturale Bildungstheorie. Zum anderen sieht Alheit im biografischen Hintergrundwissen ein starkes Potenzial zur Veränderung von Strukturen, nämlich wenn Präskripte bewusst reflektiert werden, sich Strukturen verändern können.[23] Hier zeigt sich, so der Autor, ein »Übergang in eine neue Qualität des Selbst- und Weltbezuges – ein Prozess, der weder das lernende Subjekt, noch den umgebenden strukturellen Kontext unverändert lässt« (ebd., S. 299), und den er als »transitorischen Bildungsprozess« bezeichnet. Der innovative Charakter einer solchen Qualität liegt darin, dass transitorische Bildungsprozesse neue Informationen anders verarbeiten, indem sie nicht einfach in das bestehende Wissensgebäude inkludiert werden, sondern dieses verändern. In diesem Zusammenhang lässt sich von Abduktion[24] sprechen, einer Zusammenführung oder Vernetzung von Wissen, die wir vorher nicht für möglich gehalten haben.

Abschließend kommt Alheit zu dem Schluss, nur biografisches Wissen könne wirklich transitorisch sein: »Nur wenn konkrete Menschen sich derart auf ihre Lebenswelt beziehen, daß ihre selbstreflexiven Aktivitäten gestaltend auf soziale Kontexte zurückwirken, ist jene moderne Schlüsselqualifikation ›Biographizität‹ berührt (…). Biographizität bedeutet, daß wir unser Leben in den Kontexten, in denen wir es verbringen (müssen), immer wieder neu auslegen können, und daß wir diese Kontexte ihrerseits als ›bildbar‹ und gestaltbar erfahren« (ebd., S. 300).

---

23 Assoziationen zu Freud sind gegeben: Wo ES war, soll ICH werden.
24 Abduktion aus dem Lateinischen heißt, »das Wegführen«, das Bewegen von Körperteilen von der Körperachse weg (Duden 1997, S. 23). In diesem Zusammenhang ist Abduktion dagegen die Bezeichnung von C.S. Peirce für eine »neben Deduktion und Induktion dritte Möglichkeit syllogistischen Schließens, und zwar des Schließens von dem Resultat (conlusio) und der Regel (major) auf den Fall (minor)« (Rammstedt 1995, S. 15). Abduktion ermöglicht nur einen Wahrscheinlichkeitsschluss. Das Verfahren ist gemäß Peirce Bestandteil von wissenschaftlicher Hypothesenbildung.

2.4 Der Einfluss Neuer Medien auf die allgemeine und berufliche Bildung

Marotzki plädiert (2001) dafür, Bildungsmaßnahmen statt aus einer einseitigen bildungsökonomischen Perspektive aus dem Blickwinkel einer umfassenden Biografiearbeit zu erfassen. »Lebenslanges Lernen wird zur Alltagspraxis und führt zu veränderten biographischen Planungen. Lernen ist keine einmalige biographische Investition, sondern – das besagt ja das Schlagwort vom lebenslangen Lernen – muss immer wieder, in welcher Form auch immer, in den Lebenslauf integriert werden« (Marotzki 2001, S. 6).

Damit ändert sich die grundlegende Haltung zum Lernen, sowie auch das Lernen selbst. Durch die Einbeziehung neuer Informationstechnologien, wie etwa im Bereich der Weiterbildung, verändert sich nämlich das Lernen durch Computernetze und Internet und wird zukünftig (wie bereits jetzt schon) in großen Teilen ›online‹ erfolgen. Diese Entwicklung führt zu einem Lernen, das effizient, individuell, flexibel sowie ortsunabhängig erfolgen soll. Darüber hinaus führt Marotzki an, es liege in der Logik der Wissensgesellschaft, dass Wissen zur Ware wird. Obwohl auch schon in der Antike Wissen auf dem Marktplatz verkauft wurde, erhält diese Entwicklung trotzdem einen neuen Gehalt, da sich die Form und das Ausmaß stark verändert haben, so Marotzki. Seiner Ansicht nach werden staatliche Universitäten und Schulen »Probleme bekommen, ihren Monopolanspruch auf Wissen und Zertifizierung aufrechtzuerhalten« (ebd.), da vermehrt neue, privatwirtschaftlich organisierte Bildungseinrichtungen entstehen und über das Internet versuchen, ihre Angebote und Produkte gewinnorientiert anzubieten. »Das kleine ABC der Kundenorientierung wird auf die Lernerorientierung übertragen: Intelligente Agenten werden in Zukunft im so entstehenden Bereich des E-Learning spezielle ›Lerner-Profile‹ als Pendant zu den Kundenprofilen beim E-Commerce erstellen und für ein ›maßgeschneidertes Lernerlebnis‹ sorgen« (ebd.).

Dieses Szenario skizziert, dass durch die wachsende Bedeutung des Lernens auch immer stärker kommerzielle Anbieter auf den Markt dringen werden, was derzeit vor allem im Bereich der Weiterbildung beobachtet werden kann. Diese Entwicklung greifen ebenfalls Back, Bendel und Stoller-Schai (2002) auf, die illustrieren, dass sich ein umfangreicher E-Learning-Markt entwickelt hat, auf dem nicht-kommerzielle sowie kommerzielle Anbieter ihre Angebote verkaufen wollen.

Die Gründe, warum lebenslang gelernt wird, führt Gieseke (2003) wie folgt auf: *Erstens* können nicht erworbene Schulabschlüsse oder nicht umgesetzte Studienwünsche durch lebenslanges Lernen kompensiert werden (vgl. Gieseke 2003, S. 50). *Zweitens* nötigt oftmals der Verlust des Arbeitsplatzes zu einer Umschulung, um die berufliche und damit die finanzielle Existenz zu sichern. *Drittens* können persönliche Krisen zu einer individuellen Neuorientierung führen, die neues Wissen und neue Handlungskompetenz verlangt. Als *vierten* Punkt nennt die Autorin die Veränderungen am Arbeitsplatz, die nicht mehr allein über Erfahrungslernen in der jeweiligen Situation bewältigt werden können. *Fünftens* kann eine diffuse Unzufriedenheit mit einer Lebenssituation in mehr oder weniger gezielte oder explorative Weiterbildungspartizipation einmünden. Als *sechsten* Grund für das lebenslange Lernen nennt Gieseke die Verfolgung des Wissensfortschritts im eigenen Beruf oder Tätigkeitsfeld. Mit diesem letzten Punkt spricht sie die Teilhabe am politischen, sozialen oder kulturellen Leben an.

Diese unterschiedlichen Beweggründe für lebenslanges Lernen sind für unser Forschungsvorhaben von großer Relevanz und werden dementsprechend in der Feldphase thematisiert, um herauszufinden, warum Personen sich mit Medien weiterbilden.

2.4.2 Selbstsozialisation

Traditionelle sozialisationstheoretische Ansätze verorteten den Prozess der Sozialisation primär auf biologisch fundierte Faktoren der Reifung oder auf der Internalisierung gesellschaftlicher Verhaltenskodes und Rollenmuster (vgl. Mansel/Fromme/Kommer/Treumann 1999, S. 10). Erst modernere, aktuelle sozialisationstheoretische Modelle weisen dem in der Sozialisation befindlichen Subjekt eine aktive, informationsverarbeitende und konstruktiv mitwirkende Position innerhalb dieses Prozesses zu. Nach Bauer (2002) markiert das Modell des realitätsverarbeitenden Subjekts von Hurrelmann eine Wendemarke der Sozialisationsforschung, da es ein Sozialisationsverständnis repräsentiert, das bis zum heutigen Zeitpunkt fortbesteht (vgl. Bauer 2002, S. 119). Seit Beginn der 1980er-Jahre existiert laut Bauers Auffassung ein Konsens darüber, »dass Sozialisationsprozesse als komplexe Wechselwirkung personaler und Umweltfaktoren aufzufassen sind« (Bauer 2002, S. 124). Hurrelmann (2002) versteht den Prozess der Sozialisation »als Verarbeitung von inneren und äußeren Anforderungen an die Persönlichkeitsentwicklung« (S. 155f.).

Das Konzept der Selbstsozialisation betont diejenigen sozialisatorischen Prozesse, auf die das Individuum Einfluss nehmen und somit den eigenen Werdegang steuern kann. Eine solche Intervention lässt sich mithilfe mehrerer unterschiedlicher Aspekte aufzeigen. Ein Individuum kann nicht sämtliche Umweltreize, mit denen es konfrontiert wird, vollständig erfassen resp. verarbeiten. Vielmehr selektieren Personen äußere Wahrnehmungen und Reize und vollziehen dabei Interpretationen auf der Grundlage ihrer individuellen Deutungsmuster (vgl. Mansel/Fromme/Kommer/Treumann 1999, S. 10).

Dies bedeutet, dass persönliche Erfahrungen, Vorkenntnisse und Wissenshintergründe herangezogen werden, um die neu gewonnenen Eindrücke mit den bereits vorhandenen Wissensstrukturen zu verknüpfen und abzugleichen. Entsteht eine Diskrepanz zwischen bestehenden Erfahrungen und neuen Wahrnehmungen, unternimmt das Individuum den Versuch, diese ›Irritation‹ zu beheben (ggf. müssen dafür existierende Deutungsmuster modelliert und transformiert werden) und einen Einklang herzustellen. Ebenso wird eine Person bei der Kollision zwischen äußeren Situationen und persönlichen Zielen und Interessen bestrebt sein, in solcher Form auf die Umwelt einzuwirken, dass wieder eine Harmonie zwischen inneren Bedürfnissen und äußerer Realität hergestellt wird.

Die Kompetenz, sich die soziale und physische Welt so anzueignen, dass sie mit den persönlichen Interessen und Zielen harmoniert, wird auch in der Fachliteratur als Voraussetzung deklariert, mit den allgemeinen Lebensanforderungen umgehen zu können (vgl. Hurrelmann 2002, S. 162). Permanente innere Kontrolle der eigenen Handlungen sowie ständige Selbstbeobachtung und Selbstreflexion sind notwendig, um angemessene und erfolgreiche Selbststeuerungsfähigkeiten zu erwerben, mit denen sich die Anforderungen der dinglichen und sozialen (Um-)Welt bewältigen lassen (vgl. ebd.).

Auf diese Weise nehmen Individuen die Möglichkeit wahr, ihre eigene Situation zu beeinflussen, indem sie aktiv mit ihrer Umwelt interagieren. Als Folge davon erweitern sie nach und nach ihre Kompetenzen, bauen vorhandenes Wissen aus, bilden sich fort und konstruieren auf diese Weise komplexe Handlungsstrategien (vgl. Mansel/Fromme/Kommer/Treumann 1999 S. 11).

Sollte es einer Person nicht gelingen, eine Passung von inneren Ansprüchen und äußerer Realität zu erreichen, wird sie ihre eigene Haltung überdenken und modifizieren und versuchen, sich selbst (statt ihre Umwelt) zu ändern. Falls eine Person im Verlauf regelmäßiger Selbstreflexion den Eindruck bekommt, sich zunehmend von den individuellen Zielvorstellungen zu entfernen, wird sie auch hier Bemühungen unternehmen, die eigene Entwicklung zu ihrem Vorteil umzugestalten. Diese Optionen verdeutlichen exemplarisch, dass ein Individuum gesellschaftlichen Strukturen nicht rückhaltlos ausgeliefert ist, sondern durchaus über Handlungsalternativen und Partizipationsmöglichkeiten verfügt (vgl. ebd., S. 12).

Veith (2002) versucht, den Begriff der Selbstsozialisation mit Befunden aus der Kindheitsforschung, der Entwicklungspsychologie und der Erwachsenen- und Sexualpädagogik zu konkretisieren. So konstatiert er für die Kindheitsforschung, dass die Heranwachsenden heutzutage lernen, »die für ihre Sozialisation biographisch relevanten Haltungen und Weltbezüge selbständig im Rahmen ihrer Entwicklungsmöglichkeiten zu organisieren«, statt »in einer *normativ übersichtlichen Familiensituation* mit kontrollierten Außenbeziehungen fest institutionalisierte geschlechts- und alterstypische Rollenerwartungen zu verinnerlichen« (S. 170).

Inhaltlich verwandte Ergebnisse leitet Veith auch aus Befunden der Entwicklungspsychologie ab, in denen zum Ausdruck kommt, dass Kinder nicht von Strukturentwicklungen abhängig sind. Stattdessen konstruieren sie selbstständig und unter dem Einfluss Anderer ihre eigenen »Wirklichkeitsrepräsentationen« nicht nur in den »Kerndomänen des Weltwissens«, sondern »auch und vor allem in ihren eigenen Interessensbereichen« (vgl. ebd., S. 171). In der Erwachsenenpädagogik sind heutzutage ebenfalls Tendenzen erkennbar, dass die Eigeninitiative eines Individuums bei der Planung und Gestaltung der eigenen Berufsbiografie immer bedeutender wird und »selbstorganisatorische Kompetenzen« einen immer größeren Stellenwert einnehmen (vgl. ebd.). Ins Zentrum einer sexualpädagogischen Perspektive (bezüglich selbstsozialisatorischer Tendenzen) rückt nach Veith das »wählende Selbst, das im Umgang mit sich und anderen Erfahrungen sammelt und auf diese Weise seine eigenen sexuellen Haltungen und geschlechtlichen Orientierungen konstruiert« (ebd., S. 172). Letztlich skizziert Veith den modernen Sozialisationsprozess als Selbstsozialisation, die auf der individuellen Nutzung »vorhandener psychischer Ressourcen und sozialer Gelegenheitsstrukturen« basiert (ebd., S. 173).

Krappmann (2002) nähert sich dem Begriff der Selbstsozialisation ebenfalls durch Erfahrungen aus der Kindheits- und Jugendforschung. Seiner Meinung nach gibt es zwei Möglichkeiten, Selbstsozialisation zu interpretieren: Entweder ist damit ein wesentlicher Bestandteil von Sozialisation gemeint, durch den sich ein Selbst/Ich/Subjekt darin formt, »seinen Part in sozialen Handlungsprozessen zu übernehmen« (S. 184) oder Selbstsozialisation wird als Zwang des Selbst interpretiert, »etwas zu tun, was Sozialisationsinstanzen aus zu erläuternden Gründen nicht mehr leisten« (ebd.).

Dollase (1999) sieht Selbstsozialisation als »eigenverantwortliche Einfügung in ein Gemeinwesen mit seinen Normen und Werten« (S. 23). Er macht in seinem Aufsatz »Selbstsozialisation und problematische Folgen« auf *positive*, *negative* und *neutrale* Wirkungen selbstsozialisatorischer Prozesse aufmerksam. Zu den *positiven* Folgen von Selbststeuerung[25] zählt er beispielsweise das ›Gehen lernen‹, ›Sprechen lernen‹, die kognitive Entwicklung oder auch das Bindungsverhalten zwischen Eltern und ihren Kindern, das intuitiv entwickelt wird (vgl. ebd., S. 26). *Negative* Folgen der Selbstsozialisation werden u.a. durch Kriminalität, Aggressivität, Suchtverhalten, Lügen oder irreale Selbstbilder dokumentiert. Laut Dollase sind die Ursachen dieser

---

25 Dollase (1999) verwendet die Begriffe ›Selbstsozialisation‹ und ›Selbststeuerung‹ synonym, da auch in der entsprechenden Fachliteratur kein einheitlicher Terminus benutzt wird, um den gleichen Sachverhalt zu umschreiben.

Verhaltensweisen in einer mangelnden Kontrollmöglichkeit der Einhaltung von Regeln und Gesetzen sowie in einer unzureichenden Gültigkeit der Prognosen, welche (bildungspolitischen) Sozialisationsmuster letztlich zu Erfolgen in der Arbeits- und Berufswelt führen, zu suchen.

Vermieden werden können Sozialisationsmisserfolge nach Dollase durch den Verzicht auf einen einheitlichen Bildungszielkatalog, der für alle gleichermaßen verbindlich sein soll. Stattdessen empfiehlt er, dass eher auf die »richtige Platzierung von Individualitäten achtet«, werden soll, also eher die Frage zu klären ist, in welchem Bereich ein Individuum optimal verortet ist. Pädagogisch intendierte Konzepte, die für die Individuen ein zu großes Maß an Selbststeuerung vorsehen, können ebenfalls negative Folgen nach sich ziehen, die sich in einer Art ›Selbstüberforderung‹ manifestieren (vgl. ebd., S. 27). Neben positiven und negativen lassen sich ferner *neutrale* Folgen der Selbststeuerung konstatieren wie z.B. persönliche Präferenzen in Bereichen der Musik, Mode, Speisen etc. (vgl. ebd.). Allerdings gestaltet es sich nach Dollase besonders schwierig, unter forschungsmethodischen Gesichtspunkten die Handlungsmuster von Personen exakt nach selbst- und fremdgesteuerten Prozessen aufzuschlüsseln.

In diesem Zusammenhang spricht Kirchhöfer (1999) auch von einer »Dialektik von Selbst- und Fremdbestimmung« (S. 104). Damit wird eines der großen Probleme des Selbstsozialisationskonzepts zum Ausdruck gebracht. Geht es zukünftig um die Förderung selbstsozialisatorischer Fähigkeiten, muss es zunächst gelingen, konkrete Handlungsmuster von Personen so weit wie möglich nach Selbst- und Fremdsteuerung zu differenzieren. Diese Trennung ist eine zwingende Voraussetzung für die Erfassung selbstsozialisatorischer Prozesse und Ergebnisse. Dagegen sieht Bauer lediglich die Möglichkeit einer analytischen Trennung zwischen Prozessen der Fremd- und Selbstsozialisation, da sie sich in der Realität in einem »unauflöslichen, dialektischen Abhängigkeitsverhältnis voneinander« (2002, S. 125) befinden. Laut Hurrelmann (2002) ist es ohnehin nicht erforderlich, den strukturellen Veränderungen der letzten Jahrzehnte in der Sozialisationsforschung durch den Terminus der ›Selbstsozialisation‹ Rechnung zu tragen, da der Begriff der Sozialisation »das Spannungsverhältnis zwischen den Polen der Fremdbestimmung und der Selbstbestimmung der Persönlichkeitsentwicklung seit der paradigmatischen Wende in den 1980er-Jahren voll aufzunehmen in der Lage ist« (S. 165).

2.4.3 Selbstgesteuertes Lernen

Der Begriff des »Selbstgesteuertes Lernen« ist heutzutage wieder hochaktuell, da er aufgrund gesellschaftlicher Veränderungen wieder zunehmend diskutiert und thematisiert wird (vgl. Ziegler/Hofmann/Astleitner 2003). Diese gesellschaftlichen Veränderungen beziehen sich einerseits auf Tendenzen der Veränderung von Lebensbedingungen, die mit den Schlagworten Globalisierung, Individualisierung der Lebensstile, neue Arbeitsformen (vgl. Arbeitskraftunternehmer) und der technologischen Entwicklung bezeichnet werden. Resultierend aus diesem Wandel ist eine Art Orientierungslosigkeit zu konstatieren, da feste Orientierungen für den Einzelnen, etwa ein gesichertes Arbeitsverhältnis, schwerer als zuvor zu finden sind oder sich gar vollständig auflösen. Dies wird beispielsweise an dem Begriff der Risikogesellschaft oder Risikobiografie (vgl. Beck 1986) deutlich. Demzufolge sieht sich der Einzelne mit der Notwendigkeit konfrontiert, sein eigenes Leben mehr und mehr zu organisieren, zu planen und zu steuern.

Andererseits trägt auch die Wissensexplosion dazu bei, warum der Begriff des selbstgesteuerten Lernens wieder zunehmend an Bedeutung gewinnt. Wir sprechen heute davon, dass wir in einer Wissensgesellschaft leben, und der Begriff der Wissensexplosion hängt eng mit dem schnellen Wachstum der heutzutage verfügbaren Informationsmenge zusammen. Hier ist auch die verkürzte Wissens-»Halbwertzeit« zu nennen, womit die schnelle Wissensveralterung durch technischen und wissenschaftlichen Fortschritt gemeint ist. Fragmentierung und Globalisierung des Wissens sind in diesem Zusammenhang aktuelle gesellschaftliche Tendenzen, die das Individuum wie auch Unternehmen vor neue Anforderungen und Voraussetzungen stellt. Die Wissensexplosion drängt nämlich Wirtschaft und Industrie dazu, sich um die fortwährende Weiterqualifizierung ihrer Mitarbeiter zu kümmern und diese Schulungen so ökonomisch und effizient wie nur möglich zu gestalten, da das Management der Ressource »Wissen« zum erfolgsentscheidenden Wettbewerbsfaktor wird. In diesem turbulenten Umfeld, das schnelles und effektives Lernen erfordert, wird nun vom selbstgesteuerten Lernen erwartet, dass es diese zum Teil in einem Zielkonflikt zueinander stehenden Anforderungen eher erfüllt als andere Lernformen.

Eine eindeutige Definition selbstgesteuerten Lernens erweist sich aufgrund verschiedener Konzepte und Begriffsbestimmungen in der Literatur als problematisch (vgl. Weinert 1982, S. 102). Hinzu kommt die Schwierigkeit, vor allem aus dem angelsächsischen Raum, Formeln einzudeutschen. Neben »selfregulated learning« findet man in englischsprachigen Raum beispielsweise noch die Begriffe »self-directed«, »self-controlling«, »self-guided«, »self-instructing« und »self-planned«.

Im Deutschen gibt es neben dem »selbstregulierten Lernen« noch die Bezeichnungen des »selbstorganisierten«, des »selbstbestimmten« und des »selbstinitiierten« Lernens, wobei sich unseres Erachtens der Begriff des »selbstgesteuerten Lernens« gegenüber den anderen Bezeichnungen durchgesetzt hat, wenn man sich die zahlreichen Publikationen und Kongresse vergegenwärtigt, die diese Bezeichnung in ihrem Titel tragen.

Will man sich nun einer Definition des selbstgesteuerten Lernens nähern, erscheint es sinnvoll, die einzelnen Begriffsbestandteile »Selbst«, »Steuerung« und »Lernen« näher zu betrachten. Daraus resultiert nämlich, dass hier der lernende Mensch im Mittelpunkt steht, indem er Initiator und Organisator seines eigenen Lernprozesses ist. In diesem Zusammenhang möchten wir hier auf die Ausführungen von Weinert verweisen, wonach ein selbst steuernder Lernender »die wesentlichen Entscheidungen, ob, was, wann, wie und woraufhin er lernt, gravierend und folgenreich beeinflussen« kann (Weinert 1982, S. 102). Somit entscheidet der Lernende über seine Lernziele, Lernstrategien, Lernort, Lernzeit, Lernhilfen und Lernkontrolle.

Auf diese Weise lässt sich das selbstgesteuerte Lernen auch von dem informellen Alltagslernen abgrenzen, da dieses im Lebenszusammenhang nicht gesteuert und geplant abläuft. Zur deutlicheren Abgrenzung zwischen selbstgesteuertem und fremdgesteuertem Lernen sollen die nun folgenden Ausführungen dienen.

Im weitesten Sinne kann Lernen nach Schiefele und Pekrun (1996) als eine Aktivität bezeichnet werden, »in deren Verlauf neue Gedächtnisinhalte (z.B. Wissen, Fertigkeiten) erworben werden«, wobei die Lernaktivität den Einflüssen des oder der Steuernden unterliegt (Schiefele/Pekrun 1996, S. 249). In diesem Zusammenhang unterscheidet man zwischen interner und externer Steuerung. Die interne Steuerung wird auch als Selbststeuerung bezeichnet und meint, dass die Einflüsse, die sich auf die Gestaltung des Lernens beziehen, vom Lerner selbst ausgehen (s.o.). Demgegenüber bezieht sich die externe Steuerung, auch Fremdsteuerung genannt, auf Einflüsse, die von außen an den Lerner herangetragen werden und auf die Gestaltung seines Lernens einwirken. Dabei ist zu beachten, dass »Lernen immer sowohl fremd- als auch selbstgesteuert ist« (ebenda), dass also diese Unterscheidung nur analytischen Zwecken dient, da die Entwicklung der Fähigkeiten zur Selbststeuerung nicht ohne Fremdsteuerung erfolgen kann.

Die lerntheoretische Tradition des fremdgesteuerten Lernens besitzt ihre Wurzeln im Konditionieren. Dabei wird zwischen dem respondenten und dem operanten Ansatz unterschieden. Ersterer ist der klassische Ansatz und bezieht sich auf Reize, mit denen positive und negative Gefühlszustände (z.B. Lernfreude) ausgelöst werden können. Diese beeinflussen das emotionale Erleben und damit die Motivation in einer Lernsituation. Der operante Ansatz ist dagegen auf Verstärkung ausgerichtet, und Verstärker stellen Ereignisse dar, die auf ein Verhalten folgen und dessen Auftretenswahrscheinlichkeit erhöhen. Dem Prinzip der Verstärkung entsprechen demnach Maßnahmen, die die Konsequenzen der Lernaktivität betreffen (z.B. Lob). Methoden des operanten Ansatzes sind *erstens* das Tokensystem – intermittierende Verstärkung in bestimmten Abständen –; *zweitens* das Kontingenzmanagement – geplanter Einsatz von Verstärkung unter genau festgelegten Bedingungen –; und *drittens* der programmierte Unterricht – jeder Schüler muss Lernaktivitäten zeigen und unmittelbar nach jeder Reaktion oder Verhaltenssequenz eine Rückmeldung bzw. Verstärkung bekommen. Die hauptsächliche Kritik dieser fremdgesteuerten Lernansätze richtet sich an deren behavioristisches Menschenbild, wonach der Mensch als ein passives, manipulierbares Wesen dargestellt wird. Des Weiteren ist zu kritisieren, dass ausschließlich extrinsischen Verstärkern eine Bedeutung zugesprochen wird, die intrinsische Motivation dagegen nicht beachtet wird. Dabei ist zu berücksichtigen, dass extrinsische Verstärker zudem die intrinsische Motivation schwächen können (vgl. Schiefele/Pekrun 1996).

Im Gegensatz zum fremdgesteuerten Lernen fußt das selbstgesteuerte Lernen auf neueren lerntheoretischen Ansätzen. Ausgehend von der kognitionspsychologischen Wende, der ein aktives, reflexives, konstruktives Menschenbild zugrunde liegt, werden personeninterne Steuerungskomponenten des Verhaltens hervorgehoben. Die Forschung zum selbstgesteuerten Lernen betont die Beeinflussbarkeit des Lernergebnisses durch selbstinitiierte Aktivitäten, wobei die Selbststeuerung als Teilziel des umfassenderen Erziehungsideals der Mündigkeit bzw. Selbstbestimmtheit angesehen wird. Dabei hat das selbstgesteuerte Lernen unmittelbare positive Auswirkungen auf den Lernprozess und stellt die Grundvoraussetzung für erfolgreiches Lernen außerhalb organisierten Unterrichts dar.

Selbstreguliertes Lernen wird als Form des Lernens bezeichnet, nach der die Person in Abhängigkeit von der Art ihrer Lernmotivation selbstbestimmt eine oder mehrere Selbststeuerungsmaßnahmen (kognitiver, metakognitiver, volitionaler, verhaltensmäßiger Art) ergreift und den Fortgang des Lernprozesses selbst überwacht. In Bezug auf das selbstgesteuerte Lernen wird angenommen, dass es die Lernfähigkeit durch selbstbestimmte Anwendung von Lernstrategien erhöht und die Gestaltung der Lernumgebung positiv beeinflusst. Das selbstgesteuerte Lernen weist dabei vier Merkmale auf. *Erstens,* dass es die Lernergebnisse durch aktive, selbstbestimmte Beeinflussung verbessert. Die aktive Beeinflussung des Lernprozesses lässt sich durch kognitive, metakognitive, motivationale, volitionale und verhaltensbezogene Strategien steuern. *Zweitens* wird auf die selbstbezogene Feedbackschleife hingewiesen, die den Lernprozess überwacht. *Drittens*, dass ein motivationales Element vorhanden ist, das auf das »Warum« und die »Intensität« hinausläuft; *viertens* schützt die Lernabsicht vor konkurrierenden Einflüssen, was der Begriff volitionale Steuerung meint (vgl. Schiefele/Pekrun 1996).

Selbstgesteuertes Lernen stellt hohe Anforderungen an Lernende, da sie ihre Lernbedürfnisse, Lernvoraussetzungen und Lernziele klären sowie Schwierigkeiten aus dem Weg räumen müssen.

In ihrem eher unkonventionellen Beitrag zu »Lernverhältnissen – Selbstbewegung und Selbstblockade« setzt sich auch Frigga Haug (2003) mit dem selbstbestimmten bzw. selbstgesteuerten Lernen ihrer Studierenden im Rahmen der universitären Lehre auseinander. Als Lehrende an der Hamburger Universität vereinbarte sie mit den Studentinnen und Studenten eines ihrer Seminare, dass diese während des laufenden Semesters *Lerntagebücher* schreiben sollten. Diese sollten auf der einen Seite den Studierenden dabei behilflich sein, »ihr eigenes Lernen zu überprüfen, sich quasi in einem reflektierten Prozess Rechenschaft abzulegen« (Haug 2003, S. 152). Auf der anderen Seite sollten sie den Lehrenden dienlich sein, »auf diese Weise zu erfahren, was von ihren Lernbemühungen überhaupt ein Echo« unter den Studierenden hervorzurufen vermochte. Die Erkenntnisse, die Haug aus den Auswertungen der unterschiedlichen Tagebücher gewonnen hat, können und sollen im Rahmen dieser Arbeit nicht detailliert wiedergegeben werden. Ein besonders interessantes Ergebnis ist jedoch, dass das Lerntagebuch offensichtlich einigen Studierenden als Werkzeug selbstgesteuerten Lernens diente.

Indem mithilfe der Lerntagebücher das eigene Lernverhalten regelmäßig reflektiert wurde, gewannen die Studierenden durch die Aufzeichnung ihrer Verhaltensweise automatisch neue Erkenntnisse über sich selbst (vgl. ebd., S. 180) in Form metakognitiver resp. motivationaler Strategien, die das individuelle Lernen steuern. Auffällig erscheint vor allem die durch die Tagebücher gestiegene Bereitschaft, sowohl persönliche Verhaltensweisen als auch fachliche und thematische Standpunkte infrage zu stellen und diskursiv bearbeiten zu wollen. So zitiert Haug eine Studentin, die ihren Lernerfolg auf die Protokollierung und Reflexion der Seminarinhalte zurückführt. Eine weitere wichtige Einsicht, die aus dem Schreiben der Lerntagebücher resultiert, ist die Auffassung, Lernen nicht nur als permanenten Prozess zu bestimmen, sondern es immer in Beziehung zur gesamten Lebenssituation der jeweils lernenden Person zu setzen, also einen holistischen Standpunkt anzunehmen.

Insgesamt bewertet Haug die Anfertigung von Lerntagebüchern als Chance und Option, »Fragen des individuellen Lernens hinauszutreiben in gesellschaftliche Zusammenhänge und solche der Produktion von Wissen, die über den institutionellen Rahmen, indem sie sich stellten, weit hinausgehen« (ebd., S. 185). Lerntagebücher repräsentieren somit einen gelungenen Ansatz, selbstgesteuertes Lernen zu fördern.

Hinsichtlich der Förderung selbstgesteuerten Lernens unterscheiden Friedrich und Mandl (1997) zwei Ansatzpunkte. Der *direkte* Ansatz besteht in der unmittelbaren Vermittlung von kognitiven und motivationalen Komponenten des selbstgesteuerten Lernens über ein Lernstrategietraining aus einem großen Repertoire von Strategien und Techniken. Dabei ist zu beachten, dass die anfängliche externe Unterstützung des Lernenden durch Hilfen und Anleitungen mehr und mehr zurückgenommen wird. Dies entspricht dem Ansatz des ›fading‹ aus dem cognitive apprenticeship, einem konstruktivistischen Instruktionsansatz (vgl. S. 52).

Der *indirekte* Ansatz basiert darauf, die Lernumgebungen (von den Autoren auch Lernumwelten genannt) mithilfe des Instruktionsdesignansatzes so zu gestalten, dass sie den Lernenden die Möglichkeit für selbstgesteuertes Lernen eröffnen, ermöglichen und diese Technik auch einfordern. Als Idealform wird eine Kombination aus beiden Ansätzen angesehen (vgl. Rebel 1999, S. 228).

Zur Ausgangslage hinsichtlich selbstgesteuerten Lernens in der Weiterbildung ist festzuhalten, dass die Kultusministerkonferenz mit dem Beschluss vom 02.12.1994 die Dritte Empfehlung zur Weiterbildung verabschiedet hat. Unter Ziffer 1.1 dieser Empfehlung ist festgehalten worden, dass nicht informelle Lernprozesse Erwachsener Gegenstand dieser Empfehlung sind, sondern ausschließlich institutionell organisiertes Lernen.»Inzwischen hat die praktische Bedeutung des selbstgesteuerten Lernens, nicht zuletzt im Zusammenhang des Lebenslangen Lernens, allerdings immer mehr zugenommen« (Kultusministerkonferenz 2004). In diesem Zusammenhang verweist der Beschluss der Kulturministerkonferenz darauf, dass lebenslanges Lernen auch ein neues Selbstverständnis für Weiterbildungseinrichtungen impliziert.

> »Es muss ein Aufgabenverständnis Platz greifen, das sich nicht allein darauf beschränkt, unmittelbar Verantwortung für die Lernziele, Veranstaltungsinhalte und Methoden stellvertretend für die Teilnehmer/innen zu übernehmen. Für die Zukunft wird es darauf ankommen, dass sich die institutionalisierte Weiterbildung auch der Förderung von Selbstlernprozessen zuwendet. Für Weiterbildungseinrichtungen bedeutet dies, dass die Ausgestaltung von individuellen Lernprozessen anzuregen und zu fördern ist« (Kultusministerkonferenz 2004).

Die Beratung individueller Lernprozesse soll in diesem Zusammenhang im Mittelpunkt stehen, sodass sich die Verantwortung und Aufgabe der Bildungseinrichtungen und der Lehrenden weg vom Lehren auf das Lernen verlagert, wozu es nach Sicht der Ministerkonferenz der Personal- und Organisationsentwicklung bedarf, um individuelle Lernprozesse zu beraten, zu begleiten und zu unterstützen. »Individualisierung und Flexibilisierung des Lernens sind als neue Strukturanforderungen, als Chance für Entwicklung und Veränderung zu begreifen« (ebd.). Um dieses Ziel umzusetzen, sieht man es in diesem Kontext als Voraussetzung an, Bildungseinrichtungen untereinander sowie auch mit anderen Bereichen, z.B. der Wirtschaft, der Arbeitsverwaltung etc. zu vernetzen. Dies wird horizontale Vernetzung genannt. Neben dieser sei aber zusätzlich noch eine vertikale Vernetzung notwendig, die die verschiedenen Stufen des Bildungswesens untereinander verbindet.

> »So haben die einzelnen Bildungsstufen neben ihren jeweiligen eigenständigen Aufgaben auch die Voraussetzung für einen besseren Übergang der Lernenden zu weiteren Lernprozessen sowohl in institutionalisierter als auch in offener, informeller Form zu schaffen. Damit haben auch Schule, Berufsausbildung und Hochschulen die Aufgabe, das Lehr- und Lernverhalten hin zu stärkerer Motivations- und Leistungsorientierung, multifunktionaler Zusammenarbeit, intersektorieller Arbeit und Denken in Gesamtsystemen zu verändern« (vgl. dazu die einschlägigen KMK-Beschlüsse unter Kultusministerkonferenz 2004).

2.4.4 Medienkompetenz

Im Bereich der Nutzung von E-Learning-Angeboten stellt sich die Medienkompetenz von Erwachsenen als Schlüsselqualifikation heraus. Die Diskussion um Medienkompetenz ist allerdings nicht neu und die inflationäre Verwendung des Begriffs legt die Vermutung nahe, dass er zum »Modewort« geworden ist. So weist beispielsweise Gapski (2001) darauf hin, dass die

2.4 Der Einfluss Neuer Medien auf die allgemeine und berufliche Bildung

wachsende Verbreitung des Konzepts der Medienkompetenz ein Konstrukt der multimedialen und vernetzten Mediengesellschaft ist, was durch Abbildung 2.4.4.1 belegt werden kann.

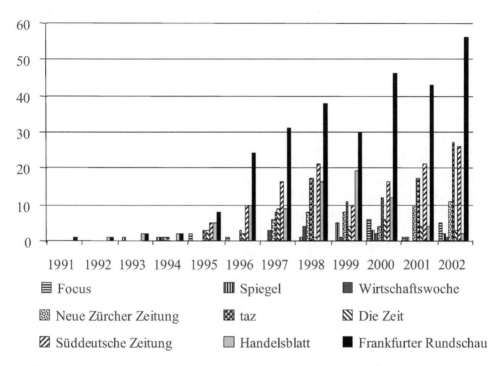

Abbildung 2.4.4.1: Anzahl der veröffentlichten Artikel pro Jahr (1991-2002) zur Medienkompetenz in überregionalen Zeitungen und Wochenzeitschriften (Gapski 2001, S. 177)

Ferner zeigt Gapski (2001) auf, dass der Medienkompetenzbegriff in vielen unterschiedlichen Verwendungszusammenhängen gebraucht wird. So kann er beispielsweise unter einer pädagogischen, wirtschaftlichen oder politischen Perspektive betrachtet werden, und von der jeweiligen Perspektive hängt es ab, was unter dem Begriff verstanden wird. Im weiteren Verlauf werden die eben angesprochenen Perspektiven näher beleuchtet, wobei der Schwerpunkt auf der medienpädagogischen Sichtweise liegt, da diese für unser Forschungsprojekt die größte Relevanz besitzt.

Der Medienkompetenzbegriff der *Pädagogik* geht auf die Arbeiten von Dieter Baacke zurück. Seine Ausführungen gelten als grundlegend für das Verständnis von Medienkompetenz in der Medienpädagogik, denn Baacke prägte den Medienkompetenzbegriff maßgeblich, da er sich damit als Erster auseinandersetzte (vgl. Baacke 1973). So schrieb er bereits 1973 ein grundlegendes Werk zu dieser Thematik mit dem Titel »Kommunikation und Kompetenz«. Den Kompetenzbegriff erläuterte er nach dem Konzept der kommunikativen Kompetenz von Habermas, das wiederum auf den von Chomsky entwickelten Ansatz der Sprachkompetenz zurückgeht. Obwohl Baacke sein Konzept zur Medienkompetenz eng mit der kommunikativen Kompetenz verbunden sah, grenzte er es insofern von ihr ab, indem er »die Veränderung der

Kommunikationsstrukturen durch technisch industrielle Vorkehrungen und Erweiterungen« als Besonderheit kommunikativer Strukturen in seinen Begriff einbezog (Baacke 1996, S. 119).[26]

Baacke geht davon aus, »dass jeder Mensch als prinzipiell ›mündiger Rezipient‹ zu betrachten sei, der zugleich als kommunikativ-kompetentes Lebewesen auch aktiver Mediennutzer ist. Als solcher muss er in der Lage sein, sich über Medien auszudrücken« (Wegener 2000). In diesem Sinne meint Medienkompetenz nach Baacke »also grundlegend nichts anderes als die Fähigkeit, in die Welt aktiv aneignender Weise auch alle Arten von Medien für das Kommunikations- und Handlungsrepertoire von Menschen einzusetzen« (Baacke 1996, S. 119).

In Anlehnung an die klassischen Aufgabenfelder der Medienpädagogik hat Baacke eine Operationalisierung von Medienkompetenz vorgeschlagen, die diesen Begriff in die vier Dimensionen *Medienkritik, Medienkunde, Mediennutzung und Mediengestaltung* sowie in weitere Unterdimensionen ausdifferenziert.

Die Dimension der Medienkritik wird von Baacke als ein Prozess verstanden, vorhandenes Wissen und Erfahrungen immer wieder neu reflektierend einzuholen (vgl. Baacke 1998). Baacke differenziert diese Kompetenz in drei Unterdimensionen, die *analytische, reflexive* und *ethische* Medienkritik.

Die *analytische* Komponente beinhaltet, dass problematische gesellschaftliche Prozesse logisch-gedanklich zergliedert und erfasst werden können. Gründe, Zusammenhänge und Motive stehen im Zentrum der Analyse für bestimmte Vorgänge im Medienbereich. Es wird also nach dem Warum gefragt. Konkret bezieht sich dies zum Beispiel auf das Wissen, dass private Programme, um sich zu finanzieren, von Werbung abhängig sind und dieser wirtschaftliche Zusammenhang Auswirkungen auf die Programmstrukturen mit sich bringt. So bezieht sich die analytische *Unterdimension* auf die Fähigkeit von Jugendlichen oder Erwachsenen, etwa den Wirklichkeitsgehalt von Nachrichtenmeldungen einzuschätzen oder auch problematische gesellschaftlich-mediale Prozesse zu erfassen.

Die *reflexive* Dimension der Medienkritik betrifft die Fähigkeit, sich selbst und das eigene Handeln zum Gegenstand der Analyse zu machen, und steht somit in Verbindung mit der analytischen Dimension. Die eigenen Gründe und Motive in Bezug auf die Mediennutzung werden reflektiert. Hinsichtlich unseres Forschungsvorhabens bedeutet dies, dass sich die Teilnehmer von E-Learning-Kursen bewusst aus bestimmten Gründen für eine derartige Weiterbildung entscheiden, sei es aus beruflichen Gründen, um beispielsweise den Arbeitsplatz zu sichern resp. den Anforderungen am Arbeitsplatz gerecht zu werden oder privat, um an der gesellschaftlichen Entwicklung zu partizipieren oder das eigene Selbstbewusstsein zu stärken. Nach Baacke benötigt jeder Mensch im Medienzeitalter die reflexive Kompetenz zur Medienkritik, also die Fähigkeit, sein analytisches und sonstiges Wissen auf sich selbst und sein persönliches Handeln zu beziehen und anzuwenden (vgl. Baacke 1998).

Der letzte Gesichtspunkt von Medienkritik bezieht sich auf *ethische* Aspekte. Ethisch ist die Dimension, die analytisches Denken und reflexiven Rückbezug als sozial verantwortlich abstimmt und definiert. Dazu zählt beispielsweise die moralische Verantwortung, Kindern nur altersgemäße Medieninhalte zur Verfügung zu stellen. Infolgedessen richtet sich die ethische

---

26 Allerdings stellt sich in diesem Zusammenhang die Frage, inwieweit Medienkompetenz zur genetischen Grundausstattung des Menschen gehört. Argumentiert man mit der Wissensklufthypothese, dann liegt die Vermutung nahe, dass Medienkompetenz kein angeborenes Muster darstellt, sondern der Habitus im Umgang mit Medien von Bildung und somit von Erziehung abhängig ist.

Dimension von Medienkritik auf die Fähigkeit, Werturteile über Medien und ihre Inhalte zu fällen, indem soziale Konsequenzen der Medienentwicklung berücksichtigt werden.

Medienkunde, als die zweite von Baacke eingeführte Dimension von Medienkompetenz, umfasst das Wissen über die heutigen Medien und ihre Systeme. Diese Dimension gliedert sich in die *informative,* die sich auf die klassischen Wissensbestände bezieht, also auf das allgemeine Wissen über Medien, und die *instrumentell-qualifikatorische* Unterdimension. Die letztgenannte Fähigkeit meint, ergänzend zum Wissen, Geräte auch wirklich bedienen oder mit Software angemessen arbeiten zu können, beispielsweise, wie man mit einem Textverarbeitungsprogramm oder einer E-Learning-Plattform arbeitet.

Die dritte Dimension *Mediennutzung* fokussiert auf das Medienhandeln und beinhaltet die beiden Unterdimensionen *rezeptiv-anwendbare* (Programm-Nutzungskompetenz) und *interaktiv-anbietende* Kompetenz. Zur Programm-Nutzungskompetenz zählt zum Beispiel das Sehen von Fernsehsendungen oder – auf unser Forschungsvorhaben bezogen – die Rezeption von multimedialen Elementen einer Lernplattform, da das Gesehene/Gehörte verarbeitet werden muss, um in das Bildungsrepertoire eingehen zu können. Somit stellt es eine Rezeptionskompetenz dar. ›Interaktiv-anbietend‹ bezieht sich auf den Bereich des auffordernden Anbietens beziehungsweise des interaktiven Handelns. Gemeint ist damit beispielsweise, dass man fähig ist, seine Bankgeschäfte über das Internet zu tätigen oder die interaktiven Elemente einer Lernumgebung wie etwa den Chat zu nutzen.

Die vierte Dimension von Medienkompetenz ist die *Mediengestaltung* und beinhaltet eine *kreative* und eine *innovative* Komponente. Konkret bedeutet die kreative Komponente, dass man mit Medien etwas gestalten kann, etwa das Erstellen einer eigenen Homepage oder die Nutzung von Autorensystemen einer E-Learning-Plattform, um eigene Inhalte bereitzustellen oder zu strukturieren. Im Vergleich dazu zielt die innovative Komponente darauf ab, Mediensysteme innerhalb der angelegten Logik weiterzuentwickeln, wie beispielsweise die Entwicklung des Internets. Diese Komponente besitzen folglich nur die wenigsten Menschen, und deshalb wird beispielsweise in Forschungsprojekten, die Medienkompetenz evaluieren, dieser Aspekt bei Befragungen in der Regel außer Acht gelassen, da er nicht als notwendige, im Alltag erforderliche Kompetenz angesehen werden kann und sich zudem mit standardisierten Verfahren der Datenerhebung kaum angemessen operationalisieren lässt.

Aufgrund der sich stets ausdifferenzierenden Anforderungen im Bereich der Medienkompetenz, die vor allem durch die rasante Technologieentwicklung bedingt ist, wies Baacke darauf hin, dass möglicherweise mit einer Erweiterung des Konzepts gerechnet werden kann. Die hier von Baacke entwickelte Operationalisierung wurde beispielsweise in dem Projekt »Medienkompetenz im digitalen Zeitalter« hinsichtlich der Medienkompetenz Erwachsener erfolgreich erprobt (vgl. Treumann/Baacke/Haacke/Hugger 2002). Ein weiteres empirisches Projekt, das sich an Baackes Differenzierung von Medienkompetenz orientiert, ist das inzwischen abgeschlossene Forschungsprojekt »Medienwelten Jugendlicher«, (Treumann/Sander/Meister u.a. 2008).

Insgesamt ist zu konstatieren, dass der Medienkompetenzbegriff der Pädagogik individuell fokussiert und zudem normativ fundiert ist, da er auf Mündigkeit und Selbstbestimmtheit hinausläuft. Des Weiteren wird er altersspezifisch differenziert und als Teil einer umfassenden (kommunikativen) Kompetenz verstanden. Der pädagogische Medienkompetenzbegriff wird als kritisch und antitechnokratisch verstanden und lässt sich begrifflich von der Sprachkompetenz ableiten. In Bezug auf unser E-Learning-Projekt ist vor allem der pädagogische Fokus von

Medienkompetenz von Bedeutung, da wir unsere Analysen von der persönlichen Nutzerperspektive aus vornehmen.

Nichtsdestotrotz ist allerdings auch der *wirtschaftliche* Medienkompetenzbegriff für unser Forschungsprojekt von Relevanz, da wir Mitarbeiter und Mitarbeiterinnen aus Unternehmen und wirtschaftlichen Einrichtungen befragen, die sich per E-Learning fort- resp. weiterbilden. Dort wird nämlich von unternehmerischer Seite die Medienkompetenz als Produktions- und Standortfaktor angesehen. Sie wird als Teil einer umfassenden Kompetenzentwicklung verstanden und gehört somit zu den beruflichen *Schlüsselqualifikationen* (vgl. Gapski 2001). Weiter wird ihm die Bedeutung als Nachfrage- und Akzeptanzfaktor für neue Märkte zugeschrieben, sodass der Medienkompetenz ein entscheidender Ressourcenfaktor für Unternehmen zugeschrieben wird.

Die Verwendung des Konzepts der Medienkompetenz in der *Politik* bezieht sich auf gesellschaftliche Werte, nämlich auf die demokratische Vorstellung von Chancengleichheit und Partizipation. Hier knüpft der Medienkompetenzbegriff an die Vorstellung der Wissenskluft-hypothese an, womit er ebenfalls für unseren Untersuchungsgegenstand an Relevanz gewinnt. Zudem wird politische Medienkompetenz als ein wirtschaftspolitischer Wettbewerbsfaktor angesehen, nämlich als Medienwirtschaftsförderung (vgl. ebd.).

Insgesamt zeigen die unterschiedlichen Betrachtungsweisen, dass es *den* Medienkompetenzbegriff nicht gibt. Für unser Forschungsvorhaben sind dabei alle drei Perspektiven (pädagogische, wirtschaftliche und politische) – mit unterschiedlicher Gewichtung – von Bedeutung. Bezogen auf unsere Forschungsperspektive haben wir uns für folgende Definition von Medienkompetenz entschieden, da sie den *Nutzer* in den Mittelpunkt stellt und das *selbstregulierte Lernen,* das in E-Learning-Anwendungen gefordert wird, einbezieht:

> »Medienkompetenz umfasst spezifische medienbezogene Kenntnisse und Fertigkeiten, aber auch allgemeine Arbeitstechniken und Methoden, selbstständiges Arbeiten, Einstellungen sowie Werthaltungen, die ein sachgerechtes, selbstbestimmtes, kreatives und sozialverantwortliches Handeln in einer von Medien geprägten Welt ermöglichen« (*learn-line NRW*, http://www.learnline.nrw.de/ angebote/medienbildung/portfolio/kompetenz.html).

2.4.5 Habituskonzept und Kapitalsortenansatz

Die kultursoziologisch eminent bedeutende Kategorie des »Habitus« flankiert Bourdieu mit einer nicht minder bedeutenden Feld- und Kapitaltheorie. In Erweiterung des marxschen Kapitalbegriffs, indem er ihn auf alle gesellschaftlichen Felder überträgt, fasst Bourdieu »Kapital« als gesellschaftlichen Ressourcenbegriff, der über das enge ökonomische Verständnis hinausgeht und darüber hinaus »soziales«, »kulturelles« und »symbolisches« Kapital integriert. Dabei stellt er die gesellschaftliche Struktur als akkumulierte Geschichte dar: »Kapital ist akkumulierte Arbeit, entweder in Form von Materie oder in verinnerlichter, inkorporierter Form« (Bourdieu 1983, S. 183). Somit hat der Kapitalbegriff im Vergleich zum Habitus- und Feldkonzept den Vorteil, dass er sowohl körperliche, vergegenständlichte und institutionalisierte Formen umfasst als auch Beziehungsnetze und Handlungsressourcen der Akteure (vgl. Mörth/ Fröhlich 1994). Dabei entspricht die zu einem bestimmten Zeitpunkt bestehende Verteilungsstruktur der verschiedenen Kapitalsorten der »Struktur der gesellschaftlichen Welt, d.h. der Gesamtheit der ihr innewohnenden Zwänge, durch die das Funktionieren der gesellschaft-

2.4 Der Einfluss Neuer Medien auf die allgemeine und berufliche Bildung

lichen Wirklichkeit bestimmt und über die Erfolgschancen in der Praxis entschieden wird« (Bourdieu 1983, S. 183).

Bourdieu unterscheidet grundlegend vier Kapitalarten, und zwar das *kulturelle*, das *soziale*, das *ökonomische* und das *symbolische* Kapital.

Das *kulturelle Kapital* wird von Bourdieu wiederum in drei Erscheinungsformen ausdifferenziert. Er spricht vom (1) *inkorporierten* kulturellen Kapital als Sammelbegriff für alle verinnerlichten, dauerhaften Dispositionen beziehungsweise Fertigkeiten, die körpergebunden sind. Die Verinnerlichung dieser körpergebundenen Kapitalsorte kostet Zeit und Energie, die »vom Investor persönlich investiert werden« muss (Bourdieu 1983, S. 186). Somit ist das inkorporierte kulturelle Kapital das Produkt familiärer und schulischer Sozialisationsprozesse und – so lässt sich hinzufügen – von beruflichen und betrieblichen Sozialisationsprozessen. Es manifestiert sich in spezifischer kognitiver Kompetenz oder im ästhetischen Geschmack und wird dadurch zu einer unauflöslichen personalen Disposition, letztlich zu einem »Besitztum, das zu einem festen Bestandteil der ›Person‹, zum Habitus geworden ist; aus ›Haben‹ ist ›Sein‹ geworden« (ebd., S. 187). Dabei ist zu beachten, dass diese Kapitalart nicht an Dritte weitergegeben werden kann wie etwa materieller Besitz. Insgesamt sind mit dem inkorporierten kulturellen Kapital alle Denk- und Handlungsschemata, alle Wertorientierungen sowie sämtliche durch Sozialisation erworben Verhaltensmerkmale gemeint. Mit dem (2) *objektivierten* kulturellen Kapital meint Bourdieu die Gesamtheit kultureller Güter, also alle Kulturgegenstände (Bilder, Bücher, Skulpturen, Instrumente usw.). Diese sind zwar materiell übertragbar, »allerdings nur als juristisches Eigentum« (Mörth/ Fröhlich 1994, S. 35).

In diesem Zusammenhang ist von Relevanz, dass die Aneignung vom objektivierten Kapital die »Verfügung über kulturelle Fähigkeiten« erfordert, »die den Genuß eines Gemäldes oder den Gebrauch einer Maschine erst ermöglichen« (Bourdieu 1983, S. 188), also das inkorporierte Kulturkapital. Schließlich nennt Bourdieu hier das (3) *institutionalisierte* kulturelle Kapital, worunter die vom Individuum erworbenen Bildungszertifikate oder Titel zu verstehen sind, womit diese Kulturkaptitalsorte auf das Bildungssystem verweist (vgl. Mörth/ Fröhlich 1994). Dabei begünstigen die individuell verliehenen Titel wie etwa ein Doktortitel wiederum den Zugang, um sich ökonomisches Kapital anzueignen, da Bildungstitel häufig als Voraussetzung für bestimmte Berufslaufbahnen und damit auch für bestimmte Einkommensmöglichkeiten gelten. Nach Bourdieu unterscheiden sich die Klassen (Oberschicht, Mittelschicht, Unterschicht) durch vehemente Differenzen nach dem kulturellen Kapital, zum Beispiel in dem, was gegessen, getrunken oder wie gefeiert wird.

Das *soziale Kapital* ist die »Gesamtheit der aktuellen und potentiellen Ressourcen, die mit dem Besitz eines dauerhaften Netzes von mehr oder weniger institutionalisierten *Beziehungen* gegenseitigen Kennens oder Anerkennens verbunden sind (...); es handelt sich dabei um Ressourcen, die auf der Zugehörigkeit zu einer Gruppe beruhen« (Bourdieu 1983, S. 190f.). Das Netz dieser Beziehungen ist das Resultat »individueller oder kollektiver Investitionsstrategien, die bewußt oder unbewußt auf die Schaffung von Sozialbeziehungen gerichtet sind, die früher oder später einen unmittelbaren Nutzen versprechen« (ebd., S. 192). Dies bedeutet, dass derjenige, der über tragfähige Netze im Familien-, Freundes- und Kollegenkreis verfügt, auch aus deren Ressourcen einen Gewinn ziehen kann. Für die Erhaltung resp. für den Aufbau dieses Beziehungsnetzwerks ist dabei »unaufhörliche Beziehungsarbeit in Form von ständigen

Austauschakten erforderlich, durch die sich die gegenseitige Anerkennung immer wieder neu bestätigt« (ebd., S. 193).

Das *ökonomische Kapital* ist »unmittelbar und direkt in Geld konvertierbar und eignet sich besonders zur Institutionalisierung in der Form des Eigentumsrechts« (ebd., S. 185). Das ökonomische Kapital steht somit synonym für den materiellen Besitz einer Person (Geld, Produktionsmittel oder Grundbesitz). Von besonderer Relevanz ist, dass Bourdieu das ökonomische Kapital als eine sehr bedeutende Kapitalsorte versteht, da er das ökonomische Feld als tendenziell dominant gegenüber den anderen ansieht.

Zusätzlich zu den drei aufgezeigten Kapitalsorten spricht Bourdieu vom *symbolischen Kapital*, das auf das Feld der sozialen Wahrnehmung verweist. Es wird beispielsweise durch Kleidung und Sprachverwendung offenbar und verweist auf den wahrnehmbaren »Lebensstil«, worunter Bourdieu »sozial distinkte Varianten kultureller Praktiken« versteht, »denen in der Regel typische soziale Lagen entsprechen, die willkürlich nicht zu wechseln sind« – letztlich ein »kultureller Einsatz im Konkurrenzkampf um soziale Vorteile« (Neckel 1993, S. 276f.). Bekanntheit und Anerkennung sind somit die Basis des symbolischen Kapitals und können dementsprechend mit Reputation, Ruhm, Ehre und Prestige gleichgesetzt werden (vgl. Mörth/Fröhlich 1994).

Die Zuordnung des Einzelnen zu einer *sozialen Klasse* und die Beurteilung seines sozialen Einflusses funktioniert in der modernen Gesellschaft also nicht nur über die Verteilung des ökonomischen Kapitals (materieller Besitz), sondern auch über das soziale (Verwandtschaft, Beziehungen), kulturelle (Bildung, Titel) und symbolische Kapital (Kleidung, Körpersprache, Benehmen). Das Individuum kämpft darum, diese Kapitalien zu erwerben und zu akkumulieren. Das symbolische Kapital übernimmt dann die Rolle, die anderen Kapitalien sinnlich wahrnehmbar zu machen.

Das Ausmaß an ökonomischem, kulturellem und sozialem Kapital, über das der Einzelne verfügen kann, ist zentrale Determinante des Erwerbs und der Ausübung von Kompetenzen. Die unterschiedliche Verfügung über kulturelles Kapital bedingt unterschiedliche Aneignungsformen (und Interessen) an kulturellen Angeboten, sodass sich gesellschaftliche Differenzen weiter verstärken. Die Analogie zur Wissenskluftthese in der Medienforschung, wonach sich ein eher bildungsstarker Mensch Medien produktiv und kreativ zunutze macht, während ein eher bildungsarmer mit Medien monoton und unproduktiv umgeht, ist offensichtlich.

Wer beispielsweise über Medienkompetenz als kulturelles Kapital verfügt, kann Medien eher für seine Interessen und Ziele einsetzen, sei es privat oder beruflich. Kulturelles Kapital kann somit zu Statusgewinnen (jemand, der sich mit ›Neuen Medien‹ auskennt) oder auch zu ökonomischen Vorteilen (Computerkenntnisse als Voraussetzung für Berufspositionen) führen. Infolgedessen kann Medienkompetenz als notwendige Voraussetzung angesehen werden und ein Mangel daran könnte den Zugang zu E-Learning-Angeboten behindern bzw. als starke Hemmschwelle fungieren und ein Mangel an diesen Ressourcen könnte den Erwerb von Medienkompetenz und somit den Zugang zu E-Learning-Angeboten stark behindern.

2.4.6 Generationsspezifische Medienpraxiskulturen

Schäffer (2003) entwickelt eine Theorie zur Entstehung generationsspezifischer Medienpraxiskulturen, die er einerseits durch die Darstellung unterschiedlicher Ausprägungsformen medial vermittelter Gehalte, andererseits durch »eine Ebene der handlungspraktischen Erfahrungen mit Medientechnologien« (Schäffer 2003, S. 116), also einer Ebene des habituellen Handelns stützt.

Bereits sein Buchtitel »Generationen – Medien – Bildung« weist auf die drei Bereiche hin, die er ins Zentrum seiner Untersuchungen rückt. Bevor er anhand unterschiedlicher medientheoretischer und industriesoziologischer Ansätze eine Theoriearchitektur seiner Medienpraxiskulturen entfaltet, widmet er sich zunächst einer für sein Forschungsvorhaben adäquaten Eingrenzung des Generationenbegriffs. Seiner Meinung nach konkurrieren viele verschiedene Ansätze der Generationenforschung, die jeweils nur sehr spezifische Perspektiven des Begriffs fokussieren und andere dafür völlig ausblenden. Dies führt er am Beispiel unzureichender Konzeptualisierungen des Generationenbegriffs aufseiten der Medienwissenschaften, der Sozial- und Kulturwissenschaften und der Erziehungswissenschaft vor, die seiner Meinung nach lediglich mit einer interdisziplinär ausgerichteten Analyse behoben werden können. Ferner kritisiert der Autor essayistisch angelegte Generationskonzepte, die zumeist intuitiv resp. introspektiv gefärbt sind, da sie in der Regel in einem altersgruppen- und bildungsmilieuspezifischen Ethnozentrismus münden (vgl. ebd., S. 44).

In einer systematischen Rekonstruktion des Generationenansatzes von Karl Mannheim sieht Schäffer die Möglichkeit, eine grundlagentheoretische und umfassende Kategorisierung des Gegenstandsbereichs Generation vorzunehmen. Mannheim (1964) rückt bei seinen Überlegungen zur Kennzeichnung einer Generation die »qualitativ erfassbare innere Erlebniszeit« (Mannheim 1964 zit. n. Schäffer 2003, S. 57) ins Zentrum der Thematik. Ferner betont er in Anlehnung an Dilthey die *Gleichzeitigkeit* des Aufwachsens von Individuen als eines der maßgeblichen Charakteristika innerhalb einer Generation, weil dadurch gegeben ist, dass alle »dieselben leitenden Einwirkungen sowohl von Seiten der sie beeindruckenden intellektuellen Kultur, als auch von Seiten der gesellschaftlich-politischen Zustände« erfahren (Mannheim 1964 zit. n. Schäffer 2003, S. 57). Den Aspekt des »Gleichzeitigen« spitzt er dann mit dem Begriff der »Ungleichzeitigkeit des Gleichzeitigen« (ebd., S. 58) zu, der zum Ausdruck bringt, dass »verschiedene Altersgruppen zu einer gegebenen chronologischen Zeit natürlich verschiedene innere Erlebniszeiten« aufweisen (Schäffer 2003, S. 58). Neben dieser Kernproblematik bildet bei Mannheim das Konzept der »Generationsentelechie« eine weitere bedeutende Kategorie seines Verständnisses des Generationenbegriffs.

Grundlegend für Schäffers komplexen Ansatz ist die These, dass dem jeweiligen Umgang mit Medien und den aus dieser Praxis entstehenden Wissensbeständen eine bedeutende Funktion bei »der Ausbildung generationsspezifischer konjunktiver Erfahrungsräume[27] im Modus fundamentaler Lern- und Aneignungsprozesse« zukommt (ebd., S. 87). Im Lauf der Geschichte hat die Einführung und Etablierung Neuer Medien stets zu massiven Veränderungen der gesellschaftlichen Kommunikationskultur geführt (wie z.B. die Entstehung der Schrift, die Erfindung des Buchdrucks oder die Ausweitung der Informations- und Kommunikationstechnologien). Da die Kommunikation innerhalb einer Generation laut Schäffer als eine

---

27 Rekurrierend auf die theoretischen Aspekte von Mannheim und Gurwitsch erklärt Schäffer den Begriff »konjunktiver Erfahrungsräume« folgendermaßen: »Milieus als konjunktive Erfahrungsräume zeichnen sich demnach dadurch aus, dass sich Angehörige eines konjunktiven Erfahrungsraumes im Medium des Selbstverständlichen verstehen. Sie bedienen sich hierzu sog. konjunktiver Begrifflichkeiten, die in ihrem Gehalt nur denjenigen verständlich sind, die den Erlebnis- und Erfahrungszusammenhang, aus dem die Begrifflichkeiten entsprungen sind, ebenfalls mitgemacht haben. Milieus als konjunktive Erfahrungsräume sind also untrennbar mit der in diesen Erfahrungsräumen emergierenden Praxen verbunden und werden von diesen konstituiert« (Schäffer 2003, S. 86).

Voraussetzung für die »Ausbildung generationsspezifischer Erfahrungsräume« (ebd.) angesehen werden kann, wird der Zusammenhang zwischen einer durch die Etablierung Neuer Medien entstandenen Kommunikationskultur und der dadurch hervorgerufenen generationsbezogenen Medienpraxiskultur evident. Mit Bezug auf das Generationskonzept von Karl Mannheim weist der Autor darauf hin, dass sich eine Generation nicht nur durch (direkte) Kommunikationsprozesse unter jeweils anwesenden Personen, sondern auch durch die jeweiligen gesellschaftlichen Kommunikationen und Interaktionen konstituiert (vgl. ebd., S. 88).

Um eine Analyse *generationsspezifischer Medienpraxiskulturen* vorzunehmen, stellt Schäffer seinen mannheimschen Generationenbegriff in den Kontext unterschiedlicher medientheoretischer und techniksoziologischer Ansätze. Dabei setzt er besonders auf solche theoretischen Konstrukte, mit denen die in der Medienwirkungsforschung häufig anzutreffende dichotome Gegenüberstellung von Medien einerseits und Menschen andererseits überwunden werden kann (vgl. ebd., S. 89).

Zu diesem Zweck stellt er drei verschiedene medientheoretische Konzepte vor, die der vermittelnden Funktion von Medien gewidmet sind. So argumentiert er unter Einbeziehung der historischen pädagogischen Entwicklung, dass innerhalb verschiedener Institutionen wie Schule, Hochschule oder anderer Systeme der Erwachsenenbildung der Lehrende selbst das wichtigste Medium ist resp. die bedeutendsten medialen Funktionen übernimmt (vgl. ebd., S. 90), was seiner Meinung nach bisher nur unzureichend berücksichtigt worden ist. Diese These nimmt der Autor zum Anlass, den Begriff des »*Menschmediums*« nach Faulstich zu erklären und zu integrieren. Unter »Menschmedien« können »von Menschen übernommene bzw. ausgefüllte Medienfunktionen in einer gegebenen Gesellschaft« (ebd., S. 91) verstanden werden. »Diese Perspektive erlaubt es, einzelne Rollen und Typen, wie z.B. ›der Narr‹, ›der Priester‹ oder ›die Hexe‹, aber auch Rituale, Zeremonien, Feste – allgemein Kulte – hinsichtlich ihrer medialen (vermittelnden) Funktionalität in der jeweiligen Gesellschaft zu hinterfragen« (ebd.).

Nach Schäffer ist Faulstichs Ansatz dabei behilflich, die unterschiedlichen Kommunikationsweisen und die Funktionen der jeweils zur Verfügung stehenden Medien »zur Lösung des jeweils anstehenden Kommunikationsproblems der jeweiligen Gesellschaften« (ebd.) systematisch herauszuarbeiten. Daran anknüpfend definiert er Bildung als einen Prozess, der durch die Interdependenz zwischen den vorhandenen technischen Medien und den ›Menschmedien‹ der Lehrenden und Lernenden gekennzeichnet ist. Somit lässt sich auch der Bildungswert Neuer Medien, z.B. des Internets oder multimedialer Medienkonstellation, lediglich in Relation zu den in ihrem Kontext auftauchenden ›Menschmedien‹ bestimmen[28] (vgl. ebd., S. 92). Ebenso wie die technischen Medien unterliegen auch die »Menschmedien« wie z.B. Lehrende und Lernende einem großen Veränderungsdruck als noch vor einer Generation. Da dieser Druck nicht zuletzt durch einen Wandel der Jugendkultur und deren stärkerer Peer-Group-Orientierung entstanden ist, kann auch von einem durch die Generationsdynamik gespeisten Veränderungsdruck gesprochen werden.

---

28 Zur exemplarischen Veranschaulichung seiner Argumentation zieht Schäffer einen Vergleich zwischen den Bildungsidealen heutiger Teilnehmer der Erwachsenenbildung und denen von Lernenden aus Erwachsenenbildungsmaßnahmen der 1950er-Jahre: »So räumt beispielsweise eine autoritätshörige Fokussierung auf das Menschmedium Lehrer, wie sie in den 50er Jahren konstatiert werden kann, Prozessen des kollektiven Selbstlernens, wie es in partizipativ orientierten Modellen von ›Unterricht‹ etwa bei gruppen- oder projektorientierten Unterrichtsformen möglich ist, einen geringeren Stellenwert ein« (Schäffer 2003, S. 93).

Neben dem durch die theoretischen Überlegungen Faulstichs erweiterten Medienbegriff bedarf auch ein verengter Bildungsbegriff einer Veränderung, der sich primär auf jene Aneignungsprozesse bezieht, die in pädagogischen Institutionen stattfinden Schäffer beurteilt diese Thematik, indem er anführt:

> »[...] Bildungsprozesse finden nicht nur statt in den eigens abgegrenzten, institutionalisierten Sinnprovinzen Schule, Hochschule und Erwachsenen- bzw. Weiterbildung, sondern diffundieren durch ›neue Medien‹ und durch die verschiedensten ›Kanäle‹ auf unerwartete und neue Art und Weise« (ebd., S. 94).

Diese Entwicklung findet sich seiner Meinung nach darin wieder, dass ganz bestimmte Fernschformate wie z.B. ›Akte X‹, ›Star Trek‹ oder Talkshows neue pädagogische Formen und Bildungsprozesse initiieren, bei denen »ganz auf das Menschmedium des Lehrenden in seiner institutionalisierten Form [verzichtet wird]« (ebd.).

Darüber hinaus bezieht Schäffer die Arbeiten des Medienwissenschaftlers Joshua Meyrowitz ein, um die vermittelnden Funktionen von Medien zu analysieren. Meyrowitz weist in seinen Thesen den Medien die Rolle als Vermittler ›Sozialer Informationen‹ zu. Mit sozialen Informationen werden diejenigen Informationen angesprochen, »die eher ›nebenbei‹ beim Rezeptionsvorgang [mit einem Medium] aufgenommen werden« (ebd., S. 95). Im Gegensatz zu Informationen, die als Faktenwissen definiert werden, treten soziale Informationen eher als eine Art heimlicher Lehrplan der Erziehung auf, indem sie Einfluss auf Kleidungsstile, Haltung, Gesten etc. nehmen (vgl. ebd.). Ins Zentrum seiner Überlegungen stellt Meyrowitz das Medium Fernsehen, mit dessen zunehmendem Einfluss neue soziale Informationen verbreitet worden sind, was letztendlich zu einer Auflösung traditioneller Situationsdefinitionen geführt hat. Während früher die sozialen Gruppen ihre für die jeweilige Situationsdefinition notwendigen Informationen »aus unmittelbaren Nahbereichen (Familie, Nachbarschaft etc.)« (ebd.) bezogen, verbreiten heute elektronische Medien, vor allem das Fernsehen, für unterschiedliche Anlässe soziale Informationen.

Auf diese Weise kommt es laut Meyrowitz zu einer Mischung von »Erfahrungs- und Informationswelten« (ebd.) und zu einer Aufweichung traditioneller Rollenkonzepte. Insgesamt kritisiert Schäffer die Arbeit Meyrowitz', indem er ihm vorwirft, den Rezeptionsvorgang zwischen Medien und Menschen zu einseitig darzustellen. Seiner Meinung nach weist Meyrowitz den Rezipienten in seinen theoretischen Ausführungen einen zu passiven Status zu, der ihnen lediglich gestattet, soziale Informationen, die über das Fernsehen transportiert werden und sie in ihren Handlungskontexten beeinflussen, aufzunehmen und zu verarbeiten.

Der *dritte* medientheoretische Ansatz, mit dem sich der Autor auseinandersetzt, der Medien in ihrer vermittelnden Rolle thematisiert, ist der Prozess der *transkonjunktiven Kodierung und Dekodierung*. Wie bereits in Kapitel 2.1.2 dargestellt, grenzt Schäffer Informationen und Wissen gegeneinander ab. Informationen gewinnen erst durch ihre Einbettung in bereits bestehende, erfahrungsgebundene, implizite und explizite Wissensstrukturen den Status von Wissen (vgl. ebd., S. 98). In Relation zu den Differenzierungen Karl Mannheims markiert er eine Unterscheidung zwischen konjunktivem, gelebtem und erfahrungsgebundenem Wissen einerseits und erfahrungsraumunabhängigem, »kommunikativ-generalisiertem« Wissen andererseits. Bei einer medialen Kodierung dieser beiden Wissensarten entstehen folglich sowohl »Informationen im Modus konjunktiven Wissens« (ebd., S. 99), als auch »Informationen im Modus kommunikativ-generalisierten Wissens« (ebd.). Für Schäffer und seinen Diskurs des Generationenkonzepts sensu Mannheim sind besonders die konjunktiven Informationen interessant:

> »Der Prozess der medialen Codierung konjunktiver Wissensbestände kann insofern als transkonjunktive Codierung aufgefasst werden. ›Transkonjunktiv‹ ist dieser Prozess insofern, als er auf konjunktives Wissen Bezug nimmt, jedoch über die mediale Transformation in konjunktive Information seinen ursprünglichen, nur dem spezifischen Erfahrungsraum zugänglichen Gehalt verliert. Der umgekehrte Vorgang, worunter diejenigen Prozesse zu verstehen sind, die mit dem Erwerb konjunktiv codierter Informationen im Rahmen konjunktiver Erfahrungsräume im Zusammenhang stehen, entspricht dann einer konjunktiven Decodierung« (ebd., S. 99f.).

Die Möglichkeiten der Prozesse von Kodierung und Dekodierung können sich jedoch immer nur auf der Basis der sie umgebenden generationsspezifischen Erfahrungsräume entwickeln. Neben der Vermittlungsebene, auf deren Grundlage Schäffer bisher die Beziehungen zwischen den Begrifflichkeiten *Generationen, Medien* und *Bildung* aufgespannt hat, setzt er einen weiteren Akzent auf die Frage nach den »innerhalb konjunktiver Erfahrungsräume gemachten handlungspraktischen Erfahrungen mit neuen Medientechnologien« (ebd., S. 103), also auf das habituelle Handeln mit medialen Technologien.

Entgegen bisherigen sozialwissenschaftlichen Ansätzen, die oftmals den Menschen in eine Position der Abhängigkeit von Medien rücken, favorisiert Schäffer in Anlehnung an Faulstich eine integrale Perspektive, innerhalb deren Medien nicht nur als Mittel zum Zweck fungieren, sondern »selber die erwünschbaren und erreichbaren Ziele mitbewirken« (Faulstich 1999, S. 265). Damit leitet er einen Übergang zu den technikorientierten Theorien Bruno Latours ein, welcher als Vertreter des erwähnten integralen Standpunkts angesehen werden kann. Das Verhältnis von Mensch und Technik wandelt Latour in seinen Überlegungen zu einer Verbindung von menschlichen und nichtmenschlichen ›*Agenten*‹ um (vgl. Schäffer 2003, S. 105), in der die technischen Dinge nicht ausschließlich auf einen ›Objektstatus‹ reduziert werden.

Menschliche ›Agenten‹ treten als ›*Akteure*‹ auf, die entweder in Form einzelner Personen oder in Form ganzer Kollektive in Erscheinung treten können. Dagegen fungieren die nichtmenschlichen ›Agenten‹ im Sinne Latours als ›*Aktanten*‹, die ebenfalls entweder singulär oder im Plural konzipiert werden. Am Beispiel der Frage, ob Schusswaffen Menschen töten oder ob es die Menschen selbst und nicht die Waffen sind, die töten, veranschaulicht er die Beziehung von ›Akteuren‹ (derjenige, der von der Waffe Gebrauch macht) und ›Aktanten‹ (die Waffe selbst).

Die Vermittlung zwischen Mensch und Technik kann nach Latour in den vier verschiedenen Aspekten der (1) *Übersetzung*, (2) *Zusammensetzung*, des (3) *reversiblen Blackboxens* und der (4) *Delegation* charakterisiert werden. Unter *Übersetzung* wird dabei ein »Prozess der Verschiebung ursprünglicher Handlungsziele eines Akteurs« (ebd., S. 106) verstanden (wenn sich zum Beispiel das frühere Handlungsziel eines Menschen ohne Schusswaffe durch die Einbeziehung der Waffe verändert). Der Aspekt der *Zusammensetzung* trägt der Erkenntnis Rechnung, »dass Handlungen zusammengesetzt sind aus ›Subprogrammen‹ verschiedener ›Agenten‹ (…). In dieser Perspektive schießt nicht der Mensch mit einer Pistole, sondern das gesamte zusammengesetzte Ensemble aus komplex ineinander verschränkten Handlungsprogrammen von Akteuren und Aktanten« (ebd., S. 107). Das Phänomen des *reversiblen Blackboxens* demonstriert Latour anhand eines Overheadprojektors, der während einer Vorlesung seinen Dienst versagt: »Alle Handlungsprogrammverkettungen des Projektors werden solange ausgeblendet (›geblackboxt‹), wie das ›Ding‹ seinen Dienst verrichtet und die Folien an die Wand projiziert« (ebd.). Erst durch das Nichtfunktionieren werden die im Projektor miteinander verwobenen Handlungsprogramme enthüllt. Durch die *Delegation* als vierte und letzte Art der Vermittlung zwischen Mensch und Technik werden technische Gegenstände einbezogen, die als ›Aktanten‹ Funktionen von ›Akteuren‹ übernehmen. Beispielhaft für »technische Delegierte« nennt Latour Straßenschwellen, die zur Verkehrsberuhigung eingesetzt werden. Die Schwellen wurden zwar ursprünglich durch menschliche Agenten gebaut, welche jedoch längst verschwunden sind und ihre ›Arbeit‹ resp. ihr Handeln an die nichtmenschlichen Agenten delegiert haben.

Laut Schäffer verfolgt Latour mit der Darstellung der vier Bedeutungen technischer Vermittlung das Ziel, »den Leser letztendlich von der Dignität und eigenständigen (Handlungsprogramm-)Bedeutung technischer Dinge in sozialen Handlungszusammenhängen zu überzeugen« (ebd., S. 109). Angewendet auf den Umgang mit einem Computer würden Latours Ausführungen bedeuten, dass der Mensch nicht nur ›einfach‹ mit dem Computer ›umgeht‹, sondern Mensch und Computer gemeinsam »in der Praxis eine hybride Einheit« bilden (ebd., S. 118).

Dennoch vernachlässigt Latour in seinen Überlegungen nach der Meinung Schäffers das habituelle Handeln, da er bei seinen Handlungsprogrammen der ›Akteure‹ und ›Aktanten‹ immer von einer intentionalen und zielgerichteten Motivation ausgeht. Schäffer definiert habituelles Handeln als »dasjenige menschliche Handeln (…), das sich alltäglich innerhalb konjunktiver Erfahrungsräume vollzieht, ohne dass, wie in den zweckrationalen Handlungsmodellen erforderlich, sich ein theoretisch-explizites, sogleich in Form von Sprechakten formulierbares Motiv angeben ließe« (ebd., S. 110). Mit Rückgriff auf eine »sozialphänomenologische Reformulierung des Mannheimschen Konzepts der Kontagion« (ebd., S. 119) sowie den Ideen Bruno Latours, entwirft er daraufhin ein Konstrukt über das habituelle Handeln mit Technik:

> »Zentral ist hierbei die Annahme, dass Medientechnologien selbst habituelle Aspekte eingeschrieben sind und zwar über die von LATOUR beschriebenen Prozesse der Übersetzung, Zusammensetzung, des reversiblen Blackboxens und der Delegation. Dieses Gestimmtsein des medientechnischen Zeugs überträgt sich beim habituellen Handeln mit diesen Medientechnologien auf die kollektiven Hybridakteure« (ebd.).

Von diesem Standpunkt ausgehend schreibt Schäffer dem »gestimmten medientechnologischen Zeug eine wichtige Funktion« (ebd.) für die »Ausbildung generationsspezifischer Erfahrungsräume im Modus fundamentaler Lern- und Aneignungsprozesse im Jugend- und früheren Erwachsenenalter« zu (ebd.). Diese Beziehung thematisiert er in seinen weiteren Ausführungen schließlich als »generationsspezifische Medienpraxiskulturen«.

2.5 E-Learning in der beruflichen Bildung

2.5.1 Einsatz von E-Learning in deutschen Unternehmen

Lernen ist heute zu einem zentralen Thema aller Unternehmen geworden, da sich durch den technologischen Wandel Strukturveränderungen in Unternehmen ergeben haben. Diese rufen häufig einen bestimmten Bildungsbedarf hervor. Ein Bildungsbedarf entsteht, wenn zwischen dem Soll an notwendigen und dem Ist der vorhanden Qualifikationen eine Lücke besteht, die durch Bildungsmaßnahmen geschlossen werden kann.

Veränderungen im Bildungsbedarf haben sich in letzter Zeit vor allem durch die Etablierung des Internets ergeben, aufgrund deren sich neue Geschäftsfelder geöffnet haben, wodurch die Angebotspalette vieler Unternehmen stark diversifiziert worden ist. Folglich müssen Mitarbeiter schnell und effektiv geschult werden, um ihr Arbeitsvermögen an die erhöhten qualitativen Anforderungen anzupassen. So tragen sie dazu bei, dass das Unternehmen konkurrenzfähig bleibt. Unternehmen müssen heute somit schnell und flexibel reagieren, um sich den stetig wechselnden Anforderungen des Marktes anzupassen. Aber wie kann ein Unternehmen alle Mitarbeiter schnellstmöglich auf den gleichen aktuellen Wissensstand bringen und welche Methoden sind dabei kostengünstig?

Noch vor einigen Jahren mussten sich die Mitarbeiter für ein Seminar bewerben, um sich weiterzuqualifizieren. Seminare dieser Art sind auf Präsenztraining, z.B. in Form von Gruppendiskussionen, Vorlesungen, Rollenspiele ausgerichtet und erzielen zwar einen hohen Lerneffekt hinsichtlich der Vermittlung handlungsorientierter Prozesse, sind allerdings mit erheblichen Kosten verbunden. Die Anreise zum Tagungsort, die Verpflegung sowie die oftmals notwenige Übernachtung sind finanzielle Faktoren, die Schulungen sehr teuer werden lassen.

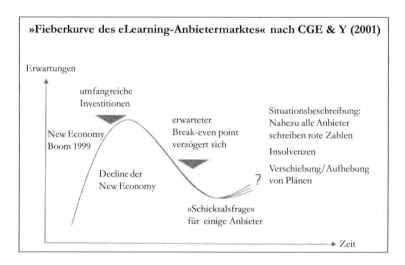

Abbildung 2.5.1.1: »Fieberkurve« des E-Learning-Anbietermarktes

Quelle: Dohmen/Michel (2003), S. 113.

Heute gibt es allerdings die Möglichkeit der Vermittlung von Informationen via Intranet und Lernplattformen, die der Weiterqualifikation durch die Faktoren der Orts- und Zeitunabhängigkeit ein hohes Maß an Flexibilität verleihen. Allerdings besteht bei dieser Variante eines reinen E-Learnings eine Hürde in Gestalt der Alleinverantwortlichkeit der Mitarbeiter während des Lernprozesses. Der Nutzer muss selbstständig und selbstorganisiert lernen. Nachdem E-Learning in Unternehmen eingeführt wurde, zeigte sich oftmals, dass diese neuen Methoden nicht den Lernerfolg erzielten, der eingangs erhofft war. Abbildung 2.5.1.1 illustriert die Folgen dieser Entwicklung. Ernüchtert von der Realität nach vorher so erfolgversprechenden Prognosen sank der E-Learning-Anbietermarkt stetig und rasant.

2.5.1.1 E-Learning in großen Unternehmen

In großen Unternehmen mit einer eigenen Weiterbildungsabteilung sind heute Online-Elemente in den Weiterbildungsangeboten fester Bestandteil. Dass Weiterbildung und Schulungen für Unternehmen sehr bedeutsam sind, lässt sich an der Studie von Unicmind ersehen, die von der privaten Hochschule Göttingen unter Leitung von Prof. Dr. Schüle durchgeführt worden ist und in der erstmals die 350 größten deutschen Unternehmen nach dem Stand sowie der geplanten Weiterentwicklung in den Anwendungsgebieten E-Learning und Wissensmanagement befragt worden sind (vgl. Schüle 2001). Die im Folgenden dargestellten Befunde beziehen sich auf eine Vorabversion der Studie, welche die bis zum 18.04.2002 beantworteten 130 Fragebogen umfasst, wobei den Auswertungen nur 108 Fragebögen zugrunde liegen, da sich 22 von den 130 Betrieben als Unternehmen bezeichneten, die gerade erst dabei sind, E-Learning einzuführen und daher noch keine Erfahrungen wiedergeben konnten.

Die Ergebnisse zeigen, dass E-Learning in »Unternehmen der deutschen Wirtschaft mit fast 90% einen sehr hohen Verbreitungsgrad erreicht« hat (ebd., S. 5). Konkret gaben 88% der Unternehmen an, E-Learning in ihrem Unternehmen zu nutzen; 12% setzten E-Learning nicht ein (ebd., S. 12). Die Einsatzformen von E-Learning waren dabei sehr unterschiedlich:

- 93% der befragten Unternehmen nutzen CBTs,[29]
- 67% setzen Schulungsvideos[30] ein,
- 59% nutzen ein intranetbasiertes WBT,[31]
- 25% nutzen ein internetbasiertes WBT,[32]
- 20% setzen Business TV[33] ein,
- 19% verwenden Virtual Classrooms[34] und
- 12% haben Learning Management Systeme[35] installiert (vgl. ebd., S. 13).

In diesem Zusammenhang ist allerdings darauf hinzuweisen, dass die Ergebnisse dieser Studie aufgrund der geringen Fallzahl und aufgrund des Phänomens der sozialen Erwünschtheit des

---

29 CBT steht für Computer-based Training und »stellt ein Lernsystem dar, das dem Lernenden computerunterstützt und multimedial Lerninhalte vermittelt, sowie meist Interaktionen in Form von Fragen und vordefiniertem Feedback enthält«.
30 In Schulungsvideos (meist VHS-Format oder DVD) werden anhand von Beispielen bestimmte Sachverhalte, Handlungen, Kompetenzen erklärt. Nach dem Prinzip des Lernens am Modell sollen die gezeigten Tätigkeiten Personen vermittelt werden, die diese in ihren Arbeitsalltag integrieren sollen.
31 WBT (Web based Training) »umfasst die internetgestützte Form des Fernlernens mit und ohne Betreuung durch Tutoren« (Baumgartner/Häfele/Häfele 2002, S. 29). Intranet-WBTs werden nicht wie die CBT auf Datenträgern (Diskette, CD-Rom, DVD), sondern über das Intranet vertrieben.
32 Internet WBTs werden über das Internet vertrieben. Zur ausführlicheren Beschreibung siehe Glossar WBT.
33 »War Business TV ursprünglich nur als reines Unternehmensfernsehen konzipiert, so entwickelt es sich heute zu einem Medium, das für die interne und externe Kommunikation von Unternehmen auch eine mediale, audio-visuelle Live-Kommunikation erlaubt. Es entsteht im Gegensatz zum Videoconferencing mit seinen 1:1 oder n:n Kommunikationsmodell eine1:n Situation« (Seufert/ Mayr 2002, S. 24).
34 »Lernplattformen, die ein ›virtuelles Klassenzimmer‹ (Virtual Classroom) im Cyberspace abbilden, unterstützen synchrone Lernprozesse« (synchrones Lernen) (Seufert/Mayr 2002, S. 121).
35 Learning Management Systeme (LMS) stellen ein Synonym für Lernplattformen dar. »Ein LMS ist ein Softwaretool, auf welches im Intranet/Internet zurückgegriffen werden kann, und das über eine entsprechende Oberfläche bestimmte Funktionalitäten wie den Aufruf und die Administration von Lernen, Lerninhalten, Übungsaufgaben, Kommunikationstools usw. von einer zentralen Stelle aus ermöglicht. Sie ist die zentrale Schnittstelle einer Lernumgebung zwischen Trainingsanbietern und Trainingskunden« (Baumgartner/Häfele/Häfele 2002, S. 29).

Ergebnisses methodenkritisch relativiert werden müssen. Trotzdem verdeutlicht die Auswertung, dass die bereits seit mehreren Jahren eingesetzten Anwendungsformen ›CBT‹ und ›Schulungsvideos‹ tendenziell auch heute noch das Anwendungsspektrum des E-Learnings dominieren. Ferner ergaben die Ergebnisse der Studie, dass 42% der Unternehmen ein klar definiertes Budget für den Einsatz von Online-Medien vorsehen, das allerdings nicht mehr als 20% des Gesamtbudgets der Weiterbildung umfasst (vgl. Schüle 2001 und Back/Bendl/Stoller-Schai 2001, S. 39f.).

Die Gründe für den Einsatz von E-Learning dürften aufgrund der bereits beschriebenen Entwicklungen deutlich geworden sein, denn sie hängen mit den ökonomischen Rahmenbedingungen zusammen. Aufgrund der sich stets verändernden Marktbedingungen sowie neuen internationalen Entwicklungen müssen Unternehmen heute in besonderem Ausmaß situativ auf Veränderungen reagieren, wobei dem Weiterbildungsbereich die Funktion zukommt, »die neuesten Entwicklungen an die Mitarbeiter weiter zu vermitteln und neues Wissen aufzubereiten und zur Verfügung zu stellen« (Meister 2003, S. 210).

Allerdings sind geplante Bildungsmaßnahmen in Unternehmen auch bezüglich ihrer Effizienz zu untersuchen, da sich die betriebliche Weiterbildung für das Unternehmen lohnen muss. Daher ist mit der Einführung von E-Learning die Idee verbunden, eine höhere Effektivität der Qualifikationsmaßnahmen zu erzielen sowie Kosten in Relation zu den zu erreichenden Zwecken zu sparen, indem Reise- und Unterkunftskosten sowie Gebühren für Präsenzphasen wegfallen. Darüber hinaus versprechen E-Learning-Maßnahmen, relevantes Wissen durch eine entsprechende Kursgestaltung in kurzer Zeit vermitteln zu können, sodass von einer ›just-in-time‹-E-Qualifizierung gesprochen wird (vgl. Meister 2003, S. 211).

Abschließend sei darauf hingewiesen, dass die globale Ausrichtung vieler großer Unternehmen dazu geführt hat, dass sie Weiterbildung in neuen Formen anbieten, wie dies durch das Schlagwort ›Corporate University‹ bereits beschrieben wird. In diesem Fall wird unter ›Corporate University‹ »nicht eine Universität im klassischen Sinne verstanden, sondern es bezeichnet gegenwärtig eine ganze Bandbreite von Modellen, die von konventionellen Trainings- oder Schulungszentren bis hin zu innovativen Architekturen der unternehmerischen Lernorganisation reichen« (Meister 2003, S. 215). Beispiele sind die Daimler-Chrysler Corporate University, das Allianz Management Institute, die Bertelsmann University, die Lufthansa School of Business, die Apple University oder die McDonalds Hamburger University. Mit dem Label der ‚Corporate University‹ wird eine strategische Ausrichtung der Weiterbildungsaktivitäten auf die Unternehmensziele hin angestrebt sowie die »Einbeziehung integrierter Zielgruppen, die aus Personal, Lieferanten und Kunden des Unternehmens bestehen. Das Ziel ist, eine kosteneffiziente, qualitativ hochwertige Lernlösung zu bieten, indem Lernallianzen mit verschiedenen Bildungspartnern eingegangen werden und vielseitig verteilte Lernformen unter Einbeziehung der neuen Technologien zum Einsatz kommen« (ebd., S. 216).

2.5.1.2 E-Learning in KMUs

Im Gegensatz zu großen Unternehmen sind kleine und mittlere Unternehmen mit bis zu 500 Beschäftigten (KMUs) nach Hagedorn u.a. (2001) dadurch gekennzeichnet, dass sie keine eigene Weiterbildungsabteilung besitzen. Bezüglich der Verbreitungsformen von E-Learning sieht der Einsatz dementsprechend anders aus als bei großen Unternehmen, obwohl auch für KMUs ähnliche ökonomische Rahmenbedingungen gelten, nämlich schnell und situativ auf Veränderungen des Marktes zu reagieren. Wenn man sich die Situation in kleinen und mittleren Unternehmen im Hinblick auf Weiterbildungsmaßnahmen in Form von Online-Lernen ansieht, so zeigt eine Studie des Adolf-Grimme-Instituts, der Michel Medienforschung und des Instituts für Medien und Kommunikation im Auftrag der Staatskanzlei des Landes NRW, dass sich das netzbasierte Lernen in der betrieblichen Weiterbildung erst im Anfangs- bzw. Versuchsstadium befindet (vgl. Hagedorn u.a. 2001).

Ursprünglich sollten in dieser Studie 80 KMUs schriftlich sowie telefonisch befragt werden, die WBT in ihrer betrieblichen Qualifizierungspraxis einsetzen. Allerdings wurde aufgrund der geringen Verwendung von WBT in den Betrieben das Daten- und Forschungsdesign erweitert, sodass nicht nur die Betriebe (17 Interviews), sondern auch Anbieter von Lernsoftware (10 Interviews), Großunternehmen als Referenzrahmen (3 Interviews), intermediäre Akteure, die zwischen den Gruppen vermitteln (8 Interviews), sowie Meta-Experten (4 Interviews), die zwischen den Handlungsfeldern stehen und zumeist aus dem Forschungsbereich kommen, telefonisch anhand eines Interviewleitfadens befragt. Insgesamt haben alle befragten KMUs bereits Erfahrungen mit CBT gemacht, während Erfahrungen mit WBT-Produkten zum Untersuchungszeitpunkt noch weitgehend fehlten. Die Ergebnisse der 42 Interviews ließen dabei Aussagen in den sieben Bereichen *Qualität, Markttransparenz, technische Voraussetzungen, Kostenfaktoren, rechtliche Fragen, Vorkenntnisse der Lerner* sowie *betriebliche Lernkultur* zu, die als wichtige Erhebungsvariablen für unser DFG-Projekt angesehen werden können.

Hinsichtlich der Themen der eingesetzten CBTs in den befragten Betrieben standen IT-Themen, gefolgt von Fremdsprachen an erster Stelle, allerdings wurde die *Qualität* dieser Produkte stark kritisiert. Vor allem wurde bemängelt, dass anerkannte Qualitätsnachweise wie Gütesiegel fehlen. Weiter wurde eine kaum vorhandene *Markttransparenz* beklagt, da es keine systematische und vollständig aktualisierte Übersicht über WBT-Lösungen gab, diese Intransparenz wurde durch die schlechte Qualität von Produktinformationen noch verstärkt (vgl. Meister 2003). Im Kontext des Bereichs *Technik* legten die Ergebnisse nahe, dass gerade in kleineren Betrieben die basale technische Ausstattung starke Hindernisse für die Nutzung von WBTs darstellte. Für den Bereich *Kosten* zeigen die Ergebnisse, dass in KMUs häufig keine detaillierten Kosten-Nutzen-Analysen vorgenommen wurden und aufwendige WBT-Lösungen oftmals das Weiterbildungsbudget überstiegen. *Rechtliche Fragen* bestanden bei den Interviewten bezüglich des Datenschutzes und der Datensicherheit, wobei zu beantworten bleibt, ob Betriebsvereinbarungen, wie sie bei größeren Unternehmen durch den Betriebsrat vorgenommen werden, auf KMUs übertragen werden können.

Insgesamt besaßen KMUs kaum Erfahrungen mit rechtlichen Fragen. Im Bereich der *Vorkenntnisse der Lernenden* wurde erstens angeführt, dass vor allem der Kenntnisstand der Weiterbildungsverantwortlichen als defizitär betrachtet wird, wobei die Forscherinnen und Forscher vor allem der »Qualifizierung und Aufklärung der Entscheidungsträger und Weiterbildungsverantwortlichen eine Schlüsselfunktion« zuschrieben (Hagedorn u.a. 2001, S. 36). Zweitens wurde die Vermittlung von Selbstlernkompetenzen als bedeutsam angesehen. Es erschien sinnvoll, Teilnehmern von WBT-Kursen behilflich zu sein, ihre Selbstlernkompetenzen auszubauen, damit sie erfolgreich mit WBTs arbeiten können. In diesem Zusammenhang wurde deshalb von den Befragten auch das Konzept des Blended Learning favorisiert. Insgesamt wurde ein selbsterklärendes Lernprogramm als gut verstanden beurteilt. Aus Sicht der Meta-Experten ist die *Lernorganisation* »in KMU noch nicht auf WBT eingestellt. Die ›Wertschöpfungskette von Wissen im Unternehmen‹ müsse von den und für die KMU neu definiert werden, wenn der Einsatz von WBT ernsthaft geplant werde« (Hagedorn u.a. 2001, S. 37). Im Hinblick auf den Bereich *Lernkultur* zeigte die Interviewauswertung, dass eine Wandlung der betrieblichen Lernkultur in Richtung positiver Sanktionierung des Lernens, Etablierung des Ad-Hoc-Lernens und die Informationssuche im Arbeitsprozess sowie der Einsatz von Teletutoren als notwendig angesehen wird, da als zentrale Hinderungsgründe für den WBT-Einsatz, betriebliche Machtstrukturen und hierarchische Verhältnisse sowie ein lernfeindliches Klima im Unternehmen angeführt wurden.

Reglin und Speck (2003), die sich in ihrem Artikel »Zur Kosten-Nutzen-Analyse von E-Learning« ebenfalls auf die genannte Studie von Schüle (2001) stützen, zeigen auf, dass vor allem hohe Flexibilität, Individualisierung des Lernens, organisatorische und finanzielle Vorteile, Qualitätssicherung betrieblicher Weiterbildung, Förderung kommunikativer Potenziale, technische Möglichkeiten aus der Perspektive betrieblicher Bildungsarbeit in KMUs sowie die Internettechnologie als Nutzenpotenziale von E-Learning in der beruflichen Bildung als meistgenannte Gründe bei der Frage nach den Argumenten für E-Learning angeführt werden (vgl. Schüle 2001). Dabei wird die Kostensenkung allgemein als wichtigster Grund für den Einsatz von E-Learning genannt (70%), gefolgt von der Schulung aktueller Themen (46%), der hohen Aktualität (37%), dem flexibleren Lernen (33%), dem besseren Lernerfolg (18%), der höheren Motivation (9%) und zuletzt der höheren Qualität (7%) (Reglin/Speck 2003, S. 225). Obwohl die Kostensenkung als hauptsächlicher Grund genannt wird, besteht für KMUs »nach wie vor die Schwierigkeit, dass die Entwicklung von WBT, wenn sie auf den speziellen Bedarf zugeschnitten sein soll, recht teuer ist und sich nur lohnt, wenn größere Abnehmerzahlen vorhanden sind« (Meister 2003, S. 242). So ergeben vergleichende Berechnungen von E-Learning und traditionellen Lernmethoden, dass die Lernmethode E-Learning bei zehn Teilnehmern teurer ist als herkömmliche Weiterbildungsmaßnahmen. Dagegen entstehen bei einer Teilnehmerzahl von 50 bis 100 bereits Einsparungspotenziale, die bei 100 Teilnehmern bei rund 60% liegen (vgl. Keller 2002, S. 155).[36] Aus diesem Grund sieht Meister das Problem bei KMUs in der Schnittstelle der (Ent-)Differenzierung, da die individuellen Anpassungen an die spezifischen Bedürfnisse der Nutzer (Differenzierung) hohe Abnehmerzahlen erfordern, um rentabel zu sein. So scheinen hohe Teilnehmerzahlen eine entscheidende Voraussetzung für die Durchsetzung von E-Learning im KMUs zu sein. Bedingungen für die Einführung von E-Learning in KMUs sind allerdings nach Meister Lösungen, die »für kleine Zielgruppen mit individuellem Bedarf geeignet sind, dass das zu vermittelnde Wissen just-in-time abrufbar sein muss, die Qualifizierungsmaßnahmen in die Arbeitsprozesse integrierbar sein sollten und zudem kostengünstig sein müssten« (Meister 2003, S. 243).

---

36 Der Berechnung der traditionellen Lernmethoden und dem Bereich ›Content‹ beim E-Learning liegen Daten aus den Bereichen Kosten für Lizenzen, Trainer, Seminarraum, Unterkunft, Verpflegung und ausgefallene Arbeitszeit zugrunde (vgl. Keller 2002, S. 154).

3. Forschungsdesign

Das Forschungsdesign wird gemäß dem methodologischen Leitprinzip der Triangulation als Kombination qualitativer und quantitativer Methoden strukturiert. Durch die Verknüpfung beider Methodenklassen im Projekt soll gewährleistet werden, dass sich breitere, vielfältigere und tiefere Erkenntnisse über den untersuchten Gegenstandsbereich ergeben als dies durch die Anwendung nur einer einzigen Methode möglich wäre (zur »Komplementaritätsthese« vgl. Kelle 2008²; Treumann 1998, S. 162). So werden für den Forschungsgegenstand der Qualität aus Sicht lernender Subjekte sowohl qualitative als auch quantitative Datenquellen miteinander kombiniert.

Die *qualitative Studie* diente einerseits der Exploration von Qualitätsansprüchen und Qualifizierungsstrategien bzw. -bedürfnissen von Teilnehmern an E-Learning-Arrangements, zur Hypothesengenerierung sowie zur Operationalisierung einer Teilmenge der Items im Fragebogen für die quantitative Studie. Andererseits besitzt sie – abgehoben von diesen Funktionen – eine eigenständige inhaltliche Bedeutung (s.u.). Als Methode der Datenerhebung fungierten 24 leitfadengestützte problemzentrierte Interviews. Unter Zuhilfenahme des Auswertungsprogramms MAXqda (vgl. Kuckartz 1999) erfolgte die Datenauswertung mittels der ›Qualitativen Inhaltsanalyse‹ nach Mayring (2000a), durch Komponenten der Grounded Theory nach Strauss und Corbin (1996) sowie der Typenbildung nach Kelle und Kluge (1999). Anhand dieses Vorgehens haben wir mehrere E-Learner-Typen extrahiert, die sich nach ihrem Weiterbildungshandeln, ihren Lernpräferenzen, -einstellungen und -kompetenzen sowie der von ihnen beurteilten Qualität von E-Learning-Weiterbildungsmaßnahmen unterscheiden (vgl. Arens/Ganguin/Treumann 2006).

Die *standardisierte quantitative Online-Fragebogenstudie* dient zum einen der Beantwortung der Frage, inwieweit sich die ermittelten Qualitätsaspekte und Qualifizierungsbedürfnisse bzw. -strategien im Hinblick auf eine Grundgesamtheit von E-Learnern generalisieren lassen. Zum anderen wurde durch die Aufnahme weiterer operationalisierter theoretischer Konzepte in das Befragungsinstrument eine mehrperspektivische Erweiterung des empirischen Gehalts von Qualität aus der Nutzerperspektive angestrebt. Zu diesem Zweck wurde ein Web-Survey mit Personen durchgeführt, die sich in der Bundesrepublik Deutschland bei kommerziellen Bildungsinstitutionen im Rahmen von E-Learning- oder Blended-Learning-Settings beruflich oder betrieblich weitergebildet haben. Im Mittelpunkt der Befragung standen dabei Fragen zum allgemeinen Medien- und Weiterbildungsverhalten, zu den subjektbezogenen Qualitätseinschätzungen computerunterstützter Lernszenarien sowie zu individuellen Lernpräferenzen.

Die erhobenen Daten bildeten die Basis für fragebogenbereichsspezifische Klassifizierungen der Items mithilfe von Hauptkomponentenanalysen, denen sich eine clusteranalytisch fundierte Typologiebildung des erweiterten Variablenbereichs anschloss, die mittels *externer* Variablen unter Anwendung von logistischen Regressionsanalysen validiert wurde (s.u.).

3.1 Zur Kombination qualitativer und quantitativer Forschungsmethoden

Anders als beim triangulativen Design-Typ QUANT → QUAL (Miles/Huberman 1994, S. 41), wo über die vom Erstautor entwickelte Selektionsstrategie von prototypischen Fällen eine relativ enge Verknüpfung zwischen beiden Methodenparadigmen erreicht werden kann (s. Treumann u.a. 2002, 2007, 2010; Treumann 2011), liegt in dem zu analysierenden Forschungsfeld bislang keine elaborierte Theorie zum E-Learning vor, sodass in unserer Untersuchung ein Forschungsdesign vom Typ QUAL → QUANT angezeigt ist, um aus der Nutzerperspektive auf der Basis von *Einzelfallanalysen* inhaltlich relevante Hypothesen zum E-Learning zu gewinnen.

In dieser empirischen Studie haben jedoch die qualitativen Methoden im Hinblick auf die quantitative Forschungsphase nicht bloß eine »dienende« Funktion für die Hypothesengenerierung und Konstruktion des standardisierten Online-Fragebogens zu erfüllen, sondern sie besitzen darüber hinaus einen eigenständigen erkenntnistheoretischen Stellenwert. Er ist darin begründet, dass im Vergleich zum quantitativen Zugang ein stärkeres Gewicht auf die Rekonstruktion *interaktionistischer Handlungskonstellationen* gelegt wird, und zwar im Sinne der axialen Kodierung im Rahmen der verwendeten Methode der Grounded Theory (s. Kap. 3.3.1.2; 4.1 u. 10.15).

Zum anderen sind in den Online-Fragebogen sowohl neu gewonnene Konzepte der qualitativen Teilstudie als auch Operationalisierungen von Konstrukten weiterer theoretischer Ansätze eingegangen – wie etwa zu den generationsspezifischen Medienpraxiskulturen, den Kapitalsorten sensu Bourdieu und der begrifflichen Dichotomie des Defensiven versus Expansiven Lernens Holzkampscher Provenienz –, um möglichst viele unterschiedliche Aspekte des Untersuchungsgegenstandes zu erfassen. Insgesamt geht es dabei vor allem darum, allgemeine Orientierungen, Motivationsstrukturen und Bewertungen seitens der E-Learner auf der Ebene von *Personenaggregaten* mit einer vergleichsweisen geringeren Analysetiefe, aber einer größeren Verallgemeinerbarkeit im Sinne einer auf die Zielpopulation bezogenen statistischen Repräsentativität herauszuarbeiten.

Summa summarum ergibt sich damit ein *zweiphasiges* Forschungsdesign: *Zuerst* ein *qualitativer* Methodeneinsatz, *danach* dann die Applizierung einer *quantitativen* Forschungsmethode einschließlich der uni-, bi- und multivariaten statistischen Analyse der durch sie erzeugten Befragungsdaten (QUAL → QUANT).

3.2 Methoden der Datenerhebung

In unserer Studie kamen das qualitativ orientierte Verfahren des leitfadengestützten Interviews sowie die quantitative Methode der standardisierten Befragung zum Einsatz.

3.2.1 Problemzentrierte Interviews und Stichprobenbeschreibung

Qualitätsbegriffe und -ansprüche von E-Learnern in der beruflichen Bildung stellen die Untersuchungseinheiten dar. Es werden Qualifizierungsstrategien und Qualitätsbedürfnisse von E-Learnern rekonstruiert.

3.2 Methoden der Datenerhebung

Dazu wurden in Form eines qualitativen Leitfadens vorab theoretisch abgeleitete Anforderungen thematisiert (z.B. lebenslanges Lernen, selbstgesteuertes Lernen, subjektiv empfundene Vor- und Nachteile von E-Learning im Vergleich zum Präsenzunterricht, Medienkompetenz), die so mit der empirischen Realität konfrontiert wurden. Zusätzlich hatte der Leitfaden eine Exploration der Qualitätsansprüche der Lerner zum Ziel, indem offene Fragen gestellt wurden, die z.B. darüber Auskunft geben, was Qualität für die Befragten ist und was Lernen für sie bedeutet.

Die Struktur des Leitfadens für die problemzentrierten Interviews beinhaltete insgesamt 14 thematische Bereiche: (1) Berufswerdegang und Arbeitsplatz, (2) Allgemeines Weiterbildungsverhalten, (3) Berufliche Zukunftsperspektive, (4) Lebenswelt/ Mediennutzung (Medienkompetenz), (5) Gründe des Online-Lernens, (5) Transparenz des Angebots, (6) Lernmotivation, (7) Voraussetzungen bei Lernenden, (8) Kosten, (9) Erwartungen und Nutzen, (10) Didaktik, (11) Tutorieller Support, (12) Kooperation und Kommunikation, (13) Blended Learning und (14) Qualitätsdefinitionen beim E-Learning. Letztendlich beinhaltete der Leitfaden 76 Fragen sowie 52 Unterfragen.

24 Nutzerinnen und Nutzer von E-Learning- bzw. Blended-Learning-Umgebungen wurden mithilfe leitfadengestützter Interviews befragt, von denen diejenigen 16 zur weiteren Analyse ausgewählt wurden, die im Hinblick auf die Beantwortung der Forschungsfragestellung die gehaltvollsten Informationen enthielten.

Die Zusammensetzung der Stichprobe erfolgte zum einen nach dem Kriterium maximaler Differenzierung hinsichtlich sozialstatistischer Merkmale und zum anderen in Bezug auf die Teilnahme an unterschiedlichen Kursformen (vollständig online vs. hybride[37] Kursformen) und Lernzeiten (unterschiedliche Lerndauer und Lernerfahrung mit E-Learning). Des Weiteren wurden die Interviewpartner branchenunspezifisch ausgewählt, sodass Teilnehmer verschiedener Angebote von Weiterbildungsinstitutionen sowie aus Unternehmen unterschiedlichen Branchen interviewt werden konnten. Tabelle 3.2.1.1 (S. 98) gibt einen Überblick über die Stichprobenzusammensetzung.

Die Auswahl der Online-Lerner gemäß dem Prinzip eines möglichst großen Kontrastes gestattete die theoretische Rekonstruktion eines möglichst in die Breite gehenden subjektbezogenen Qualitätsbegriffs. Die Berücksichtigung von Falldetails verlieh dieser Rekonstruktion darüber hinaus Erklärungskraft in der Tiefe. Dadurch konnte die Frage untersucht werden, ob und inwieweit aus der retrospektiven Sicht des Interviewten im Prozess seiner Habitualisierung hin zum erfahrenen Online-Lerner individuell reflektierte Komponenten von Qualität entstehen.

3.2.2 Standardisierte Online-Befragung und Stichprobenbeschreibung

Die Grundgesamtheit der standardisierten Online-Erhebung setzt sich aus Personen zusammen, die sich in der Bundesrepublik Deutschland bei kommerziellen Bildungsinstitutionen im Rahmen von E-Learning- oder Blended-Learning-Settings beruflich oder betrieblich weitergebildet haben.

---

[37] Als ›hybride‹ Seminarstruktur bezeichnet man einen Kursverlauf, der sowohl virtuelle als auch in Form von Präsenzveranstaltungen stattfindende Seminarsitzungen enthält. Diese Kursformen werden auch als Blended-Learning-Szenarien bezeichnet.

Tabelle 3.2.1.1: Übersicht über die qualitativ interviewten E-Learner (Analysestichprobe)

Nr.	Anonymisierter Name	Alter	Sex	Derzeit ausgeübte Tätigkeit	Weiterbildungsthema	Lernarrangement			
						CBT	Online-Phasen	Präsenzphasen	Tutorielle Betreuung
1.	ST01a	Herr Anstett	25 J.	m	Energieelektroniker	Meisterausbildung Elektrotechnik	X	X	X	X
2.	ST02a	Herr Abt	24 J.	m	Elektroinstallateur	Meisterausbildung Elektrotechnik	X	X	X	X
3.	ST02b	Herr Arnold	24 J.	m	Radio-Fernsehtechniker	Meisterausbildung Elektrotechnik	X	X	X	X
4.	ST03b	Herr Andres	28 J.	m	Elektroinstallateur	Meisterausbildung Elektrotechnik	X	X	X	X
5.	SL01a	Herr Berger	28 J.	m	Versicherungsvertreter	Versicherungsfachmann	X		X	X
6.	SL03a	Herr Baltes	48 J.	m	Versicherungsvertreter	Versicherungsfachmann	X		X	X
7.	SL01b	Herr Bentrup	47 J.	m	Versicherungsvertreter	Versicherungsfachmann	X		X	X
8.	SL03b	Herr Baldur	27 J.	m	Versicherungsvertreter	Versicherungsfachmann	X		X	X
9.	OL01a	Herr Christen	24 J.	m	Industrieelektroniker	Meisterausbildung Industrieelektronik	X	X	X	X
10.	OL02a	Frau Conrad	35 J.	w	Hausfrau (gelernte Justizfachangestellte)	ECDL (Europäischer Computerführerschein)	X	X	X	X
11.	OL03a	Frau Cordes	38 J.	w	Hausfrau (gelernte Fremdsprachenkorrespondentin)	ECDL (Europäischer Computerführerschein)	X	X	X	X
12.	BE01a	Frau Englisch	44 J.	w	Angestellte in der Sachbearbeitung/Datenverwaltung (Pharmakonzern)	(Business-English-dp)	X			
13.	BE01b	Frau Ebert	54 J.	w	Angestellte im Forschungsbereich für Arzneimittelsicherheit (Pharmakonzern)	(Word, PowerPoint, Lotus Notes; GlobDoc)	X			
14.	BE02a	Frau Engels	45 J.	w	Angestellte im Fort- und Weiterbildungsbereich (Pharmakonzern)	(PowerPoint)	X	X		X
15.	HAM01b	Herr Dreier	30 J.	m	Lehrer	Englisch für die Grundschule	X	X	X	X
16.	LE01b	Frau Diebrück		w	Lehrerin	Englisch für die Grundschule	X	X	X	X

Die Akquisition der Teilnehmer erfolgte mittels unterschiedlicher Strategien: *Erstens* konnte über verschiedene Bildungsanbieter und -institutionen ein Kontakt zu den Merkmalsträgern aufgenommen werden. So wurde auf der Grundlage öffentlich zugänglicher Archive und Verzeichnisse sowohl via E-Mail als auch telefonisch zu entsprechenden Bildungsträgern eine Kommunikation aufgebaut, um deren Bereitschaft zu erkunden, unser Forschungsvorhaben zu unterstützen und die E-Learner und Blended-Learner ihrer Einrichtung auf unsere Online-Befragung aufmerksam zu machen. *Zweitens* haben wir in einschlägigen Newsletters durch Werbeanzeigen und kurze Projektdarstellungen auf uns aufmerksam gemacht. Als *dritte* Strategie haben wir unsere Befragung in zielgruppennahen Newsgroups (z.B. de.alt.umfragen) veröffentlicht und schließlich auch Pressemitteilungen zu unserem Projekt versandt.

Die Befragung umfasste einen bereinigten Stichprobenumfang von n = 430 E-Learnern, bei denen sich für die Auseinandersetzung mit dem Online-Fragebogen eine durchschnittliche Bearbeitungszeit von ca. 34 Minuten ergab. Insgesamt setzte sich das Erhebungsinstrument nach einer Eingangsfrage zum zeitlichen Ausmaß bisheriger persönlicher Erfahrungen mit E-/Blended-Learning-Kursen aus zehn thematischen Modulen mit insgesamt 80 Fragen (bzw. ca. 300 Items) zusammen. Diese zehn Felder des standardisierten Fragebogens umfassten das »allgemeine Medienverhalten«, das »allgemeine Weiterbildungsverhalten«, die »Gründe für die Teilnahme an einem E-/Blended-Learning-Kurs«, zu »Kursorganisation und Kursaufbau«, den »Tutoriellen Support«, die »Kommunikation und Kooperation«, zu »Lerntyp/Lernverhalten«, die »Gestaltung der Lernumgebung«, die »Ansprüche an einen ›E-/Blended-Learning-Kurs‹« sowie die »Demografischen Angaben« (vgl. Anhang, S. 309ff.).

Insgesamt haben 67,9% weibliche vs. 32,1% männliche E-Learner an unserer Online-Erhebung teilgenommen. Vergleichbare Online-Erhebungen lieferten bereits ähnliche geschlechtsspezifische Verteilungen. Das Durchschnittsalter der Befragten liegt bei 37 Jahren. Ferner weisen die von uns befragten Personen insgesamt ein hohes schulisches Bildungsniveau auf: 59,4% der E-Learner besitzen die allgemeine Hochschulreife, 17,3% die fachgebundene Hochschulreife, 14,5% die mittlere Reife, 3,3% besuchten die polytechnische Oberschule und lediglich 2,5% besitzen einen Hauptschulabschluss. Hinsichtlich der Form des Weiterbildungskurses, an dem die Befragten zuletzt teilgenommen hatten, gaben nahezu zwei Drittel (62,9%) an, ein Blended-Learning-Seminar besucht zu haben. Der von uns erhobene E-Learner ist demzufolge im Sinne eines *Modaltypus* weiblich, 37 Jahre alt, besitzt das Abitur und favorisiert Präsenzphasen zur Unterstützung der E-Learning-Einheiten.

3.3 Methoden der Datenanalyse

Die in der Untersuchung generierten Daten wurden gemäß ihrer Beschaffenheit mithilfe qualitativer und quantitativer Verfahren ausgewertet.

3.3.1 Qualitative Datenanalyse

Das forschungsmethodische Konzept für die Analyse und Auswertung der qualitativen Daten im Rahmen des DFG-Forschungsprojekts ›BEQS‹ ist durch Elemente der ›Qualitativen Inhaltsanalyse‹ nach Mayring (vgl. Mayring 2000a) sowie durch Komponenten der ›Grounded Theory‹ in Anlehnung an Strauss charakterisiert. Die Kombination dieser beiden voneinander unabhängigen qualitativen Verfahren beruht auf unterschiedlichen Überlegungen: Zum einen ist die Verwendung der ›Qualitativen Inhaltsanalyse‹ durch deren Stärken, z.B. die strenge Theorie- und Regelgeleitetheit begründet, die die Einhaltung spezifischer Gütekriterien wie die

Übereinstimmung der Zuordnung von Kategorien und Textstellen durch mehrere Kodierer erleichtert. Darüber hinaus sind ›deduktive Kategorienanwendung‹ und ›induktive Kategorienentwicklung‹ als zentrale Verfahrensweisen der Qualitativen Inhaltsanalyse besonders geeignet, sowohl das im Projektverlauf erarbeitete theoretische Grundgerüst an die qualitativen Daten heranzuführen als auch neue Kategorien bzw. Hypothesen aus dem Datenmaterial heraus zu entwickeln. Als hilfreiches Werkzeug für die konkrete Umsetzung von Kategorienanwendung und -entwicklung erwies sich die Nutzung der Software MAXqda, mit der qualitative Daten computerunterstützt analysiert werden können. Ein detaillierter Einblick in die praktische Arbeit mit MAXqda erfolgt an einer späteren Stelle dieses Textes (S. 104ff.).

Dementsprechend wurden alle leitfadengestützten problemzentrierten Interviews des BEQS-Projekts mithilfe eines umfangreichen Kategorienbaums systematisch strukturiert, der sich aus deduktiven und induktiven Kategorien zusammensetzte. Anschließend haben wir in Anlehnung an das dreistufige Kodierschema nach Strauss (vgl. Strübing 2004, S. 20f.) den Prozess des axialen Kodierens auf die zuvor kategorisierten Daten angewendet. Das axiale Kodieren dient in erster Linie dazu, Zusammenhangsmodelle zu entwickeln, die auf eine bestimmte Kernkategorie bzw. auf ein spezifisches Phänomen rekurrieren. Solche *Kernkategorien* resp. *Phänomene* haben sich vorher im Verlauf der Kategorisierung aus den analysierten Interviews herauskristallisiert. Werden nun die Zusammenhangsmodelle zu einem Phänomen bei allen InterviewteilnehmerInnen miteinander verglichen, können auf diese Weise erste Tendenzen für eine später noch auszudifferenzierende Typologie unter den Befragten gewonnen werden.

Insgesamt lässt sich somit unter Berücksichtigung der Fragestellung, der zur Verfügung stehenden Ressourcen und der forschungsmethodischen Ziele im Rahmen des DFG-Projekts BEQS eine komplementäre Verknüpfung zwischen ›Qualitativer Inhaltsanalyse‹ und ›Grounded Theory‹ erarbeiten.

Vor dem Hintergrund einer möglichst transparenten Reflexion des Projektverlaufs in forschungsmethodischer Hinsicht wird im Folgenden zunächst das Verfahren der ›Qualitativen Inhaltsanalyse‹ sowie deren forschungspraktische Durchführung mithilfe vom MAXqda beschrieben. Anschließend steht das Konzept der ›Grounded Theory‹ im Zentrum der Betrachtung. Im letzten thematischen Abschnitt wird dann der Prozess der Typenbildung präzisiert.

3.3.1.1 Qualitative Inhaltsanalyse

Gegenstand qualitativer Inhaltsanalyse kann nach Mayring jede Art von fixierter Kommunikation sein, z.B. Leitfadeninterviews, Gesprächsprotokolle, Dokumente, Videobänder, aber auch musikalisches oder bildliches Material kann herangezogen werden (vgl. Mayring 2000a, b). Wichtig ist, dass das Material in irgendeiner Form festgehalten ist. Daraus lässt sich auch das Ziel der qualitativen Inhaltsanalyse ableiten, nämlich die systematische Analyse von Kommunikationsmaterialien.

Die Qualitative Inhaltsanalyse dient aber nicht allein der Analyse des manifesten Inhalts fixierter Kommunikation – Themen und Gedankengänge als primäre Inhalte sowie latente Aspekte, die durch Interpretation im Textkontext entwickelt werden –, sondern auch formaler Gesichtspunkte des Materials. Hierzu wird das Material in ein Kommunikationsmodell eingeordnet, wodurch sich Schlussfolgerungen ergeben, die sich auf Teile dieses Modells beziehen lassen. Somit wird die Qualitative Inhaltsanalyse häufig durchgeführt, »um von der Darstellung des Textes auf Kontext-Aspekte zu schließen. Man spricht in diesem Zusammenhang von Inferenz« (Wegener 2005, S. 204). Inferenz beinhaltet, »dass bestimmte inhalts-interne Merkmalsausprägungen mit bestimmten inhalts-externen Merkmalsausprägungen korrelieren, dass zwischen Text und Kontext eine mehr oder minder stabile Beziehung besteht« (Merten 1995, S. 23). Allerdings darf diese Beziehung nicht rein kausal verstanden werden, sondern es handelt sich um hypothetische Schlussfolgerungen, die durch weitere Studien flankiert werden können (vgl. Wegener 2005). In diesem Zusammenhang definiert Krippendorf »content analysis as the use of replicable and valid method for making specific inferences from text to other states or properties of its source« (Krippendorff 1969, S. 103).

Für die inhaltsanalytische Vorgehensweise führt Mayring folgende Grundgedanken auf, die sich zwar aus der quantitativen Forschung entwickelt haben, aber in der qualitativen Analyse beibehalten werden sollen. »Der Grundgedanke einer qualitativen Inhaltsanalyse besteht nun darin, die Systematik (strenge Regelgeleitetheit, Kommunikationseinbettung, Gütekriterien; s.u.) der Inhaltsanalyse für qualitative Analyseschritte beizubehalten, ohne vorschnelle Quantifizierungen vorzunehmen« (Mayring 2000a, S. 469). Demzufolge geht es *erstens* um die Einordnung des Datenmaterials in ein Kommunikationsmodell. Dabei wird als Ziel der Analyse bestimmt, Variablen des Textproduzenten inklusive seiner Erfahrungen, Einstellungen, Gefühle sowie Entstehungssituation, Hintergrund und Wirkung des Materials zu rekonstruieren. *Zweitens* folgt die qualitative Inhaltsanalyse dem Prinzip der Regelgeleitetheit. Das bedeutet, dass die Daten im Sinne eines bestimmten Ablaufmodells in einzelne Analyseschritte aufgebrochen und schrittweise analysiert werden. Der *dritte* Grundgedanke der qualitativen Inhaltsanalyse stützt sich auf das Erarbeiten und Identifizieren von Kategorien. Die Kategorien stehen bei diesem Ansatz im Mittelpunkt. Sie werden in der Analyse entwickelt und begründet. Im Prozessverlauf werden diese Kategorien ständig überarbeitet, sodass eine Rückkopplungsschleife zu den Daten entsteht. Als *vierten* Aspekt spricht Mayring Gütekriterien an. Dies beinhaltet, dass der Analyseverlauf nachvollziehbar sein soll. Dazu ist es notwendig, dass die Ergebnisse im Sinne des Triangulationsansatzes mit anderen Studien verglichen werden können und Reliabilitätsprüfungen eingebaut werden.

Insgesamt stehen zwei Ansätze im Zentrum qualitativer Inhaltsanalyse: die deduktive Kategorienanwendung und die induktive Kategorienentwicklung.

Deduktive Kategorienanwendung

Bei der deduktiven Kategorienanwendung geht es darum, die vorher theoretisch festgelegten und begründeten Kategorien an die Daten heranzutragen. »Der qualitative Analyseschritt besteht dabei darin, deduktiv gewonnene Kategorien zu Textstellen methodisch abgesichert zuzuordnen (Mayring 2000b, Absatz 13). Das Ablaufmodell sieht hierbei wie folgt aus (s. Abb. 3.3.1.1.1).

Der Schwerpunkt liegt hierbei auf der präzisen Definition der vorgegebenen Kategorien und der »Festlegung inhaltsanalytischer Regeln, wann ihnen eine Textstelle zugeordnet werden kann« (Mayring 2000b, Absatz 15).

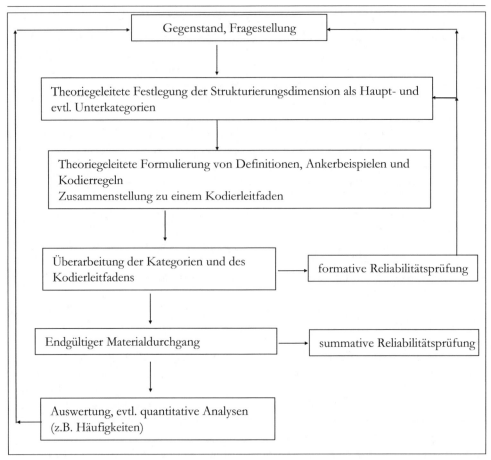

Abbildung 3.3.1.1.1: Ablaufmodell deduktiver Kategorienanwendung (vgl. Mayring 2000b)

Induktive Kategorienentwicklung

Der Grundgedanke induktiver Kategorienentwicklung ist die Festlegung eines Definitionskriteriums, welches sich einerseits aus der Fragestellung der Studie, andererseits durch theoretische Begründung ableiten lässt.

Das Definitionskriterium bestimmt die Aspekte, die im Material Berücksichtigung finden sollen. Das Material wird danach schrittweise durchgearbeitet. Induktivität bedeutet dabei, dass neue Aspekte/Merkmale aus dem Textmaterial emergieren und zu vorher noch nicht vorhandenen Kategorien begrifflich verdichtet und entsprechend benannt werden. »Die entwickelten Kategorien werden in einer Rückkopplungsschleife überarbeitet, einer Reliabilitätsprüfung unterzogen, und können später auch zu Überkategorien zusammengefasst und je nach Fragestellung auch nach quantitativen Aspekten ausgewertet werden« (Mayring 2000b, Absatz 12).

Ein transparenteres Verständnis von der konkreten Anwendung der hier beschriebenen deduktiven bzw. induktiven Vorgehensweise kann durch die Anwendung der Qualitativen Inhaltsanalyse im Rahmen eines realen forschungspraktischen Kontextes vermittelt werden. Zu die-

3.3 Methoden der Datenanalyse

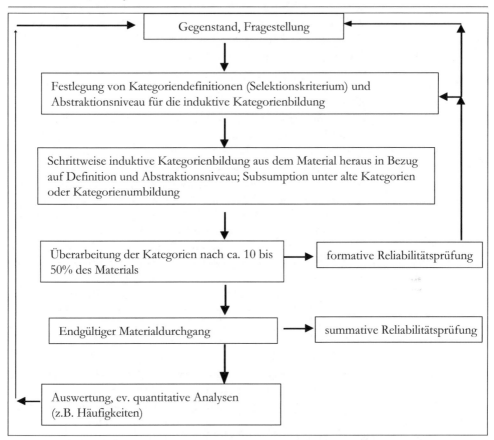

Abbildung 3.4.1.2: Ablaufmodell induktiver Kategorienbildung (vgl. Mayring 2000b)

sem Zweck wird im Folgendem die strukturierende Dimensionierung qualitativer Daten in Anlehnung an die ›Qualitative Inhaltsanalyse‹ nach Mayring in dem DFG-Forschungsprojekt ›BEQS‹ (= Bildung durch E-Learning und dessen Qualität aus der Subjektperspektive) beschrieben.

Innerhalb des DFG-Forschungsprojekts ›BEQS‹ galt es zunächst, einen umfangreichen Datensatz zu bewältigen, der durch die Transkription von ca. 25 leitfadengestützten problemzentrierten Interviews mit E-Learnern resp. Blended-Learnern in der beruflichen Bildung entstanden war. Um die vorliegenden Interviewaussagen hinsichtlich der zuvor vereinbarten Fragestellung angemessen strukturieren zu können, wurde u.a. das Verfahren der Qualitativen Inhaltsanalyse ausgewählt.

Vor dem Hintergrund der deduktiven Kategorienanwendung wurde dabei zunächst ein Kategorienbaum in Anlehnung an die grundlegenden projektrelevanten theoretischen Schwerpunkte mit unterschiedlichen Haupt- und Subkategorien entwickelt. Ferner wurde ebenso der Leitfaden der qualitativen Interviews für die Konstruktion des Kategorienbaums als Gliederungshilfe herangezogen.

Im weiteren Verlauf wurden die einzelnen Interviews sukzessiv an den deduktiv gewonnenen Kategorienbaum herangeführt und mit seiner Hilfe kodiert und strukturiert. Um der Gefahr zu entgehen, die Auswertung der qualitativen Interviews lediglich auf ein vorab definiertes theoretisches Konzept zu reduzieren, also bloß subsumtionslogisch vorzugehen, wurde von Beginn an die Anwendung der deduktiven Kategorienanwendung mit der der induktiven Kategorienentwicklung verknüpft. Bezogen auf den eigentlichen Kodierprozess bedeutet dies, dass für alle Interviewpassagen, die dem bestehenden Kategorienbaum nicht zugeordnet werden konnten, neue Haupt- und Subkategorien konstruiert wurden. Auf diese Weise unterlag die Struktur des Kategorienbaums einer permanenten Erweiterung und Modifizierung. In diesem Zusammenhang erscheint es für die Verlässlichkeit und die innere Konsistenz der Kodierung zwingend erforderlich, das Datenmaterial mehreren Kodierungs-Durchgängen zu unterziehen, um eine möglichst lückenlose und einheitliche Kategorisierung der Daten zu erzielen. In Abbildung 3.4.1.3 ist der vollständige Kategorienbaum zu sehen, der auf der Basis qualitativer Interviews des DFG-Forschungsprojekts ›BEQS‹ konzipiert wurde.[38]

In Anlehnung an Mayring (2000a) sollte die Anwendung der Qualitativen Inhaltsanalyse unter anderem durch ihre spezifische Systematik bzw. ihre Regel- und Theoriegeleitetheit sowie durch ihren Anspruch, »sich auch an Gütekriterien wie der Interkoderreliabilität zu messen« (Mayring 2000a, S. 471) geprägt sein. Mit dem Ziel, diesen zentralen methodischen Postulaten gerecht zu werden, wurden allen Haupt- und Subkategorien des bestehenden Kategorienbaums sowohl eigene Definitionen zugewiesen als auch die für die jeweilige Kategorie repräsentativen Textpassagen bzw. Ankerbeispiele beigefügt.[39]

Durch diese Vorgehensweise waren die unterschiedlichen am Kodierprozess beteiligten Personen in der Lage, ein möglichst einheitliches und kongruentes Verständnis der einzelnen Kategorien aufzubauen und somit der inhaltlichen Übereinstimmung der Zuordnung gerecht zu werden. Mayring (vgl. ebd., S. 473) bezeichnet die Verknüpfung der einzelnen Kategorien mit ihren Definitionen und typischen Textpassagen als Kodierleitfaden, »der die Strukturierungsarbeit entscheidend präzisiert«.

Computerunterstützte Durchführung der Qualitativen Inhaltsanalyse mit Hilfe von MAXqda 2

Die Verknüpfung einzelner Textpassagen mit spezifischen Haupt- und Subkategorien des Kategorienbaums erfolgte ausschließlich mithilfe der Software MAXqda (2) (vgl. Kuckartz 2005). Dieses Programm zur computerunterstützten Analyse qualitativer Daten stellte unserer Meinung nach die probateste Lösung für das in unserem Forschungsprojekt angestrebte methodische Konzept dar. Einerseits verspricht der Einsatz von QDA-Software mehr Effizienz und Transparenz als die Analyse mittels Papier und Stift, andererseits haben die Projektmitarbeiter MAXqda als bedienerfreundlicher als andere computerunterstützte Analysesoftware empfunden (z.B. atlas.ti, welches dafür aber im Vergleich mehr Funktionen, wie z.B. die Einbettung von Videomaterial, bereithält). Als Weiterentwicklung der Software WINMAX weist MAXqda (2) eine komplexe Benutzeroberfläche auf, die eine umfassende (textbasierte) Analyse unter-

---

[38] Zur besseren Übersicht sind alle Hauptkategorien, die deduktiv abgeleitet wurden, fett sowie in Normalschrift dargestellt. Alle Subkategorien, die ebenfalls deduktiv entwickelt wurden, sind ebenso in Normalschrift abgebildet, wogegen induktive Subkategorien kursiv gesetzt wurden.
[39] Aufgrund der umfangreichen Dateigröße der tabellarischen Übersicht über sämtliche Kategorien und ihre dazugehörigen Definitionen und Textpassagen, findet sich diese Darstellung im Anhang des Projektberichts.

3.3 Methoden der Datenanalyse

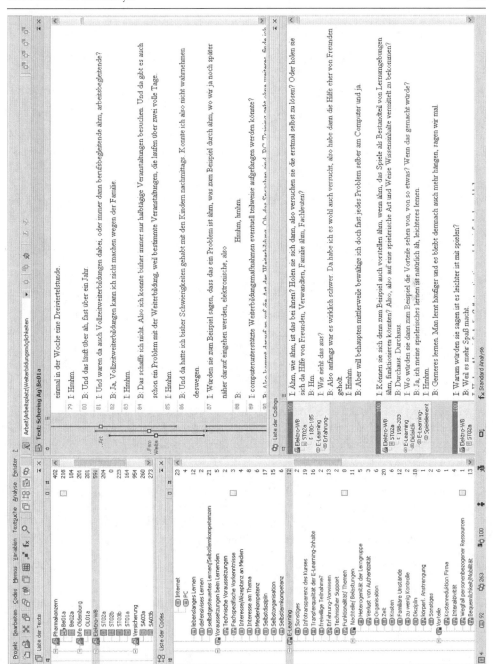

Abbildung 3.4.1.3: Screenshot von MAXqda

schiedlicher qualitativer Datensätze zulässt. Der Aufbau eines Programms lässt sich am ehesten mithilfe eines Screenshots vermitteln, der in Abbildung 3.4.1.3 (S. 105) zu sehen ist.

Wie anhand des Screenshots beispielhaft gezeigt werden kann, ist der Bildschirm bei der Arbeit mit MAXqda (2) in vier unterschiedliche Funktionsbereiche aufgeteilt: Im Bereich *links oben* (Liste der Texte) sind mehrere Interviewdateien aufgelistet, die differenziert nach mehreren thematischen Gruppen (z.B. Pharmakonzern, Versicherung etc.) angezeigt werden. In der Abbildung wird sichtbar, dass momentan die Interviews ›Elektro-WB‹ zur Bearbeitung ausgewählt sind. Der Interviewtext ist dagegen im *rechten oberen* Fenster zu sehen. Dort können auch einzelne Textpassagen markiert werden, um sie mithilfe geeigneter Kategorien des Kategorienbaums, der sich im Bildschirmbereich *links unten* befindet, zu kodieren. Schließlich ist im rechten unteren Bereich die Liste der Codings zu sehen. Dieses Fenster bietet dem Nutzer die Möglichkeit, alle Textstellen eines oder mehrerer Interviews gebündelt anzeigen zu lassen, die zuvor einer bestimmten Kategorie (z.B. in der Abbildung zu der Kategorie »Lernerwartung«) zugeordnet worden sind.

Stärken und Grenzen der Methode

Die qualitative Inhaltsanalyse übernimmt die Stärken der kommunikationswissenschaftlichen Inhaltsanalyse wie Theorie- und Regelgeleitetheit, Kommunikationsmodell, Gütekriterien und Kategorienorientiertheit (vgl. Mayring 2000b). Aufgrund des festgelegten Ablaufmodells werden die qualitativen Analyseschritte, also deduktive Kategorienanwendung, induktive Kategorienentwicklung, Zusammenfassung und Kontextanalyse methodisch nachvollziehbar, kontrolliert und überprüft. Dies hat weiter zur Folge, dass das Verfahren »gut auf neue Fragestellungen« übertragen werden kann (Mayring 2000a, S. 474).

Eine weitere Stärke der qualitativen Inhaltsanalyse besteht darin, dass zwar ein Kategoriensystem im Mittelpunkt steht, dies aber während der Auswertung in Rückkopplungsschleifen modifiziert und an das Material flexibel angepasst wird. Ferner lassen sich durch den Grundgedanken der Regelgeleitetheit Gütekriterien wie die Übereinstimmung der Zuordnung von Kategorien und Textstellen sichern.

Allerdings gibt es auch Einschränkungen bzw. Grenzen bei diesem Verfahren, so Mayring. Diese werden offenbar, wenn *erstens* von den Forschern ein umfassender, ganzheitlicher Analyseablauf fokussiert wird, der nicht schrittweise zergliedernd sein soll. *Zweitens* zeigen sich Grenzen der Methode, wenn es um eine Forschungsfrage geht, die sehr offen, explorativ oder variabel ist, denn dadurch erscheinen die festen Kategorien als Beschränkung. Demzufolge sind in diesem Kontext offenere Verfahren wie diejenigen der Grounded Theory zweckmäßiger.

3.3.1.2 Grounded Theory

Mitte der 1960er-Jahre entwickelten Anselm Strauss[40] und Barney Glaser, Assistent von Strauss, den Ansatz der Grounded Theory. Strauss entstammt der Chicagoer Schule und steht in der Tradition des Pragmatismus und des Symbolischen Interaktionismus. Beide wissenschafts-

---

40 Das Forschungsgebiet von Strauss, aus dem sich der Ansatz der Grounded Theory entwickelte, beinhaltete das Sterben in medizinischen Institutionen wie Frühgeborenen- und Krebsstationen sowie Altenheimen, wobei teilnehmende Beobachtung und Gespräche mit den Betroffenen die Datengrundlage bildete.

theoretischen Konstrukte bilden demzufolge die theoretische Grundlage der Grounded Theory. »Die Grounded Theory lässt sich als die klassische, Theorien entdeckende qualitative Methode bezeichnen« (Brüsemeister 2000, S. 189).

Der Forschungsprozess

Die Grounded Theory ist keine Einzelmethode, sondern – wissenschaftstheoretisch gesehen – ein in der Hermeneutik begründeter Forschungsstil. Daher kommt es vor, dass der Begriff »Grounded Theory« einerseits für die Methode verwendet wird, andererseits »das mit dieser Methode erzielte Forschungsergebnis« bezeichnet (Böhm 2000, S. 475). Übersetzen lässt sich Grounded Theory als »gegenstandsbegründete oder -verankerte Theorie«, die auf der Basis empirischer Forschung in einem bestimmten Gegenstandsbereich es erlaubt, »eine dafür geltende Theorie zu formulieren, die aus vernetzten Konzepten besteht und geeignet ist, eine Beschreibung und Erklärung der untersuchten sozialen Phänomene zu liefern« (Böhm 2000, S. 476). Der Ansatz umfasst ein Arsenal von Einzeltechniken, mit deren Hilfe aus Interviews, Feldbeobachtungen, Dokumenten und Statistiken schrittweise eine in den Daten begründete (»grounded«) Theorie entwickelt werden kann.

Nach Strauss bilden *nicht* die theoretischen Vorannahmen den Ausgangspunkt seiner Forschungen, da es ihm gerade nicht um die Überprüfung bestimmter theoretischer Aspekte geht; sein Ziel ist vielmehr die Entwicklung einer eigenständigen Theorie. Obwohl das Wissen über bereits bestehende Theorien »unverzichtbar« ist, erfolgt der Umgang mit ihnen daher »eher respektlos« (Hildenbrand 2000, S. 33; vgl. Star 1997). Dies bedeutet, dass »bestehende Theorien nur Antworten auf Probleme geben sollen, die von aktuellen Beobachtungen aufgeworfen werden. Denn die Grounded Theory beansprucht, Theorien aus den Daten zu entwickeln und nicht, Daten als Belege für Theorien anzusehen« (Brüsemeister 2000, S. 194). So werden die theoretischen Konzepte in Bezug auf die Grounded Theory aus den Daten entwickelt und müssen sich diesbezüglich auch an den Daten bewähren bzw. überprüfen lassen, »andere Kriterien gibt es nicht« (Hildenbrand 2000, S. 33).

Der Prozess der Theorieentwicklung innerhalb der Grounded Theory erfolgt durch das Kodieren[41] der Daten. Dabei werden spezifische Fragen an das Material gestellt, anhand deren nach den Bedingungen, Interaktionen, Strategien/ Taktiken und Konsequenzen gesucht wird. Im Prozess des Kodierens entwickelt der Forscher Konzepte (= theoretische Begriffe und Hypothesen) und versucht, Zusammenhänge zwischen diesen Konzepten herzustellen. Die bisherigen und weiteren Daten werden fortwährend weiter kodiert, sodass immer dichtere konzeptionelle Zusammenhänge entstehen, die schließlich zu einer Theorie führen. Die so entstandene Theorie muss stets durch Kontrastierung überprüft werden. Das Kontrastieren ist eine Methode, die Strauss »theoretical sampling« nennt:

Theoretical Sampling beinhaltet, dass man beim Ziehen von Stichproben bestimmte bewusste Entscheidungen des Auswählens zu treffen hat, wobei zwischen den Dimensionen Zeit, Ort, Personen, Ereignisse und Aktivitäten differenziert werden kann, wodurch sich eine mehrperspektivische Betrachtungsweise erreichen lässt (vgl. Merkens 2000, S. 296). Insofern erfolgt die Datenerhebung im Rahmen der Grounded Theory theoriegeleitet. Dies bedeutet, dass aus der sich entwickelnden Theorie Kriterien für die gezielte Erhebung weiterer Daten abgeleitet

---

41 »Codieren kann als Verschlüsseln oder Übersetzen von Daten bezeichnet werden und umfasst die Benennung von Konzepten wie auch ihre nähere Erläuterung und Diskussion« (Böhm 2000, S. 476).

werden. Dadurch werden die Daten *gleichzeitig gesammelt und analysiert* (vgl. Glaser/ Strauss 1979). Ziel ist dabei, möglichst unterschiedliche Phänomene und Fälle zu erfassen, »um Daten zu gewinnen, die das ganze Spektrum zur Forschungsfrage abdecken« (Böhm 2000, S. 476), also auch atypische Fälle. Dies wird als »minimaler« und »maximaler« Kontrast bezeichnet. Es werden immer weitere »geeignete Fälle« herangezogen, um bisherige Schlussfolgerungen zu kontrollieren. Das stetige Kodieren von neuen Daten und die »sukzessive Integration der Konzepte führt zu einer oder mehrerer Schlüsselkategorien und damit zum Kern der entstehenden Theorie« (Hildenbrand 2000, S. 36). So werden bei der Methode des »Theoretical Sampling« drei Schritte unterschieden: das Sammeln von Daten, das Kodieren und das Formulieren von theoretischen Memos (vgl. Merkens 2000). Memos beinhalten einzelne Bestandteile der sich entwickelnden Theorie und treiben den Entwicklungsprozess weiter voran. »Theoretische Memos gründen sich auf Kodenotizen und auf übergreifende Zusammenhänge, die der Forscher Schritt für Schritt erkennt. Das Schreiben von Memos fördert eine Distanzierung von den Daten und trägt dazu bei, über eine nur deskriptive Arbeit hinauszugelangen (Motto: ›Stop and memo!‹)« (Böhm 2000, S. 477). In jeder Phase der Entwicklung einer Theorie kann es notwendig erscheinen, noch weitere neue Daten zu erheben und zu kodieren.

Die Datenerhebung wird gemäß dem Prinzip der Sättigung abgeschlossen. Demzufolge wird die Datenerhebung und Interpretation solange fortgesetzt, bis keine neuen Gesichtspunkte mehr auftauchen. Der Analyseprozess kann daher als triadisch und zirkulär angesehen, da bei jedem Analyseschritt stets wieder auf die Daten zurückgegriffen wird (vgl. Abb. 3.3.1.2.1).

Abbildung 3.3.1.2.1: Grounded Theory als triadischer und zirkulärer Prozess nach Hildebrand (2000)

Dieser Forschungsprozess erinnert an bzw. entspricht dem Prozess des Schlussfolgerns nach Peirce. »Ziel des schlussfolgernden Denkens ist, durch die Betrachtung dessen, was wir bereits wissen, etwas anderes herauszufinden, das wir nicht wissen« (Peirce 1991, S. 152). Die Grounded Theorie stellt in diesem Kontext eine systematische Strategie dar, mit deren Hilfe aus Rohdaten theoretische Konzepte entwickelt werden. Dies ist ein ständiger Wechsel zwischen Induktion (von den Daten zum theoretischen Konzept) und Deduktion (Überprüfung der Konzepte an neuen Daten). Obwohl Strauss in diesem Zusammenhang darauf verzichtet, »seine diesbezüglichen Erörterungen bei Peirce abzusichern, die bei ihm nur zwischen den Zeilen aufscheinen«, ist es angemessen, das abduktive Schlussfolgern in den methodischen Kanon einzubeziehen (Hildenbrand 2000, S. 34).

Abduktion ist der hypothetische Schluss vom Resultat auf eine oder eine Reihe möglicher Regeln, die dieses Resultat als einen Fall besagter Regel erklären könnten. Leitendes Prinzip ist die Spekulation oder Indiziensuche, da allgemeingültige Regeln gefunden werden sollen. Dabei sind Abduktionsschlüsse, die auf kreativen, innovativen und originellen Hypothesen basieren, nur vielleicht wahr. Erkenntnisse, die aufgrund abduktiven Schlussfolgerns gewonnen werden, vergleicht Peirce metaphorisch mit einem Blitz: Die Erleuchtung erfolgt schlagartig. Unvoreingenommenheit bezüglich theoretischer Vorannahmen und Unbefangenheit hinsichtlich des Blicks auf die Daten bilden dessen Voraussetzung. »Solche Schlüsse sind ein grundlegendes Prinzip des bewussten erkennenden Lebens allgemein, kommen also auch im Alltag vor, und sind zugleich die zentrale Forschungsstrategie des Erkennens von Neuem« (Grathoff 1989, S. 281).

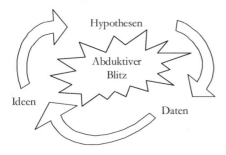

Abbildung 3.3.1.2.2: Tentative Entwicklung von Problemlösungen nach Peirce

Das Kodieren

Nach Strauss und Corbin bezeichnet Kodieren das Vorgehen, durch das »die Daten aufgebrochen, konzeptualisiert und auf neue Art zusammengesetzt werden. Es ist der zentrale Prozess, durch den aus den Daten Theorien entwickelt werden« (Strauss/Corbin, 1996, S. 39). Die Autoren differenzieren zwischen drei verschiedenen Kodierarten, »die teilweise den Charakter von Phasen im Forschungsprozess haben« (Böhm 2000, S. 477). *Erstens* nennen sie das offene Kodieren, wodurch die Daten aufgebrochen werden. Darauf folgt *zweitens* das axiale Kodieren, wobei die gefunden Konzepte zusammengefügt werden. Der *dritte* Schritt, das selektive Kodieren, dient der Theoriegenerierung.

Offenes Kodieren

> »Offenes Kodieren stellt (…) den analytischen Prozess dar, durch den Konzepte identifiziert und in Bezug auf ihre Eigenschaften und Dimensionen entwickelt werden. Die grundlegenden analytischen Verfahren, mit denen das erreicht wird, sind: das Stellen von Fragen an die Daten und das Vergleichen hinsichtlich Ähnlichkeiten und Unterschieden zwischen jedem Ereignis, Vorfall und anderen Beispielen für Phänomene. Ähnliche Ereignisse und Vorfälle werden benannt und zu Kategorien gruppiert« (Strauss/Corbin 1996, S. 54f.).

Konkret bedeutet dies, dass aus den Daten schrittweise Konzepte entwickelt werden, »die schließlich als Bausteine für ein Modell genutzt werden können« (Böhm 2000, S. 477). Dabei empfiehlt es sich, zunächst einzelne kurze Textpassen Zeile per Zeile zu analysieren, indem systematisch Fragen an das Datenmaterial gestellt werden. Anschließend können größere Textpassen hinzugezogen werden, wobei die Analyse nicht rein sequenziell erfolgen soll. In diesem Kontext spielen In-vivo-Kodes eine wichtige Rolle, wobei Begriffe oder Redewendungen aus dem Datenmaterial als Kode/Label aufgegriffen werden, also eine induktive Erkenntnisgewinnung erfolgt. Dies sichert die Datenbasiertheit der Theorie. Währenddessen werden Konzepte entwickelt, die die Daten in eine abstraktere Form überführen. Konzepte sind einzelne Phänomene. Sie bilden die Bausteine für Kategorien. Die gefundenen Konzepte werden durch das systematische Erarbeiten von Differenzen und Übereinstimmung kontrastiert und anschließend dimensionalisiert. Dimensionalisieren bezeichnet nach Strauss/Corbin den »Prozess des Aufbrechens einer Eigenschaft in ihre Dimensionen« (Strauss/Corbin 1996, S. 43). Dadurch werden systematisch die Eigenschaften von Konzepten und ihrer dimensionalen Ausprägungen untersucht. Es wird folglich nach Merkmalsausprägungen gesucht.

Axiales Kodieren
Ziel des axialen Kodierens ist das Ordnen der gefundenen Konzepte, das Aufdecken der Beziehungen zwischen den Konzepten sowie die Verfeinerung und Differenzierung schon vorhandener Konzepte zu Kategorien. Kategorien sind somit Konzepte höherer Ordnung. Somit fügt das axiale Kodieren die durch das offene Kodieren aufgebrochenen Daten auf neue Art wieder zusammen, indem Verbindungen zwischen einer Kategorie und ihren Subkategorien ermittelt werden. Somit wird beim axialen Kodieren eine »Kategorie in den Mittelpunkt gestellt, und ein Beziehungsnetz wird um sie herum ausgearbeitet« (Böhm 2000, S. 479).

Nach Strauss und Corbin liegt der Schwerpunkt des axialen Kodierens darauf, »eine Kategorie (Phänomen) in Bezug auf die Bedingungen zu spezifizieren, die das Phänomen verursachen; der Kontext (der spezifische Satz von Eigenschaften), in den das Phänomen eingebettet ist; die Handlungs- und interaktionalen Strategien, durch die es bewältigt wird und die Konsequenzen dieser Strategien« (Strauss/Corbin 1996, S. 76). Somit ist das axiale Kodieren *erstens* das hypothetische In-Beziehung-Setzen von Subkategorien zu einer Kategorie. *Zweitens* ist es das Verifizieren dieser Hypothesen anhand der tatsächlichen Daten. *Drittens* bedeutet es die fortgesetzte Suche nach Eigenschaften der Kategorien und Subkategorien sowie nach der dimensionalen Einordnung der Daten, auf die sie verweisen. *Viertens* beinhaltet das axiale Kodieren die beginnende Untersuchung der Variation von Phänomenen (vgl. ebd.).

»Für die Theoriebildung ist vor allem das Ermitteln von Beziehungen (Relationen) zwischen der Achsenkategorie und den damit in Beziehung stehenden Konzepten in ihren formalen und inhaltlichen Aspekten wichtig« (Böhm 2000, S. 479). Es geht also um die Ermittlung von Beziehungen zwischen der zentralen Kategorie und den damit in Beziehung stehenden Konzepten. Dabei müssen zeitliche und räumliche Beziehungen betrachtet werden, Ursache-Wirkungs-Beziehungen, Mittel-Zweck-Beziehungen, Kontext und intervenierende Bedingungen sowie argumentative und motivationale Zusammenhänge berücksichtigt werden (vgl. dazu Abbildung 4.1, S. 124).

Zur weiteren Anregung beim axialen Kodieren wurde eine größere Anzahl theoretischer Rahmenkonzepte (sog. »Kodier-Familien«)[42] entwickelt, die ebenfalls als Auswertungshilfe herangezogen werden können (vgl. Tabelle 3.3.1.2). Sie sind als eine Art Handreichung zum Kodieren von Textstellen zu verstehen und dienen als Suchraster. Sie sind allerdings in Bezug auf die Ordnung des Datenmaterials hinsichtlich verschiedener theoretischer Sichtweisen nicht als kanonisch zu verstehen.

---

42 Familie = Begriffe werden zu bedeutungsähnlichen Gruppen zusammengefasst.

Tabelle 3.3.1.2: Kodier-Familien nach Glaser (1978) – Erweiterung durch Treumann

F/I[43]	Kodier-Familie	Konzepte
F	Teil-Ganzes Familie *Verhältnis zwischen den Elementen und dem Ganzen*	Element, Teil, Facette, Sektor, Aspekt, Segment
F	Merkmale von Theorien-Familien *2 Ebenen: Alltagstheorien des sozialen Akteurs und Wissenschaftliche Theorie*	Reichweite, Geschlossenheit versus Offenheit, Plausibilität, Dichte, Relevanz, Modifizierbarkeit, Konzeptionelle Ebene
F	C-Familie *Causes*	Ursachen, Konsequenzen, Korrelationen, Bedingungen
F	Prozess-Familie	Stadien, Phasen, Verläufe, Passagen, Sequenzen, Karrieren
F	Grad-Familie *Ausmaß einer Merkmalsausprägung*	Ausmaß, Grad, Intensität, Grenzwert, Niveau, kritischer Wert, Kontinuum, Rangplatz
F	Typen-Familie *Festlegung von Typen*	Typen, Klassen, Genres, Prototypen, Klassifikationen, Arten, Formen, Stile
I	Strategie-Familie	Strategie, Taktik, Techniken, Mechanismen, Management, Manipulationen, Manöver
F	Interaktions-Familie *Wechselwirkungen, Interdependenz*	Interaktion, Wechselwirkung, Symmetrie, Rituale, Reziprozität, Kovarianz
I	Identitätsfamilie	Identität, Selbst, Selbstkonzept, Identitätswandel, Fremdbilder
F	Qualitative Sprung-Familie *Schnitt-Punkte*	Grenze, kritischer Punkt, qualitativer Sprung, Wendepunkt, Trennung, Zäsur, kritischer Augenblick
I	Kultur-Familie *Kulturelle Phänomene*	Normen, Werte, sozial geteilte Einstellungen
I	Konsens-Familie	Kontrakt, Übereinstimmung, Situationsdefinition, Uniformität, Konformität, Homogenität, Verträge, Kooperation
I	Soziale Integration und Enkulturation-Familie	Sozialisation, soziale Ordnung, soziale Kontrolle, soziale Schichtung, Statuspassagen, soziale Mobilität
I	Familie der strukturellen und sozialen Ordnung	Organisationen, Institution, Verein, (Berufs-)Verband, formelle Gruppe, Untergruppe, Team
I	Familie der grundlegenden Einheiten – des sozialen Lebens – der sozialen Position	Kollektiv, Gruppe, Familie, Lebenswelt, soziale Welt, Milieu, Nation, (Welt-) Gesellschaft Status, Rolle
I	Kapitalsorten – Familie (Bourdieu)	Ökonomisches, kulturelles/Bildungs-, soziales, symbolisches Kapital

Selektives Kodieren

Selektives Kodieren ist im Wesentlichen eine Form des axialen Kodierens auf einem höheren Abstraktionsniveau. »In dieser Phase wird der Forscher vor allem als Autor auf der Grundlage der bis dahin erarbeitenden Kategorien, Kodenotizen, Memos, Netzwerke, Diagramme etc. tätig« (Böhm 2000, S. 482). Das selektive Kodieren ist die abschließende Datenauswertung und beginnt, wenn die theoretische Sättigung erreicht ist. Ziel ist die Integration der vorliegenden Kategorien zu einer Grounded Theory über den gewählten Gegenstandsbereich. Dabei wird eine Kernkategorie (core category) als konzeptuelles Zentrum der zu entwickelnden Theorie ausgewählt. »Kernkategorien sind solche, die übrig bleiben, wenn man diejenigen Kategorien wegstreicht, die für das untersuchte Phänomen nicht wesentlich sind« (Brüsemeister 2000, S. 215). Die anderen Theoriebestandteile, also Kategorien, Bedingungen etc., werden um dieses Zentralkonzept herum angeordnet. Selektives Kodieren ist nach Strauss/Corbin »der Prozess

---

43 Formale Kodierfamilien = F; Inhaltliche Kodierfamilien = I.

des Auswählens der Kernkategorie, des systematischen In-Beziehung-Setzens der Kernkategorie mit anderen Kategorien, der Validierung dieser Beziehungen und des Auffüllens von Kategorien, die einer weiteren Verfeinerung und Entwicklung bedürfen« (Strauss/Corbin 1996, S. 94).

Ziel der drei Auswertungsschritte (offenes, axiales und selektives Kodieren) ist eine Theorie als Begriffsnetz. So werden mit dem Fortschreiten der Theorieentwicklung nicht nur Kodes (⇒ Konzepte) aus den Daten abgeleitet, sondern die Konzepte werden miteinander verknüpft und zu übergeordneten Kategorien zusammengefasst. Dadurch »schälen« sich allmählich die zentralen Kategorien heraus und es entsteht eine Theorie als Begriffsnetz. Die Konzepte der Theorie sind in einer überprüfbaren Folge von Interpretationsschritten aus Textstellen abgeleitet und so in den Daten verankert.

3.3.1.3 Typenbildung

Für die Entwicklung einer Typologie ist es *erstens* entscheidend, Vergleichsdimensionen zu erarbeiten, mit denen die befragten Personen darauf folgend in bestimmte Gruppen eingeteilt werden können, die gemeinsame Merkmale aufweisen und anhand deren die spezifischen Konstellationen der Typen beschrieben und charakterisiert werden können. Dabei haben wir solche Vergleichsdimensionen herausgesucht, die uns für eine Typologienbildung als besonders fruchtbar erschienen. Es ging also um die Erarbeitung relevanter Vergleichsdimensionen (vgl. Kelle/Kluge 1999). Die Vergleichsdimensionen zeigten die Hauptkategorien, Subkategorien, Eigenschaften und Dimensionen im Sinne der Grounded Theory auf, wobei die gewählten Hauptkategorien (a) das Weiterbildungsverhalten der Befragten, (b) ihre persönlichen Dispositionen und Präferenzen im Bezug auf das Lernen sowie (c) die von ihnen subjektiv eingeschätzte Qualität von E-Learning- bzw. Blended-Learning-Maßnahmen betrafen. Zusätzlich wurde in der Übersicht der entsprechende Kode aus dem Kodebaum der qualitativen Inhaltsanalyse vermerkt. Wenn es sich dabei um Kategorien aus dem Leitfaden handelte, folgte ein entsprechender Hinweis auf die Fragenzuordnung, also die Quelle der deduktiven Kategorienanwendung (vgl. Anhang 10.8: Vergleichsdimensionen, S. 361ff.). Demzufolge erwiesen sich die vorgeschalteten Analyseschritte der Qualitativen Inhaltsanalyse und der Grounded Theory als sehr nützlich und hilfreich für die Typologienkonstruktion, da sie unterschiedliche Bedingungen, Kontexte, Interaktionen sowie auch Konsequenzen beim E-Learning offen legten.

In einem *zweiten* Schritt wurden die »Fälle anhand der definierten Vergleichsdimensionen (bzw. Kategorien) und ihrer Ausprägungen (bzw. Subkategorien) gruppiert und die ermittelten Gruppen hinsichtlich empirischer Regelmäßigkeiten untersucht« (Kelle/Kluge 1999, S. 81). Zweck dieses Vorgehens war, einerseits potenzielle Ausprägungen im Sinne einer dimensionalen Zuordnung von »hoch-mittel-niedrig« zu der einer jeweiligen Eigenschaft in einer tabellarischen Übersicht zu erhalten, andererseits einen Überblick über die »konkrete empirische Verteilung der Fälle auf die Merkmalskombinationen« (ebd.) zu gewinnen. Dadurch hoben sich reichhaltige und weniger reichhaltige Kategorien voneinander ab, da die tabellarische Übersicht das Aufzeigen von Homogenitäten und Heterogenitäten der Fälle ermöglichte. Da bei diesem Verfahren zwar zunächst nur ein Merkmal und keine Merkmalskombination im Mittelpunkt stand, aber aufgrund der Übersichtlichkeit der Tabelle direkt Vergleiche gezogen werden konnten, benannten wir diese Auswertungstabelle »Merkmalsräume« (vgl. Anhang 10.9: Merkmalsräume, S. 365ff.).

In einem *dritten* Schritt wurden die übrig gebliebenen Kategorien nach inhaltlichen Sinnzusammenhängen für eine fruchtbare Typologienkonstruktion neu geordnet, wobei in diesem Zusammenhang bestimmte Subkategorien, bzw. Eigenschaften herausgenommen wurden, die sich für eine Typenbildung als unfruchtbar erwiesen. Ziel dieser Neuordnung war die Reduktion der Vergleichsdimensionen sowie deren sinnzusammenhängende Analyse, um später trennscharfe gehaltvolle Typen gewinnen zu können. Durch diesen Schritt kristallisierten sich drei Hauptstrategien (primäre Weiterbildungsstrategie, primäre Lernstrategie; primär an der Lernumgebung orientierte Strategie) heraus, deren Kombination für eine spätere E-Learning-Typologie als sinnvoll erachtet wurde (vgl. Anhang 10.10: Vergleichsdimensionen zur Entwicklung einer E-Learning-Typologie, S. 372).

Viertens wurden anhand der Erarbeitung von Gemeinsamkeiten und Unterschieden jeweils Typen gebildet, die sich auf die drei Merkmale Weiterbildung, Lernen und Lernumgebung beziehen. Dabei erfolgte die Zuordnung zu einem Typ durch die Überprüfung am Datenmaterial, indem die kodierten Textstellen mithilfe von MAXqda2 gesichtet wurden sowie auch direkt die Transkriptionen herangezogen wurden. Anhand dieses Vorgehens konnten insgesamt vier Typen extrahiert werden, die jeweils Unterschiede im Weiterbildungshabitus, in ihren Lernpräferenzen und -kompetenzen sowie ihrem Verständnis von der Qualität einer E-Learning-Maßnahme ausweisen.

3.3.2 Quantitative Datenanalyse

Im Mittelpunkt der quantitativen Datenanalyse standen neben der Anwendung uni- und bivariater Analysen die multivariaten Verfahren der Hauptkomponentenanalyse, der Clusteranalyse sowie der binären und der multinominalen logistischen Regressionsanalyse.

3.3.2.1 Datenüberprüfung und -bereinigung

Aufbereitung und Kodierung der Antworten der E-Learner in der Online-Befragung für die weitere computerunterstützte statistische Datenanalyse erfolgten automatisch durch einen kommerziellen Software-Dienstleister. Nach Ausschluss von 45 Personen, die den Fragebogen nur unzureichend ausgefüllt oder die Befragung gar abgebrochen hatten sowie nach der Durchführung von Kodierungsarbeiten lag eine Datendatei von insgesamt n=430 E-Learnern vor.

Im Gegensatz zu konventionellen »Paper-Pencil-Befragungen« bietet der Einsatz einer internetbasierten Befragung und die damit verbundene automatisierte softwaregestützte Datenaufbereitung den Vorteil, dass fehlerhafte Kodierungen und syntaktische Fehler auf technischem Weg ausgeschlossen werden können. Nichtsdestotrotz unterzogen die Mitarbeiter des Forschungsprojekts den vorliegenden Datensatz einer stichprobenartigen semantischen Kontrolle, um etwaige Unstimmigkeiten innerhalb des Antwortverhaltens identifizieren zu können.

Darüber hinaus wurden die Befragungsergebnisse im Hinblick auf das Auftreten von »Ausreißern« überprüft und entsprechende »Outlier« aus dem Datensatz ausgeschieden. Insgesamt brauchten im Rahmen dieses Verfahrens jedoch keine weiteren als invalide Fälle eliminiert zu werden. Somit blieb es für die weitere Datenauswertung bei einer bereinigten Nettostichprobe von n= 430 E-Learnern.

Exkurs über die Identifizierung von extremen Werten
Im Zuge der Datenüberprüfung und -bereinigung wurden verschiedene Verfahren angewandt, um in den Umfragedaten »Outlier« bzw. Extremwerte zu identifizieren. Die Identifizierung von Extremwerten spielt deshalb eine wichtige Rolle, weil sie dabei behilflich ist, den vorliegenden Datensatz besser einschätzen und ihm eine höhere Aussagekraft verleihen zu können. Die folgenden Ausführungen zur Identifizierung von Extremwerten orientierten sich an Treumann u.a. (2007, S. 61-65).

Was sind extreme Werte?
Ein Extremwert bezeichnet ein Element in einer Häufigkeitsverteilung, das aufgrund seines extremen Wertes relativ isoliert von der Masse der Werte ist. Ausreißer beinhalten einen Minimal- oder einen Maximalwert in einer Reihe von Messwerten, der so wesentlich kleiner oder größer als alle übrigen Beobachtungen ist, dass dieser Wert die Frage aufwirft, ob er in irgendeiner Weise verfälscht ist, d.h. keine gültige Realisierung der zugrunde liegenden Zufallsgröße darstellt und damit aus einer anderen Grundgesamtheit stammt (Koschnick 1984). Eine sinnvolle Identifikation von »Outliern« resp. Extremwerten lässt sich lediglich auf der Basis von metrisch skalierten Variablen gewährleisten.

Outlier wirken sich sehr stark auf die Höhe des Mittelwerts einer Verteilung aus, da in dessen Berechnung alle Werte einer Verteilung gleichrangig eingehen. Über Mittelwert und Standardabweichung beeinträchtigen Extremwerte ebenfalls die ausgewiesene Stärke der Beziehung zwischen Variablen in bivariaten oder multivariaten Zusammenhängen.

> »Statistische Kennwerte (arithmetische Mittelwerte, Korrelationskoeffizienten, Regressionsgewichte etc.) werden schon durch das Auftauchen eines einzigen Ausreißers derart massiv beeinflusst, dass sie die überwiegende Mehrheit der Daten – nämlich die Personenpunkte im Merkmalsraum *ohne* den oder die wenigen Extremwert(e) – nicht mehr angemessen repräsentieren bzw. abbilden« (Treumann 2002, S. 1).

Des Weiteren führen Extremwerte vielfach zu Verletzungen von Voraussetzungen, auf welchen die angemessene Anwendung von statistischen Auswertungsmethoden beruht, so etwa der Annahme der Normalverteiltheit der Grundgesamtheit, aus der die betreffende Personenstichprobe stammt. Aus den genannten Gründen werden Extremwerte im Vorfeld der Datenanalysen als Missings definiert.

Ungeachtet dessen ist die Definition und Aussonderung von Extremwerten nicht unproblematisch. So fehlt es an zuverlässigen Kriterien, die es erlauben, Extremwerte eindeutig als solche zu identifizieren und sie von Nicht-Extremwerten zu unterscheiden. In der Sache verfügbar sind lediglich einige *heuristische Verfahren*, die auf unterschiedlichen Wegen Hinweise darauf geben, welche Werte als Extremwertkandidaten genauer geprüft werden sollten. Ihre Beibehaltung oder Zurückweisung bleibt jedoch auch dabei stets mit dem Risiko behaftet, einen Fehler erster oder zweiter Art zu begehen, d.h. entweder einen Wert beizubehalten, der für sich betrachtet ein invalides Datum darstellt, oder aber einen Wert zurückzuweisen, der valide einen realen Zustand in der Grundgesamtheit repräsentiert. Um entsprechende Fehlerrisiken zu minimieren, haben wir uns in unserer Untersuchung dafür entschieden, parallel zueinander mit mehreren heuristischen Verfahren zu arbeiten, um Einzelentscheidungen kriterienbezogen auf einer breiteren Grundlage treffen zu können. Zur Grenzwertbestimmung wurden dabei die folgenden heuristischen Verfahren herangezogen.

Heuristische Verfahren zur Aussonderung und Eliminierung extremer Werte
1. Extremwertbestimmung über die Berechnung der äußeren Perzentile einer Häufigkeitsverteilung.
Berechnet wird hier, bezogen auf die Gesamtstichprobe, das 99,9-Perzentil und das 0,1-Perzentil einer Verteilung. Diese Perzentilwerte werden anschließend als Schwellenwerte zur Extremwertbestimmung verwendet. Als Extremwerte gelten hier entsprechend alle Beobachtungswerte, die oberhalb der Schranke von 99,9 Prozent oder unterhalb der Schranke von 0,1 Prozent liegen.

Nachteilig an diesem Verfahren ist, dass hier außer Acht bleibt, ob Beobachtungswerte etwa im unteren Perzentilbereich (0,1 Prozent) aus inhaltlichen Gründen einen sehr niedrigen Ausprägungswert aufweisen.

Ein wichtiger Indikator dafür, dass ein Beobachtungswert *nicht* als Extremwert klassifiziert werden sollte, kann darin liegen, dass dieser Wert nicht singulär, sondern mit einer gewissen Häufigkeit auftritt. Diese Überlegung gilt sowohl für extrem große als auch für extrem kleine Werte. Die Tatsache, dass ein Extremwert mehrfach vorkommt, deutet darauf hin, dass er unter Umständen als valide angenommen werden sollte.

2. Extremwertbestimmung auf Grundlage des Interquartilsabstands:
Dieses Verfahren basiert auf dem Konzept der Quartilisierung von Werteverteilungen, das insbesondere dann zur Beschreibung von Verteilungen eingesetzt wird, wenn die Verteilungsform einer Beobachtungsgröße stark von einer Normalverteilung abweicht. In einem ersten Schritt werden hierbei das 25-, 50- und 75-Prozent-Quartil einer gegebenen Verteilung berechnet, um anschließend den Abstand zwischen dem 25-Prozent- und dem 75-Prozent-Quartil zu ermitteln, der als Interquartilsabstand definiert ist. Als *Extremwerte* werden hier diejenigen Beobachtungswerte aufgefasst, die drei Interquartilsabstände über dem 75-Prozent-Quartil oder 3 Interquartilsabstände unterhalb des 25-Prozent-Quartils liegen (die letztgenannte Alternative wäre in unserem Fall nur realisierbar, wenn man negative Werte zuließe).

Das Verfahren der Extremwertbestimmung auf Grundlage des Interquartilsabstands (IQR) lässt sich grafisch über den sog. Boxplot am Beispiel der Variablen »Anzahl der Kinder« veranschaulichen (Abbildung 3.3.2.1).

Innerhalb des Boxplots stellt die mittlere Box den Wertebereich zwischen dem 25- und dem 75-Prozent-Quartil dar. Die oben und unten parallel zu dieser Box platzierten Zäune markieren den Wertebereich, der bis zu eineinhalb Interquartilsabstände vom 75- bzw. 25-Prozent-Quartil der Verteilung entfernt liegt. Befinden sich alle Werte des unteren 25-Prozent-Perzentils innerhalb des durch den Interquartilsabstand definierten Bereichs (25-Prozent-Quartil + 1,5 IQR), so liegt der untere Zaun des Boxplots auf der Höhe des Minimalwerts der Verteilung. Alle Werte, die mehr als 1,5 Interquartilsabstände unterhalb resp. oberhalb des 25- bzw. 75-Prozent-Quartils liegen, sind in der SPSS-Prozedur »Explorative Datenanalyse: Diagramme: Boxplots« mit einem kleinen »o« als *Outlier* bzw. Ausreißer gekennzeichnet. Beobachtungswerte, die mehr als drei Interquartilsabstände von den Begrenzungen der inneren Box entfernt sind, sind durch Sterne als *Extremwerte* gekennzeichnet. Aufgrund des großen Abstands zwischen Fall 16, der als Outlier gilt und dem Fall Nr. 47 haben wir uns entschlossen, den Wert für die Variable »Anzahl der Kinder« im Fall Nr. 47 als Missing zu definieren.

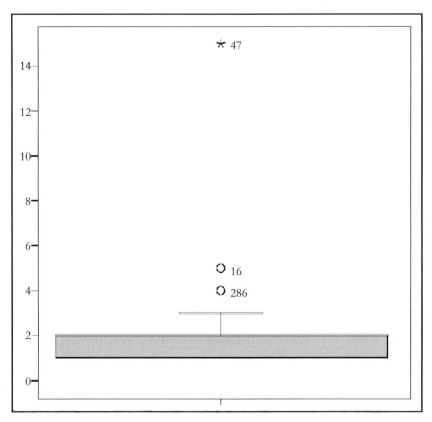

Abbildung 3.3.2.1: Boxplot der Variable »Anzahl der Kinder«[44]

3. Extremwertbestimmung über die sog. Huge-Error-Regel:
Die Extremwertbestimmung über die sog. Huge-Error-Regel ist ein Verfahren, das die Normalverteilung der Beobachtungswerte unterstellt. Über die Normalverteilungsfunktion werden in diesem Fall jene Werte als Extremwerte ausgewiesen, die mehr als 4 Standardabweichungen vom Mittelwert der gegebenen Verteilung entfernt sind. Da Mittelwert und Standardabweichung einer Verteilung selbst durch die Ausprägung von *Extremwerten* beeinflusst werden, sind sie im Zuge dieses Prüfverfahrens ohne den verdächtigen Wert zu berechnen.

4. Extremwertbestimmung über die Histogrammanalyse:
Die Extremwertbestimmung über die Histogrammanalyse richtet ihr Augenmerk darauf, inwieweit einzelne Beobachtungswerte im unteren und oberen Wertebereich einer Verteilung geson-

---

44 Themenmodul J: Frage Nr. 6: Wie viele Kinder haben Sie?

dert von der Verteilung der anderen Beobachtungswerte auftreten. Dabei gilt: Ein als Extremwert klassifizierter Beobachtungswert ist dann mit höherer Wahrscheinlichkeit mit allen anderen Werten einer Stichprobe unverträglich, wenn er auch im Histogramm als von der Verteilung der anderen Werte isolierter Wert in Erscheinung tritt. Umgekehrt gilt, dass ein Wert dann nicht als Extremwert klassifiziert werden sollte, wenn er über eine abgestufte Folge *ohne* Lücke mit der Häufigkeitsverteilung aller anderen Merkmalsausprägungen verbunden ist.

5. Inhaltliche Plausibilität:
Ungeachtet aller formalen Kriterien zur Eliminierung von Extremwerten bleibt für deren Klassifikation in letzter Instanz maßgeblich, inwieweit sich diese auch unter inhaltlichen Gesichtspunkten als plausibel erweisen.

Vor dem Hintergrund dieser Überlegungen haben wir uns dafür entschieden, die unter 1 bis 4 vorgestellten Verfahren der Grenzwertdefinition zunächst parallel zueinander auf den Datensatz anzuwenden, um dann in einem zweiten Schritt unter Hinzuziehung von Gesichtspunkten der inhaltlichen Plausibilität zu entscheiden, welcher Grenzwertdefinition im Einzelfall der Vorzug gegeben werden sollte.

3.3.2.2 Uni- und bivariate Datenanalysen

Vor den Ergebnissen der Hauptkomponentenanalysen werden zunächst die Befunde uni- und bivariater Analysen von Merkmalen der E-Learning-Nutzer und deren Nutzungsverhalten hinsichtlich computerunterstützter Bildungsmaßnahmen vorangestellt, um den Leserinnen und Lesern ein anschauliches Bild der Häufigkeitsausprägung der Variablen zu vermitteln. Dies geschieht in der Regel in Form von Diagrammen, die die relative Häufigkeit wiedergeben. Ferner eignen sich auch tabellarische Darstellungen, in denen meistens Maße der zentralen Tendenz enthalten sind. Für Vergleichszwecke wurde von uns bei einigen Variablen zusätzlich der Median[45] und der Modus[46] angegeben.

3.3.2.3 Durchführung der Hauptkomponentenanalysen

Die Hauptkomponentenanalyse – im Englischen Principal Component Analysis – gehört zu den multivariaten explorativen Verfahren der Datenanalyse (vgl. Backhaus u.a. 2003; Bortz 1999). Die Hauptkomponentenanalyse (HKA) zielt auf eine Dimensionsreduktion ab. Dies bedeutet den Versuch, aus einer Vielzahl von Variablen (Vektoren), einige wenige Dimensionen bzw. Hauptkomponenten (Basisvektoren) zu extrahieren, die für diese Variablen bestimmend sind. Es geht also um eine Informationskomprimierung bzw. sparsame Beschreibung, die aber möglichst viel der Gesamtvarianz aufklärt (Prinzip der Parsimonität).

Häufig wird in diesem Zusammenhang die Hauptkomponentenanalyse mit der Faktorenanalyse verwechselt. Obwohl es Ähnlichkeiten zwischen diesen beiden Methoden gibt,

---

45 Der Median ist derjenige Variablenwert in einer Stichprobe, der die dazugehörige Häufigkeitsverteilung der nach ihrer Größe geordneten Variablenausprägungen in zwei Hälften teilt, d.h. 50% aller Fälle (z.B. Jugendlicher) weisen Merkmalswerte auf, die kleiner als der Median, und 50% solche, die größer sind.
46 Der Modus ist jener Wert einer Variablen, der in der Stichprobe am häufigsten auftritt.

unterscheidet sich die Hauptkomponentenanalyse vor allem dadurch, dass sie die gesamte Varianz einer Variablen, die durch eine Standardisierung den Wert 1 annimmt, analysiert. Konkret folgt daraus die Gleichbehandlung zwischen gemeinsamer, spezifischer und Fehlervarianz der Variablen. Die Hauptkomponenten, die inhaltlich ähnliche Merkmale zu Variablenkomplexen bündeln, werden durch eine lineare Transformation eines umfangreichen Sets korrelierter Variablen gewonnen und ergeben so eine kleine Gruppe unkorrelierter Variablenkomplexe, also die Hauptkomponenten.

Bei der Methode der Hauptkomponentenanalyse erschließt die erste Komponente den größtmöglichen Varianzanteil. Sie wird also so gewählt, dass ein möglichst großer Anteil der Varianz auf sie entfällt, was bedeutet, dass sie möglichst nahe an allen Variablen liegt, denn dann ist die Summe ihrer Korrelation zu den Variablen maximal. Die verbliebene Varianz, die Restvarianz, wird durch die zweite Komponente größtmöglich ausgeschöpft und so weiter. Indexzahlen, die sogenannten Ladungen (Korrelationskoeffizienten zwischen Hauptkomponente und Variable), die die Hauptkomponentenanalyse liefert, geben darüber Auskunft, wie eine Variable bzw. ein Vektor zu einer Hauptkomponente, dem Basisvektor, passt. Diese Ladungen der einzelnen Variablen auf den rotierten Komponenten (s.u.) bilden dadurch die Basis der Interpretation.

Dieses Vorgehen soll an einem Beispiel verdeutlicht werden. Für die drei Dimensionen – Selbstkontrolle, Selbstökonomisierung und Selbstrationalisierung – des Arbeitskraftunternehmers nach Voß/Pongratz (1998) haben wir im Forschungsprojekt eine Korrelationsmatrix zwischen jenen Fragebogenitems errechnet, die diese Konzepte operationalisieren. Mithilfe der Hauptkomponentenanalyse wurde diese wiederum exploriert.

Für die Bestimmung der Anzahl der zu extrahierenden Hauptkomponenten werden ein einem ersten Schritt der Hauptkomponentenanalyse die Hauptkomponenten aus der Korrelationsmatrix extrahiert. Wichtig ist hierbei die aufgeklärte Varianz sowie die Komplexitätsreduktion. Für uns bedeutete dies, dass wir einerseits die Anzahl der Hauptkomponenten so zu bestimmen versuchten, dass ein hinreichend großer Anteil der Varianz, also der Unterschiede zwischen den E-Learnern in Bezug auf ihre selbstkontrolliertes, -ökonomisiertes und -rationalisiertes Handeln im Arbeitsbereich hierdurch erklärt wird. Andererseits soll eine ausreichend große Komplexitätsreduktion des untersuchten Bereichs erfolgen.

Für unsere inhaltliche Ebene bedeutet dies, die vielfältigen Aktivitäten der E-Learner, die sich auf das Konzept des Arbeitskraftunternehmers beziehen lassen und im Fragebogen erfasst wurden, zu wenigen sinnvoll interpretierbaren Hauptkomponenten zu bündeln. Dem Prinzip der Parsimonität, also der Reduktion einer komplexen Datenmenge, die gleichzeitig mit einer geringeren Varianzaufklärung einhergeht, als maximal möglich wäre, wird Priorität eingeräumt. Hier liegt die Annahme zugrunde, dass die dadurch nicht aufgeklärte Varianz auf zufällige oder irrelevante Einflüsse zurückgeht (sogenanntes »weißes Rauschen«). Die Faktoren einer Hauptkomponentenanalyse sind voneinander unabhängig und erklären sukzessiv maximale Varianzanteile der analysierten Korrelationsmatrix.

Die Rotation der extrahierten Hauptkomponenten, als weiterer Schritt des Verfahrens, dient einer besseren Interpretierbarkeit der Komponenten. Mithilfe des Varimax-Kriteriums werden die Hauptkomponenten, die geometrisch als Achsen im Variablenraum liegen, auf eine orthogonale Einfachstruktur hin rotiert. Die führt dazu, dass auf den einzelnen Faktoren jeweils nur eine begrenzte Anzahl von Variablen substanziell lädt. Dies erleichtert die Deutung der Hauptkomponenten. Da die Hauptkomponenten orthogonal zueinander stehen, dürfen die Faktorenladungen a_{ij} als Korrelationskoeffizienten der Komponenten zu den Variablen interpretiert werden, wobei bei der inhaltlichen Interpretation der Hauptkomponenten nur solche Variablen hinzugezogen werden sollen, die substanzielle Ladungen aufweisen ($a_{ij} \geq .40$).

In einem weiteren Auswertungsschritt wurden Faktorenwerte für jeden der befragten E-Learner auf den einzelnen Hauptkomponenten errechnet. Sie sind als z-Werte skaliert und lassen sich als Ausprägungen interpretieren, welche die Befragten auf den einzelnen Hauptkomponenten erreichen, d.h. jedem der Befragten werden insgesamt 39 verschiedene z-skalierte Hauptkomponentenwerte zugeordnet. Diese varianzstarken bzw. erklärungsmächtigen Variablenbündel, die auf einer höheren Abstraktionsstufe als die Eingangsvariablen liegen und damit einen größeren Verallgemeinerungsgrad besitzen, bilden den Ausgangspunkt für die nachfolgend durchgeführten Clusteranalysen.

3.3.2.4 Durchführung der Clusteranalysen

Ein Ziel der quantitativen Studie bestand darin, eine Typologisierung von E-Learnern in Bezug auf ihr Medien- und Weiterbildungsverhalten sowie ihre Qualitätsansprüche an einen E-Learning- bzw. Blended-Learning-Kurs vorzunehmen. Dabei wurde die folgende Hypothese zugrunde gelegt: Es lassen sich bezüglich dieser Dimensionen *voneinander abgrenzbare Gruppen von Erwachsenen rekonstruieren*. Um diese Hypothese zu überprüfen, wurde das Verfahren der Clusteranalyse herangezogen, um unterschiedliche Gruppen von E-Learnern aufgrund ihrer Ausprägungen auf den 39 Hauptkomponenten zu identifizieren (vgl. Kap. 5.2.2). Mithilfe dieses multivariaten Klassifikationsverfahrens wird angestrebt, dass die Angehörigen innerhalb eines Clusters tendenzielle einheitliche Ausprägungen aufweisen und sich damit einander möglichst ähneln (Prinzip der Homogenität), während die E-Learner aus unterschiedlichen Gruppen sich möglichst stark voneinander unterscheiden sollen (Prinzip der Heterogenität). Die Klassifikation der E-Learner erfolgt dabei in mehreren Schritten.

Als erstes (1) haben wir alle Personen aus der Stichprobe (n_f=57) entfernt, die bezogen auf die Gesamtzahl aller Hauptkomponenten über alle Domains mehr als ein Drittel *fehlende Werte* (Missing Cases) aufgewiesen haben (vgl. Auswertungsheuristik von Bacher 1996, 2002). So blieben nach der Definition der Missing Cases und ihrem Ausschluss aus dem Datensatz, der ursprünglich 401 Personen umfasste, 344 Fälle übrig, die die Ausgangsstichprobe bildeten.

Danach (2) ist als *Proximitätsmaß* zwischen den Personenpaaren der Stichprobe – bezogen auf ihre z-skalierten Werte auf den Hauptkomponenten – die quadrierte Euklidische Distanz (d_{kl}^2) berechnet worden.

Der nächste Schritt (3) bestand darin, die *multivariaten Outlier* zu identifizieren, um sie ebenfalls aus dem Datensatz auszuscheiden, da ihr Verbleib in der Personenstichprobe insbesondere in den anschließend durchzuführenden hierarchischen Clusteranalysen deren Ergebnisse massiv verzerren würde (Bergs 1991). Dazu haben wir das Pairwise-Verfahren manuell simuliert, da man bei SPSS keinen paarweisen Fallausschluss im Kontext der Hierarchischen Clusteranalyse einstellen kann. Diese Prozedur ist bei SPSS erst im Rahmen der Clusterzentrenanalyse vorgesehen. Die manuelle Simulation bedeutete, dass wir für die im Datensatz übrig gebliebenen Fälle eine Mittelwert-Imputation für die Missings auf den Hauptkomponenten vorgenommen haben. Das Pairwise-Verfahren imputiert dabei den Mittelwert der in der Stichprobe verbliebenen Fälle. Danach haben wir mit dem per Mittelwertimputation bearbeiteten Datensatz eine Hierarchische Clusteranalyse nach dem Single-Linkage-Verfahren durchgeführt, um mögliche multivariate Outlier zu identifizieren. Nach Inspektion des Dendrogramms der Single-Linkage Clusterfusionslösung musste ein einziger Fall aus dem Datensatz ausgeschlossen werden, da dieser im Vergleich zu den weiteren Mitgliedern der Stichprobe eine völlig anders gelagerte Kombination der gemessenen Merkmalsausprägungen aufwies und deshalb weit außerhalb jener Region im Merkmalsraum lag.[47] 343 Fälle blieben somit erhalten und bildeten die Basis für die clusteranalytisch fundierte Typenbildung.

Im Anschluss daran (4) haben wir eine *hierarchische Clusteranalyse* nach Ward gerechnet, um die Anzahl der Cluster und die Anfangsschätzungen der Clustermittelwerte bzw. -schwerpunkte für die später durchzuführende Clusterzentrenanalyse (K-Means-Verfahren) zu bestimmen. Nach eingehender inhaltlicher Prüfung wurde entschieden, eine (a) Zwei-Cluster-Lösung, eine (b) Drei-Cluster-Lösung sowie eine (c) Vier-Cluster-Lösung zu berechnen. Beide Beurteilungskriterien, nämlich (a) die Beschaffenheit des Screeplots und (b) des Dendrogramms, unterstützten diese Entscheidung.

Um (5) die inhaltliche Prägnanz der verschiedenen Clusterlösungen besser miteinander vergleichen zu können, wurden für alle drei Lösungsansätze Clusterprofile grafisch mithilfe der *Clusterzentrenanalyse* dargestellt. Bei den Clusterprofilen lassen sich die Mittelwerte der Merkmalsvariablen für jedes Cluster einer Lösung anschaulich gegenüberstellen. Eine erste Auswertung der Clusterprofile zeigt, dass die Distanzen von der Zweier-, über die Dreier- bis zur Vierer-Lösung immer weiter auseinandergehen. Darüber hinaus kann zunächst festgehalten werden, dass die Anzahl der einbezogenen Fälle bei allen drei Clusterlösungen einigermaßen konstant bleibt. Außerdem ist erfreulich, dass sich die Fallzahlen für die Zweier-, Dreier- und Vierer-Lösung jeweils immer relativ gleichmäßig auf die unterschiedlichen Cluster verteilen. Dies führte dazu, dass die 3er- und 4er-Lösung in die engere Wahl einbezogen wurden, da bei der 2er-Lösung zu viele Hauptkomponenten unberücksichtigt blieben.

Anschließend (6) haben wir eine Auswahl externer Variablen für bivariate Analysen getroffen, um die *Validität der Clusterlösungen* dieser zwei Lösungen zu überprüfen.

Im siebten Schritt (7) wurde die *endgültige Clusteranzahl* nach den drei Kriterien (a) der *inhaltlichen Prägnanz*, (b) der *Parsimonität* und (c) der Größe der Relationen der reskalierten Distanzen bei der Fusion von Clustern im *Dendrogramm* mithilfe des *inversen Scree-Tests* bestimmt. Aufgrund eines wechselseitigen Abgleichs der Informationen, die sich aus den drei Bewertungskriterien ergeben haben, hat sich das Projektteam schließlich für eine *Dreier-Cluster-Lösung* entschieden, die inhaltlich prägnanteste Fusionslösung unter den drei obigen Varianten.

Der abschließende Schritt (8) bestand nun darin, eine *Clusterzentrenanalyse zur Optimierung der Clusterlösung* durchzuführen, da das hierarchische Clusteranalyseverfahren den Nachteil der Irreversibilität besitzt, d.h. dass trotz neuer Informationen keine neuen Zuordnungen der Personen zu einem anderen Cluster möglich sind. Die tabellarische Darstellung (s. Anhang 10.12, S. 373f.) beinhaltet die Koordinaten der Clusterzentren auf den 39 Hauptkomponenten der endgültigen Dreier-Lösung der E-Learning-Typologie.

---

[47] Dies ist daran zu erkennen, dass sich dieser Fall *alleine* und am Schluss der Clusterbildung *ohne* Zwischenstufen direkt auf der *letzten* Stufe des Agglomerationsprozesses mit allen anderen Clustern auf Kosten eines vergleichsweise *hohen* Anstiegs der über alle abgeleiteten Variablen (Hauptkomponenten) summierten Fehlerquadratsummen bzw. (gewichteten) quadrierten Euklidischen Distanzen zu einem einzigen Gesamtcluster verschmilzt.

3.3.2.5 Logistische Regressionen

Wir überprüfen die *externe Validität* der rekonstruierten Clustertypologie dadurch, dass wir jene Variablen zur Abschätzung der Gültigkeit heranziehen, die *nicht* für die Clusterbildung genutzt wurden und bei denen man davon ausgehen darf, dass sie die Höhe der Wahrscheinlichkeit signifikant beeinflussen, Angehöriger eines bestimmten Clusters zu sein. So würden wir unter der Annahme, dass sich eine Gruppierung von E-Learnern identifizieren lässt, die auf ihre berufliche Praxis hin zentriert ist, aufgrund von Überlegungen zur beruflichen Sozialisationstheorie erwarten, dass sich in diesem Cluster ein signifikant höherer Anteil von Personen befindet, die sich einen Arbeits- und Zeitplan erstellen und komplementär dazu einen geringeren Prozentsatz von E-Learnern erwarten, die dies nicht tun. Wenn eine derartige Vorhersage mit den empirisch erhobenen Daten kompatibel ist, dann darf ein solcher Befund als ein Beleg (neben anderen) für die Validität dieses Clustertyps angesehen werden.

In einem *ersten* Analyseschritt haben wir anhand des Assoziationsmaßes Cramer's V und der sich ergebenden Anteile in den Ausprägungen der betreffenden Merkmale geprüft, ob sich statistisch bedeutsame und inhaltlich substanzielle *bivariate Zusammenhänge* zwischen der Zugehörigkeit zu einem bestimmten Cluster (z.B. den »Auf ihre berufliche Praxis zentrierten E-Learnern«) und externen Variablen (z.B. die Bearbeitung von Lernaufgaben aufgrund eines persönlich erstellten Arbeits- und/oder Zeitplans) ergeben.

In einem *zweiten* Schritt haben wir mithilfe des multivariaten Verfahrens der *binär logistischen Regressionsanalyse* zum einen untersucht, welche der ausgewählten externen Merkmale, die als unabhängige Variablen fungieren – unter Kontrolle bzw. Konstanthaltung der Einflüsse der anderen in die Regressionsanalyse eingehenden Prädiktorvariablen – einen signifikanten Einfluss auf die Wahrscheinlichkeit der Zugehörigkeit der E-Learner zu jeweils einem einzelnen Cluster ausüben. Zum anderen haben wir herausgefiltert, wie hoch der Anteil der Varianz ist – definiert als Zugehörigkeit versus Nichtzugehörigkeit zu einem bestimmten Clustertyp –, der insgesamt durch den kombinierten Einfluss aller externen Merkmale erklärt werden kann (s. Kap. 5.2.3.1).

In einem abschließenden Analyseschritt wurden mithilfe von SPSS *multinominale logistische Regressionen* zwischen externen Merkmalen berechnet, die als unabhängige Variablen fungierten, und der nominal skalierten abhängigen Variablen »Clusterzugehörigkeit«, die gemäß der Gesamtanzahl der rekonstruierten Clustertypen drei Ausprägungen aufwies. Damit sollte die externe Gültigkeit der vollständig erhaltenen Clusterlösung in ihrer empirisch-quantitativ erfassten Komplexität abgeschätzt werden. Die Bündelung von externen Merkmalen zu den unter einer handlungstheoretischen Perspektive zusammengehörigen Variablenblöcken »Soziodemografische Rahmenbedingungen«, »Kulturelles Kapital«, »Ökonomisches Kapital«, »Lerntyp«, »E-Learning-Erfahrung« und »Persönliche Einstellungen gegenüber computerbasierten Weiterbildungsmaßnahmen« führte schließlich zur Entwicklung eines *handlungstheoretischen Rahmenmodells* im Hinblick auf die Bedingungen einer akteursorientierten E-Learning-Nutzung (s. Kap. 5.2.3.2) (eine relativ ausführliche anwendungsorientierte Darstellung der multivariaten statistischen Methoden der Datenauswertung [Hauptkomponenten-, Cluster- und logistischer Regressionsanalyse] aus dem Anwendungsbereich der empirischen Medienforschung findet der Leser in Treumann/Sander/Meister u.a. [2007] in den Unterkapiteln 3.6.1, 5, 6 und 7).

4. Qualitative Ergebnisse

4.1 Motivstrukturen von E-Learnern im Kontext der Aufnahme einer Weiterbildungsmaßnahme (Grounded Theory)

In der qualitativen Explorationsstudie ging es darum, Teilnehmer nach ihren Ansprüchen an E-Learning-Arrangements zu befragen. Mithilfe der Grounded Theory haben wir mehrere Phänomene beleuchtet, um die Qualifizierungsstrategien und Qualitätsbedürfnisse lernender Subjekte in der Wissensgesellschaft zu ermitteln. Dabei stand vor allem die Methode des *axialen Kodierens* im Mittelpunkt, die »der Verfeinerung und Differenzierung schon vorhandener Konzepte« dient und »ihnen dadurch den Status von Kategorien« verleiht. »Eine Kategorie wird in den Mittelpunkt gestellt, und ein Beziehungsnetz wird um sie herum ausgearbeitet« (Böhm 2000, S. 478f.). Die Ergebnisse dieser Vorgehensweise möchten wir im weiteren Verlauf an der Kategorie »Entscheidung zur Teilnahme an einer Weiterbildungsmaßnahme« aufzeigen.

4.1.1 Subjektive Theorien zur Entscheidung zur Teilnahme an einer Weiterbildungsmaßnahme

Als Erstes interessierten uns die Gründe für die Fortbildungsbestrebungen der qualitativ befragten Nutzerinnen und Nutzer, die sich mittels E-Learning bzw. Blended-Learning weiterqualifizierten. Es geht um die *subjektiven Theorien* der Lernenden über ihre Weiterbildungsambitionen. Somit steht das *Phänomen,* »Die Entscheidung zur Teilnahme an einer Weiterbildungsmaßnahme« im Zentrum der folgenden Darstellung. Dazu ist es notwendig, weitere Fragestellungen anzuschließen. Diese entstammen der *soziologischen Handlungstheorie,* die in unserer Untersuchung als allgemeine Heuristik fungiert. Erstens müssen die *ursächlichen Bedingungen* geklärt werden, die gegeben sein müssen, damit das Phänomen überhaupt auftritt. Weiter stellt sich die Frage, wie die Akteure mit dem Phänomen umgehen, also welche *Interaktionen und Strategien* sie entwickeln, um dieses Phänomen erfolgreich zu bearbeiten. Dabei werden diese Strategien wiederum von *intervenierenden Bedingungen* beeinflusst, womit die generellen strukturellen Vorbedingungen in den Mittelpunkt rücken. Darüber hinaus muss der *fallspezifische Kontext* mitberücksichtigt werden und anschließend wird den *Konsequenzen,* also den aus dem Phänomen resultierenden Folgen nachgegangen. Abbildung 4.1 (S. 124) soll helfen, dieses heuristische Handlungsmodell ganzheitlich zu verstehen und nachzuvollziehen (vgl. Böhm 2000).

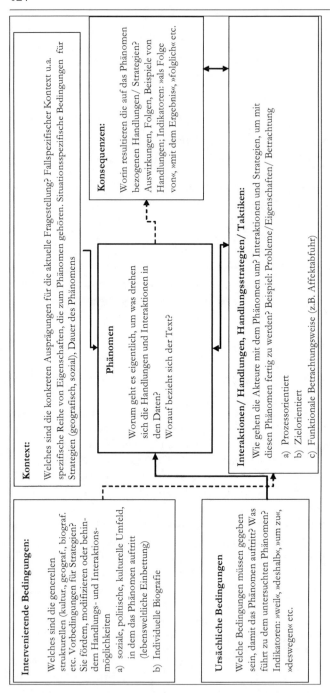

Abbildung 4.1: »Axiales Kodierschema zum Phänomen: Entscheidung zur Durchführung einer Weiterbildungsmaßnahme«

4.1.2 Heuristisches Handlungsmodell

Phänomen

Das Phänomen steht im Zentrum des heuristischen Handlungsmodells. Es beinhaltet die zu untersuchende Fragestellung. Konkret wird danach gefragt, worauf sich der vorliegende Text bezieht, also worum es eigentlich in den Daten geht und um was sich die Handlungen und Strategien der befragten Personen drehen.

Kontext

Der Kontext beinhaltet die konkreten Ausprägungen für die aktuelle Fragestellung. Dabei haben wir zwischen allgemeinen und spezifischen Kontexteigenschaften differenziert. *Allgemeine* Ausprägungen beziehen sich vornehmlich auf soziodemografische Daten der befragten Personen wie Wohnort, familiäre Eingebundenheit, Alter, Nettoeinkommen, berufliche Tätigkeit, Arbeitsplatz. Darüber hinaus sind an dieser Stelle weitere Hintergrundinformationen berücksichtigt worden wie Zeitpunkt und Dauer des Phänomens.

Dagegen wurden unter den *spezifischen* Kontextelementen die Merkmale subsumiert, die sich speziell auf das Phänomen, in diesem Fall den Weiterbildungskurs, beziehen. Eigenschaften des Kurses sind hierbei Form, Dauer, Kursziel, Finanzierung, Kosten, Prüfung, Anbieter, aufgeforderte oder freiwillige Teilnahme, Zertifikaterhalt, Organisator, Rahmen und Umstände der Durchführung. Die detaillierte Aufschlüsselung der Eigenschaften dieser Kurselemente ist insofern von erheblicher Relevanz, da sie das Phänomen, also die Entscheidung, an einem Weiterbildungskurs teilzunehmen, maßgeblich beeinflussen. So wird sich zum Beispiel ein Arbeitnehmer, der sich beruflich weiterbildet, um höhere Lohnforderungen stellen zu können, kaum für eine Weiterbildungsmaßnahme entscheiden, in der er kein Zertifikat erhält und dementsprechend seine erworbenen Qualifikationen nicht nachweisen kann. Demzufolge können die spezifischen Ausprägungen des Kontexts auch als eine Art objektiver Kriterienkatalog verstanden werden, der Informationen über den Entscheidungsgegenstand beinhaltet, nach denen eine personenbezogene Beurteilung vonseiten der Weiterbildungsteilnehmer erfolgen kann.

Ursächliche Bedingungen

Da die qualitative Teilstudie Qualifizierungsstrategien und daraus abgeleitet die Qualitätsbegriffe und -ansprüche lernender Subjekte in der beruflichen Bildung fokussiert, kann der Zugang zu diesen Qualitätsanforderungen über eine Analyse von Qualifizierungsstrategien erfolgen, die sich für lernende Subjekte im Hinblick auf ihre selbstgesetzten Ziele als erfolgreich erweisen. Dabei wurden solche Strategien als erfolgreich definiert, die die Fähigkeit zur Gestaltung der eigenen (beruflichen) Entwicklung und eine gewünschte Partizipation an der gesellschaftlichen Entwicklung ermöglichen (zum Beispiel beruflichen Aufstieg, Sicherung des Arbeitsplatzes, etc.). Diese Qualifizierungsstrategien manifestieren sich bei dem hier untersuchten Phänomen »Entscheidung zur Teilnahme an einer Weiterbildungsmaßnahme« *in den ursächlichen Bedingungen*, indem sie die Wünsche, Bedürfnisse und Interessen der Nutzerinnen und Nutzer offenlegen. Zu diesem Zweck werteten wir vornehmlich Kategorien aus, die sich auf die gewünschte berufliche Zukunftsperspektive, die erwarteten Vorteile bei einer Teilnahme, die Gründe der E-Learner für die Entscheidung sowie auf ihre Definition von Lernen beziehen lassen (s. Leitfaden und Kodebaum, S. 332ff. und 341ff.).

Die Frage nach den *ursächlichen Bedingungen*, also warum jemand an einer beruflichen Weiterbildungsmaßnahme teilnimmt, erfuhr in unserer Auswertung eine dreifache Ausdifferenzierung. *Primär* fungieren die *beruflichen* Wünsche, Bedürfnisse und Interessen der Lernenden als wesentliche Ursachen zur Teilnahme. Dieser Fokus ergibt sich einerseits aus der von uns angelegten Forschungsfrage, da wir der Qualität von E-Learning- bzw. Blended-Learning-Angeboten in der beruflichen Bildung nachgegangen sind und demzufolge während der Interviewsituation gezielt nach den Gründen für eine entsprechende Teilnahme gefragt haben, um die Erwartungen respektive die angestrebten (beruflichen) Ziele mit den bisher erreichten Lernergebnissen abzugleichen. Andererseits legen die von uns befragten Personen aus ihrer persönlichen Sicht den vornehmlichen Schwerpunkt auf berufliche Weiterbildungsambitionen.

Sekundär tragen aber auch *persönliche* Interessenlagen bei den meisten Befragten zum untersuchten Phänomen bei. Sie verstärken demnach den Wunsch zur beruflichen Weiterqualifikation und werden von den Lernenden als willkommener sowie gewünschter »Nebeneffekt« zur Persönlichkeits- oder individuellen Kompetenzentwicklung angesehen, der ihr Handeln in ihrer Lebenswelt bereichern kann. Insofern vermischen sich bei den heutigen Lernenden berufliche Ambitionen mit zusätzlichen persönlichen Interessenlagen. Dadurch wird einerseits auf gesellschaftlicher Ebene Lernen in der Freizeit »legitimiert« oder als selbstverständlich im Sinne lebenslangen Lernens angesehen und somit akzeptiert. Andererseits ist diese Entwicklung ein Indiz dafür, dass die strikte Trennung zwischen Beruf und Freizeit heute brüchig geworden ist.

Dies führt zu dem von uns erarbeiteten *dritten* Element der ursächlichen Bedingungen, nämlich der individuellen *Lerneinstellung* der Interviewten: Welche subjektiven Theorien legen die Lernenden ihren Überlegungen zugrunde und welche Lernformen entsprechen ihrem subjektbezogenen Lerntyp? Verstehen sie Lernen zum Beispiel als allgemeine, akzeptierte Notwendigkeit unserer heutigen Wissensgesellschaft und sehen es als Bedingung für die gesellschaftliche Entwicklung (lebenslanges Lernen)? Vollzieht sich die Lernhandlung unter Androhung von Sanktionen seitens des Arbeitgebers, ohne den Erwerb weiterer erforderlicher Kompetenzen die beruflichen Anforderungen nicht mehr bewältigen zu können *(defensives Lernen)*? Hier überwinden die Betroffenen zwar die gestellte Problematik durch die Lernhandlung, aber sie versuchen, mit dem geringsten Aufwand auszukommen (vgl. Holzkamp 1993, S. 193). Oder lernen sie, weil sie dem Lerngegenstand eine subjektorientierte Bedeutung zuschreiben, beispielsweise, durch neu erworbene Softwarekenntnisse die Arbeit effektiver zu erledigen *(expansives Lernen)*? Beim expansiven Lernen erscheint es aufgrund eigener Prämissen »sinnvoll, die spezielle Handlung zu bewältigen und so die eigenen Verfügungsmöglichkeiten erweitern zu wollen« (Grotlüschen 2003, S. 91). In diesem Zusammenhang ist darauf hinzuweisen, dass sich die Unterscheidung in defensives und expansives Lernen »vollständig durch die subjektwissenschaftliche Theoriesystematik« zieht (Grotlüschen 2003, S. 61). Somit erfolgt an dieser Stelle eine Überprüfung der vorab theoretisch ermittelten Anforderungen an lernende Subjekte in der Wissensgesellschaft.

Interaktionen/Handlungen
Die Interaktionen und Handlungen bzw. Handlungsstrategien und Taktiken beziehen sich darauf, wie die Akteure mit dem Phänomen umgehen, d.h., welche Interaktionen und Strategien sie einsetzen, um mit einem bestimmten Phänomen fertig zu werden. In Bezug auf das

hier untersuchte Phänomen »Entscheidung zur Durchführung einer Weiterbildungsmaßnahme« können zum Beispiel von den befragten Personen soziale, motivationale oder kognitive Strategien herangezogen worden sein, um die mit dieser Entscheidung verbundenen Probleme zu bewältigen. Sind Lernende beispielsweise von ihren Lernkompetenzen überzeugt, sind sie eher motiviert, Kosten und Mühen auf sich zu nehmen und sich für den Besuch einer Weiterbildungsmaßnahme zu entscheiden. Oder nehmen sie an, das angestrebte Ziel aufgrund mangelnder Fertigkeiten sowieso nicht erreichen zu können? »Je höher also die Handlungs-Ergebnis-Erwartung, um so stärker die Tendenz zu handeln« (Rheinberg 1995, S. 132). Dabei beeinflussen sich das im Zentrum stehende Phänomen und die Interaktionen und Strategien wechselseitig.

Intervenierende Bedingungen
Die intervenierenden Bedingungen fördern, modifizieren oder behindern in unserem heuristischen Handlungsmodell die eben beschriebenen Handlungs- und Interaktionsmöglichkeiten. Sie stellen demnach die generellen strukturellen Vorbedingungen für Strategien dar. Einerseits können sie die *lebensweltliche Einbettung* der interviewten Personen betreffen, also das soziale, politische und kulturelle Umfeld, in dem das Phänomen auftritt, das es zu bewältigen gilt. Dazu gehören etwa sowohl Weiterbildungsunterstützungen, als auch -behinderungen am Arbeitsplatz durch Vorgesetzte, Kollegen, Freunde, Familie sowie rechtliche Rahmenbedingungen von Weiterbildungsmaßnahmen.

Andererseits zählt auch die *individuelle (Lern-)Biografie* zu den intervenierenden Bedingungen, da private und berufliche Erfahrungen, Interaktionen und Strategien das von uns untersuchte Phänomen beeinflussen.

Konsequenzen
Die Konsequenzen beinhalten in unserem Modell die Ergebnisse, Auswirkungen und Folgen des untersuchten Phänomens. Dies betrifft die Frage, ob eine Teilnahme an der Weiterbildungsmaßnahme letztendlich stattfindet oder nicht. Dabei beeinflussen sich Konsequenzen und Interaktionen/Strategien gegenseitig. Wenn die erhofften oder erwarteten Konsequenzen nicht eintreffen, werden wieder neue Strategien/Taktiken von Handelnden herangezogen, um das gewünschte Ergebnis herbeizuführen, sodass hier von einem wechselseitigen Prozess gesprochen werden kann.

4.1.3 Das heuristische Handlungsmodell am Beispiel von Herrn Andres

Im weiteren Verlauf möchten wir am Beispiel von Herrn Andres (ST03b) das Phänomen »Entscheidung zur Teilnahme an einem Weiterbildungskurs« aufgrund der Ergebnisse der axialen Kodierung differenziert beleuchten, um darauf aufbauend Gemeinsamkeiten mit und Unterschiede zu den anderen Interviewten aufzuzeigen (vgl. Abb. 10.15.4, S. 382).

Das hier zu untersuchende Phänomen, die »Entscheidung zur Teilnahme an einem Weiterbildungskurs«, bezieht sich bei Herrn Andres konkret auf den Berufsabschluss des Elektrotechnik-Meisters und knüpft dabei linear an seine bisher gesammelten beruflichen Erfahrungen an, da Herr Andres seit 1999 in einem mittelständischen Unternehmen als gelernter Elektroinstallateur mit Leitungsfunktion arbeitet. Er ist 28 Jahre alt, ledig und lebt alleine in Stuttgart. Im Alter von etwa sechs Jahren ist er mit seiner Familie aus der Türkei nach Deutschland immigriert, da sich sein Vater hier bessere Arbeitsbedingungen versprach *(allgemeiner Kontext)*. Der Entscheidungsgegenstand, also die Weiterbildungsmaßnahme zum Elektro-Meister, wird in Form eines Blended-Learning-Kurses angeboten. Der Kurs findet in Stuttgart statt und besteht aus CBT, einem virtuellen Klassenzimmer und Präsenzphasen. Die Weiterbildungsmaßnahme hat eine Laufzeit von zwei Jahren. Das vom Anbieter ETZ-Stuttgart[48] propagierte Kursziel mündet in der Befähigung, einen Betrieb selbstständig zu führen, Leitungsaufgaben in den Bereichen Technik, Betriebswirtschaft und Personalführung wahrzunehmen sowie berufliche Handlungskompetenz an neue Bedarfslagen anzupassen und umzusetzen. Für die Finanzierung muss im Fall dieses Kurses der Teilnehmer aufkommen, die Kosten belaufen sich auf etwa 7.000 € zuzüglich Geräteanschaffung und Internetkosten. Die Teilnahme erfolgte freiwillig, also ohne Druck des Arbeitgebers, berufsbegleitend und von zu Hause aus. Lediglich die Lernzeiten in Bezug auf das virtuelle Klassenzimmer sowie den Präsenzphasen wurden den Teilnehmern vorgegeben. Am Ende des Kurses muss eine Prüfung abgelegt werden, um das Zertifikat zum Elektro-Meister zu erhalten *(spezifischer Kontext)*.

Die *ursächlichen Bedingungen* von Herrn Andres, die zu der Entscheidung zur Kursteilnahme beitrugen, manifestieren sich vor allem in seinem Wunsch, beruflich aufzusteigen. Um dieses Ziel zu erreichen, sieht er drei Handlungsalternativen, die sich seiner Meinung nach aus dem Erhalt eines Zertifikats für seine weitere berufliche Laufbahn ergeben können: *»Nach meiner Meisterausbildung, wenn das fertig ist, dann sich betrieblich noch mal zu orientieren, ob's in dem eigenen Betrieb möglich ist, aufzusteigen. Wenn nicht, dann anderweitig umzuschauen, in dem Bereich oder wie gesagt selbstständig zu machen«*[49] (165-167).[50] Somit sind für ihn (1) der Erwerb einer besseren Stellung im Betrieb, (2) die Erringung einer vergleichsweise höheren Position in einem anderen Unternehmen oder (3) der Schritt in die Selbstständigkeit drei vorstellbare Szenarien für seine weitere berufliche Zukunft. So basiert seine Aufstiegsorientierung auf dem Anliegen, seinen Arbeitsplatz zukünftig zu sichern, da er aufgrund der neu erworbenen Kenntnisse seine beruflichen Tätigkeiten professioneller ausführen kann und somit zum Betriebserhalt wesentlich beiträgt. Zudem verhilft seine Weiterqualifizierung, beruflichen Unsicherheiten entgegenzuwirken, indem er durch Erhalt des zertifizierten Wissensnachweises seine Chancen auf dem Arbeitsmarkt erhöht. *»Und sehr gut ist natürlich auch das Zertifikat, wenn ich mich bewerbe, dann auch sagen [zu können] ›Mensch hier guck doch mal, ich hab' ein Zertifikat in dem Bereich und hab' die und die Schulungen gemacht‹«* (316-318). Darüber hinaus sieht Herr Andres das Zertifikat als symbolisches Kapital (vgl. Bourdieu 1987) an, welches ihm berufliche Anerkennung und Prestige – sowohl unter seinen Arbeitskollegen als auch in seinem privaten Umfeld, zum Beispiel unter Freunden und Familienmitgliedern – verspricht. Da Herr Andres aus einer Arbeiterfamilie entstammt, hegte er schon früh den Wunsch, mit dieser Familientradition zu brechen und gesellschaftlich höher aufzusteigen, wobei er die Teilnahme an dem Weiterbildungskurs als relevant für die Erreichung dieses Ziels ansieht. *»Wie gesagt Arbeiterfamilie. Und ich hab' mir dann zum Ziel gesetzt, dass ich eigentlich mehr erreichen will. Nicht nur jetzt irgend 'ne Ausbildung, sondern einfach mehr«* (294-296). Darüber hinaus führt seiner Ansicht nach die erfolgreiche Teilnahme zu einem gestärkten

---

48 ETZ=Elektrotechnologie-Zentrum Stuttgart.
49 Für eine bessere Lesbarkeit der Interviewzitate werden Füllwörter wie »ähm« gestrichen.
50 Im Folgenden werden bei den zitierten Aussagen von Herrn Andres und den weiteren Interviewten die Zeilennummern der Interviewtranskriptionen angegeben.

Selbstbewusstsein und somit zur angestrebten Bestätigung seines positiven Selbstbildes. *»Wo ich dann gesagt hab', O.K., jetzt guckst mal, weil blöd bist nicht eigentlich«* (297). Somit vermischen sich bei Herrn Andres private sowie berufliche Interessen in Bezug auf die Teilnahme an einem Weiterbildungskurs. Sie stellen einerseits die Basis dar, sich überhaupt mit dem Phänomen auseinanderzusetzen. Andererseits können sie im weiteren Verlauf auch als Qualifizierungsstrategien angesehen werden, um die eigene berufliche und persönliche Entwicklung zu gestalten, sodass hier von einer Nutzenorientierung aufseiten Herrn Andres' ausgegangen werden kann. Ferner trägt aber auch seine Lerneinstellung zu dem Wunsch nach Weiterqualifikation bei, da er aufgrund des technologischen Wandels die Aktualisierung von Wissen und Kenntnissen als notwendig ansieht. *»Ja, Defizite, also das, was noch fehlt eigentlich. Das Wissen, was man noch nicht hat, um irgendwas zu bewältigen oder zu machen«* (1143f.). Dabei bezeichnet sich Herr Andres selbst auch als »Medienmenschen«, wobei er vor allem auf das Internet hinweist, über das er vornehmlich seine Informationen gewinnt. Demzufolge kann angenommen werden, dass er Neue Medien für Bildungszwecke akzeptiert und die Form eines Blended-Learning-Kurses ihn weder abschreckt noch seinen Lernprozess in Bezug auf instrumentell-qualifikatorische Probleme im Sinne von Medienkompetenz (vgl. Baacke 1998) behindern wird und somit seine Befürwortung findet. Dabei stellt die Akzeptanz gegenüber Neuen Medien sowie auch die Fähigkeit, diese kompetent zu bedienen, Anforderungen an heutige lernende Subjekte in der Wissensgesellschaft dar, die Herr Andres an dieser Stelle erfüllt. Insgesamt tragen offenbar alle hier genannten ursächlichen Bedingungen grundlegend zu seiner Entscheidung bei, an der Weiterbildungsmaßnahme teilzunehmen.

Um die Entscheidung über die Teilnahme an einem zweijährigen Blended-Learning-Kurs zu fällen, bedient sich Herr Andres mehrerer *Handlungsstrategien*. Er informiert sich *erstens* über gesetzliche Rahmenbedingungen in Bezug auf die Regelung von Bildungstiteln (intervenierende Bedingung), erkennt zertifizierte Wissensnachweise als Bildungskapital an und bewertet sie darauf folgend als relevant für seine weitere berufliche Zukunftsperspektive. *»Aber wenn ich ein paar Zertifikate haben würde, dann kann ich mir sagen, der hat wirklich diese Kurse besucht, was er natürlich mitgenommen hat, ist 'ne andere Sache, aber da hat man einen Anhaltspunkt. Und so denk' ich auch selber über mich und sag' ›es gut, wenn ich was in der Hand hab'‹«* (324-327). Somit verfolgt Herr Andres eine normorientierte Strategie, da er sich nach den Möglichkeiten richtet, welche ihm das Bildungssystem bietet. *Zweitens* wird er durch einen Arbeitskollegen hinsichtlich seines Vorhabens angeregt und motivational unterstützt (intervenierende Bedingung). Dies führt dazu, dass sich letztendlich beide zum Kurs anmelden. *»Und wie gesagt, der Kollege war dann der Anschub und das war auch ganz spontan. Also das hat sich dann innerhalb von zwei Monaten dann, haben wir dann gleich zum Kurs angemeldet«* (287-289). Die gemeinsame Kursanmeldung als geteilte Strategie von Herrn Andres und seinem Kollegen kann auch als eine soziale Strategie verstanden werden, indem soziales Kapital (vgl. Bourdieu 1987) aktiviert wird, um Unsicherheiten vorzubeugen, sich gegenseitig zukünftig im Lernprozess zu unterstützen sowie einen Gesprächspartner bei inhaltlichen, methodischen und technischen Fragen zu haben. Als *dritte* Strategie lässt sich rekonstruieren, dass sich Herr Andres mit einem Ingenieur, mit dem er gelegentlich aus beruflichen Gründen heraus Gespräche führt (intervenierende Bedingungen) – also jemandem mit einem höheren sozioökonomischen Status – vergleicht, dieser ihm als Vorbild oder Handlungsmodell dient und ihn motiviert. *»Wo der [Ingenieur] gesagt hat ›T., du kannst mehr. Du solltest eigentlich gucken, dass du dich vielleicht weiterbildest, dass du einfach auch die Möglichkeiten hast* *weiterzukommen. Weil es ist halt so in der heutigen Gesellschaft, es bringt nichts, wenn du viel Wissen hast, aber du brauchst auch ein Stück Papier, wo es halt draufsteht, dass du das Wissen hast«. Und das war eigentlich für mich, dann die Motivation weiterzumachen, um hauptsächlich beruflich weiterzukommen«* (280-287). Obwohl Herr Andres *viertens* den Menschen im Allgemeinen als ein träges und *»faules«* (298) Wesen ansieht *(»Der Mensch ist nur faul«* 298, Menschenbild als intervenierende Bedingung), glaubt er daran, dass jeder, der von einer Sache überzeugt ist, diese auch bewältigen kann, wenn er nur hart genug daran arbeitet. *»Ich weiß, wenn man was erreichen will, muss man halt dafür hart arbeiten«* (480f.). Daher dient ihm die Teilnahme einerseits als logische Konsequenz seines selbst skizzierten Menschenbildes, andererseits der Überprüfung seiner eigenen Fähigkeiten, da diese nach institutionell objektiven Kriterien erfolgt. Somit verfügt Herr Andres über eine positive Selbstwirksamkeitsüberzeugung. Schließlich bewirken Herrn Andres' Strategien, dass er sich für den zweijährigen Blended-Learning-Kurs entscheidet und entsprechend anmeldet *(Konsequenz)*. Dies geschieht mit der Erwartung, dass sich aus seinen Wünschen und Interessen (ursächliche Bedingungen) durch eine erfolgreiche Teilnahme gewinnbringende Qualifizierungserträge für seine persönliche und berufliche Zukunft ergeben.

4.1.4 Fallkontrastierung/ Fallvergleich des Phänomens »Entscheidung zur Durchführung einer Weiterbildungsmaßnahme«

Im Folgenden werden generelle Trends in Bezug auf Gemeinsamkeiten und Unterschiede zwischen den Interviewten aufgezeigt, die anhand der Auswertungsstrategie des axialen Kodierens der Grounded Theory gewonnen werden konnten. Durch die Analyse empirischer Regelmäßigkeiten kann eine Gruppierung erfolgen, die anschließend die Bildung von Typen durch Merkmalskombinationen der Fälle zum Ziel hat.

Die *ursächlichen Bedingungen* der Interviewten, an einer Weiterbildungsmaßnahme teilzunehmen, differenzierten sich nach beruflichen, privaten respektive persönlichen Interessen und Wünschen sowie nach ihrer subjektbezogenen Definition und Einstellung zum Lernen. Die Mehrheit der E-Learner erhoffte sich durch eine erfolgreiche Weiter- bzw. Zusatzqualifizierung berufliche Vorteile, denn Bildungskapital verspricht vor allem Konkurrenzfähigkeit und Attraktivität auf dem Arbeitsmarkt.

Diesbezüglich legen die Teilnehmer den Schwerpunkt insbesondere auf die Sicherung des eigenen Arbeitsplatzes sowie auf mögliche Aufstiegsmöglichkeiten als *ursächliche* Bedürfnisse beziehungsweise Gründe für eine Teilnahme, wie beispielsweise Herr Abt, 24-jähriger angehender Elektrotechnikmeister, verdeutlicht: *»Nee, das waren eigentlich die Gründe, warum ich das mache. Aufstiegsmöglichkeiten, Sicherung der Zukunft. Also rein berufliches Interesse«* (ST02a, 333f.). Diese Aussage spiegelt das allgemeine Grundverständnis der Befragten im Hinblick auf Weiterbildungsmaßnahmen wider und rekurriert auf substanzielle Grundbedürfnisse des Menschen wie Sicherheit, Entwicklung und Anerkennung. Berufliche Sicherheit ist heute in manchen Branchen zu einer Ausnahme geworden; Zukunftsängste dominieren den heutigen Arbeitsmarkt, sodass dieses Thema auch für Beklemmungen in Bezug auf die finanzielle Existenzsicherung unter heutigen Arbeitnehmern sorgt.

Ferner verwundert es nicht, dass mit der Teilnahme an einer Weiterbildungsmaßnahme neben dem Wunsch, beruflich aufzusteigen, das Bedürfnis nach finanzieller Sicherheit respek-

4.1 Motivstrukturen von E-Learnern im Kontext der Aufnahme einer Weiterbildungsmaßnahme

tive das Streben nach höherem ökonomischem Kapital (vgl. Bourdieu 1987) einhergeht. Herr Anstett, 25-jähriger angehender Elektrotechnik-Meister erklärt: *»Ja, weil es für mich eigentlich klar war, dass ich jetzt nicht mein Leben lang als Monteur tätig sein will, sondern auch irgendwann mal eine leitende Funktion zu erfüllen (…), und die Arbeit natürlich dann auch besser bezahlt wird«* (ST01a, 257-261). In diesem Zusammenhang ist anzumerken, dass besonders die Gruppe der männlichen 20- bis 30-Jährigen[51] bewusst einen Schwerpunkt auf monetäre Interessen legt: *»Ich bin da recht materiell eingestellt und sage mir, das Einkommen muss passen«* (Herr Berger, SL01a, 125f.). Dagegen rückt für die weiblichen Befragten der finanzielle Gewinn im Vergleich zu anderen erwartbaren Vorteilen – wie etwa Kompetenzerwerb – eher in den Hintergrund: *»Ja. Aber ich möchte für mich die Fähigkeiten dann haben, weil mir das sehr unangenehm ist, in einer Position zu sitzen nachher, wo ich Unsicherheiten habe«* (Frau Englisch, BE01a, 376-378).

Möglicherweise spielt das ökonomische Kapital für die jüngeren männlichen Personen gerade deshalb eine so bedeutende Rolle hinsichtlich der Entscheidung, an einer Weiterbildungsteilnahme teilzunehmen, da ihnen *erstens* ihre momentane Lebenssituation aufgrund ihrer familiären Ungebundenheit als günstig erscheint. *Zweitens* könnten sie sich im Sinne eines traditionellen männlichen Rollenbildes in besonderem Maße für die Existenzsicherung der Familie verantwortlich fühlen. Dazu Herr Christen, 24 Jahre alt, angehender Meister im Fach Industrieelektronik: *»Ja, und bevor ich dann jetzt sage ›okay, ich arbeite erstmal bis 30, 35 und gucke dann mal, was ich mache‹, dann habe ich vielleicht eine Familie. Dann habe ich mich an das Geld gewöhnt oder ich brauche das Geld auch für die Familie und dann hat man einfach nicht mehr so diese Möglichkeiten, die man jetzt eben mit 24 hat«* (OL01a, 318-321). Als weitere berufliche Gründe, an einer Weiterbildungsmaßnahme teilzunehmen, nennen die befragten Personen Kompetenzerwerb und damit verbunden einen sicheren Umgang mit der Thematik, was wiederum auf das kulturelle sowie auf das symbolische Kapital (vgl. Bourdieu 1987) im Sinne von Anerkennung und Prestige am Arbeitsplatz verweist.

Dagegen basieren die mit der Teilnahme verbundenen erhofften persönlichen Vorteile, die auch als gewünschte Nebeneffekte von den befragten Personen angesehen werden, einerseits auf dem intrinsischen Wunsch nach Wissenserweiterung und Kompetenzerwerb in einem bestimmen Feld. *»Also ich meine, man lernt ja nicht nur für den Beruf, man nimmt ja auch ein bisschen was für das Leben mit. Und die Dinge, die man dort gelernt hat, bringen einem auch natürlich privat mal einiges, zum Beispiel Buchführung«* (Herr Abt, ST02a, 810-814). Andererseits wird mit einer Teilnahme eine Bestätigung des positiven Selbstbildes sowie ein erhöhtes Selbstbewusstsein erwartet, was häufig von den Interviewten mit Selbstverwirklichung in Verbindung gesetzt wird. *»Da ist mir doch mal einiges so klar geworden, was man einfach nur so hingenommen hat. Also das war irgendwie so ein richtiges ganz positives Erlebnis zu merken, das ist ja eigentlich gar nicht so wild und es ist auch nicht schlimm, wenn man mal den Stecker irgendwie verkehrt herum oder woanders rein steckt, das wird nicht gleich explodieren. Dieses Gefühl hatte ich vorher immer, das darf man ja gar nicht tun, wenn man sich nicht so richtig auskennt und das ist mir so genommen worden und dann, jetzt probiere ich es schon auch selber«* (Frau Cordes, OL03a, 223-237).

Besonders interessant in Bezug auf unser Forschungsprojekt ist der Umstand, dass obwohl bei dem hier zunächst analysierten Phänomen »Entscheidung zur Durchführung einer Weiterbildungsmaßnahme«, die spezielle Kursform noch nicht im Mittelpunkt steht, etwa die Hälfte der befragten Personen explizit E-Learning beziehungsweise Blended Learning als ausschlag-

---

51 Siehe die Interviews SL01a, SL03b, OL01a, ST02b, ST01a, ST02a, ST03b und HAM01a.

gebenden Entscheidungsgrund für eine Teilnahme benannten. Dabei sind (a) Neugier gegenüber E-Learning, (b) Spaß an Neuen Medien, (c) der Wunsch nach Basis- und Grundwissen im Umgang mit dem Computer und (d) der Erwerb von Computerkenntnissen für die Bewältigung des Alltags die vornehmlichen Motive.

Diese Motive, vor allem die beiden letztgenannten, werden mehrheitlich von den weiblichen Interviewten[52] genannt. Ergebnisse der Medienkompetenzstudie von Treumann u.a. (2002) lassen die Schlussfolgerung zu, »dass Frauen sehr viel stärker gefährdet sind, den Anschluss an das digitale Zeitalter zu verpassen – und damit die Aneignung und Nutzung der Neuen Medien (gender-gap). Zum Zeitpunkt der Befragung (1998) zeigte sich bereits eine soziostrukturelle Ungleichheit. Die Adaption der Neuen Medien wurde bisher vor allem durch Männer vollzogen. Viele Frauen sind im Gegensatz dazu an den Neuen Medien zu wenig interessiert oder trauen sich ohne fremde Hilfe nicht an die Neuen Medien heran« (Treumann u.a. 2005, S. 189). Dagegen scheinen sich die von uns interviewten Frauen der angesprochenen Problematik bewusst zu sein und versuchen gezielt, diesem Trend entgegenzuwirken. »*Und jetzt, nachdem unser zweiter Sohn drei Jahre alt ist, habe ich gesagt ›jetzt möchte ich wieder irgendwas machen, aber ich brauche ein gewisses Fundament‹. Und das, was mich damals gestört hat, nämlich dass ich in diesen ganzen Computersachen, dass das für mich so undurchsichtig war und dass ich das besser verstehen möchte, dafür habe ich dann diesen ECDL-Kursus jetzt in Anspruch genommen*« (Frau Conrad, OL02a, 17-21). Die weiblichen E-Learning-Nutzer verspüren die Notwendigkeit einer angemessenen Medienkompetenz als Voraussetzung für die Bewältigung des beruflichen und privaten Alltags in unserer heutigen Mediengesellschaft und entscheiden sich gezielt für eine Fortbildungsmaßnahme, die entweder mithilfe von Neuen Medien durchgeführt wird oder deren Nutzung respektive Rezeption thematisiert. Dabei wiesen schon Treumann u.a. (2002) darauf hin, dass »erste Analysen zur Häufigkeit der Computernutzung von Frauen in ihrer Freizeit« zum vorsichtigen Optimismus einladen (ebd., S. 190).

Allerdings sind nicht alle Interviewten gegenüber dem Einsatz Neuer Medien für Bildungszwecke optimistisch und aufgeschlossen eingestellt. Etwa die Hälfte der befragten Personen zeigt sich entweder aufgrund einer als bedenklich empfundenen Medienentwicklung skeptisch und abgeneigt gegenüber E-Learning oder diese Bildungsform entspricht nicht ihrem individuellen Lerntyp, da sie beispielsweise eher angeleitetes Lernen oder das Lernen in der Gruppe bevorzugen. Demzufolge hat diese Personengruppe die Kursform E-Learning/Blended-Learning eher aus Mangel an Alternativen gewählt. So erklärt beispielsweise Herr Arnold, 25-jähriger angehender Elektrotechnikmeister auf die Frage des Interviewers, warum er denn gerade an einem Blended-Learning-Kurs teilgenommen hat: »*Mein Meister[-Kurs] wird gar nicht mehr anders angeboten. Das war ein notwendiges Übel. Also, ich war von dem E-Learning nicht begeistert, ich hab's halt mitgemacht*« (ST02b, 345-348). Hätte Herr Arnold die Wahl gehabt, sich zwischen einem traditionellen Weiterbildungskurs in Form von Präsenzseminaren und einem Kurs mithilfe Neuer Medien zu entscheiden, hätte er sich »*auf alle Fälle*« (358) für die erste Möglichkeit entschlossen.

Neben den mit der Teilnahme verbundenen Wünschen, Interessen und Bedürfnissen subsumierten wir die individuelle *Lerneinstellung* der E-Learning- beziehungsweise Blended-Learning-Nutzer unter der Kategorie »ursächliche Bedingung«. Dabei zeigte sich, dass der Großteil der befragten Personen Weiterbildung als Notwendigkeit ansieht, um mit dem technischen

---

52 Siehe OL02a, BE02a, BE01b, LE01b, OL03a.

Fortschritt und den Veränderungen am Arbeitsplatz mithalten zu können: *»Weil es kommt immer wieder was Neues dazu. Und man will ja immer aktuell sein. Also, ich möchte da jetzt nicht auf dem alten Stand sein, das heißt, ich muss mich natürlich weiterbilden«* (Frau Engels, BE02a, 127-129). In diesem Sinne akzeptieren sie die Forderung nach lebenslangem Lernen, was sich in ihren Weiterbildungsambitionen offenbart.

Desweiteren kann man bezüglich der Lerneinstellung respektive des individuellen *Lernstils* die Interviewten in zwei Gruppen einteilen. Die *erste* Gruppe bevorzugt das selbstständige, individuelle Lernen. Die Mitglieder dieser Gruppe[53] zeichnen sich vor allem durch die Fähigkeit aus, selbstgesteuert zu lernen. Gerade für diese Personengruppe eignet sich E-Learning als optimale Weiterbildungsform, da diese Technik als probate Methode verstanden wird, sich selbstbestimmt und zeitlich unabhängig weiterzubilden. *»Es ist selbstbestimmt, ich kann mir meine Zeit selber einteilen, ich kann Lektionen so oft wiederholen, wie ich will. Ja, ich kann es mir ausdrucken, wenn ich Lust habe und ich kann es beliebig oft vor allen Dingen wiederholen«* (Frau Ebert, BE01b, 1221-1223). Die *zweite* Gruppe[54] befürwortet einerseits eher das gemeinschaftliche Lernen bzgl. Gruppenlernen von Angesicht zu Angesicht und fordert andererseits Anleitung und Lernstruktur. *»Das ist eben wieder der Vorteil: Wenn man einen persönlichen (Trainer) hat. Kann man sagen ›Mensch, habt ihr hier was nicht verstanden‹ oder ›bin ich richtig in der Annahme, wenn es so und so funktioniert‹ oder was auch immer, dann kann man das klären. Das kann man halt mit dem CBT nicht«* (Herr Berger, SL01a, 1602-1605). Diesem Lerntyp kommt die Form des konventionellen Präsenzlernens oder Blended-Learnings zur beruflichen Weiterqualifizierung am nächsten.

In Bezug auf die Entscheidungsfindung, an einer Weiterbildungsmaßnahme teilzunehmen, konnten mithilfe der Grounded Theory unterschiedliche *Handlungsstrategien bzw. Taktiken* herausgearbeitet werden, die sich jeweils differenziert klassifizieren lassen.

Auffallend ist die *Strategie der Informationsgewinnung* über Angebote und Kursformen, die die befragten Personen in zwei Gruppen spaltet. Die eine Gruppe setzt sich eigeninitiativ und kritisch mit Angeboten auseinander. Die Mitglieder dieser Gruppe vergleichen verschiedene Fortbildungsmaßnahmen hinsichtlich Inhalte, Form, Dauer, Durchführung, Finanzierung etc. (spezifischer Kontext des Entscheidungsgegenstands) miteinander und wählen das individuell geeignetste aus.[55] *»Ich hab' überlegt, mit dem Meister das zu machen und wusste dann auch nicht, wo ich anfangen soll. Hab' dann mal die Schulen angefragt, die man so kennt, die allgemeinbildenden Schulen oder Berufsschulen und hab' dann im Internet recherchiert und hab' dann auch jetzt auch an das ETZ,[56] wo ich jetzt meine Meisterausbildung mache, bin ich da hängen geblieben. Also ich hab' mich dann eigentlich durchs Internet, das gefunden, was ich wollte. Denn dort wurde auch genau beschrieben genau, was Sache ist und da hab' ich gesagt ›gut das stimmt mir zu, das passt«* (Herr Andres, ST03b, 92-98). Vor allem die Kursform spielt dabei eine signifikante Rolle, indem die befragten Personen über ihren Lernstil reflektieren (ursächliche Bedingung). Beispielsweise wählt ein gemeinschaftsorientierter Lerner eher Blended-Learning aufgrund der Kontaktmöglichkeiten zu anderen Mitlernern, damit er *»nicht soviel allein lernen muss. Dass ich nicht soviel für mich allein machen muss«* (Herr Baldur, SL03b, 1199f.). Weiter stellt die lebensweltliche Einbettung eine wichtige Komponente im Entscheidungsfindungsprozess dar (intervenierende Bedingung). So suchen sich etwa Weiterbildungsteilnehmer mit familiärem Hintergrund eher E-Learning-Angebote aus, um möglichst zeit-

---

53 BE01a, BE01b, BE02a, OL01a, OL03a, ST02a.
54 SL03b, SL01a, ST03b, ST02b, SL01b, SL03a.
55 ST03b, LE01b, OL03a, OL02a, HAM01b, OL01a, ST02a, BE01a.
56 ETZ=Elektrotechnologie-Zentrum Stuttgart.

unabhängig zu lernen: »*E-Learning von zu Hause, das konnte ich da noch gut vereinbaren, weil unser Kleiner da noch nicht im Kindergarten war. Und das war eigentlich der richtige ausschlaggebende Punkt*« (Frau Conrad, OL02a, S. 102-104). Hinsichtlich der Informationsgewinnung vergleicht beispielsweise Frau Diebrück (30 Jahre, Grundschullehrerin) Weiterbildungsangebote der VHS als Präsenztraining mit den Kursformen E-Learning und Blended-Learning, um Englisch in der Grundschule unterrichten zu können. Dafür holt sie sich Informationen über das Internet sowie über Gespräche mit Kollegen und Freunden (soziales Kapital), wobei sie erfährt, dass die Gruppenheterogenität bei VHS-Kursen den Lern- und Transfererfolg beeinträchtigen kann. »*Habe mir auch überlegt, VHS-Kurs, aber habe von vielen Leuten gehört ›irgendwie bringt das nichts, weil das sind einfach zu heterogene Gruppen‹*« (LE01b, 313f.). Aufgrund beruflicher Erfahrungen im Umgang mit Neuen Medien (intervenierende Bedingung) weiß Frau Diebrück, dass sie Freude dabei empfindet, Neue Medien in der Arbeit einzusetzen, und beschreibt sich als »neugierig« in Bezug auf E-Learning respektive Blended-Learning-Angebote. Dies führte dazu, dass sie sich gezielt für eine Weiterbildungsmaßnahme in Form eines Blended-Learning-Kurses entschieden hat.

Dagegen nimmt die *andere* Gruppe[57] eine eher *passive Rolle* im Entscheidungsfindungsprozess sowie in der Kursauswahl ein. Vor allem Personen, die direkt vom Arbeitgeber aufgefordert wurden, an einem Fortbildungskurs teilzunehmen, zählen hierzu. Gemäß der theoretischen Einbettung gehören sie zu dem *defensiven* Lerntyp: »Muss eine Lernhandlung unter Androhung von Sanktionen vollzogen werden, kann sie vorgetäuscht werden oder es kommt zu defensivem Lernen: Die Betroffenen überwinden die gestellte Problematik durch Lernen, versuchen aber dabei, mit dem geringsten Aufwand auszukommen« (Grotlüschen 2004, S. 61; vgl. Holzkamp 1993). In diesem Kontext erscheint es nicht verwunderlich, dass Personen aus dieser Gruppe überwiegend keine eigene Informationsrecherche zu weiteren Fortbildungsmöglichkeiten durchführten und sich entsprechend den Kursangeboten einschließlich der Kursform fügten. Die Mitglieder dieser Gruppierung reflektierten weder ihre Lerneinstellung noch ihren Lernstil, sondern passten sich den entsprechenden Angeboten an.

Eine weitere Anpassungsstrategie wählten zudem die Lerner, die E-Learning bzw. Neue Medien in der beruflichen Weiterbildung eher ablehnen respektive diesen Lernmöglichkeiten skeptisch gegenüberstehen,[58] aber zum Beispiel aufgrund der jeweiligen regionalen Infrastruktur der Weiterbildungslandschaft keinen reinen Präsenzkurs wählen konnten. Sie wählten daher als Kompromiss die Kursform Blended-Learning.

Eine häufig auftretende Strategie der befragten Personen ist die gemeinsame Kursanmeldung mit einem/einer Arbeitskollegen oder -kollegin.[59] »*Ich bin da durch einen Bekannten aufmerksam geworden, der mit mir die Ausbildung absolviert hat. Der hat gesagt: ›Du, hier findet ein Kurs statt. Du wolltest ja dich ja auch weiterbilden. Wie ist es, machen wir den Kurs zusammen?*« (Herr Anstett, ST01a, 268-270). Diese Vorgehensweise kann auch als soziale Strategie bezeichnet werden, da sich durch die Aktivierung des vorhandenen sozialen Kapitals die Motivationsbereitschaft zur Teilnahme erhöht oder diese Bereitschaft erst hervorgerufen wird. Dabei ist zu vermuten, dass die Interviewten mit der gemeinsamen Kursanmeldung *erstens* eine Reduzierung von Unsicherheiten verbinden, da sie auf eine bereits bestehende soziale Beziehung zurückgreifen können, die ihnen vertraut ist. *Zweitens* ist es wahrscheinlich, dass diese Teilnehmer und Teilnehmerin-

---

57 SL03b, SL03a, SL01a, SL01b.
58 ST02b, SL03a, ST01a.
59 ST01a, ST03b, LE01b.

nen eine erhöhte Lernmotivation durch gegenseitige Unterstützung erwarten, um sich wechselseitig Mut zuzusprechen, sich inhaltlich beim Lernprozess zu helfen sowie gemeinsam zu lernen. Diese Strategie scheint darüber hinaus bei manchen Personen mit einer Art Nachahmungsstrategie zu korrelieren. Dies zeigt sich im Einzelfall daran, dass beruflich höher oder besser gestellte Personen als Handlungsmodell (Bandura) im Sinne eines Vorbildcharakters angesprochen beziehungsweise herangezogen werden.[60]

Ferner hängt die Entscheidung, an einer beruflichen Fortbildung teilzunehmen, bei vielen Personen mit der Lebenssituation – konkret der familiären Eingebundenheit – zusammen. Wie bereits erwähnt, empfinden vor allem jüngere männliche Personen ohne eigene Familie ihre derzeitige Lebenssituation aufgrund bestimmter Freiheitsgrade für eine Weiterbildung als günstig.[61] Im Gegensatz dazu ist der Hauptteil der von uns interviewten Frauen familiär eingebunden. Allerdings sehen auch sie ihre momentane Lebenssituation in Bezug auf Weiterbildungsbestrebungen als günstig an, da ihre Kinder mittlerweile in den Kindergarten kommen oder schulpflichtig sind, weshalb sie nicht mehr rund um die Uhr betreut werden müssen.[62] So hat beispielsweise Frau Conrad, 35-jährige Mutter eines vier und eines neunjährigen Sohns, bewusst die Entscheidung getroffen, an einer Weiterbildungsmaßnahme teilzunehmen, nachdem der jüngste Sohn in den Kindergarten kam und der Älteste zur Schule ging. *»Der Kleine geht zum Kindergarten, der Große ist in der Schule, also ich habe auch mal wieder Zeit, darüber nachzudenken, was mache ich jetzt beruflich für mich wieder«* (OL02a, 38f.).

Aufgrund der familienbedingten beruflichen Pause suchen sich diese Frauen auch gezielt eine Kursform, die durch Neue Medien unterstützt wird, um wieder in die Erwerbstätigkeit einzusteigen: *»Weil ich mir klar darüber war, dass ich aktuelle Kenntnisse brauche im Computerbereich, um wieder eine Arbeitsstelle zu finden«* (Frau Cordes, OL03a, 257f.). Somit ist mit der Teilnahme an einem computerunterstützten Weiterbildungskurs auch die Hoffnung verbunden, aufgrund der medialen Struktur des E-Learning-Kurses einen Vorteil bei Bewerbungen zu gewinnen, da dieser zusätzlich eine durch den Kurs erworbene Medienkompetenz impliziert. *»Also, ich habe mich beworben und bin auch zu Vorstellungsgesprächen eingeladen worden und da wurde das auf jeden Fall positiv aufgenommen, dass ich mich weiterbilde. Und auch der ECDL wurde, oder E-Learning wurde positiv aufgenommen«* (Frau Cordes, OL03a, 713-717). Somit wird das zunächst private Anwendungsfeld des Erlernten als Überbrückung für den geplanten beruflichen Widereinstieg verstanden. *»Aber Excel, Access, PowerPoint, das sind ganz neue Dinge für mich gewesen, die ich gern machen wollte. Einfach um, um das auch kennenzulernen und weil ich es auch selber privat dann auch umsetzen kann. Mit Excel kann man sehr schön Tabellen erstellen, die einem privat dann auch weiterhelfen und Übersicht verschaffen«* (Frau Conrad, OL02a, 393-398)

Darüber hinaus spielt bei den meisten befragten Personen die eigene Selbstwirksamkeitsüberzeugung eine zentrale Rolle bei der Entscheidung für eine berufliche Fortbildung. So besitzt ein Großteil der Interviewten ein positives Selbstbild hinsichtlich der eigenen Fähigkeiten.[63] Zum Beispiel empfinden sie Spaß an Herausforderungen oder sind sich der individuell vorhandenen Selbstdisziplin bewusst und motivieren sich entsprechend aufgrund einer angenommenen positiven Handlungs-Ergebnis-Erwartung.

---

60 Vgl. ST03b.
61 OL01a, ST03b, HAM01b, SL01a, ST03b, SL01a.
62 OL03a, OL02a, LE01b, BE01a, BE02a.
63 SL01a, ST02a, ST03b, OL03a, BE02a, BE01b.

4.2 Qualitative E-Learner-Typologie

Unter Zuhilfenahme von Segmenten der qualitativen Inhaltsanalyse, der Grounded Theory (s. v.a. die Ergebnisse der axialen Kodierung zum [a] »subjektorientierten Qualitätsverständnis einer E-Learning-Weiterbildungsmaßnehme« und zum [b] »subjektbezogenen Empfinden eines qualitativ hochwertigen Lernprozesses« in Kap. 10.15, S. 379-390) und der Typenbildung (vgl. Kapitel Methodendesign) konnten wir im Forschungsprojekt eine Vierer-Typologie der befragten E-Learning- bzw. Blended-Learning-Nutzer erarbeiten. Laut Ehlers ist allerdings zu beachten, dass sich »im Bereich der beruflichen Fort- und Weiterbildung und im Zuge lebenslangen Lernens (...) die Heterogenität von Lerngruppen zunehmend« erhöht (Ehlers 2004, S. 79) und in E-Learning-Szenarien die Heterogenität aufgrund unterschiedlicher Erfahrungshorizonte mit Neuen Medien noch zusätzlich durch die Lernumgebung bzw. Lernform verstärkt wird (vgl. auch Baumgartner 1997). Die angesprochene Heterogenität zeigt sich anhand unterschiedlicher demografischer Merkmale (z.B. Geschlecht, Alter, berufliche Stellung etc.) sowie Lernerfahrungen (z.B. Anzahl der besuchten Weiterbildungskurse und ihre Organisationsstruktur) und Lernkompetenzen (z.B. Maß der Selbststeuerung, Selbstdisziplin etc.). Diese unterschiedlichen Voraussetzungen bei Lernenden führen entsprechend auch zu unterschiedlichen Bedürfnis- und Motivationsstrukturen und somit auch zu differenten Vorstellungen von Qualität beim E-Learning (vgl. Ehlers 2004). Die hier vorgestellte E-Learning-Typologie zeigt vier idealtypische Profile auf, die bestimmte Präferenzen einer Gruppe von E-Learnern widerspiegeln. Die entscheidenden *Vergleichsdimensionen zur Typologiekonstruktion* basieren auf den Hauptkategorien (a) *»Weiterbildungsverhalten«*, (b) *»Lernpräferenzen, -kompetenzen, -einstellungen«* und (c) *»Qualität von E-Learning-Weiterbildungsmaßnahmen«*. Die entsprechenden Subkategorien, Eigenschaften und Dimensionen können dabei dem Methodendesign entnommen werden.

4.2.1 Der autonome E-Learner

Zur Gruppe der autonomen E-Learner gehören die folgenden Fälle:

– Frau Englisch (BE01a), die einzelkämpferisch-orientierte E-Learning-»Wiederholungstäterin« (Fremdsprachensekretärin, erwerbstätig bei einem Pharmakonzern, 44 Jahre, verheiratet, Mutter von zwei Kindern, die vier und neun Jahre alt sind),
– Frau Ebert (BE01b), die betont fortbildungsinteressierte autonome Lernerin (Pharmazeutisch-technische Angestellte, 54 Jahre, verheiratet, Mutter eines 17-jährigen Sohnes) sowie
– Frau Cordes (OL03a), selbstgesteuerte Einzellernerin (Fremdsprachenkorrespondentin, nicht erwerbstätig, 38 Jahre, verheiratet, Mutter von zwei Kindern, die sieben und neun Jahre alt sind).

Der Typus »Autonome E-Learner« bezeichnet *selbstlernkompetente Individualisten*. Er setzt sich aus drei Frauen im Alter von 38, 44 und 54 Jahren zusammen. Alle drei Frauen sind verheiratet, Mütter und besitzen die Hochschul- bzw. Fachhochschulreife. Demzufolge verfügen sie über einen hohen Bildungsstatus respektive ein umfangreiches Bildungskapital (vgl. Bourdieu 1987). Nach dem Schulabschluss entschieden sich alle für eine Ausbildung. Frau Cordes und Frau

Englisch qualifizierten sich im Bereich Fremdsprachen (Fremdsprachenkorrespondentin bzw. -sekretärin). Hier kann nach den soziodemografischen Daten von einer recht homogenen Gruppe hinsichtlich Geschlecht, Bildungsstatus, Familienstand und Bildungsstand gesprochen werden.

Alle drei Personen dieses Typus zeichnen sich durch Selbstbewusstsein, ein positives Selbstbild und eine hohe Selbstwirksamkeitsüberzeugung aus. Letzteres kann nach Bandura (1977) auch als Selbstwirksamkeitserwartung bezeichnet werden, womit Erwartungen gemeint sind,

> »die sich auf die eigenen Möglichkeiten der Verhaltensausführung beziehen (...). Die Vorstellungen darüber, was man kann und was man nicht kann, haben entscheidenden Einfluss darauf, was man sich zutraut, wie viel Anstrengung man investiert, wie ausdauernd man ist und wie viel Widerstand man aufbringt, um sein Verhalten trotz Schwierigkeiten zu Ende zu bringen« (Mielke 2001, S. 62f.).

Die »Autonomen E-Learner« besitzen eine hohe Selbstwirksamkeitserwartung: Sie haben ein hohes Vertrauen in die eigene Wirksamkeit, was wiederum ihre Leistung stimuliert – auch im Sinne von Lernprozessen. Darüber hinaus empfinden sie Freude an der Arbeit und am Lernen und sind infolgedessen sehr motiviert, sich privat wie beruflich weiterzubilden. Ihre intrinsische Motivation, die mit Selbstverwirklichung einhergeht, ist stark ausgeprägt. Die Motivation der »Intrinsisch motivierten E-Learner« drückt sich darin aus, dass sie Autonomie und Kompetenz im Lernprozess erleben (vgl. Deci/Ryan 1985, 1993). Dementsprechend zeigen sie sich gegenüber Lernprozessen sehr aufgeschlossen, bewerten diese sehr positiv und vertreten die Ansicht, dass Lernen eine *»Grundeigenschaft«* sei, *»die jeder haben sollte«* (BE01a, 1330). In diesem Zusammenhang erwarten sie ferner, dass jeder diesem Grundbedürfnis nachgehen sollte, und falls man aufgrund unterschiedlicher Faktoren nicht die Möglichkeit besitze, sich innerbetrieblich weiterzubilden, solle man sich dann in Eigeninitiative fortbilden: Wenn *»einem nicht die Möglichkeiten geboten werden (...), dann muss man eben sehen, dass man sich selber weiterbildet (...). Es geht, man muss es nur wollen«* (BE01b, 62-68). Sie gehen davon aus, dass die vorhandene Volition der ausschlaggebende Faktor ist, Fortbildungen durchzuführen. Ferner sind alle drei Frauen gemäß ihrer Lerneinstellung Befürworterinnen lebenslangen Lernens. Darüber hinaus empfinden sie Lernen nicht als Belastung, sodass sie bei der Bearbeitung von Aufgaben keinen Druck verspüren, sondern dies als gewinnbringende positive Tätigkeit wahrnehmen. Sie zeigen sich sehr resistent gegenüber Belastungen und Stress.

Abgesehen davon zeichnet sich dieser Typus durch eine hohe Individualität im Lernprozess aus, was in die Wahl des Labels eingeht. Die Angehörigen dieses Typus befürworten das selbstständige, autonome Lernen. *»Ich lerne lieber für mich, muss ich sagen. Ja«* (OL03a, 26). Selbstständiges Lernen hat schon in der Vergangenheit das Weiterbildungsverhalten von den Interviewten dieses Typus dominiert, da sie in der Regel neue Kenntnisse und Fähigkeiten dadurch erworben haben, dass sie es sich alleine aneignen. Somit lässt sich das Verhalten der »Autonomen E-Learner« vor dem Hintergrund des Konzepts des Arbeitskraftunternehmers von Voß und Pongratz (s. Kap. 2.1.6 und 5.4.2) interpretieren, nach dem der heutige Arbeitnehmer u.a. einer wachsenden Selbstkontrolle und Selbst-Rationalisierung unterworfen ist, um seine Arbeitskraft optimal vermarkten zu können (vgl. Voß/Pongratz 1998). Wahrscheinlich trägt auch der hohe Bildungsstatus der »Autonomen E-Learner« dazu bei, dass sie lieber eigenständig und autonom lernen. Auch Beck argumentiert, dass es wahrscheinlich ist, dass ein hohes Bildungsniveau für den Einzelnen ein Mehr an Reflexion, Selbstfindung, Selbststeuerung,

Selbstsozialisation und Individualisierung (Beck 1986, S. 205ff.) zur Folge habe. Infolgedessen besitzt dieser Typus im Vergleich zu den anderen den höchsten Grad an Selbstlernkompetenzen, die sich in der Fähigkeit zu Selbstorganisation, Selbststeuerung und Selbstdisziplin offenbaren. Man kann sie als Individualisten charakterisieren, da sie einerseits die Gruppe nicht benötigen, um ihren Lernprozess voranzutreiben und sie andererseits auch gar nicht wollen. *»Ich bin Einzelkämpfer. Ich brauche keine Gruppe zum Lernen«* (BE01a, 1218). Vornehmliche Gründe für diese Einstellung, die von allen drei Interviewten genannt werden, sind dabei *erstens* Nachteile aufgrund von Gruppenheterogenitäten in Bezug auf unterschiedliche Wissens- und Kompetenzzustände. *Zweitens* verweisen sie auf die von ihnen als sehr wichtig empfundene Flexibilität im Lernprozess, etwa die Wahl des eigenen Lerntempos. *Drittens* sprechen sie sich gegen festgelegte Lerntermine aus, sie wollen flexibel lernen. Darüber hinaus meinen die autonomen E-Learner, dass situative Umstände die Effektivität im Lernprozess mindern könnten, die beim individuellen Lernen nicht auftauchen würden, etwa dass man auf andere *»Rücksicht nehmen«* (OL03a, 474) muss, etwa wenn man schlecht geschlafen hat. Die »autonomen E-Learner« mögen es nicht, wenn andere Personen während des Lernprozesses um sie *»herumschlawenzeln«* (OL03a, 458), wie dies im Seminarraum möglich ist. In diesem Sinn wird als *vierter* ausschlaggebender Faktor die individuelle, nicht auf andere abgestimmte Organisation genannt, denn sie lernen gerne *»individuell, bei freier Zeiteinteilung. Wann ich möchte, wo ich möchte«* (BE01a, 177-179). Summa summarum möchten die autonomen E-Learner sich Lernzeiten, Lernziele, Lernwege, Lernstrategien selbst setzen und empfinden diese Vorgehensweise auch für die Effektivität im Lernprozess als entscheidenden Vorteil – der letzte Grund für das autonome Lernen. Denn ihre Erfahrung besagt, dass das individuelle Lernen mit Neuen Medien *»komprimierter, schneller«* (BE01a, 1245) und dadurch auch effektiver verläuft.

Aus den genannten Erfahrungen, Begründungsmustern und Lernpräferenzen ergeben sich bei den »autonomen E-Learnern« konkrete Forderungen an Lernarrangements beziehungsweise virtuelle Lernumgebungen. Entsprechend ihren Vorlieben bevorzugen alle drei Frauen Selbstlernphasen per E-Learning. Weder benötigen noch wünschen sie im Lernprozess Instruktion von außen. Vielmehr wollen sie ihren Lernprozess in Eigenverantwortlichkeit gestalten. Allein die Möglichkeit, ab und zu einmal eine Frage zu stellen, indem sie sich beispielsweise an eine Hotline wenden, betrachten sie als interessant beziehungsweise hilfreich, aber als nicht unbedingt notwendig. Dementsprechend bewerten sie persönlich den tutoriellen Support als unwichtig, wenn nicht sogar störend. Zwar können sie sich vorstellen, sich auch einmal in eine Online-Gruppenarbeit einzubringen, aber auch hier zeigen sie sich eher verhalten. Das alleinige, individuelle Lernen steht bei ihnen ganz klar im Vordergrund, sodass sie Präsenzphasen deutlich ablehnen. Die Personen dieses Typus bevorzugen ein reines E-Learning-Szenario ohne Präsenzphasen oder Gruppenarbeit, also eine Lernplattform, mit der sie sich selbstgesteuert Wissen und Kompetenzen aneignen können.

In Bezug auf die Qualität im Lernprozess vertreten die »autonomen E-Learner« eine stark individuelle, eigenverantwortliche Sichtweise: *»E-Learning ist, glaube ich, für jeden das, was er daraus macht«* (BE01b, 1296). Sie sehen die individuellen Dispositionen, Fähigkeiten und Präferenzen als ausschlaggebend für den Lernerfolg an, wohl wissend, dass dieses Lernszenario nicht für jeden geeignet ist, gehen aber davon aus, dass die Qualität von E-Learning vom jeweiligen Nutzer abhängig ist. Nichtsdestotrotz geben sie aber auch Qualitätskriterien an. So wird die Qualität eines E-Learning-Kurses von den »Autonomen E-Learnern« als hochwertig erachtet, wenn *erstens* zeit- und ortsunabhängig gelernt werden kann, *zweitens* das Lernprogramm Erklärungen und Hilfestellungen bei eigenen Fehlern anbietet, also eine Selbstkontrolle möglich ist. *Drittens* ist ihnen wichtig, dass die Weiterbildungsmaßnahme eine sinnvolle Kursstruktur aufweist, *viertens* muss das Lernprogramm anwenderfreundlich beziehungsweise selbsterklärend aufbereitet sein. *Fünftens* sollte es interaktiv, multimedial, lebendig und aktuell gestaltet sowie adaptiv ausgerichtet sein, sodass etwa das Lerntempo individuell ausgewählt werden kann. Dies könnte zum Beispiel dadurch umgesetzt werden, dass die Lernenden bei richtigen Antworten unmittelbar zur nächsten Stufe geleitet werden, während sie bei einer falschen Antwort die vorangegangene Stufe wiederholen müssen, sodass eine Adaption der Aufgabengeschwindigkeit vorliegt (vgl. Leutner 1997). *Sechstens* legen die »Autonomen E-Learner« viel Wert auf die präzise und eindeutige Formulierung von Erklärungen und Aufgaben, da – wie oben beschrieben – sie sich nur ungern bei Missverständnissen an Dritte wenden, sondern ihren Lernprozess möglichst völlig autonom gestalten wollen.

Typus 1 im Überblick: »Der autonome E-Learner«

- Selbstbestimmter Einzellerner
- Besitz von stark ausgeprägten Selbstlernkompetenzen
- Betreuung und Hilfestellung nicht erwünscht
- Ausschließlich Selbstlernphasen mit Neuen Medien (CBT, WBT)
- Verneinung von Präsenzphasen
- Selbsterklärende Lernumgebung favorisiert

4.2.1.1 Falldarstellung: »Frau Englisch, die einzelkämpferisch-orientierte E-Learning->Wiederholungstäterin‹«

Frau Englisch (BE01a) ist 44 Jahre alt, verheiratet und Mutter von zwei Kindern, die neun und vier Jahre alt sind. Sie ist seit 1986 Angestellte eines großen pharmazeutischen Unternehmens in Berlin mit qualifizierter Tätigkeit. Aufgrund ihrer familiären Eingebundenheit arbeitet sie Teilzeit.

Berufsbiografie
Nachdem sie die Fachhochschulreife erlangt hatte, beabsichtigte Frau Englisch, Kunst zu studieren. *»Da das, wie man weiß, nicht unbedingt ((lacht)) immer so wahnsinnig zum Erfolg führt, zum finanziellen, wurde mir geraten, vorher eine, eine abgeschlossene Berufsausbildung zu wählen«* (7-9). Weiter wurde ihr geraten, eine Ausbildung zu wählen, die ihr *»halbwegs Spaß machen könnte. Und das habe ich dann auch getan«* (11). So besuchte Frau Englisch die Handelsschule und erwarb dort den Abschluss der Fremdsprachensekretärin mit den Schwerpunkten Englisch und Französisch. Ausschlaggebend für diese Entscheidung war für sie, eine berufliche Position zu erlangen, die auch *»auf lange Sicht hin vielversprechend«* ist, wobei die *»Gehaltsvorstellungen (...) auch eine gewisse Rolle«* (15f.) spielten. Zudem war es für sie wichtig, dass *»man nicht den ganzen Tag stehen muss«* (16f.). Daher erfolgte ihre Berufswahl nach rationalen Kriterien, wobei die Aussicht auf eine angemessene Entlohnung, Nachhaltigkeit, Beweglichkeit und Freude an der Arbeit die bestimmenden Faktoren darstellten.

Nach Beendigung der Ausbildung hat Frau Englisch in ihrem erlernten Beruf ungefähr für *»40 verschiedenen Firmen in Berlin gearbeitet. Also zum Teil selbstständig, zum Teil über Zeitarbeitsagenturen«* (27-29), sodass man hier von einer klassischen Patchwork-Biografie sprechen kann. Diese setzt sich aus diversen Versatzstücken zusammen und entspricht kaum mehr dem standardisierten Lebensablauf. Die eigene Bildungsbiografie muss demnach immer wieder neu ausgehandelt werden, indem ein permanenter Wechsel zwischen dem Abwägen von Alternativen und dem Aushandeln von Gestaltungsmöglichkeiten stattfindet. Eine von der Zeitarbeitsagentur vermittelte Stelle betraf eine *»Aushilfstätigkeit«* (476) bei einem pharmazeutischen Großunternehmen, das bereits 1986 in seinem Betrieb die EDV im Büro einführte. Dies stellte für Frau Englisch auch die erste Situation dar, bei der sie mit Computern in Berührung kam. Wenige Monate später bot ihr das Unternehmen eine *»feste Teilzeitstelle«* (482) an, die sie bis heute innehat. Demnach ist Frau Englisch seit 18 Jahren in demselben Konzern tätig, allerdings mit einer sechsjährigen Pause, da sie aufgrund der Kindererziehung in Mutterschutz ging. Dabei vollzogen sich in diesen Jahren Reorganisationsprozesse im Unternehmen, vor allem aufgrund des technologischen Wandels. Dies führte dazu, dass sie heute ihren Beruf *»leicht variiert«* (18) ausübt, sich überwiegend um die Sachbearbeitung kümmert. Konkret beinhaltet ihr Aufgabengebiet die Datenverwaltung für das Unternehmen, damit diese nur für *»bestimmte Leute sichtbar«* (41) sind. Die angesprochenen Reorganisationsprozesse im Unternehmen beziehen sich im Hinblick auf ihre Tätigkeit auf die *»restriktiver«* (43) gewordene Datenhandhabung. Im Gegensatz zu früher werden den Angestellten heute aufgrund gefährdeter Datensicherheit durch Neue Medien nur bestimmte *»Zugriffsberechtigungen«* (46) zugewiesen: *»Da sind zum Teil sehr diskrete Dokumente drin und da ist es auch sehr wichtig, dass nur bestimmte Personengruppen diese Berechtigungen haben dürfen. Und äh, dafür bin ich jetzt zum Beispiel in unserem Bereich zuständig«* (51-53). Sie übt auch weiterhin ihren erlernten Beruf aus, allerdings bezieht sich die arbeitsbezogene Nutzung ihrer Fremdsprachenkenntnisse allein auf Englisch.

Berufliche Zukunftsperspektive
In Bezug auf ihre berufliche Zukunftsperspektive in dem Unternehmen wagt Frau Englisch keine konkreten Prognosen: *»Ich, ich kann mich um ein bis zwei Stufen hocharbeiten bei entsprechender Förderung. Ich kann genauso gut auch in zehn Jahren auf der Straße stehen (…). Es ist alles möglich ((lacht))«* (339-343). Dieses Zitat symbolisiert die heutige Risikogesellschaft. Ulrich Beck beschreibt den Sachverhalt wie folgt:

> »In der fortgeschrittenen Moderne geht die gesellschaftliche Produktion von Reichtum systematisch einher mit der gesellschaftlichen Produktion von Risiken. Entsprechend werden die Verteilungsprobleme und -konflikte der Mangelgesellschaft überlagert durch die Probleme und Konflikte, die aus der Produktion, Definition und Verteilung wissenschaftlich-technisch produzierter Risiken entstehen« (Beck 1986, S. 25).

Unter dem Begriff »Risiken« subsumiert Beck einerseits »naturwissenschaftliche Schadstoffverteilungen«, andererseits »soziale Gefährdungslagen« (Arbeitslosigkeit) (ebd. S. 31). Dadurch werden heutige Lebensläufe kaum mehr planbar, was bei Frau Englisch durch die Ansicht *»es ist alles möglich«* zum Ausdruck bringt. Dabei fungieren beruflicher Aufstieg und Arbeitslosigkeit als die zwei Pole, die aber trotz ihrer weit voneinander entfernten Ausprägung mögliche Zukunftsszenarien für viele Individuen in unserer heutigen Gesellschaft darstellen. Des Weiteren legt die Aussage von Frau Englisch nahe, dass innerbetriebliche Aufstiegsmöglichkeiten stark von der dort stattfindenden Unterstützung abhängig sind, konkret von der Person, *»für die man arbeitet«* (60). Allerdings, so Frau Englisch, gibt es *»sehr viele Vorgesetzte bei* [Firmenname]*, die einen nicht fördern. Die auch kein Interesse daran haben, ihre Leute zu fördern«* (354f.). Infolgedessen spricht sie von *»Glück«* (357), wenn sie einem Vorgesetzten mit entsprechender unterstützender Einstellung zugewiesen wird. Obwohl Frau Englisch zum Zeitpunkt des Interviews Aufstiegschancen in Betracht zieht, weist sie darauf hin, dass *»durch organisatorische Veränderungen«* diese Möglichkeit *»auch wieder verschwinden«*, sich aber auch *»sogar verstärken«* kann. *»Ich weiß es einfach nicht«* (362-364). Dementsprechend ist das Problem, dass man ihrer Ansicht nach *»nichts dafür tun«* (366) kann: *»Man kann gut arbeiten, man kann sich ständig weiterbilden, damit man für sich selbst das Gefühl hat, man ist konkurrenzfähig und man kann das Letzte aus sich herausholen. Ähm, ob man dann gefördert wird oder nicht, ist letzten Endes dann Glückssache«* (366-369). Obwohl ihr im Sinne des Arbeitskraftunternehmers (Voß/Pongratz 1998) die Notwendigkeit der Integration der Marktgesetze in die individuelle alltägliche Lebensführung wohl bewusst ist – indem sie versucht, konkurrenzfähig zu bleiben, zeitrational zu handeln, sich erfolgreich zu verkaufen und sich selbst zu ökonomisieren und somit zu seinem eigenen Lebensunternehmern zu werden –, legitimiert sie ein mögliches Scheitern mit nicht vorhersehbaren Veränderungen, die sich nicht auf die eigene, sondern auf Personen in höheren hierarchischen Ebenen beziehen.

Davon abgesehen ist Frau Englisch aber mit ihrer Arbeit sehr zufrieden, sodass sie zum folgenden Fazit kommt: *»Ja, also die Aufstiegschancen mal ausgeklammert, ((lacht)) bin ich mit allen anderen Sachen sehr zufrieden«* (74-76).

Weiterbildung

Dem Lernen gegenüber ist Frau Englisch sehr positiv eingestellt und beschreibt es als eine *»Grundeigenschaft, die jeder haben sollte«* (1330). Dementsprechend sieht sie es als *»beängstigend«* (1334) an, wenn Kolleginnen und Kollegen von ihr nicht mehr *»bereit sind, lernen zu wollen«* (ebd.), und kommt zu dem Fazit, dass man ohne Weiterbildungsteilnahme *»zum absoluten Langweiler«* (327f.) wird, und dies *»auf allen Gebieten«* (330). Infolgedessen freut sie sich *»über alles, was mich weiterbildet«* (332), sodass sie auch an mehreren innerbetrieblichen Fortbildungsmaßnahmen teilnimmt. So erzählt Frau Englisch, dass sie *»pro Jahr ein bis zwei Vorschläge unterbreitet und die sind dann auch genehmigt worden«* (135f.). Neben diesen genannten Aspekten ist ein weiterer Grund für Frau Englisch, an Qualifizierungsmaßnahmen teilzunehmen, dass es ihr sehr wichtig ist, ihren Beruf professionell und kompetent auszuüben, um in den von ihr geforderten Tätigkeiten Sicherheit auszustrahlen. Begründend erklärt sie, dass es ihr *»sehr unangenehm ist, in einer Position zu sitzen nachher, wo ich Unsicherheiten habe«* (377f.). Beobachtungen, etwa dass Leute bei Unsicherheiten zu *»zittern«* (381) anfangen, unterstützen dabei ihre Einstellung zu Weiterbildungsmaßnahmen. Dementsprechend wollte Frau Englisch einen Englischkurs absolvieren, hauptsächlich um ihr Business-Englisch wieder aufzufrischen und sicherer im Umgang mit der Sprache zu werden. Zwar hatte sie die Kursteilnahme zunächst privat geplant – dementsprechend kann von einer freiwilligen Teilnahme ausgegangen werden –, erkundigte sich aber trotzdem bei *»der ZW* [Zentralen Weiterbildung] *nach einem Englischkurs allgemein, Konversation«* (642f.). Daraus ergaben sich für sie zwei Möglichkeiten zur innerbetrieblichen Weiterbildung. Entweder an einem Gruppenkurs teilnehmen oder Einzelunterricht, wobei darauf hingewiesen wurde, dass es in diesem Zusammenhang *»jetzt neuerdings auch E-Learning gibt«* (645f.). Gruppenunterricht kam für Frau Englisch nicht infrage, denn *»ich bin Einzelkämpfer. Ich, ich* *brauche keine Gruppe zum Lernen«* (1218). Begründend erklärt sie *erstens,* dass gerade für Sprachen der Gruppenunterricht eher kontraproduktiv sei, denn *»dann stammelt jeder mehr oder weniger gut englisch, ja? Es bleibt alles hängen irgendwo, auch diese schlechte Aussprache«* (1221-1223). *Zweitens »dauert auch oft die Schulung dadurch länger«.* Drittens hätten auch nicht alle Teilnehmer *»denselben Wissensstand, das kann die Sache auch ein bisschen unangenehm machen«* (190f.). Und *viertens* sind die Termine festgelegt, wo man *»vielleicht krank«* (194) wird oder gerade *»Urlaub«* (ebd.) hat. Aus diesen Gründen lernt Frau Englisch *»gern individuell. Bei freier Zeiteinteilung. Wann ich möchte, wo ich möchte«* (177-179). Somit entschied sie sich für den E-Learning-Kurs, denn *»man ist einfach flexibler, wenn man sich das selber einteilen kann«* (194f.). Weiter empfindet sie das individuelle Lernen mit Neuen Medien als *»komprimierter«* (1245), sodass es auch *»schneller«* (ebd.) abläuft und daher auch zur Zeitersparnis führt. Ein weiterer Grund, warum sie sich für den E-Learning-Kurs entschied, bestand darin, dass sie bereits auf positive Erfahrungen mit CBT zurückgreifen konnte: *»Und da habe ich gesagt ›ja, finde ich sehr gut‹, weil ich hatte mir mal vom ALDI einen Computerkurs mitgebracht in Italienisch und habe mal da so ein bisschen reingeschaut und fand den gar nicht schlecht«* (646-648). Als sie daraufhin ihrer Vorgesetzten von ihrer Absicht erzählte, die gerade zu dieser Zeit selbst einen computerunterstützten Fremdsprachenkurs absolvierte, bestärkte diese Frau Englisch in ihrem Vorhaben und empfahl ihr sogleich den von ihr durchgeführten Lernkurs auf CD-ROM. Da dieser Kurs zum Bestand des Unternehmens für Qualifizierungsmaßnahmen zählt, hat ihre Chefin ihr direkt angeboten, dass *»die Abteilung die Kosten trägt«* (804).

Lernen und Neue Medien
Die Weiterbildung auf dem Gebiet der Fremdsprachenkenntnisse führte Frau Englisch mit einem CBT durch. Dieses interaktive Programm ist audiovisuell angelegt und besitzt zudem ein Zusatztool (Werkzeug) zum Lernen der Aussprache. Dafür wird ein Headset mitgeliefert, mit dessen Hilfe man einzelne Wörter oder Sätze einsprechen kann und das Programm die Rückmeldung gibt, zu wie viel Prozent das Wort richtig ausgesprochen wurde. Frau Englisch nennt dieses Zusatztool Kalibrierung und sieht es als *»gutes Hilfsmittel«* (693f.) an, da man etwa bei der Rückmeldung genau weiß, *»wie man die Aussprache getroffen hat«* (693). Wenn Wörter nicht korrekt prononciert wurden, *»kann dann mehrmals probieren«* (694f.), um *»der korrekten Aussprache entgegenzukommen«* (695f.). Demzufolge beurteilt Frau Englisch dieses Zusatztool wie folgt: *»Wenn es funktioniert, ist es eine wunderbare Sache«* (667f.). Allerdings tauchen häufig mehrere Probleme bei der Kalibrierung auf, die die positive Funktion sehr schmälern, daher auch die von Frau Englisch vorgenommene Einschränkung, die durch die Konjunktion *»wenn«* eingeleitet wird. Das Problem hängt vor allem mit Nebengeräuschen zusammen, die sich nicht immer *»standardisieren«* (669) lassen. Wenn man beispielsweise das Zusatztool unter räumlichen Bedingungen kalibriert, die keine Hintergrundgeräusche besitzen, dann dürfen auch bei der nächsten Nutzung keine Hintergrundgeräusche vorhanden sein: *»Das heißt, die Umgebung muss eigentlich immer dieselbe sein. Man kann nicht dann mal auf dem Balkon arbeiten oder mal, wenn im Nebenzimmer laut Musik ist oder irgendwas«* (674-676). Dadurch wird die Mobilität in der Nutzung, die ja gerade einen Vorteil von E-Learning darstellt, stark eingeschränkt. Ein weiteres Problem, was damit zusammenhängt, bezieht sich auf die Nutzung von Notebooks: *»Wenn man mit dem Notebook arbeitet und dann rennt der Lüfter an ((lacht)), dann kann man die ganze Sache vergessen. Also, nachdem ich dann Wörter zwanzigmal wiederholt habe und der die immer noch nicht gepackt hat ((lacht)), hatte ich dann auch einfach keine Lust mehr«* (678-683). Dies führt dazu, dass sie *»das ganze wichtige Tool überhaupt*

4.2 Qualitative E-Learner-Typologie

nicht mehr benutzen« (701) will, und darum arbeitet Frau Englisch auch nicht mehr mit diesem Zusatzprogramm. Allerdings sei dies ihrer Meinung nach *»schade«*, denn wenn es funktioniert, *»ist es eine sehr große Hilfe«* (703f.).

Positiv bewertet Frau Englisch an diesem Programm, dass es *»interaktiv«* (1037) gestaltet, *»sehr gut aufgebaut«* (656) sowie *»lebendig gemacht«* (1282) ist. Diese didaktischen Gestaltungsprinzipien tragen im Lernprozess von Frau Englisch dazu bei, *»dass es einem nicht so schnell langweilig wird«* (1283), wobei sie vor allem die *»Praxisbezogenheit«* (ebd.) lobend hervorhebt. Den Fokus der Inhalte auf alltagsnahe Dialoge zu richten und somit *»aus dem Leben«* (1284) gegriffene Situationen darzustellen, führt ihrer Ansicht nach bei der Anwendung zu einem positiven Transfererfolg, da die Unterhaltungen so gestaltet sind, dass man sie *»tagtäglich benutzen kann«* (1286). Somit wird *»richtig gesprochenes Englisch, Amerikanisch«* (1291f.) gelernt. Aus diesem Grund findet Frau Englisch *»diese Lebendigkeit der Sprache (...) sehr wichtig«* (1292).

Zudem sei das Programm *»auch knackig gemacht«* (1296), womit sie die Präzision von Erklärungen und Aufgabenstellungen anspricht: *»Es ist nicht so, dass man sich da ewig Seiten durchlesen muss, selbst bei der Grammatik nicht. Es ist kurz beschrieben«* (1296-1299). Demnach empfindet es Frau Englisch als störend, wenn zu ausführliche Beschreibungen über Durchführungsschritte vorhanden sind. Sie bewertet es als *»sehr angenehm«* (818), wenn *»nichts beschrieben, nichts groß erzählt«* (819) wird, obwohl auch *»immer eine kurze Anleitung«* (1301f.) dabei ist. Die Aufgabenformulierung ist allerdings nicht *»100prozentig«* (1306) *»eindeutig«* (1305), sondern dies nur *»zum größten Teil«* (ebd.), wobei das Fehlen des didaktischen Prinzips, Aufgaben verständlich und eindeutig zu formulieren, dessen Bearbeitung stark behindern kann. In diesem Zusammenhang ist allerdings zu erwähnen, dass die gestellten Aufgaben neben den schriftlich verfassten Anleitungen auch auditiv wahrzunehmen sind und zusätzlich synchron zur Anleitung animierte Beispiele integriert sind, *»sodass man sehen kann ›ach, das wollen sie eigentlich‹. Man soll das so und so machen: ›Machen Sie die Wörter da und da in die Lücken‹, oder ›kreuzen Sie zwei an von denen, die stimmen könnten, oder so‹«* (1300-1303). Die Verbindung von Schrift, Audio und multimedialen Animationen, wodurch viele verschiedene Sinneskanäle und Lesarten angesprochen werden, führt nach ihren Erfahrungen zu einem besseren Verständnis der zu bearbeitenden Aufgaben und sollte infolgedessen als bedeutsamer didaktischer Aspekt bei der Gestaltung von Lernprogrammen berücksichtigt werden.

Weiter wird von Frau Englisch lobend erwähnt, dass das CBT *»ein bisschen spielerisch ist«* (824) und somit das Lernen *»nicht unangenehm«* (ebd.) empfunden wird, da es *»nichts mit Paukerei zu tun«* (824f.) hat. Demnach erhöht die Integration spielerischer Elemente in eine Lernumgebung Frau Englischs Lernbereitschaft, da sich dieser Lernvorgang von dem aus der Schule gewohnten, von ihr *»Paukerei«* (s.o.) genannt, abgrenzt. Die Abgrenzung von Online-Weiterbildungskursen gegenüber dem gewohnten Lernen in der Schule kann sich dabei als sehr signifikant für den Lernerfolg erweisen. Mutmaßlich assoziiert Frau Englisch ihren Weiterbildungskurs deshalb nicht mit der Schule, weil *»Man kann da spielerisch lernen kann, und das finde ich sehr angenehm«* (825). Dieses Zitat verdeutlicht dabei, dass Lernen, Spiel, Arbeit und Spaß sich nicht grundsätzlich ausschließen. Allerdings herrscht heute noch die weitverbreitete Meinung vor, dass Lernen und vor allem die Arbeit eine ernste Angelegenheit zu sein haben. Empirischen Studien zufolge führt allerdings die Ausübung von beruflichen Tätigkeiten, die neben rationalen Begründungsmustern aus intrinsischer Motivation (vgl. Schiefele 1996) heraus erfolgen, wie etwa Spaß an der Sache, zu einer höheren Eigeninitiative und somit zu einer höheren Produktivität. Unternehmen sind vor allem auf die intrinsische Motivation ihrer Mitarbeiter angewiesen, um bestimmte Aufgabenstellungen zu lösen, die etwa Leistungen wie Teamgeist, Initiative, Kreativität und Innovativität erfordern. Diese Anforderungen können häufig nur erfolgreich erfüllt werden, wenn die Arbeit selbst motiviert. »Je komplexer, anspruchsvoller und vielseitiger die beruflichen Anforderungen sind, je weniger die Arbeitsleistung in einem hieb- und stichfesten Anforderungskatalog festgelegt werden kann, desto weniger kann man auf intrinsische Motivation verzichten. Sie wird zu einer strategischen Ressource« (vgl. Frey/Osterloh 2002, S. 37).

Resümierend berichtet Frau Englisch, dass sie mit dem CBT *»gute Erfahrungen«* (1275) gesammelt hat und schätzt, *»dass das ein recht sehr Gutes ist. Kann mir nicht vorstellen, dass da noch ein besseres im Moment am Markt gibt«* (961 f.).

Trotz dieser im Gesamteindruck positiven Bilanz weist das CBT jedoch auch einige Mängel auf, die Frau Englisch für verbesserungswürdig erachtet. Ein grundlegendes Manko besteht ihrer Ansicht nach in der nicht eindeutigen Produktinformation auf der Verpackung. So stehe auf dem Verpackungskarton des Englisch-Lernprogramms nicht der Hinweis, dass es sich um *»amerikanisches Englisch«* (657 f.) handelt, was auf die nicht vorhandene Informationstransparenz des Angebots rekurriert. *»Es sind entsprechend auch amerikanische Ausdrücke. Amerikanische Rechtschreibung, ja? Es ist aber nicht auf der Packung vermerkt, finde ich nicht so gut«* (665-667), denn es gibt ja auch Menschen, so Frau Englisch, die auf britisches *»Englisch Wert legen«* (662).

Ein Aspekt, der für Frau Englisch störenden Einfluss auf ihren Lernprozess nimmt, ist der bei der Durchführung der Aufgaben von ihr benannte eingeblendete *»Tutor«* (912), wobei Frau Englisch den animierten Avatar in menschlicher Gestalt meint, da kein tutorieller Support in dem CBT vorgesehen ist. Dieser sei zwar *»interaktiv«* (914) programmiert, *»hat dann immer diese gleichen Phrasen drauf«* (916). *»Und wenn man da so seine 20 Übungen macht und der gibt dann immer die gleichen Kommentare, das ist ätzend«* (919 f.). Aufgrund dieser von Frau Englisch beschriebenen geringen Flexibilität dieses Merkmals der Lernumgebung und der damit produzierten Eintönigkeit im Lernprozess sollte man aus didaktischen Gründen entweder die Wortwahl der Kommentare variieren, mehrere Avatare zur Auswahl anbieten, sodass man wechseln kann (vielleicht auch zwischen männlichen und weiblichen Avataren) oder die von Frau Englisch bevorzugte Strategie ermöglichen, nämlich den Avatar *»wegschalten«* (922) zu können. Dies *»wäre schon eine tolle Sache«* (ebd.) und demnach ein Verbesserungsvorschlag, den Programmanbieter in Betracht ziehen sollten.

Obwohl die Anwendung des CBTs von Frau Englisch als *»einfach«* (901) charakterisiert sowie ihrer Einschätzung nach das Ziel des Sprachenlernens bei *»Fortgeschrittenen«* (902) *»auch erreicht«* (901) wird, schränkt sie auf Anfänger bezogen diesen Lernerfolg ein: *»Bei Anfängern zweifle ich daran«* (902). Zur Begründung führt sie an, es sei *»einfach zu schwer«* (783), da das Programm sofort mit *»Dialogen, mit Grammatik-Übungen«* beginne. *»So kann man nicht anfangen, Englisch zu sprechen, meines Erachtens«* (786 f.).[64]

---

[64] Dieser Einschätzung stimmen wir aufgrund selbst gemachter Erfahrung mit dem entsprechenden Lernprogramm (Digital Publishing) zu. Aus Evaluationsgründen haben wir das Programm getestet und sind ebenfalls zu dem Ergebnis gekommen, dass das Programm für Nutzer ohne Grundkenntnisse in einer Fremdsprache zu schwierig gestaltet ist und schnell zur Frustration führt. Sind allerdings Vorkenntnisse in der Fremdsprache vorhanden (wir haben das Programm in zwei Fremdsprachen – englisch und spanisch – geprüft), lassen sich die Dialoge sowie die Aufgabenstellungen sehr gut nachvollziehen.

Weiter muss die *»Technik, hm, muss noch ein bisschen nachgebessert werden«* (902f.), so Frau Englisch. *Erstens* spricht sie hier das schon beschriebene Problem der Kalibrierung an, *zweitens* verweist sie allerdings auch auf *»Programmfehler«*, nämlich *»dass alles richtig war und er zeigt einen Fehler an, der gar nicht da ist«* (904f.). Letzteres kann dabei zu Unsicherheit im Lernprozess sowie im Umgang mit der Sprache führen, da Falsches gelernt wird. Ein weiterer Programmfehler *»zum Schluss eines bestimmten Kapitels«* (887) bestand darin, dass sich der Computer an einer bestimmten Stelle ständig *»aufgehängt«* (888) hat. Die einzige Möglichkeit bestand im Neustart *»und die ganzen Ergebnisse vorher sind alle weg«* (890). Derartige Programmfehler führen logischerweise zur Frustration im Lernprozess: *»Also, ich habe mich ehrlich gesagt darüber geärgert«* (895). Daher der Appell von Frau Englisch: *»Also das, das ist einfach nervtötend und da müssen die dann wirklich nacharbeiten, diese Fehler schnellst möglichst rausbekommen«* (907f.). Insgesamt kommt Frau Englisch hinsichtlich des Lernens mit dem Englisch-CBT zu folgendem Fazit: *»Also wenn dieses Programm noch verfeinert werden würde, die Fehler 'rausgenommen werden würden und vielleicht dieser nervende Typ dort abzuschalten wäre, würde ich sagen, ist das das perfekte Programm«* (1306-1308).

Qualität

Frau Englisch erklärt auf die Frage, was Qualität für sie beinhaltet, dass es je nach Gegenstand unterschiedliche Formen von Qualität gibt. So entstehen *»technische Qualitäten«* (1318), wenn sich der Programmierer von Lernsoftware zunächst überlegt: *»Wenn ich jetzt User wäre, kann ich mit dem Programm überhaupt umgehen?«* (1321f.). Dieser *Perspektivenwechsel* ist auch unserer Auffassung nach der richtige Weg, um lernerfolgversprechende Programme zu entwickeln, da der Nutzer mit seinen Bedürfnissen und Sichtweisen in den Mittelpunkt gerückt wird, also die Programmierung von der Nutzerperspektive ausgeht. In diesem Zusammenhang sollte sich nach Frau Englischs Aussagen der Gestalter die Frage nach der *»Anwenderfreundlichkeit«* (1324) (*»user friendly«*, 898) des Programms stellen. Dieser Aspekt stellt sich dabei als sehr signifikant für den Lernprozess heraus, da nicht davon auszugehen ist, dass die Nutzer der Software über dieselbe Kompetenz in Bezug auf die instrumentell-qualifikatorische Medienkunde verfügen wie der Programmierer selbst. Diese Bewertung lässt sich im folgenden Zitat darstellen, das die Qualität eines E-Learning-Kurses aus Sicht von Frau Englisch beschreibt: *»Ja, es ist ein anwenderfreundliches Programm in jeder Hinsicht. Keine Fehler drin und leicht zu bedienen. Es macht Spaß, und dass man letzten Endes auch was dabei lernt. ((lacht))«* (1337-1339).

Auf die Frage, ob sie erneut an einem E-Learning-Kurs teilnehmen würde oder eher einen Blended-Learning-Kurs bevorzugen würde, erklärt sie: *»E-Learning. Hundert Prozent«* (1251). Ihre vornehmliche Begründung bezieht sich dabei auf die *»freie Zeitwahl«* (1257). Zudem ›outet‹ sich Frau Englisch als *»Wiederholungstäter, ja.«* (1253), sodass sich ihr Motto wie folgt skizzieren lässt: »Einmal E-Learning – immer E-Learning«. Demnach möchte Frau Englisch die sich durch das multimediale Lernen ergebenden Vorteile sowie die damit verbundenen individuell zu organisierenden Lerneinheiten zukünftig nicht mehr missen.

4.2.2 Der intrinsisch motivierte und Herausforderungen suchende E-Learner

Der Kategorie der intrinsisch motivierten und Herausforderungen suchenden E-Learner wurden folgende Fälle subsumiert:

- Herr Abt (ST02a), der introvertierte Lerner! (Angestellter im Elektrobetrieb, 24 Jahre, verheiratet, Vater von zwei Kindern, die 3 und 1 Jahre alt sind),
- Frau Conrad (OL02a), die thematisch-interessierte lebenslange Lernerin (gelernte Justizfachangestellte am Amtsgericht, zurzeit nicht erwerbstätig, Hausfrau, 35 Jahre, verheiratet, Mutter von zwei Söhnen, die 9 und 4 Jahre alt sind),
- Frau Engels (BE02a), die Herausforderungen suchende lebenslange Lernerin (Angestellte eines Pharmakonzerns, Abteilung Weiterbildung, 45 Jahre, geschieden, Mutter eines 14-jährigen Sohns) sowie
- Herr Bentrup (SL01b), der zwischenmenschliche, sich Feedback wünschende Lerner (selbstständiger Versicherungsfachmann, 47 Jahre, verheiratet, 4 Kinder).

Zum Typus der »Intrinsisch motivierte und Herausforderungen suchende E-Learner« gehören zwei Frauen, im Alter von 35 und 45 Jahren sowie zwei Männer, die 24 und 47 Jahre alt sind. Bis auf einen absolvierten alle anderen Personen nach Abschluss der mittleren Reife eine berufliche Ausbildung.

Die Personen des Typus »Intrinsisch motivierter und Herausforderungen suchender E-Learner« zeichnen sich vor allem durch ihre große Lernbegeisterung aus. Lernprozesse bedeuten für sie eine lebensweltliche Bereicherung, wobei sie unter Lernen keine vorübergehende Phase verstehen, die im Alter irgendwann abgeschlossen wird. Lernen erstreckt sich vielmehr über die gesamte Lebensspanne. So erklärt zum Beispiel Frau Conrad: *»Ich könnte mir nicht vorstellen, aufzuhören mit dem Lernen«* (OL02a, 1346f.) und Herr Bentrup beschreibt metaphorisch, dass *»das ganze Leben ein Lernen [ist]. Wer aufhört zu lernen, stirbt«* (SL01b, 2067). Demzufolge sind die »Intrinsisch motivierten E-Learner« starke Befürworter lebenslangen Lernens.

Kennzeichnend für diesen Typus ist somit die ständige Motivation, neues Wissen und neue Kompetenzen zu erwerben. Die Weiterbildungsambitionen dieser Lerner basieren auf einer sehr positiven Lerneinstellung: *»weil ich immer gern, gern lerne«* (SL01b, 471). Neben der intrinsischen Motivation, die das Erleben von Selbstbestimmtheit und Kompetenz einschließt (vgl. Deci/Ryan 1993), welches mit Interesse oder Spaß beim Lernen korrespondiert, sehen die »Intrinsisch motivierten und Herausforderungen suchende E-Learner« aber die Teilnahme an Fortbildungen oder allgemein die Tätigkeit des Lernens auch als eine *»Notwendigkeit«* (SL01b, 471) an, um in unserer Gesellschaft beruflich bestehen zu können. Frau Engels ist der Auffassung, dass jeder im Leben *»mit so vielen Dingen konfrontiert«* (320) wird, die zu bewältigen sind, dass *»man einfach eben in eine Weiterbildung gehen muss«* (322), *»um nicht auf der Stelle zu treten«* (BE02a, 318). Da alle Personen des Typus der »Intrinsisch motivierten und Herausforderungen suchenden E-Learner« Eltern sind, kann hier die Vermutung aufgestellt werden, dass Personen mit Kindern, die in institutionelle Lernsettings, wie zum Beispiel der Schule eingebettet sind, die Bereitschaft und vielleicht auch die Selbstverständlichkeit zum Lernen auch von ihren Kindern übernehmen.

Ferner können die Interviewten dieses Typus zudem dadurch charakterisiert werden, dass sie ständig neue Herausforderungen suchen und auch gerne Verantwortung übernehmen. Gerade die Konfrontation mit Problemen und schwierigen Situationen empfinden sie nicht als Bürde, sondern als Herausforderung, um entsprechende Handlungsalternativen und Lösungsstrategien zu entwickeln. So berichtet etwa Frau Engels bezüglich neuer, verantwortungsvoller ihr übertragener Aufgabenbereiche in ihrem Beruf, dass sie diese nicht als *»Belastung«*

versteht, sondern – obwohl es auch mehr »*zusätzliche Arbeit und noch höhere Konzentration gegenüber den anderen Dingen*« bedeute – diese als »*Herausforderung*« ansieht, »*die ich sehr gern angenommen habe und ich glaube, der ich auch ganz gut gewachsen bin*« (BE02a, 63-66). Der Wunsch der »Intrinsisch motivierten E-Learner«, während ihrer täglichen Arbeit mehr Verantwortung zu übernehmen, lässt auf eine selbstständige Arbeitsweise und eine positive Selbstwirksamkeitsüberzeugung schließen und fußt auf einem positiven Selbstbild hinsichtlich der Aneignung neuen Wissens und neuer Fertigkeiten. Dieser Aspekt der Persönlichkeit kann vor allem bei einer computerunterstützten Weiterbildungsform sehr hilfreich sein. Nach Voß und Pongratz (1998) bewegt sich die Arbeitsorganisation zu einer immer stärkeren Selbstökonomisierung der Arbeitnehmer, die ihre Arbeitskraft flexibel, gewinnbringend und selbstgesteuert verwalten und einsetzen müssen. Die hohe Selbstwirksamkeitserwartung der »Intrinsisch motivierten und Herausforderungen suchenden E-Learner«, also das Vertrauen in die eigenen Fähigkeiten und Leistungen, führt dazu, dass sie sich anspruchsvollere Ziele setzen und daran auch stärker festhalten als etwa die »fremdgesteuerten – oder gruppenorientierten E-Learner« (s. S. 156ff. und 167ff.). Eine entscheidende Rolle spielen dabei die kognitive Motivation, die Fähigkeit zur Selbstmotivation und diejenige, die eigenen Verhaltensweisen »durch vorausschauendes Denken antizipatorisch zu steuern« (Mielke 2001, S. 64).

Wie sich aus dem Weiterbildungshabitus der »Intrinsisch motivierten E-Learner« ableiten oder schließen lässt, lernen sie – ähnlich wie die »Autonomen E-Learner« – »*lieber selbstständig*« (OL02a, 141) und allein, da nach ihrer Erfahrung der autonome Wissenserwerb zu einer besseren Verarbeitung der Lerninhalte führt. Ihrer Ansicht nach prägen sich Inhalte besser ein, »*wenn man sich selber was erarbeitet*« hat (SL01b, 138), wobei diese These von psychologischen Untersuchungen sowie der kognitiven Lernstrategie der Elaboration gestützt wird (vgl. Mietzel 1998). Ihr zweites Argument für einen eigenständigen Wissenserwerb ist die oftmals von ihnen beklagte Heterogenität von Lerngruppen, die sie als einen problematischen bzw. lernhemmenden Faktor bei der Teilnahme an Weiterbildungskursen ansehen. So berichtet Frau Conrad aus eigener Erfahrung, dass es in solchen Fällen Teilnehmer gibt, »*die ein bisschen hinten dranhängen [und] die vielleicht noch ein bisschen mehr darüber hinaus wissen möchten. Und dann kommt es darauf an, wie sich der Lehrer dann halt mit den Teilnehmern verständigt, ob man auf den wartet, der noch ein bisschen hinten dranhängt, oder ob man jetzt den bevorzugt, der vielleicht schon weiter ist. Es war nicht so effektiv*« (OL02a, 198-204). Drittens schätzen sie es, ihren Lernprozess in ›Eigenregie‹ zu führen, um unabhängig von vorgegebenen Zeiten und Orten zu lernen. Zeitunabhängigkeit ist für die »Intrinsisch motivierten E-Learner« von hoher Bedeutung, da sie es aufgrund familiärer Eingebundenheit oder persönlicher Dispositionen bevorzugen, ohne Absprache mit Anderen Entscheidungen fällen zu können. So lernen etwa Herr Bentrup und Herr Abt lieber abends oder nachts, Frau Engels spontan bei sich ihr bietenden Gelegenheiten und Frau Conrad vormittags. Das Lernen zu selbst gewählten Zeitpunkten definieren sie als einen wichtigen Faktor für den Lernerfolg: »*Also, man weiß ja selber auch, wann man am besten lernen kann. Wann man am meisten aufnimmt*« (OL02a, 596f.). Daneben erlaubt ihnen die örtliche Unabhängigkeit, die häusliche Umgebung zu nutzen, um sich in vertrauter Atmosphäre eine angenehme Lernumgebung zu schaffen und dadurch Störfaktoren zu minimieren, die sie im Lernprozess behindern könnten. Eine solche Herangehensweise an einen Lerngegenstand setzt metakognitive Kompetenzen voraus, d.h. ein Wissen über die eigene kognitive Ausstattung, deren Stärken und Schwächen sowie über den Einsatz von Mitteln zur Kontrolle und Steuerung eigener kognitiver Aktivitäten (Schiefele 1996).

Im Vergleich zu den »Autonomen E-Learnern« sind die Lernkompetenzen der »Intrinsisch motivierten und Herausforderungen suchenden E-Learner« hinsichtlich Selbstbestimmung und Selbststeuerung im Lernprozess zwar weniger stark ausgeprägt, befinden sich aber trotzdem auf einem relativ hohen Niveau. Obwohl die »Intrinsisch motivierten E-Learner« Lernzeiten und -orte, wie auch bestimmte Ziele eigenständig bestimmen möchten und auch Kompetenz und Dispositionen mitbringen, diese an sich selbst gestellten Anforderungen diszipliniert und motiviert durchzuführen, empfinden sie *instruktionale Hilfestellungen* im Lernprozess von außen – im Gegensatz zu den »Autonomen E-Learnern« – *als hilfreich*. Sich an Leitfäden zur Bearbeitung der Lerninhalte orientieren zu können, indem etwa grobe Ziele vorgegeben werden, wird von ihnen als angenehm wahrgenommen. Ebenso befürworten sie die tutorielle Betreuung, um bei auftauchenden technischen sowie inhaltlichen Problemen jederzeit jemanden erreichen zu können, der ihnen auf dem Weg moderner Kommunikationsmedien hilft oder auch eine Rückmeldung gibt, damit sie während der Interaktion mit der jeweiligen E-Learning-Umgebung nicht allein sind, sondern »*sofort auf jemanden zurückgreifen*« können (BE02a, 853).

Obwohl die Lernbegeisterten insgesamt gerne selbstständig für sich lernen, *schätzen* sie aber auch – neben der tutoriellen Betreuung – die Funktionen von *Präsenzphasen*. Den größten Nachteil reiner E-Learning-Seminare sehen sie darin, »*dass Dinge einfach nicht so genau erklärt werden können*« (ST02a, 1189). Demnach sollten Präsenztage in ihren Augen *erstens* der »*Aufarbeitung*« (ebd., 786) bereits zuvor erarbeiteter Lerninhalte dienen, *zweitens* genutzt werden, »*um noch einzelne Fragen zu stellen*« (ebd., 788) oder Missverständnisse auszuräumen und *drittens*, um Mitlernende kennenzulernen. Zusätzlich erheben sie gegenüber Präsenzphasen den Anspruch, dass ihnen die Dozenten Rückmeldungen über ihren Lernerfolg geben. Neben der Lehre durch einen Dozenten erkennen die »Intrinsisch motivierten E-Learner« auch positive Lerneffekte bei der *Gruppenarbeit* mit Anderen, zum Beispiel um sich gegenseitig über Inhalte auszutauschen. Allerdings wollen sie diese Lernform – ähnlich wie die autonomen E-Learner – nur sehr eingeschränkt nutzen, um ihre Unabhängigkeit im Lernprozess nicht zu verlieren bzw. aufzugeben.

Die »Intrinsisch motivierten E-Learner« haben eine Veranstaltungsform vor Augen, die in etwa zu 75% aus Selbstlernphasen mit Neuen Medien und zu 25% aus Präsenzphasen, gekoppelt mit Gruppenarbeit, besteht. Aus ihren Lernpräferenzen und -kompetenzen ergibt sich, dass sie sich für ein Blended-Learning Szenario entscheiden würden, da »*eine Kombination aus beidem (…) immer gut*« (BE02a, 847) ist. In diesem Zusammenhang legen die »Intrinsisch motivierten E-Learner« aber Wert darauf, dass eine sinnvolle Verknüpfung besteht zwischen dem CBT beziehungsweise WBT, mit dem sie zu Hause lernen sollen, und dem Lerninhalt, der im Seminar behandelt wird.

Da sie sich durch Selbststeuerung auszeichnen, erwarten die »Intrinsisch motivierten E-Learner« von einer Lernumgebung, dass sie Feedback, Hilfestellungen sowie Selbsttests anbietet, damit sie ihren Lernerfolg selbst kontrollieren können. Daran anknüpfend sollte sie gut gegliedert sein sowie langsam hinsichtlich der Komplexität von Lerninhalten ansteigen. »*Also wie gesagt, das fängt ja jedes Mal an mit einer Einführung, dann mit den ersten Schritten und dann wird das, wird der Schwierigkeitsgrad immer ein bisschen mehr gesteigert (…). Das ist eigentlich schon so, wie ich es auch hätte haben wollen, sage ich mal*« (OL02a, 748-752). Ferner bevorzugen die »Intrinsisch motivierten E-Learner« audiovisuelle Veranschaulichungen in Form von praktischen Beispielen. Zusätzlich ist dem »Intrinsisch motivierten E-Learner« eine *starke interaktive Ausrichtung der Lernplattform* wichtig, da sie mehr Möglichkeiten des selbstgesteuerten Lernens eröffnet. Die hier angesprochene Interaktivität von Lernprogrammen wird definiert als »die Eigenschaft von Software […], dem Benutzer eine Reihe von Eingriffs- und Steuermöglichkeiten zu eröffnen« (Haack 1997, S. 153). Funktionen von Interaktivität sind einerseits die Individualisierung des Angebots durch die Auswahl und Darbietung von Lerninformationen nach den Interessen und Bedürfnissen von Lernenden sowie die Motivation durch den Einbezug des Lernenden in das Lerngeschehen. Der Lernende nimmt eine aktive Rolle mit bestimmten Freiheitsgraden im Lernprozess ein. Diese Vorteile von interaktiven Lernsystemen sehen die »Intrinsisch motivierten E-Learner« als entscheidenden Faktor für ihren Lernerfolg, da das Lernen als nicht *»eintönig«* (SL01b), sondern als aktiver Prozess empfunden wird *(»ich selbst mache was«,* SL01b). Aus diesem Grund eignen sich vor allem stark multimedial und hypermedial ausgerichtete Systeme für die »Intrinsisch motivierten E-Learner«, um erfolgreich lernen zu können.

Typus 2 im Überblick: Der intrinsisch motivierte E-Learner

- Hohe eigengesteuerte Motivation
- Spaß am Lernen und an neuen Herausforderungen
- Sehr positive Lerneinstellung und gute Erfahrungen mit Weiterbildung
- Befürworter lebenslangen Lernens
- Hohe bis mittlere Selbstorganisation und Selbstdisziplin
- Blended-Learning-Kurs erwünscht (ca. 75% E-Learning + ca. 25% Präsenzphasen)
- Multimediale und hypermedial ausgerichtete Systeme erwünscht

---

4.2.2.1 Falldarstellung: »Frau Conrad, die thematisch interessierte und selbstreflexive lebenslange E-Learnerin«

Frau Conrad ist 35 Jahre alt und wohnt in einer mittelgroßen Stadt Niedersachsens. Sie ist verheiratet und Mutter von zwei Jungen im Alter von vier und neun Jahren. Seit der Geburt ihres ersten Kindes nimmt sie die Rolle als Hausfrau und Mutter wahr. Seit einiger Zeit nimmt sie an einem Weiterbildungskurs teil, der in Form eines Blended-Learning-Szenarios strukturiert ist, mit dem Ziel, die ECDL[65] zu erwerben. Da seit ihrem Berufsaustritt beinahe ein Jahrzehnt vergangen ist, möchte Frau Conrad durch die Teilnahme an der Weiterbildungsmaßnahme vor allem ihre Defizite im Hinblick auf die Nutzung und Anwendung diverser Standardsoftware kompensieren.

Berufsbiografie und Persönlichkeit
Nach ihrem Realschulabschluss hat Frau Conrad zunächst eine Ausbildung zur Justizfachangestellten beim Amtsgericht in Oldenburg absolviert. Später war sie als *»Protokollführerin beim Oberlandesgericht«* (5) tätig, bevor sie *»dann noch mal«* (6) in die *»freie Wirtschaft«* (6) gewechselt ist

---

[65] ECDL ist die Abkürzung für ›European Computer Driving Licence‹ bzw. für ›Europäischer Computer-Führerschein‹. Die ECDL ist ein plattformunabhängiges Zertifikat für Computerbenutzer und dient als Bescheinigung für das Wissen bezüglich der Anwendung eines Computers und verschiedener Standardapplikationen. Zum Aufbau der Kurse siehe Fußnote 66, S. 152).

und in einer *»Kurbetriebsgesellschaft«* (8) als Sekretärin gearbeitet hat, die mit zusätzlichen Aufgaben einer Sachbearbeiterin betraut worden ist.

Die Erfahrung mit unterschiedlichen beruflichen Stationen ging für Frau Conrad auch mit unterschiedlichen Graden beruflicher Verantwortung einher: *»Und als Justizfachangestellte hat man insofern auch nicht so viel Verantwortung, sondern nur, dass man eben alles richtig protokolliert und wiedergibt. Bei meinem Beruf als Sekretärin und Sachbearbeiterin sah es dann schon ganz anders aus. Da musste man viel mehr organisieren und war auch viel mehr für seine Arbeit verantwortlich und hatte auch viel mehr Möglichkeiten«* (56-62).

In der Kurbetriebsgesellschaft war sie schließlich bis zur Geburt ihres ersten Sohnes *»vor fast neun Jahren«* (15) angestellt, bevor sie ihren Mutterschutz in Anspruch nahm. Als ihr *»zweiter Sohn drei Jahre alt«* (17) war, hatte Frau Conrad den Wunsch, *»wieder irgendwas [zu] machen«* (18). Da sie während ihrer Tätigkeit im Kurbetrieb bereits mit *»Computertechnik und dergleichen zu tun«* (9) gehabt hatte, den Umgang damit jedoch eher als *»undurchsichtig«* (20) empfunden hatte, traf sie nun die Entscheidung, *»diesen ECDL-Kursus jetzt in Anspruch«* (20f.) zu nehmen, weil sie diese *»ganzen Computersachen«* (19) in Zukunft *»besser verstehen möchte«* (20).

Frau Conrad ist der Meinung, dass hinreichende Kompetenz bei der Nutzung standardisierter Anwendungsprogramme (z.B. MS Word, Excel, PowerPoint etc.) eine wichtige Basis für ihren beruflichen Wiedereinstieg darstellt. Durch die computerbezogenen Fertigkeiten, die sie im Zusammenhang mit ihrer gegenwärtigen Blended-Learning-Maßnahme aufbaut, ist sie in der Lage, auch solche Arbeitsstellen auszufüllen, die ein gehobenes Niveau bezüglich der Anwendung gängiger Softwareprogramme voraussetzen: *»Und das wollte ich dann halt vorbereiten erstmal, indem ich mir so ein, so ein Fundament erstmal wieder aufbaue, dass ich einen guten Einstieg habe. Und nicht, dass ich erst etwas annehme, was ich dann nachher gar nicht erfüllen kann«* (41-43). Demnach richtet Frau Conrad ihr Weiterbildungsverhalten nach dem Prinzip der Selbst-Ökonomisierung aus, mit der Voß und Pongratz eine »zunehmende aktiv zweckgerichtete ›Produktion‹ und ›Vermarktung‹ der eigenen Fähigkeiten und Leistungen – auf dem Arbeitsmarkt wie innerhalb von Betrieben« (2003, S. 24) bezeichnen. Bezogen auf Frau Conrads Verhalten kann auch vom Versuch einer gezielten Passung des eigenen Kompetenzprofils mit den antizipierten beruflichen Qualifikationsanforderungen gesprochen werden. Neben dem Steuerungsprinzip der Selbst-Ökonomisierung nennen die beiden Autoren ferner Selbst-Kontrolle sowie Selbst-Rationalisierung als die wichtigsten Merkmale des Typus ›Arbeitskraftunternehmer‹, der ihrer Meinung nach eine strukturell neue Form der Ware Arbeitskraft symbolisiert (vgl. Voß/Pongratz 1998, 2003).

Nachdem mittlerweile der jüngste Sohn das Kindergartenalter erreicht hat und der ältere Sohn schulpflichtig geworden ist, hat Frau Conrad *»auch mal wieder Zeit, darüber nachzudenken, was mache ich jetzt beruflich für mich wieder«* (38f.). Eigentlich ist sie mit ihrer momentanen Tätigkeit als Hausfrau und Mutter sehr zufrieden, wobei diese Rolle in ihren Augen von Anderen häufig *»unterschätzt«* (72) wird. *»Aber das ist auch eine Herausforderung. Es kommt halt nur darauf an, wie man es anpackt. Ob man es ernst nimmt und auch (…) verfolgt und sich auch kümmert, dann ist dieser Beruf eigentlich auch ausfüllend«* (73-77). Aufgrund der subjektiv positiven Bewertung ihrer gegenwärtigen Lebenssituation setzt sie sich mit der potenziellen Rückkehr in die Erwerbstätigkeit eher gelassen auseinander und bereitet sich *»langsam darauf vor«* (79f.). Generell stellt sie sich ihre Rückkehr in den Beruf so vor, dass sie *»an der Stelle, wo ich ausgestiegen bin, quasi auch wieder einsteige, aber dann eben mit anderen Perspektiven dann halt auch für die Zukunft«* (66f.). Damit bringt sie ihren Wunsch zum Ausdruck, bei einem beruflichen Wiedereinstieg keine schlechtere Position zu erhalten als vor ihrem Ausstieg. Außerdem möchte sie ihre Tätigkeit als Hausfrau und Mutter schon »*allein wegen der Kinder*« (232-234) nicht vernachlässigen. Aus diesem Grund würde sie vorzugsweise eine berufliche Tätigkeit ausüben, bei der sie »*von irgendwelchen Firmen Arbeit mit nach Hause nehmen (…) und zu Hause auch was machen könnte. Also mich würde es stören, wenn ich dann wieder von acht bis zwölf irgendwo in einem Gebäude (…) sitze und da meine Arbeit machen müsste*« (244-248).

Statt sich auf das nächstbeste Arbeitsangebot einzulassen, wünscht sie sich vielmehr eine verantwortungsvolle berufliche Tätigkeit, »*weil (…) für mich wäre es nicht so schön (…), nur zur Arbeit zu gehen und es wäre ein verantwortungsloser Job. Das würde mich stören (…), wenn ich da keine Verantwortung hätte*« (53-56).

Für Frau Conrad ist es somit besonders wichtig, innerhalb einer zukünftigen Arbeitsstelle an den betriebsinternen Entscheidungsprozessen ausreichend partizipieren zu können. In der sozialpsychologischen Forschung konnte bereits die Bedeutung von Partizipation (an arbeitsplatzbezogenen Prozessen) für die Mitarbeitermotivation nachgewiesen werden. Nach Frey und Osterloh können partizipative Formen der Entscheidungsfindung (ob informell oder institutionalisiert) Arbeitnehmern »ein gewisses Maß an Selbstbestimmung und Verantwortlichkeit« (Frey/Osterloh 2002, S. 223) verleihen. Durch die Einbindung der Arbeitnehmer in verantwortungsvolle Planungen und Entscheidungen demonstriert das jeweilige Unternehmen ferner, dass Einsatz und Engagement der Mitarbeiter gewürdigt und ernst genommen werden (vgl. ebd.).

Weiterbildungs- und Lernverhalten
Früher konnte Frau Conrad bereits Erfahrungen mit beruflichen Weiterbildungsmaßnahmen sammeln, die von ihrem damaligen Arbeitgeber angeboten wurden und die sie in der Regel auch »*gern angenommen*« (172) hat. In der Vergangenheit hat sie sich neue Kenntnisse und Fähigkeiten »*dann auch nur über Kurse*« (155) angeeignet, die meistens »*nach Feierabend*« (155) in Anspruch genommen werden mussten »*oder (…) damals beim Gericht gab es ja noch die Möglichkeit, dass man Bildungsurlaub genommen hat. Oder vielleicht auch innerbetrieblich da noch ein bisschen weitergebildet wurde, allerdings nicht in dieser Materie, sondern in anderen Bereichen. Also (…) man kriegte Zeiten vorgegeben*« (156-161).

Rekurrierend auf die Erfahrung, die sie in Verbindung mit der Teilnahme an konventionellen Weiterbildungskursen machen konnte, sieht Frau Conrad die Heterogenität der jeweiligen Lerngruppe als problematischen bzw. lernhemmenden Faktor an: »*Dann gibt es vielleicht Teilnehmer, die ein bisschen hintendran hängen [und] die vielleicht noch ein bisschen mehr darüber hinaus wissen möchten. Und dann kommt es darauf an, wie sich der Lehrer dann halt mit den Teilnehmern verständigt, ob man auf den wartet, der noch ein bisschen hintendran hängt, oder ob man jetzt den bevorzugt, der vielleicht schon weiter ist. Es war nicht so effektiv*« (198-204). In einer qualitativen Untersuchung in einem Wirtschaftsunternehmen haben Dolde und Götz (1995) Lernende innerhalb der betrieblichen DV-Qualifizierung nach ihrem Lernvorgehen und der Wahl ihrer Lernform befragt, um auf diese Weise deren subjektive Theorien zu den jeweiligen Lernformen zu analysieren. Im Rahmen der in dieser Studie evaluierten Ergebnisse entwickelten die beiden Autoren u.a. die Hypothese, dass hoch homogene Unterrichtsgruppen die Lernmotivation, sowie »ein positives emotionales Erleben, insbesondere ›Flow-Erleben‹« (Dolde/Götz 1995, S. 283) begünstigen. Die TeilnehmerInnen-Zusammensetzung einer Weiterbildungsmaßnahme scheint infolgedessen einen bedeutenden Einfluss auf die Lernmotivation (und dadurch indirekt auf den Lernerfolg) zu besitzen.

Ohnehin hat Frau Conrad im Rückblick auf ihre individuelle berufliche Weiterbildungsbiografie eher negative Assoziationen entwickelt, da sie den Großteil der Kurse, an denen sie bislang teilgenommen hat, als »*nicht so befriedigend*« (111f.) empfand. Des Weiteren beurteilt sie die dort erfahrenen Lernfortschritte als »*nicht so effektiv, wie jetzt dieses E-Learning*« (194).

Insgesamt lernt sie »*lieber selbstständig*« (141) für sich und verfügt über eine sehr positive Einstellung zum Lernen. In ihren Augen stellt Lernen einen Bestandteil des Alltags dar und keine vorübergehende Phase, mit der sie irgendwann »*abschließen möchte*« (1339f.). Diese Auffassung untermauert sie mit einer weiteren Aussage, die gleichzeitig als eine Befürwortung lebenslangen Lernens interpretiert werden kann: »*Ich könnte mir nicht vorstellen, aufzuhören mit dem Lernen*« (1346f.). Unter ›Lernen‹ versteht Frau Conrad die Aneignung von Kompetenzen, »*die ich vielleicht noch nicht beherrsche. Oder noch nicht ausreichend beherrsche*« (1341-1343).

Was die Wahl des geeigneten Lernorts betrifft, zieht sie es vor, innerhalb der häuslichen Umgebung zu lernen, da sie sich »*die Zeit dann einteilen kann und dann rangehen kann, wenn ich meine, dass ich auch fit dafür bin*« (705f.). Generell empfindet sie das Lernen zu selbst gewählten Zeitpunkten als sehr angenehm: »*Also, man weiß ja selber auch, wann man am besten lernen kann. Wann man am meisten aufnimmt. Die Zeit habe ich schon genutzt. Das war bei mir immer vormittags, weil der Große dann (…) in der Schule war und der Kleine dann auch noch recht ausgeschlafen war und ((lachend)) gut gespielt hat. Dann konnte ich halt immer ähm, ganz entspannt lernen. Und dann (…) hatte ich schon eine ganze Menge geschafft und weil ich dann selber auch am fittesten bin, morgens was aufzunehmen*« (569-577). Demnach wählt Frau Conrad für die Realisierung ihrer Lernprozesse bewusst spezielle Zeitfenster, die im Rahmen ihrer Hausfrauen- und Mutterrolle möglich sind. Sie setzt sich reflexiv mit ihrem eigenen Lernprozess auseinander und entwickelt selbstbestimmt Strategien, um (a) das Zusammenspiel von Lernsetting und individueller Lerneffektivität zu optimieren und (b) die persönlichen Ressourcen ökonomisch einzusetzen. Eine solche Herangehensweise an einen Lerngegenstand setzt metakognitive Kompetenzen, d.h. ein Wissen über die eigene kognitive Ausstattung, deren Stärken und Schwächen sowie über den Einsatz von Kontroll- und Steuerungsprozessen eigener kognitiver Aktivitäten, voraus. Nach Schiefele (1996) beschreiben *metakognitive Strategien* im Gegensatz zu metakognitivem Wissen vor allem die Kontrolle kognitiver Vorgänge (vgl. Schiefele 1996, S. 125). Dabei stellen *Planung*, *Überwachung* und *Regulation* die drei elementaren Dimensionen der metakognitiven Kontrolle dar. Während die *Planung* eines Lernprozesses u.a. die Zielsetzung, die Formulierung von Lernfragen und die Feststellung der Aufgabenanforderungen beinhaltet, ist mit dem Begriff der *Überwachung* »diejenige übergeordnete kognitive Aktivität [gemeint], die darauf ausgerichtet ist, den eigentlichen Lernvorgang zu kontrollieren« (ebd.). Die Dimension der *Regulation* ist eng mit der Überwachungskomponente verbunden und auf diese angewiesen. Mit der Regulation werden solche Handlungen innerhalb eines Lernvorgangs umschrieben, »die dazu dienen, die aktuelle Lerntätigkeit den Aufgabenanforderungen anzupassen und auftretende Probleme zu beseitigen« (ebd.).

Im Gegensatz zu der Lernzeit, die Frau Conrad gerne ihren individuellen Bedürfnissen anpassen möchte, greift sie bei den Lernzielen lieber auf eine vorgegebene Strukturierung zurück. »*Da finde ich es schon geeigneter, wenn die Ziele vorgegeben sind (…). Also das ist ja jetzt in diesen Sachen auch so. Die Ziele sind ja quasi vorgegeben. Und damit kann ich eigentlich besser umgehen, muss ich sagen*« (727-730).

E-Learning

Frau Conrad hat mehrere Motive, die sie dazu veranlasst haben, sich freiwillig für die Teilnahme an der gegenwärtigen Weiterbildungsmaßnahme zu entscheiden. Neben einer mit dem Erhalt des ECDL-Zertifikats einhergehenden besseren Positionierung und Erfolgsoptimierung auf dem Arbeitsmarkt ist sie auch persönlich daran interessiert, die Funktionsweise der unterschiedlichen Anwendungsprogramme näher kennenzulernen. Durch ihren Mann, der in der Computerbranche beschäftigt ist und ihr ab und zu »*gezeigt hat, was er so alles macht*« (93), ist sie erst auf die vielseitigen Einsatz- und Anwendungsmöglichkeiten von Software (wie z.B. Word, Excel, Access etc.) aufmerksam geworden. Diese erste Konfrontation mit den Programmen über ihren Mann war letztendlich auch die Antriebsfeder für den Besuch des ECDL-Kurses. Somit fungiert der Ehemann für Frau Conrad als »Transmissionsriemen«, um sich über die Einsatz- und Anwendungsmöglichkeiten von Software zu informieren. Möglicherweise ist Frau Conrad mithilfe einer sehr nahe stehenden Bezugsperson (in diesem Fall ihr Partner) am ehesten in der Lage, mit der Nutzung von Software in Verbindung stehende Berührungsängste zu minimieren oder gar abzubauen.

Abgesehen von ihrem themenbezogenen Interesse beurteilt Frau Conrad ihre momentane Lebenssituation als äußerst günstig, um an einer beruflichen Weiterbildung teilzunehmen, da »*ich jetzt noch frei bin, ich nicht unter Druck stehe, ich muss es bis dann und dann haben für meinen Beruf, sondern ich kann wirklich, auch wenn ich es jetzt nicht schaffe, kann ich mal mir eine Auszeit nehmen und aufhören damit. Der Druck war eben halt nicht da, das macht das Lernen auch angenehmer*« (383-386). Darüber hinaus hat sie eine klare Vorstellung davon, wie sie die neu erworbenen computerbezogenen Kenntnisse »*selber privat dann auch umsetzen kann*« (396f.). Sowohl bei der Bearbeitung persönlicher Versicherungsangelegenheiten und ehrenamtlicher Tätigkeiten als auch bei der Hausfinanzierung sieht sie bereits verschiedene Nutzungsmöglichkeiten der im Blended-Learning-Kurs erworbenen Kompetenzen. Frau Conrad nutzt somit das private Anwendungsfeld als Überbrückung für die geplanten beruflichen Anwendungsoptionen. Die Bearbeitung familiärer Versicherungsangelegenheiten sowie die Ausführung ehrenamtlicher Tätigkeiten können ebenfalls als Indikatoren für Frau Conrads selbstständige Rolle aufgefasst werden, die über die konventionelle Rolle als Hausfrau und Mutter hinausgeht und mit ihrer Selbststeuerung korreliert. Insgesamt vermittelt sie den Eindruck, dass sie sich, angefangen mit der Planung einer Teilnahme über die Durchführung der beruflichen Weiterbildung bis hin zu deren Zweckmäßigkeit, mit Kursthema, -besuch und -organisation sehr intensiv und reflektiert beschäftigt hat, um einen möglichst großen Lernerfolg zu erzielen.

Über eine Zeitungsannonce des Weiterbildungsanbieters hat Frau Conrad von dem Angebot des ECDL-Kurses erfahren. Daraufhin hat sie die betreffende Bildungsinstitution besucht, um an einem »*Vorstellungstag*« (439) teilzunehmen, an dem allen Interessierten die Möglichkeit geboten wurde, sich erste Einblicke in die Handhabung der E-Learning-Umgebung zu verschaffen: »*Dann konnten wir selber schon mal so ein bisschen ausprobieren*« (441f.). Nach den ersten Eindrücken der Informationsveranstaltung war Frau Conrad »*begeistert*« (467) und fasste den Entschluss, an der Weiterbildungsveranstaltung teilzunehmen.

Zu Beginn der internetbasierten Bildungsmaßnahme besaß sie noch keine persönlichen Erfahrungen mit E-Learning-Schulungen. Da allerdings ihr Mann sich beruflich schon via computerunterstützte Lernsettings fort- und weitergebildet hat, konnte Frau Conrad einige Vorzüge eines E-Learning-Arrangements vorab kennenlernen: »*Er hat dann zu Hause was gelernt, konnte dann aber seine berufliche Arbeit so fortsetzen, ohne dass er Fehlzeiten hatte, ohne dass er Urlaub nehmen musste. Das war schon toll«* (186-188). In diesem Zusammenhang dient der Ehepartner für Frau Conrad als Modell für das eigene antizipierte E-Learning. In Anlehnung an Bandura (1979) vollzieht sich das Lernen am sozialen Modell »überwiegend durch Nachahmung und Identifikation des Beobachters mit dem durch eine andere Person vorgeführten Verhalten« (Hurrelmann 1995, S. 25).

Den Besuch des Kurses verband Frau Conrad mit der Erwartung, die »*Materie einfach besser«* (848) zu verstehen, d.h. die Bedienbarkeit der einzelnen Computerprogramme zu erlernen sowie ein grundlegendes Verständnis davon zu bekommen, »*weil mich hat es ja immer früher gestört, dass man so quasi mit Word arbeiten musste, aber eben keine Einführung dafür bekommen hat, dass man sich selber reinwurschteln musste und das ist also hier anders gelaufen«* (880-883). Diese sich selbst auferlegten Lernziele konnten in ihren Augen durch die Teilnahme an dieser Veranstaltung vollständig erreicht werden. Außerdem offenbart sich der damit zusammenhängende Lernerfolg für Frau Conrad u.a. dadurch, »*dass mein Mann mir manchmal über die Schulter schaut und sagt: Mensch, wo hast du denn die Tastenkombination her«* (761f.). Eine solche Anerkennung der in der Weiterbildungsveranstaltung erlernten Fähigkeiten durch ihren als Vorbild fungierenden Ehepartner kann darüber hinaus zu einem erhöhten Selbstbewusstsein und einer größeren Selbstwirksamkeitsüberzeugung führen.

Die Blended-Learning-Maßnahme für den Erwerb der ›European Computer Driving Licence‹ war nach Präsenzphasen, Online-Phasen und CBT-Phasen differenziert. Da die Kursinhalte wiederum nach unterschiedlichen themenspezifischen Modulen[66] aufgefächert waren, fand der Präsenzunterricht sowohl zu Beginn des Kurses als auch vor jedem neuen Lernmodul statt, um allen Lernenden eine angemessene Einführung in das jeweils neue Themengebiet zu geben: »*Der jeweilige Leiter des einzelnen Kurses hat dann immer Sachen vorbereitet, die weiter reingehen als die Lernoberfläche«* (487f.). In Frau Conrads Augen erfüllten die Präsenzphasen außerdem die wichtige Funktion, andere Kursteilnehmer besser kennenzulernen, was sich wiederum positiv auf ihren persönlichen Lernerfolg auswirken kann: »*Also, ich würde (...) auf jeden Fall dafür sein, dass es Präsenztage oder so etwas gibt, damit man die anderen Teilnehmer auch kennenlernt (...). Wenn man am Bildschirm ist und diese Online-Konferenzen hat, man weiß, mit wem man spricht. Man braucht eigentlich auch ein Bild von dieser Person vor dem inneren Auge. Dafür ist es eigentlich auch wichtig. Sonst stellt man sich da immer eine Person vor und man rätselt dann naja, wer könnte das wohl sein, aber ((lacht)) konzentriert sich dann nicht mehr auf die Materie«* (1185-1199). Den größten Teil der Lerninhalte konnten sich die TeilnehmerInnen mithilfe des eigenen PCs und eines fachbezogenen CBTs zu Hause aneignen. Flankiert wurden diese beiden Schulungsformen durch wöchentlich stattfindende Online-Sitzungen bzw. ›Netmeetings‹, an denen die gesamte Lerngruppe mithilfe von ›application sharing‹[67] jeweils mittwochs teilnehmen konnte. Mit dieser Technik ist es möglich, dass während der Online-Sitzungen verschiedene NutzerInnen beispielsweise gleichzeitig auf dieselben Word- oder PowerPoint-Dokumente zugreifen und daran arbeiten konnten. Neben Texten,

---

66 Die sieben themenspezifischen Module der ECDL sind in ganz Europa einheitlich aufgebaut und setzen sich zusammen aus: (1) Grundlagen der Informationstechnologie, (2) Betriebssysteme, (3) Textverarbeitung, (4) Tabellenkalkulation, (5) Datenbank, (6) Präsentation und (7) Internet.
67 Durch Application Sharing wird eine Anwendung, wie z.B. Microsoft Word, die ursprünglich nicht für kooperatives Arbeiten vorgesehen ist, bei einem Lerngruppenteilnehmer gestartet (welcher dann als Server fungiert) und den übrigen Lernenden zur Verfügung gestellt. Dabei können mehrere Konferenzteilnehmer gleichzeitig an einem Dokument arbeiten (vgl. Seufert/Mayr 2002, S. 11f.).

Grafiken und Bildern kamen im Rahmen der unterschiedlichen Lerneinheiten auch Audiosequenzen zum Einsatz.

Die didaktische Gestaltung der E-Learning-Umgebung fand Frau Conrad transparent und *»sehr eindeutig«* (746). Die Lernaufgaben waren ihrer Meinung nach verständlich formuliert, die Navigationsmöglichkeiten konnten schnell verinnerlicht werden und der Lerngegenstand war insgesamt *»gut gegliedert«* (748). Angenehm empfand sie dabei die langsam ansteigende Komplexität der Lerninhalte: *»Also wie gesagt, das fängt ja jedes Mal an mit einer Einführung, dann mit den ersten Schritten und dann wird das, wird der Schwierigkeitsgrad immer ein bisschen mehr gesteigert (...). Das ist eigentlich schon so, wie ich es auch hätte haben wollen, sage ich mal«* (748-752).

Darüber hinaus war innerhalb der E-Learning-Umgebung nach jedem thematischen Modul die Option integriert, einen Selbsttest zu absolvieren, um in Erfahrung zu bringen, *»wie weit man eigentlich ist«* (771). Darüber hinaus hatte Frau Conrad auch die Möglichkeit, einen der Tutoren zu kontaktieren, die als Ansprechpartner für die einzelnen Lernmodule zur Verfügung standen, um individuelle Wissenslücken auszugleichen. Für alle sieben Lernmodule waren drei Tutoren zuständig, mit denen über Telefon oder E-Mail kommuniziert werden konnte und die bei Schwierigkeiten schnell helfen konnten: *»Also, da brauchte man nicht drauf warten«* (989f.). Den tutoriellen Support empfand Frau Conrad insgesamt als sehr hilfreich, weil die Tutoren den Lernenden die Angst vor der abschließenden Kursprüfung genommen haben, indem sie z.B. Arbeits- oder Lerntipps gegeben haben.

Die regelmäßige Bearbeitung der Kursaufgaben nahm Frau Conrad nicht als große Belastung wahr und begründet diese Einschätzung mit ihrer intrinsischen Motivation: *»Weil, das war ja auch mein eigener Wunsch. Ich denke mal, wenn ich vom Arbeitgeber getrieben werde, das machen zu müssen, dann wäre der Druck schon mehr da gewesen. Aber für mich war es ja auch, es hat mir ja auch Spaß gemacht. Man hat sich ja auch irgendwo schon darauf gefreut, wenn ich das jetzt abgeschlossen habe zu Hause mit der Arbeit, dann habe ich wieder Zeit für mein E-Learning, kann ich mich damit beschäftigen. Es war bei mir halt auch das Interesse da«* (553-560). Lediglich die Prüfungsphasen während der Weiterbildungsmaßnahme bewertet Frau Conrad als Belastung, weil sie vor den jeweiligen Kursprüfungen *»immer sehr nervös«* (951) gewesen ist. Ferner hätte sie auch ab und zu gerne nachmittags gelernt, was ihr letztendlich jedoch nicht möglich war, da ihre Kinder in dieser Hinsicht nicht immer *»ganz mitgespielt haben«* (954).

Qualität und Blended Learning
Im Gegensatz zu den insgesamt unbefriedigenden Erfahrungen, die Frau Conrad mit früheren konventionellen Weiterbildungsveranstaltungen gemacht hat, ist sie mit dem Ablauf und der Durchführung der Blended-Learning-Maßnahme sowie mit der damit verbundenen Kosten-Nutzen-Relation zufrieden: *»Aber ich denke, was hier angeboten wird, das ist schon das Geld auch wert«* (939). Darüber hinaus machte die Gestaltung der E-Learning-Umgebung einen äußerst gelungenen Eindruck auf sie, wobei sie allerdings darauf hinweist, dass sie keinerlei Vergleichsmöglichkeiten gegenüber anderen E-Learning-Kursen besitzt, um ein valides Urteil fällen zu können.

In ihrer Bewertung der Kombination von computerunterstützten Lernphasen und konventionellen Präsenzphasen, die charakteristisch für eine Blended-Learning-Umgebung ist, zieht Frau Conrad eine positive Bilanz, da sie den Kursablauf insgesamt als *»zeitsparend, komprimiert [und als] eigentlich (...) ganz günstig so«* (127) einschätzt. Ihrer Meinung nach bot ihr die Veranstaltung eine *»optimale Zusammenstellung, so für mich jedenfalls«* (149f.), weil die Präsenztage nur einmal monatlich stattfanden und sie somit die Gelegenheit hatte, für den Besuch der Präsenzphasen auch die Unterbringung ihrer Kinder zu gewährleisten. Aus diesem Grund würde sich Frau Conrad immer einen Blended-Learning-Kurs wünschen, bei dem die Online-Phasen überwiegen, damit sie ihre individuelle Lernzeit besser mit der familiären Situation vereinbaren kann. Da sie ohnehin lieber selbstständig lernt, kommt ihrem Lernprofil eine computerunterstützte Lernumgebung sehr entgegen, in der sie ihre Lernphasen individuell planen und gestalten kann. Unter Berücksichtigung der Aussagen anderer selbstständig organisierter E-Learning-Nutzer wäre es interessant, eine Hypothese der Selbstselektion zu überprüfen, wonach – unter der Voraussetzung, dass der Kurs keine Zwangsmaßnahme ist – selbstständige Lerner vergleichsweise häufiger E-Learning-Kurse auswählen als weniger selbstgesteuerte Lerner. Abgesehen davon erwiesen sich in ihren Augen die regelmäßig eingeschobenen Präsenzphasen allerdings als sehr nützlich, um Verständnisprobleme zu klären und um sich angemessen auf zukünftige Lerneinheiten vorzubereiten.

In ihrem abschließenden Urteil setzt Frau Conrad den Schwerpunkt bei zwei unterschiedlichen Aspekten, die ihr während des Besuchs der beruflichen Weiterbildung zum Erwerb der ›ECDL‹ besonders positiv in Erinnerung geblieben sind. Auf der einen Seite fand sie die *Konferenzschaltungen resp. Online-Sitzungen* im Hinblick auf den Erfahrungsaustausch mit ihren MitlernerInnen *»immer sehr interessant«* (483) und entwickelte *»mit den anderen Teilnehmern, wenn wir uns online treffen«* (484f.), den meisten Spaß beim Lernen mit dem Computer. Auf der anderen Seite lobt sie die *tutorielle Betreuung* vor dem Hintergrund, *»dass der Tutor (…) immer ansprechbar war, wenn man ihn brauchte. Dass man die Fragen beantwortet bekam und eigentlich [der Tutor] auch immer sehr gut vorbereitet war«* (1073-1075). Des Weiteren beurteilt sie die Arbeit der Tutoren in Bezug auf die *Transferqualität der E-Learning-Inhalte* als sehr hilfreich, indem sie Fragen und Aufgaben zu einzelnen Themen gestellt haben, mit deren Hilfe sich die neu erworbenen Softwarekenntnisse besser in die Praxis umsetzen ließen. Überhaupt kommt sie in Bezug auf die Betreuung des Kurses zu dem Fazit, dass es eigentlich nichts gab, *»was schlecht war«* (1068f.). Das Einzige, was Frau Conrad an dem Blended-Learning-Kurs bemängelt, ist die Form des Feedbacks bei den computerunterstützten Kursprüfungen. Sie findet es *»schon schade«* (800), dass zwar das Ergebnis der verschiedenen Prüfungen mit den dazugehörigen, persönlich erreichten Prozentzahlen angezeigt wurde, die falsch beantworteten Fragen jedoch nicht aufgedeckt wurden.

4.2.3 Der fremdgesteuerte E-Learner

Vier Befragte wurden als fremdgesteuerte E-Learner eingestuft:

– Herr Baltes (SL03a), der krisenfeste, den äußeren Druck benötigende E-Learner (selbstständiger Versicherungsfachmann, verheiratet, Vater eines 17-jährigen Sohns),
– Herr Christen (OL01a), der disziplinierte und selbstorganisierte Pflichtlerner (Ausbildungsbeauftragter für die Industrieelektroniker im Betrieb, 24 Jahre, lebt mit Partnerin zusammen),
– Herr Dreier (HA01b), der flexibilitätsliebende, spielerisch Orientierte (Grundschullehrer, 30 Jahre, ledig) sowie

– Frau Diebrück (LE01b), die Neue Medien favorisierende, bedingt selbstdisziplinierte lebenslange Lernerin (Grundschullehrerin, 30 Jahre, ledig).

Der Typus »Fremdgesteuerte E-Learner« ist im Vergleich zu den anderen gefundenen Typen in seiner Zusammensetzung, etwa in Bezug auf Geschlecht, Alter, Bildungsabschluss sowie Familienstand sehr heterogen. Allerdings teilen alle Personen ein bedeutendes Merkmal, welches ihren Lernprozess und die von ihnen empfundene Qualität einer Weiterbildungsmaßnahme beeinflusst und bestimmt. So benötigen die »Fremdgesteuerten E-Learner« *äußeren Druck zum Lernen,* beispielsweise im Sinne einer ständigen Überprüfung ihres Lernfortschritts, indem ihnen Aufgaben gegeben werden, die sie abzuarbeiten haben. Untersuchungen von Milgram (1974) stützen dabei die These, dass Personen unter sozialem Druck, etwa durch einen Lehrer, eher zu Handlungen bereit sind, zu denen sie sonst nicht neigen (vgl. Seel 2000). Damit einhergehend bedürfen die »Fremdgesteuerten E-Learner« der äußeren Motivation, entweder um den obligatorischen Lernprozess in Gang zu setzen oder aber, um diesen aufrechtzuerhalten. Dieses Kennzeichen, welches allen vier Interviews gemeinsam ist, basiert auf unterschiedlichen Einstellungen oder Defiziten beim Lernen. Zum Beispiel antwortet Frau Diebrück auf die Frage, ob sie auch Spaß am Lernen empfindet »*Ja, natürlich, klar (…). Das ist mein Beruf* ((lacht))«, wobei zu bedenken ist, dass von einer Lehrerin aufgrund sozialer Erwünschtheit eine negative Antwort auf die Frage Verwunderung ausgelöst hätte. Allerdings beschreibt Frau Diebrück, dass sie Probleme hat, Lernprozesse zu initiieren und sich zu motivieren: »*Ich hätte gedacht, dass ich mir vielleicht doch einen genaueren Plan [machen würde]. Ich kann auch nicht genau sagen, woran es liegt. Vielleicht lag es einfach daran, wenn jemand jetzt gesagt hätte, ›also hör mal, du musst da wirklich noch richtig reinhauen, um das zu schaffen‹, dann wäre die Motivation wahrscheinlich eine andere gewesen (…). Weil da ist halt keiner da, der sagt, ›setz dich hin und mach' es jetzt‹. Das ist halt nicht so, ne?«* (517-525). Demnach scheint Frau Diebrück eine mangelnde Selbstdisziplin zu haben und bedarf daher externer Motivation. Die benötigte externe Aufforderung, den Lernprozess in Gang zu setzen und aufrecht zu erhalten, ist ein entscheidendes Charakteristikum der »Fremdgesteuerten E-Learner«. Im Vergleich empfinden Herr Baltes und Herr Christen Lernen als *»Anstrengung«* (OL01a, 1366). Aufgrund fortschreitender Entwicklungen in ihren Berufsfeldern sehen und akzeptieren sie zwar die Notwendigkeit lebenslangen Lernens beziehungsweise die Teilnahme an Fortbildungen, nehmen diese aber als ein *»notwendiges Übel«* (OL01a, 1372) hin. Sie entsprechen dem *defensiven Lerntyp* und assoziieren Lernen mit Notwendigkeit und Zwang, um in ihrem Beruf bestehen zu können. *»Also mir macht Lernen keinen Spaß«* (SL03a, 536). Private Interessen, sich fortzubilden, sind bei ihnen kaum zu verzeichnen. Ähnlich sieht es Herr Dreier, der bemängelt, dass Lernen in der Schule immer mit »Bewertung« im Zusammenhang stand, *»immer mit Druck und immer mit Scheitern, mit Angst vor Scheitern und immer irgendwie immer [mit der Vorstellung verbunden] dem Erfolg hinterher [zu] rennen und vielleicht es gerade noch zu schaffen, und wenn man es geschafft hatte, sich nicht darüber zu freuen, dass man was gelernt hatte, sondern froh zu sein, dass man, weiß ich nicht, ein Abitur hatte oder ein Examen hatte«* (HAM01b, 1438-1442). Bei dem Besuch des Blended-Learning-Kurses empfand er allerdings das Lernen im *virtuellen Klassenzimmer* »*als sehr leicht«* (1432), da es ihm *»gut von der Hand ging«* (ebd., 1433), und er empfand auch Spaß dabei. Begründend führt er an, dass dort *»viele Sachen«* integriert wurden, *»die irgendwie animierten, die so einen hohen Aufforderungscharakter hatten. Eben dass das Spielerische war so da, latent da, aber eher versteckt. Es wirkte superseriös, war aber eigentlich, eigentlich* *ein großes Spiel«* (HAM01b, 662-666). Demnach erhöht die *Integration spielerischer Elemente* in eine Lernumgebung bei Herrn Dreier die Lernmotivation, da es sich von dem gewohnten Lernen in der Schule abgrenzt, als nicht langweilig empfunden wird und seine Motivation erhöht. Weiter hatte Herr Dreier auch öfter die zu bearbeiteten Aufgaben *»vergessen«* (537) oder *»nicht termingerecht eingehalten«* (537f.) und bekam daraufhin vonseiten der Tutorin eine *»Erinnerung (...), dass das jetzt ganz dringend doch noch auch erledigt werden muss«* (HAM01b, 538f.). Diese Aufforderung empfand er aber auch als hilfreich und er sieht sie als notwendig an, um seinen Lernprozess zu gestalten. Demnach ist es für diesen Typus besonders charakteristisch, dass er von außen Druck benötigt, um den obligatorischen Lernprozess in Gang zu setzen. Dies stellt hohe Anforderungen an den tutoriellen Support.

Die Tutoren müssen für sie jederzeit erreichbar sein, schnelle respektive sofortige Rückmeldungen geben und fachkompetent sein. Diese Unterstützungsleistungen werden von den »Fremdgesteuerten E-Learnern« als selbstverständlich angesehen. Zudem sollten die Tutoren die »Fremdgesteuerten E-Learner« regelmäßig an die Bearbeitung von Aufgaben erinnern, denn der durch außen auferlegte Zwang stellt den nötigen Motivationsimpuls dar. Dies kann auch als eine Strategie verstanden werden, da diese Lerner den Druck für sich selbst instrumentalisieren und unter ihm aufgrund einer erhöhten extrinsischen Motivation effektiver lernen. Ohne den äußeren Druck, der beispielsweise über die jeweiligen Lehrpersonen, die Tutoren oder das Konzept der Lernumgebung aufgebaut wird, fehlt ihnen der nötige Antrieb, Lernprozesse selbstständig aufzunehmen. So hinterlassen bei dem »Fremdgesteuerten E-Learner« Weiterbildungskurse einen positiven Eindruck, wenn sie *»gezwungen«* werden, *»was zu tun«* (SL03a, 1410). Dies bedeutet hinsichtlich der Qualitätsansprüche an den tutoriellen Support beziehungsweise für die zuständigen Dozenten, dass die »Fremdgesteuerten E-Learner« ständig kontrolliert, überwacht, aufgefordert, also in ständiger Kommunikation stehen müssen, sei es durch elektronische oder Face-to-Face Kommunikationen. *Feedbacks* stufen die »Fremdgesteuerten E-Learner« als *unverzichtbar* ein. Demzufolge sollten auch sehr unterschiedliche Kommunikationstools zur Verfügung stehen, mit denen der Kontakt zwischen den Lernern und den Tutoren aufgenommen werden kann. Aufgrund des Anspruchs einer intensiven und persönlichen Betreuung favorisieren die »Fremdgesteuerten E-Learner« die Eingebundenheit in kleine Kurse, die ihren Ansprüchen gerecht werden. Zusätzlich sollten die Tutoren die Bildung von Lerngruppen, außerhalb der Präsenzphasen initiieren und auch versuchen, den Kontakt zu fördern.

Insgesamt vertreten die »Fremdgesteuerten E-Learner« die Meinung, *»dass, wenn man sich irgendetwas selber erarbeitet, merkt man sich das bedeutend besser. Es prägt sich viel besser ein«* (HAM01b, 92-94). Aus diesem Grund favorisieren die »Fremdgesteuerten E-Learner« auf der einen Seite – ähnlich wie die »Intrinsisch motivierten E-Learner« –, Lerngegenstände zunächst eigenständig zu erarbeiten, da sie diese Lernform hinsichtlich des Lernerfolgs als effektiver einschätzen. Dagegen geben sie aber auch zu bedenken, dass *»das Lernen in der Gruppe natürlich mehr Spaß macht, weil man da nicht so allein ist«* (ebd. 94f.). Daher werden von ihnen *Präsenzphasen* ausdrücklich *erwünscht*, besitzen diese doch für sie die Funktion der Bestätigung des bereits Gelernten, das erarbeitete Wissen zu festigen und vor allem, sich gegenseitig motivational zu unterstützen. Aufgrund der beschriebenen Dispositionen und Defizite müssen die »Fremdgesteuerten E-Learner«, um effizient lernen zu können, in ein Blended-Learning-Szenario eingebunden sein, wobei sich Selbstlernphasen und Präsenzphasen ständig abwechseln sollten. Das optimale

Verhältnis der einzelnen Kursformen zueinander könnte folglich etwa so aufgeteilt sein, dass es zu ca. 33% aus *E-Learning* (Selbstlernphasen per CBT/WBT), zu 33% aus *Online-Gruppenarbeit* (z.B. virtuelles Klassenzimmer) und zu 33% aus *Präsenzunterricht* besteht.

In Bezug auf Selbstlernphasen sehen die »Fremdgesteuerten E-Learner« die Neuen Medien als erfolgversprechende Möglichkeit an, selbstgesteuerte Lernprozesse zu initiieren. Dafür benötigen sie aber zum Teil *vorgegebene Lernzeiten und* eindeutig vorgegebene *Lernziele*, denn sie führen aus, dass für sie die Qualität eines Online-Kurses bedeutet, *»wenn ein Ziel vor Augen ist und das Ziel erreicht werden kann«* (HAM01b, 1486). Hier rückt demnach die Zielerreichung in den Mittelpunkt, also seine extrinsische Motivation, die Prüfung erfolgreich zu bestehen, wobei kleine Lernziele, etwa das Bearbeiten und Verstehen bestimmter Themenabschnitte, zu diesem Hauptziel führen sollten. Demnach sollten Lernumgebungen für die »Fremdgesteuerten E-Learner« so aufgebaut sein, dass sie stets viele kleine Lernziele vor Augen haben, indem zum Beispiel ein Lernplan vorgegeben wird, an dem sie sich orientieren können: *»Da war alles haargenau, haarklein zu aufgeschrieben und man konnte eigentlich, wenn man das durchgearbeitet hat, gar nichts mehr falsch machen«* (OL01a, 412f.), so Herr Christen. Und auch Herr Dreier betont die Wichtigkeit von Zeitplänen: *»Und dann gab es eine Liste, da waren rote Punkte, die mussten abgearbeitet werden, mit einem Datum dran. Grüne Punkte, die waren schon fertig. Also das war alles vorgegeben, es war alles durchstrukturiert. Man musste einfach nur sich durchziehen lassen. Das war sehr komfortabel«* (605-610). Diese Aussagen verdeutlichen die Vorliebe der »Fremdgesteuerten E-Learner« für detailliert strukturierte Lernumgebungen und vorgegebene Ziele. Zweitens trägt es zur Motivation bei, wenn die *Lernumgebung ansprechend gestaltet* ist. So beschreibt Frau Diebrück, dass ihre Lernumgebung *»so ein bisschen so nach Sixties aus[sah], mit diesen Kreisen, ich weiß nicht mehr genau. Also, sie haben es wirklich liebevoll gemacht, also das fand ich schon schön«* (LE01b, 719-721). Drittens schätzen es die »Fremdgesteuerten E-Learner«, wenn ihre Neugier stets aufs Neue geweckt wird. Neugier bezieht sich dabei auf Handlungen »die ein aktives Einwirken des Subjekts auf Objekte der Umwelt beinhalten und die darauf abzielen, neue Erkenntnisstrukturen zu bilden« (Voß 1981, S. 187). Der Ausgangspunkt der Disposition der Neugier besteht darin, dass »neuen Reizen in der Umwelt Aufmerksamkeit zugewendet wird« (Seel 2000, S. 81). Somit ziehen bei einer Lernumgebung gerade Besonderheiten, Neuartigkeiten oder Unverhofftes die Aufmerksamkeit des Lernenden auf einen bestimmten Gegenstandsbereich. Daher erscheint es nicht verwunderlich, dass gerade die »Fremdgesteuerten E-Learner« Anlässe benötigen, die ihre *Neugier wecken*, um den Lernprozess in Gang zu setzen, etwa dass in *»verschiedenen Ecken [der*

Typus 3 im Überblick: Der fremdgesteuerte E-Learner

- Benötigt äußeren Druck
- Extrinsisch motiviert
- Lernen wird als Anstrengung empfunden
- Mittlere bis geringe Selbststeuerung und Selbstdisziplin
- Hoher tutorieller Support erwünscht
- Blended-Learning-Kurs erwünscht: ca. ⅓ computerunterstütztes Einzellernen + ⅓ Online-Gruppenarbeit + ⅓ Präsenzphasen
- Detailliert strukturierte Lernumgebung mit vorgegebenen Zielen und Zeiten erwünscht
- Motivationsfördernde Gestaltung der Lernumgebung favorisiert

Lernumgebung] (...) immer irgendwas neues passiert« (LE01b, 729f.), beispielsweise die Veränderung von Kommentaren oder Links, und somit die Lernumgebung stets aktuellen Bezug aufweist.

4.2.3.1 Falldarstellung: »Herr Baltes, der krisenfeste, den äußeren Druck benötigende E-Learner« (SL03a)

Herr Baltes (SL03a) ist 48 Jahre alt, verheiratet, Vater eines 17-jährigen Sohnes und arbeitet zurzeit als *»selbstständiger Makler, Finanzdienstleister«* (25), wobei er *»sowohl Kredite als auch Versicherungen als auch Häuser, Wohnungen«* (26) usw. vermittelt. So nahm er an einer beruflichen Weiterbildungsmaßnahme teil, die nach dem Konzept des Blended-Learnings durchgeführt wurde. Die hauptsächliche Motivation, an dem beruflichen Weiterbildungskurs zu partizipieren, war der Erwerb eines sogenannten BWV-Scheins,[68] den er aus gesetzlichen Gründen ab 2005 für seine Tätigkeit als Finanzdienstleister vorweisen muss.

Beruflicher Werdegang
Herr Baltes ist 1956 geboren und in Rostock, in der damaligen DDR aufgewachsen. Seine Schullaufbahn hat er während des Besuchs der Realschule[69] zunächst vorzeitig abgebrochen, um eine Ausbildung zum Agrotechniker zu absolvieren, die er später erfolgreich abschließen konnte. Parallel zur Lehre hat er *»gleichzeitig den Hauptschulabschluss,[70] einen Teil mitgemacht«* (6f.). Nach Beendigung der Ausbildungszeit war er in der Nationalen Volksarmee tätig. *»Bin, ähm, 1978 von der Armee entlassen worden«* (7f.). Daraufhin hat er mehrere Jahre als Kraftfahrer und Kranführer (u.a. auf der Neptun-Werft) gearbeitet und nebenbei *»in der Abendschule das Abitur nachgemacht«* (11). Anschließend hat Herr Baltes 1985 das Studium eines Maschinenbau-Ingenieurs aufgenommen, das er 1990 *»mit einem Diplom«* (12) abschließen konnte. Nach dem Studium hat er *»zwischenzeitlich dann den Arbeitgeber gewechselt«* (13) und bis 1994 beim *»Senat der Hansestadt Rostock«* (13) *»als Referatsleiter«* (14) gearbeitet.

Zu seiner gegenwärtigen Tätigkeit als selbstständiger Makler und Finanzdienstleister ist Herr Baltes gekommen, weil er *»selber ein Geschädigter war«* (15) und bei der genaueren Auseinandersetzung mit den Versicherungsbedingungen festgestellt hat, dass das *»alles Quatsch«* (16) ist, *»was die dir erzählen. Da steht ganz was anderes drin als das, was du kriegst«* (17-19). Über einen Freund, der bereits im Versicherungswesen tätig war, ist er in dieser Branche beruflich eingestiegen.

---

68 Mit BWV wird hier das Berufsbildungswerk der Versicherungswirtschaft angesprochen. Mit dem ›BWV-Schein‹, den Herr Baltes durch den Besuch der Blended Learning Maßnahme erwarb, ist die Zertifizierung zum Versicherungsfachmann (BWV) gemeint.

69 In der DDR gab es nicht die Schulform ›Realschule‹, wie sie in der BRD angeboten wurde. Vielmehr hat Herr Baltes die Polytechnische Oberschule (POS) besucht, die als allgemeine Schulform im Bildungssystem der DDR verankert war und zehn Klassen umfasste. Bis in die 1970er-Jahre hinein bestand jedoch die Möglichkeit, die POS nach Besuch der 8. Klasse abzubrechen, um vorzeitig in das Berufsleben einzusteigen. Hiervon hat Herr Baltes Gebrauch gemacht. Der frühere Schulabbruch war allerdings mit einer um ein Jahr verlängerten Berufsausbildungszeit verbunden.

70 Ebenso wie die ›Realschule‹ existierte auch die ›Hauptschule‹ nicht als feste Schulform im Bildungssystem der DDR. Wie bereits deutlich wurde, benutzt Herr Baltes bei der Beschreibung seiner schulischen Laufbahn Analoga, um seinen schulischen Werdegang aus der Sicht des (mittlerweile) gesamtdeutschen Bildungssystems darzustellen.

Die Aneinanderreihung von Erwerbstätigkeiten in unterschiedlichen Arbeitsbereichen, die die Berufsbiografie von Herrn Baltes charakterisiert, kann als Indiz für das Vorliegen einer so genannten ›*Patchwork-Biografie*‹ interpretiert werden, die den standardisierten Lebenslauf resp. die Normalbiographie im Laufe der letzten Jahre zunehmend verdrängt. In seinen Schilderungen zeigt er auf, dass er über eine hohe Flexibilität hinsichtlich beruflicher Anforderungen verfügt, um die großen Diskrepanzen zwischen seinen unterschiedlichen Tätigkeiten (wie z.B. Kraftfahrer vs. Referatsleiter) bewältigen zu können.

Arbeitsplatz und Persönlichkeit
Mit seiner jetzigen beruflichen Tätigkeit zeigt sich Herr Baltes *»zufrieden«* (69) und es freut ihn, *»jeden Morgen zur Arbeit zu gehen«* (70), da er sich auf sein Arbeitsplatzprofil bezogen ohnehin *»nichts anderes vorstellen kann«* (70). Durch seine langjährige Erfahrung als Selbstständiger sieht er für sich keine Alternative mehr darin, *»irgendwo angestellt zu sein und morgens um sieben zu kommen und um siebzehn Uhr nach Hause zu gehen. Also das, und mir dann sagen lassen zu müssen, was ich zu tun und zu machen habe«* (71-73). Vielmehr erscheint es ihm wichtig, allein entscheiden zu können, *»ob das richtig ist oder nicht«* (76). Um sich solche beruflichen Freiräume erhalten zu können, ist Herr Baltes auch bereit, *»die Konsequenzen nachher dafür«* (76) zu tragen, die sich in seinen Augen besonders in Form des persönlichen beruflichen Erfolgs oder Misserfolgs äußern.

Insgesamt besitzt Herr Baltes eine klare Vorstellung von den Kompetenzen, die ein selbstständiger Erwerbstätiger aufweisen sollte: *»Und das, denke ich, zeichnet einen Selbstständigen, der jetzt schon über Jahre selbstständig ist, aus, dass er dann weiß, in dieser Situation, was muss er jetzt tun. Also, es gibt auch wirklich Situationen, wo man am Existenzminimum knapst und dann, wie geht es jetzt weiter, ja? So und dann muss man sich eben einfach nur auf seine Stärken konzentrieren und sagen: Das kann ich, das mache ich jetzt und so geht es weiter. Und dann geht das auch«* (233-239). Entscheidend ist die persönliche Fähigkeit, in einer spezifischen Problemsituation *»weiter [zu] arbeiten (…). Man kann nicht sagen: Jetzt ist es vorbei, jetzt lasse ich alles fallen und jetzt ist Schluss«* (244f.).

Mit diesen Aussagen präsentiert sich Herr Baltes als ein charakterstarker und berufserfahrener Mensch, der mit Krisensituationen gut umgehen kann und seine individuellen Fähigkeiten situationsspezifisch zu organisieren und einzusetzen vermag. Desweiteren wird die Beurteilung seines persönlichen Handlungsfelds durch ein hohes Maß an Selbstreflektion begleitet.

Diese Eigenschaften dürften ihm vor allem in Anbetracht der aktuellen gesellschaftlichen Situation, die durch zunehmende Risikolagen auch am Arbeitsmarkt gekennzeichnet ist, große Vorteile bei dem Versuch verschaffen, zu einer relativ konstanten Lebensführung zu finden (vgl. auch Beck 1986).

Dementsprechend erscheint nur konsequent, dass Herr Baltes angibt, vor zukünftigen beruflichen Einschränkungen *»keine Angst«* (207) zu haben: *»Weil ich seit zehn Jahren selbstständig bin, seit zehn Jahren, sage ich mal, weiß, wie man auf eventuelle Situationen reagieren muss«* (210f.). Das Zertifikat, das er durch die Teilnahme an der aktuellen beruflichen Weiterbildungsmaßnahme erhält, stellt für ihn die Voraussetzung dar, seine berufliche Tätigkeit auch in Zukunft weiterhin ausüben zu können *»und ich denke, das werde ich auch machen«* (223).

Für ihn ist wichtig, dass *»man sich selber weiterbilden muss, man muss sich befleißigen, eben was tun«* (210-212). Die hier angesprochene Maxime, für seinen beruflichen Werdegang in erster Linie selbst verantwortlich zu sein, spiegelt einmal mehr die Notwendigkeit des selbstgesteuerten und lebenslangen Lernens wider.

Gieseke (2003) weist in diesem Zusammenhang darauf hin, dass »Lebenslanges Lernen als die Fähigkeit zur Selbstvorsorge« (Gieseke 2003, S. 47) »im Leben Erwachsener eine immer größere Rolle einnehmen [wird]« (ebd.). Ferner macht die Autorin darauf aufmerksam, dass die bisherigen Diskussionen »keinen Zweifel daran [lassen], dass durch die Fähigkeit zur Selbstaktivität zukünftige Entwicklungen bestimmt sind« (ebd.).

Hinsichtlich monetärer Angelegenheiten, die in Verbindung mit seiner beruflichen Tätigkeit stehen, vertritt Herr Baltes eher ambivalente Ansichten. Auf der einen Seite stellt für ihn der finanzielle Verdienst einen Indikator für den beruflichen Aufstieg dar, weil er als Selbstständiger nicht die Möglichkeit hat, diesen Aufstieg durch einen Sprung auf der Karriereleiter innerhalb einer betrieblichen Hierarchie zu erreichen. Außerdem findet er Geld »*natürlich wichtig*« (93), denn »*wenn man genügend Geld hat, fallen viele Sorgen weg*« (94). Auf der anderen Seite mahnt Herr Baltes jedoch an, dass Geld kein Garant für Glück ist: »*Man sollte immer nicht vergessen, dass man auch noch Freunde, Verwandte, Bekannte hat. Man sollte auch, sage ich mal, wenn man arbeiten geht und auch selbstständig ist, diese nicht vernachlässigen*« (86-88). Berücksichtigt man in diesem Zusammenhang den Kapitalsortenansatz von Bourdieu (1983), dann spricht Herr Baltes hier über sein soziales Kapital einschließlich der Notwendigkeit, soziale Beziehungen pflegen zu müssen. Der Stellenwert seines *sozialen Kapitals* wird in Bezug auf seinen Umgang mit EDV weiter unten noch deutlicher ausgeführt. Das Vermögen, seine eigene Lebensführung nach einem ausgewogenen Verhältnis von Arbeit und Freizeit bzw. Familie auszurichten, verlangt wiederum ein gewisses Maß an Selbstreflexivität und -organisation, das durch Herrn Baltes hier indirekt eingefordert wird. »*Das lasse ich mir auch nicht nehmen und ich sage mal, da hat man so den gewissen Ausgleich, den man auf Arbeit, beziehungsweise in der Freizeit hat, wo man sich dann die Freiräume schafft*« (91-93). Letztendlich scheint es seiner Meinung nach für den Umgang mit Geld relevant zu sein, welche Ziele ein Individuum damit verfolgen möchte: »*Der eine möchte viel, der andere nicht so viel, also das ist jedem selber überlassen. Also ich sehe das immer ganz entspannt*« (96-98).

Medienverhalten und Mediennutzung

In Bezug auf seine Medienausstattung gibt Herr Baltes an, zu Hause über »*Fernsehen, Radio, Internet, Telefon*« (277) zu verfügen. »*Ja, also ich habe alle Medien da. Ich nutze sie auch*« (281). Allerdings nutzt er PC und Internet hauptsächlich beruflich und »*privat fast gar nicht*« (289), da er schon »*beruflich viel damit arbeitet*« (293) und »*privat nachher*« (296) keine Motivation mehr besitzt, sich mit diesen Medien auch außerhalb des Arbeitsplatzes auseinanderzusetzen.

Mit einem PC ist Herr Baltes bereits »*im Studium 1985*« (313) zum ersten Mal konfrontiert worden, um die Programmiersprache BASIC zu lernen. »*Ich habe dann über BASIC auch meine Diplomarbeit geschrieben. Also ich bin zum PC gekommen und habe auch gesehen oder für mich stand fest, dass das die Zukunft ist*« (319-321). Da das Potenzial dieser Technologie in seinen Augen schon so früh erkennbar war, hat er ferner insistiert, dass seine »*Frau in ihrem privaten und ihrem dienstlichen Sektor auch gleich mit PC anfängt, und das war auch die richtige Entscheidung*« (323-325). Besonders beeindruckt hat ihn damals, dass er mit dem PC »*unwahrscheinlich unabhängig ist und (...) vieles machen*« (327f.) kann.

Der frühzeitige Umstieg auf innovative Medien und das Erkennen ihrer Einsatzmöglichkeiten legen einen neugierigen, flexiblen und zweckgerichteten Umgang hinsichtlich neuer Medienformen und Technologien nahe.

Das Internet hat Herr Baltes zum ersten Mal Mitte der 1990er-Jahre kennengelernt. Zwar konnte er sich zu diesem Zeitpunkt *»die weltweite Vernetzung überhaupt nicht vorstellen«* (348f.), aber später hat er dann erkannt, *»was da überhaupt möglich ist«* (356f.). So lobt er beispielsweise die Vorzüge des Internets als inhaltliches Rechercheinstrument, mit dessen Hilfe er sich *»speziell was zusammenschneiden kann«* (824), das nach seinen individuellen Bedürfnissen ausgerichtet ist. *»Und das kann ich bei festen Medien (...) nicht. Und feste Medien sind ja, sage ich mal, Buch, CD, Platte etc.«* (827f.). Ferner äußert sich Herr Baltes positiv über die bequemen Nutzungsmöglichkeiten, die ihm erlauben, spezifische Wissenseinheiten *»aus dem Internet sofort«* (109) herauszuziehen, auszudrucken und genau durchzulesen, *»beziehungsweise für den Kunden«* (110) mitzunehmen.

Herrn Baltes dient das Internet vor allem als arbeitsbezogenes Instrument, *»indem ich mir dort, sage ich mal, fachspezifisch Wissen aneigne und dieses Wissen dann meinen Kunden weitergebe. Ob das nun im Versicherungsbereich ist oder Immobilienbereich etc., oder Kreditvermittlung«* (306-308). Döring (1997) ist der Auffassung, dass sich das Internet am besten als kognitives Werkzeug beschreiben lässt, durch das die Auseinandersetzung mit verschiedenen Themenbereichen angeregt, motiviert, unterstützt, erleichtert und korrigiert werden kann, und das »somit individuelles, selbstorganisiertes Lernen begünstigt« (Döring 1997, S. 321).

Mit der prioritären Nutzung des Internets als Medium, um gezielt bestimmte Informationen aufzuspüren, spiegelt Herr Baltes auch die Nutzungsabsicht der meisten erwachsenen potenziellen Internetuser wider. Wie Treumann et al. zum Erhebungszeitpunkt 2000 im Rahmen eines umfangreichen Forschungsprojekts herausfinden konnten, übt die »Suche nach bestimmten Informationen« im Internet die größte Attraktivität auf die Gruppe der 35- bis 74-Jährigen aus, die bislang noch keine Erfahrung mit diesem Medium sammeln konnten (vgl. Treumann et al. 2002, S. 100).

Allerdings existieren auch negative Aspekte, die Herr Baltes mit der Internetnutzung verbindet, wie z.B. Spam-Mails, *»die man dann kriegt. Verseuchte Viren und (...) pornografische Darstellungen, die dann übermittelt werden«* (374-376). Frustriert bemerkt er, dass er sich manchmal *»gar nicht einloggen und (...) auch gar nicht davor schützen«* (380f.) kann, *»wenn man nicht einen Vernünftigen hat, der einem dort hilft. Also, das finde ich schon schlecht«* (381f.).

Falls Probleme mit seinem Computer bei der Arbeit oder zu Hause auftauchen, greift Herr Baltes auf die Hilfe eines Programmierers zurück, der bei ihm *»im Büro«* (399) sitzt und das jeweilige Problem sofort beheben kann. Bevor er die Möglichkeit hatte, computertechnische Probleme durch seinen Mitarbeiter lösen zu lassen, hat Herr Baltes regelmäßig die Dienstleistungen eines Computer-Fachgeschäfts in Anspruch genommen. Nach Bourdieu (1983) verfügt Herr Baltes damit über soziales Kapital, auf das er bei Schwierigkeiten mit dem PC zurückgreifen kann. Bourdieu beschreibt soziales Kapital als die »Gesamtheit der aktuellen und potentiellen Ressourcen, die mit dem Besitz eines dauerhaften Netzes von mehr oder weniger institutionalisierten *Beziehungen* gegenseitigen Kennens oder Anerkennens verbunden sind« (Bourdieu 1983, S. 190f.).

Weiterbildung und Lernen
Sein persönliches Weiterbildungsverhalten assoziiert Herrn Baltes besonders mit einer hohen Eigenaktivität, denn *»vieles muss man sich schon selber erarbeiten, und da nutzt man eben halt schon auch die Neuen Medien, also das Internet etc.«* (103-105). Offenbar sieht er in der Nutzung der Neuen Medien die am ehesten erfolgversprechende Möglichkeit, selbstgesteuerte Lernprozesse zu initiieren. Allerdings beurteilt er das Selbststudium lediglich innerhalb bestimmter Grenzen und

Rahmenbedingungen als sinnvoll. *»Viele neue technische Sachen«* (120) kriegt man *»im Selbststudium nicht angeeignet«* (120), *»weil man einfach nicht weiß, was funktioniert in dem Gerät«* (121-123). Trotz zahlreicher Faktoren, die den Lernerfolg bei der Teilnahme an einer Weiterbildungsmaßnahme determinieren, kommt es seiner Ansicht nach in erster Linie auf den einzelnen Lerner an, was er aus dem jeweiligen Seminar mitnimmt und mitnehmen will. *»Und ich sage mal, jedes Seminar ist aus meiner Sicht so, dass man da immer positive Aspekte mit rausnehmen kann. Also (…) Weiterbildung ist für mich immer, deswegen heißt es ja Bildung und bildet ja auch«* (166-168). Der Standpunkt, jedem Weiterbildungsangebot etwas Positives abgewinnen zu können, setzt eine hohe Reflexion gegenüber den dort erlernten Kenntnissen voraus und zeugt von einer interessierten und konstruktiven Auseinandersetzung mit seiner individuellen Bildungsbiografie. Welche Weiterbildungsangebote er in Zukunft wahrnehmen und nach welchen Kriterien er sie auswählen wird, macht Herr Baltes abhängig von dem Wissensstand, den er sich jeweils *»aneignen möchte (…). Also ändert sich was an meiner beruflichen, in meinem beruflichen Werdegang, würde ich natürlich schon dann spezielle Seminare in Anspruch nehmen«* (1494-1497).

Herr Baltes hat in seinem Leben bereits mehrere allgemeine und berufliche Weiterbildungsmaßnahmen besucht, wobei er in diesem Zusammenhang darauf hinweist, dass er *»meistens immer Fachseminare«* (154f.) ausgewählt hat, in denen ganz spezifische Inhalte vermittelt wurden. Beispielsweise hat er aufgrund seiner Vorliebe für Fotografie schon einmal an einer viertägigen Schulung der Firma CANON teilgenommen, um seine persönlichen Kompetenzen im Rahmen seines Hobbys zu erweitern. Auch für die weitere berufliche Zukunft hält er es für *»unabdingbar«* (176), *»immer wieder«* (177) an beruflichen Weiterbildungskursen teilzunehmen, *»dass man da ein bisschen spezieller geschult wird, weil man den, sage ich mal, den Kunden ja auch vernünftig beraten will, denn darauf hat er ja auch einen Anspruch«* (178-180). Insofern empfindet er es schon als *»wichtig, dass das gemacht wird«* (181).

Generell beurteilt Herr Baltes Lernen als *»sehr wichtig (…), man lernt jeden Tag, also man bildet sich jeden Tag weiter. Lernen ist ja nichts anderes als bilden (…). Man kriegt jeden Tag neue Herausforderungen, wo man sich weiterbilden muss, ganz einfach. Das geht gar nicht anders«* (1452-1456). Somit spricht Herr Baltes hier das Vorhandensein und die Wirksamkeit des *informellen Lernens* an, ohne genau diesen Begriff zu verwenden. Er bringt hier eine Gleichsetzung von Bildung und Lernen zum Ausdruck. Indirekt vertritt er damit eher einen prozessorientierten als einen zielorientierten Bildungsbegriff. Dennoch ist Lernen in seinen Augen nicht unbedingt mit positiven Gefühlen verbunden: *»Also mir macht Lernen keinen Spaß«* (536). Vielmehr benötigt er für die Aufnahme von Lernprozessen den äußeren Druck und *»muss manchmal gezwungen werden, was zu tun«* (532). Somit zeigt sich Herr Baltes dem Lernen gegenüber insgesamt sehr ambivalent. Zu dem Besuch der Blended-Learning-Maßnahme, die er absolvierte, fühlte er sich ebenfalls durch Gesetzesnovellen gezwungen, die seine berufliche Tätigkeit tangieren. Für ihn stellt der durch äußere Bedingungen hervorgerufene Zwang jedoch den nötigen Motivationsschub dar, hinsichtlich bestimmter Erfordernisse aktiv zu werden, da er sich sonst *»immer wieder dahinter versteckt«* (529), keine Zeit zu haben oder andere Gegenargumente anzuführen. Zwar erfasst er die Notwendigkeit, sich permanent weiterzubilden und damit lebenslang zu lernen, aber er braucht die extrinsische Motivation, um den obligatorischen Lernprozess in Gang zu setzen.

Da Herr Baltes zu Hause seine *»Ruhe haben und (…) entspannen«* (857f.) möchte, bevorzugt er als Lernort das Büro. Die *»geistige Trennung«* (853) von Arbeitsplatz und häuslicher Umgebung ist seiner Meinung nach immens wichtig, um *»vernünftig entspannen«* (982) zu können und *»die* *nötige Energie und Enthusiasmus«* (983) für die weitere Arbeit zu entwickeln. Bezüglich seiner Vorliebe für selbstgesteuertes Lernen oder das Lernen in einer Gruppe, besitzt Herr Baltes eine differenzierte Auffassung: *»Für das Erstwissen ist es aus meiner Sicht notwendig, dass man allein lernt. Um das nachher zu vertiefen, ist es für mich wichtig, (a) Seminare durchzuführen und (b) sich mit den Seminarteilnehmern nachher nochmal zu unterhalten. Und dann sage ich mal, ergibt das für mich eine Einheit«* (873-878).

Außerdem präferiert er, zu selbstgewählten Zeitpunkten lernen zu können. Dementsprechend hat er sich auch nicht die Mühe gemacht, einen persönlichen Arbeits- und Zeitplan anzufertigen, da es von Tag zu Tag unterschiedlich war und letztendlich auf die Zeit ankam, *»die ich dann eben gerade mal hatte, wo ich gesagt habe: Jetzt habe ich Luft«* (701f.). In diesem Zusammenhang betont Herr Baltes, dass er ohnehin lieber sprunghaft lernt und sich abwechselnd mit mehreren Arbeitstätigkeiten auseinandersetzt.

Nach der Klassifizierung Lernender in vier unterschiedliche Lernstiltypen von Kolb (1981) kann Herr Baltes am ehesten als *»Akkomodierer«* bezeichnet werden. Zu den dominanten Lerngewohnheiten des Akkomodierers zählt Kolb u.a. konkretes Erfahren und Experimentieren, wobei die Stärken dieses Lerntyps besonders bei der Bereitschaft, sich auf neue Erfahrungen einzulassen, der Umsetzung von Plänen und der Risikofreude zu suchen sind. Dementsprechend kann der Akkomodierer vor allem mit wechselnden (beruflichen) Situationen und Problemen souverän umgehen, da er die Fähigkeit besitzt, sich schnell und flexibel neuen Rahmenbedingungen anzupassen. Akkomodierer präferieren darüber hinaus Fakten gegenüber Theorien und nutzen zur Gewinnung neuer Informationen andere Personen, statt sich vornehmlich auf ihre individuellen analytischen Kompetenzen zu beschränken.

Sowohl der berufliche Werdegang von Herrn Baltes, in dessen Verlauf er sich immer wieder neuen Anforderungen und Situationen gestellt hat, als auch sein allgemeines Lernverhalten, das durch die Kommunikation mit anderen Lernenden und Lehrenden charakterisiert ist, weisen Parallelen zum Lernstil des Akkomodierers auf.

E-Learning

Dem computer- und internetgestützten Lernen können nach Herrn Baltes verschiedene Vor- und Nachteile zugeschrieben werden. Als Vorteil wertet er zunächst die große Mobilität, die mit dem PC verbunden ist. Ferner begrüßt er die Möglichkeit des unmittelbaren Feedbacks und der problemlosen Kommunikation via Internet, wodurch er *»kein Papier mehr auf dem Tisch«* (1383) hat, das er *»hin- und herschicken muss«* (1384). Darüber hinaus eignen sich seiner Meinung nach die E-Learning-Phasen, die eigene Selbstmotivation und -disziplin zu steigern. Da jeder Teilnehmer *»den Eingangstest bestehen«* (1372) muss, um später zugelassen zu werden, ist jeder gezwungen, sich mit der virtuellen Lernumgebung auseinanderzusetzen. Wie bereits im Zusammenhang mit seinem allgemeinen Lernverhalten aufgezeigt, kommt auch hier die Neigung Herrn Baltes zum Ausdruck, erst auf spürbaren äußeren Druck hin zu lernen.

Nachteilig im Hinblick auf E-Learning empfindet er die Anonymität während der Bearbeitung virtueller Prüfungsaufgaben und Tests, da er dabei im Gegensatz zu konventionellen Unterrichtsszenarien nicht die Option hat, Verständnisschwierigkeiten bezüglich einzelner Aufgaben mit einer Lehrperson zu klären. *»Das haben Sie beim E-Learning überhaupt nicht. Weil entweder Sie machen den Punkt oder Sie machen ihn nicht und wenn Sie ihn nicht machen oder Sie machen ihn an der verkehrten Stelle, ist er falsch«* (1389-1391). Eine weitere Beeinträchtigung des computer-

und internetgestützten Lernens verortet Herr Baltes darin, dass er »*nicht sehr lange (...) auf den Monitor schauen*« (553) kann und *daher* »*schon mal nach zwei, drei Stunden eine willkommene Abwechslung*« (554) benötigt. Einige Inhalte des CBT, mit dem er im Rahmen seiner aktuellen beruflichen Weiterbildung gearbeitet hat, hat er sich auch ausgedruckt, allerdings nicht, »*um die besser lernen zu können, sondern um schneller mal nachschlagen zu können*« (564f.).

Des Weiteren bemängelt er hinsichtlich des Aufbaus der E-Learning-Umgebung die Intransparenz der Lernziele. Die in dem CBT integrierten Videos sind seiner Ansicht nach zu langatmig, denn »*Sie müssen dort ganz genau aufpassen über die ganze Zeit, ganz konzentriert sein und dann sich rausschreiben, ich sage mal, was jeder braucht*« (902-904). Schließlich kritisiert Herr Baltes auch die Aufgabenformulierung des CBT, weil der Lerner dort mit Aufgaben konfrontiert wird, »*die können Sie einfach nicht nachvollziehen (...). Ja, weil die Fragestellung unpräzise ist. Und Sie können die Frage so und so verstehen. Also wir diskutieren auch hier im Kurs oft über eine Fragestellung, wo es keinen Sinn gibt. Also das ist wirklich schwachsinnig. Und da ist dann eben halt, da muss man auswendig lernen und dann ist dann eben halt nur diese Antwort, nur diese Antwort will man wissen. Ja, ich sage mal, dann brauche ich so eine Frage nicht zu stellen*« (667-674).

Nichtsdestotrotz findet er die Gestaltung des CBT insgesamt sehr gelungen. »*Das muss ich ganz ehrlich sagen, da hat man sich viel Mühe gegeben (...). Also das ist, ich sage mal, wenn jemand so lernt, dann ist das in Ordnung*« (770-773).

Blended Learning und Gesamtkurs
Den strukturellen Aufbau der Blended-Learning-Konzeption, d.h. das Verhältnis von konventionellem Klassenzimmerlernen einerseits und computer- und internetbasiertem Lernen andererseits findet Herr Baltes »*in Ordnung*« (1326), wobei er jedoch auch darauf hinweist, das er »*nichts anderes kennengelernt*« (1326-1328) hat und daher eigentlich kein valides Urteil darüber abgeben kann. Die eher zurückhaltende Bewertung signalisiert gleichzeitig eine hohe Selbstreflexion in der Auseinandersetzung mit dem Lernsetting.

Falls Herr Baltes sich allerdings zwischen einem CBT oder einem klassischen Weiterbildungskurs entscheiden müsste, würde er den Kurs »*immer vorziehen*« (1301), um sich mit anderen Mitlernern austauschen zu können. »*Wenn man allein lernt, man kann ja auch was lernen und lernt was Falsches und merkt das gar nicht. Und das kriegt man ja in so einem Kurs, sage ich mal, sehr schnell gebacken. Wo der andere sagt: ›Du, pass mal auf, das ist nicht richtig, das hängt so und so zusammen‹*« (1298-1301). Somit sind gegenseitige Unterstützung und Kommunikation der Kursteilnehmer bedeutende Faktoren für das Zustandekommen eines gelungenen Lernprozesses.

Herr Baltes schreibt den verschiedenen Unterrichtsphasen der Blended-Learning-Schulung je spezifische Funktionen zu: Während seiner Ansicht nach durch die Bearbeitung des CBT vor allem »*das Grundwissen*« (913) vermittelt werden kann, ist der Besuch des Seminars besonders geeignet, das vorher erworbene Basiswissen zu vertiefen. Das konventionelle Schulungsseminar schätzt er, »*weil ich dort Hintergrundwissen kriege, was ich aus dem Buch nicht entnehmen kann bzw. aus dem CBT. Also auch Fallbeispiele, diese Ergänzungen dazu*« (921-923). Neben den Kommunikationsmöglichkeiten mit anderen Lernenden beurteilt Herr Baltes auch den Kontakt zu den Lehrenden, denen er im Rahmen der Präsenzphasen Fragen stellen und die er bei Verständnisschwierigkeiten um Hilfe bitten kann, als äußerst wichtig für seinen Lernerfolg und als großen Vorteil klassischer Face-to-Face-Lernumgebungen.

Alles in allem hat sich der Besuch der Blended-Learning-Schulung in den Augen von Herrn Baltes gelohnt. Mit dem CBT, den übrigen Unterrichtsmaterialien und den verschiedenen FachdozentInnen und TutorInnen ist er »*eigentlich sehr zufrieden*« (1157f.). Auch die Kursgröße von ca. 12-14 Personen empfand er als sehr angenehm. Aus diesen Gründen erscheint es plausibel, dass Herr Baltes an der Konzeption der Weiterbildungsmaßnahme eigentlich nichts ändern würde. »*Also, ich würde mich immer für diese Variante entscheiden, weil ich mich selber kenne. Weil ich dann sage ›sonst tust du bis zum Seminar nämlich gar nichts‹*« (1353-1355). Einmal mehr spiegelt sich in dieser Aussage seine Einstellung zum Lernen wider. Ohne den äußeren Druck, der beispielsweise über die jeweiligen Lehrpersonen, gesetzliche Änderungen oder das Konzept der Lernumgebung aufgebaut wird, fehlt ihm der nötige Antrieb, seinen Lernprozess selbstständig aufzunehmen. Erwartungsgemäß hat die Teilnahme an der Weiterbildungsmaßnahme bei ihm einen angenehmen Eindruck hinterlassen, weil er »*gezwungen wurde, was zu tun*« (1410).

Qualitativ hochwertiges Online-Lernen wird für Herrn Baltes besonders durch ein dabei vermitteltes »*sehr hohes Wissen*« (1461) erreicht, wobei seiner Meinung nach irrelevant ist, ob die Wissenserweiterung online oder mithilfe von Präsenzseminaren ermöglicht wird. Demnach nimmt Herr Baltes eine betont *inhaltsbezogene Kursbewertung* vor, die er bewusst von der jeweiligen Unterrichtskonzeption und den damit verbundenen Methoden und Techniken abkoppelt. Diese Argumentation wird auch immer wieder in der pädagogischen Auseinandersetzung mediengestützter Lernangebote aufgegriffen, um darauf aufmerksam zu machen, computer- und internetbasierte Unterrichtsformen nicht unter dem Primat der Technik, sondern unter dem Primat der pädagogisch-didaktischen Zielsetzung zu strukturieren.

4.2.4 Der gruppenorientierte E-Learner

Fünf Befragte wurden als gruppenorientierte E-Learner identifiziert:

- Herr Baldur (SL03b), der sportliche Gruppenlerner und Internetinteressierte (selbstständiger Versicherungsfachmann, 27 Jahre, ledig),
- Herr Andres (ST03b), der karrierebewusste, internetinteressierte Gemeinschaftslerner (Angestellter in einem mittelständischen Unternehmen, Elektrobetrieb, 28 Jahre, ledig),
- Herr Berger (SL01a), der finanzbewusste, kommunikationsorientierte Fleißarbeiter (selbstständiger Versicherungsfachmann, 28 Jahre, ledig),
- Herr Arnold (ST02b), der ambivalente buchorientierte E-Learning-Skeptiker (Prokurist in einem Dreimann-Betrieb, 25 Jahre, ledig, lebt mit Partnerin zusammen) sowie
- Herr Anstett (ST01a), der effektivitätsorientierte und medienkompetente Wissensarbeiter (Angestellter im kleinen Elektrobetrieb, 25 Jahre, ledig).

Der Typus die »Gruppenorientierten E-Learner« setzt sich aus fünf ledigen Männern im Alter von 25-28 Jahren zusammen. Hier kann – ähnlich wie bei den »Autonomen« und den »Intrinsisch motivierten E-Learnern« – von einer relativ homogenen Gruppe hinsichtlich der soziodemografischen Variablen Alter, Geschlecht und Familienstand gesprochen werden.

Das Label die »Gruppenorientierten E-Learner« wurde für diese Personengruppe gewählt, da für sie das *soziale Zugehörigkeitsgefühl* beim Lernen von entscheidender Bedeutung ist und dementsprechend die Eingebundenheit in der Gruppe das zentrale Qualitätsmerkmal im Lernprozess darstellt. In der persönlichen Beurteilung einer Weiterbildungsmaßnahme durch die »Gruppenorientierten E-Learner« zeigt sich nämlich eine starke Fokussierung auf den persönlichen Kontakt und die *Face-to-Face-Kommunikation* mit Kollegen und Lehrpersonal. Zur Begründung, warum sie »*nicht soviel alleine lernen*« (SL03b, 1199) möchten, führen sie mehrere Vorteile des gemeinschaftlichen Lernens auf. *Erstens* sehen sie es als Gewinn an, dass sie auf viele »*Informationsquellen auf einmal*« (SL03b, 1662) zugreifen können. Dies fördert nach ihren Ansichten die Meinungsvielfalt, und die eigenen Ideen können mit anderen diskutiert werden. Hier rücken der *Erfahrungsaustausch* und die Reflexion des Gelernten mit Anderen in den Mittelpunkt. *Zweitens* sehen sie einen Vorteil darin, von den Stärken Anderer in der Gruppe zu profitieren. Stärken beziehen die »Gruppenorientierten E-Learner« in diesem Zusammenhang auf technische Nutzungskompetenzen im Sinne von Medienkompetenz sowie auf fachliches Wissen. *Drittens* erklären sie, dass für sie die *psychische Unterstützung* im Lernprozess – im Sinne eines sozialen Zusammenhalts – unabdingbar ist. Diese wirke sich nämlich positiv auf ihre Lernmotivation aus, da durch das Lernen in der Gruppe »*auch der Zusammenhalt da [ist] und man strebt einem Ziel nach*«, die Mitlerner »*helfen einem*« (ST01a, 821f.). Dies stärke zudem ihre Selbstdisziplin. Zudem könne die Gruppe bei Versagensängsten auch Mut machen, »*weil man als Einzelperson auch manchmal den Druck hat ›Mist, ich schaffe es vielleicht nicht‹*« (SL01a, 1449f.). Und als letzten und sehr entscheidenden Aspekt nennen sie, dass ihnen das kollektive Lernen auch »*wesentlich mehr Spaß*« bereitet (SL03b, 1273). Aufgrund dieser Aspekte verwundert es nicht, dass die »Gruppenorientierten E-Learner« vor allem *Präsenzphasen als Kursform* favorisieren. In diesem Zusammenhang zeigen Johnson und Johnson (1989) fünf Elemente der strukturierten Gruppenarbeit auf, die sie als konstitutiv beurteilen. Dies sind (1) die gegenseitige Abhängigkeit beim Erreichen gemeinsamer Ziele, die direkte persönliche Interaktion zwischen den Teilnehmern, (2) die individuelle und (3) kollektive Verantwortlichkeit für Entscheidungen, (4) die soziale Verträglichkeit der Teilnehmer und (5) die Selbstbeurteilung der Gruppe. In Bezug auf die Effektivität kooperativen Lernens betrachten Ames und Ames (1984) vor allem die Förderung der allgemeinen Lernmoral als primären Beitrag, indem Kursteilnehmer sich gegenseitig helfen, Informationsressourcen organisieren und Verantwortung in der Gruppe übernehmen.

Neben den Vorteilen des kollektiven Lernens, die vor allem in Präsenzphasen von den »Gruppenorientierten E-Learnern« eingefordert werden, eignet sich diese Kursform zur Erklärung von Kursablauf und -struktur, der Handhabung der Lernumgebung, der Klärung von Missverständnissen und zum Lehren von komplexen Sachverhalten, zumal sie in Bezug auf Präsenzunterricht darauf Wert legen, auch selbst aktiv zu werden, indem Gespräche oder Diskussionen zwischen Lernenden und Dozent zustande kommen oder Gruppenarbeiten initiiert werden. Dadurch wächst in ihren Augen auch ein positives Gruppenzugehörigkeitsgefühl: »*Also Zusammenhalt entsteht, man wächst zusammen, muss ich sagen. Man kennt sich untereinander besser, auch die Person an und für sich, wie sie ist. Es ist auf jeden Fall wichtig, weil es auch das Eigengefühl stärkt und wir jetzt hier in dem Seminar, auch durch unseren Trainer vermittelt kriegen, wir lernen gemeinsam und wir gehen gemeinsam durch die Prüfung und danach bestehen wir sie auch gemeinsam*« (SL01a, 1517ff.). Der Wunsch der »Gruppenorientierten E-Learner«, sich in einer einheitlichen Gruppe wohlzufühlen und gemeinsam mit anderen zu lernen führt dazu, dass sich der Kontakt zu den anderen Kursteilnehmern nicht nur auf fachbezogene Gespräche beschränkt. Dieser wird vielmehr bei den Präsenzphasen auch auf den Zeitraum *außerhalb* des Unterrichts ausgedehnt, indem man gemeinsam isst und etwas unternimmt. Dadurch entwickeln sich Freundschaften, wie Herr Andres beschreibt: »*Ja, mit dem, wo ich jetzt zusammen lerne, seit zwei Jahren, sag ich mal, also da haben sich auch schon Freundschaften entwickelt. Wir gehen jetzt auch mal privat weg oder seine Frau macht dann mal was zum Essen, da bin ich eingeladen oder zum Geburtstag oder so*« (ST03b, 524-526).

Ferner ergibt sich aus den Lernpräferenzen der »Gruppenorientierten E-Learner«, dass es für sie auch von großer Bedeutung ist, in (Lern-)Gruppen eingebunden zu sein, die außerhalb des Unterrichts stattfinden und in denen sie sich gemeinsam austauschen können.

Ein entscheidender Grund, warum die Personen dieses Typus vor allem in der Gruppe lernen wollen, ergibt sich aus ihren im Vergleich zu den anderen gefundenen Typen geringen *Selbstlernkompetenzen* hinsichtlich Selbststeuerung und Selbstdisziplin im Lernprozess. Dies ist auch der Grund dafür, warum bei diesem Typus nicht von »E-Learning by collaborating« (vgl. Reinmann-Rothmeier 2002) gesprochen werden kann, denn Kooperation »verlangt unter virtuellen Bedingungen ein besonderes Mass (sic) an sozialer Kompetenz, an Selbststeuerungsfähigkeit und Medienerfahrung« (Reinmann-Rothmeier 2002, S. 10). Dementsprechend sind die Anforderungen an den Lernenden beim reinen »E-Learning by collaborating« sehr hoch. Allerdings besitzen die »Gruppenorientierten E-Learner« »*nicht gerade die größte Selbstdisziplin, was E-Learning dann anbelangt*« (ST03b, 1654), sodass sie in Präsenzseminaren versuchen, ihre individuellen Lerndefizite durch die Gruppe zu kompensieren. Damit geht einher, dass die »Gruppenorientierten E-Learner« *vorgegebene Lernziele* und einen vorgeschriebenen *Lernweg* zur Orientierung benötigen. Anleitung und eine vorgegebene Lernstruktur sind für sie entscheidende Qualitätsmerkmale im Lernprozess. Daraus ergibt sich, dass zwar »E-Learning by collaborating« bei den »gruppenorientierten E-Learnern« in geringem Maße eingesetzt werden kann, aber die Lernumgebungen müssen »neben didaktisch überlegter Gestaltung von Information, Instruktion und Aufgaben auch geeignete Inhalte und soziale Kontexte bereitstellen« (Reinmann-Rothmeier 2002, S. 10). Dies bedeutet, dass der Tutor bzw. der Lehrende als Moderator und Coach tätig werden muss.

Gemäß ihrer Lernpräferenzen erwarten die »Gruppenorientierten E-Learner« einen sehr *hohen tutoriellen Support* vonseiten der Dozenten und Tutoren hinsichtlich Engagements sowie fachliche, soziale und didaktische Kompetenz. Zudem halten sie es in diesem Zusammenhang für notwendig, dass die Organisation der Weiterbildungsmaßnahme dahingehend ausgerichtet ist, dass ihnen mehrere kompetente Ansprechpartner für unterschiedliche Bereiche zur Verfügung stehen und jederzeit telefonisch oder via E-Mail zu erreichen sind. So wünscht sich etwa Herr Arnold »*fünf oder sechs Dozenten, die von acht bis achtzehn Uhr dort hocken, wo Sie Ihre Fragen hinschreiben können, wo Sie in eineinhalb, maximal zwei Stunden eine Antwort drauf zurückbekommen*« (ST02b, 1314-1316). Zusätzlich sollten die Dozenten Hilfe und Unterstützung beim Lernen anbieten, indem sie den Teilnehmern in Einzelgesprächen Rückmeldung und Feedback über ihren Lernerfolg geben.

Insgesamt zeichnen sich die »Gruppenorientierten E-Learner« im Vergleich zu den anderen zum einen durch die geringsten Selbstlernkompetenzen aus, und zum anderen komplementär dazu durch den höchsten Bedarf nach Betreuung und Instruktion aus. Nach Schott, Kempter und Seidl (1995) bedeutet Instruktion »die geplante Bereitstellung von Lernmöglichkeiten, um es bestimmten Personen zu ermöglichen, mehr oder weniger festgelegte Ziele zu erreichen« (S. 179). Instruktion ist demnach dann zu empfehlen, »wenn eine Person sich bestimmtes Wissen oder bestimmte Fertigkeiten nicht ohne Hilfe oder nur mit unnötigem Aufwand aneignen kann« (ebd. S. 180), wie dies bei den »Gruppenorientierten E-Learnern« der Fall ist.

Entsprechend ist es für sie in Bezug auf die Teilnahme an einer E-Learning-Weiterbildungsmaßnahme von entscheidender Bedeutung, dass sie in ein Blended-Learning-Szenario eingebunden sind, in dem die *Präsenzphasen überwiegen* sollten. So würde beispielsweise Herr Berger das Verhältnis von Präsenzphasen zu Online-Phasen im Rahmen einer Blended-Learning-Maßnahme bei 80:20 festsetzen.

Auf der Basis des Lerntypenansatzes von Kolb (1985) zeigen sich an dieser Stelle Charakteristika des *Akkomodierers,* da dieser Typus auf die konkrete Erfahrung und den Kontakt zu anderen Personen ausgerichtet ist.

Qualitätsmerkmale im Lernprozess bedeuten für die »Gruppenorientierten E-Learner«, wenn sie sich die Lerninhalte ›kreisförmig‹, also zirkulär aneignen, sie sich mit Mitlernenden austauschen und wenn sie aufgrund einer übersichtlichen Strukturierung der Lerninhalte bestimmte Themen schnell wiederfinden können. Des Weiteren begrüßen die »Gruppenorientierten E-Learner«, wenn sie im Lernprozess kaum Schreibwerkzeuge (z.B. Stift) sowie wenig Print-Materialien benötigen und ihr Lernerfolg kontrolliert wird beziehungsweise sie ihn auch selbst kontrollieren können.

Da sich dieser Typus ferner durch eine *hohe Medienkompetenz,* insbesondere hinsichtlich der instrumentell-qualifikatorischen Medienkunde nach Baacke (1998) auszeichnet – teilweise charakterisieren sie sich sogar als »Technik-Freak« (ST01a, 173) –, lassen sich trotz ihrer Favorisierung von Präsenzseminaren, Selbstlernphasen mit Neuen Medien in ihren Lernprozess einbinden. Vor allem interessieren sie sich für das Medium Internet und sprechen ihm ein hohes Informations- und Lernpotenzial zu. *»Und das kommt immer mehr, also die Zukunft ist das Internet, ist klar. Und wenn die Leute irgendwann übers Internet auch kaufen, dann ist dieses E-Learning auch ganz wichtig, dass man über Internet auch lernt, ne?«* (SL03b, 458-460). Das Internet ist für sie das ideale Lernmedium, um erfolgversprechend selbstgesteuerte Lernprozesse zu initiieren, Bücher werden dagegen von ihnen eher abgelehnt. Nach Kommers u.a. (1991) lässt sich das Internet am besten als kognitives Werkzeug bezeichnen. Es regt die Auseinandersetzung mit unterschiedlichen Inhalten an und motiviert, unterstützt, erleichtert oder korrigiert diese, sodass selbstorganisiertes Lernen gefördert wird. »Gleichzeitig hält das Internet als Kollaborationsmedium diverse Szenarien für soziale Kommunikation und Interaktion bereit. Somit können Selbstlernprozesse flexibel mit Gruppenaktivitäten verbunden werden« (Döring 1995, S. 321).

Aufgrund der hohen Affinität der »Gruppenorientierten E-Learner« gegenüber dem Internet sollte die *Lernumgebung als WBT* aufgebaut sein und verschiedene Links und Downloads bereithalten. Entsprechend ihrer Vorliebe für das Internet wäre es sinnvoll, wenn die Lernumgebung eine ähnliche mediale Struktur aufweist, indem sie *hypertextuell,* also nicht linear, sondern verzweigt aufgebaut ist. Da sie im Internet viel recherchieren und nach Begriffen suchen, erwarten sie auch von einer entsprechenden Lernumgebung eine Art *Suchindex* beziehungsweise die Möglichkeit zur Recherche nach bestimmten Wörtern sowie ein gut strukturiertes Inhaltsverzeichnis der Lernthemen. Da die »Gruppenorientierten E-Learner« sich durch eine hohe Kommunikation unter den Mitlernenden beschreiben lassen, sollte die Lernumgebung auch *unterschiedliche Kommunikationsmöglichkeiten* wie E-Mail, Telefon und ein Forum bereithalten, die logisch miteinander verknüpft werden. *»Die Plattform war eigentlich so im Internet* *relativ gut aufgebaut, also man kam in den Chat sehr gut rein, man kam in sein Mailaccount richtig gut rein und es waren auch logische Verknüpfungen dann da in Untermenüs in den einzelnen Ordnern, Posteingang-, Postausgangordner«* (ST02b, 569-571). Weiter wünschen sie sich *Feedback* von der Lernumgebung in Form von Selbsttests sowie transparente Lernziele beziehungsweise vorgegebene Lernwege, an denen sie sich orientieren können. Insgesamt befürworten die »Gruppenorientierten E-Learner« eine multiperspektivische Herangehensweise an ein spezifisches Themengebiet, ein Charakteristikum situierter beziehungsweise konstruktivistischer Lernumgebungen.

Typus 4 im Überblick: Der gruppenorientierte E-Learner

- Gruppenlernen befürwortet
- Präsenzphasen als Kursform bevorzugt
- Selbstlernkompetenzen gering ausgeprägt
- Anleitung und didaktische Struktur benötigt
- Intensiver tutorieller Support erwartet
- Blended-Learning-Kurs erwünscht (ca. 15% E-Learning + 15% Online-Gruppenarbeit + 70% Präsenzphasen)
- Hypertextuelle, situierte Lernumgebung erwünscht

4.2.4.1 Falldarstellung: »Herr Anstett, der effektivitätsorientierte und medienkompetente Wissensarbeiter« (ST01a)

Berufsbiografie und berufliche Situation
Herr Anstett ist 25 Jahre alt und besucht im Rahmen seiner beruflichen Weiterbildung zurzeit einen *Blended-Learning-Kurs* mit dem Ziel, im Fach Elektrotechnik eine Meisterausbildung abzuschließen.

Nach dem Erwerb seines Hauptschulabschlusses hat Herr Anstett eine Lehre als Energieanlagen-Elektroniker in einem Betrieb in Baden-Württemberg absolviert, in den er *»über etwas Glück reingekommen«* (17) ist, da sein *»Vater auch schon in dem Betrieb geschafft hat«* (17-18). Da seine Leistungen während der Ausbildung *»eigentlich in Ordnung waren«* (19), wurde Herr Anstett nach seiner Lehre durch den Betrieb in ein unbefristetes Arbeitsverhältnis übernommen und ist dort heute als Monteur tätig.

Für die Durchführung der Blended-Learning Maßnahme hat er *»am Anfang vom Lehrgang fünf, sechs CDs gekriegt«* (474), die in Form von CBT durch die Teilnehmer bearbeitet werden sollen. Flankiert wird das CBT von einem *»Zeitplan, wo dann halt bis die und die Kalenderwoche halt das und das Kapitel bearbeitet«* (476-477) werden muss. Zur Unterstützung der CBT-*Lernsoftware »hat es dann die Online-Tutoren gegeben, wo dann verschiedene Dozenten die Fragen gestellt haben«* (479-480) zu bestimmten Kapiteln, die vorher selbstständig zu bearbeiten waren. Die Präsenzphasen des Blended-Learning-Kurses dienten schließlich *»der Ausarbeitung von Projekten zu dem Thema«* (480).

Insgesamt ist Herr Anstett mit seiner beruflichen Tätigkeit und dem dortigen sozialen Umfeld zufrieden, da ihm *»die Arbeit berufsbedingt Spaß macht«* (48). Unzufrieden ist er lediglich mit der immer größer werdenden Arbeitsbelastung, was seiner Meinung nach vor allem auf die momentane wirtschaftliche Lage zurückzuführen ist, *»da viel eingespart wird, und das geht auf die*

Kosten von den Mitarbeitern, die dann auch mehr Verantwortung tragen müssen« (41-42). Bezüglich seiner persönlichen beruflichen Weiterbildungsperspektiven unterstützt ihn der Betrieb ausschließlich in Form innerbetrieblicher Maßnahmen, die sein *»tägliches Arbeitsumfeld betreffen«* (61). Für die Teilnahme an überbetrieblichen resp. allgemeinen Weiterbildungsangeboten erfährt er jedoch durch seinen Chef keinerlei Unterstützung, *»weder finanziell, noch sonst jeglicher Art«* (65). Seinen Meisterkurs hat Herr Anstett freiwillig begonnen, und er finanziert ihn auch selbst. Letztendlich gewinnt er dem finanziellen Aufwand seiner beruflichen Weiterbildung jedoch überwiegend Positives ab, denn obwohl er *»wirklich verdammt viel investiert«* (127), ist er mit dem Ertrag zufrieden, denn sein *»Fachwissen kann sich sehen lassen«* (128). Diese Haltung weist ihn als eine Person aus, deren Lebenseinstellung nicht ausschließlich von materiellen bzw. monetären Aspekten dominiert wird. Vielmehr beurteilt er sein erworbenes (Fach-)Wissen trotz damit einhergehender hoher finanzieller Kosten als sehr wertvoll. Damit entspricht er sehr weitgehend der Argumentation vieler Fachleute aus den Bereichen der Wirtschafts-, Geistes- und Sozialwissenschaften, die Wissen in der postmodernen Gesellschaft als kostbarsten und bedeutendsten Rohstoff kennzeichnen. Auf jeden Fall möchte Herr Anstett später als Meister tätig sein und zeigt sich für das Erreichen dieses Ziels flexibel, indem er bereits heute seine Bereitschaft signalisiert, sich *»irgendwo anders zu bewerben«* (140), wenn das bei seiner *»Firma nicht hinhaut«* (139).

Medienverhalten
Hinsichtlich seiner eigenen medialen Ausstattung bezeichnet sich Herr Anstett selbst als *»Technik-Freak«* (173), was sich vor allem anhand seiner Kompetenz im Umgang mit PC und Internet zeigen lässt. Zu Hause verfügt er über einen Internet-Anschluss, den er *»tagtäglich«* (175) nutzt, *»teilweise sogar ein bis zwei PCs parallel«* (175-176), um sich Informationen, *»privat oder jetzt weiterbildungsmäßig«* (177) zu beschaffen. Im Gegensatz zu Büchern sieht Herr Anstett im Internet das ideale Medium, um *»in einer verdammt kurzen Zeit möglichst viel Information«* (239-240) zu erhalten, die darüber hinaus keiner einseitigen Perspektive unterliegt, sondern *»von verdammt unterschiedlichen Richtungen«* (240) zusammengetragen wird. Eine *multiperspektivische Herangehensweise* an ein spezifisches Themengebiet ist ein bedeutendes Charakteristikum situierter bzw. konstruktivistischer Lernszenarien. Durch die mehrdimensionale Analyse thematischer Schwerpunkte steigt die *Transfermöglichkeit,* das neu erlernte Wissen später in unterschiedlichen inhaltlichen Kontexten anzuwenden. Von der Notwendigkeit, Wissen in der »Komplexität realer Handlungsfelder« (Meister 2003, S. 174) darzustellen und somit mehrere Kontexte und Aspekte eines thematischen Feldes zu berücksichtigen, geht auch der ›Cognitive Flexibility-Ansatz‹ aus (vgl. Spiro et al. 1992). Nach der Theorie der kognitiven Flexibilität sollte der Lerner dazu in der Lage sein, die vorhandenen Wissensfragmente je nach unterschiedlicher Problemkonstellation flexibel variieren und immer wieder neu zusammenzustellen (vgl. auch Urhahne/Prenzel u.a. 2000).

Erst durch die Konfrontation mit Textverarbeitungsprogrammen in der Berufsschule hat Herr Anstett begonnen, sich mit dem Computer näher auseinanderzusetzen und sich *»das Wissen über manche Programme selbstständig angeeignet«* (209). Auch bei Problemen mit seinem Computer versucht Herr Anstett zunächst einmal, Lösungsmöglichkeiten in *»verschiedenen Suchmaschinen oder auch in Foren«* (217-218) eigenständig zu recherchieren und auszuprobieren. Sofern größere Computerprobleme auftreten, deren Behebung ihn zu viel Zeit kostet, wendet er sich damit an Freunde oder Bekannte, um sich selbst mit »*etwas Sinnvollem beschäftigen*« (233) zu können. Damit greift Herr Anstett auf ihm zur Verfügung stehendes *soziales Kapital* zurück, worunter Bourdieu die »Gesamtheit der aktuellen und potentiellen Ressourcen, die mit dem Besitz eines dauerhaften Netzes von mehr oder weniger institutionalisierten Beziehungen gegenseitigen Kennens oder Anerkennens verbunden sind« (1983, S. 190f.) subsumiert. Durch die Investition in informelle Wissens- und Kommunikationsnetzwerke verfügt Herr Anstett über die Möglichkeit, aus den persönlichen Ressourcen und Kompetenzen anderer Netzwerkmitglieder Gewinne zu erzielen.

E-Learning und Lernverhalten
Obwohl es bei Herrn Anstett »*eher Zufall*« (267) war, an einem computerunterstützten Weiterbildungskurs teilzunehmen, auf den er »*durch einen Bekannten aufmerksam geworden*« (269) ist, findet er *das »selbstständige Lernen, also über Lernsoftware, sehr gut«* (302). Den größten Vorteil von E-Learning sieht er in der flexiblen Handhabung der persönlichen Lernphasen: »*Ich kann mir das einteilen, wie ich will, und finde das in Ordnung*« (306-307).

Kennzeichnend für Herrn Anstetts persönlichen Lernstil hinsichtlich computerunterstützter Lernszenarien ist sein pragmatischer Umgang mit der zeitlichen Ungebundenheit der Lernphasen, indem er abwägt, »*wie es zeitlich reinläuft, ob man sie gleich bearbeitet oder in den nächsten Tagen*« (437-438). Auf der anderen Seite bezeichnet er die *selbstständige Verantwortung,* sich für das Lernen Zeit zu nehmen, als »*die erste Hürde, wo man nehmen muss*« (669), um das Online-Lernen erfolgreich zu bestreiten. Die zweite Hürde beim computerunterstützten Lernen stellt in seinen Augen die *notwendige Disziplin* dar, »*sich dann auch von nichts ablenken*« (670-671) zu lassen und mögliche Störfaktoren wie Radio, Fernsehen oder Telefonklingeln auszublenden, damit man »*effektiv lernen*« (317) kann.

Die Bewertungen von Herrn Anstett bezüglich der Auseinandersetzung mit der Blended-Learning-Umgebung werden immer wieder durch sein persönliches Gefühl der Effektivität getragen. So ist beispielsweise jeder Teilnehmer seiner Meinung nach dafür verantwortlich, »*wo er die Prioritäten setzt, und jeder muss sich selber darüber im Klaren sein*« (324-325). Dabei gilt für jeden Einzelnen, die Prioritäten so zu setzen, »*dass er effektiv lernt*« (326-327). Da in seinen Augen ein gewisses Vorwissen im Umgang mit dem PC unabdingbar ist und die Schule »*eigentlich nicht dafür zuständig*« (386) ist, »*um einem das Wissen auch noch anzueignen*« (386), muss sich jeder Teilnehmer entscheiden, ob er das nötige (Vor-)Wissen selbstständig erwirbt oder eher eine konventionell strukturierte Weiterbildungsmaßnahme besucht, »*um den Kurs effektiv zu bestehen*« (400). Die Betonung der Notwendigkeit, sein eigenes Lernverhalten zu disziplinieren und zu strukturieren und nach dem Kriterium der Effektivität auszurichten, weist starke Parallelen zu dem Konstrukt des *Arbeitskraftunternehmers* von Voß und Pongratz auf. Demnach haben Globalisierung und weltweit verschärfter Wettbewerb zu einer Veränderung der Arbeitskonditionen geführt, die sich in einem Wandel der Ware Arbeitskraft niederschlägt.

Außerdem hält Herr Anstett die aktive Beteiligung sowie ein grundlegendes Interesse aller Kursteilnehmer als Voraussetzung dafür, »*ob so eine Plattform effektiv äh genutzt*« (643) wird. Seiner Meinung nach kann ein Weiterbildungskurs keinen Erfolg erzielen, »*wo, sagen wir, so über 50% der Teilnehmer von der Sache nicht so viel wissen wollen*« (656). Vielmehr ist es sehr wichtig, »*um da effektiv ähm zu lernen online*« (867), »*dass die einzelnen Teilnehmer miteinander arbeiten*« (868). Um eine gute Kooperation unter den Lernern zu erreichen, ist für Herrn Anstett eine gemischte Unterrichtsform unverzichtbar. So kann beispielsweise die Präsenzphase als »*Kennenlernen in einem Raum*« (897) genutzt werden, da »*ein Bild und eine Vorstellung von der Person*« (904) die Zusammenarbeit mit der betreffenden Person erleichtert und dies überhaupt einen »*der wesentlichen Vorteile*« (942) von Blended Learning Szenarien darstellt. Aus diesem Grund würde Herr Anstett auch niemals einen Weiterbildungskurs besuchen, der lediglich »*online*« (1030-1031) abläuft.

Tutorielle Betreuung und Kommunikation
Während der Blended-Learning-Maßnahme standen Herrn Anstett drei offizielle Ansprechpartner zur Verfügung, die jeweils für verschiedene Bereiche zuständig waren. Für technische Probleme im Bereich Computer und Kommunikation gab es einen technischen Administrator, für fachbezogene Probleme war der jeweilige Dozent zuständig und für Probleme mit einzelnen Lehrpersonen oder für organisatorische Probleme konnte der »*Schirmherr vom ganzen Kurs*« (708) in Anspruch genommen werden. Die Kontaktaufnahme ist hierbei größtenteils »*über E-Mail abgelaufen oder dann über Telefon*« (716).

Mit seinen Mitlernern konnte Herr Anstett via E-Mail, Chat, Newsforen oder Dateiablagen kommunizieren. Im Lauf der Weiterbildungsmaßnahme haben sich *verschiedene Lerngruppen* unter den Kursteilnehmern gebildet. Auch Herr Anstett war in eine Lerngruppe eingebunden, die in seinen Augen eine wichtige Funktion erfüllt, »*da auch der Zusammenhalt da ist und man strebt einem Ziel nach*« (821), die Mitlerner »*helfen einem*« (822). Die Lerngruppe dient der »*gegenseitigen Unterstützung*« (853), da mit Blick auf den gesamten Blended Learning-Kurs eine »*Vielzahl von Problemen*« (854) auftritt, mit denen jeder »*unterschiedlich fertig*« (854) wird. Der Lernprozess, der durch die Gruppe getragen wird, minimiert die Wissensunterschiede zwischen den einzelnen Lernern.

Kursbewertung und Qualität
Für die didaktische Aufbereitung der Lernmaterialien hält Herr Anstett die Formulierung und den Einsatz von *Lernzielen* sowie der damit verbundenen *Leitfäden* für sehr sinnvoll, wenn sie sich in der jeweiligen Weiterbildungseinrichtung bereits bewährt haben und somit helfen, das geforderte Wissen »*effektiv* [zu] *vermitteln*« (515) bzw. den Lernern die Möglichkeit geben, sich »*mit einem relativ minimalen Zeitaufwand das Wissen*« (519) anzueignen. Hinsichtlich des idealen Einsatzgebietes von Online-Lernumgebungen findet Herr Anstett, »*dass es einfach super ist zum Sachen besprechen oder noch mal weiterverarbeiten*« (636f.). Die Ursache für inhalts- oder themenbezogene Probleme, die während des Kurses aufgetaucht sind, ist nach Herrn Anstetts Meinung bei der jeweiligen *Lehrperson* zu suchen, die die »*Information entweder nicht klar definiert hat*« (577) oder zu wenig Zeit investiert hat, »*um den Lehrgang dann auch online effektiv zu gestalten*« (578f.). Darüber hinaus hatte er bei den Dozenten den Eindruck, dass »*der ein oder andere bestimmt überfordert*« (773) war, wenn auch der Großteil »*sich mit der Technik ausgekannt*« (776) hat. Besonderen Unmut behält sich Herr Anstett jedoch für die Dozenten vor, die »*auf die Online-Sitzung überhaupt nicht vorbereitet*« (958f.) waren bzw. die Online-Sitzung »*nebenbei gemacht haben*« (959f.) oder »*ein bisschen rumgequatscht*« (960) haben.

Die Qualität von E-Learning- resp. Blended Learning-Szenarien wird von Herrn Anstett mit Hilfe von drei Parametern definiert. *Erstens* müssen die »*Hardware- und Softwarekomponenten*« (999f.) kompatibel sein. *Zweitens* sollte die eigentliche Lernplattform »*wirklich gut gestaltet*« (1003) sein, besonders im Hinblick auf ihre Stabilität. Als *dritten* und letzten wichtigen Faktor für die

Beurteilung der Qualität beim Online-Lernen nennt er den zu vermittelnden Wissensstoff, der so durch die Dozenten ausgesucht und aufbereitet sein sollte, dass er *»effektiv über online«* (1006) vermittelt werden kann. Herr Anstett würde auch in Zukunft noch einmal an einem (teilweise) computerunterstützten Weiterbildungskurs teilnehmen. Bei der Wahl eines Anbieters würde er dann entweder auf seinen momentanen Weiterbildungsort zurückkommen oder sich *»im Bekanntenkreis«* (1048) nach deren Erfahrungen erkundigen.

An dieser Stelle greift Herr Anstett abermals auf sein *soziales Kapital* zurück, um die Planung zukünftiger Berufsbildungsabsichten und -erfordernisse zielgerichtet durchführen zu können.

4.2.5 Fazit

Ein Fazit der Typologie kann auf zwei Ebenen erfolgen, die unterschiedliche Aspekte betrachten. *Einerseits* können in Bezug auf die Zusammensetzung der einzelnen Typen Hypothesen formuliert werden, die einen möglichen Trend hinsichtlich soziodemografischer Merkmale aufzeigen. *Andererseits* liegen der Typologie bestimmte Qualitätsfelder und Merkmalsdimensionen zugrunde, die bedeutsam für das Verständnis von Qualität aus der Nutzerperspektive sind und für weitere Weiterbildungskonzeptionen fruchtbar gemacht werden können. Darüber hinaus tragen sie aber auch zum Theorieverständnis von E-Learning in der beruflichen Bildung bei.

Was die erstgenannte Analyserichtung angeht, können anhand der Vierer-Typologie unterschiedliche Thesen formuliert werden, die einen möglichen Trend im E-Learning-Bereich hinsichtlich soziodemografischer Merkmale aufzeigen. *Erstens* ist auffallend, dass der erste Typus (»Der autonome E-Learner«) ausschließlich aus *Frauen* besteht. Dabei zeichnet sich dieser Typus – wie im Überblick dargestellt – durch Selbstbestimmtheit, Autonomie und stark ausprägte *Selbstlernkompetenzen* aus – wichtige Voraussetzungen im E-Learning-Bereich. Aber nicht nur im Bereich der Selbstlernkompetenzen bringen die befragten Frauen die nötigen Voraussetzungen zum E-Learning mit, sondern sie versuchen auch verstärkt, sich der Wissensgesellschaft durch Aneignung von *Medienkompetenz* anzupassen. So interessieren sich die interviewten Frauen auffallend stark für Medien, da sie deren Wichtigkeit für Beruf und Alltag im Zusammenhang mit Lebenslangem Lernen akzeptieren und internalisiert haben. Aus diesem Grund verfolgen sie die Strategie, Hemmungen im Medienumgang abzubauen.

Darüber hinaus scheinen sie sich auch zunehmend für *Berufe mit Medienbezug* – die allgemein als Männerdomäne gelten – zu interessieren. Insgesamt betrachtet, zeigen sich die befragten Frauen sehr ehrgeizig, bemüht, interessiert, selbstlernkompetent und besitzen ein engagiertes Lernverhalten, was sich daran zeigt, dass sie häufig die Initiative ergreifen, mit Absicht handeln und aktiv mit dem Lernszenario umgehen. Sie besitzen damit offenbar erfolgversprechende Voraussetzungen, sich per E-Learning weiterzubilden.

Dagegen erhält man bei den *männlichen* Interviewten den Eindruck, dass sie mit dem selbstgesteuerten Lernen eher Probleme haben. Sie neigen insgesamt eher dazu, sich Lerninhalte passiv anzueignen, möchten eher zuhören, mitlesen, beobachten und wahrnehmen, statt selbst aktiv zu werden und zu agieren. Aus diesem Grund werden von ihnen auch *überproportional Präsenzphasen* bevorzugt. Als prototypisches Beispiel kann hier »Der gruppenorientierte E-Learner« angesehen werden, der ausschließlich aus Männern besteht. Dieser Typus benötigt Anleitung und didaktische Struktur, einen intensiven tutoriellen Support im Lernprozess, und er favorisiert Präsenzphasen. Zudem sind seine Selbstlernkompetenzen im Vergleich zu den anderen Typen nur gering ausgeprägt und deshalb versucht er, diese durch die Gruppe zu kompensieren. Insgesamt zeigt sich auch, dass die befragten männlichen Personen eher reaktiv handeln, also erst durch Anregung von außen tätig werden. Dies betrifft einerseits den Lernprozess, da sie stärker den äußeren Druck als Anstoß zum Lernen benötigen. Andererseits berührt dies auch die Teilnahme an Weiterbildungen, die häufig durch den Vorgesetzten initiiert oder durch Kollegen und Freunde angeregt wird. Zwar wird lebenslanges Lernen von ihnen als Notwendigkeit angesehen, um im Beruf zu bestehen, sie sind aber eher selten Befürworter dieser Forderung.

Aus diesen Befunden heraus kann die These formuliert werden, dass *Frauen* vermutlich die ›besseren‹ oder *erfolgreicheren E-Learner* sind, da sie aktiver agieren und höhere Selbstlernkompetenzen besitzen. Dagegen ist eine mögliche Konsequenz in Bezug auf die Ergebnisse der *männlichen Befragten,* dass diese *eher professionelle Unterstützung zum selbstgesteuerten Lernen* benötigen, durch die ihnen zum Beispiel Lernstrategien vermittelt werden, die sie dann beim E-Learning umzusetzen versuchen sollten.

Hinsichtlich der zweitgenannten Ausrichtung ergeben die Auswertungsergebnisse der qualitativen Interviews, dass vor allem *vier Qualitätsfelder* bei der Beurteilung des Lernszenarios aus Lernerperspektive besonders wichtig sind:

Diese sind *erstens* der *Kursaufbau,* womit das Verhältnis von selbstbestimmten E-Learning-Phasen, kooperativen virtuellen Lernphasen und Präsenzphasen gemeint ist. *Zweitens* wird die *soziale Eingebundenheit* im Lernprozess von den Befragten als ausschlaggebend für die Qualität erachtet. Kooperation und Kommunikation sind hier die vornehmlichen Stichworte, die es bei diesem Qualitätsfeld zu beachten gilt. Als *drittes* Qualitätsfeld kann der *tutorielle Support* mit den Komponenten Instruktion und Hilfestellung bestimmt werden. Und als *vierter* und letzter bedeutsamer Faktor für die Qualität einer medialen Weiterbildungsmaßnahme wird von den Interviewten die *Lernumgebung* hervorgehoben, wobei hier die didaktische und ästhetische Gestaltung als wesentlich erachtet wurde.

Die oben herausgearbeitete *Vierer-Typologie,* die sich auch an den genannten Qualitätsfeldern orientiert, stützt sich primär auf *drei individuelle Merkmalsdimensionen;* man kann diese auch als Voraussetzungen bezeichnen, von denen der jeweilige E-Learner-Typus abhängig ist. Dies bedeutet, dass sich die befragten Nutzer hinsichtlich dieser Merkmalsdimensionen typisieren ließen, also aufgrund Gemeinsamkeiten und Unterschiede in vier Gruppen eingeteilt werden konnten.

Erstens zeigte sich hier die *Sozialität* im Kurs, mit den Ausprägungen »*allein vs. kollektiv*« als wesentlicher Faktor im Lernprozess. Beispielsweise lehnen die »Autonomen E-Learner« gemeinsames, kollaboratives Lernen in der Gruppe per se ab, während der »gruppenorientierte E-Learner« – wie auch das Label nahelegt – die Gruppe bzw. andere Personen zum Lernen nicht nur befürwortet, sondern auch benötigt, um erfolgreich lernen zu können.

Zweitens hat sich die *Motivation* als entscheidende Merkmalsdimension für die Typologie herausgestellt. Deren Ausprägungen liegen dabei auf »*intrinsisch vs. extrinsisch*«. Hierbei zeigte sich, dass Personen, die stark intrinsisch motiviert sind, auch stärker selbstgesteuert und selbstbestimmt lernen können, da sie bereit waren, sich tiefer mit dem Lernszenario und dessen Inhalten auseinanderzusetzen, während extrinsisch motivierte E-Learner eher den äußeren Druck benötigen. Dies ist auch ein möglicher Grund dafür, warum die weiblichen Interviewten den Eindruck erwecken, die erfolgversprechenderen E-Learner zu sein: Ihre Motivation an, einer Weiterbildungsmaßnahme mit E-Learning teilzunehmen, gründet sich häufig auf den Wunsch nach Selbstverwirklichung und Kompetenzsteigerung, während die befragten Männer eher aus ökonomischen Motiven heraus einschließlich der Arbeitsplatzerhaltung bzw. -festigung motiviert sind.[71]

Die *dritte* Merkmalsdimension, die *Steuerung* im Lernprozess, differenziert sich in *»selbst- vs. fremdgesteuert«*. In diese Merkmalsdimension fließen auch Lernkompetenzen ein, nämlich ob jemand die Fähigkeit zum selbstgesteuerten Lernen mitbringt oder eher Instruktion und starke Hilfestellung benötigt, um den Lernprozess zu initiieren bzw. auch weiter voranzutreiben.

Die Konsequenzen, die sich aus den Qualitätsfeldern und der entsprechenden Vierer-Typologie ergeben, sind, dass eine *hohe Ausprägung* auf den herausgearbeiteten *Qualitätsfeldern* (Tutorieller Support, Soziale Eingebundenheit, Kursaufbau, Ästhetische und didaktische Gestaltung) die zentrale Voraussetzung für E-Learner *mit geringen Selbstlernkompetenzen* ist. Die folgenden Beispiele sollen dies näher erläutern: Jemand, der geringe Selbstlernkompetenzen im Bereich der Selbstdisziplin im Lernprozess mitbringt, muss entsprechend anders beim Lernen gefördert und gefordert werden als jemand, der eine hohe Selbstbeherrschung besitzt und sich von äußeren Faktoren nicht leicht ablenken lässt. Dieses Kompetenzdefizit beim selbstbestimmten Lernen kann beispielsweise durch eine starke soziale Eingebundenheit aufgefangen werden, indem man gemeinsam mit Anderen lernt und über den hieraus resultierenden Zusammenhalt sozialer Druck aufgebaut wird. Eine andere Möglichkeit wäre, den tutoriellen Support zu erhöhen, indem der Tutor in regelmäßigen Abständen die Lerner an ihre Aufgaben erinnert und Abgabetermine festsetzt (Abb. 4.2.5.1).

Beispiele:

geringe Selbstdisziplin → starke soziale Eingebundenheit

↕

geringe Selbststeuerung → hoher tutorieller Support

↕

geringe Selbstmotivation → Blended-Learning-Kurs

Abbildung 4.2.5.1: Disziplin und das Erfordernis sozialer Eingebundenheit

Als Fazit der Ergebnisse lässt sich die These formulieren, dass einige Faktoren, die bereits in klassischen Lernsituationen eine zentrale Rolle spielen, gleichermaßen für E-Learner relevant sind. Dies würde mit den Befunden von Grotlüschen (2005) korrespondieren, die davon ausgeht,

> »dass die festgestellten Mängel beim E-Learning nur stärker auffallen als in anderen Lernszenarien. Diese These lässt sich zugespitzt formulieren als ›Brennglas-These‹. Auf der positiven Seite bedeutet das: Klassisch erfolgreiche Lernensembles erweisen sich bei medialer Inszenierung als noch reichhaltiger, denn es besteht eine höhere Chance auf Binnendifferenzierung und auf Selbstbestimmung« (Grotlüschen 2005, S. 3).

---

[71] Möglicherweise kann es auch darin begründet sein, dass die Männer keiner Teilzeit-, sondern einer beruflichen Vollzeitbeschäftigung nachgehen.

Diese *positiven Effekte* zeigen sich vor allem *bei* den »autonomen« und den »*intrinsisch motivierten*« *E-Learnern,* da diese durch die entsprechende Gestaltung des E-Learning-Kurses individuell gefordert und gefördert werden und dadurch selbstbestimmt und selbstgesteuert Lernen. Allerdings bringen sie auch die nötigen Voraussetzungen wie Motivation und Selbstlernkompetenzen mit, um diesen Anforderungen autonom und kompetent zu begegnen und sich entsprechend auf die Lerninhalte sowie auf das Lernszenario einzulassen.

Dagegen zeigen die Ergebnisse, dass *bei* dem »*fremdgesteuerten*« und dem »*gruppenorientierten E-Learner*« zu weite oder zu unstrukturierte Lernszenarios eher *problematische Folgen* haben, da sie eine stärkere Unterstützung im Lernprozess benötigen als die anderen beiden Typen. Diese Gefahr sieht auch Grotlüschen im Zusammenhang mit der »*Brennglas-These*«, denn sie beschreibt, dass klassisch unangemessene, also zu enge oder zu offene Lernszenarios mit »E-Learning zu besonders problematischen Ergebnissen« (ebd.) führen. Problematische Ergebnisse rekurrieren dabei auf hohe Abbrecherquoten im E-Learning-Bereich (vgl. Kerres 1998), die mit Frustrationserfahrungen im Zusammenhang stehen, etwa mit Gefühlen der Orientierungslosigkeit und Verlorenheit. Man kann hier ausführen, dass Probleme des selbstbestimmten oder selbstgesteuerten Lernens beim E-Learning zu ›brennenden‹ Problemen werden, da offene Lernensembles dem Nutzer die Last aufbürden, selbst die geeignete Passung zwischen sich, seinen Lernvoraussetzungen, Lernstilen, seiner Motivation und dem Lernangebot zu finden.

Ferner geht allerdings Grotlüschen in Bezug auf ihre Brennglas-These reflexiv auch Argumenten nach, die im Widerspruch zu ihrer These stehen, etwa dass medial dominierende Lernarrangements durch die Trennung von Lehrort und -zeit von Lernort und -zeit (vgl. Kerres/de Witt 2002; Peters 2000), die Objektivierung der Inhalte (vgl. Zimmer 2001) sowie die Übertragung pädagogischer Handlungen auf den Lernenden (ebd.) genuin anders sind als ›normale‹ oder ›übliche‹ Lernumgebungen. Jedoch wirken diese Argumente nach Grotlüschen wenig überzeugend, denn die ersten beiden Argumentationspunkte lassen sich z.B. mit dem klassischen Medium »Buch« widerlegen, und der letztgenannte Aspekt ist nach Ansicht der Autorin ebenfalls bei klassischen Formen selbstbestimmten Lernens anzutreffen. Daher ihr Fazit: »Kurzum, es handelt sich um eine Verschärfung im Sinne eines Brennglases, nicht um strukturell Neues« (Grotlüschen 2005, S. 3), womit unsere qualitativen Befunde diese These der Autorin stützen.

Aus diesem Grund sollte *differenziert auf die Bedürfnisse* von E-Learnern eingegangen werden, indem denjenigen eine besondere Förderung zukommt, die die nötigen Kompetenzen nicht oder nur eingeschränkt mitbringen. Entsprechend den herausgearbeiteten *Qualitätsfeldern* (Tutorieller Support, Kursaufbau, soziale Eingebundenheit, ästhetische und didaktische Gestaltung) können diese daraufhin individuell unterstützt werden, zum Beispiel indem sie häufiger in soziale Lerngruppen eingebunden werden oder indem gemeinsam Termine für die jeweiligen Arbeitsschritte ausgehandelt werden. Dies bedeutet aber auch, dass die jeweiligen Lehrenden sich bei allen Lernenden stets über den *Fortgang ihres Lernprozesses,* ihr emotionales Befinden, eventuelle Schwierigkeiten etc. erkundigen und die *dialogische Reflexion* vorantreiben. Diese Rolle mag zwar – wie Grotlüschen suggeriert – »undankbar sein« (Grotlüschen 2003, S. 312), aber sie ist gewiss nicht überflüssig, sondern *konstitutiver Bestandteil* für die Qualität von E-Learning aus der Nutzerperspektive.

5. Quantitative Ergebnisse

5.1 Uni- und bivariate Datenauswertung

Die Daten und Ergebnisse der vorliegenden Stichprobe resultieren aus einer quantitativen Online-Erhebung, wobei sich die Untersuchung auf das Gebiet der Bundesrepublik Deutschland bezog. Von ca. 1.600 Personen, die an der Befragung im Internet partizipiert haben, sind zunächst 475 Fälle unter der Rubrik »vollständig ausgefüllt« gespeichert worden. Dabei ist jedoch zu berücksichtigen, dass sich auch solche BefragungsteilnehmerInnen hinter diesem Label verbergen, die sich den Online-Fragebogen von der ersten bis zur letzten Seite lediglich angesehen, aber nicht ausgefüllt haben. Nach der Bereinigung des Datensatzes von allen Fällen, die sich ausschließlich ›durchgeklickt‹ haben oder zu unvollständig geantwortet haben, blieben n=430 gültige Fälle bestehen. Auf dieser Basis konnte mit der Datenanalyse begonnen werden.

In der Stichprobe liegt der Anteil der Frauen bei 66,7% (s. Tab. 5.1.1). Demzufolge haben *überdurchschnittlich viele Frauen* an der Online-Befragung teilgenommen. Mögliche Ursachen dieses geschlechtsspezifischen Ungleichgewichts sind darin zu suchen, dass weibliche Personen auskunftsbereiter als ihre männlichen Mitlerner sind oder aber eher dazu tendieren, sich mithilfe Neuer Medien weiterzubilden. So kann eine empirische Projektstudie der Universität Graz (Paechter u.a. 2007, S. 28f.), die sich im Auftrag des österreichischen Bundesministeriums für Wissenschaft und Forschung mit der Nutzung und Beurteilung von E-Learning-Angeboten im Hochschulbereich auseinandersetzte, 2007 zu dem Ergebnis, dass Studentinnen E-Learning-Angebote besser wahrnehmen und diesbezüglich auch stärkere Wünsche an die Gestaltung der jeweiligen Lernumgebung äußern als Studenten. Die Verfasserinnen erklären diesen Befund damit, »dass Frauen im Allgemeinen sorgfältiger und gewissenhafter lernen als Männer« (S. 29).

Tabelle 5.1.1: Geschlechterverteilung der Stichprobe (n=420)

Geschlecht	absolute Häufigkeit	relative Häufigkeit in Prozent (%)
Weiblich	280	66,7
Männlich	140	33,3
Keine Antwort	10	Missing
Gesamt	430	100,0

Das E-Learning-Angebot wird von den beiden Altersgruppen der 30- bis 39-Jährigen (35,4%) sowie der 40- bis 49-Jährigen (32,8%) am häufigsten genutzt (Tab. 5.1.2). Während Personen jüngeren Alters von 20-29 Jahren mit 20,4% noch vergleichsweise häufig vertreten sind und immerhin mehr als 10% älter als 50 Jahre alt sind, finden sich innerhalb der Stichprobe nur wenige Befragte, die jünger als 20 Jahre (1,2%) alt sind. Die Altersverteilung wird auch durch die Berücksichtigung verschiedener Lagemaße bestätigt: Der Modalwert liegt bei 44, das arithmetische Mittel bei 35,4 Jahren. Eine mögliche Ursache für die vorliegende Altersverteilung in der Stichprobe kann darin begründet sein, dass computerunterstützte Lernumgebungen hauptsächlich im Kontext der Fort- und Weiterbildung und seltener im Rahmen einer Erstausbildung eingesetzt werden (s. zum Vergleich auch Abb. 5.1.4, S. 182).

Tabelle 5.1.2: Altersverteilung der Stichprobe (n=412)

Alter	absolute Häufigkeit	relative Häufigkeit (%)
< 20 Jahre	5	1,2
20-29 Jahre	84	20,4
30-39 Jahre	146	35,4
40-49 Jahre	135	32,8
50-59 Jahre	39	9,5
≥ 60 Jahre	3	0,7
Keine Antwort	18	Missing
Gesamt	430	100,0

Es liegt nahe, dass sich berufstätige Personen, die sich fort- und weiterbilden, bereits in einem *fortgeschrittenen Stadium ihrer Berufsbiografie* befinden und in der Regel auch älter sind als Personen, die beispielsweise eine berufliche Erstausbildung absolvieren. Ferner kann die geringe Anzahl der unter 20-Jährigen (1,2%) daraus erklärt werden, dass sich die Mehrheit dieser Altersgruppe noch in der allgemeinbildenden schulischen Ausbildung befindet. Andererseits lässt sich die noch geringere Zahl der Lernenden, die älter als 60 Jahre (0,7%) sind, darauf zurückführen, dass die meisten Personen dieser Altersgruppe entweder bereits aus dem Berufsleben ausgeschieden sind oder sich schon eher auf die nach-berufliche Lebensphase konzentrieren, d.h. vornehmlich privat orientiert sind. Des Weiteren herrscht bei den Angehörigen der älteren Generation möglicherweise auch ein Qualifikationslag im Vergleich zur jüngeren hinsichtlich des Umgangs mit ›Neuen Medien‹ bzw. mit den Informations- und Kommunikationstechnologien insgesamt vor.

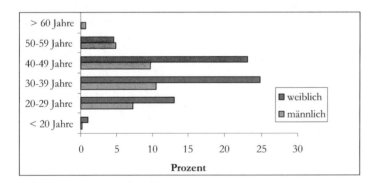

Abbildung 5.1.2: Zusammenhang zwischen Geschlechtszugehörigkeit und Altersgruppe (n=419)

Diese These korrespondiert ferner mit Ergebnissen aus einer Repräsentativbefragung zur Medienkompetenz im digitalen Zeitalter von Treumann u.a. (2002, S. 73ff.), in der deutliche Kovarianzen zwischen der Zugehörigkeit zu einer bestimmten Altersgeneration und der Intensität der Computernutzung festgestellt werden konnten.

5.2 Multivariate Datenauswertung

Bei einer Kreuztabellierung der Geschlechtszugehörigkeit und der Altersstruktur der Befragten (s. Abb. 5.1.2) werden geschlechtsspezifische Gewichtungen einzelner Altersgruppen deutlich. In den beiden Altersgruppen der 30- bis 39-Jährigen und der 40-bis 49-Jährigen, die in der Stichprobe am häufigsten vertreten sind, sind Frauen im Vergleich zur gesamten Stichprobe überdurchschnittlich repräsentiert, in der Gruppe der 20- bis 29-Jährigen dominieren sie zwar, sind aber gemessen an ihrem Stichprobenanteil unterrepräsentiert, während sich bei den 50-59-Jährigen ein Gleichstand ergibt.

Demgegenüber befinden sich unter den befragten Personen, die älter als 60 Jahre sind, keine Frauen, sondern nur Männer. Eine mögliche Ursache für die ›männerdominierte‹ Gruppe der über 60-Jährigen kann in den besonders in der älteren Generation nach wie vor vorhandenen geschlechtsspezifischen Ungleichheiten der Mediennutzung liegen. Allerdings ist die absolute Häufigkeitsbesetzung dieser Kategorie zu klein, um zuverlässige Schlüsse zu ziehen. Auch in anderen Studien zur Medienkompetenz wurden bereits ähnliche Befunde einer geschlechtsbezogenen Mediennutzung bzw. -kompetenz festgestellt (vgl. Treumann u.a. 2002, S. 80ff.).

Was den höchsten allgemeinbildenden *Schulabschluss* betrifft, so finden sich in der Stichprobe *überdurchschnittlich viele Personen,* die einen *höheren Schulabschluss* erreicht haben (s. Tab. 5.1.3). Mehr als drei Viertel besitzen demnach die allgemeine Hochschulreife (59,0%) oder zumindest die Fachhochschulreife (16,8%). Demgegenüber haben 14,9% einen Realschulabschluss bzw. die ›Mittlere Reife‹, 3,6% einen Abschluss der polytechnischen Oberschule, während lediglich 3,1% ihren Schulabschluss an einer Hauptschule erworben haben. Dass Erwachsene zwischen 30 und 50 Jahren, die sich intensiv mit dem Computer auseinandersetzen, über ein überdurchschnittliches hohes schulisches Bildungsniveau verfügen, konnte auch bereits in anderen Studien bestätigt werden (vgl. ebd., S. 77f.).

In Anlehnung an die Befunde des Berichtssystems Weiterbildung (BSW) aus dem Jahr 2000 weist Ehlers (2003) ferner darauf hin, dass die Beteiligung an Weiterbildungsmaßnahmen mit steigender Schulbildung zunimmt (vgl. Ehlers 2003, S. 210).

Tabelle 5.1.3: Höchster allgemeinbildender Schulabschluss (n=422)

Schulabschluss	absolute Häufigkeit	relative Häufigkeit in Prozent (%)
Allgemeine/fachgebundene Hochschulreife/Abitur	249	59,0
Abschluss Fachoberschule (Fachhochschulreife)	71	16,8
Realschulabschluss (Mittlere Reife)	63	14,9
Abschluss der polytechnischen Oberschule 10. Klasse (vor 1965: 8. Klasse)	15	3,6
Hauptschulabschluss (Volksschulabschluss)	13	3,1
Anderer Schulabschluss	11	2,6
Keine Antwort	8	Missing
Gesamt	430	100,0

Das deutliche Übergewicht höherer Schulabschlüsse unter den Befragten kann als Indikator für die *Wissenskluftthese* herangezogen werden, die im Kontext der Medienforschung formuliert wurde. Danach machen sich bildungsstarke Menschen Medien eher produktiv und kreativ zunutze, während bildungsarme Menschen Medien eher monoton, passiv und konsumtiv nutzen (vgl. Bonfadelli 1994).

Nach Bourdieus Kapitalsortenansatz wird das Vermögen einer Person, beispielsweise Medien interessen- und zielgerichtet einzusetzen, entscheidend durch ihr jeweils zur Verfügung stehendes kulturelles Kapital beeinflusst. Bourdieu (1983) differenziert kulturelles Kapital in *(a) inkorporiertes, (b) objektiviertes und (c) institutionalisiertes* kulturelles Kapital. Mit dem *inkorporierten* kulturellen Kapital werden alle im Lauf der Sozialisation verinnerlichten Denk- und Handlungsschemata (z.B. auch kognitive Kompetenzen) beschrieben, die unauflösbar mit der einzelnen Person verbunden sind und beispielsweise somit nicht von Dritten durch den Einsatz ökonomischen Kapitals als Kompetenz für die eigene Person erworben werden können. Dazu sind dann vielmehr ebenso eigene individuelle Lernanstrengungen notwendig. Unter dem Begriff des *objektivierten* kulturellen Kapitals werden hingegen alle kulturellen Güter (z.B. Bücher, Skulpturen etc.) subsumiert, während mit dem *institutionalisierten* kulturellen Kapital alle Bildungszertifikate und -titel einer Person bezeichnet werden, die sie im Laufe ihres Lebens erwirbt. Da die Teilnahme an computerunterstützten Lernszenarien ein gewisses kulturelles Kapital voraussetzt (z.B. Medienkompetenz, Computer- und Internet-Literacy), werden solche Bildungsangebote wahrscheinlich eher von jenen Lernenden in Anspruch genommen, die bereits ein großes Bildungskapital im Hinblick auf die Nutzung Neuer Medien vorweisen können.

Bei der Stichprobenverteilung nach dem *beruflichen Bildungsabschluss* (Tab. 5.1.4) waren in dem zugrunde liegenden standardisierten Erhebungsinstrument bei der Frage nach den jeweils vorhandenen beruflichen Bildungsabschlüssen Mehrfachantworten zugelassen, sodass die relativen Häufigkeiten für die zur Auswahl angebotenen beruflichen Ausbildungen – bezogen auf die Stichprobe der befragten Personen (letzte Spalte) – nicht eindeutig bestimmt werden können. Allerdings gibt die Auswertung der Ausbildungsabschlüsse – bezogen auf die Stichprobe aller gegebenen Antworten (mittlere Spalte) – einen Hinweis darauf, dass ein Großteil der Befragten über einen Hochschulabschluss und/oder eine beruflich-betriebliche Ausbildung verfügt.

Tabelle 5.1.4: Beruflicher Ausbildungsabschluss* (n= 382)

Beruflicher Ausbildungsabschluss	absolute Häufigkeit	relative Häufigkeit der Antworten in %	relative Häufigkeit der Befragten in %
Hochschulabschluss	154	33,4	40,3
Beruflich-betriebliche Ausbildung (Lehre)	152	33,0	39,8
Fachhochschulabschluss	48	10,4	12,6
Ausbildung an einer Fachschule, Meister-, Technikerschule, Berufs- oder Fachakademie	41	8,9	10,7
Anderer beruflicher Abschluss	35	7,6	9,2
Beruflich-schulische Ausbildung	23	5,0	6,0
Kein beruflicher Abschluss und nicht in beruflicher Ausbildung	8	1,7	2,1
Keine Antwort	48	Missing	Missing
Antworten gesamt	461	100,0	120,8

* Frage J10: Welchen beruflichen Ausbildungsabschluss haben Sie? Möglichkeit der Befragten, alle für sie zutreffenden Antworten auszuwählen.

Berechnungsbeispiel: Die *relative Häufigkeit der Befragten* errechnet sich z.B. für ›Hochschulabschluss‹, indem man die absolute Häufigkeit der Befragten, die diesen beruflichen Ausbildungsabschluss angegeben haben (n= 154) durch die Anzahl der gültigen Fälle (n= 382) dividiert und mit 100 multipliziert: 154 : 382 · 100 = 40,3%. Die *relative Häufigkeit der Antworten* errechnet sich z.B. für ›Hochschulabschluss‹, indem die absolute Häufigkeit der Antworten in der Kategorie ›Hochschulabschluss‹ durch die Gesamtsumme aller Antworten über alle 7 Items (461) dividiert und mit 100 multipliziert: 154 : 461 · 100 = 33,4%.

Analog zu der bereits dargestellten Interpretation des überdurchschnittlich hohen schulischen Ausbildungsniveaus der Befragten kann auch die Stichprobenverteilung in Bezug auf den beruflichen Bildungsabschluss thematisiert werden. Hier dient abermals die *Wissenskluftthese* als mögliche Erklärung für die mehrheitlich hoch qualifizierte Berufsausbildung der E- und Blended-LearnerInnen. Eine weitere Hypothese für die Entstehung einer derart beschaffenen Verteilung ist, dass beruflich höher qualifizierte Personen ohnehin durchschnittlich häufiger an Fort- und Weiterbildungsszenarien partizipieren als Berufstätige mit einem eher geringeren Qualifikationsniveau.

Weiterführende Informationen zum beruflichen Ausbildungsstand der StichprobenteilnehmerInnen liefert die Frage, ob sich die Befragten momentan in einer *beruflichen Erstausbildung* befinden (J9). Hier geben 8,8% an, zurzeit eine berufliche Erstausbildung zu absolvieren (s. Tab. 5.1.5). Da lediglich 1,7% der Befragten angegeben haben, über keinen beruflichen Abschluss zu verfügen (s. Tab. 5.1.4) und da mehr als 90% der Lernenden mitteilen, keine berufliche Erstausbildung zu absolvieren, lässt sich schließen, dass es sich bei den computerunterstützten Lernmaßnahmen, an denen die Befragten teilgenommen haben, *größtenteils um berufliche Fort- und/oder Weiterbildungskurse* handeln muss und weniger um E-Learning- oder Blended-Learning-Szenarien, die in der beruflichen Erstausbildung verankert sind.

Tabelle 5.1.5: Berufliche Erstausbildung (n= 421)

Zurzeit in beruflicher Erstausbildung	absolute Häufigkeit	relative Häufigkeit in Prozent (%)
Ja	37	8,8
Nein	384	91,2
Keine Antwort	9	Missing
Gesamt	430	100,0

Insgesamt deutet die Stichprobenverteilung auf eine *mehrheitlich fort- und weiterbildungserfahrene* Personengruppe hin.

Mehr als 70% der LernerInnen geben an, vor dem Besuch des E-Learning- bzw. Blended-Learning-Kurses *bereits an anderen Fort- oder Weiterbildungsmaßnahmen teilgenommen* zu haben (s. Tab. 5.1.6). Dieses Ergebnis lässt sich offenbar als ein Indiz für die These des ›Lebenslangen Lernens‹ formulieren, die davon ausgeht, dass berufstätige Menschen heutzutage immer wieder vor die Notwendigkeit gestellt werden, sich beruflich fort- oder weiterbilden zu müssen, um (vornehmlich technisch bedingte) Wandlungs- und Veränderungsprozesse am Arbeitsplatz angemessen meistern zu können.

Tabelle 5.1.6: Frühere Teilnahme an beruflichen Fort- und Weiterbildungskursen (n= 428)

Teilnahme	absolute Häufigkeit	relative Häufigkeit in Prozent (%)
Ja	307	71,7
Nein	121	28,3
Keine Antwort	2	Missing
Gesamt	430	100,0

Einen weiteren Anhaltspunkt für die Bereitschaft der Befragten, lebenslang zu lernen, liefert ihre persönliche Einschätzung, auch *in Zukunft regelmäßig an Schulungen oder Kursen teilnehmen zu müssen,* um ihre berufliche Tätigkeit weiterhin angemessen ausüben zu können. Diesbezüglich sind 81,5% davon überzeugt, dass dies notwendig ist (s. Tab. 5.1.7).

Tabelle 5.1.7: Überzeugung, auch in Zukunft Weiterbildungskurse besuchen zu müssen (n=422)

Überzeugung	absolute Häufigkeit	relative Häufigkeit in Prozent (%)
Ja	344	81,5
Nein	78	18,5
Keine Antwort	8	Missing
Gesamt	430	100,0

Vor dem Hintergrund einer gesellschaftlichen Entwicklung, die in den letzten Jahren zunehmend durch Schlagworte wie »Informationsgesellschaft« oder »Wissensgesellschaft« charakterisiert wurde und in deren Verlauf immer wieder auf die wachsende Bedeutung der *Ressource ›Wissen‹* hingewiesen wird, ist die mehrheitliche Überzeugung der Befragten, auch weiterhin Bildungsmaßnahmen besuchen zu müssen, nicht überraschend. Bedingt durch *Transformationsprozesse* in der Wirtschafts- und Arbeitswelt hat das berufstätige Individuum heute mit einer steigenden Selbstverantwortung gegenüber der eigenen Berufsbiografie umzugehen. Lebenslanges Lernen ist eine logische Konsequenz solcher Wandlungsprozesse und symbolisiert in diesem Zusammenhang die *Fähigkeit zur Selbstvorsorge*. Voß und Pongratz (1998) haben die strukturellen Modernisierungs- und Wandlungsprozesse innerhalb des Arbeitsmarkts und die daraus resultierenden Folgen für das berufstätige Subjekt mit dem Entwurf ihres *Leittypus ›Arbeitskraftunternehmer‹* aufgearbeitet. Ihrer Meinung nach wird der bisher vorherrschende Typ des verberuflichten Arbeitnehmers langfristig durch den Typ Arbeitskraftunternehmer ersetzt, der hauptsächlich durch seine zentralen Kennzeichen der (a) Selbst-Kontrolle, (b) Selbst-Ökonomisierung und (c) Selbst-Rationalisierung definiert ist. Demnach kann lebenslanges Lernen auch als Bestandteil der Selbst-Ökonomisierung interpretiert werden, in deren Verlauf es für den Arbeitnehmer darum geht, die eigenen Fähigkeiten zu organisieren und den jeweiligen Markterfordernissen anzupassen (vgl. Kap. 2.1.6 und 5.2.4).

Was *die individuelle Erfahrung mit E-Learning- und Blended-Learning-Umgebungen* anbetrifft, können die meisten Befragten tendenziell eher geringe Erfahrungswerte vorweisen (s. Tab. 5.1.8). Nahezu 70% der befragten Personen geben an, bisher weniger als 200 Stunden im Rahmen computer- und/oder internetbasierter Lernszenarien gelernt zu haben. Allerdings darf auch nicht übersehen werden, dass immerhin 12,5% über 400 und mehr Stunden E-Learning-Erfahrung verfügen.

Leider ergibt sich aus den Angaben der Befragten über ihre E-Learning-Erfahrung in Stunden ein weiter Interpretationsspielraum hinsichtlich des Umfangs und der Anzahl der besuchten E-Learning-Kurse. Neben einer relativ heterogenen Preis-Leistungs-Struktur der unterschiedlichen E-Learning-Anbieter existiert vor allem bei der Dauer der einzelnen Kursangebote eine auffällige Varianz.

Aus diesem Grund kann eine Person, die angibt, 400 Stunden Erfahrung mit computerunterstützten Lernumgebungen zu haben, sowohl 1-2 längere Kurse besucht haben als auch an ca. 100 kleineren Lernmodulen teilgenommen haben, die jeweils in 2-3 Lernstunden bearbeitet werden.[72]

---

[72] Beispielsweise wirbt das bfe-Oldenburg für eine onlinebasierte Qualifizierung zum Telecoach mit einer Lerndauer von ca. 266 Stunden, während das Berufliche Fortbildungszentrum der bayerischen Wirtschaft (Bfz) kleinere Lernkurse via Internet mit jeweils 2-5 Lernstunden anbietet.

Tabelle 5.1.8: Bisherige Erfahrung mit E-Learning-Umgebungen (n=428)

Erfahrung in Stunden	absolute Häufigkeit	relative Häufigkeit in Prozent (%)
< 30 Stunden	73	17,1
30-99 Stunden	143	33,4
100-199 Stunden	84	19,6
200-299 Stunden	46	10,7
300-399 Stunden	29	6,8
≥ 400 Stunden	53	12,4
Keine Antwort	2	Missing
Gesamt	428	100,0

Was das allgemeine Medienverhalten angeht, so geben nahezu zwei Drittel (65,2%) der Befragten an, Computer und Internet gleichermaßen beruflich und privat zu nutzen (s. Tab. 5.1.9). Dagegen äußern 29,3%, sich überwiegend beruflich mit diesen Medien zu beschäftigen, während lediglich 5,6% eine mehrheitlich private Nutzung von Computer und Internet angeben.

Die Ergebnisse stützen die Annahme, dass die Neuen Medien mittlerweile zu einem selbstverständlichen Bestandteil unserer Berufswelt geworden sind.

Der Siegeszug der Informations- und Kommunikationsmedien in nahezu allen gesellschaftlichen Bereichen hat ebenso eine mediale Durchdringung der gesamten Lebenswelt der Befragten nach sich gezogen, den Krotz (2001, 2007) als »*Mediatisierung*« von Alltag, Gesellschaft und Kultur bezeichnet hat, und der sich in einer Langfristperspektive als ein »Metaprozess sozialen Wandels« verstehen lässt. Für welche Zwecke die ›Neuen Medien‹ wie Computer und Internet heute privat und/oder beruflich genutzt werden, wird in Tabelle 5.1.10 zusammengefasst und ist auch aus den Ergebnissen anderer empirischer medienpädagogischer Untersuchungen ersichtlich. So fanden Treumann u.a. (2002) heraus, dass die Altersgruppe der 35- bis 74-Jährigen Computer und Internet hauptsächlich zur Textverarbeitung und Informationsrecherche nutzen (vgl. Treumann u.a. 2002, S. 147ff.).

Vor dem Hintergrund der Stichprobenverteilung, die durch eine überdurchschnittlich hohe Personenzahl mit hohem schulischem Ausbildungsniveau gekennzeichnet ist, wäre es interessant, den Zusammenhang zwischen der schulischen Bildung und der individuellen Computernutzung zu untersuchen. Bei einer Kreuztabellierung zwischen dem schulischen Ausbildungsniveau der Befragten und der Art der Computernutzung (beruflich vs. privat) konnten allerdings keine signifikanten Hinweise auf eine mögliche Assoziation dieser beiden Variablen gefunden werden. Darüber hinaus konnten die bivariaten Analysen zwischen ausgewählten soziodemografischen Variablen – wie z.B. Alter und Geschlecht – und der privaten bzw. beruflichen Computernutzung ebenfalls keine signifikanten Zusammenhänge aufzeigen. Demnach scheint der Kontext, in dem der Computer genutzt wird, bildungs-, geschlechts- und altersunabhängig zu sein.

Tabelle 5.1.9: Private versus berufliche Computernutzung (n=424)

Computernutzung	absolute Häufigkeit	relative Häufigkeit in Prozent (%)
überwiegend beruflich	124	29,2
überwiegend privat	24	5,7
gleichermaßen beruflich und privat	276	65,1
Keine Antwort	6	Missing
Gesamt	430	100,0

Um in Erfahrung zu bringen, für welche Zwecke die Befragten den Computer hauptsächlich nutzen, wurden ihnen bestimmte Funktionsweisen des Computers vorgelegt, zu denen jeweils der individuelle Nutzungsumfang mithilfe einer vierstufigen Likert-Skala (nie-selten-manchmal-häufig) eingeschätzt werden sollte (s. Tab. 5.1.10). Demnach wird der Computer von den meisten Personen unserer Stichprobe am häufigsten für (a) die Informationsrecherche im Internet, (b) E-Mail-Kommunikation und (c) Textverarbeitung eingesetzt. Im Gegensatz dazu hat die Mehrheit der befragten Personen noch nie an Multi-User-Dungeons (MUDs) teilgenommen oder mit dem Computer selbst programmiert. Darüber hinaus werden auch Chats und Newsgroups sowie Computerspiele[73] von den meisten Personen nur »selten« oder »nie« genutzt.

Zusätzliche Bestätigung erfahren diese Ergebnisse unter Berücksichtigung anderer Untersuchungen zum Medienverhalten von Erwachsenen. Auch Treumann u.a. (2002) konnten aufzeigen, dass Personen im Alter von 35 bis74 Jahren das Internet ›häufig‹ oder ›sehr häufig‹ nutzen, um Informationen zu suchen (51,3%) und E-Mails (43,5%) zu verschicken, während lediglich eine kleine Minderheit (1,2%) angibt, ›häufig‹ oder ›sehr häufig‹ in MUDs oder MOOs[74] zu spielen (vgl. Treumann u.a. 2002, S. 160ff.).

Gehen wir von einem gesellschaftlichen System aus, dessen Struktur zunehmend durch Begriffe wie »Wissen« und »Information« geprägt ist, erscheint es nicht überraschend, dass der Computer vor allem für eine effiziente Informationsrecherche genutzt wird, wie sie im Internet realisiert werden kann. Außerdem kann vermutet werden, dass spezielle Nutzungsarten wie der Umgang mit MUDs und MOOs, die Teilnahme an Computerspielen und die aktive Beteiligung an Chats und Newsgroups primär bei der jüngeren Generation von Computer- und Internet-NutzerInnen vorzufinden sind und somit bei den in der vorliegenden Stichprobe dominanten Altersgruppen eher selten auftauchen.

Tabelle 5.1.10a: Nutzungshäufigkeit des Computers nach Funktionsweisen (n=426 bis n=428)

	Informationsrecherche im Internet		E-Mail-Kommunikation		Textverarbeitung (z.B. WORD)	
	Anzahl	%	Anzahl	%	Anzahl	%
Häufig	373	87,6	368	86,0	365	84,9
Manchmal	48	11,3	50	11,7	45	10,5
Selten	4	0,9	9	2,1	15	3,5
Nie	1	0,2	1	0,2	3	0,7
Gesamt	426	100,0	428	100,0	428	100,0

Tabelle 5.1.10b: Nutzungshäufigkeit des Computers nach Funktionsweisen (n=424 bis n=428)

	Surfen im Internet		Weitere Standardsoftware (z.B. ACCESS, EXCEL etc.)		Weiterbildung (z.B. Lernsoftware, WBTs)	
	Anzahl	%	Anzahl	%	Anzahl	%
Häufig	255	60,1	245	57,2	150	35,4
Manchmal	105	24,8	108	25,2	185	43,6
Selten	55	13,0	55	12,9	75	17,7
Nie	9	2,1	20	4,7	14	3,3
Gesamt	424	100,0	428	100,0	424	100,0

---

73 Wenngleich MUDs von anderen Autoren bisweilen unter der Rubrik der Computerspiele subsumiert werden, werden sie im Rahmen dieser Untersuchung als *Instrumente synchroner computervermittelter Kommunikation* aufgefasst, die von dem allgemeinen Bereich der Computerspiele abzugrenzen sind.
74 MUD = Multi User Dungeons; MOO = Multi User Dungeons Object Oriented.

5.2 Multivariate Datenauswertung

Tabelle 5.1.10c: Nutzungshäufigkeit des Computers nach Funktionsweisen (n=425 bis n=427)

	Kreative Gestaltung (z.B. Bildbearbeitung)		Nachschlagewerke/Enzyklopädien (z.B. Wikipedia)		Computerspiele	
	Anzahl	%	Anzahl	%	Anzahl	%
Häufig	138	32,5	124	29,0	34	8,0
Manchmal	152	35,8	194	45,4	54	12,7
Selten	108	25,4	83	19,4	164	38,5
Nie	27,4	6,4	26	6,1	174	40,8
Gesamt	425	100,0	427	100,0	426	100,0

Tabelle 5.1.10d: Nutzungshäufigkeit des Computers nach Funktionsweisen (n=364 bis n=425)

	Programmierung		Chats/Newsgroups	
	Anzahl	%	Anzahl	%
Häufig	26	7,1	29	6,8
Manchmal	37	10,2	80	18,8
Selten	77	21,2	169	39,8
Nie	224	61,5	147	34,6
Gesamt	364	100,0	425	100,0

Tabelle 5.1.10e: Nutzungshäufigkeit des Computers nach Funktionsweisen (von n=84 bis n=384)

	Teilnahme an MUDs		Sonstiges	
	Anzahl	%	Anzahl	%
Häufig	5	1,3	54	64,3
Manchmal	16	4,2	9	10,7
Selten	112	29,2	4	4,8
Nie	251	65,4	17	20,2
Gesamt	384	100,0	84	100,0

Tabelle 5.1.11: Aufbau des gegenwärtig bzw. zuletzt besuchten WB-Kurses (n=422)

Kursaufbau	absolute Häufigkeit	relative Häufigkeit in Prozent (%)
reines E-Learning-Seminar	159	37,7
Blended-Learning-Seminar	263	62,3
Keine Antwort	8	Missing
Gesamt	430	100,0

Diejenigen Variablen des standardisierten Erhebungsinstruments, die im Zusammenhang mit den individuellen E-Learning- und Blended-Learning-Erfahrungen eingesetzt worden sind, beziehen sich in der Regel auf den E-Learning- oder Blended-Learning-Kurs, den die Lernenden *zuletzt* besucht haben. Insgesamt geben mehr als 62,3% der Befragten an, zuletzt einen (gemischten) Blended-Learning-Kurs besucht zu haben, während 37,7% an einem reinen E-Learning Seminar teilgenommen haben (s. auch Tab. 5.1.11). Dieses Ergebnis spiegelt auch individuell empfundene Tendenzen der aktuellen Bildungsmarktlage wider, Neue Medien vornehmlich im Rahmen *hybrider* Lernarrangements einzusetzen.

Ergänzende Informationen zu diesem Befund, was die Anzahl der fehlenden Fälle angeht, liefert Tabelle 5.1.11.

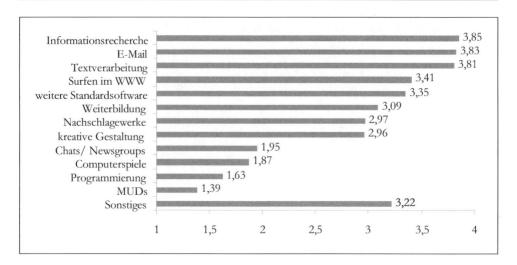

Abbildung 5.1.3: Mittlere Nutzungshäufigkeit ausgewählter Neuer Medien (ar. Mittel; n=84-428)

* Die Items der Abb. 5.1.3 sind der Frage A4 des Fragebogens: »Wie häufig nutzen Sie den Computer für die folgenden Dinge?« entnommen. Die Beantwortung der Fragen erfolgte auf der Grundlage einer vierstufigen Likert-Skala mit den kategorialen Ausprägungen (1) nie, (2) selten, (3) manchmal und (4) häufig. Aus der Häufigkeitsverteilung der Antworten zu den einzelnen Merkmalsausprägungen wurde jeweils das arithmetische Mittel – bezogen auf die vier Merkmalsausprägungen – errechnet.

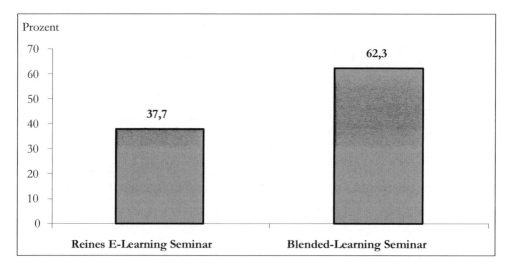

Abbildung 5.1.4: Struktur des gegenwärtig bzw. zuletzt besuchten WB-Kurses in % (n= 422)

Um nähere Informationen über die Merkmale der Lernenden herauszufinden, die jeweils einen reinen E-Learning-Kurs oder ein gemischtes Blended-Learning-Seminar besucht haben, wurden unterschiedliche bivariate Analysen zwischen der Kursform und ausgewählten soziodemografischen Daten vorgenommen wie z.B. Geschlecht, Alter und schulischer Bildungsabschluss.

Tabelle 5.1.12a: Relative Häufigkeit des Besuchs von E-Learning- und Blended-Learning-Seminaren unter TeilnehmerInnen beruflicher Fort- und Weiterbildungsszenarien differenziert nach *Geschlecht* (Angaben in %) (n= 415)

Kursform	Geschlecht	
	Männlich (n=138)	Weiblich (n= 277)
reines E-Learning-Seminar in % von Geschlecht	38,4	37,9
Blended-Learning-Seminar in % von Geschlecht	61,6	62,1

$Chi^2 = 0,10$; df = 1; p = 0,92.
Quelle: Qualität von E-Learning in der beruflichen Bildung aus der Nutzerperspektive 2005.

Tabelle 5.1.12b: Relative Häufigkeit des Besuchs von E-Learning- und Blended-Learning-Seminaren unter TeilnehmerInnen beruflicher Fort- und Weiterbildungsszenarien differenziert nach unterschiedlichen *Altersgruppen* (Angaben in %) (n= 407)

Kursform	Altersgruppe					
	< 20 Jahre	20-29 Jahre	30-39 Jahre	40-49 Jahre	50-59 Jahre	≥ 60 Jahre
reines E-Learning-Seminar	60,0	52,4	33,3	30,6	45,9	66,7
Blended-Learning-Seminar	40,0	47,6	66,7	69,4	54,1	33,3

Chi^2 (exakt nach Fisher) = 14,89; df = 5; Cramer's V = 0,19; p = 0,008.
Quelle: Qualität von E-Learning in der beruflichen Bildung aus der Nutzerperspektive 2005.

Während hinsichtlich der *geschlechtsspezifischen* Verteilung sowie der Differenzierung nach dem jeweiligen *schulischen Ausbildungsabschluss keine* statistisch bedeutsamen Zusammenhänge gefunden werden konnten, scheint es jedoch in Bezug auf die gemeinsame Verteilung der besuchten Kursform und der *Altersstruktur signifikante* Assoziationen zu geben. Auffallend ist, dass sowohl die jüngste (< 20 Jahre) als auch die älteste Altersgruppe (≥ 60 Jahre) vergleichsweise häufig ein reines E-Learning-Seminar besucht haben. Dagegen geben (mehr als) zwei Drittel der in der Stichprobe am stärksten vertretenen Altersgruppen (30-39 und 40-49 Jahre) an, ein Blended-Learning-Seminar besucht zu haben. Zunächst wird mit diesen Befunden die Annahme gestützt, dass die meisten computer- und internetbasierten Weiterbildungsmaßnahmen in Form eines Blended-Learning-Settings gestaltet sind. Ferner muss abermals darauf hingewiesen werden, dass sowohl die jüngste als auch die älteste Altersgruppe in Bezug auf ihre absoluten Häufigkeitsbesetzungen in dieser Kategorie leider so gering ausgeprägt sind, dass *keine* verlässlichen Schlüsse gezogen werden können.

In Abhängigkeit davon, inwieweit CBT- bzw. WBT-Phasen oder konventionelle Unterrichtsphasen den Aufbau eines Blended-Learning-Kurses charakterisieren, können sehr unterschiedliche Konsequenzen für das Kommunikationsverhalten, das soziale Klima der Lernenden untereinander oder die Lehr-Lern-Betreuung gezogen werden.

Tabelle 5.1.12c: Relative Häufigkeit des Besuchs von E-Learning- und Blended-Learning-Seminaren unter TeilnehmerInnen beruflicher Fort- und Weiterbildungsszenarien differenziert nach dem *höchsten allgemeinbildenden Schulabschluss* (Angaben in %) (n= 417)

Kursform	Schulabschluss					
	Hauptschulabschluss (Volksschulabschluss)	Realschulabschluss (Mittlere Reife)	Polytechn. Oberschule	Fachoberschule (Fachhochschulreife)	Allg./Fachgeb. Hochschulreife/Abitur	Anderer Schulabschluss
reines E-Learning-Seminar	45,5	32,3	40,0	45,1	35,9	53,8
Blended-Learning-Seminar	54,5	67,7	60,0	54,9	64,1	46,2

$Chi^2 = 4,50$; $df = 5$; Cramer's $V = 0,10$; $p = 0,48$.
Quelle: Qualität von E-Learning in der beruflichen Bildung aus der Nutzerperspektive 2005.

Aus diesem Grund wurden diejenigen Lernenden, die an einem Blended-Learning-Kurs teilgenommen hatten, nach der Einschätzung der Anteile von computerunterstützten Lernphasen einerseits und Präsenzunterrichtsphasen andererseits innerhalb ihres Blended-Learning-Kurses befragt (s. Tab. 5.1.13). Demnach haben 58,9% der Blended-LearnerInnen an Kursen teilgenommen, die überwiegend aus computerunterstützten Lernphasen zusammengesetzt sind. Während 20,9% der Befragten das Verhältnis zwischen computerunterstützten und konventionellen Lernphasen als ausgewogen beschreiben, haben 20,2% einen Blended-Learning-Kurs besucht, der überwiegend aus Präsenzunterrichtsphasen bestand.

Tabelle 5.1.13: Struktur des Blended-Learning-Kurses (n=263)

Struktur Blended-Learning	absolute Häufigkeit	relative Häufigkeit (in %)
Kurs bestand überwiegend aus computerunterstützten Lernphasen	155	58,9
Kurs bestand zu gleichen Teilen aus computerunterst. und normalen Unterrichtsphasen	55	20,9
Kurs bestand überwiegend aus normalen Unterrichtsphasen	53	20,2
Gesamt	263	100,0

Dieses Ergebnis kann dahingehend interpretiert werden, dass ein Blended-Learning-Kurs, der hauptsächlich auf computerunterstützten Lern- und Arbeitsphasen basiert, für den jeweiligen *Bildungsanbieter* bzw. die jeweilige Bildungsinstitution einen *idealen Kompromiss* zwischen *didaktischer Vermittlungstiefe* (durch die Präsenzphasen) und *optimaler Kosteneffizienz* (durch die Online-Lernphasen) darstellt. Da die meisten Bildungsanbieter sich im Rahmen ihrer Angebotsstruktur für computer- und/oder internetbasierte Bildungsangebote entschieden haben, weil es aus finanziellen Gründen (z.B. Einsparung der Lehrkräfte; Wegfall einer aufwendigen räumlichen Infrastruktur etc.) besonders attraktiv erschien, möchten sie sich diesen Vorteil auch bei einer Blended-Learning-Struktur weitestgehend erhalten. Um an dieser Stelle validere Ergebnisse über die konzeptionellen Überlegungen im Kontext beruflicher Weiterbildungsangebote von einzelnen Anbietern und Institutionen zu bekommen, ist eine Befragung der Anbieter sowie die Evaluation ihrer Kurskonzepte sinnvoll.

Nachdem einige zentrale soziodemografische Merkmale und Kennzeichen des allgemeinen Medien- und Weiterbildungsverhaltens der Befragten beschrieben worden sind, sollen im An-

5.2 Multivariate Datenauswertung

schluss weitere mögliche Zusammenhänge zwischen ausgewählten Variablen mithilfe einiger Kreuztabellen analysiert werden.

Interessant erscheint z.B. die Untersuchung, inwieweit bei den Befragten die Meinung, dass der Computer ein geeignetes Lernmedium ist, von der persönlichen Erfahrung im Umgang mit E-Learning und Blended-Learning abhängt (s. Tab. 5.1.13). Für diese Fragestellung wurde die E-Learning-Erfahrung der Lernenden (in Stunden) in Beziehung zu ihrer Einschätzung des Computers als geeignetes Lernmedium gesetzt. Die Größe der Produkt-Moment-Korrelation bzw. der Korrelationskoeffizient r nach Pearson weist einen Wert von 0,115 mit einer Signifikanz von p = 0,02 auf, d.h., es entsteht ein statistisch bedeutsamer positiver Zusammenhang, der allerdings schwach ausgeprägt ist. Die persönliche Erfahrung mit computer- und internetgestützten Kursen beeinflusst offenbar das Urteil der E-LearnerInnen, ob der Computer ein geeignetes Lernmedium für sie ist, tendenziell im positiven Sinne. Dieses Ergebnis wirkt zunächst nicht besonders überraschend, wenn bedacht wird, dass die wachsende persönliche Erfahrung im Zusammenhang mit E-Learning- oder Blended Learning-Angeboten auch zu einer größeren Routine beim Umgang mit dem Lernmedium Computer führt.

Tabelle 5.1.14: Relative Häufigkeit der individuellen Zustimmung, den Computer als geeignetes Lernmedium zu bewerten, differenziert nach dem unterschiedlichen Erfahrungsgrad mit computerunterstützten Lernumgebungen (Angaben in %)

Grad der Zustimmung	E-Learning-Erfahrung					
	< 30 Std.	30-99 Std.	100-199 Std.	200-299 Std.	300-399 Std.	≥ 400 Std.
stimme gar nicht zu	4,2	2,1	1,2	0,0	3,4	1,9
stimme überwiegend nicht zu	15,3	6,3	7,3	11,1	0,0	5,8
stimme überwiegend zu	56,9	62,0	59,8	60,0	44,8	57,7
stimme voll zu	23,6	29,6	31,7	28,9	51,7	34,6

Chi² = 18,31; df = 15; Pearson-R = 0,115; p = 0,02.
Quelle: Qualität von E-Learning in der beruflichen Bildung aus der Nutzerperspektive 2005.

Vor dem Hintergrund, dass in der Fachliteratur immer wieder über die geschlechtsspezifische Ausprägung einer Computer- und Internet-Literacy debattiert wird, soll ferner der Zusammenhang zwischen dem Geschlecht und den Einschätzungen der persönlichen Fähigkeiten im Umgang mit Computer und Internet berechnet werden. Zu diesem Zweck wurden mehrere Kreuztabellen jeweils zwischen den Variablen A5.1, A5.2, A5.3, A5.4 und J1 (s. S. 192f.) erstellt (s. Tab. 5.1.15a-d, S. 192-193).

Die Tabellen 5.1.15a-d stellen die Kreuztabellierung der einzelnen Items a5.1, a5.2, a5.3, a5.4 mit j1 dar. Ferner werden jeweils die Ergebnisse der Chi²-Tests sowie des Assoziationsmaßes Cramer's V berichtet. Ein Blick auf die unten dargestellten Ergebnisse weist für die möglichen Zusammenhänge zwischen a5.1, a5.2, a5.4 und j1 jeweils signifikante Ergebnisse aus. Lediglich zwischen a5.3 und j1 ist ein solcher Zusammenhang nicht nachweisbar. Bei dem Einbau neuer Hardware (a5.1), der Installation neuer Software (a5.2) und der selbstständigen Lösung computerbezogener Probleme (a5.4) schätzen Männer ihre Fähigkeiten signifikant besser ein, als Frauen die ihren. Nur der Umgang mit Standardsoftware wird sowohl von den Männern, als auch von den Frauen als gleichermaßen problemlos eingeschätzt.

In Anlehnung an Banduras soziale Lerntheorie können diese Befunde als Ausdruck einer unterschiedlich hoch ausgeprägten *Selbstwirksamkeitsüberzeugung* von Männern und Frauen in Bezug auf deren jeweilige *Medienkompetenz* interpretiert werden. Hinter der Selbstwirksamkeit verbirgt sich bei einem Individuum die »Überzeugung, daß man in einer bestimmten Situation die angemessene Leistung erbringen kann« (Zimbardo 1992, S. 423f.). Obwohl das Gefühl über das Ausmaß der eigenen Fähigkeiten bzw. die Überzeugung des eigenen Leistungspotenzials nichts mit den tatsächlichen Kompetenzen des betreffenden Individuums zu tun haben muss, übt sie dennoch einen starken Einfluss auf dessen Wahrnehmung, Motivation und Leistung aus (vgl. ebd.). Dabei darf das komplexe Konzept der Selbstwirksamkeit, das auf einer »Menge *spezifischer* Bewertungen« (ebd.) basiert, nicht mit einem allgemeinen Gefühl des Selbstvertrauens verwechselt werden.

»Die Beurteilung der Selbstwirksamkeit hängt, außer von unseren tatsächlichen Leistungen, von weiteren Faktoren ab: (a) von unseren Beobachtungen der Leistungen anderer; (b) von sozialen und selbstgesteuerten Überzeugungen (andere können uns davon überzeugen, dass wir selbst etwas tun können oder wir überzeugen uns selbst); und (c) von der Beobachtung unserer emotionalen Zustände, während wir über eine Aufgabe nachdenken oder wir uns an eine Aufgabe heranwagen« (ebd.).

Fragebatterie A5:

Wie schätzen Sie persönlich Ihre Fähigkeiten im Umgang mit einem Computer ein? [Bitte nehmen Sie anhand der Skala eine Einschätzung zu den unten stehenden Aussagen vor]	
[A5.1] Den Einbau/Anschluss neuer Hardware erledige ich ohne fremde Hilfe.	Die links stehenden Aussagen werden mithilfe einer vierstufigen Skala bewertet:
[A5.2] Die Installation neuer Software kann ich ohne Probleme bewältigen.	1 trifft voll zu
[A5.3] Ich benötige Unterstützung für den Umgang mit Standardsoftware (z.B. Word, Excel oder Power Point)	2 trifft überwiegend zu 3 trifft überwiegend nicht zu
[A5.4] Probleme, die bei der Computer-Nutzung auftreten, versuche ich zunächst einmal, selbst zu lösen.	4 trifft gar nicht zu

Frage J1:

Bitte geben Sie Ihr Geschlecht an. Sind sie...?	
O	männlich
O	weiblich

Tabelle 5.1.15a: Relative Häufigkeit der individuellen Zustimmung, den Einbau/Anschluss *neuer Hardware* ohne fremde Hilfe zu erledigen, differenziert nach dem Geschlecht (Angaben in %) (n= 419)

	E-Learning-Erfahrung	
Grad der Zustimmung	Männlich (n= 139)	Weiblich (n= 280)
trifft gar nicht zu (in % von Geschlecht)	5,0	20,4
trifft eher nicht zu (in % von Geschlecht)	14,4	34,3
trifft eher zu (in % von Geschlecht)	29,5	26,1
trifft voll zu (in % von Geschlecht)	51,1	19,3

Chi² = 59,43; df = 3; Cramer's-V = 0,38; p < 0,001
Quelle: Qualität von E-Learning in der beruflichen Bildung aus der Nutzerperspektive 2005.

Tabelle 5.1.15b: Relative Häufigkeit der individuellen Zustimmung, die Installation *neuer Software* ohne Probleme zu bewältigen, differenziert nach dem Geschlecht (Angaben in %) (n= 419)

	E-Learning-Erfahrung	
Grad der Zustimmung	Männlich (n= 140)	Weiblich (n= 279)
trifft gar nicht zu (in % von Geschlecht)	0,7	5,0
trifft eher nicht zu (in % von Geschlecht)	2,9	11,1
trifft eher zu (in % von Geschlecht)	24,3	37,3
trifft voll zu (in % von Geschlecht)	72,1	46,6

Chi² = 28,24; df = 3; Cramer's-V = 0,26; p < 0,001.

Tabelle 5.1.15c: Relative Häufigkeit der individuellen Zustimmung, Unterstützung im Umgang mit *Standardsoftware* zu benötigen, differenziert nach dem Geschlecht (Angaben in %) (n= 419)

Grad der Zustimmung	E-Learning-Erfahrung	
	Männlich (n= 139)	Weiblich (n= 280)
trifft gar nicht zu (in % von Geschlecht)	52,5	58,6
trifft eher nicht zu (in % von Geschlecht)	34,5	29,3
trifft eher zu (in % von Geschlecht)	7,2	8,2
trifft voll zu (in % von Geschlecht)	5,8	3,9

Chi² = 2,23; df = 3; Cramer's-V = 0,073; p = 0,53.

Tabelle 5.1.15d: Relative Häufigkeit der individuellen Zustimmung, *Probleme bei der Computernutzung* zunächst selbst zu lösen, differenziert nach dem Geschlecht (Angaben in %) (n= 419)

Grad der Zustimmung	E-Learning-Erfahrung	
	Männlich (n= 139)	Weiblich (n= 280)
trifft gar nicht zu (in % von Geschlecht)	0,7	2,9
trifft eher nicht zu (in % von Geschlecht)	5,0	11,8
trifft eher zu (in % von Geschlecht)	20,1	35,0
trifft voll zu (in % von Geschlecht)	74,1	50,4

Chi² = 22,12; df = 3; Cramer's-V = 0,23; p < 0,001.

5.2 Multivariate Datenauswertung

5.2.1 Dimensionierung der Strukturen subjektorientierter E-Learning-Nutzung in der beruflichen Bildung (Hauptkomponentenanalyse)

In einem ersten Schritt haben wir das multivariate Verfahren der Hauptkomponentenanalyse in dem quantitativen Teil unseres Forschungsprozesses durchgeführt. Die Analysen orientieren sich an den Modulen im Fragebogen (vgl. Anhang, S. 309ff.).[75] Es wurden 13 Hauptkomponentenanalysen gerechnet, die insgesamt 39 varianzstarke und inhaltlich interpretierbare Hauptkomponenten ergeben.

5.2.1.1 Struktur der Computerakzeptanz von E-Learnern

Die Struktur der Computerakzeptanz[76] der untersuchten E-Learner wurde über zehn Fragen erhoben, die deren Einstellung zum Computer erfasst. Die Fragen wurden dabei en bloc hintereinander gestellt. Im Zuge der Analysen ergab sich, wie im Folgenden dargestellt, als inhaltlich angemessene Rekonstruktion der Daten ein Drei-Komponenten-Modell, auf dessen Basis insgesamt 49 Prozent der Varianz der Korrelationsmatrix aufgeklärt werden konnten, die der Hauptkomponentenanalyse zugrunde lag (vgl. Abb. 5.2.1.1). Insgesamt weisen neun der zehn Items substanzielle Ladungen ($a_{ij} \geq .40$) auf den drei Komponenten auf.

---

[75] Aus den folgenden Fußnoten wird ersichtlich, aus welchen thematischen Blöcken des Erhebungsinstruments die Variablen für die einzelnen Hauptkomponenten entnommen wurden.

[76] Die Berechnung dieser Hauptkomponentenanalyse bezieht sich auf die erste Frage des Moduls A, das allgemeine Medienverhalten, und umfasst die Fragen A1.1 bis A1.10.

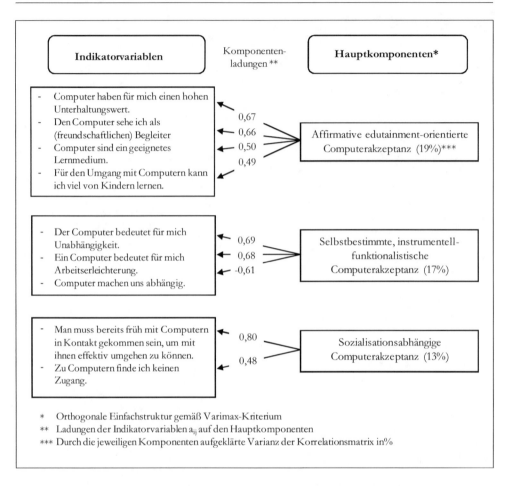

Abbildung 5.2.1.1: Hauptkomponentenstruktur der Computerakzeptanz von E-Learnern (n= 330)

Hauptkomponente 1: *Affirmative edutainment-orientierte Computerakzeptanz*
Komponente 1 vereinigt Items, die den Computer positiv hervorheben. Die affirmative Einstellung zum Computer ergibt sich dabei einerseits aus dem Bedürfnis nach Unterhaltung bzw. aus einer positiv-emotionalen Einstellung zum Computer. Andererseits verweist die erste Hauptkomponente auf den Aspekt des Lernens. Als Items laden auf dieser Hauptkomponente: (1) »Computer haben für mich einen hohen Unterhaltungswert«, (2) »Den Computer sehe ich als (freundschaftlichen) Begleiter«, (3) »Computer sind ein geeignetes Lernmedium«, (4) »Für den Umgang mit Computern kann ich viel von Kindern lernen« substanziell. Komponente 1 erklärt 19 Prozent der Varianz der zugrunde liegenden Korrelationsmatrix. Die Aufnahme des Aspekts der Edutainment-Orientierung zur Kennzeichnung der ersten Hauptkomponente wird zudem zumindest indirekt durch den empirischen Befund gestützt, dass nämlich das Item »Den Computer sehe ich in erster Linie als Werkzeug« auf dieser Komponente (und auch auf den anderen beiden Faktoren) wegen $a_{ij} < .40$ kein substanzielles Ladungsgewicht aufweist.

Dieser Befund lässt sich unter Rückbezug auf das quantitative Paradigma, welches von Auftrittshäufigkeiten von Merkmalen und ihren Ausprägungen ausgeht, wie folgt interpretieren: Bezogen auf die Computerakzeptanz von E-Learnern bedeutet dieses Ergebnis, dass jene E-Learner, die häufig der Aussage zustimmen, dass Computer für sie einen hohen Unterhaltungswert besitzen, auch überdurchschnittlich oft den Computer als (freundschaftlichen) Begleiter sehen, ihn für ein geeignetes Lernmedium halten und die Auffassung vertreten, dass sie für den Umgang mit Computern viel von Kindern lernen können. Die Mehrzahl der E-Learner, die *nicht* der Auffassung zustimmen, dass der Computer für sie einen hohen Unterhaltungswert besitzt, werden ihn auch nicht als freundschaftlichen Begleiter ansehen, ihn *nicht* für ein geeignetes Lernmedium halten, und die Aussage verneinen, dass sie für den Umgang mit Computern von Kindern viel lernen können. Zugleich rechtfertigt dieser hauptkomponentenanalytische Befund eine inhaltliche Zusammenfassung der betreffenden vier Items zu einer *Klasse* resp. *Kategorie* von Einstellungen, was die Akzeptanz von E-Learnern betrifft, und zwar im Sinne einer interpretativen Herausarbeitung des Gemeinsamen der vier Statements auf einem höheren Allgemeinheits- bzw. Abstraktionsgrad.

Diese hier in extenso dargestellte Interpretationsweise am Beispiel der obigen Hauptkomponente bzw. des Faktors gilt cum grano salis auch für alle weiteren Komponenten.

Komponente 1 erklärt insgesamt 19 Prozent der Varianz der zugrunde liegenden Korrelationsmatrix.

Hauptkomponente 2: *Selbstbestimmte, instrumentell-funktionalistische Computerakzeptanz*
Die zweite Hauptkomponente bündelt solche Items, mit denen eine Zweck-Mittel-Relation durch die Computernutzung hergestellt wird. Der Computer als sachdienliches Instrument führt dabei einerseits zu einer erhöhten Selbstbestimmung im Allgemeinen sowie zu einer Entlastung bei der beruflichen Arbeit. Auf diese Bedeutungszuschreibung des Computers im Kontext der Möglichkeiten eigenen Handelns gründet sich die selbstbestimmte, instrumentell-funktionalistische Computerakzeptanz der befragten E-Learner. Es handelt sich dabei konkret um die Items: (1) »Der Computer bedeutet für mich Unabhängigkeit«, (2) »Ein Computer bedeutet für mich Arbeitserleichterung« sowie (3) »Computer machen uns abhängig«. Bei der inhaltlichen Interpretation dieser Komponente – wie in einigen weiteren Analysen auch – ist zu beachten, dass die Ladung des dritten Items ein negatives Vorzeichen aufweist. Für diese Kategorie der Computerakzeptanz bedeutet es damit, dass jene E-Learner, die den anderen beiden hoch ladenden Items zustimmen, das letztgenannte Statement ablehnen, was durchaus die inhaltliche Interpretation dieser Komponente stützt. Insgesamt vereinigt, für sich betrachtet, die Hauptkomponente 17 Prozent der Varianz in der zugrunde liegenden Korrelationsmatrix.

Hauptkomponente 3: *Sozialisationsabhängige Computerakzeptanz*
Auf der Hauptkomponente 3 laden zwei Items, die für eine sozialisationsabhängige Computerakzeptanz stehen. Es handelt sich dabei konkret um (1) »Man muss bereits früh mit Computern in Kontakt gekommen sein, um mit ihnen effektiv umgehen zu können«, (2) »Zu Computern finde ich keinen Zugang«. Die mediale Umwelt, die selbstsozialisatorische Aneignung des interaktiven Mediums Computer, die häufig in entsprechende Peergroup-Aktivitäten eingebettet ist, sowie die sozialisationsbedingten Einflüsse von Familie und Schule mögen hier

eine maßgebliche Rolle spielen. Diese Komponente erklärt für sich betrachtet 13 Prozent der zugrunde liegenden Korrelationsmatrix.

5.2.1.2 Struktur der Motivation zur Computernutzung bei den E-Learnern
Bedeutsam ist bezüglich der Frage nach dem Lernen mit Neuen Medien ein weiterer Gegenstandsbereich, den wir als die »Struktur der Motivation zur Computernutzung bei den E-Learnern«[77] beschrieben haben. Hier steht die Frage im Vordergrund, aufgrund welcher Motivstrukturen sich die befragten E-Learner mit dem Computer beschäftigen. Die Motive der E-Learner über die sieben ihnen vorgelegten Aussagen ließen sich mithilfe der Hauptkomponentenanalyse auf eine reduzierte Anzahl abgeleiteter Variablen mit einem höheren Allgemeinheitsgrad verdichten, nämlich auf ein 3-Komponenten-Modell, auf dessen Basis insgesamt 67 Prozent der Varianz der der Analyse zugrunde gelegten Korrelationsmatrix aufgeklärt werden konnten (vgl. Abb. 5.2.1.2).

Hauptkomponente 1: *Aus Neugierde und Wissensbegierde gespeistes Computeraneignungsmotiv*
Auf Hauptkomponente 1 laden solche Items, die auf einer eher *intrinsischen* Motivation im Hinblick auf die Auseinandersetzung mit dem Computer beruhen. Diese bezieht sich vor allem auf Neugier und Wissensbegierde an den unmittelbaren Gegebenheiten der Umwelt (vgl. Deci/Ryan 1993, S. 225). Konkret handelt es sich um folgende Items: Zum ersten Mal habe ich mich mit einem Computer auseinandergesetzt, (1) »weil ich neugierig war und interessiert am Medium Computer«, (2) »weil ich Lust hatte, etwas (Neues) zu lernen«. Diese Hauptkomponente erklärt 25 Prozent der Varianz der zugrunde liegenden Korrelationsmatrix.

Hauptkomponente 2: *Beruflich-instrumentell bedingtes Computeraneignungsmotiv*
Die zweite Hauptkomponente, das »Beruflich-instrumentell bedingte Computeraneignungsmotiv« klärt 21% der gesamten Varianz auf. Dieser Komponente liegt ein bestimmtes Bedürfnis zugrunde, das einen im Gegensatz zu der ersten Hauptkomponente eher *extrinsischen* Charakter besitzt. So verweist die Hauptkomponente 2 auf Verhaltensweisen, die mit einer instrumentellen Absicht durchgeführt werden. Es wird eine positive, von außen kommende Bekräftigung des Erfordernisses einer Computernutzung erwartet. Folgende Items liegen dieser Hauptkomponente zugrunde. Zum ersten Mal habe ich mich mit einem Computer auseinandergesetzt, (1) »weil es im Rahmen meiner beruflichen Tätigkeit notwendig wurde«, (2) »weil ich Computerspiele spielen wollte, (3) »weil ich damit Texte verfassen und bearbeiten wollte«. Da gerade das Item 2, indem nach Computerspielen gefragt wird, hier eine negative Ladung aufweist, wird noch einmal der extrinsische Charakter dieser Hauptkomponente hervorgehoben, da das Spiel als der Idealfall intrinsischer Motivation verstanden werden kann, die frei von Zwecken ist und in sich selbst begründet ist.

Hauptkomponente 3: *Gesellschaftlich-strukturell bedingtes Computeraneignungsmotiv*
Hauptkomponente 3 bündelt zwei Items, die auf ein »Gesellschaftlich-strukturell bedingtes Computeraneignungsmotiv« verweisen. Der Computer besitzt in unserer heutigen Gesellschaft

---

77 Die Berechnung dieser Hauptkomponentenanalyse bezieht sich ebenfalls auf das Modul A (allgemeines Medienverhalten) und umfasst die Fragen A2.1 – A2.7.

5.2 Multivariate Datenauswertung

einen bedeutenden Stellenwert. Die Bedeutung der Fähigkeit, mit Computern umgehen zu können, zeigt sich dabei – auch im Sinne von Medienkompetenz – in der Möglichkeit, *am gesellschaftlichen Leben zu partizipieren*. Diese betrifft die Sphäre des Alltags und vor allem die des Berufs. Konkret handelt es sich hierbei um folgende Items: Die erste Auseinandersetzung des Computers fand bei den befragten E-Learnern statt, (1) »weil mich Familienmitglieder bzw. Freunde und Bekannte wiederholt auf die Wichtigkeit von Computerkenntnissen aufmerksam gemacht haben«, (2) »weil mir die wachsende Verbreitung des Computers in der Bevölkerung klar geworden ist«. Diese Hauptkomponente erklärt 21 Prozent der Varianz zugrunde liegenden Korrelationsmatrix.

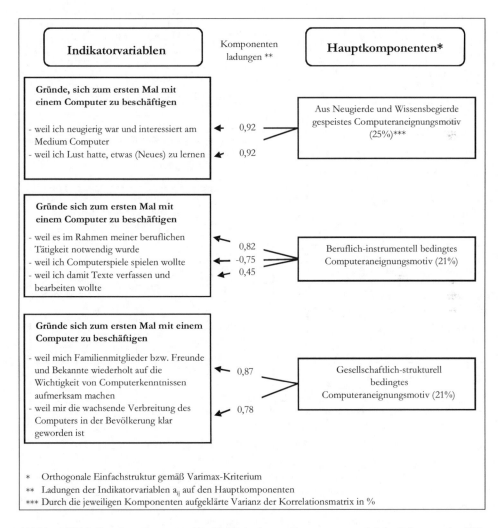

Abbildung 5.2.1.2: Hauptkomponentenstruktur der Motivation zur Computernutzung bei den E-Learnern (n= 328)

5.2.1.3 Struktur der Computer- und Internetnutzung von E-Learnern

Ein dritter relevanter Aspekt unserer Fragestellung bezieht sich auf die »Struktur der Computer- und Internetnutzung von E-Learnern«.[78] Dieser Gegenstandsbereich gliedert sich im Sinne des Bielefelder Medienkompetenz-Modells vor allem in Hauptkomponenten, die auf eine interaktive Mediennutzung verweisen. Im Zuge der Analysen ergab sich, wie im Folgenden dargestellt, als beste Rekonstruktion der Daten ein Vier-Komponenten-Modell, auf dessen Basis insgesamt 51 Prozent der Varianz der den Analysen zugrunde gelegten Korrelationsmatrix aufgeklärt werden konnte (s. Abb. 5.2.1.3).

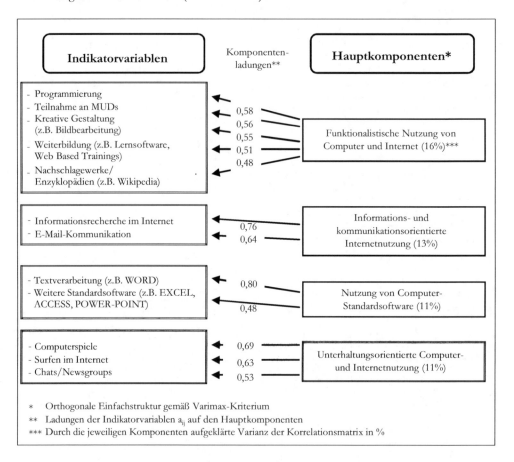

Abbildung 5.2.1.3: Hauptkomponentenstruktur der Computer- und Internetnutzung von E-Learnern (n= 308)

Hauptkomponente 1: *Funktionalistische Nutzung von Computer und Internet*
Hauptkomponente 1, die »Funktionalistische Nutzung von Computer und Internet« spiegelt eine zweckorientierte Beschäftigung mit Neuen Medien wider. Diese Hauptkomponente könnte einerseits in Verbindung zu der Hauptkomponente 2, der »Selbstbestimmten, instru-

---

[78] Diese Hauptkomponentenanalyse enthält die Variablen A4.1 bis A4.12 aus dem Fragebogenmodul Modul A (allgemeines Medienverhalten).

mentell-funktionalistischen Computerakzeptanz«, gesehen werden, die in dem ersten beschriebenen Gegenstandsbereich der »Dimensionalen Struktur der Computerakzeptanz von E-Learnern« gefunden worden ist. Andererseits weist diese Hauptkomponente aber auch Ähnlichkeiten auf zu der Hauptkomponente 2 »Beruflich-instrumentell bedingtes Computeraneignungsmotiv«, die im Rahmen der »Dimensionalen Struktur der Computer- und Internetnutzung von E-Learnern« extrahiert wurde. Hieraus ließe sich schließen, dass die funktionalistische Computerakzeptanz, das instrumentelle Computeraneignungsmotiv sowie hier die »funktionalistische Nutzung von Computer und Internet« eine übergeordnete inhaltliche Einheit bilden könnten. Konkret laden auf dieser Hauptkomponente die Items: (1) »Programmierung«, (2) »Teilnahme an MUDs«, (3) »Kreative Gestaltung (z.B. Bildbearbeitung)«, (4) »Weiterbildung (z.B. Lernsoftware, Web Based Trainings«) sowie (5) »Nachschlagewerke/Enzyklopädien (z.B. Wikipedia)«. Diese Hauptkomponente erklärt 16 Prozent der Varianz der zugrunde liegenden Korrelationsmatrix.

Hauptkomponente 2: *Informations- und kommunikationsorientierte Internetnutzung*
Hauptkomponente 2 vereinigt auf sich Aspekte, die sich auf die Informationsbeschaffung im Internet beziehen oder einen kommunikativen Charakter besitzen. An dieser Stelle steht der Computer bzw. das Internet als interaktives Medium stark im Vordergrund. Konkret umfasst diese Hauptkomponente folgende Items: (1) »Informationsrecherche im Internet« und (2) »E-Mail-Kommunikation«. Hier bilden diese beiden Internetnutzungsarten eine gemeinsame Komponente, die insgesamt 13 Prozent der Varianz der zugrunde liegenden Korrelationsmatrix aufklärt.

Hauptkomponente 3: *Nutzung von Computer-Standardsoftware*
Die dritte Hauptkomponente bildet die »Nutzung von Computer-Standardsoftware« ab und erklärt 11 Prozent der Gesamtvarianz. Hier finden sich Items, die die Nutzung bestimmter Software umfassen, konkret Officeanwendungen wie Excel, Powerpoint oder Word. Diese Software kann als Standardsoftware bezeichnet werden und begründet, warum sie dieser Hauptkomponente ihren Namen gab.

Hauptkomponente 4: *Unterhaltungsorientierte Computer- und Internetnutzung*
Hauptkomponente 4 bezieht sich auf die Nutzung des Computers und Internets, mit der sich ein Unterhaltungsaspekt verbinden lässt. Konkret sind das die Items (1) »Computerspiele«, (2) »Surfen im Internet« und (3) »Chats/Newsgroups«, die auf dieser Komponente substanzielle Ladungen aufweisen. Dies sind vor allem jene Nutzungsarten der Neuen Medien, bei denen die Befragten vermutlich Freude und Entspannung empfinden. Die Hauptkomponente erklärt 11 Prozent der Varianz der zugrunde liegenden Korrelationsmatrix.

5.2.1.4 Instrumentell-qualifikatorische PC-Medienkompetenz von E-Learnern

Das vierte Gegenstandsfeld zielt auf die instrumentell-qualifikatorische Medienkompetenz von E-Learnern ab.[79] Diese zählt zur »Medienkunde« und stellt als Unterdimension einen Teil des Bielefelder Medienkompetenzmodells dar.

---

[79] Die vierte Hauptkomponentenanalyse beinhaltet die Variablen A5.1 bis A5.4.

Diese Fähigkeit meint ergänzend zum Wissen, also der informativen Medienkunde, Geräte auch wirklich bedienen zu können, beispielsweise wie man mit dem Textverarbeitungsprogramm ›Word‹ oder einer E-Learning-Plattform arbeitet (vgl. Kapitel 2.4.4, S. 78ff.). Konkret umfasst die Domäne nur eine Hauptkomponente, auf denen die folgenden drei der insgesamt in die Analyse eingegangenen vier Items substanzielle Ladungen aufweisen: (1) »Die Installation neuer Software kann ich ohne Probleme bewältigen«, (2) »Den Einbau/Anschluss neuer Hardware erledige ich ohne fremde Hilfe«, (3) »Probleme, die bei der Computer-Nutzung auftreten, versuche ich zunächst einmal selbst zu lösen«. Hier zeigt sich deutlich ein *selbstgesteuertes Problemlösungsverhalten* in Bezug auf PC-Soft- und Hardware. Diese Hauptkomponente erklärt 73 Prozent der Varianz der zugrunde liegenden Korrelationsmatrix.

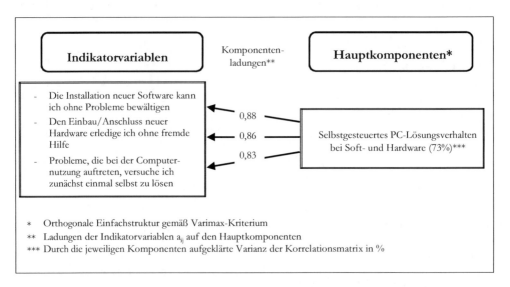

Abbildung 5.2.1.4: Hauptkomponentenstruktur der instrumentell-qualifikatorischen PC-Medienkompetenz von E-Learnern (n= 342)

5.2.1.5 Weiterbildungsverhalten von E-Learnern

Neben dem allgemeinen Medienverhalten von E-Learnern interessierte uns die Frage, aufgrund welcher Bedürfnisse und Wünsche sich die Befragten dafür entschieden haben, an einem Weiterbildungsangebot teilzunehmen.[80] Die Hauptkomponentenanalyse zu diesem Gegenstandsbereich, den wir allgemein mit »Weiterbildungsverhalten von E-Learnern« tituliert haben, basiert auf neun Variablen, die im Zuge der Analyse zu einem Drei-Komponenten-Modell führten. Auf dessen Basis können insgesamt 50 Prozent der Varianz der zugrunde gelegten Korrelationsmatrix aufgeklärt werden (vgl. Abb. 5.2.1.5).

---

[80] Diese Hauptkomponentenanalyse stammt aus dem Modul B (allgemeines Weiterbildungsverhalten) und bezieht sich konkret auf die Items B5.1 bis B5.9.

5.2 Multivariate Datenauswertung

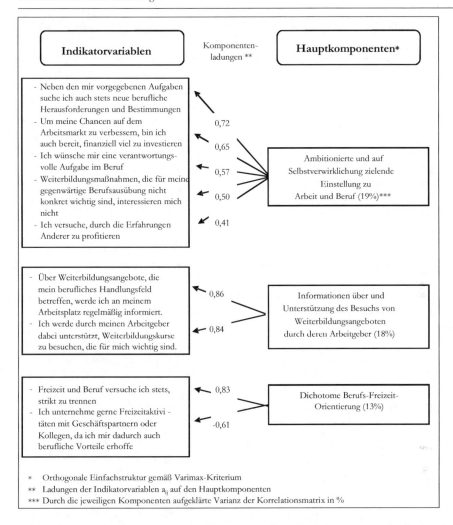

Abbildung 5.2.1.5: Hauptkomponentenstruktur des Weiterbildungsverhaltens von E-Learnern (n= 330)

Hauptkomponente 1: *Ambitionierte und auf Selbstverwirklichung zielende Einstellung zu Arbeit und Beruf*
Die erste Hauptkomponente des Weiterbildungsverhaltens von E-Learnern, benannt als die »Ambitionierte und auf Selbstverwirklichung zielende Einstellung zu Arbeit und Beruf« klärt insgesamt 19% der Varianz der zugrunde liegenden Korrelationsmatrix auf. Folgende Items bestimmten diese Hauptkomponente: (1): »Neben den mir vorgegebenen Aufgaben suche ich auch stets neue berufliche Herausforderungen und Bestimmungen«, (2) »Um meine Chancen auf dem Arbeitsmarkt zu verbessern, bin ich auch bereit, finanziell viel zu investieren«, (3) »Ich wünsche mir eine verantwortungsvolle Aufgabe im Beruf«, (4) »Weiterbildungsmaßnahmen, die für meine gegenwärtige Berufsausübung nicht konkret wichtig sind, interessieren mich nicht« sowie (5) »Ich versuche, durch die Erfahrungen anderer zu profitieren«. Diese Hauptkomponente erklärt 19 Prozent der Varianz der zugrunde liegenden Korrelationsmatrix.

Hauptkomponente 2: *Informationen über und Unterstützung des Besuchs von Weiterbildungsangeboten durch deren Arbeitgeber*
Die zweite Hauptkomponente, die wir in Bezug auf das Weiterbildungsverhalten von E-Learnern extrahieren konnten, bezieht sich auf Förderungs- und Unterstützungsleistungen durch den Arbeitgeber. Hier ist von Interesse, inwieweit Unternehmen ihre Mitarbeiter zur Teilnahme an Weiterbildungsangeboten anregen, wobei diese Hauptkomponente die beiden folgenden Variablen auf sich vereinigt: (1) »Über Weiterbildungsangebote, die mein berufliches Handlungsfeld betreffen, werde ich an meinem Arbeitsplatz regelmäßig informiert« und (2) »Ich werde durch meinen Arbeitgeber dabei unterstützt, Weiterbildungskurse zu besuchen, die für mich wichtig sind«. Diese Hauptkomponente vereinigt, für sich betrachtet, 18 Prozent der Varianz in der zugrunde liegenden Korrelationsmatrix.

Hauptkomponente 3: *Dichotome Berufs-Freizeit-Orientierung*
Die dritte Hauptkomponente hinsichtlich des Weiterbildungsverhaltens von E-Learnern, die 13 Prozent der Varianz der zugrunde liegenden Korrelationsmatrix erklärt, haben wir als »Dichotome Berufs-Freizeit-Orientierung (strikte Trennung von Beruf und Freizeit)« tituliert. Folgende zwei Variablen liegen diesem Gegenstandsbereich zugrunde: (1) »Freizeit und Beruf versuche ich stets, strikt zu trennen« und (2) »Ich unternehme gerne Freizeitaktivitäten mit Geschäftspartnern oder Kollegen, da ich mir dadurch auch berufliche Vorteile erhoffe«. Interessant ist in diesem Zusammenhang, dass das zweite Item negativ lädt, was – transformierte auf die Verhaltensebene – bedeutet, dass diejenigen E-Learner, die versuchen, Freizeit und Beruf strikt zu trennen, eben *nicht* gerne Freizeitaktivitäten mit ihren Geschäftspartnern in der Hoffnung unternehmen, sich dadurch auch berufliche Vorteile verschaffen zu können. Hier lässt sich konstatieren, dass dem Weiterbildungsverhalten der befragten E-Learner offenbar ein klassisches Deutungsmuster zugrunde liegt, welches zwischen Beruf bzw. Arbeit und Freizeit klar unterscheidet.

5.2.1.6 Struktur der Gründe für das Online-Lernen aus der Nutzerperspektive[81]

Von Bedeutung zur Beantwortung unserer Fragestellung ist ferner, aus welchen Gründen sich die Befragten dafür entschieden haben, an einem online-gestützten Weiterbildungsangebot teilzunehmen. Im Zuge der Analysen ergab sich, wie im Folgenden dargestellt, als inhaltlich angemessene Rekonstruktion der Daten ein Vier-Komponenten-Modell, auf dessen Basis insgesamt 57 Prozent der Varianz der der Analyse der zugrunde gelegten Korrelationsmatrix aufgeklärt werden konnten (vgl. Abb. 5.2.1.6).

Hauptkomponente 1: *Arbeitsplatzsicherndes, zukunfts- und aufstiegsorientiertes Weiterbildungsmotiv*
Die Hauptkomponente »Arbeitsplatzsicherndes, zukunfts- und aufstiegsorientiertes Weiterbildungsmotiv« erklärt insgesamt 18 Prozent der Varianz der zugrunde liegenden Korrelationsmatrix. Dass gerade dieser Gegenstandsbereich im Vergleich zu den anderen Hauptkomponenten am meisten Varianz aufgeklärt, verwundert nicht, wird doch ein sicheres Beschäftigungsverhältnis heute nicht mehr als selbstverständlich angesehen. In dieser Sichtweise spiegeln sich die Unsicherheiten, die Ulrich Beck dazu veranlasst haben, die kontemporäre

---

81 Diese Hauptkomponentenanalyse enthält die Variablen C1.1 bis C1.13 (Grund für Teilnahme) aus dem Fragebogenmodul Modul C (Gründe Online-Lernen).

5.2 Multivariate Datenauswertung

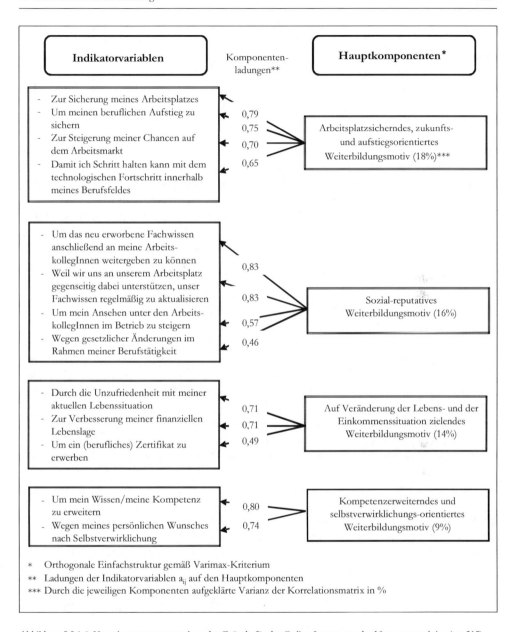

Abbildung 5.2.1.6: Hauptkomponentenstruktur der Gründe für das Online-Lernen aus der Nutzerperspektive (n= 315)

Gesellschaft als »Risikogesellschaft« zu charakterisieren. Folgende vier Motive zur Arbeitsplatzsicherung liegen dieser ersten Hauptkomponente zugrunde: (1) »Zur Sicherung meines Arbeitsplatzes«, (2) »Um meinen beruflichen Aufstieg zu sichern«, (3) »Zur Steigerung meiner Chancen auf dem Arbeitsmarkt« sowie (4) »Damit ich Schritt halten kann mit dem technologischen Fortschritt innerhalb meines Berufsfeldes«. Es lässt sich anhand dieser Hauptkomponente erkennen, dass heutzutage ein gesicherter Arbeitsplatz mit Anstrengungen zur Verbesserung der eigenen Qualifikation und Technologieversiertheit in einem engen Zusammenhang steht, was beispielsweise auch auf das Konzept vom lebenslangen Lernen verweist.

Hauptkomponente 2: *Sozial-reputatives Weiterbildungsmotiv*
Die zweite Hauptkomponente interpretiert als »Sozial-reputatives Weiterbildungsmotiv«, beinhaltet vier Items, die Aufschluss darüber geben, aus welchen Gründen die befragten E-Learner an einer online-gestützten Weiterbildungsmaßnahme teilgenommen haben: (1) »Um das neu erworbene Fachwissen anschließend an meine ArbeitskollegInnen weitergeben zu können«, (2) »Weil wir uns an unserem Arbeitsplatz gegenseitig dabei unterstützen, unser Fachwissen regelmäßig zu aktualisieren«, (3) »Um mein Ansehen unter den ArbeitskollegInnen im Betrieb zu steigern« sowie (4) »Wegen gesetzlicher Änderungen im Rahmen meiner Berufstätigkeit«. Dieser Gegenstandsbereich erklärt 13 Prozent der Varianz der zugrunde liegenden Korrelationsmatrix. Somit kann hier konstatiert werden, dass Anerkennung, soziales Kapital und gegenseitige Unterstützung unter Arbeitskollegen wichtige Gründe für die befragten E-Learner sind, sich beruflich weiterzubilden.

Hauptkomponente 3: *Auf Veränderung der Lebens- und der Einkommenssituation zielendes Weiterbildungsmotiv*
Der dritte Gegenstandsbereich bezieht auf den Wunsch der befragten E-Learner, ihre Situation zu verändern. Das Bedürfnis nach Veränderung kann dabei aus einer persönlich empfundenen Unzufriedenheit resultieren, wie das erste Item (1) »Durch die Unzufriedenheit mit meiner aktuellen Lebenssituation« nahelegt. Darüber hinaus spielt das ökonomische Kapital eine nicht unwesentliche Rolle, wie dies an der Variablen (2) »Zur Verbesserung meiner finanziellen Lebenslage« abzulesen ist. Das dritte Item vereinigt diese Ambitionen auf der Ebene des Bildungskapitals, und zwar (3) »Um ein (berufliches) Zertifikat zu erwerben«, wobei das Zertifikat sicherlich auch mit einem erhöhten Einkommen und mehr Zufriedenheit in Verbindung gebracht wird. Diese Hauptkomponente erklärt 14 Prozent der Varianz der zugrunde liegenden Korrelationsmatrix.

Hauptkomponente 4: *Kompetenzerweiterndes und selbstverwirklichungsorientiertes Weiterbildungsmotiv*
Die vierte Hauptkomponente, die 9 Prozent der Varianz der zugrunde liegenden Korrelationsmatrix erklärt, beinhaltet eine intrinsische Dimension sowie den Wunsch nach Autonomie und Kompetenz im Sinne der Selbstbestimmungstheorie von Deci und Ryan. Folgende zwei Variablen beinhaltet diese Hauptkomponente: (1) »Um mein Wissen/meine Kompetenz zu erweitern« sowie (2) »Wegen meines persönlichen Wunsches nach Selbstverwirklichung«.

5.2.1.7 Struktur des Kursaufbaus: E-Learning vs Präsenzlernen aus der Nutzerperspektive

Weiter haben wir in unserem Forschungsprojekt untersucht, welche Vor- und Nachteile die Befragten in unterschiedlichen Lernformen sehen.[82] Aus diesem Grund haben wir Fragen ge-

---

82 Die Fragen zu diesem Gegenstandsbereich stammen aus dem Modul D (Kursaufbau) und beziehen sich auf die Fragen D8.1-D8.8 (Präsenzphasen vs. E-Learning) im Fragebogen.

5.2 Multivariate Datenauswertung

stellt, die sich auf didaktische Aspekte von E-Learning im Vergleich zum klassischen Präsenzlernen beziehen. Die Einschätzungen der E-Learner über die acht ihnen vorgelegten Aussagen ließen sich mithilfe der Hauptkomponentenanalyse auf eine reduzierte Anzahl abgeleiteter Variablen mit einem höheren Allgemeinheitsgrad verdichten, nämlich auf ein 2-Komponenten-Modell verdichten, auf dessen Basis insgesamt 53 Prozent der Varianz der der Analyse zugrunde gelegten Korrelationsmatrix aufgeklärt werden konnten (vgl. Abb. 5.2.1.7).

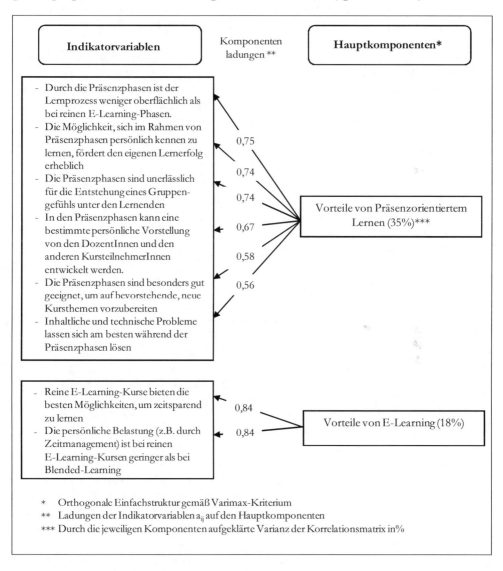

Abbildung 5.2.1.7: Hauptkomponentenstruktur des Kursaufbaus: E-Learning vs. Präsenzlernen aus der Nutzerperspektive (n= 329)

Hauptkomponente 1: *Vorteile von präsenzorientiertem Lernen*
Komponente 1 vereinigt Items, die das Präsenzlernen positiv hervorheben. Das ›Positive‹, bzw. die positive Einstellung zu präsenzorientiertem Lernen ergibt sich aus dem Bedürfnis nach persönlicher Nähe zu den Mitlernenden und den Dozenten, mit der ein bestimmter Lernerfolg verbunden wird. Als Items laden auf dieser Hauptkomponente (1) »Durch die Präsenzphasen ist der Lernprozess weniger oberflächlich als bei reinen E-Learning-Phasen«, (2), »Die Möglichkeit, sich im Rahmen von Präsenzphasen persönlich kennenzulernen, fördert den eigenen Lernerfolg erheblich«, (3) »Die Präsenzphasen sind unerlässlich für die Entstehung eines Gruppengefühls unter den Lernenden«, (4) »In den Präsenzphasen kann eine bestimmte persönliche Vorstellung von den DozentInnen und den anderen KursteilnehmerInnen entwickelt werden« (5) »Die Präsenzphasen sind besonders gut geeignet, um auf bevorstehende, neue Kursthemen vorzubereiten« und schließlich (6), »Inhaltliche und technische Probleme lassen sich am besten während der Präsenzphasen lösen«. Komponente 1 erklärt für sich betrachtet 35 Prozent der Varianz der zugrunde liegenden Korrelationsmatrix.

Hauptkomponente 2: *Vorteile von E-Learning*
Gegenüber der ersten bezieht sich die zweite Hauptkomponente auf die Vorteile von E-Learning und verweist vor allem auf die Zeitdimension beim Lernen. Die Items dieser Hauptkomponente sind: (1) »Reine E-Learning-Kurse bieten die besten Möglichkeiten, um zeitsparend zu lernen« (2) »Die persönliche Belastung (z.B. durch Zeitmanagement) ist bei reinen E-Learning-Kursen geringer als bei Blended-Learning«. Komponente 2 erklärt für sich betrachtet 18 Prozent der Varianz der zugrunde liegenden Korrelationsmatrix.

5.2.1.8 Struktur der Vorteile des Lernens in Gruppen aus der Nutzerperspektive

Ein weiterer Gegenstandsbereich, der uns im Rahmen der Hauptkomponentenanalysen interessierte, war, die »Struktur der Vorteile des Lernens in Gruppen aus der Nutzerperspektive«[83] aufzudecken, welche insgesamt mit Hilfe von sechs Items erhoben wurde. Für eine inhaltlich angemessene Datenrekonstruktion ergab sich dabei ein eindimensionales Hauptkomponentenmodell, auf dessen Basis 47 Prozent der Varianz der zugrunde liegenden Korrelationsmatrix aufgeklärt werden konnten (s. Abb. 5.2.1.8).

Hauptkomponente 1: *Vorteile des Lernens in Gruppen aus der Nutzerperspektive von E-Learnern*
Unter der einzigen Hauptkomponente des Moduls F9 sind insgesamt sechs Items zusammengefasst, die – je nach der Größe ihrer Ladung – in unterschiedlichem Ausmaß mit dem Lernen in Gruppen assoziiert werden können: (1) »Unsere Kursthemen konnten in der Gruppe tiefgreifender diskutiert werden«, (2) »Mein Selbstbewusstsein wurde in der Lerngruppe gestärkt«, (3) »Meine persönliche Motivation konnte gesteigert werden«, (4) »Ich hatte bessere Chancen bei der Kurs- und Abschlussprüfung«, (5) »Meine Lernprobleme konnten leichter gelöst werden« und (6) »Meine persönlichen Erfahrungen bezüglich Arbeit, Beruf und Kursthema konnte ich mit anderen austauschen«. Diese Hauptkomponente erklärt dabei für sich 47,1 Prozent der Varianz der zugrunde liegenden Korrelationsmatrix.

---

83 Diese Items stammen aus dem Modul F (Kommunikation und Kooperation) im Fragebogen, konkret sind es die Items F9.1-9.6 (selbst erfahrene Vorteile durch das Lernen in der eigenen Gruppe).

5.2 Multivariate Datenauswertung

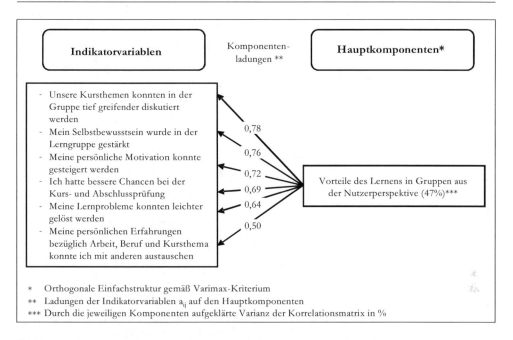

Abbildung 5.2.1.8: Hauptkomponentenstruktur der Vorteile des Lernens in Gruppen aus der Nutzerperspektive (n=92)

5.2.1.9 Struktur der technischen Probleme während der Durchführung von E-Learning-Kursen aus der Nutzerperspektive

Die Hauptkomponentenanalyse erbrachte auch die Aufdeckung der »Struktur der technischen Probleme bei der Durchführung von E-Learning-Kursen aus der Nutzerperspektive« im Rahmen mediengestützter Lernprozesse,[84] die einen inhaltlich relevanten Bereich ausmacht. Hier ging es vornehmlich um Kompatibilitätsprobleme zwischen der Lernsoftware einerseits und der Systemsoftware der Nutzer andererseits sowie um die Instabilität computervermittelter Kommunikationsmittel. Mit dem Ziel einer inhaltlich probaten Rekonstruktion der Daten konnte ein dreidimensionales Modell extrahiert werden, mit dem sich 70 Prozent der Varianz der den Analysen zugrunde gelegten Korrelationsmatrix aufklären ließen (vgl. Abb. 5.2.1.9).

Hauptkomponente 1: *Mangelnde Kompatibilität der Lern- und Systemsoftware zwischen Anbieter und Anwender (Programmfehler, unvereinbare Systemeinstellungen, mangelnde Ansprechbarkeit und unvollständiger E-Mail-Verkehr)*
Die Hauptkomponente 1 umfasst Aussagen, die sich auf Programmierfehler der Lernsoftware oder inkompatible Systemeinstellungen zwischen Anbietern und Anwendern beziehen. Sie beinhaltet die Items (1) »Die im Internet zur Verfügung gestellten Testaufgaben ließen durch

---

[84] Die Hauptkomponentenstruktur »Technische Probleme bei der Durchführung von E-Learning-Kursen aus der Nutzerperspektive« beziehen sich auf Modul H (Gestaltung Lernumgebung) im Fragebogen, konkret auf die Variablen H5.1-H5.8 (Technische Probleme).

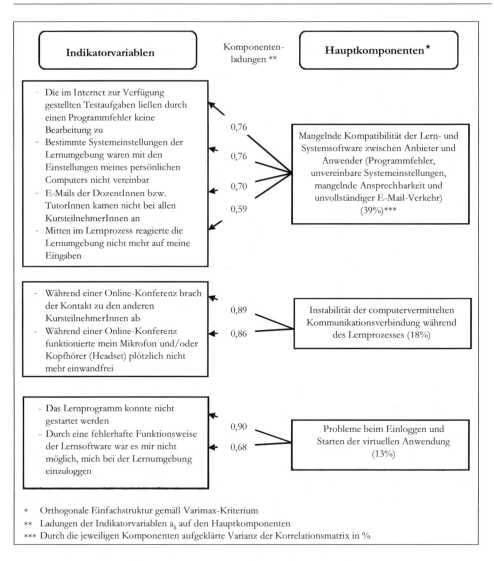

Abbildung 5.2.1.9: Hauptkomponentenstruktur Technische Probleme bei der Durchführung von E-Learning-Kursen aus der Nutzerperspektive (n= 146)

einen Programmfehler keine Bearbeitung zu«, (2) »Bestimmte Systemeinstellungen der Lernumgebung waren mit den Einstellungen meines persönlichen Computers nicht vereinbar«, (3) »E-Mails der DozentInnen bzw. TutorInnen kamen nicht bei allen KursteilnehmerInnen an« sowie das Item (4) »Mitten im Lernprozess reagierte die Lernumgebung nicht mehr auf meine Eingaben«, das sowohl auf einen Programmierfehler der E-Learning-Umgebung, als auch auf einen Systemabsturz aufseiten des Anwenders zurückgeführt werden kann. Insgesamt erklärt die Hauptkomponente 39 Prozent der Varianz der zugrunde liegenden Korrelationsmatrix und ist dabei im Vergleich zu allen weiteren Hauptkomponenten besonders varianzstark.

Hauptkomponente 2: *Instabilität der computervermittelten Kommunikationsverbindung während des Lernprozesses*
Hauptkomponente 2 bündelt Items, die sich auf Störungen der computervermittelten Kommunikation während Online-Konferenzen beziehen. Im Einzelnen handelt es sich dabei um (1) »Während einer Online-Konferenz brach der Kontakt zu den anderen KursteilnehmerInnen ab« und (2) »Während einer Online-Konferenz funktionierte mein Mikrofon und/oder Kopfhörer (Headset) plötzlich nicht mehr einwandfrei«. Da beide Items dieser Komponente eine starke inhaltliche Verwandtschaft aufweisen, erscheint es nicht überraschend, dass auch die Ladungen beider Items mit nahezu gleicher Stärke auf der Komponente laden. Die Hauptkomponente 2 erklärt, für sich betrachtet, 18 Prozent der Varianz der zugrunde liegenden Korrelationsmatrix.

Hauptkomponente 3: *Probleme beim Einloggen und Starten der virtuellen Lernumgebung*
Hauptkomponente 3 vereinigt Items, die auf Probleme beim Start und Login der jeweiligen Lernumgebung Bezug nehmen. Während sich das erste Item »Das Lernprogramm konnte nicht gestartet werden« auf Startprobleme beschränkt, geht es bei Item (2) »Durch eine fehlerhafte Funktionsweise der Lernsoftware war es mir nicht möglich, mich bei der Lernumgebung einzuloggen« um fehlerhafte Zugangsmöglichkeiten hinsichtlich der Lernumgebung. Durch die dritte Hauptkomponente können insgesamt 13 Prozent der Varianz der zugrunde liegenden Korrelationsmatrix erklärt werden.

5.2.1.10 Erwünschte Merkmalsstruktur von computer- und internetgestützten Lernumgebungen aus der Nutzerperspektive[85]

Von besonderem Interesse war ferner die »Erwünschte Merkmalsstruktur von computer- und internetgestützten Lernumgebungen aus der Nutzerperspektive«. Dieser Gegenstandsbereich bündelt insgesamt 26 Fragen, die die Kommunikations-, Gestaltungs- und Strukturmerkmale der Lernumgebung erfassen, welche die User als wichtig erachten. Mithilfe der Hauptkomponentenanalyse ließen sich die Variablen auf ein Sieben-Komponenten-Modell verdichten, durch das 56 Prozent der Varianz der zugrunde liegenden Korrelationsmatrix aufgeklärt werden konnten (vgl. Abb. 5.2.1.10, S. 210f.).

Hauptkomponente 1: *Kooperations- und Kommunikationsmöglichkeiten mit anderen TeilnehmerInnen oder TutorInnen innerhalb der Lernumgebung*
Durch die Komponente 1 werden solche Items zusammengefasst, die sich auf die Kommunikations- und Kooperationsmöglichkeiten innerhalb der jeweiligen E-Learning-Umgebung beziehen. Konkret geht es bei den Items (1) »Für die Online-Kommunikation mit anderen LernerInnen können emotionsfördernde Symbole (z.B. Smileys, Avatare etc.) genutzt werden« und (2) »Mit den anderen LernerInnen kann gechattet werden« um Gestaltungselemente computervermittelter Kommunikation. Im Gegensatz dazu thematisieren die übrigen Items (3) »Es bestehen vielfältige Möglichkeiten, mit den anderen TeilnehmerInnen des Kurses Kontakt

---

85 Die Angaben zur Erwünschten Merkmalsstruktur von computer- und internetgestützten Lernumgebungen aus der Nutzerperspektive entstammen den Variablen H6.1-H6.26 (Aspekte der Lernumgebung) aus dem Modul H (Gestaltung der Lernumgebung) im Fragebogen.

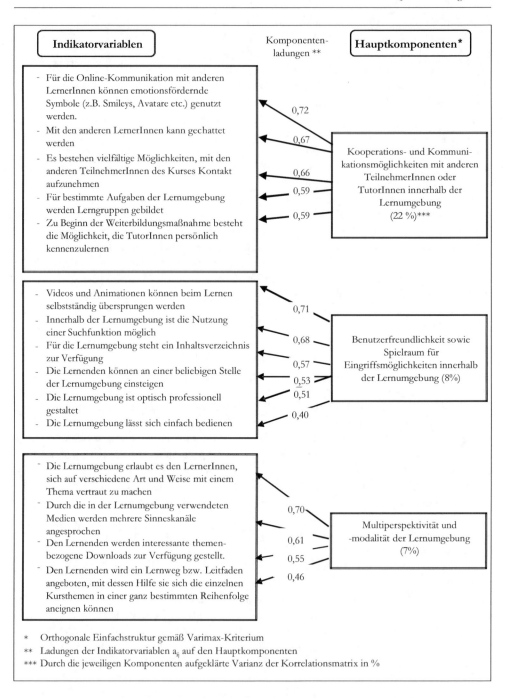

Abbildung 5.2.1.10: Hauptkomponentenstruktur Dimension der Erwünschten Merkmalsstruktur von computer- und internetgestützten Lernumgebungen aus der Nutzerperspektive (n= 326)

5.2 Multivariate Datenauswertung

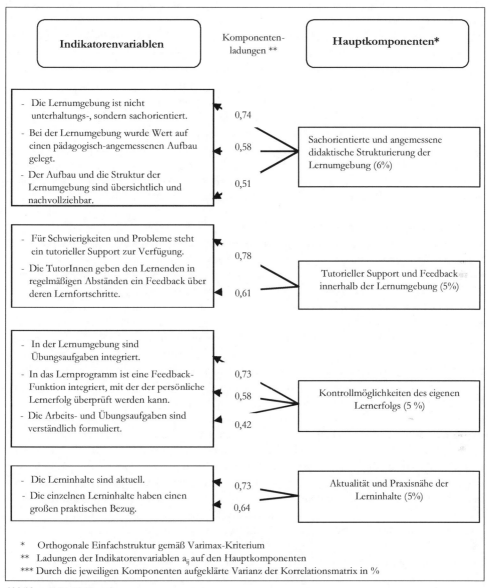

Abbildung 5.2.1.10 (Forts.)

aufzunehmen«, (4) »Für bestimmte Aufgaben der Lernumgebung werden Lerngruppen gebildet« und (5) »Zu Beginn der Weiterbildungsmaßnahme besteht die Möglichkeit, die TutorInnen persönlich kennenzulernen« eher allgemeine Kommunikationsspielräume bzw. Formen der Face-to-Face-Kommunikation (hier besonders [4] und [5]). Hauptkomponente 1 erklärt für sich allein 22 Prozent der Varianz der zugrunde liegenden Korrelationsmatrix und ist im Vergleich zu den anderen Hauptkomponenten der gleichen Dimension besonders varianzstark.

Hauptkomponente 2: *Benutzerfreundlichkeit sowie Spielraum für Eingriffsmöglichkeiten innerhalb der Lernumgebung*
Hauptkomponente 2 bündelt solche Items, die sich auf die Benutzerfreundlichkeit und die zur Verfügung stehenden Navigationsmöglichkeiten der Lernumgebung beziehen. So laden hier die Items (1) »Videos und Animationen können beim Lernen selbstständig übersprungen werden«, (2) »Innerhalb der Lernumgebung ist die Nutzung einer Suchfunktion möglich«, (3) »Für die Lernumgebung steht ein Inhaltsverzeichnis zur Verfügung«, (4) »Die Lernenden können an einer beliebigen Stelle der Lernumgebung einsteigen«, (5) »Die Lernumgebung ist optisch professionell gestaltet« und vergleichsweise schwächer ausgeprägt (6) »Die Lernumgebung lässt sich einfach bedienen«. Einige dieser Items können hinsichtlich ihrer inhaltlichen Aussagekraft sowohl als Bestandteil der Navigationsmöglichkeiten, als auch als Wunsch nach einer benutzerfreundlichen Gesamtgestaltung aufgefasst werden. Für sich betrachtet erklärt Hauptkomponente 2 insgesamt 8 Prozent der Varianz der zugrunde liegenden Korrelationsmatrix.

Hauptkomponente 3: *Multiperspektivität und -modalität der Lernumgebung*
Hauptkomponente 3 umfasst solche Aussagen, die auf die Multimodalität und Multiperspektivität der Lernumgebung Bezug nehmen. Während sich die ersten beiden Items (1) »Die Lernumgebung erlaubt es den LernerInnen, sich auf verschiedene Art und Weise mit einem Thema vertraut zu machen« und (2) »Durch die in der Lernumgebung verwendeten Medien werden mehrere Sinneskanäle angesprochen« in erster Linie auf die Berücksichtigung verschiedener Sinnesmodalitäten beziehen, geht es bei den Items (3) »Den Lernenden werden interessante themenbezogene Downloads zur Verfügung gestellt« und (4) »Den Lernenden wird ein Lernweg bzw. Leitfaden angeboten, mit dessen Hilfe sie sich die einzelnen Kursthemen in einer ganz bestimmten Reihenfolge aneignen können« vornehmlich um unterschiedliche Perspektiven, aus denen man sich dem Lerngegenstand nähern kann. Die dritte Hauptkomponente erklärt 7 Prozent der Varianz der zugrunde liegenden Korrelationsmatrix.

Hauptkomponente 4: *Sachorientierte und angemessene didaktische Strukturierung der Lernumgebung*
In Hauptkomponente 4 werden solche Items gebündelt, die sich auf den inhaltlichen Aufbau und die Strukturierung der vorgegebenen Lerninhalte beziehen. Gemeinsam finden dort folgende Items Berücksichtigung: (1) »Die Lernumgebung ist nicht unterhaltungs-, sondern sachorientiert«, (2) »Bei der Lernumgebung wurde Wert auf einen pädagogisch-angemessenen Aufbau gelegt« sowie (3) »Der Aufbau und die Struktur der Lernumgebung sind übersichtlich und nachvollziehbar«. Hauptkomponente 4 erklärt, für sich betrachtet, 6 Prozent der Varianz der Korrelationsmatrix, auf der die Analyse basiert.

Hauptkomponente 5: *Tutorieller Support und Feedback innerhalb der Lernumgebung*
Hauptkomponente 5 vereinigt diejenigen Items, die sich mit dem tutoriellen Support der E-Learning-Umgebung auseinandersetzen. Entsprechend laden hier die Items (1) »Für Schwierigkeiten und Probleme steht ein tutorieller Support zur Verfügung« und (2) »Die TutorInnen geben den Lernenden in regelmäßigen Abständen ein Feedback über deren Lernfortschritte«. Die Hauptkomponente erklärt 5 Prozent der Varianz der zugrunde liegenden Korrelationsmatrix.

Hauptkomponente 6: *Kontrollmöglichkeiten des eigenen Lernerfolgs*
Hauptkomponente 6 bündelt solche Aussagen, die auf die Implementierung von Kontrollmöglichkeiten des eigenen Lernerfolgs Bezug nehmen. So finden sich hier die Items (1) »In der

Lernumgebung sind Übungsaufgaben integriert« und (2) »In das Lernprogramm ist eine Feedback-Funktion integriert, mit der der persönliche Lernerfolg überprüft werden kann«. Deutlich schwächer fällt die Ladung des Items (3) »Die Arbeits- und Übungsaufgaben sind verständlich formuliert« auf dieser Hauptkomponente aus, was sich möglicherweise dadurch erklären lässt, dass sich diese Aussage auf die bloße Formulierung der angebotenen Arbeits- und Übungsaufgaben bezieht. Dabei entfallen auf die sechste Hauptkomponente insgesamt 5 Prozent der Varianz der zugrunde liegenden Korrelationsmatrix.

Hauptkomponente 7: *Aktualität und Praxisnähe der Lerninhalte*
In Hauptkomponente 7 sind diejenigen Items zusammengefasst, die sich auf die Aktualität und Praxisnähe der Lerninhalte beziehen. Somit finden sich hier die Items (1) »Die Lerninhalte sind aktuell« und (2) »Die einzelnen Lerninhalte haben einen großen praktischen Bezug«. Die inhaltliche Zusammensetzung dieser Hauptkomponente aus Aktualität und Praxisnähe ergibt sich möglicherweise daraus, dass ein praxisorientierter Zugang zu einem Lerngegenstand oftmals auch mit dem Wunsch der befragten E-Learner nach möglichst großer Aktualität verbunden ist, um die bereits bestehenden eigenen Praxiserfahrungen ausbauen und optimieren zu können. Insgesamt erklärt die Hauptkomponente 7 dabei 4 Prozent der Varianz der zugrunde liegenden Korrelationsmatrix.

5.2.1.11 Struktur der hauptsächlich erreichten Ziele durch die Teilnahme an einem E-Learning-Kurs

Neben der Beurteilung der erwünschten Eigenschaften einer computergestützten Lernumgebung ist auch die Wahrnehmung der Nutzer entscheidend, welche individuellen Ziele durch die Teilnahme an einem E-Learning-Kurs[86] hauptsächlich erreicht werden konnten. Dieser Bereich wurde mithilfe von sechs unterschiedlichen Items abgedeckt, in denen sowohl persönliche als auch berufliche Vorteile aufgrund der Teilnahme an einer computer- bzw. internetbasierten Weiterbildungsmaßnahme zum Ausdruck kommen. Im Zuge der Hauptkomponentenanalysen ergab sich als angemessene Rekonstruktion der Daten ein Ein-Komponenten-Modell, auf dessen Grundlage insgesamt 38 Prozent der Varianz der Korrelationsmatrix aufgeklärt werden konnten, auf der die Analyse basiert (Abb. 5.2.1.11).

Hauptkomponente: *Persönliche und berufliche Vorteile aufgrund der Teilnahme an einer computer- bzw. internetbasierten Weiterbildungsmaßnahme*
Die Hauptkomponente bündelt solche Einschätzungen, die auf die individuellen und beruflichen Vorteile Bezug nehmen, die durch die Teilnahme an einer computer- bzw. internetbasierten Weiterbildungsmaßnahme entstanden sind. Diese Hauptkomponente wird durch die folgenden Items inhaltlich bestimmt: (1) »Ich konnte ein umfassendes Verständnis des Kursthemas erwerben«, (2) »Ich konnte viele der im Kurs erworbenen Kenntnisse in meiner beruflichen Praxis anwenden«, (3) »Ich konnte meine Chancen auf dem Arbeitsmarkt verbessern«, (4) »Ich konnte meine Kompetenzen im Umgang mit Computer und Internet

---

86 Die Items zur Struktur der hauptsächlich erreichten Ziele durch die Teilnahme an einem E-Learning-Kurs beziehen sich auf Modul I (Ansprüche an den Kurs), konkret auf die Items I1.1 bis I1.6 (Zielerreichung) im Fragebogen.

steigern«, (5) »Ich konnte mir das Kursthema schneller als im normalen Unterricht aneignen« und schließlich (6) »Durch den Kontakt zu anderen TeilnehmerInnen war es mir möglich, mich mit ihnen über unsere beruflichen Erfahrungen auszutauschen«. Auffallend bei diesem Variablenbündel ist die Vielschichtigkeit der Vorteile, die mit der Teilnahme an der computer- und internetbasierten Weiterbildungsmaßnahme in Verbindung gebracht werden. Diese Hauptkomponente erklärt 38 Prozent der Varianz der zugrunde liegenden Korrelationsmatrix.

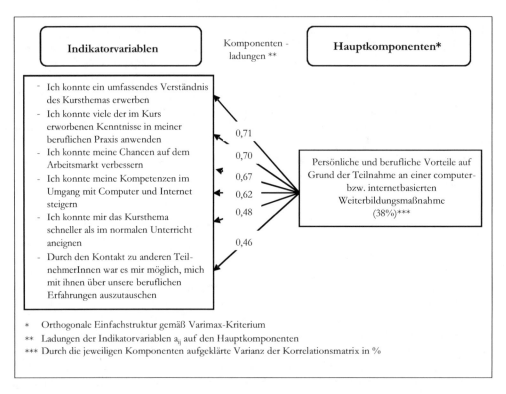

Abbildung 5.2.1.11: Hauptkomponentenstruktur der hauptsächlich erreichten Ziele durch die Teilnahme an einem E-Learning-Kurs (n= 328)

5.2.1.12 Struktur des individuell vorherrschenden Verständnisses von Qualität

Eine weitere thematische Dimension, die im Rahmen der Hauptkomponentenanalysen berücksichtigt wurde, ist die »Struktur des individuell vorherrschenden Verständnisses von Qualität«.[87] Das damit zusammenhängende persönliche Verständnis von Qualität äußerte sich in *sozialer und beruflich-fachlicher Kompetenz* einerseits sowie in der *Befriedigung individueller Wertmaßstäbe* andererseits. Für diesen Gegenstandsbereich wurden insgesamt zehn Items ausgewertet, deren inhaltlich probate Datenrekonstruktion zur Bildung eines Zwei-Komponentenmodells führte,

---

87 Die Items für diese Hauptkomponente stammen aus Modul I (Ansprüche der Lernenden an einen E-Learning- bzw. Blended-Learning-Kurs) und beziehen sich auf die Variablen I3.1 – I3.10 (Qualitätsverständnis).

auf dessen Grundlage 52 Prozent der Varianz der zugrunde liegenden Korrelationsmatrix aufgeklärt werden konnten (vgl. Abb. 5.2.1.12).

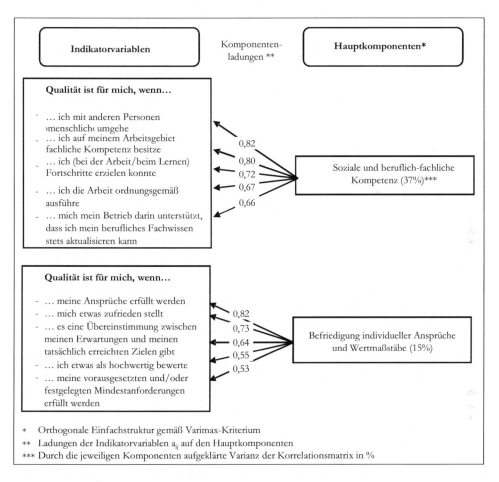

Abbildung 5.2.1.12: Hauptkomponentenstruktur des individuell vorherrschenden Verständnisses von Qualität (n=318)

Hauptkomponente 1: *Soziale und beruflich-fachliche Kompetenz*
Hauptkomponente 1 bündelt solche Items, die die Qualitätsansprüche hinsichtlich sozialer sowie beruflich-fachlicher Kompetenzen thematisieren. Dementsprechend laden auf dieser Komponente folgende Items: (1) »Qualität ist für mich, wenn ich mit anderen Personen ›menschlich‹ umgehe«, (2) »Qualität ist für mich, wenn ich auf meinem Arbeitsgebiet fachliche Kompetenz besitze«, (3) »Qualität ist für mich, wenn ich (bei der Arbeit/beim Lernen) Fortschritte erzielen konnte«, (4) »Qualität ist für mich, wenn ich die Arbeit ordnungsgemäß ausführe« und (5) »Qualität ist für mich, wenn mich mein Betrieb darin unterstützt, dass ich mein berufliches Fachwissen stets aktualisieren kann«. Interessant bei dieser Hauptkomponente ist vor allem die inhaltliche Nähe von sozialen Kompetenzen einerseits und beruflich-fachlichen Kompetenzen

andererseits. Insgesamt erklärt die Hauptkomponente 37 Prozent der Varianz der Korrelationsmatrix, auf der die Analyse basiert.

Hauptkomponente 2: *Befriedigung individueller Ansprüche und Wertmaßstäbe*
In Hauptkomponente 2 werden solche Items zusammengefasst, die sich auf die Verbindung von Qualitätsansprüchen mit der Befriedigung individueller Wertmaßstäbe beziehen. Konkret geht es dabei um die Items (1) »Qualität ist für mich, wenn meine Ansprüche erfüllt werden«, (2) »Qualität ist für mich, wenn mich etwas zufriedenstellt«, (3) »Qualität ist für mich, wenn es eine Übereinstimmung zwischen meinen Erwartungen und meinen tatsächlich erreichten Zielen gibt«, (4) »Qualität ist für mich, wenn ich etwas als hochwertig bewerte« und (5) »Qualität ist für mich, wenn meine vorausgesetzten und/oder festgelegten Mindestanforderungen erfüllt werden«. Diese Hauptkomponente erklärt 15 Prozent der Varianz der zugrunde liegenden Korrelationsmatrix.

5.2.1.13 Struktur der Qualitätsansprüche an den individuellen Lernprozess

Ein besonders bedeutender Gegenstandsbereich der Hauptkomponentenanalysen vor dem Hintergrund der Qualität von E-Learning aus der Nutzerperspektive drückt sich durch die »Struktur der Qualitätsansprüche an den eigenen Lernprozess«[88] aus. Hier finden sich insgesamt 19 Items, die der Frage nachgehen, was die Teilnehmer von einem qualitativ hochwertigen Lernprozess erwarten (z.B. die Möglichkeit der Selbstbestimmung, intrinsisch motiviertes Lernen etc.). Aufgrund der durchgeführten Hauptkomponentenanalysen ließ sich ein inhaltlich angemessenes Fünf-Komponenten-Modell rekonstruieren, das 18 der 19 Items umfasst und auf dessen Basis rund 58 Prozent der Varianz der zugrunde liegenden Korrelationsmatrix aufgeklärt werden konnten (vgl. Abb. 5.2.1.13, S. 217).

Hauptkomponente 1: *Selbstbestimmtes Lernen*
Hauptkomponente 1 vereinigt Items, die sich auf die Möglichkeiten des selbstorganisierten Lernens innerhalb der E-Learning-Umgebung beziehen. Während sich die ersten beiden (1) »Ich kann zu selbst gewählten Zeitpunkten lernen« und (2) »Ich kann ortsunabhängig lernen« auf die Zeit- und Ortsunabhängigkeit des Lernens beziehen, werden durch die übrigen Items (3) »Ich habe die Möglichkeit, selbstständig zu lernen«, (4) »Ich kann mein eigenes Lerntempo verfolgen« und (5) »Ich kann die Aufgabenstellung eigenständig durcharbeiten« unterschiedliche allgemeinere Aspekte des selbstbestimmten Lernens aufgegriffen. Insgesamt weisen die Items dieser Hauptkomponente eine inhaltlich sehr homogene Struktur auf. Dabei erklärt die Hauptkomponente für sich 23 Prozent der Varianz der zugrunde liegenden Korrelationsmatrix.

Hauptkomponente 2: *Intrinsisch motiviertes, zwangfreies Lernen*
In Hauptkomponente 2 werden Aussagen gebündelt, die auf intrinsisch motiviertes, spielerisches und abwechslungsreiches Lernen abzielen. Dementsprechend laden auf dieser Hauptkomponente folgende Items: (1) »Ich habe Spaß beim Lernen«, (2) »Ich kann spielerisch

---

88 Die Struktur der Qualitätsansprüche an den individuellen Lernprozess bezieht sich auf die Items I4.1 – I4.19 (Qualität beim Lernen, und zwar bezogen auf den *eigenen* Lernprozess der E-Learner) im Fragebogen.

5.2 Multivariate Datenauswertung

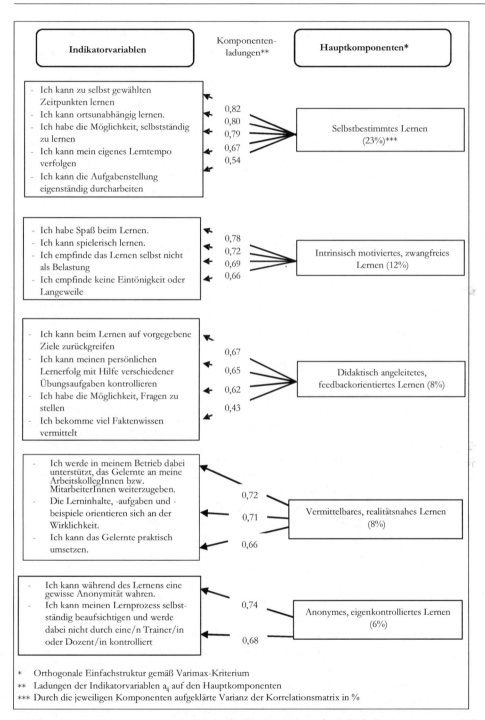

Abbildung 5.2.1.13: Hauptkomponentenstruktur der Qualitätsansprüche an den individuellen Lernprozess (n= 315)

lernen«, (3) »Ich empfinde das Lernen selbst nicht als Belastung« und (4) »Ich empfinde keine Eintönigkeit oder Langeweile«. In diesem Zusammenhang ist darauf hinzuweisen, dass im Gegensatz zu extrinsisch bestimmten Lerngründen mit einer intrinsischen Lernmotivation in der Regel ein erheblich größerer Lernerfolg verbunden ist. Hauptkomponente 2 erklärt insgesamt 12 Prozent der Varianz der zugrunde liegenden Korrelationsmatrix.

Hauptkomponente 3: *Didaktisch angeleitetes, feedbackorientiertes Lernen*
Hauptkomponente 3 fasst solche Items zusammen, die sich auf ein didaktisch fundiertes feedbackorientiertes Lernen beziehen. Im Einzelnen handelt es sich dabei um die Items (1) »Ich kann beim Lernen auf vorgegebene Ziele zurückgreifen«, (2) »Ich kann meinen persönlichen Lernerfolg mithilfe verschiedener Übungsaufgaben kontrollieren«, (3) »Ich habe die Möglichkeit, Fragen zu stellen« und (4) »Ich bekomme viel Faktenwissen vermittelt«. Insgesamt erklärt die Hauptkomponente 8 Prozent der Varianz der Korrelationsmatrix.

Hauptkomponente 4: *Vermittelbares, realitätsnahes Lernen*
Hauptkomponente 4 beinhaltet diejenigen Items, die auf den Transfergehalt der in der E-Learning-Umgebung vermittelten Lerninhalte Bezug nehmen. Konkret finden sich hier folgende Items wieder: (1) »Ich werde in meinem Betrieb dabei unterstützt, das Gelernte an meine ArbeitskollegInnen bzw. MitarbeiterInnen weiterzugeben«, (2) »Die Lerninhalte, -aufgaben und -beispiele orientieren sich an der Wirklichkeit« und (3) »Ich kann das Gelernte praktisch umsetzen«. Diese Variablen orientieren sich demnach weniger an der Gestaltung der Lernumgebung oder an den Strategien der Anwender, sondern vielmehr an der Vermittelbarkeit und Praxisnähe der Lerninhalte. Insgesamt erklärt die Hauptkomponente damit 8 Prozent der Varianz der Korrelationsmatrix, auf der die Analyse fußt.

Hauptkomponente 5: *Anonymes, eigenkontrolliertes Lernen*
Hauptkomponente 5 vereinigt Aussagen, die sich auf die Anonymität und die Möglichkeiten der Selbstkontrolle computerunterstützter Lernszenarien beziehen, weil auf dieser Hauptkomponente die beiden Items (1) »Ich kann während des Lernens eine gewisse Anonymität wahren« und (2) »Ich kann meinen Lernprozess selbstständig beaufsichtigen und werde dabei nicht durch eine/n Trainer/in oder Dozent/in kontrolliert« substanziell laden. Obwohl gerade das zweite Item inhaltliche Parallelen zur Hauptkomponente 1 (»Selbstbestimmtes Lernen«) aufweist, kommt das explizite Fehlen einer externen Kontrolle über den eigenen Lernvorgang hinzu, was offenbar dazu führt, dass sich dieses Item von der Hauptkomponente 1 »abspaltet« und zusammen mit der erstgenannten Schätzskala zur Erfahrung der Anonymität beim Lernen aufgrund einer größeren inhaltlichen Affinität die gesonderte Komponente 5 bildet. In toto erklärt sie 6 Prozent der Varianz der zugrunde liegenden Korrelationsmatrix.

5.2.1.14 Fazit

Insgesamt wurden dreizehn Hauptkomponentenanalysen gerechnet, wobei sich summa summarum 39 Hauptkomponenten extrahieren ließen. Die Übersichtstabelle im Anhang (vgl. Kapitel 10.12, S. 375f.) fasst die einzelnen Titel der Hauptkomponenten tabellarisch nochmals zusammen. Um weiterhin die einzelnen Hauptkomponentenanalysen, konkret: die genutzten Items für die einzelnen multivariaten Berechnungen für den Leser transparent zu machen, soll Abbildung 5.2.1.14 als Hilfestellung dienen. Sie lässt es zu, die einzelnen Items, die den Hauptkomponenten zugrunde liegen mit dem quantitativen Online-Fragebogen (vgl. Kapitel 10.1, S. 309ff.) zu vergleichen. Die einzelnen Items, die den Hauptkomponentenanalysen zugrunde liegen, ergeben sich einerseits aus der Theorieeinbettung. Andererseits beziehen sich die Items auf die vorangestellte qualitative Befragung. Somit folgt die Operationalisierung der einzelnen Items einer deduktiven und induktiven Verfahrensweise, und erlaubt eine Verknüpfung zwischen qualitativen und quantitativen Daten im Sinne des methodologischen Prinzips der Triangulation.

Übersicht über gerechnete Hauptkomponentenanalysen	
Aus Modul A (allg. Medienverhalten)	A1.1-A1.9 (Einstellung zu Medien)
Aus Modul A (allg. Medienverhalten)	A2.1-A2.7 (Auseinandersetzumg PC)
Aus Modul A (allg. Medienverhalten)	A4.1-4.12 (Computernutzung)
Aus Modul B (allg. Weiterbildungsverhalten)	B5.1-B5.9 (Einstellung Arbeitsplatz)
Aus Modul C (Gründe Online-Lernen)	C1.1-C1.13 (Grund für Teilnahme)
Aus Modul D (Kursaufbau)	D8.1-D8.8 (Präsenz- vs. E-Learning)
Aus Modul H (Gestaltung Lernumgebung)	H5.1-H5.8 (Technische Probleme)
Aus Modul H (Gestaltung Lernumgebung)	H6.1-H6.26 (Aspekte Lernumgebung)
Aus Modul I (Ansprüche an Kurs)	I1.1-I1.6 (Zielerreichung)
Aus Modul I (Ansprüche an Kurs)	I3.1-I3.10 (Qualitätsverständnis)
Aus Modul I (Ansprüche an Kurs)	I4.1-I4.19 (Qualität beim Lernen)

Abbildung 5.2.1.14: Genutzte Items aus dem Online-Fragebogen für die einzelnen Hauptkomponentenanalysen

Die multivariaten Analysen mithilfe der Hauptkomponentenanalyse zeigen verschiedene Aspekte, die das E-Learning betreffen.

Zu Beginn des Fragebogens wurde die Einstellung der Befragten zu Medien erhoben, konkret ihre *Computerakzeptanz*. Die dahinter stehende These ist, dass *erstens* die lebensweltliche Einbettung des Mediums Computer bei den Befragten auch Hinweise auf eine bestimmte Haltung gegenüber E-Learning-Anwendungen geben. Wird beispielsweise die Aussage verneint, der Computer sei ein geeignetes Lernmedium, dann ist auch eine skeptische Haltung gegenüber E-Learning-Maßnahmen wahrscheinlich. *Zweitens* sollten auch emotionale Assoziationen erfasst werden, denn diese lassen ebenfalls Rückschlüsse auf eine eher medienakzeptierende resp. medienablehnende Haltung zu. *Drittens* wurden Indikatoren einer generationsspezifischen Medienpraxiskultur erhoben (vgl. Schäffer 2003). Insgesamt konnten drei Hauptkomponenten für die Computerakzeptanz der Befragten extrahiert werden:

Computerakzeptanz:
- eine affirmative edutainment-orientierte Computerakzeptanz,
- eine selbstbestimmte, instrumentell-funktionalistische Computerakzeptanz sowie
- eine sozialisationsabhängige Computerakzeptanz.

Zweitens wurde nach der *Motivation für die Computernutzung* gefragt. Konkret ging es darum zu eruieren, aus welchen Gründen die Befragten angefangen haben, sich mit dem Computer auseinanderzusetzen. Hier zeigt sich, dass ebenfalls eine Dreier-Binnenstruktur vorliegt, die grob zwischen persönlichen, beruflichen und gesellschaftlichen Motivationsbedingungen unterscheidet:

Motivation für die Computernutzung:
- Aus Neugierde und Wissensbegierde gespeistes Computeraneignungsmotiv,
- Beruflich-instrumentell bedingtes Computeraneignungsmotiv sowie
- Gesellschaftlich-strukturell bedingtes Computeraneignungsmotiv.

Drittens ist es für den Bereich des E-Learning relevant, vorab Hinweisen nachzugehen, die Aufschluss über die jeweilige Mediennutzung der befragten Personen geben. Es geht hier folglich um die Dimension der *interaktiven Mediennutzung* im Sinne von Medienkompetenz (vgl. Baacke 1997; Treumann et al. 2002, 2007). Die Mediennutzung konnte dabei in vier interpretierbare hauptkomponentenanalytische Binnenstrukturen differenziert werden:

Computer und Internetnutzung:
- Funktionalistische Nutzung von Computer und Internet,
- Informations- und kommunikationsorientierte Internetnutzung,
- Nutzung von Computer-Standardsoftware sowie
- Unterhaltungsorientierte Computer- und Internetnutzung.

Viertens wurde die instrumentell-qualifikatorische Medienkompetenz der Befragten eruiert. Die *instrumentell-qualifikatorische Medienkunde* als Bestandteil des Bielefelder Medienkompetenzmodells bezeichnet die Fähigkeit bezüglich der Bedienung technischer Geräte oder Softwareoberflächen (vgl. Baacke 1997; Treumann et al. 2002, S. 52). Ein kompetenter Umgang mit dem Computer wird häufig als wichtiger, bestimmender Bestandteil eines erfolgreichen Umgangs mit E-Learning betont und trägt sicherlich auch zu einem effektiven Lernen mit Neuen Medien bei: Frustrationen aufgrund technischer Probleme sind bei einer hohen instrumentell-qualifikatorischen Medienkompetenz weniger wahrscheinlich. Hier konnte insgesamt eine Hauptkomponente extrahiert werden, die es erlaubt, Unterschiede zu rekonstruieren, welche E-Learner in ihrer Medienkunde unterscheidet:

Medienkunde:
- Selbstgesteuertes PC-Lösungsverhalten bei Soft- und Hardware.

Fünftens ist das *allgemeine Weiterbildungsverhalten* der E-Learner zu beachten. Die ausgewählten Items für die multivariate Analyse des Weiterbildungsverhaltens der befragten E-Learner bezieht sich auf die Frage nach den zentralen Dimensionen des *Arbeitskraftunternehmers* (Selbst-Kontrolle; Selbst-Ökonomisierung; Selbst-Rationalisierung) nach Voß und Pongratz in Verbindung mit der individuellen Organisation der Befragten von Arbeit/Arbeitsplatz/Arbeitsmarkt auf der einen, deren *beruflicher (Weiter-)Bildungsmotivation* auf der anderen Seite. Außerdem wurde hier der *Lernkultur am Arbeitsplatz* der Befragten nachgegangen.

Weiterbildungsverhalten:
- Ambitionierte und auf Selbstverwirklichung zielende Einstellung zu Arbeit und Beruf,
- Informationen über und Unterstützung des Besuchs von Weiterbildungsangeboten durch deren Arbeitgeber sowie
- Dichotome Berufs-Freizeit-Orientierung.

Sechstens wurde nach den Gründen des Online-Lernens gefragt. Konkret sollte herausgefunden werden, aus welchem Grund die befragten E-Learner an einem computer- und internetgestützten Weiterbildungskurs teilgenommen haben. Die Operationalisierung der Items bezog sich erstens auf die Differenzierung der Gründe für die Teilnahme an einer beruflichen Weiterbildung nach Gieseke (2003). Weiter ist hier das Konzept der Selbstsozialisation zu berücksichtigen, wie auch die Kapitalsorten von Bourdieu. Zudem dient die Teilnahme an Kursen auch der Fortsetzung, dem Erhalt und der Reproduktion von Biografien (Kade/Seitter 1996) oder der Bearbeitung von Identitätsproblemen über die soziale und kulturelle Zugehörigkeit, die in den Veranstaltungen erzeugt wird (Kade 1992; vgl. Meister 2003).

Gründe für Online-Lernen:
- Arbeitsplatzsicherndes, zukunfts- und aufstiegsorientiertes Weiterbildungsmotiv,
- Sozial-reputatives Weiterbildungsmotiv,
- auf Veränderung der Lebens- und der Einkommenssituation zielendes Weiterbildungsmotiv sowie
- kompetenzerweiterndes und selbstverwirklichungsorientiertes Weiterbildungsmotiv.

Siebtens ist es wichtig, Informationen über die individuelle Einschätzung der Befragten hinsichtlich der *Vor- und Nachteile von Online-Lernen* gegenüber traditionellen Unterrichtsformen zu erhalten, z.B. indem die sozial-kommunikativen Eigenschaften von E-Learning und Face-to-Face-Learning miteinander verglichen werden. Hier ergab die Hauptkomponentenanalyse zwei Dimensionen zum Kursaufbau, die beide positiv besetzt sind.

Kursaufbau:
- Vorteile von präsenzorientiertem Lernen und
- Vorteile von E-Learning.

Achtens wurde eine Hauptkomponentenanalyse gerechnet, die sich auf das Lernen in der Gruppe bezieht. Es galt, positive Effekte des *Gruppenlernens* im Rahmen computer- und internetbasierter Lernumgebungen herauszufinden (vgl. Hagedorn 2003, S. 36). Das Ergebnis der Berechnung liefert insgesamt eine Hauptkomponente, die es zulässt, zwischen den E-Learnern hinsichtlich des Gruppenlernens zu differenzieren.

Lernen in der Gruppe:
- Vorteile des Lernens in Gruppen aus der Nutzerperspektive.

Die *neunte* gerechnete Hauptkomponentenanalyse bezog sich auf die *Technik von E-Learning-Umgebungen* und wie diese von den Befragten eingeschätzt wurde. Dahinter steht die These, dass technische Probleme im Rahmen von E-Learning- und Blended-Learning-Umgebungen zu erheblichen Frustrationen bei den Lernenden führen sowie deren Motivation negativ beeinflussen können (vgl. Grotlüschen 2003). Hier zeigt sich eine Dreier-Binnenstruktur der von den E-Learnern zugeschriebenen Problematik in der technischen Beschaffenheit von E-Learning-Umgebungen.

Probleme Technik:
- Mangelnde Kompatibilität der Lern- und Systemsoftware zwischen Anbieter und Anwender (Programmfehler, unvereinbare Systemeinstellungen, mangelnde Ansprechbarkeit und unvollständiger E-Mail-Verkehr),

- Instabilität der computervermittelten Kommunikationsverbindung während des Lernprozesses sowie
- Probleme beim Einloggen, Starten und Anwenden der virtuellen Lernumgebung.

Neben technischen Fragen zur Gestaltung der Lernumgebung wurden *zehntens* die befragten E-Learner nach ihren Einschätzungen bzw. *Ansprüchen* an eine qualitativ hochwertige Lernumgebung gefragt. Hier stehen die Kommunikation und Kooperation, die Benutzerfreundlichkeit und die Multiperspektivität der Lernumgebung im Vordergrund, die Unterschiede zwischen den E-Learnern rekonstruieren lassen.

Lernumgebung:
- Kooperations- und Kommunikationsmöglichkeiten mit anderen TeilnehmerInnen oder TutorInnen innerhalb der Lernumgebung
- Benutzerfreundlichkeit sowie Spielraum für Eingriffsmöglichkeiten innerhalb der Lernumgebung
- Multiperspektivität und -modalität der Lernumgebung
- Sachorientierte und angemessene didaktische Struktur der Lernumgebung
- Tutorieller Support und Feedback innerhalb der Lernumgebung
- Kontrollmöglichkeiten des eigenen Lernerfolgs
- Aktualität und Praxisnähe der Lerninhalte

Die *elfte* Hauptkomponentenanalyse bezog sich auf die Frage nach dem *individuellen Nutzen*, den die Befragten aus dem Besuch des computergestützten Weiterbildungskurses ziehen konnten.

Ziele und Erfolg:
- Persönliche und berufliche Vorteile aufgrund der Teilnahme an einer computer- bzw. internetbasierten Weiterbildungsmaßnahme.

Zwölftens sollte das *vorherrschende allgemeine Qualitätsverständnis* der befragten E-Learner eruiert werden. Die unterschiedlichen Möglichkeiten, Qualität zu beurteilen, rekurrieren dabei einerseits auf verschiedene Qualitätsdefinitionen (vgl. Ehlers 2003, S. 44f.; ISO 8402). Andererseits spiegeln sie das Qualitätsverständnis von TeilnehmerInnen der qualitativen Befragung wider.

Qualitätsverständnis:
- Soziale und beruflich-fachliche Kompetenz sowie
- Befriedigung individueller Ansprüche und Wertmaßstäbe.

Die letzte Hauptkomponentenanalyse bezieht sich auf die personenbezogenen Qualitätsansprüche von LernerInnen *an einen Lernprozess*. Fünf Hauptkomponenten konnten rekonstruiert werden, die die Qualitätsansprüche der befragten E-Learner bündeln:

Qualitätsansprüche:
- Selbstbestimmtes Lernen,
- intrinsisch motiviertes, zwangfreies Lernen,

- didaktisch angeleitetes, feedbackorientiertes Lernen,
- vermittelbares, realitätsnahes Lernen und
- anonymes, eigenkontrolliertes Lernen.

In einem nächsten Schritt werden nun die Ergebnisse der Hauptkomponentenanalyse genutzt, um auf dessen Basis eine empirisch gestützt E-Learner Typologie vorzunehmen.

5.2.2 Typologie subjektbezogener E-Learning-Nutzung (Clusteranalyse)

Im Folgenden werden wir nun die Cluster-Typologie bzw. die einzelnen E-Learner-Typen vorstellen und beschreiben. Hierbei ist es wichtig, die folgenden Darstellungen immer vor dem Hintergrund der charakteristischen Profile der jeweils anderen Cluster zu relationieren, so wie es das Verfahren der Clusteranalyse vorsieht.

5.2.2.1 Die selbstbestimmten medienaffinen E-Learner (n=114)

Die selbstbestimmten medienaffinen E-Learner zeichnen sich im Kollektiv aller untersuchten weiterbildungsaktiven Erwachsenen durch ein überdurchschnittliches Bedürfnis nach Autonomie und Selbststeuerung aus. *Eigenverantwortlichkeit im Lernprozess* ist folglich ein entscheidendes Qualitätskriterium, nach dem die Selbstbestimmten an computer- und internetbasierte Weiterbildungskurse herangehen. Dies manifestiert sich in spezifisch erwünschten Freiheitsgraden der Lernrahmung: Für sie sind Zeit- und Ortsunabhängigkeit bedeutsam, also Merkmale, die seit Einführung von E-Learning-Angeboten zu deren hauptsächlichen Vorteilen gerechnet werden. Zudem ist die Bestimmung des eigenen Lerntempos von ihnen gewollt sowie die selbstständige und individuelle Aufgabenbearbeitung. Daher ist es nicht verwunderlich, dass die Angehörigen dieser Gruppe computerunterstütztes Lernen dem präsenzorientierten Lernen vorziehen.

Die Präferenz für Lernen mit Neuen Medien stützt sich dabei auf die Erfahrung der selbstbestimmten medienaffinen E-Learner, dass sie im Gegensatz zu den Angehörigen der anderen beiden Cluster *keine Probleme mit der Stabilität der Lernumgebung*, z.B. im Kontext der computervermittelten Kommunikationsverbindung während des Lernprozesses, hatten. Entweder haben die selbstbestimmten medienaffinen E-Learner Weiterbildungskurse gewählt, bei denen die Anbieter auf eine hohe Technikqualität im Sinne von Stabilität gesetzt haben, oder aber die Selbstbestimmten zeichnen sich durch eine besonders hohe instrumentell-qualifikatorische Medienkunde im Vergleich zu den anderen Clustern aus. Für die letztere Annahme spricht, dass sie als einzige Gruppe der E-Learner-Typologie ein *selbstgesteuertes PC-Lösungsverhalten bei Soft- und Hardware* zeigen. In diesem Kontext ist weiter anzumerken, dass die selbstbestimmten medienaffinen Lernenden im Vergleich zu den anderen Clustern *neugierig und wissensbegierig* sind. Dies ist ihr hauptsächliches Computeraneignungsmotiv, welches sich bei ihnen gegen ein beruflich-instrumentell bedingtes Computeraneignungsmotiv abgrenzt, also gegenüber der reinen beruflichen Notwendigkeit oder dem empfundenen Zwang, sich mit Computern auseinanderzusetzen. Ihnen scheint es im Kontext eines kompetenten Selbstbildes Freude zu bereiten, sich mit dem Computer zu beschäftigen, da der PC neben beruflichen Zwecken – hier schätzen die Selbstbestimmten vor allem Unabhängigkeit und Arbeitserleichterung – *auch zur Unterhaltung* eingesetzt wird. Bei der Beschreibung dieses E-Learning-Typs ist auffällig, dass es stark dem Cluster der Allrounder ähnelt, einem extrahierten jugendlichen Mediennutzungstyp aus der Studie »Medienhandeln Jugendlicher« (vgl. Treumann/Meister/Sander u.a. 2007). Die Allrounder zeichnen sich durch ihren kompetenten und versierten Medienumgang (alte sowie Neue Medien) aus und sind ebenfalls sehr neugierig und wissensbegierig. Demzufolge könnte hier die These aufgestellt werden, dass sich die jugendlichen Allrounder im Kontext zukünftiger computerunterstützter Weiterbildungsmaßnahmen zu selbstbestimmten medienaffinen E-Learnern entwickeln werden.

Prägnant ist im Weiteren, dass die selbstbestimmten medienaffinen E-Learner – im Gegensatz zu den beiden anderen Gruppen – *keine Unterstützung und Informationen durch ihren Arbeitgeber* erhielten, um an einem Weiterbildungsangebot teilzunehmen. Eine Aufforderung vonseiten des Arbeitgebers zu einem Weiterbildungsbesuch blieb in der Regel folglich aus. Dies wird durch die externe Validierung in Bezug auf die Variable »Freiwilligkeit« untermauert bzw. bestätigt die obige Hypothese (vgl. Kapitel 5.2.3.1.1). Diesbezüglich kann man die Angehörigen dieses ersten Clusters in ihrem Weiterbildungsverhalten als sehr autonom und selbstorganisiert bezeichnen, was sich auch in ihren *Fortbildungsmotiven* zeigt, die im Gegensatz zu allen anderen Clustertypen *nicht auf sozial-reputativen Beweggründen* im Sinne von Austausch und Anerkennung unter Kollegen basieren, *sondern von kompetenzerweiternder, selbstverwirklichender Art* sind, aber auch darauf abzielen, ihre *Einkommenssituation* und ihre finanzielle sowie berufliche *Lebenssituation zu verbessern*.

Von ihrer Lernumgebung haben die selbstbestimmten medienaffinen Lernenden spezifische Vorstellungen: Auf der einen Seite zeigen sich eher genügsam, während sie auf der anderen Seite bestimmte Anforderungen an eine *Lernumgebung* stellen. Zwar sind ihnen von ihrem allgemeinen Wunschprofil aus gesehen einerseits beispielsweise Kommunikations- und Kooperationsmöglichkeiten einer Lernumgebung alles in allem nicht so wichtig, ebenso wie die unterschiedlichen Möglichkeiten zur Kontaktaufnahme oder die Bereitstellung emotionsfördernder Tools zur Online-Kommunikation. Andererseits wissen sie durchaus aufgrund ihrer *eigenen* Erfahrungen mit computergestützten Weiterbildungsmaßnahmen, *die Vorteile des Lernens in Gruppen* zu schätzen. Weiter legen die Angehörigen dieses Clusters allerdings gemäß ihrem Wunsch selbstbestimmt zu agieren, großen Wert darauf, auf vorgegebene Ziele zurückzugreifen und ihren Lernerfolg anhand verschiedener Übungsaufgaben persönlich zu kontrollieren. Zudem ist ihnen wichtig, Fragen stellen zu können. Eine *selbsterklärende Lernumgebung, die eigenverantwortliches Lernen fördert*, ist demnach von ihnen erwünscht.

Diese Bedürfnisse zielen auf *metakognitive* Prozesse einer *Kontrolle des Lernens*. Schließlich lassen sich die Angehörigen dieses Clusters im Vergleich zu den anderen rekonstruierten E-Learner-Typen als diejenigen charakterisieren, die aufgrund ihrer Lernbedürfnisse und Anforderungen *reinen E-Learning-Weiterbildungskursen am nächsten stehen*.

5.2.2.2 Die betrieblich delegierten, aber desinteressierten E-Learner (n=141)

Die betrieblich delegierten, aber desinteressierten E-Learner verdanken ihren Namen ihren sehr vielen unterdurchschnittlichen *Kennwerten* auf den entsprechenden Hauptkomponenten. So ist diese Gruppe tendenziell durch *Indifferenz* und *Meinungslosigkeit* gekennzeichnet, man könnte sie schon als *relativ gleichgültig* beschreiben. Die Frage, die sich hier stellt, ist, warum die Angehörigen dieses Clusters überhaupt an einem E-Learning- bzw. Blended-Learning-Kurs teilgenommen haben. So verbinden sie etwa mit dem Medium Computer im Vergleich zu den beiden anderen extrahierten Clustern keine positiven Assoziationen, wie etwa Arbeitserleichterung oder Unabhängigkeit. Im Gegenteil: *Weder* eine *selbstbestimmte, funktionalistische,* noch eine *edutainment-orientierte Computerakzeptanz* ist bei den Angehörigen dieses Clusters zu erkennen. Dabei scheinen sie auch insgesamt mit dem Computer und dem Internet nicht besonders vertraut zu sein. Sie geben keinen einzigen Grund an, wofür sie den Computer nutzen oder auch nur nutzen sollten. Dies bezieht sich auf Funktionen wie Informationsgewinnung oder Kommunikationsmöglichkeiten wie auch auf eine unterhaltungsorientierte Nutzung. Allein die Nutzung von Standard-Software, die allerdings nur sehr gering ausgeprägt ist, erscheint ihnen nicht allzu fern zu liegen. So vertreten die Angehörigen dieses Clusters eine ziemlich *indifferente Einstellung gegenüber PC und Internet*.

Diese Mentalität bezieht sich darüber hinaus nicht nur auf den Bereich der Neuen Medien im Lernkontext, sondern scheint eine allgemeine Einstellung gegenüber Weiterbildungsangeboten zu sein. So geben die betrieblich delegierten, aber desinteressierten E-Learner kein einziges Motiv an, warum sie an Fortbildungen teilnehmen sollten. Sie interessieren sich nicht dafür, durch den Besuch von Weiterbildungsveranstaltungen ihren Arbeitsplatz zu sichern oder ihre Qualifikation zu erhöhen und zeigen sich auch relativ gleichgültig gegenüber Veränderungen ihrer Lebens- oder Einkommenssituation. So verwundert es auch nicht, dass sie *kein Interesse* äußern, *ihre Kompetenzen zu erweitern* oder ihr soziales Ansehen durch Qualifikationserhöhung zu verbessern. Allerdings ist hierbei anzumerken, dass ihr Arbeitgeber sie über Weiterbildungsangebote informiert. Dementsprechend liegt es offenbar eher nahe, dass die betrieblich delegierten, aber desinteressierten E-Learner *nicht aus eigenem Antrieb* einen Weiterbildungskurs besuchen, sondern nur, weil es von ihren Arbeitgebern erwünscht ist. Die externe Validierung mit der Variablen der »Freiwilligkeit« bestätigt diese Einschätzung (vgl. Kap. 5.2.3). Der *Wunsch des Arbeitgebers* steht somit im Vordergrund und beantwortet vor allem die eingangs gestellte Frage, warum die Angehörigen dieses Clusters überhaupt an einem E-Learning- bzw. Blended-Learning-Kurs teilnehmen. Folglich könnte man diese Gruppe auch als die *fremdbestimmten E-Learner* bezeichnen, eine Namensgebung, die auf diesen Typ ebenso zutrifft.

Betrachtet man ferner die Erfahrungen, die die betrieblich delegierten, aber desinteressierten E-Learner im Hinblick auf die technische Seite ihrer jeweiligen Lernumgebung gemacht haben, dann wird ihre ablehnende Haltung gegenüber Weiterbildungskursen mit Neuen Medien nachvollziehbar. So sind sie die Gruppe, die *am stärksten technische Probleme* mit der Lernumgebung hatte, besonders in Bezug auf deren *Stabilität*. Es ist anzunehmen, dass ihre *skeptische Haltung* gegenüber Neuen Medien wegen solcher Erfahrungen weiter *verstärkt* wurde. Die Schlussfolgerung liegt nahe, dass hierin ein Grund auszumachen ist, warum die Angehörigen dieses Clusters – im Gegensatz zu den anderen gefundenen Typen – *keine Vorteile im E-Learning* sehen.

Weiter geben die Angehörigen dieses Clusters an, dass sie präsenzorientiertes Lernen ebenfalls nicht unbedingt befürworten. Am liebsten würden die Desinteressierten anscheinend ganz auf Fortbildung bzw. auf Lernen verzichten. Diese Haltung drückt sich auch in ihrer *Gleichgültigkeit hinsichtlich einer Gestaltung von Lernumgebungen* aus: Hier besitzen sie keinerlei Bedürfnisse, Wünsche oder Ansprüche. Weder Lernumgebungen, die unterschiedliche Kooperations- und

Kommunikationsmöglichkeiten bereithalten, noch die Benutzerfreundlichkeit kann die Neugier oder das Engagement der Desinteressierten wecken. Zudem geben sie an, dass ihnen die Aktualität und Praxisnähe der Lerninhalte sowie tutorieller Support und Feedback unwichtig sind. Ihre intrinsische Motivation ist unterdurchschnittlich ausgeprägt und *selbstbestimmtes Lernen* wird von ihnen *nicht befürwortet.*

Als Konsequenz sehen sie durch die Teilnahme auch *keine persönlichen* oder *beruflichen Vorteile* für ihre eigene Person – weder in Bezug auf den Ausbau beruflich-fachlicher noch im Hinblick auf die Stärkung sozialer Kompetenzen. Aus Sicht der betrieblich delegierten, aber desinteressierten E-Learner hat die Teilnahme am E-Learning-Kurs augenscheinlich *keinen Gewinn* in irgendeiner Form erzielt.

5.2.2.3 Die auf ihre berufliche Praxis zentrierten E-Learner (n=88)

Die auf ihre berufliche Praxis zentrierten E-Learner erhielten ihre Namensgebung, weil für sie die Teilnahme von Weiterbildungsveranstaltungen direkt mit einem beruflichen Nutzen verknüpft ist. In dieser Hinsicht zeigen sich die Angehörigen dieses Clusters als sehr ambitioniert. Dementsprechend sind sie daran interessiert, dass sie die erworbenen Fertigkeiten, Kenntnisse sowie fachspezifischen Verhaltensweisen, *direkt in ihre Berufsausübung umsetzen* und dort anwenden können. Dieser Anspruch an Weiterbildungskurse schlägt sich daher auch in ihren Bedürfnissen und Erwartungen an einen E-Learning-Kurs nieder. So befürworten die auf ihre berufliche Praxis zentrierten E-Learner die *Aktualität und Praxisnähe von Lerninhalten.* In Bezug auf die Qualität von Lernprozessen ist es demgemäß auch nicht erstaunlich, dass sie vor allem das *vermittelbare, realitätsnahe Lernen* schätzen. Diese Zielgerichtetheit des Lernens in Bezug auf Anwendungsmöglichkeiten zeigt sich auch in ihrer Erwartung und Einschätzung, dass die Teilnahme an E-Learning-Kursen *direkte persönliche und berufliche Vorteile* mit sich bringt, und zwar in Bezug auf *soziale und fachlich-berufliche Kompetenzen.*

Gegenüber Computer und Internet sind die auf ihre berufliche Praxis zentrierten E-Learner prinzipiell aufgeschlossen und sehen im PC ein geeignetes Lernmedium. Darüber hinaus verbinden sie mit dem Computer aber auch Unabhängigkeit und Arbeitserleichterung – ähnlich wie die selbstbestimmten medienaffinen, jedoch in geringerem Ausmaß. Betrachtet man weiter, wie sich die auf ihre berufliche Praxis zentrierten E-Learner von den Selbstbestimmten unterscheiden, findet sich bei den Angehörigen des dritten Clusters die eingangs schon erwähnte verstärkte Ausprägung beruflicher Interessen. Bei ihnen wird im Gegensatz zu den selbstbestimmten medienaffinen Lernenden die *Notwendigkeit* zur Teilnahme an Weiterbildungsangeboten in den Vordergrund gerückt. Im Vergleich zu den Selbstbestimmten nutzen sie mehr Standard-Software und interessieren sich nicht für das Surfen im Internet. Zwar werden sie ebenso wie die betrieblich delegierten, aber desinteressierten E-Learner von *ihrem Arbeitgeber* in ihrer Teilnahme an Weiterbildungsangeboten *unterstützt,* allerdings basiert dies bei ihnen *nicht auf Zwang,* sondern sie sehen darin auch ein Erfordernis, um im beruflichen Leben zu bestehen zu können. Daneben speist sich ihr Weiterbildungsmotiv aus einer *sozial-reputativen Perspektive,* sich dementsprechend mit Kollegen auszutauschen und deren Anerkennung zu gewinnen, was mit dem Wunsch nach Erweiterung ihrer Kompetenzen einhergeht. Dabei befürworten sie sowohl das *präsenzorientierte* als auch das *computervermittelte Lernen,* wobei das erstgenannte –

im Gegensatz zu den selbstbestimmten medienaffinen Lernenden – bei ihnen eine *größere Resonanz* findet. Die *Erfahrung von technischen Problemen* während des E-Learning-Kurses, etwa in Bezug auf die Stabilität, haben die Angehörigen dieses Clusters *nicht gemacht*. Weiter sind ihre Ansprüche an eine Lernumgebung eher konträr zum ersten Cluster beschaffen. Sie schreiben vor allem den *Kooperations-* und *Kommunikationsmöglichkeiten mit* anderen *TeilnehmerInnen* oder auch den *TutorInnen* innerhalb der Lernumgebung sowie der *sachorientierten* und angemessenen *Strukturierung* der Lernumgebung eine vergleichsweise große Bedeutung zu. Dies sind Aspekte, die den Selbstbestimmten relativ unwichtig sind. Betrachtet man abschließend – ähnlich wie bei den Selbstbestimmten –, welche Lernform für das dritte Cluster *am besten geeignet* ist, dann sind dies auf jeden Fall *Blended-Learning-Kurse,* da sich deren Lernangebote offenbar für die auf ihre berufliche Praxis zentrierten E-Learner am umfassendsten berücksichtigen lassen und sich den Angehörigen dieses Clusters diese Lernform am weitesten öffnet.

5.2.2.4 Synopse der Cluster

Nach der Clusterbeschreibung mit ihren jeweiligen Besonderheiten möchten wir nun in einem weiteren Schritt vor allem eine übergreifende Perspektive auf alle drei extrahierten Cluster einnehmen. Eine solche zusammenfassende Übersicht der Clustertypologie liefert Tabelle 5.2.2.4 (S. 228-231). Hier sind erstens die Oberbegriffe zu finden, unten denen die einzelnen Hauptkomponenten subsumiert wurden. Zweitens ist eine clusterspezifische Differenzierung in Bezug auf einzelne Hauptkomponenten vorgenommen worden, die die jeweiligen Ausprägungsgrade der Hauptkomponenten auf die jeweiligen Cluster von »stark überdurchschnittlich« bis »stark unterdurchschnittlich« aufzeigen.[89] Dies ermöglicht dem Leser eine differenzierte Sicht darauf, in welchen Bereichen sich die einzelnen Cluster voneinander unterscheiden und sich dementsprechend voneinander abgrenzen.[90]

Interessant bei einer synoptischen Betrachtung von rekonstruierten Clustern, in unserem Fall von E-Learner-Typen, ist die Identifizierung oder die Analyse von *Kontrast- bzw. Gegensatzpaaren*. Auffällig ist hier das Cluster der *betrieblich delegierten, aber desinteressierten E-Learner*. Man könnte die Angehörigen dieses Clusters im Vergleich zu den anderen beiden auch als die *Skeptiker* bzw. die von E-Learning noch nicht Überzeugten beschreiben, da sie in der Gesamtschau, also bezogen auf alle Hauptkomponenten, vor allem unterdurchschnittliche bzw. negative Ausprägungswerte erhalten. Dieses Cluster bildet demnach den *Kontrasttyp zu den anderen beiden Gruppierungen,* indem seine Angehörigen gegenläufige Ausprägungen im Vergleich sowohl zu den selbstbestimmten medienaffinen als auch zu den auf ihre berufliche Praxis zentrierten E-Learnern aufweisen.

---

89 Die Zuschreibung der einzelnen Hauptkomponenten erfolgte aufgrund folgender Differenzierungskriterien:
    z-Wert $\geq$ 0,5   = stark überdurchschnittlich
    z-Wert $>$ 0,3   = überdurchschnittlich
    z-Wert $<$ -0,3   = unterdurchschnittlich
    z-Wert $\leq$ -0.5 = stark unterdurchschnittlich
90 Von den 39 Hauptkomponenten, die in die Bildung der Clustertypologie eingegangen sind, lassen sich 24 in der Tabelle finden. Die restlichen 15 Hauptkomponenten sind aufgrund der zugrunde liegenden Differenzierungskriterien nicht aufgeführt. Obwohl sie auf jeden Fall zu den jeweiligen Clusterprofilen zu zählen sind, tragen sie zur inhaltlich prägnanten Clusterdifferenzierung nur wenig bei.

Tabelle 5.2.2.4: Synopse der konstituierenden Ausprägungen der Hauptkomponenten für die Clustertypen

	Die selbstbestimmten medienaffinen E-Learner	Die betrieblich delegierten, aber desinteressierten E-Learner	Die auf ihre berufliche Praxis zentrierten E-Learner
Dimensionale Struktur der Computerakzeptanz von E-Learnern			
stark überdurchschnittlich			
überdurchschnittlich	Selbstbestimmte, instrumentell-funktionalistische Computerakzeptanz		
unterdurchschnittlich		Selbstbestimmte, instrumentell-funktionalistische Computerakzeptanz	
stark unterdurchschnittlich			
Dimensionale Struktur der Motivation zur Computernutzung bei den E-Learnern			
stark überdurchschnittlich			
überdurchschnittlich	Aus Neugierde und Wissensbegierde gespeistes Computeraneignungsmotiv		Beruflich-instrumentell bedingtes Computeraneignungsmotiv
unterdurchschnittlich	Beruflich-instrumentell bedingtes Computeraneignungsmotiv		
stark unterdurchschnittlich		Aus Neugierde und Wissensbegierde gespeistes Computeraneignungsmotiv	
Dimensionale Struktur der Computer- und Internetnutzung von E-Learnern			
stark überdurchschnittlich			
überdurchschnittlich	Unterhaltungsorientierte Computer- und Internetnutzung		Funktionalistische Nutzung von Computer und Internet Informations- und kommunikationsorientierte Internetnutzung
unterdurchschnittlich		Funktionalistische Nutzung von Computer und Internet	
stark unterdurchschnittlich			
Instrumentell-qualifikatorische PC-Medienkompetenz von E-Learnern			
stark überdurchschnittlich			
überdurchschnittlich	Selbstgesteuertes PC-Lösungsverhalten bei Soft- und Hardware		
unterdurchschnittlich			
stark unterdurchschnittlich			

Tabelle 5.2.2.4: Synopse der konstituierenden Ausprägungen der Hauptkomponenten für die Clustertypen (Forts.)

	Die selbstbestimmten medienaffinen E-Learner	Die betrieblich delegierten, aber desinteressierten E-Learner	Die auf ihre berufliche Praxis zentrierten E-Learner
Weiterbildungsverhalten von E-Learnern			
stark überdurchschnittlich			
überdurchschnittlich			Ambitionierte und auf Selbstverwirklichung zielende Einstellung zu Arbeit und Beruf
			Informationen über und Unterstützung des Besuchs von Weiterbildungsangeboten [von E-Learnern] durch deren Arbeitgeber
unterdurchschnittlich			
stark unterdurchschnittlich	Informationen über und Unterstützung des Besuchs von Weiterbildungsangeboten [von E-Learnern] durch deren Arbeitgeber	Ambitionierte und auf Selbstverwirklichung zielende Einstellung zu Arbeit und Beruf	
Dimensionale Struktur der Gründe für das Online-Lernen aus der Nutzerperspektive			
stark überdurchschnittlich			Sozial-reputatives Weiterbildungsmotiv
überdurchschnittlich	Auf Veränderung der Lebens- und Einkommenssituation zielendes Weiterbildungsmotiv Kompetenzerweiterndes und selbstverwirklichungsorientiertes Weiterbildungsmotiv		Kompetenzerweiterndes und selbstverwirklichungsorientiertes Weiterbildungsmotiv
unterdurchschnittlich		Auf Veränderung der Lebens- und Einkommenssituation zielendes Weiterbildungsmotiv	
stark unterdurchschnittlich	Sozial-reputatives Weiterbildungsmotiv	Kompetenzerweiterndes und selbstverwirklichungsorientiertes Weiterbildungsmotiv	
Dimensionale Struktur des Kursaufbaus: E-Learning versus Präsenzlernen aus der Nutzerperspektive			
stark überdurchschnittlich			
überdurchschnittlich			Vorteile von präsenzorientiertem Lernen
unterdurchschnittlich			
stark unterdurchschnittlich			

Tabelle 5.2.2.4: Synopse der konstituierenden Ausprägungen der Hauptkomponenten für die Clustertypen (Forts.)

	Die selbstbestimmten medienaffinen E-Learner	Die betrieblich delegierten, aber desinteressierten E-Learner	Die auf ihre berufliche Praxis zentrierten E-Learner
Vorteile des Lernens in Gruppen aus der Nutzerperspektive von E-Learnern			
stark überdurchschnittlich			
überdurchschnittlich	Vorteile des Lernens in Gruppen aus der Nutzerperspektive von E-Learnern		
unterdurchschnittlich		Vorteile des Lernens in Gruppen aus der Nutzerperspektive von E-Learnern	
stark unterdurchschnittlich			
Technische Probleme bei der Durchführung von E-Learning-Kursen aus der Nutzerperspektive			
stark überdurchschnittlich			
überdurchschnittlich			
unterdurchschnittlich			
stark unterdurchschnittlich	Instabilität der computervermittelten Kommunikationsverbindung während des Lernprozesses		
Dimensionen der Merkmalsstruktur von computer- und internetgestützten Lernumgebungen aus der Nutzerperspektive			
stark überdurchschnittlich			Kooperations- und Kommunikationsmöglichkeiten mit anderen TeilnehmerInnen oder TutorInnen innerhalb der Lernumgebung
überdurchschnittlich			Sachorientierte und angemessene didaktische Strukturierung der Lernumgebung
			Aktualität und Praxisnähe der Lerninhalte
unterdurchschnittlich	Kooperations- und Kommunikationsmöglichkeiten mit anderen Teilnehmer-Innen oder TutorInnen innerhalb der Lernumgebung	Aktualität und Praxisnähe der Lerninhalte	
	Sachorientierte und angemessene didaktische Strukturierung der Lernumgebung		

Tabelle 5.2.2.4: Synopse der konstituierenden Ausprägungen der Hauptkomponenten für die Clustertypen (Forts.)

	Die selbstbestimmten medienaffinen E-Learner	Die betrieblich delegierten, aber desinteressierten E-Learner	Die auf ihre berufliche Praxis zentrierten E-Learner
Dimensionale Struktur der hauptsächlich erreichten Ziele durch die Teilnahme an einem E-Learning-Kurs			
stark überdurchschnittlich			Persönliche und berufliche Vorteile aufgrund der Teilnahme an einer computer- bzw. internetbasierten Weiterbildungsmaßnahme
überdurchschnittlich			
unterdurchschnittlich		Persönliche und berufliche Vorteile aufgrund der Teilnahme an einer computer- bzw. internetbasierten Weiterbildungsmaßnahme	
stark unterdurchschnittlich			
Dimensionale Struktur des personenbezogenen/individuumsbezogenen Verständnisses der Qualität von computer- bzw. internetbasierten Weiterbildungsmaßnahmen			
stark überdurchschnittlich			
überdurchschnittlich			Soziale und beruflich-fachliche Kompetenz
unterdurchschnittlich		Befriedigung individueller Ansprüche und Wertmaßstäbe	
stark unterdurchschnittlich			
Dimensionale Struktur der Qualitätsansprüche an den eigenen Lernprozess			
stark überdurchschnittlich	Selbstbestimmtes Lernen		Vermittelbares, realitätsnahes Lernen
überdurchschnittlich			Intrinsisch motiviertes, zwangfreies Lernen
unterdurchschnittlich	Vermittelbares, realitätsnahes Lernen	Intrinsisch motiviertes, zwangfreies Lernen	
stark unterdurchschnittlich		Selbstbestimmtes Lernen	

Die Motivation zur allgemeinen Computernutzung ist bei den betrieblich delegierten, aber desinteressierten E-Learnern durch eine stark unterdurchschnittliche Ausprägung in Bezug auf die Ebene von Neugierde und Wissensbegierde bestimmt. Hier zeigt sich eine basale Haltung dieses Typus, der nicht den Neuen Medien zugeneigt scheint. Dieser Duktus setzt sich folglich auch in der Einstellung zu Weiterbildungskursen durch E-Learning fort. Während die Angehörigen der anderen beiden Cluster Gründe für das Online-Lernen anführen, die zwar unterschiedlicher Beschaffenheit sind, aber auf jeden Fall der Teilnahme an Weiterbildungskursen, die sich Neuer Medien bedienen, eine persönliche oder aber berufliche Relevanz zuschreiben, wird dies von den betrieblich delegierten, aber desinteressierten E-Learnern negiert. Aufgrund dieser Einstellung scheint es nicht verwunderlich zu sein, dass kaum positive Ausprägungen auf den anderen Hauptkomponenten vorzufinden sind.

Betrachtet man weiter, inwiefern sich die anderen beiden Clustertypen – nämlich die der selbstbestimmten medienaffinen und die der auf ihre berufliche Praxis zentrierten E-Learner – voneinander unterscheiden, so sei zuerst angemerkt, dass sie im Vergleich zu den betrieblich delegierten, aber desinteressierten E-Learnern, als die ›Positiv-Typen‹ verstanden werden können, also dem E-Learning grundsätzlich bejahend gegenüberstehen und diese Lernform als *zukunftsorientiert* betrachten. Ein wichtiges Unterscheidungskriterium zwischen diesen beiden Clustern liegt in der *Zielperspektive* des Lernens. Während sich das Interesse der auf ihre berufliche Praxis zentrierten E-Learner vor allem auf die erhofften Vorteile auf der Ebene sozialer Positionierung stützt – so ist z.B. das sozial-reputative Weiterbildungsmotiv stark überdurchschnittlich ausgeprägt –, streben die selbstbestimmten medienaffinen E-Learner nach *Kompetenz, Selbstverwirklichung und Veränderung*. Darüber hinaus grenzen sich diese beiden Typen durch die Vorstellung des konkreten Anwendungsbereiches ab, da den auf ihre berufliche Praxis zentrierten E-Learnern die *berufliche bzw. betriebliche Umsetzung* des Gelernten von großer Bedeutung ist. Dies zeigt sich beispielsweise an ihrem Wunsch nach Aktualität und Praxisnähe der Lerninhalte sowie an der *über*durchschnittlich starken Ausprägung, welche die Angehörigen dieses Clustertyps im Vergleich zu den Selbstbestimmten medienaffinen E-Learnern auf der Hauptkomponente *»Soziale und berufliche Kompetenz«* als Qualitätsmerkmal computer- bzw. internetbasierter Weiterbildungsmaßnahmen aufweisen, was im Gegensatz zu der *unter*durchschnittlichen Bedeutungszuschreibung dieser Zielgrößen durch die selbstbestimmten medienaffinen E-Learner steht. *Ähnliche Gegenläufigkeiten* finden sich auch hinsichtlich der Merkmalsstruktur von computer- und internetgestützten Lernumgebungen im Bereich der *Kooperations- und Kommunikationsmöglichkeiten* sowie bezüglich der *sachorientierten und angemessenen didaktischen Strukturierung* von virtuellen Lernwelten.

5.2.2.5 Clusterprofile

Dieses Unterkapitel beinhaltet eine Visualisierung der Koordinaten der Clusterzentren auf den 39 Hauptkomponenten bzw. abgeleiteten Merkmalen (s. Anhang 10.12, S. 373f.) in Gestalt von Profilen für die drei Cluster-Typen, um deren Unterschiede ad oculos zu verdeutlichen und so die Interpretation der Typologie zu erleichtern.

5.2 Multivariate Datenauswertung

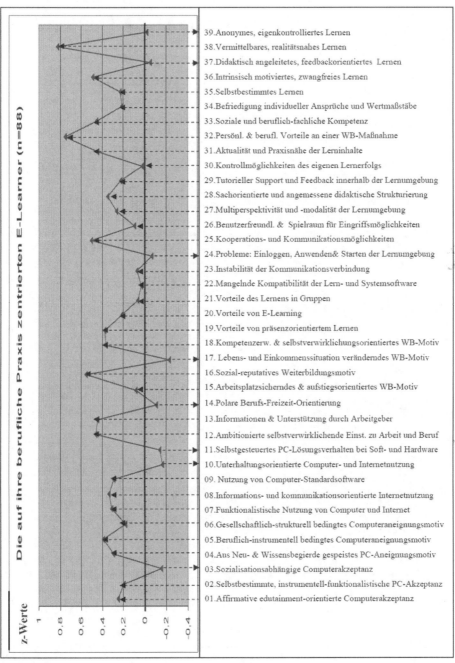

Abbildung 5.2.2.5.1: Cluster 1: Die selbstbestimmten, medienaffinen E-Learner

234 5. Quantitative Ergebnisse

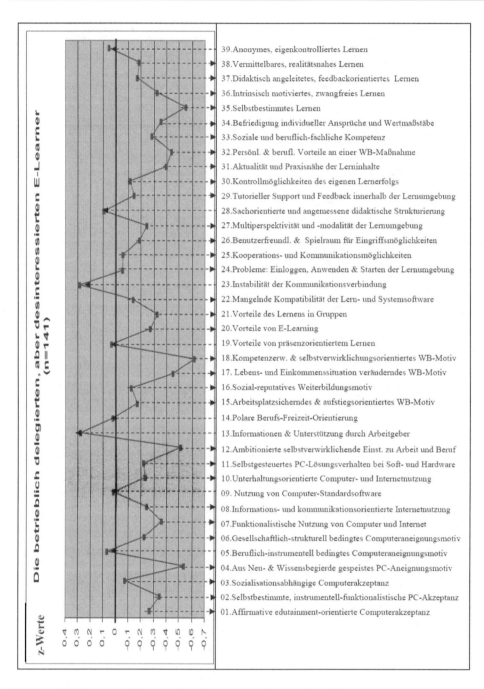

Abbildung 5.2.2.5.2: Cluster 2: Die betrieblich delegierten, aber desinteressierten E-Learner

5.2 Multivariate Datenauswertung

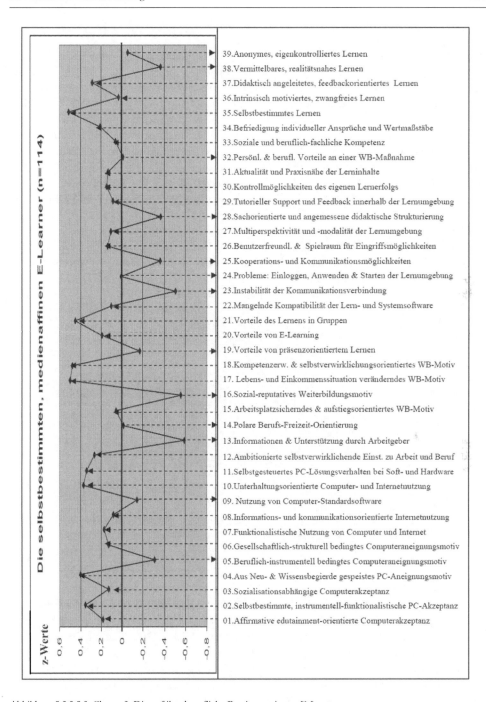

Abbildung 5.2.2.5.3: Cluster 3: Die auf ihre berufliche Praxis zentrierten E-Learner

5.2.2.6 Empirische Verteilung der Clusterzugehörigkeit

Interessant ist es, nun einen Blick auf die empirische Verteilung der Clusterzugehörigkeit in unserer Untersuchungsstichprobe zu werfen, dargestellt in Abbildung 5.2.2.6. Den Anteil der selbstbestimmten medienaffinen E-Learner macht in unserer Stichprobe rund 33 Prozent aus. Mit etwa 26 Prozent sind die auf ihre Praxis zentrierten E-Learner vertreten. Die betrieblich delegierten, aber desinteressierten E-Learner stellen mit 41 Prozent den *größten Anteil* unter den von uns befragten Erwachsenen dar, die an einer computergestützten Weiterbildung teilgenommen haben. Dies ist für uns Medienpädagogen eher ein ernüchterndes Resümee, denn dieser Typus zeichnet sich durch seine auf fast allen Hauptkomponenten unterdurchschnittlich ausgeprägten Werte aus. Wenn man allerdings die anderen beiden Cluster zusammenfasst, die dem E-Learning positive Effekte zuschreiben, so erhält man mit 59 Prozent doch eine mehrheitliche Präferenz für multimediale Lernumgebungen. Obwohl insgesamt – bezogen auf die Auswahlstichprobe der in die Clusteranalyse eingegangen Fälle – die Anteile der auf die verschiedenen Cluster entfallenen E-Learner in ihrer Höhe variieren, lässt sich im Vergleich nicht von einem unterdurchschnittlich besetzen Cluster sprechen. Dies zeigt die Bedeutung aller drei Cluster im Gesamtbild auf.

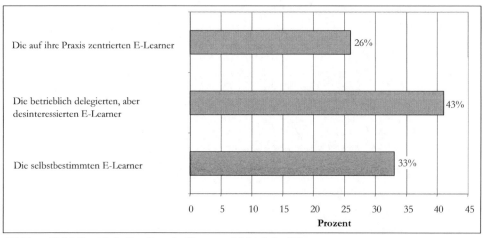

Abbildung 5.2.2.6: Empirische Verteilung der Clusterzugehörigkeit (n=343)

5.2.2.7 Fazit

Wie unsere clusteranalytischen Auswertungen der Daten demonstrieren, sind Generalisierungen ohne nähere Differenzierungen zu Weiterbildungsmotiven, Lernbedürfnissen sowie Qualitätsvorstellungen von E-Learnern *nicht* zielführend, um den Untersuchungsgegenstand angemessen zu modellieren, wie das Clusterprofil der betrieblich delegierten, aber desinteressierten E-Learner belegt. Die Teilnahme an E-Learning-Kursen geht demzufolge *nicht* notwendigerweise mit einer Aufgeschlossenheit gegenüber Fortbildungskursen sowie gegenüber Lernprozessen mit Neuen Medien einher. Die betrieblich delegierten, aber Desinteressierten stellen nämlich einen Typ dar, der in fast allen Bereichen, bei denen die selbstbestimmten medienaffinen sowie die auf ihre berufliche Praxis zentrierten E-Learner positive Ausprägungen aufweisen, mit *unterdurchschnittlichen bzw. negativen* Werten auffällt. Aus medienpädagogischer Sicht erscheint es schwierig, diesem Typus (medien-)pädagogisch zu begegnen, also seiner distanzierten Einstellung gegenüber multimedialen Lernprozessen entgegenzuwirken. Ein Ansatzpunkt ist hier, den Mehrwert von E-Learning und der damit realisierbaren Qualifizierung gegenüber den Angehörigen dieses Clusters hervorzuheben, und zwar auch im Kontext von lebenslangem Lernen.

Weiter zeigten sich bei den rekonstruierten Typen zwei unterschiedliche Präferenzen hinsichtlich der Lernform, worin sich die Wichtigkeit der Beachtung unterschiedlicher Lernstrategien widerspiegelt. Während für die *Selbstbestimmten* aufgrund ihrer Lernbedürfnisse und Anforderungen die Form des *reinen E-Learnings* eine optimale Lerngestaltung zulässt, präferieren die *auf ihre berufliche Praxis zentrierten E-Learner* eine *Kombination von computerunterstützten und präsenzorientierten Lerneinheiten*. Hier zeigt sich deutlich, dass die *freie Wahl* unterschiedlicher Lernsettings als ein entscheidendes Kriterium angesehen werden kann, um den jeweiligen Bedürfnissen gerecht zu werden.

Als weiteres Fazit ist festzuhalten, dass sich die *persönlichen und beruflichen Zielvorstellungen* als entscheidendes Klassifizierungsmerkmal für die E-Learner-Typologie erwiesen haben. Dies wird an den *unterschiedlichen Interessen in der Zielvorstellung* der Selbstbestimmten und der beruflichen oder betrieblichen Praktiker deutlich, die sich in ihren jeweils spezifischen Bedürfnissen hinsichtlich einer für sie jeweils optimalen Lernumgebung widerspiegeln. Als (medien-)pädagogische Konsequenz bedeutet dies, dass noch *vor* Beginn des Kurses der Nutzen bzw. die Lernziele einer Weiterbildungsmaßnahme für die Teilnehmer/-innen transparent gemacht werden sollte.

Weiter kann konstatiert werden, dass die *Motivation* beim E-Learning *mit* einer *zunehmenden Innensteuerung steigt* und mit einer wachsenden Außensteuerung fällt. Dadurch wird die *subjektbezogene Bedeutungszuschreibung* der Weiterbildungssituation *entscheidend für die Akzeptanz des Kurses* durch die Teilnehmer/-innen. Interessant ist hierbei, dass die konkrete Gestaltung der jeweiligen Lernumgebung die Lernmotivation und den Lernerfolg nur bedingt beeinflusst.

5.2.2.8 Methodologische Reflexionen zum Verhältnis qualitativer und quantitativer Typologiekonstruktionen

An dieser Stelle soll die in Kapitel 3.1 »Zur Kombination qualitativer und quantitativer Forschungsmethoden« formulierte Zielvorstellung anhand der vorliegenden Befunde diskutiert werden. Das Forscherteam hatte sich ja bewusst dafür entschieden, sowohl eine qualitative als auch eine quantitative E-Learner-Typologie zu generieren. Die methodologische Hintergrundannahme für diese triangulative Strategie lautete: Aufgrund unterschiedlicher inhaltlicher Kriterien sowie zur Anwendung kommender Methoden der Datenerhebung und -analyse lassen sich bei der Typologie-Konstruktion differierende qualitative und quantitative Typen finden, die gleichwohl komplementäre Facetten des Untersuchungsgegenstandes modellieren. Hierdurch wird eine vielseitigere und reichhaltigere Rekonstruktion des Phänomens »E-Learning aus der Nutzerperspektive« erreicht als bei der Anwendung nur eines der beiden methodologischen Paradigmen. So zeigt sich beim Vergleich beider Typologien, dass der qualitative Zugang eine ihrer Reichweite nach vornehmlich »*lokale*« Typologie liefert, während die Clustertypologie eine vergleichsweise umfassendere Perspektive einnimmt, die ein repräsentatives Bild der Population der E-Learner herauszuarbeiten sucht, soweit sie Kurse von kommerziellen Weiterbildungseinrichtungen besuchen (siehe unten). Damit kann durch die Kombination beider Erkenntnis-Strategien sowohl für den fachlich interessierten Leser als auch für Anbieter von E-Learning-Lösungen ein zweifacher Orientierungsrahmen geschaffen werden:

- Mittels der von uns eingesetzten Methode des *leitfadenorientierten Interviews* können wegen der größeren Offenheit gegenüber dem Forschungsgegenstand stärker Relevanzsetzungen, lern- und berufsbiografische Deutungs- sowie Handlungsmuster und Reflexionsbezüge auf der *Einzelfallebene* rekonstruiert werden. Die qualitative Analyse der Interviewtranskriptionen im Rahmen der verwendeten Methode der Grounded Theory sucht nach theoretisch begründeten Mustern, unabhängig von der statistischen Häufigkeit ihres Auftretens in der Population der E-Learner. Hinzu kommt, dass bei der Konstruktion der qualitativen Typologie die axialen Kodierschemata der jeweiligen Fälle (vgl. Kap. 10.15, S. 379ff.) bei der Typenbildung einen herausragenden Stellenwert besitzen, sodass diese interaktionstheoretisch fundierte Heuristik eine stärkere Berücksichtigung der *Handlungsnähe* und *Sozialität* bei der Typenrekonstruktion sichert als dies mit der Clusteranalyse der Fall ist. So basiert die qualitative Analyse und Interpretation auf den drei Hauptkategorien »Weiterbildungsverhalten«, »Lernen«[91] sowie »Qualität von E-Learning-Weiterbildungsmaßnahmen«, die als Vergleichsdimensionen zur qualitativen Typologiekonstruktion fungieren. In diesem Kontext hat sich vor allem die Eigenschaft »Sozialität«[92] als bedeutender Bezugsrahmen für die Entwicklung der qualitativen Typologie herausgestellt. Der Aspekt der sozialen Eingebundenheit – d.h. etwa: das Bedürfnis, entweder in der Gruppe oder alleine zu lernen, – ist in diesem Zusammenhang bedeutsam. Deswegen legt die qualitative Typologie einen Schwerpunkt auf *interaktionistische Handlungskonstellationen,* die auf den axialen Kodierschemata basieren und unterschiedliche Gewichtungen in den Begründungen der Interviewten offenlegen. Daher liegt die Stärke dieses gewählten Ansatzes nach unserem Dafürhalten auf einem *lokalen, aber tiefgehenden Verständnis* des Forschungsgegenstandes »E-Learning aus der Nutzerperspektive«.
- Bei dem in der quantitativen Teilstudie verwendeten Erhebungsinstrument des *standardisierten Fragebogens* geht es dagegen vornehmlich um allgemeine Orientierungen, Motivationsstrukturen und Bewertungen mit einer vergleichsweise geringeren inhaltlichen Analysetiefe. Zudem enthält der Fragebogen auch solche Kategorien, die deduktiv aus theoretischen Ansätzen abgeleitet wurden, die erst *nach* Abschluss der qualitativen Analysen mit ihrer primär explorativen Ausrichtung herangezogen wurden, wie beispielsweise den Kapitalsortenansatz (Bourdieu 1983),[93] das Konzept der »generationsspezifischen Medienpraxiskulturen« (Schaeffer 2003, S. 92)[94] und den theoretischen Bezugsrahmen des Expansiven vs. Defensiven Lernens (Holzkamp 1993).[95] Was die Methoden der Datenanalyse angeht, so berücksichtigt das Verfahren der Clusteranalyse bei der Bildung der Clustertypen das *gesamte*

---

91 Die Hauptkategorie »Lernen« untergliedert sich in die Subkategorien »Lernpräferenzen«, »Selbstlernkompetenzen« und »Medien« (s. Anhang, Kap 10.8: Vergleichsdimensionen, S. 355ff.).
92 Die Unterkategorie »Lernpräferenzen« setzt sich wiederum aus den Eigenschaften »Lernort«, »Lernzeiten«, »Lernziele«, »Sozialität« und »Lernhaltung« zusammen (vgl. Kap. 10.8, S. 355ff.).
93 Siehe Kap. 10.1: Standardisierter Fragebogen der Studie, Themenmodul A, Frage 6; Modul C, Frage 2 und Modul J, Frage 17.
94 Vgl. Kap. 10.1, Themenmodul A, Frage 1.
95 S. Kap. 10.1, Modul E, Frage 6.

Merkmalsprofil eines Falles bzw. E-Learners, d.h. dessen Ausprägungen über *alle* einbezogenen abgeleiteten Variablen (Hauptkomponenten) und damit indirekt auch die der substanziell ladenden Fragebogenitems. Diese 39 vorab extrahierten Hauptkomponenten, auf denen die quantitative Typologie mit ihren drei E-Learning-Typen basiert, decken zum Teil andere Merkmalsbereiche (siehe oben) ab als die, auf denen die vier qualitativen Typen beruhen. Des Weiteren basieren die Hauptkomponentenanalysen auf Häufigkeiten von Merkmalsausprägungen und auf deren Korrelationen, womit ein anderer Orientierungsrahmen zugrunde gelegt wird und breitere Erkenntnisse auf der *Ebene von Personenaggregaten* gewonnen werden konnten. Zugleich wird dadurch aber notwendigerweise die Perspektive auf die Intentionen, Handlungspläne, Aneignungsstrategien sowie Deutungsmuster, der *einzelnen* E-Learner als Akteure, die in spezifischen Situationen handeln, und damit zugleich die vorgängige Erkenntnisorientierung am Einzelfall systematisch ausgeblendet. Zudem haben wir uns aus Gründen der *Parsimonität* auf die Bildung weniger *großer* Clustertypen beschränkt, sodass *per se* kleine Cluster, die aus E-Learnern mit möglicherweise avantgardistischen oder sehr abweichenden Einstellungs- und Handlungsmustern bestehen, eine geringe Wahrscheinlichkeit besitzen, entdeckt zu werden.

Summa summarum kann als Begründung für eine forcierte zweifache Typologiekonstruktion die Komplementaritätsthese nach Treumann (1998, S. 162) und Kelle (2008²) angeführt werden, wonach »qualitative und quantitative Methoden sich in der Praxis methodenintegrativer Designs zwar oft auf dieselben Gegenstände beziehen, aber auch genutzt werden können, um *unterschiedliche Aspekte derselben Phänomene* bzw. auch *unterschiedliche Phänomene* zu analysieren, deren Untersuchung dann zu einem umfassenderen, komplementären Bild des Gegenstandsbereichs genutzt werden kann« (S. 242). Qualitative und quantitative Forschungsmethoden besitzen ihre jeweiligen Stärken und Schwächen, sodass durch die Triangulation ein relativ umfassendes, komplexes Bild des Forschungsgegenstands »E-Learning aus der Nutzerperspektive« nachgezeichnet werden konnte. Während sich, was die personelle Zusammensetzung der beiden Stichproben angeht, die qualitative Datenerhebung vornehmlich auf *vier* Berufsgruppen aus den Tätigkeitsbereichen »Schule«, »Pharmaindustrie«, »Elektronik« sowie »Versicherungen« konzentrierte und somit ein detailliertes, aber begrenztes Bild des Weiterbildungsverhaltens mit Neuen Medien für diese Zielgruppen entworfen werden konnte, bezog sich die quantitative Datenerhebung tendenziell auf *alle* Berufsgruppen, die sich mittels E-Learning weiterqualifizieren. Insofern verwundert es nicht, dass sich in den beiden Teilstudien bei der Datenauswertung zwei unterschiedliche, aber einander ergänzende Typologien ergeben haben.[96] Im Gegenteil: Sie bedeuten einen Erkenntnisgewinn bringenden Vorteil, um ein umfassendes Bild für den hier untersuchten Forschungsgegenstand »E-Learning aus der Nutzerperspektive« entwerfen zu können.

---

96 Dass die hier referierten unterschiedlich akzentuierten Befunde zwischen einer qualitativ und einer quantitativ gewonnenen Typologie bei einem triangulativ ausgerichteten Forschungsdesign, wie dem hier verwendeten, auftreten können, zeigen auch die Ergebnisse einer Untersuchung von Schaepper und Witzel (2001), die das Auftreten solcher Divergenzen zum Anlass für eine überzeugende Ursachenanalyse anhand inhaltlicher, forschungsmethodischer und methodologischer Reflexionen nehmen.

5.2.3 Mehrdimensionale Kontextuierung der Typen akteursbezogener E-Learning-Nutzung

5.2.3.1 Binär-logistische Regressionen

Die berechneten Regressionsanalysen dienen v.a. dazu, die *externe* Validität der empirisch fundierten Clustertypen zu überprüfen. Dazu ziehen wir solche gemessenen Merkmale zur Abschätzung der Gültigkeit jedes einzelnen Clusters heran, die *nicht* für die Clusterbildung genutzt wurden und bei denen man zugleich aus inhaltlich plausiblen Gründen davon ausgehen darf, dass sie die Höhe der Wahrscheinlichkeit beeinflussen, Angehöriger eines bestimmten Clustertyps zu sein.

5.2.3.1.1 Die selbstbestimmten medienaffinen E-Learner

Soziodemografische Rahmenbedingungen

In Betrachtung der soziodemografischen Rahmenbedingungen der Clusterzugehörigkeit der selbstbestimmten medienaffinen E-Learner soll überprüft werden, wie weit sich ein Zusammenhang mit dem Geschlecht und Alter nachzeichnen lässt. Hinsichtlich dieser soziodemografischen Rahmenbedingungen für das Cluster der selbstbestimmten medienaffinen E-Learner (s. Tab. 5.2.3.1.1.1) weist lediglich die Variable der Altersgruppe statistisch signifikante Ergebnisse auf. Die Geschlechtszugehörigkeit der befragten E-Learner scheint mit dem Blick auf dieses Cluster ohne Relevanz zu sein. Bivariate Analysen illustrieren hierbei diese Unabhängigkeit von Geschlecht und Alterszugehörigkeit (n= 343, Chi²= 4,11; df=2; Cramer's V = 0,11; p= 0,128; vgl. Abb. 5.2.3.1.1.1).

Dagegen zeigt bei der Altersgruppe der logarithmierte Regressionskoeffizient Exp(B) für die *unter 30-Jährigen E-Learner,* dass die statistische Chance, mit diesem Merkmal zum Cluster der selbstbestimmten medienaffinen E-Learner zu gehören, *dreimal so hoch ist* wie bei den Personen, bei denen dieses Merkmal *nicht* vorhanden ist (s. Tab. 5.2.3.1.1.1). Dies bedeutet, dass der Prozentsatz in der Gesamtstichprobe bezüglich der Personen, die jünger als 30 Jahre sind, geringer ausfallen müsste als bei diesem Cluster der selbstbestimmten medienaffinen E-Learner.

So wird auch der Einfluss des Alters auf die Clusterzugehörigkeit auf bivariater Ebene als signifikant ausgewiesen (n=341, Chi²=12,72; df=2; Cramer's V=0,193; p=0,002). Abbildung 5.2.3.1.1.1 verdeutlicht den Alterseffekt.[97]

Offenbar lässt sich dieses Ergebnis dahingehend interpretieren, dass jüngere Personen die Notwendigkeit zur Selbstbestimmung im Sinne des Arbeitskraftunternehmers erkannt haben und ihre Arbeitskraft dementsprechend einsetzen. Mithilfe von Nagelkerke's R² lässt sich darüber hinaus aufdecken, dass mit den soziodemografischen Angaben insgesamt 4% der Varianz für das Cluster der selbstbestimmten medienaffinen E-Learner aufgeklärt werden können. Demzufolge spielt der Effekt an dieser Stelle eine eher geringe Rolle, ist allerdings trotzdem größer als beim Cluster der betrieblich delegierten, aber desinteressierten E-Learner, wo nahezu keine Varianzaufklärung vorzufinden ist (vgl. S. 249). So kann festgestellt werden,

---

[97] Allerdings sind in der grafischen Umsetzung in der Gesamtstichprobe auch die Personen des ersten Clusters, nämlich die der selbstbestimmten E-Learner, enthalten. Würde man diese aus der Gesamtstichprobe entfernen, bestünde eine noch deutlichere Differenz.

dass die Gruppe der eher *fremdbestimmten* E-Learner sich *nicht* durch geschlechtsspezifische Eigenschaften treffend charakterisieren lässt.

Tabelle 5.2.3.1.1.1: Binär-logistische Regression der Zugehörigkeit zum Cluster der selbstbestimmten medienaffinen E-Learner auf Unterschiede in den soziodemografischen Angaben (n [Selbstbestimmte] = 114)*

	Regress.-koeff. B	Standard-fehler	Wald	df	Sig.	Exp(B)	Kehrwert Exp(B)
Soziodemografische Angaben							
Geschlecht	-0,167	0,251	0,442	1	0,506	0,846	1,18
RK: männlich							
Altersgrp2			9,605	3	0,022		
RK: 50 Jahre und älter							
jünger als 30 Jahre	1,122	0,469	5,713	1	0,017	3,071	0,32
30-39 Jahre	0,428	0,453	0,890	1	0,345	1,534	0,65
40-49 Jahre	0,298	0,456	0,427	1	0,513	1,348	0,71
Konstante	-1,092	0,424	6,627	1	0,010	0,336	2,98

* Modellanpassung: -2 Log-Likelihood= 422,372; Nagelkerke's R^2= 0,040; RK= Referenzkategorie.

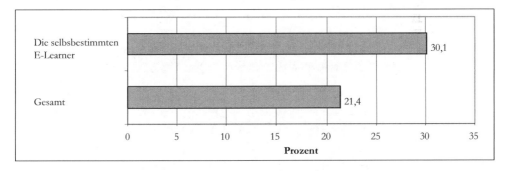

Abbildung 5.2.3.1.1.2: Anteil der E-Learner, die jünger als 30 Jahre alt sind, im Cluster der selbstbestimmten medienaffinen E-Learner und in der Gesamtstichprobe (für die Darstellung wurden die metrischen Ausprägungen des Lebensalters zusammengefasst; n [Gesamt] = 341; n [Selbstbestimmte] = 114)

Kulturelles Kapital

Das kulturelle Kapital, das in den vorliegenden Regressionsanalysen durch den erreichten Schulabschluss sowie die berufliche Stellung operationalisiert wurde, lässt sich nur hinsichtlich der *beruflichen Positionierung* als aussagekräftiger Prädiktor für die selbstbestimmten medienaffinen E-Learner ausmachen. Demnach kann vermutet werden, dass sich die unterschiedlichen Nutzungsstrategien im Zusammenhang mit E-Learning offenbar *nicht* mit der schulischen Sozialisation entwickeln, sondern auf andere Lernerfahrungen zurückzuführen sind. Wahrscheinlich spielen hier einerseits familiäre sowie peergroup-spezifische Kontexte eine wesentliche Rolle, also *informelle* Lernsettings und Aneignungsstrategien bezüglich Neuer Medien außerhalb schulischer Bezugsrahmen (vgl. Treumann u.a. 2007). Andererseits zeichnet sich dieser Typus durch eine hohe *instrumentell-qualifikatorische* Medienkunde aus (vgl. S. 199f.), die sich exemplarisch in der Lösungskompetenz bei technischen Problemen offenbart. Hier kann vermutet werden, dass dieser Typus auch den Ehrgeiz besitzt und auch Freude dabei empfindet, sich eigenständig Kompetenzen, z.B. durch Exploration bzw. »Learning by Doing« anzueignen, wobei die unterhaltungsorientierte Einstellung gegenüber PC und Internet darüber hinaus zu dieser Aneignungsstrategie beitragen mag. In diesem Sinne zeigt sich auch auf dieser Dimension der »*Computerkompetenz*« die Selbstbestimmtheit dieses Clusters.

Im Gegensatz dazu zeigt sich bei der Variablen der beruflichen Stellung ein statistisch signifikanter Wirkungseffekt, in Form eines hoch signifikanten »Overall-Effekts« von p=0,005, der bei den Selbstständigen besonders ausgeprägt ist. Der logarithmierte Regressionskoeffizient gibt an, dass die Chance, als *Selbstständiger* zu diesem Cluster zu gehören, vier Mal so hoch ist, wie bei E-Learnern, die diese berufliche Stellung nicht haben (vgl. Tabelle 5.2.3.1.1.2).

Erwartungsgemäß zeigt sich auf bivariater Ebene, dass der Status der Selbstständigkeit in diesem Cluster der selbstbestimmten medienaffinen E-Learner überrepräsentiert ist. Sie sind unter den selbstbestimmten medienaffinen E-Learnern mit 22,8% vertreten, während die Untersuchungsstichprobe 14,3% aufweist. So stellen die E-Learner das Cluster dar, auf dessen Zusammensetzung sich graduelle Unterschiede auf der Ebene der beruflichen Stellung, konkret der Besitz des Selbstständigenstaus, am stärksten auswirken (n=343, Chi²=10,13; df=2; Cramer's V=0,172; p=0,006).

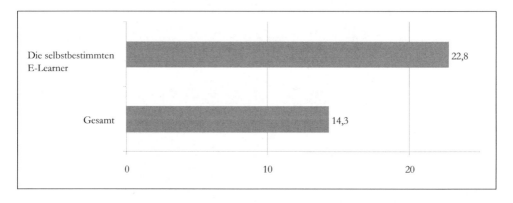

Abbildung 5.2.3.1.1.3: Anteil der E-Learner (in Prozent), die selbstständig sind im Cluster der selbstbestimmten medienaffinen E-Learner und in der Gesamtstichprobe (für die Darstellung wurden die Kategorien zusammengefasst zu »Selbstständige vs. Nicht Selbstständige«; n [Gesamt] = 343; n [Selbstbestimmte] = 114)

Ein weiterer Aspekt des kulturellen Kapitals kommt in der *Weiterbildungserfahrung* zum Ausdruck. Aufgrund des Regressionskoeffizienten mit *negativem* Vorzeichen bietet sich die Interpretation der Wahrscheinlichkeit der Clusterzugehörigkeit mithilfe des Kehrwerts des logarithmierten Regressionskoeffizienten an. Für jemanden, der über keine Weiterbildungserfahrung verfügt, ist die Chance, dem Cluster der selbstbestimmten medienaffinen E-Learner anzugehören, mit 1,77 nahezu zweimal höher als unter denjenigen Lernenden, die bereits Weiterbildungserfahrung vorweisen (vgl. Tab. 5.2.3.1.1.2). Dieses Ergebnis ist zunächst einmal irritierend, da die Fähigkeit des selbstbestimmten Lernens eher mit Personen verbunden wird, die über eine reichhaltige Lernbiografie verfügen und dementsprechend umfangreiche Weiterbildungserfahrungen besitzen. Eine plausible Erklärung könnte darin zu suchen sein – und dies würde auch mit den bisherigen Befunden übereinstimmen –, dass sich die selbstbestimmten medienaffinen E-Learner Kompetenzen weniger in Form von Weiterbildungskursen aneignen, sondern individuell selbstorganisiert bzw. *autodidaktisch lernen,* beispielsweise durch Fachlektüre und Exploration, also eher aufgrund von Lernaktivitäten nicht formalisierter Art. Darüber hinaus sind in diesem Cluster, wie die demografischen Angaben der binär-logistischen Regression gezeigt haben, eher die *jüngeren E-Learner,* nämlich die unter 30-Jährigen. Dies erklärt, dass sie noch nicht so viele Weiterbildungserfahrungen haben (können) wie ältere Lernende, die im Verlauf ihrer zeitlich ausgedehnten beruflichen Biografie bereits umfangreichere Weiterbildungserfahrungen sammeln konnten.

Tabelle 5.2.3.1.1.2: Binär-logistische Regression der Zugehörigkeit zum Cluster der selbstbestimmten E-Learner auf Unterschiede beim kulturellen Kapital (n [Selbstbestimmte]=114)*

	Regress.-koeff. B	Standard-fehler	Wald	df	Sig.	Exp(B)	Kehrwert Exp(B)
Kulturelles Kapital							
Allg. Schulabschluss			4,889	5	0,430		
RK: Hauptschulabschluss (Volksschulabschluss)							
Realschulabschluss (Mittlere Reife)	-0,074	0,938	0,006	1	0,938	0,929	1,08
Abschluss der Polytechnischen Oberschule 10. Klasse (vor 1965: 8. Klasse)	-0,487	1,188	0,168	1	0,682	0,614	1,63
Abschluss Fachoberschule (Fachhochschulreife)	0,627	0,934	0,450	1	0,502	1,872	0,53
Allgemeine/fachgebundene Hochschulreife/ Abitur (Gymnasium bzw. EOS, auch EOS mit Lehre)	-0,036	0,896	0,002	1	0,968	0,965	1,04
Anderer Schulabschluss	0,491	1,102	0,198	1	0,656	1,633	0,61
Berufliche Stellung			12,856	3	0,005		
RK: Auszubildende/Praktikanten							
Angestellte/Arbeiter	0,505	0,549	0,846	1	0,358	1,657	0,60
Beamte	-0,095	0,624	0,023	1	0,879	0,909	1,10
Selbstständige	1,425	0,611	5,646	1	0,017	4,271	0,23
Weiterbildungserfahrung RK: nein	-0,572	0,289	3,915	1	0,048	0,565	1,77
Konstante	-0,896	1,023	0,767	1	0,381	0,408	2,45

* Modellanpassung: -2 Log-Likelihood= 383,040; Nagelkerke's R^2= 0,092.

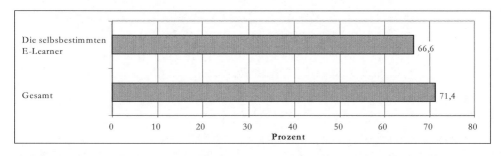

Abbildung 5.2.3.1.1.4: Anteil der E-Learner, die Weiterbildungserfahrung haben, im Cluster der selbstbestimmten medienaffinen E-Learner und in der Gesamtstichprobe (für die Darstellung wurden die Kategorien »Weiterbildungserfahrung vs. Keine WB-Erfahrung« miteinander kontrastiert; n [Gesamt] = 343; n [Selbstbestimmte] = 114)

Obwohl die Berechnungen auf bivariater Ebene dieses Ergebnis stützen (n=343, Chi²= 7,76; df=2; Cramer's V=0,150; p=0,021) und einen statistisch signifikanten Zusammenhang aufzeigen, welcher höchstwahrscheinlich dem Alterseffekt zuzusprechen ist, illustriert Abbildung 5.2.3.1.1.4, dass die gefundenen Unterschiede als nicht zu stark zu bewerten sind.

Ökonomisches Kapital

Die binär-logistischen Regressionsanalysen zum ökonomischen Kapital (s. Tab. 5.2.3.1.1.2) fördern gleich in mehreren Antwortkategorien signifikante Werte zutage. Besonders deutlich kann diese Erkenntnis bei der Einkommensgruppe von 2.000-2.499 Euro monatlich belegt werden (p= 0,001).

Tabelle 5.2.3.1.1.3: Binär-logistische Regression der Zugehörigkeit zum Cluster der selbstbestimmten medienaffinen E-Learner auf Unterschiede beim ökonomischen Kapital (n [Selbstbestimmte]=114)*

	Regress.-koeff. B	Standard-fehler	Wald	df	Sig.	Exp(B)	Kehrwert Exp(B)
Ökonomisches Kapital Netto-Einkommen (monatlich)			29,218	8	0,000		
RK: 0-499 €							
500-999 €	-0,268	0,566	0,224	1	0,636	0,765	1,31
1.000-1.499 €	-0,139	0,528	0,070	1	0,792	0,870	1,15
1.500-1.999 €	-0,483	0,530	0,828	1	0,363	0,617	1,62
2.000-2.499 €	-2,075	0,633	10,734	1	0,001	0,126	7,94
2.500-2.999 €	-1,522	0,605	6,326	1	0,012	0,218	4,59
3.000-3.499 €	-2,744	1,132	5,873	1	0,015	0,064	15,62
3.500-3.999 €	-0,511	0,792	0,416	1	0,519	0,600	1,67
4.000 € und mehr	-1,427	0,726	3,859	1	0,049	0,240	4,17
Konstante	0,105	0,459	0,053	1	0,819	1,111	0,90

* Modellanpassung: -2 Log-Likelihood= 356,111; Nagelkerke's R²= 0,155.

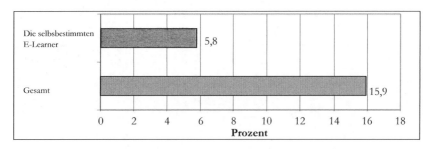

Abbildung 5.2.3.1.1.5: Anteil der E-Learner, die 2.000€ bis 2.499€ netto verdienen, im Cluster der selbstbestimmten medienaffinen E-Learner und in der Gesamtstichprobe (n [Gesamt] = 308; n [Selbstbestimmte]=114)

Diese Einkommensgruppe ist in der Untersuchungsstichprobe mit 15,9% vertreten. Unter den selbstbestimmten medienaffinen E-Learnern sind es nur 5,8% (vgl. Abb. 5.2.3.1.1.5). Auf bivariater Ebene ist ein signifikanter Zusammenhang zwischen Clusterzugehörigkeit und einem Netto-Einkommen von 2.000€ bis 2.499€ mit p≤0,001 ausgewiesen (n=308, Chi²=13,57; df=2; Cramer's V=0,210; p≤0,001). Dass die selbstbestimmten medienaffinen E-Learner im Vergleich zu der Untersuchungsstichprobe hier unterrepräsentiert sind, könnte möglicherweise wiederum auf das Alter sowie auch die im Vergleich noch gering ausgeprägte Weiterbildungserfahrung zurückzuführen sein, da sich diese Faktoren wesentlich auf das Einkommen von Personen auswirken: Mit dem Alter wächst die berufliche Erfahrung, und das Einkommen steigt im Normalfall an, wie beispielsweise an der Besoldung im öffentlichen Dienst abzulesen ist. Weiterbildungserfahrung geht mit beruflicher Qualifikation einher, sodass diese ebenfalls als Argument für eine höhere Einkommensgruppe auszulegen ist.

Betrachten wir weiter die Ergebnisse der binär-logistischen Regression für einige der höheren Einkommensgruppen »2.500-2.999 Euro«, »3.000-3.499 Euro« sowie »4000 Euro und mehr«, dann tauchen ebenfalls aussagekräftige Variablenwerte auf. Vor allem die Einkommenskategorie »3.000-3.499 Euro« zeigt einen weit überdurchschnittlich hohen negativen Zusammenhang zum Cluster der selbstbestimmten medienaffinen E-Learner auf. Danach ist die Wahrscheinlichkeit, dass eine Person, die monatlich nicht 3.000-3.499 Euro verdient, 15-mal höher, zur Gruppe der selbstbestimmten medienaffinen E-Learner zu gehören als bei denjenigen, die dieses Merkmal aufweisen. Hierbei ist aber darüber hinaus darauf hinzuweisen, dass lediglich 4,9% der Untersuchungsstichprobe ein Netto-Einkommen von 3.000-3.499 Euro angegeben haben (vgl. Abb. 5.2.3.1.1.6). Davon fällt dann lediglich ein Prozent auf die der selbstbestimmten medienaffinen E-Learner (n= 308, Chi^2= 6,22; df=2; Cramer's V = 0,142; p= 0,045).

Durch die negativen Vorzeichen der betreffenden Regressionskoeffizienten zeigt sich insgesamt, dass ein höheres Netto-Einkommen nicht als Prädiktor für die Zugehörigkeit zum Cluster der selbstbestimmten medienaffinen E-Learner fungieren kann, sondern dass diese eher in den unteren Einkommensgruppen zu finden sind. In unserer Untersuchungsstichprobe befinden sich insgesamt 12,6% Befragte, die in den Einkommensgruppen über 3.000€ liegen. Dies sind vor allem die auf ihre berufliche Praxis zentrierten E-Learner, die im Vergleich zu den selbstbestimmten medienaffinen einerseits im Durchschnitt älter sind und andererseits auch mehr Weiterbildungserfahrung besitzen (vgl. S. 257). Dies unterstützt unsere These, warum die Selbstbestimmten eher in den niedrigen Einkommensstufen anzutreffen sind, denn es sind die jüngeren E-Learner, die noch nicht so viele berufliche Meriten sammeln und ihr berufliches Karrierepotenzial noch nicht ausschöpfen konnten, sodass die regressionsanalytischen Ergebnisse hinsichtlich des ökonomischen Kapitals nachvollziehbar werden.

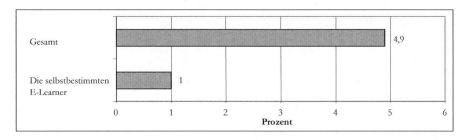

Abbildung 5.2.3.1.1.6: Anteil der E-Learner, die 3.000€ bis 3.499€ netto verdienen, im Cluster der selbstbestimmten medienaffinen E-Learner und in der Gesamtstichprobe (n [Gesamt] = 308; n [Selbstbestimmte]=114)

Am Vergleich der binär-logistischen Regressionen zum ökonomischen Kapital ist ferner auffällig, dass bei den selbstbestimmten medienaffinen Lernenden mehr als doppelt so viel Varianz (15,5%) aufgeklärt wird wie bei den auf ihre berufliche Praxis zentrierten E-Learnern (7,4%). Insgesamt spielt das monatliche Netto-Einkommen bei der Zugehörigkeit zum Cluster der selbstbestimmten medienaffinen E-Learnern die vergleichsweise wichtigste Rolle.

Lerntyp

Hinsichtlich der Variablen, die der Dimension des Lerntyps zugeordnet sind (s. Tab. 5.2.3.1.1.4), zeigen sich sowohl bei der Selbstorganisation bezüglich der Lernziele als auch beim Grad der gewünschten sozialen Eingebundenheit beim Lernen interessante Ergebnisse. Erwartungsgemäß ist die Chance, lieber allein zu lernen und dem Cluster der selbstbestimmten medienaffinen E-Learnern anzugehören, mit 1,852 nahezu doppelt so hoch im Vergleich zu denjenigen, die nicht gerne kontaktlos lernen. So befürworten die selbstbestimmten medienaffinen E-Learner zu 72,8%, eigenständig, ohne sozialen Kontakt zu lernen, während in der gesamten Untersuchungsstichprobe diese Präferenz mit 58,8% vertreten ist (vgl. Abb. 5.2.3.1.1.7).

Tabelle 5.2.3.1.1.4: Binär-logistische Regression der Zugehörigkeit zum Cluster der selbstbestimmten medienaffinen E-Learner auf Unterschiede beim Lerntyp (n [Selbstbestimmte] = 114)*

	Regress.-koeff. B	Standard-fehler	Wald	df	Sig.	Exp(B)	Kehrwert Exp(B)
Lerntyp							
Selbstorganisation bzgl. Lernzeiten			2,216	2	0,330		
RK: teils/teils							
Ich lerne lieber an vorab festgelegten Terminen	-0,599	0,513	1,360	1	0,243	0,549	1,82
Ich lerne lieber zu selbst gewählten Zeitpunkten	0,133	0,268	0,235	1	0,628	1,139	0,88
Selbstorganisation bzgl. Lernziele			4,789	3	0,188		
RK: weiß nicht							
Alle Kursziele sollten klar vorgegeben sein	-1,168	0,554	4,441	1	0,035	0,311	3,21
Nur das Gesamtziel des Kurses sollte vorgegeben sein	-1,024	0,562	3,320	1	0,068	0,359	2,78
Alle Kursziele sollten von den TeilnehmerInnen selbstständig gesetzt werden können	-1,384	0,768	3,247	1	0,072	0,251	3,98
Grad der gewünschten soz. Eingebundenheit beim Lernen			13,703	2	0,001		
RK: Ist mir egal							
Ich lerne am liebsten mit anderen zusammen	-0,744	0,450	2,737	1	0,098	0,475	2,10
Ich lerne am liebsten allein	0,616	0,299	4,264	1	0,039	1,852	0,54
Selbstorganisation bzgl. Zeitmanagement	-0,106	0,241	0,195	1	0,659	0,899	1,11
RK: nein							
Konstante	0,115	0,593	0,038	1	0,846	1,122	0,89

* Modellanpassung: -2 Log-Likelihood= 406,308; Nagelkerke's R^2= 0,103.

5.2 Multivariate Datenauswertung

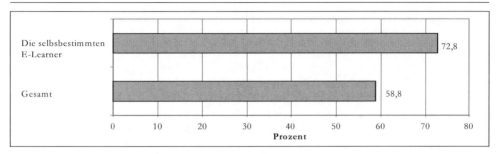

Abbildung 5.2.3.1.1.7: Anteil der E-Learner, die lieber alleine lernen, im Cluster der selbstbestimmten medienaffinen E-Learner und in der Gesamtstichprobe (n [Gesamt] = 342; n [Selbstbestimmte] = 114)

Die Fähigkeit zum selbstbestimmten Lernen zeichnet sich ja gerade durch autonomes Zeit- und Wissensmanagement aus, bei dem keine externen Anreize (z.B. durch den sozialen Kontakt mit anderen Lernenden) für den individuellen Lernerfolg von Bedeutung sind. Im Kontrast zum Cluster der auf ihre berufliche Praxis zentrierten E-Learner ist eine gewisse Systematik erkennbar (s. Tab. 5.2.3.1.1.4 und 5.2.3.1.3.4, S. 246 und 261). Im Gegensatz dazu weist das gemeinsame Lernen mit Anderen zusammen einen negativen Regressionskoeffizienten auf. Dieses Ergebnis stimmt auch mit der grundsätzlichen Beschreibung der drei Cluster überein. Der Zusammenhang zwischen Clusterzugehörigkeit und der sozialen Eingebundenheit beim Lernen wird dabei auf bivariater Ebene mit einer Irrtumswahrscheinlichkeit von gleich bzw. unter 0,1 Prozent als statistisch höchst signifikant ausgewiesen (n=342, Chi^2=17,17; df=2; Cramer's V=0,224; $p \leq 0,001$).

E-Learning-Erfahrung

Bezogen auf die E-Learning-Erfahrung (s. Tab. 5.2.3.1.1.5) der selbstbestimmten medienaffinen E-Learner ist der »Overall-Effekt« nicht signifikant. Insgesamt gibt es nur eine signifikante Tendenz bei der Merkmalsausprägung »200-299 Stunden«.

Tabelle 5.2.3.1.1.5: Binär-logistische Regression der Zugehörigkeit zum Cluster der selbstbestimmten medienaffinen E-Learner auf Unterschiede bei der E-Learning-Erfahrung (n [Selbstbestimmte] = 114)*

	Regress.-koeff. B	Standard-fehler	Wald	df	Sig.	Exp(B)	Kehrwert Exp(B)
E-Learning-Erfahrung							
E-Learning-Erfahrung in Std.			6,805	5	0,236		
RK: weniger als 30 Std.							
30-99 Std.	0,037	0,354	0,011	1	0,918	1,037	0,96
100-199 Std.	-0,565	0,406	1,929	1	0,165	0,569	1,76
200-299 Std.	-0,909	0,518	3,079	1	0,079	0,403	2,48
300-399 Std.	-0,034	0,518	0,004	1	0,948	0,967	1,03
400 und mehr Std.	-0,249	0,435	0,328	1	0,567	0,780	1,28
Konstante	-0,477	0,300	2,526	1	0,112	0,621	1,61

* Modellanpassung: -2 Log-Likelihood= 427,311; Nagelkerke's R^2= 0,029.

Dieses Ergebnis stimmt mit den anderen Befunden zur Teilnahme an Weiterbildungskursen überein. Darüber hinaus hat die Interpretation der Clusteranalyse ergeben, dass dieser E-Learner-Typ eine hohe Bedienungskompetenz im Hinblick auf E-Learning aufweist, die auf selbst angeeignete Fähigkeiten zurückzuführen ist. Man könnte in diesem Kontext auch von der »Young Generation« sprechen, die sich aufgrund von selbstsozialisatorischen Erfahrungen bereits gut mit Neuen Medien und den inhärenten Nutzungsstrategien auskennt. Letztlich festigt sich jedoch der Eindruck, dass das Ausmaß der persönlichen Erfahrung mit E-Learning-Szenarien *keinen* statistisch signifikanten Einfluss auf die Nutzungsstrategien der Lernenden ausübt. Vielmehr lässt sich die Annahme formulieren, dass sich hinter dem jeweiligen persönlichen E-Learning-Nutzungsmuster Verhaltensweisen verbergen, die sich unabhängig von der eigentlichen Erfahrung mit computerunterstützten Lernsettings entwickelt haben und eher eine *grundlegende Handlungsstrategie im Kontext von Lehr-Lern-Szenarien* widerspiegeln. Diese Annahme geht mit der ›*Brennglasthese*‹ von Grotlüschen (2005) einher. Analog zu den *qualitativen* Befunden der E-Learner-Typologie, bei denen die »autonomen E-Learner« sowie auch die »intrinsisch motivierten E-Learner« positive Effekte in Bezug auf die Fähigkeit zum selbstbestimmten und selbstgesteuerten Lernen im Kontext medialer Inszenierung aufwiesen, versprechen für die hier diskutierten selbstbestimmten medienaffinen E-Learner computerunterstützte Lernensembles eine höhere Chance auf Selbstbestimmung und auf Binnendifferenzierung, da sie individuell gefordert und gefördert werden.

Persönliche Einstellungen gegenüber computerbasierten Weiterbildungsmaßnahmen

Im Hinblick auf die persönliche Einstellung gegenüber computerbasierten Weiterbildungsmaßnahmen zeigt sich nur bei der unabhängigen Variablen der Freiwilligkeit der Teilnahme ein signifikanter Effekt (p= 0,002) Durch die freiwillige Teilnahme an einem E-Learning-Kurs ist die Chance mit 4,602 fast 5-Mal so hoch, im Cluster der selbstbestimmten medienaffinen E-Learner verortet zu sein, als bei denjenigen Lernenden, deren Teilnahme an der E-Learning-Maßnahme unfreiwillig erfolgte (s. Tab. 5.2.3.1.1.6).

Tabelle 5.2.3.1.1.6: Binär-logistische Regression der Zugehörigkeit zum Cluster der selbstbestimmten medienaffinen E-Learner auf Unterschiede bei der persönlichen Einstellung gegenüber computerbasierten Weiterbildungsmaßnahmen (n [Selbstbestimmte] = 114)*

	Regress.-koeff. B	Standardfehler	Wald	df	Sig.	Exp (B)	Kehr-wert Exp(B)
Persönl. Einstellung gegenüber computerbasierten Weiterbildungsmaßnahmen							
Teilnahmebereitschaft bzw. Akzeptanz gegenüber E-Learning-Angeboten RK: nein	0,586	0,584	1,008	1	0,315	1,797	0,56
Freiwilligkeit der Teilnahme RK: sowohl freiwillig, als auch durch Anregung durch Vorgesetzte(n)			12,884	2	0,002		
freiwillige Teilnahme	1,526	0,493	9,583	1	0,002	4,602	0,22
Durch Anregung meiner/s Vorgesetzte/n	0,400	0,724	0,305	1	0,581	1,492	0,67
Konstante	-2,586	0,720	12,894	1	<0,001	0,075	13,33

* Modellanpassung: -2 Log-Likelihood= 392,714; Nagelkerke's R²= 0,077.

An diesem Ergebnis lässt sich zeigen, dass die selbstbestimmten medienaffinen E-Learner nicht nur in der Lage sind, ihren Lernprozess autonom und selbstorganisiert zu gestalten, sondern offensichtlich auch über eine substanziell höhere Lernmotivation verfügen als die übrigen E-Learner. Im Cluster der selbstbestimmten medienaffinen E-Learner scheint ein *hohes Maß an intrinsischer Motivation* vorhanden zu sein, die die freiwillige Teilnahme an (computerbasierten) Weiterbildungsmaßnahmen positiv beeinflusst. Für diese Annahme spricht zudem der Befund aus der Clusteranalyse, nämlich dass die Selbstbestimmten *neugierig* und *wissensbegierig* gegenüber dem PC und Internet sind. Dabei werden Neugierde und Interesse als zentrale Merkmale für das Auftreten intrinsischer Motivation bestimmt (vgl. Deci/Ryan 1993, S. 225). Schiefele geht bezüglich des Interesses, welches sich hier in der Wissbegierde der Selbstbestimmten darstellt, davon aus, dass es »vermutlich die zentrale Bedingung für das Auftreten intrinsischer Lernmotivation« ist (Schiefele 1996, S. 90). So haben insgesamt 92,1% der selbstbestimmten medienaffinen E-Learner angegeben, dass sie sich freiwillig für die Teilnahme an der E-Learningmaßnahme entschieden haben, während dies in der Gesamtstichprobe lediglich 79,6% angekreuzten (vgl. Abb. 5.2.3.1.1.8). Dabei ergibt sich ein Signifikanzwert zwischen Clusterzugehörigkeit und Freiwilligkeit der Teilnahme von $p< 0{,}001$ aus. So wird das Ergebnis der binär-logistischen Regression auf bivariater Ebene, und zwar die Abhängigkeit der Clusterzugehörigkeit und der Freiwilligkeit der Teilnahme, unterstützt ($n= 343$, $Chi^2= 19{,}82$; $df=2$; Cramer's $V = 0{,}240$; $p< 0{,}001$).

Insgesamt können nach Nagelkerke's R^2 (vgl. Tab. 5.2.3.1.1.6) mithilfe der persönlichen Einstellung gegenüber computerbasierten Weiterbildungsmaßnahmen ca. 7,7% der Varianz innerhalb des Clusters der selbstbestimmten medienaffinen E-Learner erklärt werden.

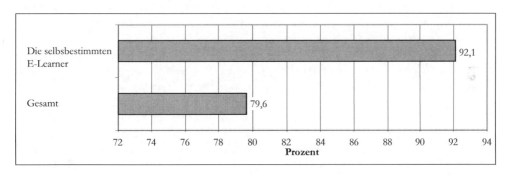

Abbildung 5.2.3.1.1.8: Anteil der E-Learner, die freiwillig an der E-Learningmaßnahme teilgenommen haben, im Cluster der selbstbestimmten medienaffinen E-Learner und in der Gesamtstichprobe (n [Gesamt] = 343; n [Selbstbestimmte] = 114)

5.2.3.1.2 Die betrieblich delegierten, aber desinteressierten E-Learner

Soziodemografische Angaben

Insgesamt bleiben die soziodemografischen Merkmale (s. Tab. 5.2.3.1.2.1) für die Varianzaufklärung im Cluster der betrieblich delegierten, aber desinteressierten E-Learner wirkungslos, da durch sie nur 0,8% der Varianz des Clusters erklärt werden können.

Darüber hinaus finden sich auch keine statistisch signifikanten Effekte zwischen den hinzugezogenen externen Variablen und der Zugehörigkeit zum Cluster der betrieblich delegierten, aber desinteressierten E-Learner. Während bei den selbstbestimmten medienaffinen E-Learnern ein Alterseffekt in Bezug auf die Clusterzugehörigkeit ausgemacht werden konnte, entfällt ein Einfluss dieses soziodemografischen Merkmals für die betrieblich delegierten, aber desinteressierten E-Learner, d.h. es ergibt sich die Verortung einer Person in diesem Cluster *jenseits alters- oder geschlechtsspezifischer Differenzen.*

Tabelle 5.2.3.1.2.1: Binär-logistische Regression der Zugehörigkeit zum Cluster betrieblich delegierten, aber desinteressierten E-Learner auf Unterschiede in den soziodemografischen Angaben (n [Desinteressierte]= 141)*

	Regress.-koeff. B	Standardfehler	Wald	df	Sig.	Exp(B)	Kehrwert Exp(B)
Soziodemografische Angaben							
Geschlecht RK: männlich	-0,311	0,238	1,709	1	0,191	0,733	1,36
Altersgrp2 RK: 50 Jahre und älter			0,401	3	0,940		
jünger als 30 Jahre	0,108	0,429	0,063	1	0,802	1,114	0,90
30-39 Jahre	0,233	0,403	0,334	1	0,530	1,262	0,79
40-49 Jahre	0,166	0,404	0,168	1	0,682	1,180	0,85
Konstante	-0,318	0,374	0,720	1	0,396	0,728	1,37

* Modellanpassung: -2 Log-Likelihood= 458,017; Nagelkerke's R^2= 0,008.

Kulturelles Kapital

Das kulturelle Kapital wurde in den binär-logistischen Regressionsanalysen mittels des allgemeinbildenden Schulabschlusses und der beruflichen Stellung operationalisiert (s. Tab. 5.2.3.1.2.2). Während nach dem allgmeinbildenden Schulabschluss keine aussagekräftigen Effekte beobachtet werden konnten, ergibt sich innerhalb der beruflichen Stellung ein statistisch bedeutsamer Befund. Danach gibt es einen signifikanten negativen Zusammenhang zwischen der beruflichen Stellung der Selbstständigen und dem Cluster der betrieblich delegierten, aber desinteressierten E-Learner. E-Learner, die *nicht* selbstständig sind, werden mit einer rund viermal so hohen Wahrscheinlichkeit wie Selbstständige den betrieblich delegierten Lernenden zugeordnet.

Dieses Ergebnis kann einerseits auf das inhaltliche Profil des Clusters zurückgeführt werden, wonach Selbstständige nur äußerst selten in der Gruppe der betrieblich delegierten auftauchen dürften. Andererseits ist auch anzunehmen, dass *Selbstständige,* die sich selbst für die Teilnahme an einer computerunterstützten Weiterbildungsmaßnahme entscheiden können, *andere Motivationslagen und Handlungsstrategien* aufweisen als betrieblich delegierte und desinteressierte E-Learner.

Hier zeigt sich im Vergleich zu den oben beschriebenen selbstbestimmten medienaffinen E-Learnern ein entgegengesetztes Bild. Während der logarithmierte Regressionskoeffizient angibt, dass die Chance, als Selbstständiger zu dem Cluster der selbstbestimmten medienaffinen E-Learner zu gehören, vier Mal so hoch ist wie bei E-Learnern, die diese berufliche Stellung nicht haben, werden diejenigen, die nicht selbstständig sind, mit einer mehr als viermal höheren Wahrscheinlichkeit den betrieblich delegierten Lernenden zugeordnet, als dies bei Selbstständigen der Fall wäre. Konkret gaben 9,9% der betrieblich delegierten, aber desinteressierten E-Learner an, selbstständig zu sein, dagegen waren es unter den selbstbestimmten medienaffinen E-Learnern 22,8%. In der Gesamtstichprobe sind es im Vergleich 14,3 Prozent, die ange-

5.2 Multivariate Datenauswertung

ben, Selbstständigenstatus zu besitzen, wobei hier die Selbstbestimmten sowie die Desinteressierten miteinfließen (n= 343, Chi²=10,13; df=2; Cramer's V=0,172; p=0,006; vgl. Abb. 5.2.3.1.2.1).

Tabelle 5.2.3.1.2.2: Binär-logistische Regression der Zugehörigkeit zum Cluster der betrieblich delegierten, aber desinteressierten E-Learner auf Unterschiede beim kulturellen Kapital (n [Desinteressierte]= 141)*

	Regress.-koeff. B	Standard-fehler	Wald	df	Sig.	Exp (B)	Kehrwert Exp (B)
Kulturelles Kapital							
Allg. Schulabschluss			8,727	5	0,120		
RK: Hauptschulabschluss (Volksschulabschluss)							
Realschulabschluss (Mittlere Reife)	0,715	1,150	0,387	1	0,534	2,044	0,49
Abschluss der Polytechnischen Oberschule 10. Klasse (vor 1965: 8. Klasse)	1,968	1,280	2,366	1	0,124	7,159	0,14
Abschluss Fachoberschule (Fachhochschulreife)	1,016	1,148	0,783	1	0,376	2,761	0,36
Allgemeine/fachgebundene Hochschulreife/Abitur (Gymnasium bzw. EOS, auch EOS mit Lehre)	1,388	1,112	1,556	1	0,212	4,006	0,25
Anderer Schulabschluss	0,087	1,358	0,004	1	0,949	1,091	0,92
Berufliche Stellung			7,666	3	0,053		
RK:Auszubildende/Praktikanten							
Angestellte/Arbeiter	-0,810	0,510	2,526	1	0,112	0,445	2,25
Beamte	-0,454	0,561	0,654	1	0,419	0,635	1,57
Selbstständige	-1,460	0,593	6,062	1	0,014	0,232	4,31
Weiterbildungserfahrung	-0,041	0,279	0,022	1	0,882	0,959	1,04
RK: nein							
Konstante	-0,754	1,203	0,393	1	0,531	0,471	2,12

* Modellanpassung: -2 Log-Likelihood= 410,988; Nagelkerke's R²= 0,079

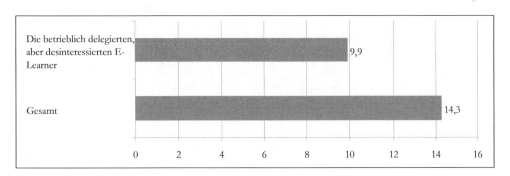

Abbildung 5.2.3.1.2.1: Prozentualer Anteil der E-Learner, die selbstständig sind, im Cluster der betrieblich delegierten, aber desinteressierten E-Learner und in der Gesamtstichprobe (für die Darstellung wurden die Kategorien zu »Selbstständige vs. Nicht Selbstständige« zusammengefasst; n [Gesamt] = 343; n [Desinteressierte]= 141)

Ökonomisches Kapital

Hinsichtlich der Zugehörigkeit zum Clustertyp der betrieblich delegierten, aber desinteressierten E-Learner spielt die Höhe des ökonomischen Kapitals (s. Tab. 5.2.3.1.2.3) *keine Rolle*, da alle entsprechenden Merkmalsausprägungen statistisch insignifikant sind. Damit lässt sich hier feststellen, dass die *Zugehörigkeit zu diesem Cluster*, dessen Angehörige einen unterdurchschnittlichen Ehrgeiz sowie eine gering ausgeprägte berufliche Motivation aufweisen, nicht abhängig ist von der Höhe ihres monatlichen *Netto-Einkommens*. Offenbar steht ein eher demotivierter, desinteressierter Umgang mit E-Learning-Szenarien in keinem Zusammenhang mit der Zugehörigkeit zu spezifischen Einkommenslagen.

Tabelle 5.2.3.1.2.3: Binär-logistische Regression der Zugehörigkeit zum Cluster der betrieblich delegierten, aber desinteressierten E-Learner auf Unterschiede beim ökonomischen Kapital (n [Desinteressierte]= 141)*

	Regress.-koeff. B	Standard-fehler	Wald	df	Sig.	Exp(B)	Kehrwert Exp(B)
Ökonomisches Kapital Netto-Einkommen (monatlich)							
RK: 0-499 €			5,463	8	0,707		
500-999 €	0,043	0,584	0,005	1	0,942	1,043	0,96
1.000-1.499 €	-0,205	0,551	0,139	1	0,709	0,814	1,23
1.500-1.999 €	0,019	0,547	0,001	1	0,972	1,019	0,98
2.000-2.499 €	0,416	0,555	0,563	1	0,453	1,516	0,66
2.500-2.999 €	0,588	0,569	1,067	1	0,302	1,800	0,55
3.000-3.499 €	0,405	0,703	0,333	1	0,564	1,500	0,67
3.500-3.999 €	0,134	0,802	0,028	1	0,868	1,143	0,87
4000 € und mehr	0,434	0,661	0,430	1	0,512	1,543	0,65
Konstante	-0,539	0,476	1,248	1	0,257	0,583	1,71

* Modellanpassung: -2 Log-Likelihood= 411,209; Nagelkerke's R^2= 0,024.

Lerntyp

Nach den unabhängigen Variablen zum Lerntyp (s. Tab. 5.2.3.1.2.4) für das Cluster der betrieblich delegierten, aber desinteressierten E-Learner ergeben sich lediglich für die Selbstorganisation bezüglich Zeitmanagement signifikante Werte.

In Bezug auf die Selbstorganisation, operationalisiert als Zeitmanagement, ist demnach die Wahrscheinlichkeit, dass Lernende, die sich einen *Arbeits- und Zeitplan* erstellt haben, zweieinhalb Mal so hoch, *nicht* zu den betrieblich delegierten und desinteressierten E-Learnern zu zählen als bei Personen, die diese Merkmalsausprägung nicht aufweisen. Mit anderen Worten ist die Chance deutlich geringer, unter den eher desinteressierten Lernenden Teilnehmer zu finden, die sich für ihren Lernprozess einen Arbeits- oder Zeitplan erstellen. Metakognitive Strategien wie Zeitmanagement-Techniken, die prinzipiell einen zusätzlichen Arbeitsaufwand erfordern, sind vor allem bei solchen E-Learnern zu erwarten, die selbstgesteuert und intrinsisch motiviert vorgehen. Betrachten wir den Anteil derjenigen im Cluster der betrieblich delegierten, aber desinteressierten E-Learner, die sich einen Zeitplan erstellen, dann sind dies 36,3% (vgl. Abb. 5.2.3.1.2.2). Dem stehen 49% in der Gesamtstichprobe gegenüber, wobei der Zusammenhang zwischen Clusterzugehörigkeit und die Erstellung eines Zeitplans auf bivariater Ebene ebenfalls als höchst signifikant ausgewiesen wird (n=343, Chi^2=25,52; df=2; Cramer's V=0,273; p<0,001).

5.2 Multivariate Datenauswertung

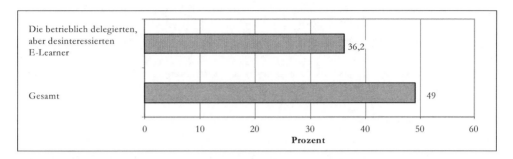

Abbildung 5.2.3.1.2.2: Anteil der E-Learner, die sich einen Zeitplan erstellen, im Cluster der betrieblich delegierten, aber desinteressierten E-Learner und in der Gesamtstichprobe (n [Gesamt] = 343; n [Desinteressierte]= 141)

Tabelle 5.2.3.1.2.4: Binär-logistische Regression der Zugehörigkeit zum Cluster der betrieblich delegierten, aber desinteressierten E-Learner auf Unterschiede beim Lerntyp (n [Desinteressierte]= 141)*

	Regress.-koeff. B	Standard-fehler	Wald	df	Sig.	Exp(B)	Kehrwert Exp(B)
Lerntyp							
Selbstorganisation bzgl. Lernzeiten							
RK: teils/teils			3,776	2	0,151		
Ich lerne lieber an vorab festgelegten Terminen	0,723	0,412	3,088	1	0,079	2,061	0,48
Ich lerne lieber zu selbst gewählten Zeitpunkten	-0,027	0,260	0,011	1	0,917	0,973	1,03
Selbstorganisation bzgl. Lernziele			1,713	3	0,634		
RK: weiß nicht							
Alle Kursziele sollten klar vorgegeben sein	0,029	0,554	0,003	1	0,958	1,029	0,97
Nur das Gesamtziel des Kurses sollte vorgegeben sein	-0,300	0,566	0,280	1	0,597	0,741	1,35
Alle Kursziele sollten von den TeilnehmerInnen selbstständig gesetzt werden können	-0,205	0,752	0,074	1	0,785	0,815	1,23
Grad der gewünschten soz. Eingebundenheit beim Lernen			1,081	2	0,583		
RK: Ist mir egal							
Ich lerne am liebsten mit anderen zusammen	0,380	0,365	1,081	1	0,299	1,462	0,68
Ich lerne am liebsten allein	0,172	0,289	0,365	1	0,551	1,188	0,84
Selbstorganisation bzgl. Zeitmanagement RK: nein	-0,922	0,232	15,761	1	<0,001	0,398	2,51
Konstante	-0,081	0,590	0,019	1	0,891	0,923	1,08

* Modellanpassung: -2 Log-Likelihood= 434,490; Nagelkerke's R²= 0,097.

Darüber hinaus kann auch eine signifikante Tendenz (p=0,079) bei der Selbstorganisation bezüglich der Lernzeiten festgestellt werden, die die Wahrscheinlichkeit um das doppelte erhöht, dass Angehörige dieses Clusters *lieber an vorab festgelegten Terminen* lernen. Damit lässt sich die Annahme untermauern, dass das Lernverhalten betrieblich delegierter, desinteressierter E-Learner eher *fremdbestimmt* ausgeprägt ist. Insgesamt können die unabhängigen Variablen zum Lerntyp ca. 9,7% der Varianz aufklären (Nagelkerke's R^2=0,097).

E-Learning-Erfahrung

Die binär-logistische Regression der Zugehörigkeit zum Cluster der betrieblich delegierten, aber desinteressierten E-Learner auf Unterschiede bei der E-Learning-Erfahrung (s. Tab. 5.2.3.1.2.5) stimmt mit den Interpretationen der E-Learner-Typologie überein. Denn es ist davon auszugehen, dass die desinteressierten E-Learner nur wenig Weiterbildungserfahrung im Vergleich zu den anderen Clustern aufweisen. Dies wird besonders an beiden Items »300-399 Std.« und »400 und mehr Stunden E-Learning-Erfahrung« deutlich, die die beiden Kategorien mit der größten E-Learning-Erfahrung repräsentieren. Beide Kategorien haben einen negativen Regressionskoeffizienten. Während das Item »300-399 Std.« eine signifikante Tendenz (p<0,1) aufweist, zeigt sich bei der Merkmalsausprägung »400 und mehr Stunden« eine Signifikanz von p=0,045. Die Chance bzw. das Wahrscheinlichkeitsverhältnis derjenigen, die *nicht* über dieses Ausmaß an E-Learning-Erfahrung verfügen, zu diesem Cluster zu gehören, ist mit 2,39 mehr als doppelt so hoch wie bei Lernenden, die einen solchen Erfahrungsumfang vorweisen können.

Tabelle 5.2.3.1.2.5: Binär-logistische Regression der Zugehörigkeit zum Cluster der betrieblich delegierten, aber desinteressierten E-Learner auf Unterschiede bei der E-Learning-Erfahrung (n [Desinteressierte]= 141)*

	Regress.-koeff. B	Standardfehler	Wald	df	Sig.	Exp(B)	Kehrwert Exp(B)
E-Learning-Erfahrung							
E-Learning-Erfahrung in Std.							
RK: weniger als 30 Std.			5,872	5	0,319		
30-99 Std.	-0,413	0,346	1,429	1	0,232	0,661	1,51
100-199 Std.	-0,305	0,380	0,645	1	0,422	0,737	1,36
200-299 Std.	-0,214	0,448	0,230	1	0,632	0,807	1,24
300-399 Std.	-0,930	0,536	3,015	1	0,083	0,395	2,53
400 und mehr Std.	-0,869	0,433	4,023	1	0,045	0,419	2,39
Konstante	0,043	0,292	0,021	1	0,884	1,043	0,96

* Modellanpassung: -2 Log-Likelihood= 455,682; Nagelkerke's R^2= 0,024.

Darüber hinaus ist auch von besonderem Interesse, dass alle Ausprägungen dieser unabhängigen Variablen mit einem *negativen* Regressionskoeffizienten versehen sind. Dies deutet auf die Tendenz der betrieblich delegierten, aber desinteressierten E-Learner hin, sich computerunterstützten Weiterbildungsangeboten *entziehen* zu wollen.

Wer viel E-Learning-Erfahrung vorzuweisen hat, findet sich mit geringer Wahrscheinlichkeit in diesem Cluster wieder. Diese Tendenz entspricht der Auffassung, dass den betrieblich

5.2 Multivariate Datenauswertung

delegierten, aber desinteressierten E-Learnern die nötige *Eigeninitiative fehlt,* sich regelmäßig und intensiv mit Weiterbildungsmaßnahmen auseinanderzusetzen.

Auf der Basis von Nagelkerke's R^2 lässt sich darüber hinaus zeigen, dass mithilfe der Variable »E-Learning-Erfahrung« 2,4% der Gesamtvarianz der Zugehörigkeit zu diesem Clustertyp aufgeklärt werden können.

Persönliche Einstellung gegenüber computerbasierter Weiterbildungserfahrung

Sowohl die Teilnahmebereitschaft bzw. Akzeptanz gegenüber E-Learning-Angeboten als auch die *Freiwilligkeit* der Teilnahme beeinflussen die Zugehörigkeit zum Cluster der betrieblich delegierten, aber desinteressierten E-Learner *negativ* (s. Tab. 5.2.3.1.2.6).

Tabelle 5.2.3.1.2.6: Binär-logistische Regression der Zugehörigkeit zum Cluster der betrieblich delegierten aber desinteressierten E-Learner auf Unterschiede bei der persönlichen Einstellung gegenüber computerbasierten Weiterbildungsmaßnahmen (n [Desinteressierte]= 141)*

	Regress.-koeff. B	Standard-fehler	Wald	df	Sig.	Exp (B)	Kehr-wert Exp (B)
Persönliche Einstellung gegenüber computerbasierten Weiterbildungsmaßnahmen							
Teilnahmebereitschaft bzw. Akzeptanz gegenüber E-Learning-Angeboten							
RK: nein	-1,199	0,508	5,564	1	0,018	0,301	3,32
Freiwilligkeit der Teilnahme RK: sowohl freiwillig, als auch durch Anregung durch Vorgesetzte(n)			13,455	2	0,001		
freiwillige Teilnahme	-1,253	0,352	12,681	1	<0,001	0,286	3,50
Durch Anregung meiner/s Vorgesetzte/	-0,707	0,522	1,832	1	0,176	0,493	2,03
Konstante	1,855	0,578	10,304	1	0,001	6,393	0,16

* Modellanpassung: -2 Log-Likelihood= 422,155; Nagelkerke's R^2= 0,088.

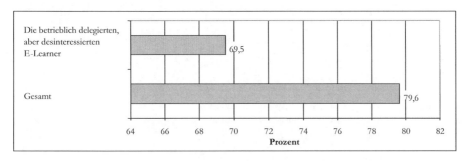

Abbildung 5.2.3.1.2.3: Anteil der E-Learner, die freiwillig an der E-Learningmaßnahme teilgenommen haben, im Cluster der betrieblich delegierten, aber desinteressierten E-Learner und in der Gesamtstichprobe n [Gesamt] = 343; n [Desinteressierte]= 141)

Die Wahrscheinlichkeit, *keine* Bereitschaft zu zeigen, auch in Zukunft an E-Learning-Maßnahmen teilzunehmen und zum Cluster der betrieblich delegierten, desinteressierten E-Learner zu gehören, ist mehr als dreimal so hoch wie im Durchschnitt der befragten Lernenden. Des Weiteren ist im Fall einer *un*freiwilligen Teilnahme an der jeweiligen Weiterbildungsmaßnahme die Wahrscheinlichkeit, diesem Cluster anzugehören ebenfalls mehr als dreimal so hoch wie bei Personen, deren Teilnahme aus intrinsischen Motiven erfolgt ist. So sind Personen, die unfreiwillig an der Weiterbildungsmaßnahme teilgenommen haben, im Cluster der selbstbestimmten, medienaffinen E-Learner unterrepräsentiert. Konkret haben 69,5% der Angehörigen dieses Clusters gegenüber 79,5% aller Befragten freiwillig an der untersuchten Weiterbildungsmaßnahme teilgenommen (vgl. Abb. 5.2.3.1.2.3). Der Wert für die selbstbestimmten medienaffinen E-Learnern beträgt dagegen 92,1%. Der Zusammenhang zwischen Clusterzugehörigkeit und Freiwilligkeit ist statistisch mit p<0,001 höchst bedeutsam (n=343, Chi^2=19,82; df=2; Cramer's V= 0,240; p<0,001).

Insgesamt wird durch diese Befunde indirekt die Deutung dieses Nutzungstyps als »*fremdbestimmt und eher extrinsisch motiviert*« ein weiteres Mal bestätigt. Zudem ist die Varianzaufklärung mit einem Betrag von 8,8% hier im Vergleich zu den anderen Clustern am höchsten. So wird etwa im Hinblick auf die Clusterzugehörigkeit durch dieses Merkmal rund viermal so viel Varianz erklärt wie beim Clustertyp der »auf ihre berufliche Praxis zentrierten E-Learner« (2,1%).

5.2.3.1.3 Die auf ihre berufliche Praxis zentrierten E-Learner

Soziodemografische Rahmenbedingungen

Bezüglich der soziodemografischen Rahmenbedingungen zeigt sich beim Cluster der auf ihre berufliche Praxis zentrierten E-Learner ein statistisch bedeutsamer Einfluss der Kategorie der *Geschlechtszugehörigkeit* (s. Tab. 5.2.3.1.3.1). Die Wahrscheinlichkeit, dass Frauen im Vergleich zu Männern diesem Clustertyp angehören, ist rund doppelt so hoch. Offenbar lässt sich bei weiblichen E-Learnern eine pragmatischere Herangehensweise an ihre Weiterbildungsambitionen konstatieren als bei den Männern.

Tabelle 5.2.3.1.3.1: Binär-logistische Regression der Zugehörigkeit zum Cluster der auf ihre berufliche Praxis zentrierten E-Learner auf Unterschiede in den soziodemografischen Angaben (n [Praxisorientierte] = 88)*

	Regress.-koeff. B	Standardfehler	Wald	df	Sig.	Exp(B)	Kehrwert Exp(B)
Soziodemografische Angaben							
Geschlecht RK: männlich	0,647	0,295	4,795	1	0,029	1,909	0,52
Altersgrp2 RK: 50 Jahre und älter			11,009	3	0,012		
jünger als 30 Jahre	-1,594	0,509	9,818	1	0,002	0,203	4,93
30-39 Jahre	-0,684	0,420	2,656	1	0,103	0,505	1,98
40-49 Jahre	-0,466	0,415	1,256	1	0,262	0,628	1,59
Konstante	-0,834	0,395	4,469	1	0,035	0,434	2,30

* Modellanpassung: -2 Log-Likelihood= 371,899; Nagelkerke's R^2= 0,071.

Ferner hat die Variablenausprägung »jünger als 30 Jahre« einen signifikanten Einfluss auf die Zugehörigkeit zu diesem Clustertyp (p= 0,002). Die Wahrscheinlichkeit für Personen, die 30 Jahre oder älter sind, zu diesem Cluster zu gehören, ist fast fünfmal so hoch wie die der unter 30-Jährigen. Die altersspezifischen Charakteristika dieses Clusters können dahingehend verstanden werden, dass vornehmlich *jüngere Lernende,* die oftmals noch nicht über eine berufliche (Praxis-)Erfahrung verfügen, in diesem Clustertyp *unterrepräsentiert* sind. Im Clustertyp der »selbstbestimmten medienaffinen E-Learner« ergibt sich dagegen eine umgekehrte Konstellation. Letztere weisen zu 31,1% das Merkmal auf, unter 30 Jahre alt zu sein (vgl. Cluster 1), während dieser Anteil unter den auf ihre berufliche Praxis zentrierten E-Learner nur 10,2% beträgt (vgl. Abb. 3.1.; n=341, Chi^2=12,72; df=2; Cramer's V=0,193; p=0,002).

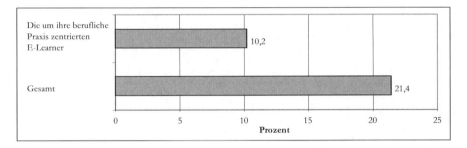

Abbildung 5.2.3.1.3.1: Anteil der E-Learner, die jünger als 30 Jahre alt sind, im Cluster der auf ihre berufliche Praxis zentrierte E-Learner und in der Gesamtstichprobe (für die Darstellung wurden die metrischen Ausprägungen des Lebensalters zusammengefasst; n [Gesamt] = 341; n [Praxisorientierte] = 88)

Kulturelles Kapital

In Bezug auf das kulturelle Kapital am Beispiel des allgmeinbildenden Schulabschlusses ist interessant, dass die Abschlüsse aller Schulformen jeweils durchgehend einen *negativen* Regressionskoeffizienten aufweisen (s. Tab. 5.2.3.1.3.2). Die Chance, im Cluster der auf ihre berufliche Praxis zentrierten E-Learner vertreten zu sein, ist für Befragte, die *keine Fachhochschulreife* besitzen, rund *5,5-mal* so groß wie für E-Learner mit dieser Qualifikation.

Dass gerade die Fachhochschulreife[98] (9,1%) eine negative signifikante Tendenz aufweist, verwundert nur auf den ersten Blick. Zum einen besitzen die E-Learner, die bereits eine *Fachoberschule* abgeschlossen haben, häufiger als Befragte, die einen anderen Schulabschluss aufweisen, eine *berufliche Erstausbildung.* Zum anderen werden in dieser Schulform vergleichsweise häufiger Lerninhalte vermittelt, die sich an der beruflichen Praxis orientieren, da im ersten Unterrichtsjahr neben dem Schulunterricht in der Regel eine *fachpraktische Ausbildung* in Betrieben zu absolvieren ist und im zweiten Jahr neben allgemeinem ebenso fachbezogener Unterricht erteilt wird. Eine *komplementäre* Interpretation wäre dabei die folgende: Offenbar hat ein erheblicher Anteil der Angehörigen gerade dieses E-Learner-Typs Interesse an Weiterbildungsangeboten, die auf ihre berufliche Praxis hin ausgerichtet werden, da sie in diesem Bereich noch nicht soviel Erfahrung sammeln konnten und daher hier ihren Weiterbildungsbedarf sehen. Dafür spricht *erstens,* dass dieses Cluster das Label »die auf ihre berufliche Praxis zentrierten E-Learner« erhalten hat, da diese Namensgebung im Hinblick auf die *vorhandenen Wünsche* seiner Angehörigen an computerunterstützte E-Learning-Angebote gewählt worden ist. *Zweitens* hat die zahlenmäßig weitaus größte Untergruppe dieses Clusters mit 44,2% einen *Hochschulabschluss*

---

98 Die meisten Befragten dieses Clusters haben das Abitur (56,8%).

und *keine* beruflich-betriebliche Ausbildung, sodass sie möglicherweise auch aus diesem Grund für sich selbst einen Weiterbildungsbedarf für die Praxis sehen.[99]

Tabelle 5.2.3.1.3.2: Binär-logistische Regression der Zugehörigkeit zum Cluster der auf ihre berufliche Praxis zentrierten E-Learner auf Unterschiede beim kulturellen Kapital (n [Praxisorientierte] = 88)*

	Regress.-koeff. B	Standard-fehler	Wald	df	Sig.	Exp (B)	Kehrwert Exp (B)
Kulturelles Kapital							
Allg. Schulabschluss			10,243	5	0,069		
RK: Hauptschulabschluss (Volksschulabschluss)							
Realschulabschluss (Mittlere Reife)	-0,459	0,883	0,270	1	0,603	0,632	1,58
Abschluss der Polytechnischen Oberschule 10. Klasse (vor 1965: 8. Klasse)	-1,583	1,152	1,888	1	0,169	0,205	4,88
Abschluss Fachoberschule (Fachhochschulreife)	-1,701	0,929	3,353	1	0,067	0,182	5,49
Allgemeine/fachgebundene Hochschulreife/Abitur (Gymnasium bzw. EOS, auch EOS mit Lehre)	-1,240	0,848	2,141	1	0,143	0,289	3,46
Anderer Schulabschluss	-0,472	1,060	0,198	1	0,656	0,624	1,60
Berufliche Stellung			2,612	3	0,455		
RK: Auszubildende/Praktikanten							
Angestellte/Arbeiter	0,755	0,792	0,908	1	0,341	2,127	0,47
Beamte	0,921	0,833	1,224	1	0,269	2,512	0,40
Selbstständige	0,279	0,865	0,104	1	0,747	1,322	0,76
Weiterbildungserfahrung							
RK: nein							
	0,788	0,349	5,098	1	0,024	2,200	0,45
Konstante	-1,229	1,131	1,182	1	0,277	0,292	3,42

* Modellanpassung: -2 Log-Likelihood= 342,728; Nagelkerke's R^2= 0,091.

In Analogie zur inhaltlichen Beschreibung des Clusters der auf ihre berufliche Praxis zentrierten E-Learner ergeben sich auch hinsichtlich der Weiterbildungserfahrung signifikante Einflüsse. Die Wahrscheinlichkeit, über *Weiterbildungserfahrung* zu verfügen und diesem Cluster anzugehören, ist mehr als *doppelt so hoch* als bei E-Learnern, die über keine entsprechende Erfahrung verfügen. Dies ist wie auch bei den »selbstbestimmten medienaffinen E-Learnern« vor allem mit einem *Alterseffekt* zu erklären, da die auf ihre »berufliche Praxis zentrierten E-Learner« in den älteren Jahrgangskohorten zu finden sind. Dabei haben die Angehörigen dieses Clustertyps zu 83% angegeben (vgl. Abb. 5.2.3.1.3.2; n=343, Chi²=7,76; df=2; Cramer's V =0,150;

---

[99] Neben dem höchsten allgemeinbildenden Schulabschluss haben wir in unserer Online-Befragung auch nach dem beruflichen Ausbildungsabschluss gefragt. Hier zeigt sich, dass 2,3% keinen beruflichen Ausbildungsabschluss besitzen, 33,7% eine betriebliche Berufsausbildung, also eine Lehre absolviert haben, wobei die Banklehre und die Ausbildung zur Krankenschwester bzw. zum Krankenpfleger am häufigsten genannt wurden. Weiter haben 5,8% eine Handelsschule und 11,8% eine Meister-, Technikerschule bzw. Berufs- oder Fachakademie besucht. Darüber hinaus haben 8,1% der auf ihre berufliche Praxis zentrierten E-Learner angegeben, dass sie einen Fachhochschulabschluss besitzen. Der meistgenannte allgemeinbildende Schulabschluss ist in dieser Gruppe allerdings der Hochschulabschluss mit 44,2%. Aus diesem Kreis wurde der Beruf »Lehrerin« am häufigsten genannt. Des Weiteren gaben 11,6% der Befragten dieses Clusters an, einen anderen Berufsabschluss zu besitzen.

p=0,021), Weiterbildungserfahrung zu besitzen, was den höchsten Wert in der vorliegenden Clustertypologie darstellt.

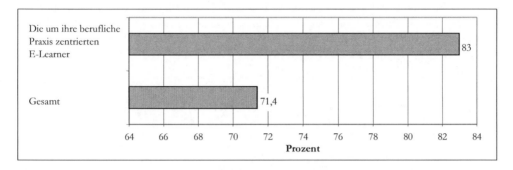

Abbildung 5.2.3.1.3.2: Anteil der E-Learner, die Weiterbildungserfahrung haben, im Cluster der auf ihre berufliche Praxis zentrierten E-Learner und in der Gesamtstichprobe (n [Gesamt] = 343; n [Praxisorientierte] = 88)

Ökonomisches Kapital

Im Hinblick auf das ökonomische Kapital und die damit verbundenen monatlichen Einkommenshöhe ergeben sich für das Cluster der auf ihre berufliche Praxis zentrierten E-Learner bei zwei Merkmalskategorien signifikante Ergebnisse (s. Tab. 5.2.3.1.3.3).

Tabelle 5.2.3.1.3.3: Binär-logistische Regression der Zugehörigkeit zum Cluster der auf ihre berufliche Praxis zentrierten E-Learner auf Unterschiede beim ökonomischen Kapital (n [Praxisorientierte] = 88)*

	Regress.-koeff. B	Standard-fehler	Wald	df	Sig.	Exp(B)	Kehrwert Exp(B)
Ökonomisches Kapital Netto-Einkommen (monatlich) RK: 0-499 €			15,153	8	0,056		
500-999 €	0,498	0,870	0,327	1	0,567	1,645	0,61
1.000-1.499 €	0,667	0,819	0,663	1	0,416	1,948	0,51
1.500-1.999 €	0,876	0,811	1,168	1	0,280	2,402	0,42
2.000-2.499 €	1,769	0,802	4,862	1	0,027	5,862	0,17
2.500-2.999 €	1,258	0,823	2,338	1	0,126	3,517	0,28
3.000-3.499 €	2,007	0,909	4,870	1	0,027	7,437	0,13
3.500-3.999 €	0,754	1,088	0,480	1	0,488	2,125	0,47
4.000 € und mehr	1,367	0,896	2,328	1	0,127	3,923	0,25
Konstante	-2,140	0,748	8,196	1	0,004	0,118	8,47

* Modellanpassung: -2 Log-Likelihood= 334,845; Nagelkerke's R^2= 0,074.

So ist die Wahrscheinlichkeit bei denjenigen Befragten, die über ein monatliches Nettoeinkommen von »2.000-2.499 Euro« verfügen fast 6-mal und bei einem Einkommen von »3.000-3.499 Euro« mehr als 7-mal so hoch, zum Cluster der auf ihre berufliche Praxis zentrierten E-Learner zu gehören, als bei denjenigen, die sich nicht innerhalb dieser Einkommensgruppen befinden. Möglicherweise sind Angehörige der beiden statistisch signifikanten, *eher höheren Einkommensgruppen* aufstiegsorientiert und wollen aktiv zu ihrem beruflichen Fortkommen beitragen. Unter Berücksichtigung der Altersstruktur kann davon ausgegangen werden, dass die

Mehrheit der Personen in diesem Cluster bereits seit mehreren Jahren beruflich tätig ist und mittlerweile in ihrem Berufsfeld ein überdurchschnittliches Einkommen erreicht hat. Darüber hinaus stimmt der Befund mit den gemachten Weiterbildungserfahrungen zusammen, da diese auch zum ökonomischen Kapital beitragen. Während die selbstbestimmten medienaffinen E-Learner nur zu 1% 3.000-3.499 Euro verdienen, sind dies bei den auf ihre berufliche Praxis zentrierten E-Learner 8,9% und 4,9% in der Gesamtstichprobe (vgl. Abb. 5.2.3.1.3.3; n=308, Chi² = 6,22; df=2; Cramer's V = 0,142; p= 0,045).

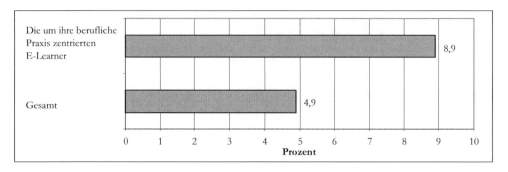

Abbildung 5.2.3.1.3.3: Anteil der E-Learner, die 3.000€ bis 3.499€ Netto verdienen, im Cluster der auf ihre berufliche Praxis zentrierten E-Learner und in der Gesamtstichprobe (n [Gesamt] = 308; n [Praxisorientierte] = 88)

Lerntyp

Im Vergleich zu den anderen Clustern ist die Varianzaufklärung bei den auf ihre berufliche Praxis zentrierten E-Learnern bezogen auf den Lerntyp mit 17,8% am stärksten ausgeprägt (s. Tab. 5.2.3.1.3.4). Daneben ist diese Varianzaufklärung – auch im Vergleich zu allen anderen unabhängigen Variablen – die höchste. Im Hinblick auf die Selbstorganisation bezüglich der Lernziele ergeben sich bei der binär-logistischen Regression zum Cluster der auf ihre berufliche Praxis zentrierten E-Learner sehr heterogene Ergebnisse. So weisen sämtliche Itemausprägungen der Variablen, die bei der binär-logistischen Regressionsanalyse berücksichtigt worden sind, statistisch signifikante Tendenzen (z.B. bei »Alle Kursziele sollten klar vorgegeben sein« mit p=0,061) bzw. signifikante Zusammenhänge auf (z.B. bei »Nur das Gesamtziel des Kurses sollte vorgegeben sein« mit p= 0,035 und »Alle Kursziele sollten von den TeilnehmerInnen selbstständig gesetzt werden können« mit p= 0,033). Auf den ersten Blick scheint es somit schwierig zu sein, zielführende Aussagen für das Cluster hinsichtlich ihrer Selbstorganisation bezüglich der Lernziele zu treffen. Eine mögliche Erklärung für die *sehr heterogenen Zusammenhänge* könnten einerseits die unterschiedlichen Auffassungen von resp. Assoziationen mit Lernzielen auf der Seite der Lernenden sein. Andererseits befinden sich gerade im Cluster der auf ihre berufliche Praxis zentrierten E-Learner eher weiterbildungserfahrene, lebensältere Lernende, die aufgrund ihrer beruflichen Praxis sehr konkrete Vorstellungen von der Selbstorganisation bezüglich der Lernziele besitzen und diese auch präzise äußern.

Betrachtet man die unabhängige Variable der gewünschten sozialen Eingebundenheit des Lernprozesses, dann hat das Item »ich lerne am liebsten allein« eine Signifikanz von p= 0,003. Dabei ist der Regressionskoeffizient *negativ* ausgeprägt. Dieses Ergebnis korrespondiert mit der clustertypologischen Beschreibung der drei Cluster, wonach E-Learner, die auf ihre berufliche

5.2 Multivariate Datenauswertung

Praxis zentriert sind, lieber gemeinsam *mit Anderen gemeinsam lernen* und im Gegensatz zu den selbstbestimmten medienaffinen E-Learnern das autonome, alleinige Lernen eher ablehnen.

Tabelle 5.2.3.1.3.4: Binär-logistische Regression der Zugehörigkeit zum Cluster der auf ihre berufliche Praxis zentrierten E-Learner auf Unterschiede beim Lerntyp (n [Praxisorientierte] = 88)*

	Regress.-koeff. B	Standard-fehler	Wald	df	Sig.	Exp(B)	Kehrwert Exp(B)
Lerntyp							
Selbstorganisation bzgl. Lernzeiten RK: teils/teils			0,518	2	0,772		
Ich lerne lieber an vorab festgelegten Terminen	-0,334	0,473	0,499	1	0,480	0,716	1,40
Ich lerne lieber zu selbst gewählten Zeitpunkten	-0,115	0,301	0,147	1	0,702	0,891	1,12
Selbstorganisation bzgl. Lernziele RK: weiß nicht			5,469	3	0,141		
Alle Kursziele sollten klar vorgegeben sein	2,002	1,069	3,507	1	0,061	7,406	0,13
Nur das Gesamtziel des Kurses sollte vorgegeben sein	2,266	1,074	4,452	1	0,035	9,645	0,10
Alle Kursziele sollten von den TeilnehmerInnen selbstständig gesetzt werden können	2,583	1,208	4,572	1	0,033	13,234	0,08
Grad der gewünschten soz. Eingebundenheit beim Lernen RK: Ist mir egal			14,339	2	0,001		
Ich lerne am liebsten mit anderen zusammen	0,171	0,390	0,193	1	0,661	1,187	0,84
Ich lerne am liebsten allein	-0,952	0,321	8,774	1	0,003	0,386	2,59
Selbstorganisation bzgl. Zeitmanagement RK: nein	1,353	0,279	23,592	1	<0,001	3,869	0,26
Konstante	-3,294	1,114	8,737	1	0,003	0,037	27,03

* Modellanpassung: -2 Log-Likelihood= 344,820; Nagelkerke's R^2= 0,178.

Hinsichtlich der Selbstorganisation bezüglich des Zeitmanagements ergeben sich für das Cluster ebenfalls höchst signifikante Zusammenhänge (p<0,001). Demnach besteht bei Personen, die sich im Rahmen der beruflichen Weiterbildungsmaßnahme *einen Arbeits- und Zeitplan erstellt* haben, eine fast 4-fache Wahrscheinlichkeit, dem Cluster der auf ihre berufliche Praxis zentrierten E-Learner anzugehören als für solche Lernende, die sich keinen eigenen Arbeits- oder Zeitplan angefertigt haben. Hier lässt sich offenbar die Schlussfolgerung ziehen, dass dieser Clustertyp *ein strukturiertes Lernen bevorzugt*. Möglicherweise ist dies auch auf den beruflichen Ausbildungsabschluss zurückzuführen, da die relative Mehrheit der Befragten dieses E-Learning-Typus einen Hochschulabschluss besitzt (44,2%) und hierbei der meist genannte Beruf der des Lehrers/der Lehrerin ist. Sie sind schließlich geübt, nach einer zeitlichen sowie auch didaktischen Struktur zu unterrichten. Da folglich der Besuch einer Hochschule sowie auch später der Lehrerberuf es erfordert, selbstorganisiert und planvoll zu handeln, erscheint die Anfertigung eines eigenen Arbeits- und Zeitplans für die Teilnahme an einer beruflichen Weiterbildungsmaßnahme nur konsequent. Abbildung 5.2.3.1.3.4 illustriert diesen Befund auf der bivariaten Ebene (n= 343, Chi^2= 25,52; df=2; Cramer's V = 0,273; p< 0,001).

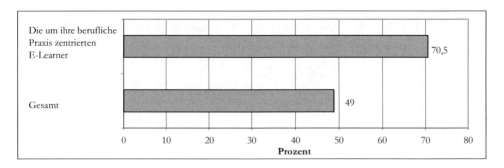

Abbildung 5.2.3.1.3.4: Anteil der E-Learner, die sich einen Zeitplan erstellen, im Cluster der auf ihre berufliche Praxis zentrierten E-Learner und in der Gesamtstichprobe (n [Gesamt] = 343; n [Praxisorientierte] = 88)

E-Learning-Erfahrung

Der »Overall-Effekt« bezüglich der E-Learning-Erfahrung ist bei den auf ihre berufliche Praxis zentrierten E-Learnern mit p=0,026 statistisch bedeutsam (s. Tab. 5.2.3.1.3.5).

Tabelle 5.2.3.1.3.5: Binär-logistische Regression der Zugehörigkeit zum Cluster auf ihre berufliche Praxis zentrierten E-Learner auf Unterschiede bei der E-Learning-Erfahrung (n [Praxisorientierte] = 88)*

	Regress.-koeff. B	Standard-fehler	Wald	df	Sig.	Exp(B)	Kehrwert Exp(B)
E-Learning-Erfahrung							
E-Learning-Erfahrung in Std.			12,778	5	0,026		
RK: weniger als 30 Std.							
30-99 Std.	0,742	0,525	1,995	1	0,158	2,100	0,48
100-199 Std.	1,302	0,541	5,796	1	0,016	3,675	0,27
200-299 Std.	1,478	0,592	6,227	1	0,013	4,383	0,23
300-399 Std.	1,435	0,641	5,007	1	0,025	4,200	0,24
400 und mehr Std.	1,594	0,563	8,014	1	0,005	4,924	0,20
Konstante	-2,128	0,473	20,238	1	<0,001	0,119	8,40

* Modellanpassung: -2 Log-Likelihood= 372,912; Nagelkerke's R^2= 0,061

Interessant ist, dass alle Items einen Regressionskoeffizienten mit *positivem* Vorzeichen haben, wobei die vier Kategorien, die den Wertebereich von 100 Stunden bis zum Höchstwert der E-Learning-Erfahrung abdecken, signifikant ausfallen. Dabei zeigt sich hier tendenziell eine Steigerung der Effektgröße: *Je mehr* E-Learning-Erfahrung ein Angehöriger dieses Clustertyps bereits besitzt, *desto höher* ist die Wahrscheinlichkeit, dass er diesem Cluster angehört. Im Gegensatz zu den desinteressierten E-Learnern weisen folglich die auf ihre berufliche Praxis zentrierten E-Learner ein hohes Maß an Weiterbildungserfahrung auf. Vor allem bei der Kategorie »400 und mehr Stunden« ist die Wahrscheinlichkeit knapp fünf Mal so hoch, zu diesem Cluster zu gehören, als wenn dieses Merkmal nicht vorhanden wäre. Der vorliegende Befund stimmt mit unserer Interpretation bzw. der Beschreibung des Clusterprofils aufgrund der dazugehörigen Hauptkomponenten überein. Dieser E-Learner-Typus ist stark auf Weiterbildung ausgerichtet, sodass hier der *ausgeprägte Einfluss der bereits gemachten E-Learning-Erfahrung* gerade im Vergleich zu den anderen Clustern ein konsistentes Ergebnis darstellt. Dies wird durch einen weiteren Befund untermauert, der besagt, dass in Relation zu den beiden weiteren Clustertypen diese unabhängige Variable der E-Learning-Erfahrung mit 6,1% die höchste Varianzaufklärung liefert.

Persönliche Einstellung gegenüber computerbasierten Weiterbildungsmaßnahmen

Im Hinblick auf die persönliche Einstellung gegenüber computerbasierten Weiterbildungsmaßnahmen zeigen sich bei den auf ihre berufliche Praxis zentrierten E-Learnern *keine* statistisch signifikanten Zusammenhänge (s. Tab. 5.2.3.1.3.6). Darüber hinaus fällt die Varianzaufklärung aufgrund dieser unabhängigen Variablen in Anlehnung an Nagelkerke's R^2 mit 2,1% vergleichsweise gering aus. Offenbar eignen sich die Variablen zum Lerntyp und zur E-Learning-Erfahrung wesentlich besser als die persönliche Einstellung gegenüber computerbasierten Weiterbildungsmaßnahmen, um die zentralen Merkmale zur Charakterisierung der auf ihre berufliche Praxis zentrierten E-Learner zu bestimmen.

Tabelle 5.2.3.1.3.6: Binär-logistische Regression der Zugehörigkeit zum Cluster auf ihre berufliche Praxis zentrierten E-Learner auf Unterschiede bei der persönlichen Einstellung gegenüber computerbasierten Weiterbildungsmaßnahmen (n [Praxisorientierte] = 88)*

	Regress.-koeff. B	Standard-fehler	Wald	df	Sig.	Exp (B)	Kehrwert Exp(B)
Persönliche Einstellung gegenüber computerbasierten Weiterbildungsmaßnahmen							
Teilnahmebereitschaft bzw. Akzeptanz gegenüber E-Learning-Angeboten RK: nein	1,231	0,759	2,635	1	0,105	3,426	0,29
Freiwilligkeit der Teilnahme RK: sowohl freiwillig, als auch durch Anregung durch Vorgesetzte(n)			1,189	2	0,552		
freiwillige Teilnahme	0,221	0,403	0,301	1	0,583	1,248	0,80
Durch Anregung meiner/s Vorgesetzte/	0,621	0,574	1,170	1	0,279	1,861	0,54
Konstante	-2,491	0,813	9,392	1	0,002	0,083	12,05

* Modellanpassung: -2 Log-Likelihood= 363,062; Nagelkerke's R^2= 0,021

5.2.3.1.4 Fazit

Ingesamt zeichnet sich das Cluster der *selbstbestimmten medienaffinen E-Learner* durch ein überdurchschnittliches Bedürfnis nach Autonomie, Selbststeuerung und Eigenverantwortlichkeit aus. Betrachtet man nun die Befunde der binär-logistischen Regressionen sowie die in diesem Kontext vorgenommenen bivariaten Analysen, so verwundert es nicht, dass gerade dieser E-Learner-Typ den Wunsch hat, vor allem *autonom und mit hohen Freiheitsgraden zu lernen*. Hierfür liefern vor allem zwei Ergebnisse aus der binär-logistischen Regression zum Verstehen dieses E-Learning-Typus einen Erkenntnisgewinn: *erstens* das Alter der Selbstbestimmten und *zweitens* ihre berufliche Stellung. So ist einerseits bei den *unter 30-jährigen E-Learnern* die statistische Chance, mit diesem Merkmal zum Cluster der selbstbestimmten medienaffinen E-Learner zu gehören, *dreimal so hoch* ist als bei den Personen, bei denen dieses Merkmal nicht vorhanden ist. Andererseits sind in diesem Cluster vor allem *Selbstständige* anzutreffen. Dabei ist die Chance, als Selbstständiger zu diesem Cluster zu gehören, *vier Mal so hoch* wie bei E-Learnern mit einer anderen beruflichen Stellung. Als Selbstständiger ist man angesichts seines knappen Zeitbudgets besonders gefordert, *starkes Selbstmanagement* zu praktizieren. Dies bedeutet, dass die Selbstbestimmten aufgrund ihrer beruflichen Stellung geübt sind, eigenverantwortlich zu handeln und *Eigeninitiative* zu zeigen, was dazu führt, dass sie auch ihre berufliche Zukunft zielstrebig und eigenverantwortlich in die Hand nehmen. Betrachtet man nämlich die weiteren Befunde der binär-logistischen Regression, dann lässt sich die Selbstbestimmtheit dieses E-Learnertyps auch daran ablesen, dass sie lieber *alleine* und *eigenständig*, ohne sozialen Kontakt lernen wollen. So benötigen sie keine externe Unterstützung in ihrem Lernprozess und wollen konsequenterweise auch ihren eigenen Lernerfolg *persönlich kontrollieren* können. In diesem Kontext könnte man die Selbstbestimmten zudem auch als *informelle LernerInnen* oder als Autodidakten bezeichnen, die beispielsweise bei technischen Problemen sich dem Erfolg explorativ nähern. Den Wunsch, lieber autonom zu lernen ist dabei mutmaßlich *erstens* auf den Status der Selbstständigkeit zurückzuführen, da die Angehörigen es gewohnt sind, alleine Entscheidungen zu treffen. *Zweitens* ist hierbei aber auch höchstwahrscheinlich das Alter von Relevanz. So zeichnen sich die Selbstbestimmten durch eine *hohe Bedienungskompetenz* aus, welche dazu führt, dass sie kaum technische Probleme mit der E-Learning-Technologie erfahren haben und dementsprechend auch nicht auf externe Hilfe oder Unterstützung während des Lernprozesses angewiesen waren. Diese instrumentell-qualifikatorische Medienkompetenz hängt mutmaßlich unter anderem mit dem Alter zusammen, da die Selbstbestimmten einer Generation angehören, die mit Medien wie selbstverständlich aufgewachsen ist. Diese Aneignungsstrategie passt auch zu einem weiteren Befund, nämlich dass die selbstbestimmten medienaffinen E-Learner ihre berufliche Wissensaneignung weniger durch institutionelle Weiterbildungskurse zu erreichen versuchen, sondern eher mit Hilfe autodidaktischem bzw. informellem Lernen. So können sie nämlich auch ihrem Wunsch, selbstständig zu lernen, am ehesten nachkommen. Haben sich aber die Selbstbestimmten für eine institutionelle Weiterbildungsform entschieden, dann sind sie stark *intrinsisch motiviert*. Ihre intrinsische Motivation zeigt sich darin, dass sie freiwillig und aus Eigeninteresse an der Weiterbildung teilnehmen sowie *neugierig und wissensbegierig* sind. Ein weiterer wichtiger Befund ist, dass die Selbstbestimmten vor allem in den *niedrigeren Einkommensgruppen* zu finden sind, was vor allem ihrem Alter und dementsprechend womöglich auch ihrer im Vergleich geringeren Weiterbildungserfahrung im Kontext beruflicher Qualifikation geschuldet ist. Da sich aber die Selbstbestimmten überdurchschnittlich häufig gerade am Beginn ihrer beruflichen Karriere befinden, ist mit hoher Wahrscheinlichkeit anzunehmen, dass im Verlauf ihres weiteren Werdegangs das Einkommen sowie auch Weiterbildungserfahrungen ansteigen werden

Unsere vorab beschriebene E-Learner-Typologie wird auch in Bezug auf die *betrieblich delegierten, aber desinteressierten E-Learner* im Kontext der binär-logistischen Regressionen sowie auch auf bivariater Ebene gestützt. Die Etikettierung, dass dieser Personenkreis betrieblich delegiert ist, zeigt die empirische Untersuchung deutlich im Hinblick auf die *fehlende Freiwilligkeit* der Teilnahme an einer E-Learningmaßnahme. Zudem sind die betrieblich Delegierten *nicht selbstorganisiert* bzw. hier könnten ihnen fehlende Kompetenzen bezüglich der Selbstorganisation zugeschrieben werden. Dies könnte auch den Umstand erklären, warum sie gegenüber den übrigen Befragten nur mit einem Viertel der Wahrscheinlichkeit den beruflichen Status der Selbstständigkeit erreicht haben, in dem die Fähigkeit zur Selbstorganisation in hohem Maße gefordert wird. Insgesamt ist es jener Typus, der im Vergleich zu den anderen Clustern im Hinblick auf die untersuchten Merkmalsausprägungen am häufigsten unterdurchschnittliche resp. negative z-Werte aufweist.

Die *auf ihre berufliche Praxis zentrierten E-Learner* sind diejenigen, die in den eher *höheren Altersgruppen* anzutreffen sind. Unserer Argumentation folgend sind dies im Vergleich zu den selbstbestimmten medienaffinen E-Learnern auch jene Befragte, die sich in den *höheren Einkommensgruppen* finden und die im Clustervergleich *stärkste* Ausprägung in Bezug auf ihre *Weiterbildungserfahrung* aufweisen. Zudem können die Angehörigen dieses Clustertyps als strukturiert und organisiert gelten, da sie auf den Aspekt des *Zeitmanagements* großen Wert legen. Des Weiteren ziehen sie in Lernsettings den *sozialen Kontakt* vor, d.h. sie präferieren das Lernen in der Gruppe.

Insgesamt lassen sich die Befunde der binär-logistischen Regressionen sowie die in diesem Kontext durchgeführten bivariaten Analysen dahingehend interpretieren, dass sie alles im allem unsere vorab beschriebene *E-Learner-Typologie validieren*.

5.2.3.2 Multinomial-logistische Regressionsanalysen

Die folgenden Analysen beziehen sich auf die Durchführung multinomial-logistischer Regressionen, mit denen unterschiedliche Forschungsziele verbunden werden. Auf der einen Seite dienen die Regressionsanalysen als Instrument der externen Validierung dazu, die Ergebnisse der zuvor erarbeiteten Clustertypologie inhaltlich zu stützen. Mithilfe einiger gemäß theoretischen Vorüberlegungen ausgewählter externer Variablen aus der quantitativen Befragung als unabhängige Variablen und der Clusterzugehörigkeit als abhängiger Variablen lässt sich mit der multinomial-logistischen Regression zeigen, inwieweit spezifische Merkmale zwischen den clustertypologischen Formen subjektbezogener E-Learning-Nutzung differieren. Dabei sollen unter externen Variablen solche verstanden werden, die weder in die Berechnungen der Hauptkomponentenanalysen eingegangen noch bei der Durchführung der Clusteranalysen berücksichtigt worden sind. Somit sind diese Variablen besonders geeignet, um die Ergebnisse und Tendenzen der multivariaten Analysen zu validieren.

Auf der anderen Seite erweist sich die multinomial-logistische Regression als besonders hilfreich, um die subjektbezogene E-Learning-Nutzung im Kontext soziostruktureller sowie lern- und weiterbildungsbezogener Einstellungsmuster und Handlungsstile zu analysieren. Im Sinne eines *handlungstheoretischen Rahmenmodells* wird die individuelle E-Learning-Nutzung als eine Funktion gegebener *soziostruktureller Lebensbedingungen, personenbezogener Ressourcen* und *akteursspezifischer Orientierungen* aufgefasst.

Im Einzelnen werden dabei im Modell die *soziostrukturellen Bedingungen der Lebenslage* aus den soziodemografischen Ausprägungen (hier: Geschlecht und Altersgruppe) abgeleitet, während sich die *personenbezogenen Ressourcen* aus dem jeweils vorhandenen kulturellen Kapital (in Form des schulischen Bildungsniveaus, der beruflichen Stellung und der Weiterbildungserfahrung) sowie dem ökonomischen Kapital (operationalisiert über das monatliche Netto-Einkommen) ergeben. Darüber hinaus lassen sich *akteursspezifische Orientierungen* mithilfe von unterschiedlichen Variablen ermitteln, die Aufschlüsse über den individuellen Lerntyp, die bislang von den Akteuren gemachten E-Learning-Erfahrungen und ihre persönliche Einstellung gegenüber computerbasierten Weiterbildungsmaßnahmen geben (vgl. dazu Tab. 5.2.3.2.1).

Tabelle 5.2.3.2.1: Strukturierung der unabhängigen Variablen der multinomial-logistischen Regression nach unterschiedlichen Gruppen resp. Modellen

Nr.	Bezeichnung der Gruppe	Variablen der Gruppe
1	Soziodemografische Angaben	j1= Geschlecht altersgrp2= Altersgruppe
2	Kulturelles Kapital (Bildungsniveau)	j8= allgemeinbildender Schulabschluss j15= berufliche Stellung b1= Weiterbildungserfahrung
3	Ökonomisches Kapital	j17= Netto-Einkommen
4	Lerntyp	g4= Grad der Selbstorganisation bzgl. Lernzeiten g5= Grad der Selbstorganisation bzgl. Zielplanung g6= Grad der gewünschten sozialen Eingebundenheit beim Lernen g9= Grad der Selbstorganisation bzgl. Aufgaben-/Zeitmanagement
5	E-Learning-Erfahrung	elerfahr= Erfahrung mit E-Learning-Kursen in Stunden
6	Persönliche Einstellung gegenüber computerbasierten Weiterbildungsmaßnahmen	i5= Teilnahmebereitschaft resp. Akzeptanz gegenüber E-Learning-Angeboten c3= Freiwilligkeit der Teilnahme

5.2.3.3 Aufbau und Interpretation des handlungstheoretischen Rahmenmodells zu den Bedingungen subjektbezogener E-Learning-Nutzung

Das vollständige handlungstheoretische Rahmenmodell für die empirische Rekonstruktion der subjektorientierten E-Learning-Nutzung findet sich in Abbildung 5.2.3.3.1 (S. 267).

Auf der Basis der dort aufgeführten schematischen Darstellung soll der Frage nachgegangen werden, inwieweit sich die durch die Clusteranalyse typologisch differenzierten Formen subjektbezogener E-Learning-Nutzung auf *Ungleichheiten* in den sozio-strukturellen Bedingungen der Lebenslage, den personenbezogenen Ressourcen und den akteursspezifischen Orientierungen zurückführen lassen. Ferner soll es darum gehen, die *relative Bedeutung* bzw. den relativen Beitrag der in dem Modell aufgeführten Komponenten für die persönliche E-Learning-Nutzung auszuloten.

Um diese Forschungsfragen beantworten zu können, wird auf das statistische Verfahren der multinomial-logistischen Regressionsanalyse zurückgegriffen. Die multinomial-logistische Regression ist ein multivariates Verfahren, mit dem der Einfluss mehrerer unabhängiger Variablen auf eine nominal skalierte abhängige Variable, die mehr als zwei Ausprägungen besitzt, untersucht werden kann. Im Gegensatz zur klassischen Regressionsanalyse setzt die logistische Regression damit kein metrisches Skalenniveau der abhängigen Variablen voraus. Als *Referenzkategorie* für die Durchführung der multinomial logistischen Regressionsanalysen wurde das Cluster 2: »*Die betrieblich delegierten, aber desinteressierten E-Learner*« ausgewählt.

Bezogen auf die vorliegende Untersuchung lässt sich somit überprüfen, ob und in welchem Ausmaß ausgewählte Merkmale zwischen den clustertypologisch differenzierten Formen subjektorientierter E-Learning-Nutzung diskriminieren. Außerdem kann mithilfe der multinomial-logistischen Regression kontrolliert werden, inwieweit die Angehörigen unterschiedlicher Cluster hinsichtlich spezifischer unabhängiger Variablen differieren.

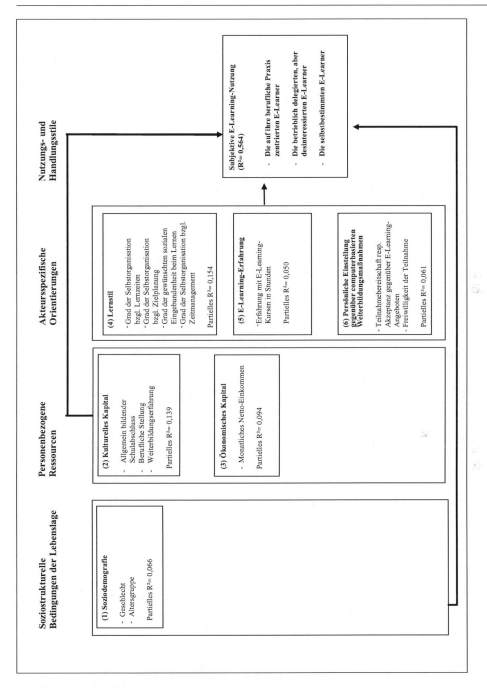

Abbildung 5.2.3.3.1: Handlungstheoretisches Rahmenmodell von Bedingungen subjektbezogener E-Learning-Nutzung: Unabhängige Variablen in blockweiser hierarchischer Anordnung bei den multinominal-logistischen Regressionsanalysen – Erklärte Varianzanteile der Variablensets

Zentrale Ergebnisse der multinomial-logistischen Regression finden sich u.a. in Tabelle 5.5.3.2.2. Aus der dortigen tabellarischen Darstellung lässt sich ablesen, wie groß der Einfluss verschiedener – in das Variablenmodell einbezogener – Effektgrößen auf die subjektbezogene E-Learning-Nutzung ausfällt.

Tabelle 5.2.3.2.2: Multinomial-logistische Regression der Clustertypologie der E-Learning-Nutzung auf ausgewählte Merkmale bei E-LearnerInnen der beruflichen Fort- und Weiterbildung in Deutschland: Likelihood-Quotienten-Tests der Modellparameter sowie die durch die sechs Variablenmodelle erklärten Varianzanteile (Nagelkerke's R^2), Gesamtdarstellung der Ergebnisse

Bedingungen subjektbezogener E-Learning-Nutzung	Modelle (1)	(2)	(3)	(4)	(5)	(6)
Soziodemografische Angaben						
Geschlecht [j1]	5,1†	7,6*	10,2*	5,5†	7,6*	8,2*
Altersgruppe [altersgrp2][100]	16,0*	15,7*	9,7	11,7†	8,5	11,0†
Kulturelles Kapital (Bildungsniveau)						
Allgemein bildender Schulabschluss [j8]		16,7†	10,7	15,2	18,9*	17,5†
Berufliche Stellung [j15c][101]		21,5***	15,5*	17,5**	18,6**	15,6*
Weiterbildungserfahrung [b1]		3,3	1,9	0,2	0,1	0,2
Ökonomisches Kapital						
Netto-Einkommen (geschätzt) [j17b][102]			25,7†	25,6†	28,8*	27,9*
Lerntyp						
Grad der Selbstorganisation bzgl. der Lernzeiten [g4]				2,2	1,9	3,6
Grad der Selbstorganisation bzgl. der Lernziele [g5]				18,0**	17,5**	17,5**
Grad der gewünschten sozialen Eingebundenheit beim Lernen [g6]				13,1*	16,9**	11,7*
Grad der Selbstorganisation bzgl. Zeitmanagement [g9]				25,9***	19,5***	22,6***
E-Learning-Erfahrung						
Erfahrung mit E-Learning-Kursen in Stunden [elerfahr]					17,9†	18,1†
Persönliche Einstellung gegenüber computerbasierten Weiterbildungsmaßnahmen						
Teilnahmebereitschaft resp. Akzeptanz gegenüber E-Learning-Angeboten [i5]						5,3†
Freiwilligkeit der Teilnahme [c3]						14,3**
Modellanpassung:						
Nagelkerke's R^2	0,066	0,205	0,299	0,453	0,503	0,564
Stichprobengröße (n)	340	315	290	289	287	276

† p≤ 0,10; * p≤ 0,05; ** p≤ 0,01; *** p≤ 0,001.

Was den Aufbau der Tabelle betrifft, so befinden sich in der linken Spalte zunächst diejenigen Merkmalsgrößen, die im Rahmen des handlungstheoretischen Rahmenmodells als Bedingungen subjektorientierter E-Learning-Nutzung einbezogen wurden. Dabei werden die unterschiedlichen Merkmalsgrößen mit den dazugehörigen Indikatorvariablen jeweils blockweise

---

[100] »altersgrp2« ist eine neue Variable, die aus der Umkodierung der ehemaligen Variablen »altersgrp« entstanden ist, um ausreichend hohe Fallzahlen für jede Antwortmöglichkeit zu erreichen.
[101] »j15c« ist eine neue Variable, die aus der Umkodierung der ehemaligen Variablen »j15« entstanden ist, um ausreichend hohe Fallzahlen für jede Antwortmöglichkeit zu erreichen.
[102] »j17b« ist eine neue Variable, die aus der Umkodierung der ehemaligen Variablen »j17« entstanden ist, um ausreichend hohe Fallzahlen für jede Antwortmöglichkeit zu erreichen.

dargestellt. Die Merkmale sind von oben nach unten in abgestufter Hierarchie angeordnet und spiegeln die im Variablenmodell (Abb. 5.2.3.3.1) von 1 bis 6 durchnummerierten Effektgrößen subjektiver E-Learning-Nutzung wider. Die sechs Effektgrößen wurden in den Modellen 1 bis 6 sukzessive in multinomial-logistische Regressionsanalysen einbezogen. Alle Modelle sind in aufsteigender Reihenfolge von links nach rechts in Tabelle 5.5.3.2.2 aufgeführt.

Den Ausgangspunkt bilden die soziodemografischen Variablen in Modell 1. Daraufhin werden das kulturelle Kapital in Modell 2 und das ökonomische Kapital in Modell 3 ergänzt. Anschließend werden in Modell 4 Angaben zum Lerntyp und in Modell 5 die individuelle E-Learning-Erfahrung integriert, während in Modell 6 schließlich die persönliche Einstellung gegenüber computerbasierten Weiterbildungsmaßnahmen auf der Ebene akteursspezifischer Orientierungen Berücksichtigung findet.

Der Erklärungswert jedes Modells wird im unteren Tabellensegment angegeben. Maßgeblich ist hier der Pseudo-R^2-Wert nach Nagelkerke, der auf der Ebene der Clusterzugehörigkeit den Prozentsatz an erklärter Varianz ausgibt, der durch die unabhängigen Variablen erreicht wird. Ein Pseudo-R^2-Wert von 0,066 für die soziodemografischen Merkmale bedeutet demnach, dass 6,6% der Varianz der Ausprägungen subjektiver E-Learning-Nutzung auf Unterschiede in denjenigen soziodemografischen Komponenten zurückzuführen sind, die in die empirische Analyse einbezogen worden sind.[103]

Der Vergleich der Pseudo-R^2-Werte nach Nagelkerke macht darüber hinaus deutlich, welcher *Erklärungszuwachs* der jeweiligen Effektgröße auf der Ebene der abhängigen Variablen erzielt werden kann. Der Erklärungsbeitrag des monatlichen Netto-Einkommens bzw. ökonomischen Kapitals lässt sich beispielsweise ermitteln, indem der Nagelkerke-Wert von Modell 2 (R^2= 0,205) vom Nagelkerke-Wert des Modells 3 (R^2= 0,299) subtrahiert wird. In Anlehnung an die Ergebnisse aus Tabelle 5.5.3.2.2 (S. 268) ergeben sich somit 9,4 Prozent (0,299-0,205= 0,094*100 = 9,4) der Varianz der Clustertypologie subjektbezogener E-Learning-Nutzung, der durch das ökonomische Kapital erklärt werden können.

Auf diese Weise lassen sich für alle Merkmale, die in der linken Spalte von Tabelle 5.2.3.2.2 aufgeführt werden, *partielle R^2-Werte* bestimmten. Dabei fällt auf, dass das *kulturelle Kapital* sowie der *individuelle Lerntyp* den vergleichsweise größten Anteil der Varianz der abhängigen Variablen aufklären und somit die größte Erklärungskraft für die clustertypologischen Ausprägungen subjektbezogener E-Learning-Nutzung aufweisen. Die zusammenfassende Darstellung aller partiellen R^2-Werte nach Nagelkerke, die für das hier vorliegende handlungstheoretische Rahmenmodell relevant sind, findet sich in der vorletzten Zeile von Tabelle 5.2.3.2.2.

Bei den in den anderen Zellen Tabelle 5.5.3.2.2 angezeigten Ergebnissen handelt es sich um Chi²-Werte, die angeben, wie stark die in der linken Spalte der Tabelle dargestellten Merkmalsgrößen zwischen den clustertypologischen Ausprägungen subjektiver E-Learning-Nutzung insgesamt differieren. Der einzelne Chi²-Wert gibt dabei die Höhe der Varianz an, die in dem jeweiligen Modell (Spalte) durch die jeweilige Merkmalsgröße (Zeile) erklärt wird. Chi²-Werte in Form absoluter Zahlen lassen sich für die weitere Analyse allein nicht sinnvoll interpretieren. Der Vergleich der Chi²-Werte innerhalb eines Modells liefert jedoch Hinweise darauf, welche Items eines Merkmalssegments statistisch bedeutsam bzw. signifikant sind. Bezugspunkte

---

103 Oder anders ausgedrückt: 93,4% (=100-6,6) der Varianz können, was die Clusterzugehörigkeit angeht, *nicht* erklärt werden, sodass weitere relevante Einflüsse angenommen werden müssen, wie sie etwa in den nachfolgenden Variablenblöcken des handlungstheoretischen Rahmenmodells operationalisiert sind.

ergeben sich hier zum einen durch den Signifikanzstatus des gegebenen Merkmals und zum anderen durch die Größe des Chi²-Werts.

Mit Blick auf das Merkmalssegment ›Persönliche Einstellung gegenüber computerbasierten Weiterbildungsmaßnahmen‹ lässt sich so zum Beispiel zeigen, dass vor allem die *Freiwilligkeit der Teilnahme* einen Einfluss auf die subjektbezogene E-Learning-Nutzung ausübt, während im Vergleich dazu die *individuelle Akzeptanz* in Bezug auf E-Learning-Angebote geringer ausfällt. Hinsichtlich der statistischen Signifikanz weisen besonders die Indikatorvariablen zum *Grad der Selbstorganisation* bezüglich der *Lernziele* (g5), zum Grad der Selbstorganisation bezüglich des *Zeitmanagements* (g9) sowie zur *Freiwilligkeit der Teilnahme* (c3) stabile resp. besonders deutungsfähige Ergebnisse auf. Damit wird deutlich, welchen Stellenwert die Fähigkeit zur Selbstorganisation im Kontext individueller E-Learning-Nutzung erfährt. Bei E-Learning-Angeboten wird offenbar (implizit) vorausgesetzt, dass Teilnehmer(innen) an beruflichen Weiterbildungsmaßnahmen bereits bei Kursbeginn über solche metakognitiven Kompetenzen verfügen sollten. Dass hier ein zentraler Bedarf für kursvorbereitende oder -begleitende (medien-)pädagogische Aktivitäten zum Aufbau, zur Stärkung und Aufrechterhaltung entsprechender zur Selbstorganisation bzw. -regulation bei (potenziellen) E-Learnern besteht, liegt angesichts der vorgelegten Befunde geradezu auf der Hand.

Vor dem Hintergrund der projektbezogenen theoretischen Rahmung können diese Ergebnisse durch das idealtypische Konzept des Arbeitskraftunternehmers nach Voß/Pongratz (1998) interpretiert werden (s. dazu Kap. 5.2.4). Demnach hat sich die Ware Arbeitskraft durch betriebliche Reorganisationsprozesse und neue unternehmerische Anforderungen verändert und auch zu einem Wandel der Einstellungen von Arbeitnehmern geführt, den Voß und Pongratz mit den Prinzipien der Selbst-Kontrolle, der Selbst-Ökonomisierung und der Selbst-Rationalisierung kennzeichnen. Das berufliche Handlungsmuster des Arbeitskraftunternehmers ist durch eine permanente Anpassungsbereitschaft und -notwendigkeit geprägt, um den sich ständig verändernden (Arbeits-)Markterfordernissen gerecht werden zu können. Die Relevanz der Selbstorganisation sowie der Freiwilligkeit der Teilnahme, die sich aus den Berechnungen der multinomial-logistischen Regressionsanalysen für die E-Learner in der beruflichen Bildung ergeben haben, legen Parallelen zum Handlungsschema des Arbeitskraftunternehmers nahe. Das theoretische Modell des Arbeitskraftunternehmers und die dazugehörigen Handlungsmaximen finden sich somit auch in den Lernstrategien der E-Learner in der beruflichen Bildung wieder.

Dieses Resultat ist auch deswegen plausibel, weil die clustertypologischen Differenzierungen der subjektbezogenen E-Learning-Nutzung besonders auf einem unterschiedlichen Grad an Selbststeuerung basieren (vgl. dazu das Cluster 1: Die selbstbestimmten E-Learner).

In welchem Umfang sich die clustertypologisch differenzierten Formen subjektorientierter E-Learning-Nutzung *insgesamt* durch Unterschiede in den ausgewählten Merkmalsgrößen bzw. Indikatorvariablen interpretieren lassen, kann auf der Basis des Pseudo-R^2-Wertes für Modell 6 beantwortet werden. Unter Berücksichtigung aller Effektgrößen, die zuvor als relevante Bedingungen individueller E-Learning-Nutzung identifiziert wurden, macht der R^2-Wert nach Nagelkerke in Modell 6 (0,564) kenntlich, dass *56,4% der Varianz* der clusteranalytisch rekonstruierten E-Learning-Nutzung durch das vorliegende Rahmenmodell erklärt werden kann.

Diese hohe Anpassungsgüte des Modells 6 muss jedoch vor dem Hintergrund der Tatsache relativiert werden, dass der sich ergebende beträchtliche Anteil an aufgeklärter Varianz bezüglich der Zugehörigkeit zu den Clustertypen der subjektbezogenen E-Learning-Nutzung (56,4%) natürlich zu einem gewissen Anteil darauf zurückzuführen ist, dass sowohl die abhängige Variable der multinomialen Regressionsanalysen, als auch die Clustertypologie aus demselben Datensatz rekonstruiert wurden. Dies führt zu einer Überanpassung des operational umgesetzten Modells an den vorliegenden Datensatz. Um das »wahre« Ausmaß an aufgeklärter Varianz genau abschätzen zu können, wäre eine *Replikationsstudie* mittels eines neu erhobenen Datensatzes notwendig, in deren Rahmen die in dieser Studie rekonstruierten drei Clustertypen vorzugeben wären.

5.2.3.4 Schlussfolgerungen aus der empirischen Überprüfung des Rahmenmodells

Nach Beendigung der Auswertung der multinomial-logistischen Regression sowie der dazugehörigen handlungstheoretischen Rahmenmodelle können einige wesentliche Ergebnisse festgehalten werden: Das Ziel, den jeweiligen Einfluss unterschiedlicher Effektgrößen auf die clustertypologische Ausprägung subjektorientierter E-Learning-Nutzung zu evaluieren, konnte mithilfe der multinomial-logistischen Regression sowohl blockweise für die sechs unterschiedlichen Merkmalsgrößen als auch für jede einzelne Indikatorvariable erreicht werden. Hinsichtlich der Merkmalsgrößen ergab sich somit der vergleichsweise größte Einfluss für das *kulturelle Kapital,* durch das insgesamt 13,9% der Varianz der Clustertypologie persönlicher E-Learning-Nutzung erklärt werden konnten, sowie den Lerntyp, durch den letztendlich 15,4% der Varianz aufgeklärt werden konnten. Unter den Indikatorvariablen, die gemeinsam das kulturelle Kapital repräsentieren, ist die Variable zur beruflichen Stellung besonders bedeutsam. Daraus ergibt sich die Vermutung, dass die Art der individuellen E-Learning-Nutzung je nach beruflicher Stellung relativ deutlich differieren kann. Bereits mithilfe der binär-logistischen Regressionsanalysen konnte z.B. verdeutlicht werden, dass sich die berufliche Stellung als Selbstständige(r) mit einer hohen Wahrscheinlichkeit in einer medienaffinen, selbstbestimmten E-Learning-Nutzung niederschlägt.

Bei den Indikatorvariablen zum Lerntyp weisen vor allem der »Grad der Selbstorganisation bzgl. der Lernziele« und der »Grad der Selbstorganisation hinsichtlich des Aufgaben-/Zeitmanagments« einen statistisch bedeutsamen Zusammenhang auf. Ihre Interpretationskraft wurde von uns im Kontext subjektbezogener E-Learning-Nutzung bereits dargestellt.

Die abschließende Analyse der Ergebnisse der multinomial-logistischen Regressionen liefert jedoch nicht nur Aufschluss über die besonders einflussreichen, weil statistisch und substanziell signifikanten Indikatorvariablen. Vielmehr bieten auch die Variablen, bei denen keine statistischen Zusammenhänge nachgewiesen werden konnten, einen gewissen Interpretationsspielraum. So ließ sich beispielsweise zeigen, dass weder die Variablen zur Weiterbildungserfahrung noch diejenigen zum Grad der Selbstorganisation bzgl. der Lernzeiten eine besondere Erklärungskraft für die Ausprägung der subjektorientierten E-Learning-Nutzung besitzen.

5.2.4 *Dimensionierung zentraler Qualifizierungsstrategien des Arbeitskraftunternehmers am Beispiel von E-Learnern in der beruflichen Bildung*

Die nachfolgenden Ergebnisse beziehen sich auf die Anwendung einer gesonderten Hauptkomponentenanalyse, die als Bestandteil der quantitativen multivariaten Datenauswertung durchgeführt wurde. Ziel dieser Hauptkomponentenanalyse war es festzustellen, inwieweit ein struktureller Wandel der Ware Arbeitskraft, der sich am *idealtypischen Modell* des Arbeitskraftunternehmers nach Voß und Pongratz (1998) orientiert, in den Qualifizierungsstrategien der E-Learner empirisch nachgewiesen werden kann.

Eine Untersuchung der Qualifizierungsbedürfnisse lernender Subjekte in der beruflichen Bildung, wie sie hier bereits mithilfe unterschiedlicher empirischer Verfahren durchgeführt und dokumentiert wurde, sollte auch den zunehmenden Umstrukturierungsprozessen im Rahmen der Erwerbsarbeit Rechnung tragen. Bereits vor einigen Jahren haben Günther Voß und Hans G. Pongratz (ebd.) aus ihrer soziologisch orientierten Perspektive deutlich gemacht, dass der heutige Arbeitnehmer den Anforderungen einer wachsenden Arbeitsmarktflexibilität ausgesetzt ist. In diesem Zusammenhang beschreiben die Autoren einen historisch bedingten Wechsel des Arbeitskrafttypus, der sich seit der Industrialisierung im 18. und 19. Jahrhundert immer wieder gewandelt hat, um sich den veränderten Strukturen der jeweiligen Arbeitswelt anzupassen. In der modernen, global vernetzten Wirtschafts- und Arbeitswelt, in der es für Arbeitgeber und Arbeitnehmer in erster Linie darauf ankommt, möglichst flexibel reagieren zu können, scheint sich der Arbeitskrafttypus vom *verberuflichten Arbeitnehmer* hin zum *verbetrieblichten Arbeitskraftunternehmer* zu wandeln. Die Qualifikationen, über die ein Arbeitskraftunternehmer verfügen sollte, um in der modernen Arbeits- und Berufswelt erfolgreich agieren zu können, spitzen Voß und Pongratz (1998, 2003) auf die drei Maximen der (1) *Selbst-Kontrolle*, (2) *Selbst-Ökonomisierung* und der (3) *Selbst-Rationalisierung* zu.

Dabei bezieht sich der Begriff der *Selbst-Kontrolle* auf den permanenten Zwang des Arbeitskraftunternehmers, seine täglichen Arbeitsprozesse eigenständig zu planen und zu strukturieren, da die Betriebe dabei sind, ihren internen Kontrollaufwand zu reduzieren und in den Verantwortungsbereich des Arbeitskraftunternehmers zu verlagern. So bewirkt die Anwendung der Selbst-Kontrolle eine verstärkte Steuerung und Überwachung der eigenen Tätigkeit im jeweiligen Arbeitsfeld und am Arbeitsplatz, um die vorgegebenen Arbeits- und Produktionsziele erreichen zu können.

Im Unterschied zur Selbst-Kontrolle ist der Begriff der *Selbst-Ökonomisierung* eher auf einer analytischen Ebene angesiedelt, mit dem das »Verhältnis zu eigenen Arbeitskraft als Ware« (Pongratz/Voß 2003, S. 25) dokumentiert werden soll. Statt wie bisher lediglich standardisierte berufliche Kompetenzen, die beispielsweise durch den Erwerb eines Bildungszertifikats oder Berufsabschlusses zum Ausdruck gebracht werden, auf dem Arbeitsmarkt anzubieten, wird der Arbeitskraftunternehmer zu einem Makler seiner individuellen Fähigkeiten. Das eigene Qualifikationsprofil wird permanent an die Entwicklungen und Erfordernisse des Markts angepasst, ggf. modifiziert und anschließend wiederholt zur Verfügung gestellt. Die Orientierung der eigenen Arbeitskraft am wirtschaftlichen Nutzen und der aktuellen Arbeitsmarktlage ist kein neues Phänomen, sondern findet sich bereits seit längerer Zeit in Bildungsdebatten wieder, die durch die Forderung des »Lebenslangen Lernens« geprägt sind.

Als konsequente Ergänzung einer permanenten Überprüfung der eigenen Arbeitsprozesse einerseits und der regelmäßigen Aktualisierung des eigenen Qualifikationsprofils andererseits kann das Leitmotiv der *Selbst-Rationalisierung* angeführt werden. Hierunter verstehen die Autoren die »zweckgerichtete, alle individuellen Ressourcen gezielt nutzende Durchgestaltung des gesamten Lebenszusammenhangs, der in neuer Qualität systematisch auf den Erwerb ausgerichtet ist« (ebd.).

Sicherlich haben die drei Leitmotive und deren inhaltliche Ausgestaltung, die die Autoren zum idealtypischen Modell des Arbeitskraftunternehmers verdichtet haben, in erster Linie analytischen

Charakter. Unabhängig von der Fragestellung, ob und inwieweit der Arbeitnehmer heute bereits dem Prototypen des Arbeitskraftunternehmers entspricht, hat sich mittlerweile besonders der Bereich der beruflichen Bildung als zentraler Wettbewerbsfaktor für den Arbeitsmarkt entwickelt. Gerade im Rahmen beruflicher Aus-, Fort- und Weiterbildung werden seit Ende des 20. Jahrhunderts verstärkt medienunterstützte Lernszenarien in Form von Blended Learning- und E-Learning-Maßnahmen angeboten, um den Arbeitnehmern die Möglichkeit zu geben, sich beruflich relevante Lerninhalte möglichst zeit- und ortsunabhängig anzueignen.

In diesem Zusammenhang ist das Forschungsprojekt der Frage nachgegangen, ob und inwiefern sich die drei Leitmotive des verbetrieblichten Arbeitskraftunternehmers nach Voß und Pongratz in den Qualifizierungsstrategien und -bedürfnissen von E-Learnern in der beruflichen Bildung wiederfinden. Zur empirischen Überprüfung dieser Fragestellung wurde das multivariate Verfahren der Hauptkomponentenanalyse angewandt, um die verschiedenen Aktivitäten der E-Learner, die mit dem theoretischen Konzept des Arbeitskraftunternehmers verknüpft werden können, zu inhaltlich interpretierbaren, aussagekräftigen Variablen- bzw. Handlungsklassen zu bündeln (s. Abb. 5.2.4.1).

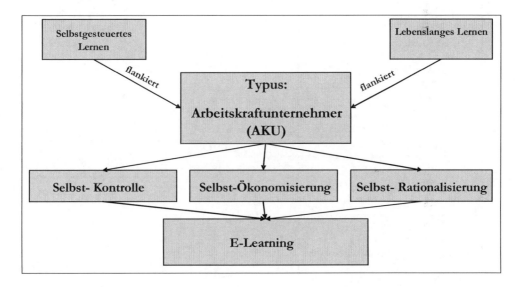

Abbildung 5.2.4.1: Relationen zwischen den Konzepten des »Arbeitskraftunternehmers« und des »E-Learnings« im Kontext von Selbstgesteuertem und Lebenslangem Lernen

Insgesamt fanden in der Hauptkomponentenanalyse für das Modell des Arbeitskraftunternehmers 20 Variablen aus dem von uns applizierten Online-Fragebogen[104] Berücksichtigung, anhand deren die subjektivierten Einschätzungen der E-Learner zur Selbst-Kontrolle, Selbst-Ökonomisierung und Selbst-Rationalisierung erfasst werden sollten. Für die *Selbst-Kontrolle* wurden beispielsweise Variablen herangezogen, die das persönliche Qualitäts- und Kompetenzverständnis der E-Learner auf ihrem Arbeitsgebiet sowie die Transferqualität der erlernten Wissensbestände fokussierten. Der Prozess der *Selbst-Ökonomisierung* wurde durch Items

---

104 Es sind dies Items aus den Themenmodulen C1, H6, I1, I3 und I4 des Fragebogens (s. Kap. 10.1, S. 303ff.).

abgebildet, die einerseits die Motive zur Weiterbildung, andererseits den Output bzw. die persönliche Einschätzung des Lernerfolgs für das angestrebte Ziel zum Ausdruck bringen. Schließlich konnte darüber hinaus auch die Ebene der *Selbst-Rationalisierung* durch Variablen zur Flexibilität des Lernprozesses integriert werden.

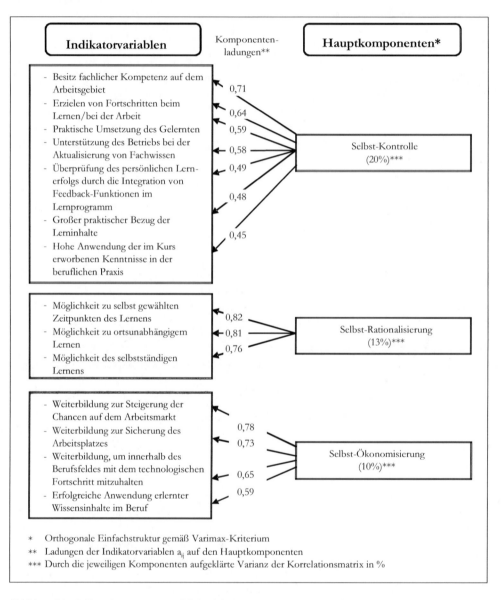

Abbildung 5.2.4.2: Hauptkomponentenmodell des Arbeitskraftunternehmer-Modells bei E-Learnern in der beruflichen Bildung (n= 298)

Letztendlich konnte die Binnenstruktur des Arbeitskraftunternehmerkonzepts mit den entsprechenden drei Kerndimensionen durch die Ergebnisse der Hauptkomponentenanalyse bestätigt werden. Als beste empirische Rekonstruktion der vorliegenden Daten erwies sich ein Modell mit drei Hauptkomponenten, durch das schließlich ca. *43 % der Varianz* der zugrunde liegenden Korrelationsmatrix erklärt werden konnten (s. Abbildung 5.2.4.2, S. 274). Dieses soll im Folgenden vorgestellt werden. Bei ihm weisen 14 der 20 interkorrelierten Variablen auf den drei Komponenten substanzielle Ladungen ($a_{ij} \geq .40$) auf.

Hauptkomponente 1: *Selbst-Kontrolle*
Die Hauptkomponente Selbst-Kontrolle fasst insgesamt sieben Variablen über subjektbezogene Einschätzungen zum Qualitätsverständnis von Arbeit und Weiterbildung zusammen: Diese beginnen mit dem Item zum »Besitz fachlicher Kompetenz auf dem Arbeitsgebiet« über das »Erzielen von Fortschritten beim Lernen/bei der Arbeit«, die »praktische Umsetzung des Gelernten«, die »Unterstützung des Betriebes bei der Aktualisierung von beruflichem Fachwissen«, die »Überprüfung des persönlichen Lernerfolgs durch die Integration von Feedback-Funktionen im Lernprogramm«, den »praktischen Bezug der Lerninhalte« und schließlich die »Anwendung der im Kurs erworbenen Kenntnisse in der beruflichen Praxis«.

Die Befunde zeigen, dass der Besitz fachlicher Kompetenz auf dem Arbeitsgebiet, welcher innerhalb der Hauptkomponentenmatrix die höchste Ladung erzielt hat und somit als eine zentrale Variable angesehen werden kann, eng mit der Voraussetzung verbunden ist, Fortschritte beim Lernen/bei der Arbeit zu erzielen. Für diese Zwecke scheint die Teilnahme an einer beruflichen Weiterbildungsmaßnahme das geeignete Mittel zu sein, was wiederum als Bestätigung der immer wieder propagierten Forderung nach lebenslangem Lernen interpretiert werden kann. Für die individuelle Bewertung einer besuchten Weiterbildungsmaßnahme scheint es wiederum wichtig zu sein, das Gelernte auch anschließend praktisch umsetzen zu können, d.h. eine gewisse Transferqualität zu erzielen. Der Schwerpunkt der Hauptkomponente »Selbst-Kontrolle«, verstanden als Erweiterung des theoretisch Konzepts des Arbeitskraftunternehmers, liegt demnach auf der Praxisnähe der Weiterbildungsinhalte, die eine beabsichtigte fachliche Flexibilität im Hinblick auf den betrieblichen Einsatz und die berufliche Qualifikation unterstützt. Hier könnte der Begriff der eigenen Bildungskontrolle angeführt werden, sofern er als Optimierung des theoretischen Fachwissens und seiner Transferqualität für die eigene berufliche Praxis verstanden wird. Die Hauptkomponente der Selbst-Kontrolle ist die erklärungsreichste Teilkomponente des empirisch gewonnenen Hauptkomponentenmodells. Sie vereinigt 20% der Varianz der zugrunde liegenden Korrelationsmatrix auf sich.

Hauptkomponente 2: *Selbst-Rationalisierung*
Teilkomponente zwei unseres Hauptkomponentenmodells umfasst die Dimension der Selbst-Rationalisierung. Hier finden sich substanzielle Ladungen von Variablen, die sich auf die Organisation bzw. auf die Bedingungen des eigenen Lernprozesses beziehen. Sowohl die »Möglichkeit, zu selbstgewählten Zeitpunkten zu lernen« (0,82), die »Möglichkeit zu ortsunabhängigem Lernen« (0,81) sowie die »Möglichkeit des selbstständigen Lernens« (0,76) sind Items, die eine Individualisierungsstrategie der Lernenden abbilden und auf den Wunsch der Selbstbestimmtheit beim Lernen ausgerichtet sind.

Die oftmals propagierten Vorzüge von reinen E-Learning-Szenarien gegenüber klassischen Lernumgebungen, nämlich die Zeit- und Ortsunabhängigkeit oder die Optionen der Selbststeuerung, können hier durch die empirische Struktur der Hauptkomponente Selbst-Rationalisierung bestätigt werden. Selbst-Rationalisierung, in Anlehnung an Voß und Pongratz als systematische Durchgestaltung des eigenen Lebens mit der Ausrichtung auf Erwerbstätigkeit verstanden, schließt nach unserem Verständnis auch die zunehmende Überlappung von beruflich orientierten und freizeitorientierten Tätigkeiten ein. Auch der Umgang mit beruflichen Bildungs- und Lernangeboten zu beliebigen Zeiten und an beliebigen Orten, wie er sich im Rahmen von E-Learning-Angeboten realisieren lässt, kann als beispielhafter Beleg für eine Rationalisierungsstrategie herangezogen werden. Insgesamt können mit dieser Hauptkomponente ca. 13% der Varianz der zugrunde liegenden Korrelationsmatrix erklärt werden.

Hauptkomponente 3: Selbst-Ökonomisierung
Die dritte Teilkomponente des Hauptkomponentenmodells bildet die Ebene der Selbst-Ökonomisierung. Sie bündelt vier Variablen, die die individuelle Teilnahme an einer Weiterbildungsmaßnahme begründen sowie persönliche Ziele die Teilnehmer von E-Learning-Kursen benennen. Dabei besitzen die beiden Items »Steigerung der Chancen auf dem Arbeitsmarkt als Weiterbildungsmotiv« (0,78) und »Sicherung des Arbeitsplatzes« (0,73) die größte Erklärungskraft für die inhaltlich-konzeptionelle Ausrichtung der Hauptkomponente. Besonders bei dieser Hauptkomponente zeigen sich die engen inhaltlichen Parallelen unserer Ergebnisse zum theoretischen Modell des Arbeitskraftunternehmers nach Voß und Pongratz (1998, 2003). Vor allem die Variable »Steigerung der Chancen auf dem Arbeitsmarkt als Weiterbildungsmotiv«, die innerhalb der Teilkomponente die höchste Ladung erzielt, weist eine hohe Deckungsgleichheit mit der theoretischen Vorlage auf, wonach Selbst-Ökonomisierung ja deutlich machen soll, dass der Arbeitskraftunternehmer zu einem Makler seines eigenen Qualifikationsprofils wird, das er permanent an den Erfordernissen des Arbeitsmarkts orientiert. Letztlich vollzieht sich die Selbst-Ökonomisierung der E-Learner als strategische Vermarktung der individuellen Fähigkeiten. Dabei kann mithilfe dieser Teilkomponente die Varianz der zugrunde liegenden Korrelationsmatrix zu ca. 10% aufgeklärt werden.

Zusammenfassend lassen sich die idealtypisch konstruierten zentralen Leitmotive des Arbeitskraftunternehmer-Modells mithilfe der Hauptkomponentenanalyse in der untersuchten Gruppe von E-Learnern in der beruflichen Bildung in geradezu prägnanter Weise empirisch nachbilden. Ferner ist es möglich, den strukturellen Wandel[105] der Ware Arbeitskraft gerade auf der Ebene von subjektbezogenen Qualifizierungsstrategien beispielhaft zu dokumentieren. Auch wenn dieser Befund in weiteren replikativen Studien, auch längsschnittlicher Art, weiter erhärtet werden müsste, um die Allgemeingültigkeit dieses Modells über die offenbar noch immer avantgardistische Teilpopulation der E- und Blended-Learner in der beruflichen (Weiter-)Bildung auszudehnen, so kann aktuell für den Arbeitskraftunternehmer immerhin durch

---

105 Es versteht sich fast von selbst, dass der hier verwendete Begriff des Wandels sich nicht auf eine langfristig angelegte empirische Längsschnittuntersuchung bezieht, sondern als zeitlichen Vergleichspunkt retrospektiv die sozialhistorisch vielfach belegte Herausbildung der Rolle des Arbeitenehmers wählt, um ihn mit den gegenwärtig zu beobachtenden gesellschaftlichen Umbruchtendenzen in Beziehung zu setzen, und zwar heruntergebrochen auf berufs- und betriebssoziologische Verhältnisse, zu denen gerade auch die (Weiter-)Bildungsaktivitäten der in ihr handelnden Personen gehören.

die drei Teilkomponenten der vorliegenden Analyse zumindest ein *spezifisches Weiterbildungsprofil* ausdifferenziert werden:

- *Selbst-Kontrolle* als gezielte Entwicklung und Steuerung der individuellen beruflichen (Weiter-) Bildungsleistung sowie der praxisbezogenen Transferqualität erlernter Wissenseinheiten,
- *Selbst-Rationalisierung* als Organisation und Steuerung des individuellen Lernverhaltens auf der Basis einer möglichst reibungslosen Kompatibilität mit der täglichen Lebensführung und
- *Selbst-Ökonomisierung* als bewusste Wahl solcher Bildungsangebote, die eine Optimierung des beruflichen Marktwerts nach sich ziehen.

6. Zusammenfassung der Studie und medienpädagogische Konsequenzen

Nach einer qualitativen Befragung mit 24 Teilnehmerinnen und Teilnehmern einer Weiterbildungsmaßnahme mit Neuen Medien sowie einem standardisiert-schriftlichen Web-Survey mit 430 Personen,[106] die sich in der Bundesrepublik Deutschland bei kommerziellen Bildungsinstitutionen im Rahmen von E-Learning- oder Blended-Learning-Settings beruflich weitergebildet haben, liegt uns ein breiter Zugang zu Bedürfnissen, Anforderungen, Qualitätsstrategien und Motivstrukturen von E-Learnern *aus der Nutzerperspektive* vor. Der zeitlichen Erhebungsstruktur der Daten folgend, werden zunächst die qualitativen Befunde und darauffolgend die quantitativen Befunde zusammenfassend dargestellt, wobei bestimmte Akzente gesetzt werden sollen, die wir als besonders relevant erachten. Im Anschluss daran werden medienpädagogische Konsequenzen entwickelt, die helfen sollen, die Akzeptanz, die Rahmenbedingungen, den Aneignungsprozess und damit auch die Ergebnisse von E-Learning *teilnehmerorientiert* zu optimieren.

6.1 Fazit der qualitativen Teilstudie

Die Rekonstruktion von subjektbezogenen Sichtweisen auf E-Learning mithilfe von qualitativen Verfahren nimmt in dieser Studie eine zentrale Rolle ein und bestimmt maßgeblich daraus zu ziehende (medien-)pädagogische Schlussfolgerungen. Im Folgenden sollen drei Fragen im Mittelpunkt stehen: *Erstens* wird der Fragestellung nachgegangen, aufgrund welcher Faktoren sich jemand für eine Weiterbildungsmaßnahme mit Neuen Medien entscheidet. *Zweitens* ist es aufschlussreich, sich die Qualitätskriterien aus E-Learner-Sicht zu vergegenwärtigen. *Drittens* werden die vier qualitativ rekonstruierten E-Learner-Typen vorgestellt und hierbei im Besondern deren unterschiedliche Bedürfnisse und Qualitätsansprüche in den Blick genommen.

6.1.1 Faktoren zur Teilnahme an einer Weiterbildungsmaßnahme mit Neuen Medien

Aus welchen Gründen entscheidet sich jemand, an einer Weiterbildungsmaßnahme mit Neuen Medien teilzunehmen? Welche Faktoren aus Sicht der Befragten sind es, die zu einer solchen Teilnahme führen? Gerade für Weiterbildungseinrichtungen sollten diese Fragen die Grundlage für die Konzeption ihrer Angebote bilden, um den Zielen, die Nutzerinnen und Nutzer mit einer Weiterbildungsmaßnahme verbinden, gerecht zu werden. Unter Verwendung der Auswertungsstrategie des axialen Kodierens nach der *Grounded Theory* können folgende Schlussfolgerungen gezogen werden:

Die meisten der qualitativ Interviewten erhoffen sich durch die Teilnahme an einer Weiterbildung *berufliche Vorteile*. Insbesondere wird der Schwerpunkt auf die Sicherung des eigenen

---

106 Hier ist der bereinigte Stichprobenumfang angegeben.

Arbeitsplatzes, auf mögliche berufliche Aufstiegsmöglichkeiten und das Bedürfnis nach finanzieller Sicherheit respektive dem Streben nach höherem ökonomischem Kapital (vgl. Bourdieu 1987) gelegt. Letzteres ist offenbar vor allem für die Gruppe der 20- bis 30-Jährigen ein ausschlaggebender Faktor für eine Teilnahme.

Neben den erhofften beruflichen Vorteilen, die mit der Teilnahme an einer Weiterbildungsmaßnahme verbunden sind, spielt der Faktor *Lebenswelt* eine zentrale Rolle dafür, ob man sich für ein Weiterbildungsangebot mit Neuen Medien entscheidet. So suchen sich etwa Weiterbildungsteilnehmer mit *familiärem* Hintergrund eher E-Learning-Angebote aus, um möglichst zeitunabhängig zu lernen, d.h. zu Hause lernen zu können und gleichzeitig bei der Familie zu sein. Darüber hinaus stellte sich heraus, dass auch der soziale Umgang mit Bekannten, Freunden, Kollegen ausschlaggebend ist. Die *soziale Eingebundenheit* hat sich als ein nicht zu unterschätzender Faktor herausgestellt. Sich gemeinsam für eine Weiterbildungsmaßnahme zu entscheiden, ist anscheinend ein großer Anreizpunkt. Diese Handlungsstrategie kann auch als *soziale* Strategie bezeichnet werden, da sich durch die Aktivierung des sozialen Kapitals die Motivation zur Teilnahme erhöht beziehungsweise auch erst bedingt wird. Dabei verbinden die Interviewten mit der gemeinsamen Kursanmeldung *erstens* eine Reduzierung von Unsicherheiten, da sie in diesem Fall auf bereits vertraute soziale Beziehungen zurückgreifen können. *Zweitens* erhoffen sich diese Teilnehmer und Teilnehmerinnen eine erhöhte Lernmotivation durch die erwartete gegenseitige Unterstützung.

Besonders interessant in Bezug auf unser Forschungsprojekt ist der Umstand, dass etwa die Hälfte der interviewten Personen explizit E-Learning beziehungsweise Blended Learning als ausschlaggebenden Entscheidungsgrund für eine Teilnahme benannten. Dabei sind (a) Neugier gegenüber E-Learning, (b) Spaß an Neuen Medien, (c) Wunsch nach basis- und anwendungsorientiertem Wissen im Umgang mit dem Computer und (d) der Erwerb von Computerkenntnissen für die Bewältigung des Alltags die vornehmlichen Motive. Lernen durch Neue Medien ist für diese Gruppe eine attraktive Lernform. Somit haben wir es hier mit einem speziellen Lernertypus zu tun, der den Neuen Medien vornehmlich aufgeschlossen gegenübersteht. Entgegen diesem qualitativen Befund votieren quantitativ Befragte laut Berichtssystem Weiterbildung in der Bundesrepublik Deutschland insgesamt am wenigsten dafür, sich mithilfe von computerunterstützten Selbstlernprogrammen und dem Internet Wissen anzueignen. Diese Lernform rangiert von neun möglichen Lernformen auf dem letzten Platz (vgl. BMBF 2006, S. 278). Somit haben wir es in unserer qualitativen Befragung eher mit einer besonderen Klientel zu tun, die ein herausgehobenes Interesse an elektronisch gestützten Weiterbildungsmaßnahmen besitzt und damit zugleich im Hinblick auf das Streben zur Sicherung angemessener Qualifikationen für ein erfolgreiches berufliches und betriebliches Handeln in der Informations- und Wissensgesellschaft immer noch als avantgardistisch zu bezeichnen ist.

In diesem Zusammenhang ist höchst interessant, dass der Wunsch, sich gerade per E-Learning weiterzubilden – und damit nicht zuletzt Computer- und Internetkompetenz zu erwerben –, vor allem ein weibliches Weiterbildungsmotiv zu sein scheint. Ergebnisse der Medienkompetenzstudie von Treumann u.a. (2002) lassen die Schlussfolgerung zu, »dass Frauen sehr viel stärker gefährdet sind, den Anschluss an das digitale Zeitalter zu verpassen – und damit die Aneignung und Nutzung der Neuen Medien (gender-gap)« (Treumann u.a. 2002, S. 189). Es besteht insofern der Eindruck, dass die von uns interviewten Frauen sich der angesprochenen Problematik bewusst sind und gezielt versuchen, diesem Trend entgegenzuwirken. In diesem

Zusammenhang soll nicht unerwähnt bleiben, dass auch die von uns durchgeführte quantitative Untersuchung dieses Bild untermauert: Lediglich 32,1% der von uns Interviewten waren Männer. Hier lässt sich die These formulieren, dass Frauen tendenziell E-Learning-Angeboten aufgeschlossener gegenüberstehen als Männer.

Diese These wird nicht zuletzt durch den Befund gestützt, dass sich vor allem ein Teil der männlichen Befragten relativ häufig skeptisch oder abgeneigt gegenüber E-Learning geäußert hat. Diese Einstellung zu E-Learning-Angeboten manifestiert sich sodann in der Vorliebe der interviewten Männer für ein angeleitetes Lernen oder das Lernen in einer Face-to-Face Gruppe. Demzufolge hat diese Personengruppe die Kursform E-Learning/Blended-Learning eher aus Mangel an Alternativen gewählt. In diesem Zusammenhang ist kritisch hervorzuheben, dass zwar E-Learning viele Vorteile mit sich bringt, wenn allerdings von den Lernern eine andere Lernform favorisiert wird, sollten allgemein auch solche Bedürfnisse anerkannt und entsprechend berücksichtigt werden. Jemand der nicht per E-Learning lernen will, wird voraussichtlich auch kein ›guter‹ E-Learner sein.

Ein Faktor, der für die skeptische Haltung der männlich Befragten gegenüber E-Learning im besonderen Maße ausschlaggebend zu sein scheint, ist in den vorhandenen geringen Selbstlernkompetenzen zu sehen. Im Vergleich zu den Frauen scheinen die Männer tendenziell eher Probleme mit dem selbstgesteuerten Lernen zu haben. Sie neigen offenbar insgesamt dazu, sich Lerninhalte passiv anzueignen, möchten eher zuhören, mitlesen, beobachten und wahrnehmen, anstatt selbst zu agieren. Aus diesem Grund werden von ihnen auch überproportional häufig Präsenzphasen bevorzugt. Als Konsequenz dieser Lerneinstellung benötigen die männlichen Befragten eher professionelle Unterstützung beim selbstgesteuerten Lernen, indem ihnen zum Beispiel Lernstrategien vermittelt werden, die sie dann beim E-Learning umsetzen können.

Insgesamt hängt die Entscheidung, an einer Weiterbildung mithilfe Neuer Medien teilzunehmen von folgenden Faktoren ab: Erstens *angenommene berufliche Vorteile,* zweitens die *aktuelle Lebenssituation* (familiärer Kontext und soziales Netzwerk), drittens *Aufgeschlossenheit gegenüber Neuen Medien* und viertens *vorhandene Selbstlernkompetenzen*. Nicht zuletzt scheint ein weiterer Faktor das Geschlecht bzw. die *Geschlechterrolle* zu sein.

6.1.2 Anforderungen an E-Learning-Angebote

Die Konzeption von E-Learning bzw. Blended-Learning-Angeboten hängt eng damit zusammen, mit welchen Anforderungen heutige Lerner an ihre Weiterbildung herangehen. Um dieser Frage nachzugehen, wurden Qualitätsfelder aus E-Learner-Sicht eruiert, die sich auf unterschiedliche Bedürfnisse in Bezug auf Weiterbildungsangebote mit Neuen Medien beziehen lassen. *Vier Qualitätsfelder* sind bei der Beurteilung von Lernszenarios aus der Lernerperspektive besonders wichtig:

Erstens ist der *Kursaufbau* der Weiterbildungsmaßnahme zu nennen. Dies erstreckt sich auf die Kombination unterschiedlichster Lernformen – wie etwa CBT, WBT, virtuelles Klassenzimmer, asynchrone und synchrone Kommunikationsmöglichkeiten, Gruppenarbeit, Präsenzphasen. *Zweitens* spielt aus E-Learner-Sicht die Art und Weise der *sozialen Eingebundenheit* eine entscheidende Rolle. Dies betrifft Möglichkeiten zu Kooperation und Kommunikation mit anderen Mitlernern. *Drittens* ist der *tutorielle Support* ein entscheidendes Qualitätsfeld; er spielt vor allem in Bezug auf Frustrations- und Erfolgserlebnisse beim E-Learning eine wichtige Rolle. Der tutorielle Support bezieht sich dabei auf den Umgang mit technischen Problemen, inhaltlichen Fragen, Motivationsdefiziten, Lernhilfen und Instruktionsanleitungen beim Lernen etc. *Schließlich* zählt noch die *mediale didaktische und ästhetische Gestaltung des zu Erlernenden*. Unterschiedliche Feedbackmöglichkeiten, Wahl des Anforderungsprofils, Multimedialität, verschiedene Recherchefunktionen, Anforderungen an die Grafik sowie die Integration spielerischer Elemente gehören vornehmlich zu diesem Qualitätsfeld. Folglich sind für die von uns befragten Personen folgende Qualitätsfelder zur Beurteilung einer E-Learning-Maßnahme ausschlaggebend:

- Kursaufbau,
- Soziale Eingebundenheit,
- Tutorieller Support und
- Gestaltung der Lernumgebung.

Diese vier Qualitätsfelder, die im Laufe der Auswertung rekonstruiert wurden, lassen sich weiter auf die von uns rekonstruierten Typen beziehen. Dabei basiert die *qualitative Typologiekonstruktion* auf unterschiedlichen Vergleichsdimensionen bzw. Hauptkategorien. Diese lauten im Einzelnen: *»Weiterbildungsverhalten«*, *»Lernen (E-Learning)«* sowie *»Qualität von E-Learning-Weiterbildungsmaßnahmen«* aus der Nutzerperspektive (vgl. Tabelle 10.8 im Anhang). Die auf diesen Vergleichsdimensionen basierende E-Learning-Typologie weist wiederum insgesamt *vier markante Typen von E-Learning-Nutzern* auf, die jeweils unterschiedliche Präferenzen und Bedürfnisse in Bezug an das Weiterbildungsangebot mit Neuen Medien herantragen. Die vier mittels qualitativer Forschungsmethoden gewonnenen Typen lassen sich im zusammenfassenden Überblick wie folgt charakterisieren:

6.1.2.1 Typus 1: »Der autonome E-Learner«

Der Typus »Autonomer E-Learner« ist in der Mehrzahl weiblich, besitzt ein umfangreiches Bildungskapital, eine hohe Selbstwirksamkeitsüberzeugung und ist selbstbewusst. Lebenslanges Lernen wird tendenziell als Selbstverständlichkeit angesehen, *Lernen* wird nicht als Belastung oder Mühe gedeutet wird, sondern *als gewinnbringende positive Tätigkeit*. Dieser Typus befürwortet das selbstständige Lernen. So verwundert es nicht, dass dieser Typus im Vergleich zu den anderen rekonstruierten Gruppen den höchsten Grad an *Selbstlernkompetenzen* aufweist, die sich in der Fähigkeit zur Selbstorganisation, Selbststeuerung und Selbstdisziplin offenbaren. Man kann sie als Individualisten bezeichnen, da sie einerseits die Gruppe zum Lernen nicht benötigen und sie andererseits auch gar nicht wollen. Stattdessen fordern sie *alleiniges E-Learning*. Weder benötigen sie Instruktion oder Hilfe im Lernprozess von außen noch wünschen sie diese; vielmehr entspricht es ihrer Absicht, ihren Lernprozess in Eigenverantwortlichkeit zu gestalten. Von einem E-Learning-Szenario erwarten sie vor allem Anwenderfreundlichkeit – es muss *selbsterklärend* aufbereitet sein –, Interaktivität, Multimedialität, kreative, didaktische Gestaltung und Aktualität. Versucht man, die Anforderungen der autonomen E-Learner den vier Qualitätsfeldern zuzuordnen, dann lässt sich Tabelle 6.1.2.1 erstellen:

Tabelle 6.1.2.1: Anforderungsprofil des autonomen E-Learners an die vier Qualitätsfelder

Qualitätsfelder	Höhe des Anforderungsniveaus an E-Learning			
	gering	eher gering	eher hoch	hoch
Kursaufbau	X			
Soziale Eingebundenheit	X			
Tutorieller Support	X			
Lernumgebung			X	

Der Tabelle ist zu entnehmen, dass die autonomen E-Learner geringe Anforderungen an einen Weiterbildungskurs mit Neuen Medien stellen. Der gewünschte Kursaufbau bezieht sich allein auf E-Learning-Einheiten, kooperative Lernformen werden eher nicht gewünscht, an den tutoriellen Support werden ebenfalls kaum Anforderungen gestellt, lediglich an die *didaktische Gestaltung der Lernumgebung* wird ein *eher hoher Anspruch* erhoben.

6.1.2.2 Typus 2: »Der intrinsisch motivierte E-Learner«

Der Typus der »Intrinsisch motivierter E-Learner« sticht vor allem durch seine *große Lernbegeisterung* im Vergleich zu den anderen Typen hervor. Eine hohe Motivation sowie die ständige Bereitschaft zum lebenslangen Lernen und zur Suche nach neuen Herausforderungen kennzeichnen die Angehörigen dieses Typus. Dazu passt, dass dieser Typus auch gerne *verantwortungsvolle Aufgaben im Beruf* übernimmt. Gerade die Konfrontation mit Problemen und schwierigen Situationen empfinden die Angehörigen dieses Typus nicht als Bürde, sondern als Herausforderung, um entsprechende Handlungsalternativen und Lösungsstrategien zu entwickeln. Im Vergleich zu den »Autonomen E-Learnern« sind die Lernkompetenzen der »Intrinsisch motivierten E-Learner« hinsichtlich Selbstbestimmung und Selbststeuerung im Lernprozess aus subjektbezogener Sicht zwar weniger stark ausgeprägt, befinden sich aber trotzdem auf einem relativ hohen Niveau. Obwohl die »Intrinsisch motivierten E-Learner« Lernzeiten und -orte wie auch bestimmte Ziele eigenständig bestimmen möchten und nach ihrer eigenen Einschätzung auch Kompetenz und Dispositionen mitbringen, die gestellten Anforderungen diszipliniert und motiviert durchzuführen, empfinden sie *instruktionale Hilfestellungen* im Lernprozess von außen – im Gegensatz zu den »Autonomen E-Learnern« – *als hilfreich.* So schätzen sie auch die tutorielle Betreuung und die Funktionen von Präsenzphasen. Aus den Lernpräferenzen und -kompetenzen der »Intrinsisch motivierten E-Learner« ergibt sich, dass sie sich *bevorzugt für ein Blended-Learning Szenario* entscheiden würden, wobei allerdings die E-Learning-Einheiten, die man für sich selbstständig macht, überwiegen sollten. Von einer Lernumgebung erwarten die »Intrinsisch motivierten E-Learner«, dass sie sich durch Feedbackmöglichkeiten bezüglich des Lernerfolgs auszeichnet, langsam hinsichtlich der Komplexität von Lerninhalten ansteigt und praktische Beispiele bereithält. Aus diesen Gründen eignen sich für die »Intrinsisch motivierten E-Learner« vor allem stark *multimedial und hypermedial ausgerichtete Systeme.*

Im Vergleich zum autonomen E-Learner stellt der intrinsisch motivierte E-Learner schon höhere Anforderungen an eine Weiterbildungsmaßnahme mit Neuen Medien. Der *Kursaufbau* sollte unterschiedliche didaktische Szenarien wie Selbstlernphasen mit Neuen Medien, aber auch Präsenzphasen beinhalten. Der Wunsch nach kooperativen Lernszenarien ist vorhanden, wenn auch in einem geringen Maß. Gleiches gilt für den tutoriellen Support. An die *Lern-*

umgebung werden dagegen eher hohe Ansprüche gestellt, um das selbstgesteuerte Lernen effektiv durchführen zu können.

Tabelle 6.1.2.2: Anforderungsprofil des intrinsisch motivierten E-Learners an die vier Qualitätsfelder

Qualitätsfelder	Höhe des Anforderungsniveaus an E-Learning			
	gering	eher gering	eher hoch	hoch
Kursaufbau			X	
Soziale Eingebundenheit		X		
Tutorieller Support		X		
Lernumgebung			X	

6.1.2.3 Typus 3: »Der fremdgesteuerte E-Learner«

Der Typus »Der fremdgesteuerte E-Learner« benötigt nach seiner eigenen Einschätzung unbedingt den äußeren Druck zum Lernen. *Lernen* wird von diesem Typus *als Anstrengung* empfunden. Dieser Typus ist vornehmlich extrinsisch motiviert und bedarf der äußeren Motivation, entweder um den obligatorischen Lernprozess in Gang zu setzen oder aber um diesen aufrechtzuerhalten. Umsetzungsmöglichkeiten sind die von außen vorgenommene ständige Überprüfung des Lernfortschritts durch Stellen von Aufgaben und andere Kommunikationswege mit Aufforderungscharakter zum Lernen. Feedbacks stufen die »Fremdgesteuerten E-Learner« als unverzichtbar ein. Die Tutoren müssen für diesen Typus jederzeit erreichbar sein, schnelle respektive sofortige Rückmeldungen geben und fachkompetent agieren, wodurch *hohe Anforderungen an den tutoriellen Support* vonseiten dieses Typus gestellt werden. Aufgrund des Anspruchs nach intensiver und persönlicher Betreuung favorisieren die »Fremdgesteuerten E-Learner« die *Eingebundenheit in kleine Kurse*. *Präsenzphasen* werden ausdrücklich *erwünscht* und besitzen für sie die Funktion der Bestätigung des bereits Gelernten, der Festigung erarbeiteten Wissens und vor allem der gegenseitigen Motivation. E-Learning-Szenarien werden aus Sicht der fremdgesteuerten Lerner als didaktisch interessant erachtet, wenn ihre Neugier geweckt wird, indem die Lernumgebung *besondere Lernanreize* bereithält. Spielerische Elemente, z.B. das Einbinden von Rätseln, wird von diesem Typus begrüßt. Dieser Typus wäre offenbar für das Game-Based Learning oder für Serious Games grundsätzlich aufgeschlossen. Insgesamt benötigt dieser Lernertypus Anleitung, eine didaktische Struktur, einen intensiven tutoriellen Support und viele Präsenzphasen.

Tabelle 6.1.2.3: Anforderungsprofil des fremdgesteuerten E-Learners an die vier Qualitätsfelder

Qualitätsfelder	Höhe des Anforderungsniveaus an E-Learning			
	gering	eher gering	eher hoch	hoch
Kursaufbau			X	
Soziale Eingebundenheit			X	
Tutorieller Support				X
Lernumgebung			X	

Mit Blick auf Tabelle 6.1.2.3 kann in Bezug auf das Anspruchsniveau zum Kursaufbau konstatiert werden, dass dieser bei den fremdgesteuerten E-Learnern eher hoch einzuschätzen ist. Ein *Blend-Learning Kurs,* der etwa zu ⅓ aus *computerunterstütztem Einzellernen,* zu ⅓ aus *Online-Gruppen-*

arbeit und zu ⅓ aus *Präsenzphasen* besteht, wäre ein geeignetes Lernszenario für diesen Typus. Des Weiteren sollte die soziale Eingebundenheit nicht vernachlässigt werden sowie ein hoher tutorieller Support vorhanden sein. Dies liegt nicht zuletzt an der eher geringen Kompetenz zur Selbststeuerung und Selbstdisziplin im Lernprozess aufseiten der fremdgesteuerten E-Learner. Die *Lernumgebung* müsste *detailliert strukturiert* sein und der *Lehrplan* müsste *vorgegebene Ziele und Zeiten* aufweisen.

6.1.2.4 Typus 4: »Der gruppenorientierte E-Learner«

Die »Gruppenorientierten E-Learner« fordern das *soziale Lernen mit Anderen*. Sie legen viel Wert auf den persönlichen Kontakt und die Face-to-Face Kommunikation mit Kollegen und Lehrpersonal. Hier rücken Hilfestellungen im Lernprozess, der Erfahrungsaustausch und die Reflexion des Gelernten mit Anderen sowie der Spaß in der Gruppe in den Mittelpunkt. Aufgrund dieser Merkmale verwundert nicht, dass die »Gruppenorientierten E-Learner« vor allem Präsenzphasen als Kursform favorisieren. Ein entscheidender Grund, warum die Personen dieses Typus vor allem in der Gruppe lernen wollen, ergibt sich aus ihren geringen Selbstlernkompetenzen hinsichtlich Selbststeuerung und Selbstdisziplin. Gemäß ihren Lernpräferenzen erwarten die »Gruppenorientierten E-Learner« einen *sehr hohen tutoriellen Support* vonseiten der Dozenten und Tutoren hinsichtlich deren Engagements sowie der fachlichen, sozialen und didaktischen Kompetenz. Entsprechend ist es für sie in Bezug auf die Teilnahme an einer E-Learning-Weiterbildungsmaßnahme von entscheidender Bedeutung, dass sie in ein *Blended-Learning-Szenario* eingebunden sind, in dem die *Präsenzphasen überwiegen* sollten. Da sich dieser Typus ferner durch eine hohe Medienkompetenz, insbesondere hinsichtlich der instrumentell-qualifikatorischen Medienkunde auszeichnet – teilweise charakterisieren sie sich sogar als »Technik-Freak« –, lassen sich trotz der Favorisierung von Präsenzseminaren Selbstlernphasen mit Neuen Medien in ihren Lernprozess einbinden. Entsprechend ihrer Vorliebe für das Internet, wäre es sinnvoll, wenn die *Lernumgebung* eine ähnliche mediale Struktur aufwiese, indem sie *hypertextual,* also nicht linear, sondern verzweigt aufgebaut ist. Da sich die »Gruppenorientierten E-Learner« durch den Wunsch nach Kommunikation beschreiben lassen, sollten auch entsprechend in der Lernumgebung *unterschiedliche Kommunikationsmöglichkeiten* bereitgestellt werden, die logisch miteinander verknüpft werden,.

Tabelle 6.1.2.4: Anforderungsprofil des gruppenorientierten E-Learners an die vier Qualitätsfelder

	Höhe des Anforderungsniveaus an E-Learning			
Qualitätsfelder	Gering	eher gering	eher hoch	hoch
Kursaufbau			X	
Soziale Eingebundenheit				X
Tutorieller Support				X
Lernumgebung			X	

Tabelle 6.1.2.4 verdeutlicht, dass die gruppenorientierten E-Learner insgesamt im Vergleich zu den anderen Clustern an Weiterbildungsangebote die *höchsten Ansprüche* stellen. Hierunter sind vor allem die soziale Eingebundenheit und der tutorielle Support hervorzuheben.

6.2 Fazit der quantitativen Teilstudie

Zunächst wollen wir ein kurzes Fazit bezüglich der uni- und bivariaten Analysen ziehen, wobei hier – ebenso wie auch bei der qualitativen Ergebnisdarstellung – bestimmte Akzente gesetzt werden sollen. *Erstens* sind hinsichtlich der geschlechtsbezogenen Verteilung *Frauen* in der Stichprobe mit einem Anteil von 66,7% *überdurchschnittlich stark vertreten* (zur weiteren Interpretation der geschlechtsspezifischen Unterschiede s. S. 290f.). Zudem zeigt sich, dass deutlich mehr Frauen (52%) als Männer (40,7%) einen *selbst erstellten Arbeits- und/oder Zeitplan* einsetzen, um ihren individuellen Lernprozess zu koordinieren. Dieser Befund stützt die Vermutung aus der qualitativen Analyse, dass computer- und internetbasierte Lernangebote besonders für solche Frauen interessant sind, die über hohe Selbstlernkompetenzen sowie eine hohe Eigenmotivation zum Lernen verfügen. Darüber hinaus kann angenommen werden, dass E-Learning für sie ein möglichst idealer Kompromiss zwischen der Wahrung familiärer Pflichten einerseits und der Optimierung ihrer beruflichen Chancen darstellt.

Zweitens besitzen drei Viertel der E-Learner die allgemeine Hochschulreife (59,0%) oder zumindest die Fachhochschulreife (16,8%). Demgegenüber haben 14,9% einen Realschulabschluss bzw. die »Mittlere Reife«, 3,6% einen Abschluss einer polytechnischen Oberschule, während lediglich 3,1% einen Hauptschulabschluss vorweisen. Das deutliche Übergewicht höherer Schulabschlüsse unter den Befragten kann als Indikator für die Gültigkeit der *Wissensklufthypothese* herangezogen werden, die im Kontext der Medienforschung formuliert wurde. Danach nutzen bildungsstarke Menschen Medien eher produktiv und kreativ, während bildungsschwache Personen Medien eher monoton, passiv und konsumorientiert nutzen (s. Treumann/Ganguin/Arens 2009, Kap. 5.1; Arens/Ganguin/Treumann 2006, Kap. 5.3).

6.2.1 Hauptkomponentenanalysen als Methode zur Strukturierung von inhaltlichen Teilbereichen der computer- und internetgestützten Weiterbildungsaktivitäten

Weiter wurden von uns Hauptkomponentenanalysen durchgeführt. Die von uns durchgeführte Hauptkomponentenanalyse belegt die empirische Präsenz der idealtypisch konstruierten zentralen Kategorien des Arbeitskraftunternehmers sensu Voß/Pongratz. Außerdem kann mit deren Hilfe sichtbar gemacht werden, in welcher Form ein *struktureller Wandel durch Qualifizierungsstrategien lernender Subjekte in der beruflichen Weiterbildung* rekonstruiert werden kann: Zum einen konnte *die dreidimensionale Ausrichtung des Arbeitskraftunternehmer-Konzepts in Selbst-Kontrolle, Selbst-Ökonom*isierung und *Selbst-Rationalisierung* im Kontext *computer- und internetunterstützter beruflicher (Weiter-)Bildungsszenarien* empirisch bestätigt werden. Zum anderen zeichnen sich die drei Hauptkomponenten zudem durch ein *spezifisches Weiterbildungsprofil* aus:

- *Selbst-Kontrolle* als Kontrolle der individuellen beruflichen (Weiter-)Bildungsleistungen sowie der praxisbezogenen Transferqualität erlernter Wissenseinheiten,
- *Selbst-Rationalisierung* als Organisation und Steuerung des individuellen Lernverhaltens auf der Basis einer möglichst reibungslosen Kompatibilität mit der täglichen Lebensführung und
- *Selbst-Ökonomisierung* als bewusste Wahl solcher Bildungsangebote, die eine Optimierung des beruflichen Marktwerts nach Sicht ziehen (s. Arens/Ganguin/Treumann 2007).

6.2.2 Clusteranalyse und logistische Regression – Heterogenität statt Homogenität

Während wir in der qualitativen Analyse insgesamt vier Cluster rekonstruiert haben, sind es bei der multivariaten Auswertung mittels der Clusteranalyse drei Typen, die sich als unterschiedliche Facetten des Phänomens »E-Learning aus der Nutzerperspektive« v.a. im Sinne der Komplementaritätsthese (Kelle 2008[2]; Treumann 1998) deuten lassen (s. Kap. 5.2.2.8).

Typus 1: Die selbstbestimmten medienaffinen E-Learner
Die selbstbestimmten, medienaffinen E-Learner benötigen einen hohen Freiheitsgrad beim Lernen. Sie besitzen eine hohe instrumentell-qualifikatorische Medienkunde. Eine mögliche Erklärung für ihre hohe Medienkompetenz auf dieser Dimension könnte sein, dass in diesem Cluster vor allem junge E-Learner zu finden sind (unter 30 Jahre). Sie sind mit Neuen Medien aufgewachsen, man könnte sie als die »young generation« bezeichnen. Neuen Medien nähern sie sich durch Selbstsozialisation und informelles Lernen. Insgesamt besitzen sie eine hohe Computerakzeptanz. Dafür spricht weiter, dass sie den Computer auch stark für Unterhaltungszwecke nutzen. Freizeit und Beruf vermischen sich bei diesem Cluster. Mit 68,1% nutzt dieser E-Learning-Typ den PC für berufliche und private Zwecke. Eine strikte Trennung zwischen Beruf und Freizeit findet bei ihnen eher nicht statt. Ihre Gründe für die Teilnahme an einer Weiterbildugsveranstaltung sind neben dem Wunsch nach Selbstverwirklichung und Kompetenzerwerb vor allem ein höheres Einkommen und eine bessere Lebenssituation. Dies lässt sich auch darauf zurückführen, dass sie noch am Anfang ihrer Karriere stehen. Jüngere Menschen verdienen im statistischen Vergleich auch häufig weniger Geld als ältere. Das Alter ist wahrscheinlich auch der Grund, warum sie eher wenig Weiterbildungserfahrung besitzen. Dabei sind auch viele Selbstständige in diesem Cluster zu finden. Dies ist auch eine mögliche weitere Erklärung, warum sie freiwillig an der E-Learning-Maßnahme teilnehmen und selbstbestimmtes, eigenverantwortliches Lernen bevorzugen. Darüber hinaus kann man sie als Einzellerner bezeichnen. Das Motto dieses Typus könnte lauten: *Lernen mit Neuen Medien? Klar, das mach ich!*

Typus 2: Die betrieblich delegierten, aber desinteressierten E-Learner
Die betrieblich delegierten, aber desinteressierten E-Learner haben nur wenig Interesse an Neuen Medien. Sie verhalten sich nicht selbstbestimmt und besitzen kaum intrinsische Motivation. Sie machen sich keinen Zeitplan, wünschen sich aber vorab festgelegte Termine zum Lernen. Sie haben am wenigsten Erfahrung mit E-Learning und sehen kaum Vorteile darin. Bei Problemen greifen sie nicht auf das Internet zurück, sondern holen sich Unterstützung bei Kollegen, Bekannten und Freunden. Freizeit und Beruf werden strikt voneinander getrennt. Das Motto dieses Typus könnte lauten: *Lernen macht mir keinen Spaß!*

Typus 3: Die auf ihre berufliche Praxis zentrierten E-Learner
Der dritte Typus wünscht sich Kooperations- und Kommunikationsmöglichkeiten beim E-Learning. Er favorisiert eine didaktische und sachorientierte Strukturierung der Lernumgebung. Dabei besitzt der auf seine berufliche Praxis zentrierte E-Learner im Vergleich zu den anderen beiden Gruppen die höchste Weiterbildungserfahrung. Der Anteil der Frauen in diesem Cluster liegt über dem in der Stichprobe. Das Erstellen eines Zeitplans ist für diesen

Typus selbstverständlich, zumal die Angehörigen dieses Clusters auch hohe Selbstlernkompetenzen besitzen. Weiter ist dieser Typus sehr zielorientiert, und Weiterbildung halten seine Angehörigen nur für sinnvoll, wenn sie für die berufliche Praxis relevant ist. Das Motto dieses dritten Typus könnte lauten: *Für meinen Beruf tue ich alles!*

Die Ergebnisse der Clusteranalyse sowie der logistischen Regression verdeutlichen, dass es nicht *den* E-Learner gibt, sondern es lassen sich mithilfe der Clusteranalyse mindestens drei deutlich unterscheidbare Typen von E-Learnern empirisch fundiert rekonstruieren. So zeigt sich etwa, dass die Teilnahme an E-Learning-Kursen nicht notwendigerweise eine positive Einstellung und eine persönlich motivierte beziehungsweise auf dem Prinzip der Freiwilligkeit basierende Mitwirkung der Kursteilnehmenden impliziert, wie sich etwa an den Angehörigen des Clusters der »betrieblich delegierten, aber desinteressierten E-Learner« ablesen lässt. Aufgrund dessen ergeben sich bei der didaktischen Gestaltung von E-Learning-Kursen bestimmte medienpädagogische Konsequenzen.

6.3 Medienpädagogische Konsequenzen

Ingesamt lässt sich aus den Ergebnissen der qualitativen und quantitativen Befragung folgendes Fazit ziehen: E-Learner lassen sich *nicht* als eine homogene Gruppe charakterisieren, sondern besitzen unterschiedliche Ansprüche und Bedürfnisse. Aufgrund dessen erscheint es für die Konzeption von Weiterbildungsmaßnahmen angebracht, unterschiedlich strukturierte didaktische Szenarien und Kommunikationsmöglichkeiten bereitzustellen, die dann je nach den Bedürfnissen der Nutzerinnen und Nutzer wiederum modifiziert werden können. Dies impliziert aber auch, dass vor dem Beginn einer Fort- bzw. Weiterbildung mittels eines Kriterienkatalogs ein Abgleich des Kursaufbaus mit den jeweiligen Bedürfnissen und Ansprüchen bei den E-Learnern stattfinden sollte. Hier können die vier qualitativ herausgearbeiteten Qualitätsfelder dazu dienen, den Lernprozess und seine Ergebnisse zu optimieren. Ein entsprechender Kriterienkatalog könnte folglich helfen, die unterschiedlichen Präferenzprofile der E-Learner zu bestimmen.

Wenn beispielsweise jemand eher selbstbestimmt lernen möchte, dann sollten eigene Lernkontrollenmöglichkeiten vorhanden sein und die Lernumgebung ein differenziertes Feedback bereithalten. Weiter ist es wichtig, dass die Lernumgebung selbsterklärend aufgebaut ist und Raum zur Exploration bietet. Im Vergleich dazu benötigen E-Learner, die eher eine defensive Einstellung zum E-Learning besitzen, klare Strukturen, indem ihnen vonseiten des Tutors feste Lerntermine und Zeiten gestellt werden. Darüber hinaus ist es bei diesen Personen wichtig, ihnen den Nutzen von Neuen Medien zur Arbeitserleichterung und Partizipation am gesellschaftlichen Leben zu verdeutlichen und somit die Akzeptanz von E-Learning zu erhöhen. Dieses funktioniert allerdings nur, wenn diese Personengruppe auch in Face-to-Face-Lernsettings eingebunden ist, sodass hier auf jeden Fall ein Blended-Learning-Szenario notwendig wäre. Es gilt hierbei, im Lernprozess viele kleine Erfolgserlebnisse zu ermöglichen.

Aus diesen Ausführungen sollte deutlich geworden sein, dass Lerner sehr unterschiedliche Lernbedürfnisse haben, die bei der didaktischen Konzeption von E-Learning-Angeboten zu berücksichtigen sind. Wenn eine Weiterbildungseinrichtung unterschiedliche didaktische Szenarien im Sinne der vier Qualitätsfelder bereithalten würde, könnte aufgrund der Angaben der Nutzerinnen und Nutzer in Bezug auf den Kriterienkatalog eine jeweils spezifische Anpassung erfolgen und sich somit eine Aufteilung in verschiedene Gruppen realisieren lassen. Dies würde bedeuten, dass sich einerseits Angehörige der jeweiligen E-Learning-Typen in gemeinsamen Lernsettings befinden und sie andererseits entsprechend ihren spezifischen Bedürfnissen unterschiedliche Lernformen nutzen können. In diesem Sinn würde man den unterschiedlichen Anforderungen an Lernbedürfnissen und -strategien auf angemessene Weise Rechnung tragen.

Ein Beispiel bzw. ein mögliches Muster eines solchen Kriterienkatalogs ist in Tabelle 6.3.1 abgebildet. In diesem Zusammenhang ist darauf hinzuweisen, dass der Kriterienkatalog, der nach den Präferenzen der E-Learner hinsichtlich der Gestaltung von E-Learning-Kursen fragt, nicht zu umfassend gestaltet sein sollte, um die medienpraktische »Handarbeit« im Sinne der Umsetzung nicht zu gefährden. Stattdessen sollt er kurz und präzise sein mit dem Ziel, die Teilnehmerinnen und Teilnehmer an Weiterbildungsmaßnahmen den unterschiedlichen Bedürfnissen entsprechend in spezifische E-Learning-Szenarien einteilen zu können. Betrachtet man weiter den Kriterienkatalog, dann wurde dieser von uns exemplarisch – und zwar für zwei unterschiedliche Bedürfnistypen – ausgefüllt. Dabei ist zu erkennen, dass der erste hier zugrunde liegende Typus, dessen Anforderungen mit einem Kreuz (X) markiert sind, hohe Ansprüche an

Tabelle 6.3.1: Muster eines Kriterienkatalogs für Weiterbildungsanbieter zur optimalen Passung zwischen Präferenzprofilen von E-Learnern und den Schwerpunkten der jeweiligen Kursgestaltung

	Präferenzen hinsichtlich der Gestaltung von E-Learning-Kursen aus Nutzerperspektive			
Qualitätsfeld Kursaufbau	sehr wichtig	eher wichtig	eher nicht wichtig	gar nicht wichtig
Selbstlernphasen mittels Neuer Medien	O	X		
Gruppenarbeit mittels Neuer Medien	X		O	
Präsenzphasen	X			O
Qualitätsfeld soziale Eingebundenheit				
Gruppenarbeit	X		O	
Asynchrone Kommunikationsmöglichkeiten	X		O	
Synchrone Kommunikationsmöglichkeiten	X		O	
Qualitätsfeld tutorieller Support				
Technischer Support	X	O		
Inhaltlicher Support	X		O	
Instruktionsanleitungen	X		O	
Das Vorgeben von Lernzielen und Lernzeiten	X			O
Überprüfung des Lernfortschritts	X		O	
Feedback	X		O	
Lernpsychologische Beratung	X			O
Qualitätsfeld Lernumgebung				
Selbsterklärender Aufbau	O	X		
Tests; Feedback	O	X		
Recherchefunktionen	O	X		
Integration von Spielelementen	X	O		
Ansprechende Grafik	O	X		
Multimedia	O	X		

einen abwechslungsreichen Kursaufbau, an kooperatives und kollaboratives Lernen sowie auch an den tutoriellen Support – sowohl inhaltlich als auch technisch – stellt. Dagegen weist der zweite ›Idealtypus‹, dessen Präferenzen mit einen Kreis (O) gekennzeichnet sind, vor allem hohe Anforderungen an die Lernumgebung auf. Dieser Typus möchte vor allem selbstbestimmt und selbst organisiert lernen.

Besonders die Befunde aus dem qualitativen Teil dieses DFG-Projekts legen nahe, dass gezielt auf die Bedürfnisse von E-Learnern einzugehen ist, indem denjenigen eine besondere Förderung zukommen sollte, die den notwendigen Anforderungspotenziale nicht genügen. *Entsprechend* den von den E-Learnern als besonders wichtig angesehenen *Qualitätsfeldern* (Tutorieller Support, Kursausbau, Soziale Eingebundenheit, Ästhetische und Didaktische Gestaltung) können die Kursteilnehmer daraufhin individuell *unterstützt* werden, zum Beispiel dadurch, dass sie häufiger in soziale Lerngruppen eingebunden werden oder gemeinsame Termine für die Durchführung der jeweiligen Arbeitsschritte angeboten werden. Dies bedeutet aber auch, dass die jeweiligen *Lehrenden* sich bei allen Lernenden im Kurs über den Fortgang des Lernprozesses, das emotionale Befinden sowie hinsichtlich eventueller Schwierigkeiten erkundigen und die *dialogische Reflexion* vorantreiben. Die Ergebnisse aus dem quantitativen Teil implizieren die Notwendigkeit einer *auf die jeweiligen Clustertypen zugeschnittenen adressatenspezifischen (medien-)pädagogischen Arbeit*, um für die für den Lernerfolg als hilfreich erachteten Einstellungs- und Verhaltensänderungen bei E-Lernern zu erreichen, die zudem mit entsprechenden Maßnahmen der beruflichen Fort- und Weiterbildung zu verbinden sind.

Daneben ist gerade im betrieblichen Bereich an die Einrichtung eines *Systems von Anreizen* zu denken, das von Belobigungen über Einkommensverbesserungen bis hin zu Beförderungen für diejenigen Betriebsangehörigen reicht, die sich mithilfe von E-Learning-Kursen erfolgreich (weiter-)qualifiziert haben.

Generell ist gerade im Zeitalter einer globalisierten Wissensgesellschaft auf der Mesoebene die *Entwicklung von Organisationskulturen* voranzutreiben, welche die netzgestützten Lernaktivitäten sowohl bei den einzelnen Angehörigen oder Mitgliedern als auch in den jeweiligen Arbeitsgruppen zu einem geradezu selbstverständlichen Teil der personalen und gruppenspezifischen Identität werden lassen (s. Treumann/Ganguin/Arens 2009, Kap. 6).

Abschließend ist noch auf einen weiteren Aspekt hinzuweisen. Wie die qualitativen und quantitativen Befunde nahe legen, scheint vor allem für Frauen E-Learning eine attraktive und angemessene Lernform zu sein, um sich weiterzubilden bzw. weiterzuqualifizieren. Hervorzuheben ist hierbei, dass dieser Befund sich nicht mit einer höheren Kompetenz weiblicher E-Learner bezüglich der instrumentell-qualifikatorischen Medienkunde (bzw. Bedienungskompetenz) in Bezug auf Neue Medien begründen lässt. Stattdessen veranschaulichen die Daten, dass Frauen anscheinend einerseits motivierter sind, sich den Herausforderungen lebenslangen Lernens zu stellen und andererseits offenbar die besseren Selbstlernkompetenzen mitbringen, mit denen sie dann in E-Learning-Szenarien erfolgreich agieren können. Unter einer geschlechtsspezifischen Perspektive kann aufgrund der qualitativen und auch quantitativen Befunde die provokante These aufgestellt werden, dass Frauen vermutlich die ›besseren‹ oder erfolgreicheren E-Learner sind, da sie motivierter lernen und selbstbestimmt ihren Lernprozess gestalten können. Hier lässt sich im Kontext der so genannten ›Jungendebatte‹ als Bildungsverlierer im 21. Jahrhundert – so sei etwa Schulversagen zu einem jungentypischen Phänomen geworden (Preuss-Lausitz 1999, S. 11), vor allem seit der Diskussion um die PISA-Ergebnisse (s. dazu u.a. Schnack/Neutzling 1990;

Lee 1998; Preuss-Lausitz 1999) – die These formulieren, dass sich nun auch ein ähnlicher Trend im Bereich der beruflichen Weiterbildung abzeichnet. Die Probleme, die Jungen in der Schule bezüglich Motivation und Lernkompetenzen besitzen, pflanzen sich folglich im Erwachsenenalter fort. Dieser Befund erfordert medienpädagogische Maßnahmen im Weiterbildungsbereich mit Neuen Medien. So sind medienpädagogische Forschungsprojekte darüber notwendig, wie das E-Learning für männliche Lerner attraktiver gestaltet werden kann.

Eine Möglichkeit, den Bedürfnissen der v.a. erwachsenen männlichen E-Learner stärker gerecht zu werden, könnten beispielsweise neue didaktische Konzepte sein, die versuchen, das Potenzial von Computerspielen für so ›nüchterne‹ Phänomene wie das Lernen im Erwachsenenalter fruchtbar zu machen (s. Ganguin 2010). Ein Konzept, Computerspiele für pädagogische Zwecke bzw. Lern- und Bildungsprozesse nutzbar zu machen, ist das *Digital Game-Based Learning* (DGBL). Diese Wortschöpfung geht auf das gleichnamige Werk des US-amerikanischen Unternehmensberaters Marc Prensky zurück (2001a). »When you think of computer games, there's lots of engagement but little content. Business has lots of content, but no engagement. Put the two together and you have a way to learn the business through computers that makes sense for this generation« (Prensky 2001, S. 1). Ein weiterer Ansatz, der dasselbe Ziel verfolgt, sind die Serious Games, die als »unterhaltsame, interaktive Bildungsprogramme betrachtet« werden können (Lampert/Schwinge/Tolks 2009, S. 1) und die im Gegensatz zu normalen Computerspielen eine pädagogische Intention beinhalten (vgl. Fromme/Biermann/Unger 2010, S. 39ff.). Dabei sprechen mehrere Argumente für solche Ansätze in der Weiterbildung mit Neuen Medien.

Erstens zeigen aktuelle Studien auf, dass nicht nur Jugendliche von dem Phänomen Computerspiele fasziniert sind, sondern auch Erwachsene und zwar vornehmlich – wie auch unter den Jugendlichen – männliche Erwachsene. In diesem Zusammenhang ist die Gruppe der erwachsenen Spieler eine nicht zu vernachlässigende Größe (vgl. Grüninger/Quandt/Wimmer 2008, S. 113), und der Anteil der älteren Spieler wird voraussichtlich immer weiter wachsen (vgl. Durkin/Aisbett 1999a, S. 144). Somit lässt sich hier bei den Freizeitinteressen des erwachsenen männlichen Lerners ansetzen.

Zweitens beschäftigt sich die medienpädagogische Forschung in jüngster Zeit mit der Fragestellung, wie durch Computerspiele bestimmte Kompetenzen – auch berufliche – gefördert werden können (vgl. z.B. Gebel/Gurt/Wagner 2005). Vor allem die »starke Aufgabenorientierung und die Bereitschaft der Spieler/innen, sich auf Herausforderungen im Grenzbereich ihres Leistungsvermögens einzulassen, dürften beispielsweise für große Lehr-/Lern-Potenziale sorgen. Inhaltlich lässt sich vermuten, dass ganz unterschiedliche Kompetenzbereiche beim Computerspielen geschult werden können« (Klimmt 2004, S. 10).

In diesem Zusammenhang lässt sich als *dritter* Argumentationspunkt anführen, dass durch die Integration spielerischer Elemente in formale Lernkontexte die Motivation der Lernenden wächst, sich mit dem Lerngegenstand zu befassen. Gerade dem Mangel an Motivation und Lernbereitschaft, der unter den von uns befragten E-Learnern vornehmlich bei den männlichen Teilnehmern festzustellen war, könnte somit entgegengewirkt werden. Allerdings ist dieser Forschungszweig, der sich mit der Verbindung von E-Learning und Computerspielen auseinandersetzt, in Deutschland noch ein sehr junger. Daher bedarf es auch hier weiterer medienpädagogischer Forschung, wie durch die Integration des Computerspiels in formale Lernkontexte das Lernen effektiver und erfolgreicher gestaltet werden kann.

Abschließend möchten wir noch eine weitere Entwicklung im Bereich der multimedialen Weiterbildung ansprechen, für die unsere Untersuchungsergebnisse genutzt werden können: *M-Learning (Mobile Learning)*. Mobile Learning kann als eine Art Spezialisierung von E-Learning im erweiterten Kontext von Mobilität betrachtet werden. Insofern wird häufig sowohl bei der Konzeption als auch Evaluation auf Erkenntnisse aus dem E-Learning-Bereich zurückgegriffen.

Obwohl von Berufstätigen immer mehr kontinuierliches und zeitlich höchst flexibles Lernen verlangt wird, wurde über die Potenziale sowie Probleme von mobilem Lernen im Prozess der Arbeit und in der beruflichen Ausbildung allerdings bisher noch wenig geforscht. Eines der wenigen Projekte ist das der FernUniversität in Hagen, welches mobile Anwendungen im Kontext unterschiedlicher Berufsgruppen untersucht. Hierbei zeigen die ersten empirischen Ergebnisse zum Mediennutzungsverhalten, zu Lernpräferenzen, zur Medienkompetenz und zu Erfahrungen mit E-Learning, dass jede Berufsgruppe ihre spezifischen Bedingungen, Arbeitssituationen und Lernkulturen aufweist (vgl. de Witt u.a. 2010). Nur aufgrund solcher *Zielgruppenanalysen,* wie wir sie in der hier veröffentlichten Studie durchgeführt haben, lassen sich dann maßgeschneiderte mobile Lernszenarien entwickeln. Somit lässt sich auf Befunde und Erfahrungen aus Untersuchungen im E-Learning und der beruflichen Ausbildung zurückgreifen, wenn es um die Gestaltung von mobilen Lernanwendungen geht. Allerdings bietet Mobile Learning mit seinen technischen Besonderheiten auch neue didaktische Potenziale für das Lernen im Prozess der Arbeit. Gleichwohl können die Ergebnisse dieser Studie genutzt werden, um darauf basierend auch mobile Lernanwendungen für die von uns untersuchten Personengruppen bzw. Typen von E-Learnern zu gestalten.

7. Literatur

Aebli, H. (1963): Psychologische Didaktik. Didaktische Auswertung der Psychologie von Jean Piaget. Stuttgart: Klett.
Alheit, P. (1990): Alltag und Biographie. Studien zur gesellschaftlichen Konstitution biographischer Perspektiven. Bremen: Univ. (Forschungsreihe des Forschungsschwerpunktes Arbeit und Bildung, Bd. 4).
Alheit, P. (1995): »Biographizität« als Lernpotential: Konzeptionelle Überlegungen zum biographischen Ansatz in der Erwachsenenbildung. In: Krüger, H.-H./Marotzki, W. (Hg.): Erziehungswissenschaftliche Biographieforschung, Band 6. Opladen: Leske + Budrich, S. 276-307.
Alheit, P./Dausien, B. (2002): Bildungsprozesse über die Lebensspanne und lebenslangen Lernen. In: Tippelt, R. (Hg.): Handbuch Bildungsforschung. Opladen: Leske + Budrich, S. 565-585.
Altmann, N./Bechtle, G. (1971): Betriebliche Herrschaft und industrielle Gesellschaft. Ein Ansatz zur Analyse. München: Hanser.
Altmann, N./Deiß, M./Döhl, V./Sauer, D. (1986): Ein »Neuer Rationalisierungstyp«. Neue Anforderungen an die Industriesoziologie. In: Soziale Welt, 37, S. 191-207.
Ames R./Ames, C. (1984): Research and Motivation in education: Vol. 1. Student motivation. New York: Academic Press.
Baacke, D. (1973): Kommunikation und Kompetenz. Grundlegung einer Didaktik der Kommunikation und ihrer Medien. München: Juventa.
Baacke, D. (1996): Medienkompetenz – Begrifflichkeit und sozialer Wandel. In: Rein v., A. (Hg.): Medienkompetenz als Schlüsselbegriff. Bad Heilbrunn: Klinkhardt, S.112-124.
Baacke, D. (1997): Medienpädagogik. Tübingen: Niemeyer.
Baacke, D. (1998): Zum Konzept und zur Operationalisierung von Medienkompetenz. URL: http://www.gmk.medienpaed.de/auf002.htm [Stand 02.06.04].
Bacher, J. (2002): Clusteranalyse – Anwendungsorientierte Einführung. München: R. Oldenbourg.
Back, A./Bendel, O./Stoller-Schai, D. (2001): E-Learning im Unternehmen. Grundlagen – Strategien – Methoden – Technologien. Zürich: Orell Füssli.
Backhaus, K./Erichson, B./Plinke, W./Weiber, R. (2003): Multivariate Analysemethoden. Eine anwendungsorientierte Einführung. 10. Aufl. Berlin u.a. Springer.
Bandura, A. (1977): Self-efficacy: Toward a unifying theory of behavioral change. Psychological Review, 84, S. 151-215.
Bandura, A. (1979): Aggression. Eine sozial-lerntheoretische Analyse. Stuttgart: Klett-Cotta.
Bauer, U. (2002): Selbst- und/oder Fremdsozialisation: Zur Theoriedebatte in der Sozialisationsforschung. Eine Entgegnung auf Jürgen Zinnecker. In: ZSE, 22 (2), S. 118-142.
Baumgartner, P. (1997): Evaluation vernetzten Lernens: 4 Thesen. In: Simon, H. (Hg.): Virtueller Campus. Forschung und Entwicklung für neues Lehren und Lernen, S. 131-146. Münster: Waxmann.
Baumgartner, P./Häfele, K./Häfele, H. (2002): E-Learning. In: CD-Austria. Heft 5.
Bechtle, G. (1994): Systemische Rationalisierung als neues Paradigma industriesoziologischer Forschung?. In: Beckenbach, N./van Treeck, W. (Hg.): Umbrüche gesellschaftlicher Arbeit. Göttingen: Schwartz.
Beck, U. (1986): Risikogesellschaft. Auf dem Weg in eine andere Moderne. Frankfurt a.M.: Suhrkamp.
Beck, U./Sommer, W. (Hg.) (2003): Learn Tec. Tagungsband. Karlsruhe: Karlsruher Kongreß- und Ausstellungs-GmbH.
Bell, D. (1989): Die nachindustrielle Gesellschaft. Frankfurt a.M./New York: Campus.
Bergs, S. (1981): Optimalität bei Clusteranalysen. Experimente zur Bewertung numerischer Klassifikationsverfahren. Dissertation. Münster: Universität Münster.
Berlyne, D.E. (1960): Conflict, arousal and curiosity. New York: McGraw-Hill.
BMBF (2006): Berichtssystem Weiterbildung IX. Integrierter Gesamtbericht zur Weiterbildungssituation in Deutschland: Berlin. URL: http://www.bmbf.bund.de/pub/berichtssystem_weiterbildung_neun.pdf [Stand: 11.01.2009].
Bodendorf, F. (1990): Computer in der fachlichen und universitären Ausbildung. Reihe Handbuch der Informatik. Reinbek: Rowohlt.
Böhm, A. (2000): Theoretisches Codieren: Textanalyse in der Grounded Theory. In: Flick, U./Kardoff, E. v./ Steinke, I. (Hg.): Qualitative Forschung. Ein Handbuch: Reinbek: Rowohlt, S. 475-485.
Bonfadelli, H. (1994): Die Wissenskluft-Perspektive. Massenmedien und gesellschaftliche Information. Konstanz: UVK.

Bourdieu, P. (1983): Ökonomisches Kapital, kulturelles Kapital, soziales Kapital. In: Kreckel, R. v. (Hg.): Soziale Ungleichheiten. Soziale Welt. Sonderband. Göttingen: Otto Schwartz, S. 183-198.
Bourdieu, P. (1987): Die feinen Unterschiede. Kritik der gesellschaftlichen Urteilskraft. Frankfurt a.M.: Suhrkamp.
Bourdieu, P. (1990): Die biographische Illusion. In: Bios, 3, H. 1, S. 75-81.
Brandt, G./Kündig, B./Papadimitriou, Z./Thomae, J. (1978): Computer und Arbeitsprozeß. Frankfurt a.M./New York: Campus.
Breuer, J. (2000): Telelernen – ein Systematisierungsansatz. In: Esser, F.H./Twardy, M./Wilbers, K. (Hg.): e-Learning in der Berufsbildung. Telekommunikationsunterstützte Aus- und Weiterbildung im Handwerk. Markt Schwaben: Eusl, S. 59-83.
Brockhaus (1996-1999): Die Enzyklopädie in 24 Bänden. 20., neu bearbeitete Aufl. Leipzig/Mannheim: F.A. Brockhaus.
Brüsemeister, Th. (2000): Qualitative Forschung. Ein Überblick. Wiesbaden: Westdeutscher Verlag.
Bude, Heinz (1985): Die individuelle Allgemeinheit des Falls. In: Franz, H.-W. (Hg.): 22. Deutscher Soziologentag 1984. Beiträge der Sektions- und Ad-hoc-Gruppen. Opladen, S. 83-85.
Bühl, W.L. (1995): Wissenschaft und Technologie. An der Schwelle zur Informationsgesellschaft. Göttingen: Schwartz.
Casey, C. (1996): Incorporating cognitive apprenticeship in multi-media. In: Educational Technology Research and Development, 44, H. 1, S. 71-84.
Collins, A./Brown, J.S./Newman, S.E. (1989): Cognitive Apprehenticeship: Teaching the crafts of reading, writing, and mathematics. In: Resnick, L.B. (Hg.): Knowing, learning, and instruction. Essays in honor of Robert Glaser. Hillsdale: Lawrence Erlbaum, S. 453-494.
Craik, F./Lockhart, R. (1972): Levels of processing: A framework for memory research. Journal of Verbal Learning & Verbal Behavior, 11, S. 671-684.
Deci, E.L./Ryan, R.M (1993): Die Selbstbestimmungstheorie der Motivation und ihre Bedeutung für die Pädagogik. Zeitschrift für Pädagogik, 39, S. 223-238.
Deci, E.L./Ryan, R.M. (1985): Intrinsic motivation and self-determination in human behavior. New York: Plenum Press.
Dittler, U./Krameritsch, J./Nistor, N./Schwarz, C./Thillosen, A. (2009): E-Learning: Eine Zwischenbilanz. Kritischer Rückblick als Basis eines Aufbruchs. Münster/New York/München/Berlin: Waxmann.
Dohmen, D./Michel, L.P. (2003) (Hg.): Marktpotenziale und Geschäftsmodelle für E-Learning-Angebote deutscher Hochschulen, Band 4. Bielefeld: Bertelsmann.
Dolde, C./Götz, K. (1995): Subjektive Theorien zu Lernformen in der betrieblichen DV-Qualifizierung. In: Unterrichtswissenschaft, 23, H. 3, S. 264-287.
Dollase, R. (1999): Selbstsozialisation und problematische Folgen. In: Fromme, J./Kommer, S./Mansel, J./Treumann, K.-P. (Hg.): Selbstsozialisation, Kinderkultur und Mediennutzung. Opladen: Leske + Budrich, S. 23-42.
Döring, N. (1997): Lernen mit dem Internet. In: Issing, L.J./Klimsa, P. (Hg.): Information und Lernen mit Multimedia. 2., überarb. Aufl. Weinheim: Beltz, S. 304-336.
Duden (1997): Duden Fremdwörterbuch. Notwendig für das Verstehen und den Gebrauch fremder Wörter. Band 5. 6. Aufl. Mannheim/Leipzig/Wien/Zürich: Bibliographisches Institut.
Durkin, K,/Aisbett, K. (1999a): Computer games and Australians today. Sydney. Übersetzung aus dem Englischen von der Unterhaltungssoftware SelbstKontrolle (USK). URL: http://www.koelner-jugendpark.de/docs/unsorted/word/cgat.pdf [Stand: 11.11.2008].
Ehlers, U. (2002): Qualität beim eLearning. Der Lernende als Grundkategorie der Qualitätssicherung. In: Neuß, N. (Hg.): Medienpaed.com – Onlinezeitschrift für Theorie und Praxis der Medienbildung. Themenschwerpunkt: Lernsoftware – Qualitätsmaßstäbe, Angebot, Nutzung und Evaluation. Deutsche Gesellschaft für Erziehungswissenschaft
Ehlers, U. (2003): Qualität beim E-Learning. Empirische Grundlegung und Modellkonzeption einer subjektorientierten Qualitätsentwicklung. Bielefeld: Unveröffentlichte Dissertation.
Ehlers, U. (2004): Qualität im E-Learning aus Lernersicht. Grundlagen, Empirie und Modellkonzeption subjektiver Qualität. Wiesbaden: Verlag für Sozialwissenschaften.
Ehlers, U.-D. (2004): Heterogenität als Grundkonstante erziehungswissenschaftlicher Qualitätsforschung – Grundlagen für eine partizipative Qualitätsentwicklung im E-Learning. In: Bos, W./Lankes, E.-M./Plaßmeier, N./Schwippert, K. (2004): Heterogenität. Eine Herausforderung an die empirische Bildungsforschung. Münster u.a.: Waxmann, S. 79-103.
Ehlers, U.-D./Treumann, K.P. (2003): Von E-Learning zu integrierten E-Learning-Services: Interdisziplinäre Netzwerke als Schlüssel zu erfolgreichen E-Learning-Angeboten. Ergebnisse der externen Begleitforschung im L3-Projekt. In: Ehlers, U.-D./Gerteis, W./Holmer, T./Jung, H.W. (Hg.): E-Learning-Services im Spannungsfeld von Pädagogik, Ökonomie und Technologie. L3-Lebenslanges Lernen im Bildungsnetzwerk der Zukunft. Bielefeld: Bertelsmann, S. 367-401.

Euler, D./Twardy, M. (1995): Multimediales Lernen. In: Arnold, R./Lipsmeier, A. (Hg.): Handbuch der Berufsbildung. Opladen: Leske + Budrich, S. 356-365.
Europäische Kommission (2001): Einen europäischen Raum des lebenslangen Lernen schaffen. Brüssel. URL: www.lebenslangeslernen.at/downloads/EU_EurpaRaumLLLschaffen_1101.pdf [Stand 10.03.04].
Faulstich, W. (1999): Grundwissen Medien. Stuttgart: UTB.
Fend, H. (2000): Qualität und Qualitätssicherung im Bildungswesen. In: Zeitschrift für Pädagogik, 41. Beiheft (2000): Qualität und Qualitätssicherung im Bildungsbereich: Schule, Sozialpädagogik, Hochschule. Herausgegeben von A.Helmke, W. Hornstein und E. Terhart. Weinheim/Basel: Beltz, S. 55-71.
Feng, Y. (1996): Some thoughts about applying constructivist theories to guide instruction. In: Computers in the schools, 12, S. 71-84.
Frey, B.S./Osterloh, M. (Hg.) (2002): Managing Motivation. 2. Aufl. Wiesbaden: Gabler.
Friedrich, H.F./Mandl, H. (1997): Analyse und Förderung selbstgesteuerten Lernens. In: Weinert, F.E./Mandl, H. (Hg.): Psychologie der Erwachsenenbildung. Enzyklopädie der Psychologie. Bd. D/1/4, Göttingen: Hogrefe, S. 238ff.
Fröhlich, G. (1994): Kapital, Habitus, Feld, Symbol. Grundbegriffe der Kulturtheorie bei Pierre Bourdieu. In: Mörth, I./Fröhlich, G. (Hg.): Das symbolische Kapital der Lebensstile: Zur Kultursoziologie der Moderne nach Pierre Bourdieu. Frankfurt a.M./New York: Campus, S. 31-54.
Ganguin, S. (2010): Computerspiele und lebenslanges Lernen. Eine Synthese von Gegensätzen. Wiesbaden: Verlag für Sozialwissenschaften.
Gapski, H. (2001): Medienkompetenz: eine Bestandsaufnahme und Vorüberlegungen zu einem systemtheoretischen Rahmenkonzept. Wiesbaden: Westdeutscher Verlag.
Gebel, C./Gurt, M./Wagner, U. (2005): Kompetenzförderliche Potenziale populärer Computerspiele. In: QUEM-report: E-Learnen: Hybride Lernformen, Qnline-Communities, Spiele Heft 92, Berlin, S. 241-376. URL: http://www.abwf.de/main/publik/frame_html?ebene2=report [Stand: 06.11.2005].
Geißler, R. (1994): Soziale Schichtung und Bildungschancen. In: Ders. (Hg.): Soziale Schichtung und Lebenschancen in Deutschland. Stuttgart (GFK): Enke.
Geißler, R. (2002): Die Sozialstruktur Deutschlands. Schriftenreihe Band 384. 3., grundlegend überarbeitete Aufl. Bundeszentrale für politische Bildung. Wiesbaden: Westdeutscher Verlag.
Gieseke, W. (2003): Individuelle Bildungsgeschichte und das Interesse an lebenslangen Lernen. In: Verhaltenstherapie und psychosoziale Praxis, 35,. (1), S. 47-56.
Glaser, B.G. (1978) Theoretical Sensitivity. Advances in the methodology of Grounded Theory. Mill Valley: Sociology Press.
Gnahs, D. (1998): Vergleichende Analyse von Qualitätskonzepten in der Weiterbildung. Materialien des Instituts für Entwicklungsplanung und Strukturforschung, Bd. 164. Hannover 1998, S. 252-254
Goebel, J. (2002): Einkommen und Armut. In: Statistisches Bundesamt Wiesbaden (Hg.): Datenreport 2002.
Grathoff, R. (1989): Milieu und Lebenswelt. Frankfurt: Suhrkamp.
Grotlüschen, A. (2003): Widerständiges Lernen im Web – virtuell selbstbestimmt? Eine qualitative Studie über E-Learning in der Erwachsenenbildung. Münster: Waxmann.
Grotlüschen, A. (2005): Konsequenzen aus subjektorientierter Forschung: Fragen an eine medien- und erwachsenendidaktische Anordnung. In: REPORT 1/2005 der Sektion Erwachsenenbildung der DgfE mit dem Thema »Theoretische Grundlagen und Perspektiven der Erwachsenenbildung. URL: http://www.erzwiss.uni-hamburg.de/personal/grotlueschen/2004/pdf/AG_Didaktik_Report.pdf [Stand: 20.10.05].
Gruber, E. (2001): Schöne neue Bildungswelt? Bildung und Weiterbildung in Zeiten gesellschaftlichen Wandels. 2001. Stand 2003. URL: http://wwwg.uni-klu.ac.at/ifeb/eb/schoene%20neue%20bildungswelt.pdf [Stand: 09.03.2010]
Grüninger, H./Quandt, T./Wimmer, J. (2008): Generation 35 Plus. Eine explorative Interviewstudie zu den Spezifika älterer Computerspieler. In: Quandt, T./Wimmer, J./Wolling, J. (Hg.): Die Computerspieler. Studien zur Nutzung von Computergames. Wiesbaden: Verlag für Sozialwissenschaften, S. 113-134.
Haack, J. (1997): Interaktivität als Kennzeichen von Multimedia und Hypermedia. In: Issing, L./Klimsa, P. (Hg.): Informationen und Lernen mit Multimedia. 2. Aufl. Weinheim: Beltz, S. 151-165.
Habermas, J. (1981): Theorie des kommunikativen Handelns. Band 2. Frankfurt a.M.: Suhrkamp.
Hagedorn, F. (2003): Informelles Lernen im Netz. Vortrag auf der edut@in 2003. Karlsruhe. URL: http://www.grimme-institut.de/scripts/download/informelles-lernen-edutain03.pdf [Stand: 18.07.2008].
Hagedorn, F./Michel, L./Heddergott, K./Behrend, E. (2001): Web Based Training in Kleinen und Mittleren Unternehmen. Rahmenbedingungen für eine erfolgreiche Anwendung. Studie im Auftrag der Staatskanzlei des Landes Nordrhein-Westfalen. Abschlussbericht. Marl. URL: http://www.grimme-institut.de/scripts/download/wbt_bericht.pdf [Stand: 03.11.2007].
Harvey, L./Green, D. (2000): Qualität definieren. Fünf unterschiedliche Ansätze. In: Zeitschrift für Pädagogik, 41. Beiheft (2000): Qualität und Qualitätssicherung im Bildungsbereich: Schule, Sozialpädagogik, Hochschule. Herausgegeben von Helmke, A./Hornstein, W./Terhart, E. Weinheim: Beltz, S. 17-39.

Haug, Frigga (2003): Lernverhältnisse. Selbstbewegungen und Selbstblockaden. Hamburg: Argument.
Heid, H. (2000): Qualität. In: Zeitschrift für Pädagogik, 41. Beiheft (2000): Qualität und Qualitätssicherung im Bildungsbereich: Schule, Sozialpädagogik, Hochschule. Herausgegeben von Helmke, A./Hornstein, W./Terhart, E. Basel: Beltz, S. 41-51.
Henninger, M./Mandl, H./Pommer, M./Linz, M. (1999): Die Veränderung sprachrezeptiven Handelns: Einfluss des instruktionalen Gestaltungsprinzips Authentizität. In: Zeitschrift für Entwicklungspsychologie und Pädagogische Psychologie, Jg. 31, Heft 1, S. 1-10.
Hildenbrand, B. (2000): Anselm Strauss. In Flick, U./von Kardorff, E./Steinke, I. (Hg.): Qualitative Forschung. Ein Handbuch Reinbek: Rowohlt, S. 32-42.
Holzkamp, K. (1993): Lernen. Subjektwissenschaftliche Grundlegung. Frankfurt a.M./New York: Campus.
Hondrich, K.O. (1997):Demokratisierung und Leistungsgesellschaft. Stuttgart: Kohlhammer 1972.
Hurrelmann, K. (1995): Einführung in die Sozialisationstheorie. 5. Aufl. Weinheim: Beltz.
Hurrelmann, K. (2002): Selbstsozialisation oder Selbstorganisation? Einer sympathisierender, aber kritischer Kommentar. In: ZSE, 22 (2), S. 155-166.
ISO 8402: EN ISO 8402 (1994): »Qualitätsmanagement und Qualitätssicherung – Begriffe« (jetzt durch EN ISO 9000:2005 ersetzt).
Jacobsen M./Spiro, R.J. (1995): Hypertext learning environments, cognitive flexibility, and the transfer of complex knowledge: An empirical investigation. In: Journal of Educational Computing Research, 12, S. 301-333.
Johnson, D.W./Johnson R.T. (1989): Cooperation and competition: Theory and research. Edina: Interaction Book MN.
Kade, J. (1992): Erwachsenenbildung und Identität. Eine empirische Studie zur Aneignung von Bildungsangeboten. Weinheim: DSV. 2. Aufl.
Kade, J. (1997): Von einer Bildungsinstitution zur Infrastruktur subjektiver Lebensführung – teilnehmer- und aneignungstheoretische Sichten der Erwachsenenbildung. In: Brödel, R. (1997): Erwachsenenbildung in der gesellschaftlichen Moderne. Studien zur Erziehungswissenschaft und Bildungsforschung. 9. Aufl. Opladen: Leske + Budrich, S. 300-316.
Kade, J./Seitter, W. (1996): Lebenslanges Lernen – Mögliche Bildungswelten. Erwachsenenbildung, Biographie und Alltag. Opladen: Leske + Budrich.
Kelle, U. (2008): Die Integration qualitativer und quantitativer Methoden in der empirischen Sozialforschung. Theoretische Grundlagen und methodologische Konzepte. 2. Aufl. Wiesbaden: Verlag für Sozialwissenschaften.
Kelle, U./Kluge, S. (1999): Vom Einzelfall zum Typus: Fallvergleiche und Fallkontrastierung in der qualitativen Sozialforschung. Opladen: Leske + Budrich.
Keller, M. (2002): Rechenmodelle für den Mittelstand. Zur Kosten-Nutzen-Analyse von E-Learning. In: Scheffer, U./Hesse, F.W (Hg.): E-Learning. Die Revolution des Lernens gewinnbringend einsetzen. Stuttgart: Klett-Cotta, S. 150-163.
Kelly, G.A. (1986): Die Psychologie der persönlichen Konstrukte. Paderborn: Junfermann.
Kerres, M. (1998): Multimediale und telemediale Lernumgebungen. Konzeption und Entwicklung. München: R. Oldenbourg.
Kerres, M. (2001): Multimediale und telemediale Lernumgebungen. Konzeption und Entwicklung. 2., vollst. überarb. Aufl. München: R. Oldenbourg.
Kerres, M./Witt, C. de (2002): Quo vadis Mediendidaktik? Zur theoretischen Fundierung von Mediendidaktik. In: MedienPädagogik. URL: http://www.medienpaed.com/02-2/kerres_dewitt1.pdf, [Stand: 06.03.2010] H. 2, S. 1-2.
Kirchhöfer, D. (1999): Kinder zwischen selbst- und fremdbestimmter Zeitorganisation. In: Fromme, J./Kommer, S./ Mansel, J./Treumann, K.-P. (Hg.): Selbstsozialisation, Kinderkultur und Mediennutzung. Opladen: Leske + Budrich, S. 100-112.
Klimmt, C. (2004): Der Nutzen von Computerspielen – ein optimistischer Blick auf interaktive Unterhaltung. In: medien + erziehung (merz). Zeitschrift für Medienpädagogik, 48, H. 3, 2004, S. 7-11.
Klimsa, P. (1997): Multimedia aus psychologischer und didaktischer Sicht. In: Issing, L.J./Klimsa, P. (Hg.): Information und Lernen mit Multimedia. 2., überarb. Aufl. Weinheim: Beltz, S. 7-24.
Kohli, M. (1985): Die Institutionalisierung des Lebenslaufs. Historische Befunde und theoretische Argumente In: Kölner Zeitschrift für Soziologie und Sozialpsychologie. Jg. 37, S. 1-29.
Kolb, D.A. (1981): Learning Styles and Disciplinary Differences. In: Chickering, A.W. u.a. (Hg.): The modern american college. Responding to the new realities of diverse students and a changing society. San Francisco: Jossey-Bass, S. 232-305.
Kolb, D.A. (1985): Learning-Style Inventory, Boston: McBer and Company.
Kommers, P.A.M./Jonassen, D.J./Mayes, J.T. (Hg.) (1991): Cognitive Tools for Learning. Berlin/Heidelberg/New York: Springer.
Konietzka, D (1995): Lebensstile im sozialstrukturellen Kontext. Ein theoretischer und empirischer Beitrag zur Analyse soziokultureller Ungleichheiten. Opladen: Westdeutscher Verlag.

Koschnick, W.J. (1984): Standardwörterbuch für die Sozialwissenschaften/Standard dictionary of the social sciences. München/New York: K.G. Saur.
Krappmann, L. (2002): Warnung vor dem Begriff der Selbstsozialisation. In: ZSE, 22 (2), S. 178-185.
Kreckel, R. (1997): Politische Soziologie der sozialen Ungleichheit. Frankfurt a.M.: Campus.
Krippendorff, K. (1969): Models of messages: three prototypes. In Gerbner, G./Holsti, O.R./Krippendorff, K./Paisly G.J/Stone Ph.J. (Hg.): The analysis of communication content. New York: Wiley.
Kron, F.W./Sofos, A. (2003): Mediendidaktik – Neue Medien in Lehr- und Lernprozessen. München: Ernst Reinhardt.
Krotz (2001): Die Mediatisierung kommunikativen Handelns. Wie sich Alltag und soziale Beziehungen, Kultur und Gesellschaft durch Medien wandeln. Wiesbaden: Westdeutscher Verlag.
Krotz, F. (2007): Mediatisierung: Fallstudien zum Wandel von Kommunikation. Wiesbaden: Verlag für Sozialwissenschaften.
Kuckartz, U. (1999): Computergestützte Analyse qualitativer Daten. Opladen/Wiesbaden. Westdeutscher Verlag.
Kuckartz, U. (2005): Computergestützte Analyse qualitativer Daten. Eine praktische Einführung in Methoden und Arbeitstechniken. 2., Aufl. Opladen: Westdeutscher Verlag.
Kulturministerkonferenz (2004): Beschluss der KMK vom 14.04.2000: Selbstgesteuertes Lernen in der Weiterbildung. URL: http://www.kmk.org/doc/selbstlern.htm. [Stand: 01.05.2004].
Kurtz, T. (2004): Wissensvermittlung im Kontext von Person, Organisation und Neuen Medien. In: Meister, D. (Hg.): Online-Lernen und Weiterbildung. Wiesbaden: Verlag für Sozialwissenschaften, S. 149-162.
Lampert, C./Schwinge, C./Tolks, D. (2009): Der gespielte Ernst des Lebens: Bestandsaufnahme und Potenziale von Serious Games (for Health). In: MedienPädagogik. Zeitschrift für Theorie und Praxis der Medienbildung. Themenheft Nr. 15/16. Computerspiele und Videogames in formellen und informellen Bildungskontexten. Abrufbar unter: http://www.medienpaed.com/15/lampert 0903.pdf [Stand: 15.05.2009].
Leutner, D. (1997): Adaptivität und Adaptierbarkeit multimedialer Lehr- und Informationssysteme. In: Issing, L.J./Klimsa, P. (Hg.): Information und Lernen mit Multimedia. Weinheim: Psychologie Verlags Union, S. 139-149.
Malone, T.W./Lepper, M.R. (1987): Making Learning Fun: A Taxonomy of Intrinsic Motivations for Learning. In: Snow, R.E./Farr, M.J. (Hg.): Aptitude, Learning and Conative and affective process analysis. Hillsdale: Erlbaum, S. 223-253.
Mandl, H./Gräsel, C. (1997): Multimediales, problemorientiertes Lernen: Thyroidea – ein Lernprogramm für das Medizinstudium. In: Hamm, I./Müller-Böhling, D. (Hg.): Hochschulentwicklung durch neue Medien. Gütersloh: Bertelsmann, S. 173-183.
Mannheim, K. (1964): Das Problem der Generationen. In: Mannheim, K.: Wissenssoziologie. Auswahl aus dem Werk, Berlin/Neuwied: Luchterhand, S. 509-565.
Mansel, J./Fromme, J./Kommer, S./Treumann, K.P. (1999): Selbstsozialisation, Kinderkultur und Mediennutzung. In: Fromme, J./Kommer, S./Mansel, J./Treumann, K.-P. (Hg.): Selbstsozialisation, Kinderkultur und Mediennutzung. Opladen: Leske + Budrich, S. 9-22.
Marotzki, W. (1991): Entwurf einer strukturalen Bildungstheorie. Biographietheoretische Auslegung von Bildungsprozessen in hochkomplexen Gesellschaften. Weinheim: Deutscher Studien Verlag.
Marotzki, W. (2001): Bildung – Die Antwort auf Veränderungen in der Arbeits- und Lebenswelt infolge des Vordringens neuer Informationstechnologien. In: Ergotherapie & Rehabilitation, 40, H. 8, S. 5-10.
Marotzki, W. (2003): Medienbildung und digitale Kultur. In: Magdeburger Wissenschaftsjournal. 1-2/03. S. 3-8.
Mayring, P. (2000a): Qualitative Inhaltsanalyse. Grundlagen und Techniken. 7. Aufl., zuerst 1983. Weinheim: DSV.
Mayring, P. (2000b): Qualitative Inhaltsanalyse. In: Forum Qualitative Sozialforschung. Vol. 1, No. 2. Online abrufbar unter: http://www.qualitative-research.net/index.php/fqs/article/viewArticle/1089/2383 [Stand: 24.02.2011]
Meister, D. (2003): Einflüsse neuer Medien auf die Weiterbildung. Unveröffentlichte Habilitationsschrift. Universität Bielefeld. URL: //bison.ub.uni-bielefeld.de/volltexte/2005/809/index.html [Stand: 20.05.2006].
Merill, M.D. (1987): A lesson based on the Component Display Theory. In: Reigeluth, C.M. (Hg.): Instructional theories in action. Hillsdale: Lawrence Erlbaum, S. 201-244.
Merkens, H. (2000): Auswahlverfahren, Sampling, Fallkonstruktion. In: Flick, U./v. Kardorff, E./Steinke, I. (Hg.): Qualitative Forschung. Ein Handbuch. Reinbek: Rowohlt, S. 286-299.
Merten, K. (1995): Inhaltsanalyse. Einführung in Theorie, Methode und Praxis. 2., verb. Aufl. Opladen: Westdeutscher Verlag.
Meyer, Th. (1992): Modernisierung der Privatheit. Differenzierungs- und Individualisierungsprozesse des familialen Zusammenlebens. Opladen: Westdeutscher Verlag.
Meyers Lexikon Redaktion (2002): Meyers großes Taschenlexikon in 25 Bänden. Mannheim/Leipzig/Wien/Zürich.
Meyrowitz, J. (1987): Die Fernsehgesellschaft: Wirklichkeit und Identität im Medienzeitalter. Basel: Beltz.
Mielke, R. (2001): Psychologie des Lernens. Eine Einführung. Stuttgart: Kohlhammer.
Mietzel, G. (1998): Pädagogische Psychologie des Lernens und Lehrens. Göttingen: Hogrefe.
Miles, M.B./Hubermann, A.M. (1994): Qualitative data analysis: A sourcebook of new methods. Second edition. Newbury u.a.: Sage.

Milgram, S. (1974): Obedience to authority. New York: Harper & Row.
Miller, D. (2005): Einführung. In: E-Learning. Eine multiperspektivische Standortbestimmung. Bern/Stuttgart/Wien: Haupt, S. 9-31.
Mörth, I./Fröhlich, G. (1994): Das symbolische Kapital der Lebensstile. Zur Kultursoziologie der Moderne nach Pierre Bourdieu. Frankfurt a.M./New York: Campus.
Müller-Maguhn, A. (2000): Regierungserklärung. 16.10.2000. Abrufbar im Internet: [URL http://www.datenreisen.de/papers/Regierungserklaerung.html], Stand 10.03.04.
Neckel, S. (1993): Soziale Scham: Unterlegenheitsgefühle in der Konkurrenz von Lebensstilen. In: Gebauer, G./Wulf, C. (Hg.): Praxis und Ästhetik. Neue Perspektiven im Denken Pierre Bourdieus. Frankfurt a.M.: Suhrkamp, S. 270-291.
Paechter, S. et al. (2007): eStudy – eLearning im Studium: Wie beurteilen und nutzen Studierende eLearning?. Projektendbericht im Auftrag des Bundesministeriums für Wissenschaft und Forschung Österreich. URL: http://www.e-science.at/dokumente/eSTUDY_Endbericht.pdf [Stand: 05.03.2009]
Paulsen, M.F. (1995): The Online Report on Paedagogical Techniques for Computer-Mediated Communication (CMC). URL: http://nettskolen.nki.no/forskning/19/cmcped.html [Stand: 06.03.2009].
Peirce, C.S. (1991): Schriften zum Pragmatismus und Pragmatizismus. Frankfurt a.M.: Suhrkamp.
Peters, O. (1997): Didaktik des Fernstudiums. Erfahrungen und Diskussionsstand in nationaler und internationaler Sicht. Neuwied: Luchterhand.
Peters, O. (2000): Ein didaktisches Modell für den virtuellen Lernraum. In: Marotzki, W./Meister, D. M./Sander, U. (Hg.): Zum Bildungswert des Internet. Opladen: Leske + Budrich, S. 159-187.
Pongratz, H.J. (2001): Arbeitskraftunternehmer als neuer Leittypus? Flexibilisierung der Arbeit und Patchwork-Biographien. In: DIE Online – Zeitschrift für Erwachsenenbildung 1/2001, S. 24-26.
Pongratz, H.J./Voß, G.G (2003): Arbeitskraftunternehmer – Erwerbsorientierungen in entgrenzten Arbeitsräumen. Berlin: edition sigma.
Prenksy, M. (2001a): Digital Natives, Digital Immigrants. URL: www.marcprensky.com/writing/prensky-digital_natives,digital_immigrants-part1.pdf. [Stand : 31.08.2011].
Prensky, M. (2001): Digital Game-Based Learning. New York: Mc Graw-Hill.
Preuss-Lausitz, U. (1999): Die Schule benachteiligt die Jungen?! In: Pädagogik, 51, H. 5, S. 11-14.
Rammstedt, O. (1995): Abduktion. In: Fuchs-Heinritz, W./Lautmann, R./Rammstedt, O./Wienold, H. (Hg.): Lexikon zur Soziologie. Opladen: Westdeutscher Verlag, S. 15.
Rautenstrauch, C. (2001): Tele-Tutoren – Qualifizierungsmerkmale einer neu entstandenen Profession. Bielefeld: Bertelsmann.
Rebel, K. (2004): Selbstgesteuertes Lernen. Eine Real-Utopie mit Augenmaß. URL: http://www.zfu.de/Texte/HTML/sl.html, [Stand: 01.05.2004]
Reglin, T./Speck, C. (2003): Zur Kosten-Nutzen-Analyse von E-Learning. In: VBM – Verband der Bayerischen Metall- und Elektro-Industrie e.V./Prechtl, C. (Hg.): Leitfaden E-Learning. München: VBM, S. 221-235. URL: http://elearn.jku.at/wiki/index.php/Gestalten_und_Evaluieren_von_eLearning_Szenarien/Kosten_und_Nutzen_von_eLearning [Stand: 03.08.2009].
Reinmann-Rothmeier, G. (2002): Mediendidaktik und Wissensmanagement. URL: www.medienpaed.com/02-2/reinmann1.pdf [Stand: 10.10.2005].
Reinmann-Rothmeier, G./Mandl, H. (2001): Wissen. In: Hauser, H. (Red.): Lexikon der Neurowissenschaft. Bd. 3. Heidelberg: Spektrum Akademischer Verlag, S. 466.
Renkl, A. (1996): Träges Wissen. Wenn Erlerntes nicht genutzt wird. Psychologische Rundschau, 47, H. 2, S. 78-92.
Revelli, N. (1977): Il mondo dei vinti. Band 2. Turin: Einaudi.
Rheinberg, F. (1995): Motivation. Stuttgart: Kohlhammer.
Rosenthal, G. (1987): »… wenn alles in Scherben fällt …«. Von Leben und Sinnwelt der Kriegsgeneration. Typen biographischer Wandlungen. Opladen: Leske + Budrich.
Sauter, W./Sauter, A. (2002): Blended Learning. Effiziente Integration von E- Learning und Präsenztraining. Neuwied: Luchterhand.
Schaeper, S./Witzel, A. (2001): Rekonstruktion einer qualitativen Typologie mit standardisierten Daten. In: Kluge, S./Kelle, U. (Hg.): Methodeninnovation in der Lebenslaufforschung. Integration qualitativer und quantitativer Verfahren in der Lebenslauf- und Biographieforschung. Weinheim/München: Juventa. S. 214-259.
Schäffer, B. (2003): Generationen – Medien – Bildung. Medienpraxiskulturen im Generationenvergleich. Opladen: Leske + Budrich.
Schaumburg, H./Issing, L. J. (2003): Interaktives Lernen mit Multimedia. In: Mangold, R./Vorderer, P./Bente, G. (Hg.): Lehrbuch der Medienpsychologie. Göttingen u.a.: Hogrefe, S. 717-742.
Schelsky, H. (1965): Auf der Suche nach Wirklichkeit. Düsseldorf/Köln: Diederichs.
Schiefele, U. (1996): Motivation und Lernen mit Texten. Göttingen: Hogrefe.

Schiefele, U./Pekrun, R. (1996): Psychologische Modelle des fremdgesteuerten und selbstgesteuerten Lernens. In: Weinert, F.E. (Hg.): Psychologie des Lernen und der Instruktion (Enzyklopädie der Psychologie, D, Serie Pädagogische Psychologie, Bd. 2,). Göttingen: Hogrefe, S. 249-278.

Schmiede, R. (1996): Informatisierung, Formalisierung und kapitalistische Produktionsweise. In: Ders. (Hg.): Virtuelle Arbeitswelten. Arbeit, Produktion und Subjekt in der »Informationsgesellschaft«. Berlin: edition sigma, S. 15-47.

Schnack, D./Neutzling, R. (1990): Kleine Helden in Not. Jungen auf der Suche nach Wirklichkeit. Reinbek: Rowohlt.

Schott, F./Kempter, S./Seidl, P. (1997): Instruktionstheoretische Aspekte zur Gestaltung von multimedialen Lernumgebungen. In: Issing, L.J./Klimsa, P. (Hg.): Information und Lernen mit Multimedia. Weinheim: Psychologie Verlags Union, S. 179-192.

Schüle, H. (2001): »eLearning und Wissensmanagement in deutschen Großunternehmen« – Ergebnisse einer Befragung der Top-350 Unternehmen der deutschen Wirtschaft. URL: http://www.unicmind.com/elearningstudie.pdf, [Stand: 02.12.2003]

Seel, N.M. (2000): Psychologie des Lernens. Lehrbuch für Pädagogen und Psychologen. München/Basel: Ernst Reinhardt.

Sennett, R. (2000): Der flexible Mensch. Die Kultur des neuen Kapitalismus. München: btb.

Seufert, S./Mayr, P. (2002): Fachlexikon E-Learning. Bonn: Gerhard May.

Sherwood, R.D./Petrosino, A.J./Lin, X./Cognition and Technology Group at Vanderbilt (1998): Problem-based macro contexts in science instruction: Desing issues and applications. In: Fraser, B.J./Tobin, K.G. (Hg.): International Handbook of Science Education. Dordrecht/Boston/London: Kluwer, S. 349-362.

Skinner, B.F. (1961): Why we need teaching machines. In: Harvard Educational Review, Jg. 31, S. 377-398.

Soules, M. (2000): Hybrid Online Courses & Strategies for Collaboration. URL: http://www.mala.bc.ca/~soules/hybrid.htm [Stand 02.12.2003].

Spiro, R.J./Felovich, P.J./Jacobsen, M.J./Coulson, R.L. (1992): Cognitive flexibility, construtivism and hyptertext: Random access instruction for advanced knowledge acquisition in ill-structured domains. In: Duffy, T./Jonassen, D. (Hg.): Constructivism and the Technology of Instruction. New York: Erlbaum, S. 57-76.

Star, S.L. (1997): Anselm Strauss: An Appreciation. In: Sociological Research Online, 2, S. 1-8.

Stark, R./Graf, M./Renkl, A./Gruber, H./Mandl, H. (1995): Förderung von Handlungskompetenz durch geleitetes Problemlösen und multiple Kontexte. In: Zeitschrift für Entwicklungspsychologie und Pädagogische Psychologie, Jg. 27, S. 289-312.

Strauss, A.L./Corbin, B. (1996): Grundlagen qualitativer Sozialforschung. Weinheim: Beltz/PVU.

Strübing, J. (2004): Grounded Theory. Wiesbaden: Verlag für Sozialwissenschaften.

Treumann, K./Arens, M./Ganguin, S. (2006): Qualitätseinschätzungen aus der Perspektive von E-Learnern. In: Eder, F./Gastager, A./Hofmann, F. (Hg.): Qualität durch Standards. AEPF-Tagungsband. Waxmann, S. 151-169.

Treumann, K.P. (1998): Triangulation als Kombination qualitativer und quantitativer Forschung. In: Abel, J./Möller, R./Treumann, K.P.: Einführung in die Empirische Pädagogik. Stuttgart: Kohlhammer, S. 154-182.

Treumann, K.P. (2005): Triangulation. In: Mikos, L./Wegener, C. (Hg.): Qualitative Medienforschung. Ein Handbuch. Wiesbaden: Verlag für Sozialwissenschaften, S. 209-221.

Treumann, K.P. (2011): Zur empirischen Erfassung von Medienkompetenz und zur Rekonstruktion von Medienhandlungstypen mittels einer triangulativen Kombination quantitativer und qualitativer Forschungsmethoden. In: Ecarius, J./Miethe, I. (Hg.) 2011 Methodentriangulation in der qualitativen Bildungsforschung. Wiesbaden: Verlag für Sozialwissenschaften. Leverkusen: Barbara Budrich, S. 65-88.

Treumann, K.P./Baacke, D. (†)/Haacke, K./Hugger, K.U./Vollbrecht, R. (unter Mitarbeit von O. Kurz) (2002): Medienkompetenz im digitalen Zeitalter. Wie die neuen Medien das Leben und Lernen Erwachsener verändern. Opladen: Leske + Budrich.

Treumann, K.P./Meister, D./Sander, U./Burkatzki, E./Hagedorn, J./Kämmerer, M./Strotmann, M./Wegener, C. (2007): Medienhandeln Jugendlicher. Mediennutzung und Medienkompetenz. Bielefelder Medienkompetenzmodell. Wiesbaden: Verlag für Sozialwissenschaften.

Treumann, K.P/Arens, M./Ganguin, S. (2010): Die empirische Erfassung von Medienkompetenz mit Hilfe einer triangulativen Kombination qualitativer und quantitativer Forschungsmethoden, In: Herzig, B./Meister, D.M./Moser, H./Niesyto, H. (Hg.): Jahrbuch Medienpädagogik 8. Medienkompetenz und Web. 2.0. Wiesbaden: Verlag für Sozialwissenschaften, S. 163-180.

Twardy, M. (1985): Lernpsychologische Bedingungen und didaktische Konsequenzen zur Realisierung computerunterstützten Unterrichts. In: Seibt, D./Szyperski, N./Hasenkamp, U. (Hg.): Angewandte Informatik. Braunschweig: Vieweg, S. 305-322.

Urhahne, D./Prenzel, M./Davier, M. v./Senkbeil, M./Bleschke, M. (2000): Computereinsatz im naturwissenschaftlichen Unterricht – Ein Überblick über die pädagogisch-psychologischen Grundlagen und ihre Anwendung. In: Zeitschrift für Didaktik der Naturwissenschaften, 6, S. 157-186.

van Eimeren, B./Frees, B. (2005): ARG/ZDF-Online-Studie 2005. Nach dem Boom: Größter Zuwachs in internetfernen Gruppen. In: Media Perspektiven, H. 8, S. 362-379.

van Eimeren, B./Frees, B. (2009): Ergebnisse der ARD/ZDF-Onlinestudie 2009. Der Internetnutzer 2009 – multimedial und total vernetzt? In: Media Perspektiven H. 7, S. 334-348.
Veith, H. (2002): Sozialisation als reflexive Vergesellschaftung. In: ZSE, 22, H. 2, S. 167-177.
Voß, G./Pongratz, H.J. (1998): Der Arbeitskraftunternehmer. Eine neue Grundform der Ware Arbeitskraft. In: Kölner Zeitschrift für Soziologie und Sozialpsychologie, 50, H. 1, S. 131-158.
Voß, G./Pongratz, H.J. (2003): Der Arbeitskraftunternehmer. Erwerbsorientierungen in entgrenzten Arbeitsformen. Berlin: edition sigma.
Voß, H.-G. (1981): Kognition und exploratives Handeln. In: Voß, H.-G./Keller, H. (Hg.): Neugierforschung: Grundlagen – Ergebnisse – Anwendungen. Weinheim: Beltz, S. 175-196.
Wallmüller, E. (1990): Software Qualitätssicherung in der Praxis. München/Wien: Hanser.
Wegener, C. (2000): Mit Gewalt unterhalten – Fernsehen zwischen Fiktion und Realität. In: Bergmann, S. (Hg.): Mediale Gewalt – eine reale Bedrohung für Kinder? Bielefeld: AJZ, S. 80-91.
Wegener, C. (2005): Inhaltsanalyse. In: Mikos, L./Wegener, C. (Hg.): Qualitative Medienforschung. Ein Handbuch. Konstanz: UVK, S. 200-208.
Weidenmann, B. (1997): Multicodierung und Multimodalität im Lernprozeß. In: Issing, L.J./Klimsa, P.: Information und Lernen mit Multimedia. 2., überarb. Aufl. Weinheim: Beltz, S. 65-84.
Weinert, F.E. (1982): Selbstgesteuertes Lernen als Voraussetzung, Methode und Ziel des Unterrichts. In: Unterrichtswissenschaft. Zeitschrift für Lernforschung. Jg. 10, H. 2, S. 99-110.
Willke, H. (1998): Organisierte Wissensarbeit. In: Zeitschrift für Soziologie, Jg. 27, H. 3, S. 161-177.
Witt, C. de/Ganguin, S./Kuszpa, M./Mengel, S. (2010): Mobil Learning in the process of work- Participation on Knowledge, and Experience for occupational qualification. In: Pachter, N./Pimmer, C./Seipold, J. (Hg.): Work-based mobil learning: concepts and cases. Oxford: Peter Lang.
Wittpoth, J. (1997): Grenzfall Weiterbildung. In: Lenzen, D./Luhmann, N. (Hg.): Bildung und Weiterbildung im Erziehungssystem. Frankfurt a.M.: Suhrkamp, S. 71-93.
Wittwer, W. (2000): Wechsel und Veränderung als neues Leitprinzip beruflicher Bildung. In: Dehnbostel, P./Dybrowski, G. (Hg.): Lernen, Wissensmanagement und berufliche Bildung. Bielefeld: Bertelsmann, S. 124-134.
Young, J.R. (2002): Hybrid Teaching Seeks to End the Divide Between Traditional an Online Instruction. In: The Chronicle of Education, 22.03.2002. URL: http://chronicle.com/weekly/v48/i28/28a03301.htm [Stand: 2.12.2003].
Ziegler, K./Hofmann, F./Astleitner, H. (2003): Selbstreguliertes Lernen und Internet. Frankfurt a.M.: Peter Lang.
Zimbardo, P.G. (1992): Psychologie. Berlin: Springer.
Zimmer, G.M. (2001): Ausblick: Perspektiven der Entwicklung der telematischen Lernkultur. In: Arnold, P. (Hg.): Didaktik und Methodik telematischen Lehrens und Lernens. Lernräume, Lernszenarien, Lernmedien. State-of-the-Art und Handreichung. Münster/New York/München u.a: Waxmann, S. 126-146.

8. Verzeichnis der Tabellen

Tabelle 2.2.2.1: Vor- und Nachteile der methodischen Grundformen des E-Learnings (nach Kerres 2001, S. 299) 44

Tabelle 2.2.4.1: Vorteile des E-Learnings vs. Vorteile des Präsenzlernens 59

Tabelle 2.3.2.1: E-Learning-Standards 65

Tabelle 3.2.1.1: Übersicht über die qualitativ interviewten E-Learner (Analysestichprobe) 98

Tabelle 3.3.1.2: Kodier-Familien nach Glaser (1978) – Erweiterung durch Treumann 111

Tabelle 5.1.1: Geschlechterverteilung der Stichprobe (n=420) 179

Tabelle 5.1.2: Altersverteilung der Stichprobe (n=412) 180

Tabelle 5.1.3: Höchster allgemeinbildender Schulabschluss (n=422) 181

Tabelle 5.1.4: Beruflicher Ausbildungsabschluss* (n= 382) 182

Tabelle 5.1.5: Berufliche Erstausbildung (n= 421) 183

Tabelle 5.1.6: Frühere Teilnahme an beruflichen Fort- und Weiterbildungskursen (n= 428) 183

Tabelle 5.1.7: Überzeugung, auch in Zukunft Weiterbildungskurse besuchen zu müssen (n=422) 184

Tabelle 5.1.8: Bisherige Erfahrung mit E-Learning-Umgebungen (n=428) 185

Tabelle 5.1.9: Private versus berufliche Computernutzung (n=424) 185

Tabelle 5.1.10a: Nutzungshäufigkeit des Computers nach Funktionsweisen (n=426 bis n=428) 186

Tabelle 5.1.10b: Nutzungshäufigkeit des Computers nach Funktionsweisen (n=424 bis n=428) 186

Tabelle 5.1.10c: Nutzungshäufigkeit des Computers nach Funktionsweisen (n=425 bis n=427) 187

Tabelle 5.1.10d: Nutzungshäufigkeit des Computers nach Funktionsweisen (n=364 bis n=425) 187

Tabelle 5.1.10e: Nutzungshäufigkeit des Computers nach Funktionsweisen (von n=84 bis n=384) 187

Tabelle 5.1.11: Aufbau des gegenwärtig bzw. zuletzt besuchten WB-Kurses (n=422) 187

Tabelle 5.1.12a: Relative Häufigkeit des Besuchs von E-Learning- und Blended-Learning-Seminaren unter TeilnehmerInnen beruflicher Fort- und Weiterbildungsszenarien differenziert nach *Geschlecht* (Angaben in %) (n= 415) 189

Tabelle 5.1.12b: Relative Häufigkeit des Besuchs von E-Learning- und Blended-Learning-Seminaren unter TeilnehmerInnen beruflicher Fort- und Weiterbildungsszenarien differenziert nach unterschiedlichen *Altersgruppen* (Angaben in %) (n= 407) 189

Tabelle 5.1.12c: Relative Häufigkeit des Besuchs von E-Learning- und Blended-Learning-Seminaren unter TeilnehmerInnen beruflicher Fort- und Weiterbildungsszenarien

differenziert nach dem *höchsten allgemeinbildenden Schulabschluss* (Angaben in %) (n= 417) 190
Tabelle 5.1.13: Struktur des Blended-Learning-Kurses (n=263) 190
Tabelle 5.1.14: Relative Häufigkeit der individuellen Zustimmung, den Computer als geeignetes Lernmedium zu bewerten, differenziert nach dem unterschiedlichen Erfahrungsgrad mit computerunterstützten Lernumgebungen (Angaben in %) 191
Tabelle 5.1.15a: Relative Häufigkeit der individuellen Zustimmung, den Einbau/Anschluss *neuer Hardware* ohne fremde Hilfe zu erledigen, differenziert nach dem Geschlecht (Angaben in %) (n= 419) 192
Tabelle 5.1.15b: Relative Häufigkeit der individuellen Zustimmung, die Installation *neuer Software* ohne Probleme zu bewältigen, differenziert nach dem Geschlecht (Angaben in %) (n= 419) 192
Tabelle 5.1.15c: Relative Häufigkeit der individuellen Zustimmung, Unterstützung im Umgang mit *Standardsoftware* zu benötigen, differenziert nach dem Geschlecht (Angaben in %) (n= 419) 193
Tabelle 5.1.15d: Relative Häufigkeit der individuellen Zustimmung, *Probleme bei der Computernutzung* zunächst selbst zu lösen, differenziert nach dem Geschlecht (Angaben in %) (n= 419) 193
Tabelle 5.2.2.4: Synopse der konstituierenden Ausprägungen der Hauptkomponenten für die Clustertypen 228
Tabelle 5.2.3.1.1.1: Binär-logistische Regression der Zugehörigkeit zum Cluster der selbstbestimmten medienaffinen E-Learner auf Unterschiede in den soziodemografischen Angaben (n [Selbstbestimmte] = 114)* 241
Tabelle 5.2.3.1.1.2: Binär-logistische Regression der Zugehörigkeit zum Cluster der selbstbestimmten medienaffinen E-Learner auf Unterschiede beim kulturellen Kapital (n [Selbstbestimmte]=114)* 243
Tabelle 5.2.3.1.1.3: Binär-logistische Regression der Zugehörigkeit zum Cluster der selbstbestimmten medienaffinen E-Learner auf Unterschiede beim ökonomischen Kapital (n [Selbstbestimmte]=114)* 244
Tabelle 5.2.3.1.1.4: Binär-logistische Regression der Zugehörigkeit zum Cluster der selbstbestimmten medienaffinen E-Learner auf Unterschiede beim Lerntyp (n [Selbstbestimmte] = 114)* 246
Tabelle 5.2.3.1.1.5: Binär-logistische Regression der Zugehörigkeit zum Cluster der selbstbestimmten medienaffinen E-Learner auf Unterschiede bei der E-Learning-Erfahrung (n [Selbstbestimmte] = 114)* 247
Tabelle 5.2.3.1.1.6: Binär-logistische Regression der Zugehörigkeit zum Cluster der selbstbestimmten medienaffinen E-Learner auf Unterschiede bei der persönlichen Einstellung gegenüber computerbasierten Weiterbildungsmaßnahmen (n [Selbstbestimmte] = 114)* 248
Tabelle 5.2.3.1.2.1: Binär-logistische Regression der Zugehörigkeit zum Cluster betrieblich delegierten, aber desinteressierten E-Learner auf Unterschiede in den soziodemografischen Angaben (n [Desinteressierte]= 141)* 250

Tabelle 5.2.3.1.2.2: Binär-logistische Regression der Zugehörigkeit zum Cluster der betrieblich delegierten, aber desinteressierten E-Learner auf Unterschiede beim kulturellen Kapital (n [Desinteressierte]= 141)* 251

Tabelle 5.2.3.1.2.3: Binär-logistische Regression der Zugehörigkeit zum Cluster der betrieblich delegierten, aber desinteressierten E-Learner auf Unterschiede beim ökonomischen Kapital (n [Desinteressierte]= 141)* 252

Tabelle 5.2.3.1.2.4: Binär-logistische Regression der Zugehörigkeit zum Cluster der betrieblich delegierten, aber desinteressierten E-Learner auf Unterschiede beim Lerntyp (n [Desinteressierte]= 141)* 253

Tabelle 5.2.3.1.2.5: Binär-logistische Regression der Zugehörigkeit zum Cluster der betrieblich delegierten, aber desinteressierten E-Learner auf Unterschiede bei der E-Learning-Erfahrung (n [Desinteressierte]= 141)* 254

Tabelle 5.2.3.1.2.6: Binär-logistische Regression der Zugehörigkeit zum Cluster der betrieblich delegierten aber desinteressierten E-Learner auf Unterschiede bei der persönlichen Einstellung gegenüber computerbasierten Weiterbildungsmaßnahmen (n [Desinteressierte]= 141)* 255

Tabelle 5.2.3.1.3.1: Binär-logistische Regression der Zugehörigkeit zum Cluster der auf ihre berufliche Praxis zentrierten E-Learner auf Unterschiede in den soziodemografischen Angaben (n [Praxisorientierte] = 88)* 256

Tabelle 5.2.3.1.3.2: Binär-logistische Regression der Zugehörigkeit zum Cluster der auf ihre berufliche Praxis zentrierten E-Learner auf Unterschiede beim kulturellen Kapital (n [Praxisorientierte] = 88)* 258

Tabelle 5.2.3.1.3.3: Binär-logistische Regression der Zugehörigkeit zum Cluster der auf ihre berufliche Praxis zentrierten E-Learner auf Unterschiede beim ökonomischen Kapital (n [Praxisorientierte] = 88)* 259

Tabelle 5.2.3.1.3.4: Binär-logistische Regression der Zugehörigkeit zum Cluster der auf ihre berufliche Praxis zentrierten E-Learner auf Unterschiede beim Lerntyp (n [Praxisorientierte] = 88)* 261

Tabelle 5.2.3.1.3.5: Binär-logistische Regression der Zugehörigkeit zum Cluster auf ihre berufliche Praxis zentrierten E-Learner auf Unterschiede bei der E-Learning-Erfahrung (n [Praxisorientierte] = 88)* 262

Tabelle 5.2.3.1.3.6: Binär-logistische Regression der Zugehörigkeit zum Cluster auf ihre berufliche Praxis zentrierten E-Learner auf Unterschiede bei der persönlichen Einstellung gegenüber computerbasierten Weiterbildungsmaßnahmen (n [Praxisorientierte] = 88)* 263

Tabelle 5.2.3.2.1: Strukturierung der unabhängigen Variablen der multinomial-logistischen Regression nach unterschiedlichen Gruppen resp. Modellen 266

Tabelle 5.2.3.2.2: Multinomial-logistische Regression der Clustertypologie der E-Learning-Nutzung auf ausgewählte Merkmale bei E-LearnerInnen der beruflichen Fort- und Weiterbildung in Deutschland: Likelihood-Quotienten-Tests der Modellparameter sowie die durch die sechs Variablenmodelle erklärten Varianzanteile (Nagelkerke's R^2), Gesamtdarstellung der Ergebnisse 268

Tabelle 6.1.2.1: Anforderungsprofil des autonomen E-Learners an die vier Qualitätsfelder 283

Tabelle 6.1.2.2: Anforderungsprofil des intrinsisch motivierten E-Learners an die vier Qualitätsfelder 284
Tabelle 6.1.2.3: Anforderungsprofil des fremdgesteuerten E-Learners an die vier Qualitätsfelder 284
Tabelle 6.1.2.4: Anforderungsprofil des gruppenorientierten E-Learners an die vier Qualitätsfelder 285
Tabelle 6.3.1: Muster eines Kriterienkatalogs für Weiterbildungsanbieter zur optimalen Passung zwischen Präferenzprofilen von E-Learnern und den Schwerpunkten der jeweiligen Kursgestaltung 289
Tabelle 10.8.1: Hauptkategorien Weiterbildungsverhalten 361
Tabelle 10.8.2: Hauptkategrie Lernen (E-Learning) 362
Tabelle 10.8.3: E-Learning (Qualität) 364

9. Verzeichnis der Abbildungen

Abbildung 2.4.4.1: Anzahl der veröffentlichten Artikel pro Jahr (1991-2002) zur Medienkompetenz in überregionalen Zeitungen und Wochenzeitschriften (Gapski 2001, S. 177) 79
Abbildung 2.5.1.1: »Fieberkurve« des E-Learning-Anbietermarktes 90
Abbildung 3.3.1.1.1: Ablaufmodell deduktiver Kategorienanwendung (vgl. Mayring 2000b) 102
Abbildung 3.4.1.2: Ablaufmodell induktiver Kategorienbildung (vgl. Mayring 2000b) 103
Abbildung 3.4.1.3: Screenshot von MAXqda 105
Abbildung 3.3.1.2.1: Grounded Theory als triadischer und zirkulärer Prozess nach Hildebrand (2000) 108
Abbildung 3.3.1.2.2: Tentative Entwicklung von Problemlösungen nach Peirce 109
Abbildung 3.3.2.1: Boxplot der Variable »Anzahl der Kinder« 116
Abbildung 4.1: »Axiales Kodierschema zum Phänomen: Entscheidung zur Durchführung einer Weiterbildungsmaßnahme« 124
Abbildung 4.2.5.1: Disziplin und das Erfordernis sozialer Eingebundenheit 177
Abbildung 5.1.2: Zusammenhang zwischen Geschlechtszugehörigkeit und Altersgruppe (n=419) 180
Abbildung 5.1.3: Mittlere Nutzungshäufigkeit ausgewählter Neuer Medien (ar. Mittel; n=84-428) 188
Abbildung 5.1.4: Struktur des gegenwärtig bzw. zuletzt besuchten WB-Kurses in % (n= 422) 188
Abbildung 5.2.1.1: Hauptkomponentenstruktur der Computerakzeptanz von E-Learnern (n= 330) 194
Abbildung 5.2.1.2: Hauptkomponentenstruktur der Motivation zur Computernutzung bei den E-Learnern (n= 328) 197
Abbildung 5.2.1.3: Hauptkomponentenstruktur der Computer- und Internetnutzung von E-Learnern (n= 308) 198
Abbildung 5.2.1.4: Hauptkomponentenstruktur der instrumentell-qualifikatorischen PC-Medienkompetenz von E-Learnern (n= 342) 200
Abbildung 5.2.1.5: Hauptkomponentenstruktur des Weiterbildungsverhaltens von E-Learnern (n= 330) 201
Abbildung 5.2.1.6: Hauptkomponentenstruktur der Gründe für das Online-Lernen aus der Nutzerperspektive (n= 315) 203
Abbildung 5.2.1.7: Hauptkomponentenstruktur des Kursaufbaus: E-Learning vs. Präsenzlernen aus der Nutzerperspektive (n= 329) 205
Abbildung 5.2.1.8: Hauptkomponentenstruktur der Vorteile des Lernens in Gruppen aus der Nutzerperspektive (n=92) 207

Abbildung 5.2.1.9: Hauptkomponentenstruktur Technische Probleme bei der Durchführung von E-Learning-Kursen aus der Nutzerperspektive (n= 146) 208

Abbildung 5.2.1.10: Hauptkomponentenstruktur Dimension der Erwünschten Merkmalsstruktur von computer- und internetgestützten Lernumgebungen aus der Nutzerperspektive (n= 326) 210

Abbildung 5.2.1.11: Hauptkomponentenstruktur der hauptsächlich erreichten Ziele durch die Teilnahme an einem E-Learning-Kurs (n= 328) 214

Abbildung 5.2.1.12: Hauptkomponentenstruktur des individuell vorherrschenden Verständnisses von Qualität (n=318) 215

Abbildung 5.2.1.13: Hauptkomponentenstruktur der Qualitätsansprüche an den individuellen Lernprozess (n= 315) 217

Abbildung 5.2.1.14: Genutzte Items aus dem Online-Fragebogen für die einzelnen Hauptkomponentenanalysen 219

Abbildung 5.2.2.5.1: Cluster 1: Die selbstbestimmten, medienaffinen E-Learner 233

Abbildung 5.2.2.5.2: Cluster 2: Die betrieblich delegierten, aber desinteressierten E-Learner 234

Abbildung 5.2.2.5.3: Cluster 3: Die auf ihre berufliche Praxis zentrierten E-Learner 235

Abbildung 5.2.2.6: Empirische Verteilung der Clusterzugehörigkeit (n=343) 236

Abbildung 5.2.3.1.1.2: Anteil der E-Learner, die jünger als 30 Jahre alt sind, im Cluster der selbstbestimmten medienaffinen E-Learner und in der Gesamtstichprobe (für die Darstellung wurden die metrischen Ausprägungen des Lebensalters zusammengefasst; n [Gesamt] = 341; n [Selbstbestimmte] = 114) 241

Abbildung 5.2.3.1.1.3: Anteil der E-Learner (in Prozent), die selbstständig sind im Cluster der selbstbestimmten medienaffinen E-Learner und in der Gesamtstichprobe (für die Darstellung wurden die Kategorien zusammengefasst zu »Selbstständige vs. Nicht Selbstständige«; n [Gesamt] = 343; n [Selbstbestimmte] = 114) 242

Abbildung 5.2.3.1.1.4: Anteil der E-Learner, die Weiterbildungserfahrung haben, im Cluster der selbstbestimmten medienaffinen E-Learner und in der Gesamtstichprobe (für die Darstellung wurden die Kategorien »Weiterbildungserfahrung vs. Keine WB-Erfahrung« miteinander kontrastiert; n [Gesamt] = 343; n [Selbstbestimmte] = 114) 243

Abbildung 5.2.3.1.1.5: Anteil der E-Learner, die 2.000€ bis 2.499€ netto verdienen, im Cluster der selbstbestimmten medienaffinen E-Learner und in der Gesamtstichprobe (n [Gesamt] = 308; n [Selbstbestimmte]=114) 244

Abbildung 5.2.3.1.1.6: Anteil der E-Learner, die 3.000€ bis 3.499€ netto verdienen, im Cluster der selbstbestimmten medienaffinen E-Learner und in der Gesamtstichprobe (n [Gesamt] = 308; n [Selbstbestimmte]=114) 245

Abbildung 5.2.3.1.1.7: Anteil der E-Learner, die lieber alleine lernen, im Cluster der selbstbestimmten medienaffinen E-Learner und in der Gesamtstichprobe (n [Gesamt] = 342; n [Selbstbestimmte] = 114) 247

Abbildung 5.2.3.1.1.8: Anteil der E-Learner, die freiwillig an der E-Learningmaßnahme teilgenommen haben, im Cluster der selbstbestimmten medienaffinen E-Learner und in der Gesamtstichprobe (n [Gesamt] = 343; n [Selbstbestimmte] = 114) 249

Abbildung 5.2.3.1.2.1: Prozentualer Anteil der E-Learner, die selbstständig sind, im Cluster der betrieblich delegierten, aber desinteressierten E-Learner und in der

Gesamtstichprobe (für die Darstellung wurden die Kategorien zu »Selbstständige vs. Nicht Selbstständige« zusammengefasst; n [Gesamt] = 343; n [Desinteressierte]= 141) 251

Abbildung 5.2.3.1.2.2: Anteil der E-Learner, die sich einen Zeitplan erstellen, im Cluster der betrieblich delegierten, aber desinteressierten E-Learner und in der Gesamtstichprobe (n [Gesamt] = 343; n [Desinteressierte]= 141) 253

Abbildung 5.2.3.1.2.3: Anteil der E-Learner, die freiwillig an der E-Learningmaßnahme teilgenommen haben, im Cluster der betrieblich delegierten, aber desinteressierten E-Learner und in der Gesamtstichprobe n [Gesamt] = 343; n [Desinteressierte]= 141) 255

Abbildung 5.2.3.1.3.1: Anteil der E-Learner, die jünger als 30 Jahre alt sind, im Cluster der auf ihre berufliche Praxis zentrierte E-Learner und in der Gesamtstichprobe (für die Darstellung wurden die metrischen Ausprägungen des Lebensalters zusammengefasst; n [Gesamt] = 341; n [Praxisorientierte] = 88) 257

Abbildung 5.2.3.1.3.2: Anteil der E-Learner, die Weiterbildungserfahrung haben, im Cluster der auf ihre berufliche Praxis zentrierten E-Learner und in der Gesamtstichprobe (n [Gesamt] = 343; n [Praxisorientierte] = 88) 259

Abbildung 5.2.3.1.3.3: Anteil der E-Learner, die 3.000€ bis 3.499€ Netto verdienen, im Cluster der auf ihre berufliche Praxis zentrierten E-Learner und in der Gesamtstichprobe (n [Gesamt] = 308; n [Praxisorientierte] = 88) 260

Abbildung 5.2.3.1.3.4: Anteil der E-Learner, die sich einen Zeitplan erstellen, im Cluster der auf ihre berufliche Praxis zentrierten E-Learner und in der Gesamtstichprobe (n [Gesamt] = 343; n [Praxisorientierte] = 88) 262

Abbildung 5.2.3.3.1: Handlungstheoretisches Rahmenmodell von Bedingungen subjektbezogener E-Learning-Nutzung: Unabhängige Variablen in blockweiser hierarchischer Anordnung bei den multinominal-logistischen Regressionsanalysen – Erklärte Varianzanteile der Variablensets 267

Abbildung 5.2.4.1: Relationen zwischen den Konzepten des »Arbeitskraftunternehmers« und des »E-Learnings« im Kontext von Selbstgesteuertem und Lebenslangem Lernen 273

Abbildung 5.2.4.2: Hauptkomponentenmodell des Arbeitskraftunternehmer-Modells bei E-Learnern in der beruflichen Bildung (n= 298) 274

Abbildung 10.15.1: Entscheidung zur Teilnahme an einer Weiterbildungsmaßnahme, Fall BE01a 379

Abbildung 10.15.2: Entscheidung zur Teilnahme an einer Weiterbildungsmaßnahme, Fall SL01b 380

Abbildung 10.15.3: Entscheidung zur Teilnahme an einer Weiterbildungsmaßnahme, Fall OL01a 381

Abbildung 10.15.4: Entscheidung zur Teilnahme an einer Weiterbildungsmaßnahme, Fall ST03b 382

Abbildung 10.15.5: Subjektbezogenes Qualitätsverständnis einer E-Learning-Maßnahme, Fall BE01 383

Abbildung 10.15.6: Subjektorientiertes Qualitätsverständnis einer E-Learning-Maßnahme, Fall SL01 384

Abbildung 10.15.7: Subjektorientiertes Qualitätsverständnis einer E-Learning-Maßnahme, Fall OL01 385

Abbildung 10.15.8: Subjektorientiertes Qualitätsverständnis einer E-Learning-
   Maßnahme, Fall ST03 386
Abbildung 10.15.9: Qualitativ hochwertiger Lernprozess, Fall BE01a 387
Abbildung 10.15.10: Qualitativ hochwertiger Lernprozess, Fall SL01b 388
Abbildung 10.15.11: Qualitativ hochwertiger Lernprozess, Fall OL01a 389
Abbildung 10.15.12: Qualitativ hochwertiger Lernprozess, Fall ST03b 390

10. Anhang

10.1 Standardisierter Fragebogen der Studie

Online-Version

Startseite/Begrüßung:

*Qualität von E-Learning in der beruflichen Bildung
aus der Nutzerperspektive*

Herzlich willkommen,

liebe E-Learning-NutzerInnen. Wir freuen uns sehr, dass Sie sich die Zeit genommen haben, an der Online-Befragung unseres Forschungsprojekts BEQS (= Bildung durch E-Learning und dessen Qualität aus der Subjektperspektive) teilzunehmen. Mit unserer Untersuchung, die von der Deutschen Forschungsgemeinschaft (DFG) gefördert wird, möchten wir herausfinden, welche Qualitätsansprüche Lernende (z.B Sie selbst) an computer- und internetbasierte Weiterbildungsmaßnahmen stellen, an denen sie im Rahmen ihrer beruflichen Bildung teilgenommen haben.

Nutzen Sie diese Befragung, um Ihre Erfahrungen mit E-Learning- oder Blended-Learning-Kursen anderen LernerInnen zur Verfügung zu stellen!
Tragen Sie persönlich zur Qualitätsverbesserung beruflicher Bildung bei!
Nehmen Sie als Dankeschön für Ihre vollständige Beantwortung unseres Fragebogens an einer Gewinnauslosung teil und gewinnen Sie tolle Preise (z.B. Digitalcameras, USB-Sticks, Lernsoftware usw.)!
Ihre persönlichen Daten werden selbstverständlich anonymisiert und nicht an Dritte weiter gegeben!

Navigation innerhalb des Fragebogens:

Der Fragebogen besteht aus mehreren Seiten. Um zwischen den einzelnen Seiten hin- und herblättern zu können, nutzen Sie bitte die Schaltflächen »weiter« und »zurück«, die sich jeweils am unteren Seitenrand befinden.Wenn Sie Ihre Eingaben bei einer bereits beantworteten Frage korrigieren möchten, können Sie ebenfalls mit Hilfe der Schaltfläche »zurück« zu der entsprechenden Frage blättern und die gewünschten Korrekturen vornehmen.

Themenmodul 0: Lernerfahrung E-Learning/Blended-Learning

Wie sieht Ihre persönliche Erfahrung im Hinblick auf E-Learning bzw. Blended-Learning aus? Verraten Sie uns bitte, wie viele Stunden Sie bereits im Rahmen computer- und/oder internetbasierter Lernumgebungen gelernt haben? *[Bitte nehmen Sie Ihre Einschätzung anhand der unten stehenden Antwortmöglichkeiten vor]*

O	weniger als 30 Std.
O	30 – 99 Std.
O	100 – 199 Std.
O	200 – 299 Std.
O	300 – 400 Std.
O	400 und mehr Std.

Themenmodul A: Allgemeines Medienverhalten

Im Rahmen beruflicher Weiterbildung haben Sie sich in der Vergangenheit bereits mit Hilfe Neuer Medien weitergebildet. Die folgenden Fragen richten sich zunächst nach Ihrem allgemeinen Medienverhalten und nach Ihrer Mediennutzung.

1. Wie beurteilen Sie die folgenden Aussagen?
[Bitte nehmen Sie anhand der Skala eine Bewertung der einzelnen Aussagen vor]

	Stimme gar nicht zu	Stimme überwiegend nicht zu	Stimme überwiegend zu	Stimme voll zu
A1.1 Den Computer sehe ich in erster Linie als Werkzeug.	O	O	O	O
A1.2 Zu Computern finde ich keinen Zugang.	O	O	O	O
A1.3 Computer sind ein geeignetes Lernmedium.	O	O	O	O
A1.4 Computer machen uns abhängig.	O	O	O	O
A1.5 Computer haben für mich einen hohen Unterhaltungswert.	O	O	O	O
A1.6 Für den Umgang mit Computern kann ich viel von Kindern lernen.	O	O	O	O
A1.7 Ein Computer bedeutet für mich Arbeitserleichterung.	O	O	O	O
A1.8 Den Computer sehe ich als (freundschaftlichen) Begleiter.	O	O	O	O
A1.9 Der Computer bedeutet für mich Unabhängigkeit.	O	O	O	O
A1.10 Man muss bereits früh mit Computern in Kontakt gekommen sein, um mit Ihnen effektiv umgehen zu können.	O	O	O	O

10.1 Standardisierter Fragebogen der Studie

2. Versuchen Sie, sich noch einmal daran zu erinnern, inwieweit die folgenden Gründe Sie dazu veranlasst haben, sich zum ersten Mal mit einem Computer zu beschäftigen?
[Bitte nehmen Sie eine Einschätzung mit Hilfe der Ihnen zur Verfügung stehenden Skala vor]

Zum ersten Mal habe ich mich mit einem Computer auseinandergesetzt,

	Stimme gar nicht zu	Stimme überwiegend nicht zu	Stimme überwiegend zu	Stimme voll zu
A2.1 …weil ich damit Texte verfassen und bearbeiten wollte.	O	O	O	O
A2.2 … weil ich Computerspiele spielen wollte.	O	O	O	O
A2.3 … weil es im Rahmen meiner beruflichen Tätigkeit notwendig wurde.	O	O	O	O
A2.4 … weil ich neugierig war und interessiert am Medium Computer.	O	O	O	O
A2.5 … weil ich Lust hatte, etwas (Neues) zu lernen.	O	O	O	O
A2.6 … weil mich Familienmitglieder bzw. Freunde und Bekannte wiederholt auf die Wichtigkeit von Computerkenntnissen aufmerksam gemacht haben.	O	O	O	O
A2.7 … weil mir die wachsende Verbreitung des Computers in der Bevölkerung klar geworden ist.	O	O	O	O
A2.8 …Sonstiges, und zwar: _____	O	O	O	O

3. Nutzen Sie Computer und Internet eher beruflich oder privat?
[Bitte wählen Sie eine Antwort aus]

A3 O	überwiegend beruflich
A3 O	überwiegend privat
A3 O	gleichermaßen beruflich und privat

4. Wie häufig nutzen Sie den Computer für die folgenden Dinge?
[Bitte geben Sie für jede der unten stehenden Antwortmöglichkeiten Ihre Einschätzung ab]

	Nie	Selten	Manchmal	Häufig
A4.1 Textverarbeitung (z.B. Word)	O	O	O	O
A4.2 kreative Gestaltung (z.B. Bildbearbeitung)	O	O	O	O
A4.3 Informationsrecherche im Internet	O	O	O	O
A4.4 Surfen im Internet	O	O	O	O
A4.5 E-Mail-Kommunikation	O	O	O	O
A4.6 Chats/Newsgroups	O	O	O	O
A4.7 Teilnahme an MUDs	O	O	O	O
A4.8 Nachschlagewerke/Enzyklopädien (z.B. Wikipedia)	O	O	O	O
A4.9 Computerspiele	O	O	O	O
A4.10 Weiterbildung (z.B. Lernsoftware, Web Based Trainings etc.)	O	O	O	O
A4.11 Programmierung	O	O	O	O
A4.12 weitere Standardsoftware (z.B. Excel, Access, Power Point etc.)	O	O	O	O
A 4.13a/b Sonstiges, und zwar: _____	O	O	O	O

5. Wie schätzen Sie persönlich Ihre Fähigkeiten im Umgang mit einem Computer ein?
[Bitte nehmen Sie anhand der Skala eine Einschätzung zu den unten stehenden Aussagen vor]

	Trifft gar nicht zu	Trifft überwiegend nicht zu	Trifft überwiegend zu	Trifft voll zu
A5.1 Den Einbau/Anschluss neuer Hardware erledige ich ohne fremde Hilfe.	O	O	O	O
A5.2 Die Installation neuer Software kann ich ohne Probleme bewältigen.	O	O	O	O
A5.3 Ich benötige Unterstützung für den Umgang mit Standardsoftware (z.B. Word, Excel oder Power Point)	O	O	O	O
A5.4 Probleme, die bei der Computer-Nutzung auftreten, versuche ich zunächst einmal, selbst zu lösen	O	O	O	O

6. Wenn Sie Probleme mit Ihrem Computer haben und Hilfe brauchen, wo finden Sie dann für sich selbst die größte Unterstützung?
[Bitte wählen Sie bis zu drei Antwortmöglichkeiten aus]

A6.1 O	in Fachbüchern
A6.2 O	im Internet (z.B. bei Hilfe-Foren, Newsgroups)
A6.3 O	beim Fachhändler/Experten
A6.4 O	bei ArbeitskollegInnen
A6.5 O	bei FreundInnen/Bekannten
A6.6 O	bei Familienmitgliedern

Themenmodul B: Allgemeines Weiterbildungsverhalten

Die nachfolgenden Fragen beziehen sich auf Ihre persönlichen Erfahrungen, die Sie in der Vergangenheit mit beruflichen Fort- und Weiterbildungskursen sammeln konnten.

1. Haben Sie vor dem Besuch des E-Learning- bzw. Blended-Learning-Kurses bereits an anderen Fort- oder Weiterbildungsmaßnahmen teilgenommen?

B1 O	Ja
B1 O	Nein

2. Wie sind Sie bisher auf die Weiterbildungsmaßnahmen aufmerksam geworden, an denen Sie teilgenommen haben?
[Bitte wählen Sie alle zutreffenden Antwortmöglichkeiten aus]

B2.1 O	Persönliches Interesse/gezielte Suche
B2.2 O	Anregung durch Freunde/Familie/Bekannte
B2.3 O	Anregung durch ArbeitskollegInnen
B2.4 O	Aufforderung durch Vorgesetzte/n
B2.5 O	Betriebsinterne Informationsbroschüre
B2.6 O	Betriebsinternes Wissensmanagement-System
B2.7 O	Werbung (z.B. Zeitungsannonce etc.)
B2.8 O	Sonstiges, und zwar: _____

10.1 Standardisierter Fragebogen der Studie

3. Wenn Sie sich in der Vergangenheit neue Kenntnsse und Fähigkeiten angeeignet haben, auf welche Weise haben Sie das getan?
[Bitte wählen Sie alle zutreffenden Antwortmöglichkeiten aus]

B3.1 O	Traditionelle Kurse und Seminare (Präsenzveranstaltungen)
B3.2 O	Fachbücher
B3.3 O	Internetrecherche
B3.4 O	E-Learning
B3.5 O	Blended-Learning
B3.6 O	Sonstiges, und zwar:_____

4. Müssen Sie auch in Zukunft regelmäßig an Kursen oder Schulungen teilnehmen, um Ihre berufliche Tätigkeit weiterhin angemessen ausführen zu können?

B4 O	Ja, auf jeden Fall
B4 O	Nein, ich denke nicht

5. Die Entscheidung, sich beruflich weiterzubilden, ist bei den meisten Personen eng mit deren Arbeitsplatz sowie der Arbeitsmarktsituation verknüpft. Wie sehr treffen die folgenden Aussagen auf Sie zu?
[Bitte nehmen Sie eine Einschätzung der unten stehenden Aussagen mit Hilfe der verfügbaren Skala vor]

	Trifft gar nicht zu	Trifft überwiegend nicht zu	Trifft überwiegend zu	Trifft voll zu
B5.1 Ich wünsche mir eine verantwortungsvolle Aufgabe im Beruf.	O	O	O	O
B5.2 Über Weiterbildungsangebote, die mein berufliches Handlungsfeld betreffen, werde ich an meinem Arbeitsplatz regelmäßig informiert.	O	O	O	O
B5.3 Neben den mir vorgegebenen Aufgaben, suche ich auch stets neue berufliche Herausforderungen und Bestimmungen.	O	O	O	O
B5.4 Weiterbildungen, die für meine gegenwärtige Berufsausübung nicht konkret wichtig sind, interessieren mich nicht.	O	O	O	O
B5.5 Um meine Chancen auf den Arbeitsmarkt zu verbessern, bin ich auch bereit, finanziell viel zu investieren.	O	O	O	O
B5.6 Ich versuche, durch die Erfahrungen anderer zu profitieren.	O	O	O	O
B5.7 Ich werde durch meinen Arbeitgeber dabei unterstützt, Weiterbildungskurse zu besuchen, die für mich wichtig sind.	O	O	O	O
B5.8 Freizeit und Beruf versuche ich stets strikt zu trennen.	O	O	O	O
B5.9 Ich unternehme gerne Freizeitaktivitäten mit Geschäftpartnern oder Kollegen, da ich mir dadurch auch berufliche Vorteile erhoffe.	O	O	O	O

Themenmodul C: Gründe für das Online-Lernen
Versuchen Sie sich nun, an den Besuch Ihres letzten computer- bzw. internetgestützten Weiterbildungskurses zu erinnern. Die folgenden Fragen beziehen sich zunächst auf Ihre Beweggründe, an einem E-Learning- oder Blended-Learning-Kurs teilzunehmen.

1. Aus welchem Grund haben Sie an dem computer- und internetgestützten Weiterbildungskurs teilgenommen?
[Bitte nehmen Sie eine Einschätzung der unten stehenden Aussagen mit Hilfe der verfügbaren Skala vor]

	Trifft gar nicht zu	Trifft überwiegend nicht zu	Trifft überwiegend zu	Trifft voll zu
C1.1 Um meinen beruflicher Aufstieg zu sichern	O	O	O	O
C1.2 Zur Sicherung meines Arbeitsplatzes	O	O	O	O
C1.3 Damit ich Schritt halten kann mit dem technologischen Fortschritt innerhalb meines Berufsfeldes	O	O	O	O
C1.4 Zur Steigerung meiner Chancen auf dem Arbeitsmarkt	O	O	O	O
C1.5 Wegen gesetzlicher Änderungen im Rahmen meiner Berufstätigkeit	O	O	O	O
C1.6 Um das neu erworbene Fachwissen anschließend an meine ArbeitskollegInnen weitergeben zu können	O	O	O	O
C1.7 Weil wir uns an unserem Arbeitsplatz gegenseitig unterstützen, unser Fachwissen regelmäßig zu aktualisieren	O	O	O	O
C1.8 Wegen meines persönlichen Wunsches nach Selbstverwirklichung	O	O	O	O
C1.9 Um mein Wissen/meine Kompetenz zu erweitern	O	O	O	O
C1.10 Durch die Unzufriedenheit mit meiner aktuellen Lebenssituation	O	O	O	O
C1.11 Zur Verbesserung meiner finanziellen Lebenslage	O	O	O	O
C1.12 Um mein Ansehen unter den ArbeitskollegInnen im Betrieb zu steigern	O	O	O	O
C1.13 Um ein (berufliches) Zertifikat zu erwerben	O	O	O	O
C1.14 Sonstiges, und zwar:_____	O	O	O	O

2. Haben Sie für den Kurs ein Zertifikat erhalten?

C2 O	Ja
C2 O	Nein

3. Haben Sie sich freiwillig für den Besuch der E-Learning- bzw. Blended-Learning-Maßnahme entschieden oder wurden Sie von Ihrem Arbeitgeber dazu aufgefordert?
[Bitte wählen Sie eine Antwort aus]

C3 O	Freiwillig
C3 O	Durch Anregung meiner/s Vorgesetzte/n
C3 O	Sowohl, als auch

Themenmodul D: Kursorganisation und -aufbau
Bei den folgenden Fragen geht es um die Organisation und den Aufbau des E-Learning- bzw. Blended-Learning-Kurses, den Sie zuletzt besucht haben.

1. Haben Sie durch den Anbieter vor Beginn gezielte Informationen über die Weiterbildungsmaßnahme erhalten?
[Bitte wählen Sie eine Antwort aus]

D1 O	Ja
D1 O	Nein *[Filter: wenn nein, weiter mit Frage D3]*

2. Worüber sind Sie vor Kursbeginn informiert worden?
[Bitte wählen Sie alle zutreffenden Antworten aus]

D2.1 O	Über die inhaltliche Zusammensetzung des Kurses
D2.2 O	Über die Kursstruktur und -organisation
D2.3 O	Über den zeitlichen Ablauf des Kurses
D2.4 O	Über die Art der Betreuung (z.B. Tutorieller Support)
D2.5 O	Über die organisatorischen Rahmenbedingungen (z.B. Teilnehmerzahl, Räumlichkeiten etc.)
D2.6 O	Über die Unterrichtsmaterialien
D2.7 O	Über die notwendige technische Ausstattung für die Teilnahme
D2.8 O	Über die Anforderungen an die Teilnehmer

3. Sind die Kosten für Ihre Teilnahme an dem computerunterstützten Weiterbildungskurs durch andere übernommen worden oder mussten Sie die Teilnahmegebühr selbst entrichten?

D3 O	die Kosten wurden übernommen
D3 O	die Kosten musste ich selbst tragen *[Filter: wenn Kosten nicht übernommen wurden, weiter mit Frage D5]*
D3 O	teils/teils

4. Hätten Sie an dem Weiterbildungskurs auch teilgenommen, wenn die Ihnen entstandenen Kosten nicht übernommen worden wären?

D4 O	Ja
D4 O	Nein

5. Wir würden gerne von Ihnen erfahren, aus welchen Bestandteilen der computerunterstützte Weiterbildungskurs aufgebaut war, an dem Sie zuletzt teilgenommen haben. Wählen Sie aus der Liste diejenigen Bausteine aus, die Ihnen während des Lernens zur Verfügung standen.
[Bitte wählen Sie alle zutreffenden Antworten aus]

D5.1 O	CBT (z.B. Lern-CD, mit der auch zu Hause gelernt werden kann)
D5.2 O	WBT (z.B. Lernen über eine Plattform im Internet)
D5.3 O	Virtuelles Klassenzimmer (Audio- und/oder Videokonferenzen)
D5.4 O	Unterstützung durch TutorInnen
D5.5 O	(Lern-)Spiele
D5.6 O	Whiteboard (elektronische Tafel)
D5.7 O	Application Sharing (mehrere KursteilnehmerInnen können gleichzeitig an einem Anwendungsprogramm wie z.B. Word arbeiten)
D5.8 O	Sonstiges, und zwar:_____

6. Haben Sie an einem reinen E-Learning-Seminar teilgenommen, bei dem ausschließlich mit Computer gelernt wird oder handelte es sich um ein Blended-Learning-Seminar, bei dem sich computerunterstützte Lernphasen mit normalen Unterrichtsphasen abwechseln?

D6 O	reines E-Learning-Seminar *[Filter: weiter mit Frage D8]*
D6 O	gemischtes Blended-Learning-Seminar

7. In welchem Verhältnis haben sich in Ihrem Kurs computerunterstützte Lernphasen und normale Unterrichtsphasen abgewechselt?
[Bitte wählen Sie eine Antwort aus]

D7 O	der Kurs bestand überwiegend aus computerunterstützten Lernphasen
D7 O	der Kurs bestand zu gleichen Teilen aus Online-Lernphasen und normalen Unterricht
D7 O	der Kurs bestand überwiegend aus normalen Unterrichtsphasen

8. Computerunterstützte Lernphasen und Präsenzphasen unterscheiden sich nicht nur auf Grund ihrer Einbeziehung technischer Hilfsmittel, sondern haben darüber hinaus auch verschiedene Aufgaben und Funktionen. Bitte geben Sie diesbezüglich bei den untenstehenden Aussagen an, inwieweit Sie im Einzelnen zustimmen.

	Stimme gar nicht zu	Stimme überwiegend nicht zu	Stimme überwiegend zu	Stimme voll zu
D8.1 Die Präsenzphasen sind besonders gut geeignet, um auf bevorstehende, neue Kursthemen vorzubereiten.	O	O	O	O
D8.2 Reine E-Learning-Kurse bieten die besten Möglichkeiten, um zeitsparend zu lernen.	O	O	O	O
D8.3 In den Präsenzphasen kann eine bestimmte persönliche Vorstellung von den DozentInnen und den anderen KursteilnehmerInnen entwickelt werden.	O	O	O	O
D8.4 Inhaltliche und technische Probleme lassen sich am besten während der Präsenzphasen lösen.	O	O	O	O
D8.5 Die Präsenzphasen sind unerlässlich für die Entstehung eines Gruppengefühls unter den Lernenden.	O	O	O	O
D8.6 Durch die Präsenzphasen ist der Lernprozess weniger oberflächlich als bei reinen E-Learning-Phasen.	O	O	O	O
D8.7 Die persönliche Belastung (z.B. durch Zeitmanagement) ist bei reinen E-Learning-Kursen geringer als bei Blended-Learning-Kursen.	O	O	O	O
D8.8 Die Möglichkeit, sich im Rahmen von Präsenzphasen persönlich kennen zu lernen, fördert den eigenen Lernerfolg erheblich.	O	O	O	O

10.1 Standardisierter Fragebogen der Studie

Themenmodul E: Tutorieller Support
Im Folgenden geht es um die (tutorielle) Betreuung, bzw. die AnsprechpartnerInnen, die Ihnen bei technischen oder inhaltlichen Fragen im Rahmen der computerunterstützten Weiterbildungsmaßnahme zur Verfügung standen. Wie zuvor, beziehen sich auch diese Fragen auf den E-Learning- oder Blended-Learning-Kurs, den Sie zuletzt besucht haben.

1. Haben Sie vor Kursbeginn eine Einführung in die Bedienung der computer- und/oder internetbasierten Lernplattform erhalten?

E1 O	Ja
E1 O	Nein *[Filter: wenn nein, weiter mit Frage E3]*

2. Auf welche Weise sind Sie mit der Bedienung der Lernplattform vertraut gemacht worden?
[Bitte wählen Sie eine Antwort aus]

E2 O	Vor Beginn der Weiterbildungsmaßnahme wurde mir ein Informationsabend angeboten.
E2 O	Die Bedienung der Lernplattform wurde im Kursmaterial beschrieben.
E2 O	Ich hatte die Möglichkeit, ein Tutorial (d.h. eine computergestützte Einführung) durchzuführen.
E2 O	Durch die TutorInnen/DozentInnen wurde eine Schulung durchgeführt.
E2 O	Sonstiges, und zwar: _____

3. Haben Sie die Erfahrung gemacht, den/die Ansprechpartner/in bei Schwierigkeiten immer erreichen zu können?
[Bitte wählen Sie eine Antwort aus]

E3 O	Ja
E3 O	Nein

4. Auf welche Weise haben Sie meistens versucht, Ihre/n Ansprechpartner/in zu erreichen?
[Bitte wählen Sie eine Antwort aus]

E4 O	Telefon
E4 O	E-Mail
E4 O	Chat
E4 O	Online-Konferenz
E4 O	Sonstiges, und zwar:_____
E4 O	Entfällt, da ich keine Lernprobleme hatte

5. Haben Sie während des Lernprozesses durch die BetreuerInnen bzw. TutorInnen Rückmeldungen über Ihren eigenen Lernerfolg bekommen?
[Bitte wählen Sie eine Antwort aus]

E5 O	Ja, in regelmäßigen Abständen
E5 O	Ja, aber nur auf Anfrage
E5 O	Nein

6. Hatten Sie während des Lernprozesses die Möglichkeit, eigene Lerninteressen einbringen zu können?

E6 O	Ja
E6 O	Nein

7. Hatten Sie den Eindruck, dass das Betreuungspersonal bzw. Lehrpersonal mit dem jeweiligen Fachgebiet sicher umgehen konnte oder würden Sie es eher als unsicher einschätzen? Geben Sie bitte Ihre Bewertung sowohl für die DozentInnen, als auch für die TutorInnen ab.
[Bitte markieren Sie Ihre Einschätzung auf der unten dargestellten Skala]

E7.1 Die Fachkompetenz der DozentInnen beurteile ich:

Sehr sicher O O O O O O Sehr unsicher
Frage E7 (Forts.)
E7.2 Die Fachkompetenz der <u>TutorInnen</u> beurteile ich:
Sehr sicher O O O O O O Sehr unsicher

Themenmodul F: Kommunikation und Kooperation
Die folgenden Fragen beziehen sich auf die Kooperations- und Kommunikationsmöglichkeiten, die Ihnen während des Besuchs der computergestützten Weiterbildungsveranstaltung zur Verfügung standen.
1. Hatten Sie im Rahmen der Weiterbildungsmaßnahme die Möglichkeit, Kontakt zu anderen KursteilnehmerInnen herzustellen?

F1 O	Ja
F1 O	Nein *[Filter: wenn nein, weiter mit Frage G1]*

2. In welcher Form konnte der Kontakt zu anderen MitlernerInnen hergestellt werden und wie häufig haben Sie die einzelnen Kommunikationsangebote genutzt?
[Bitte wählen Sie alle zutreffenden Antworten aus und geben Sie die Nutzungshäufigkeit anhand der Skala an]

	Nie	Selten	Manchmal	Häufig	Stand nicht zur Verfügung
F2.1 Telefon	O	O	O	O	O
F2.2 E-Mail	O	O	O	O	O
F2.3 Online-Diskussionsforum	O	O	O	O	O
F2.4 virtuelles Klassenzimmer	O	O	O	O	O
F2.5 Chat	O	O	O	O	O
F2.6 Sonstiges, und zwar:_____	O	O	O	O	O

3. Hatten Sie den Eindruck, dass sich durch die <u>computervermittelte Kommunikation</u> mit anderen KursteilnehmerInnen ein Gruppengefühl entwickelt hat?

F3 O	Ja
F3 O	Nein
F3 O	Kann ich nicht beurteilen

4. Haben Sie sich innerhalb der TeilnehmerInnengruppe gegenseitig geholfen?

F4 O	Ja
F4 O	Nein *[Filter: wenn nein, weiter mit Frage F6]*
F4 O	andere TeilnehmerInnen waren mir nicht bekannt *[Filter: weiter mit Frage G1]*

5. Aus welchem Anlass haben Sie sich hauptsächlich gegenseitig unterstützt?
[Bitte wählen Sie alle auf Sie zutreffenden Antwortmöglichkeiten aus]

F5.1 O	Um inhaltliche Probleme zu lösen (z.B. Verständnisschwierigkeiten)
F5.2 O	Um technische Probleme zu lösen (z.B. Zugang zur internetbasierten Lernplattform etc.)
F5.3 O	Um organisatorische Probleme zu bewältigen (z.B. Bildung von Fahrgemeinschaften zum Besuch der Präsenzveranstaltungen etc.)
F5.4 O	Um uns gegenseitig zu ermutigen
F5.5 O	Sonstiges, und zwar:_____

10.1 Standardisierter Fragebogen der Studie

6. Konnten Sie während der Weiterbildungsmaßnahme Freundschaften mit anderen TeilnehmerInnen schließen?

F6 O	Ja
F6 O	Nein *[Filter: wenn nein, weiter mit Frage F8]*

7. Handelte es sich dabei um Freundschaften, die über das Kursende hinaus gingen?

F7 O	nein, die freundschaftlichen Beziehungen beschränkten sich auf die Dauer des Weiterbildungskurses
F7 O	ja, die freundschaftlichen Beziehungen konnten über das Ende des Weiterbildungskurses hinaus aufrecht erhalten werden

8. Haben Sie auch außerhalb des Kurses gemeinsam mit anderen KursteilnehmerInnen im Rahmen einer Lerngruppe gelernt?

F8 O	Ja
F8 O	Nein *[Filter: wenn nein, weiter mit Frage G1]*

9. Welche Vorteile haben sich auf Grund Ihrer Erfahrungen durch das Lernen in Ihrer Gruppe ergeben?
[Bitte nutzen Sie die Ihnen zur Verfügung stehende Skala, um die unten stehenden Aussagen zu bewerten]

	Stimme gar nicht zu	Stimme überwiegend nicht zu	Stime überwiegend zu	Stimme voll zu	Weiß nicht
F9.1 Meine persönliche Motivation konnte gesteigert werden	O	O	O	O	O
F9.2 Ich hatte bessere Chancen bei der Kurs- und Abschlussprüfung.	O	O	O	O	O
F9.3 Mein Selbstbewusstsein wurde in der Lerngruppe gestärkt.	O	O	O	O	O
F9.4 Meine Lernprobleme konnten leichter gelöst werden.	O	O	O	O	O
F9.5 Unsere Kursthemen konnten in der Gruppe tiefgreifender diskutiert werden.	O	O	O	O	O
F9.6 Meine persönlichen Erfahrungen bezüglich Arbeit, Beruf und Kursthema konnte ich mit anderen austauschen.	O	O	O	O	O
F9.7 Sonstiges, und zwar:_____	O	O	O	O	O

Themenmodul G: Lernverhalten/Lerntyp
Bei den folgenden Fragen geht es um Ihr individuelles Lernverhalten sowie um Ihre bevorzugte Lernumgebung.

1. Welchen Lernort haben sie während der Teilnahme an der E-Learning/Blended-Learning-Umgebung bevorzugt?
[Bitte wählen Sie eine Antwort aus]

Am liebsten gelernt habe ich...

G1 O	zu Hause *[Filter: weiter mit G2]*
G1 O	am Arbeitsplatz *[Filter: weiter mit G3]*
G1 O	im Seminarraum/Schulungsraum *[weiter mit G4]*
G1 O	Woanders, und zwar:_____ *[weiter mit G4]*

2. Warum haben Sie am liebsten zu Hause gelernt?
[Bitte wählen Sie alle für Sie zutreffenden Antworten aus]

G2.1 O	Auf Grund der vertrauten Umgebung
G2.2 O	Auf Grund der ungestörten Atmosphäre
G2.3 O	Auf Grund der besseren Konzentrationsfähigkeit
G2.4 O	Auf Grund der Möglichkeit, andere Dinge gleichzeitig zu tun (z.B. Musik hören)
G2.5 O	Auf Grund der Möglichkeit, den Lernort frei wählen zu können
G2.6 O	Sonstiges, und zwar:_____

3. Warum haben Sie am liebsten am Arbeitsplatz gelernt?
[Bitte wählen Sie alle für Sie zutreffenden Antworten aus]

G3.1 O	Um meinen Betrieb dabei zu unterstützen, Gelerntes direkt am Arbeitsplatz weitergeben zu können, so wie das in unserem Unternehmen üblich ist
G3.2 O	Um private und berufliche Angelegenheiten strikt voneinander zu trennen
G3.3 O	Um Kosten zu sparen
G3.4 O	Um die bessere medientechnische Ausstattung am Arbeitsplatz nutzen zu können
G3.5 O	Um nicht von (privaten) anderen Angelegenheiten abgelenkt zu werden
G3.6 O	Um meine ArbeitskollegInnen bei Problemen bzw. Schwierigkeiten fragen zu können
G3.7 O	Sonstiges, und zwar:_____

4. Lernen Sie lieber an vorab festgelegten Terminen oder wählen Sie die Zeitpunkte dafür lieber selbst?
[Bitte wählen Sie eine Antwort aus]

Ich lerne lieber...

G4 O	an vorab festgelegten Terminen
G4 O	zu selbst gewählten Zeitpunkten
G4 O	teils/teils

5. Fällt Ihnen das Lernen leichter, wenn Ihnen die Ziele vorgegeben werden oder setzen Sie sich diese lieber selbstständig?
[Bitte wählen Sie eine Antwort aus]

G5 O	alle Kursziele sollten klar vorgegeben sein
G5 O	nur das Gesamtziel des Kurses sollte vorgegeben sein
G5 O	alle Kursziele sollten von den TeilnehmerInnen selbstständig gesetzt werden können
G5 O	weiß nicht

10.1 Standardisierter Fragebogen der Studie

6. Lernen Sie lieber selbstständig für sich oder gemeinsam mit anderen?
[Bitte wählen Sie eine Antwort aus]

G6 O	Ich lerne am liebsten allein
G6 O	Ich lerne am liebsten mit anderen zusammen
G6 O	Das ist mir egal

7. Empfinden Sie es als Belastung, sich regelmäßig mit den Lerninhalten des Weiterbildungskurses auseinandersetzen zu müssen?
[Bitte wählen Sie eine Antwort aus]

G7 O	überwiegend ja
G7 O	überwiegend nein *[Filter: weiter mit Frage G9]*
G7 O	kann ich nicht beurteilen

8. Wodurch empfanden Sie die regelmäßige Beschäftigung mit den Lerninhalten überwiegend als belastend?
[Bitte wählen Sie alle für Sie zutreffenden Antworten aus]

G8.1 O	durch die große Gefahr, zu Hause abgelenkt zu werden
G8.2 O	durch die gleichzeitige Eingebundenheit in familiäre Angelegenheiten bzw. Verpflichtungen
G8.3 O	durch den permanenten Zeitdruck
G8.4 O	durch die regelmäßige Verpflichtung, Lern- und Arbeitszeit miteinander vereinbaren zu müssen
G8.5 O	durch die ständige Notwendigkeit, selbstdiszipliniert sein zu müssen
G8.6 O	Sonstiges, und zwar:_____

9. Haben Sie sich einen persönlichen Arbeits- oder/und Zeitplan erstellt, um die Lernaufgaben zu bearbeiten?

G9 O	Ja
G9 O	Nein

Themenmodul H: Gestaltung der Lernumgebung
Die folgenden Fragen beziehen sich einerseits auf die Gestaltung der computerunterstützten Lernumgebung, die Sie zuletzt besucht haben. Andererseits möchten wir gerne von Ihnen erfahren, welche Ansprüche Sie allgemein an die Gestaltung einer computer- und internetbasierten Lernumgebung haben.

1. Waren die Arbeitsanweisungen und -aufgaben innerhalb der Lernumgebung verständlich formuliert?

H1 O	Häufig
H1 O	Manchmal
H1 O	Selten
H1 O	Nie

2. Waren die einzelnen Lerninhalte übersichtlich gegliedert und strukturiert?

H2 O	Ja
H2 O	Nein
H2 O	Kann ich nicht beurteilen

3. Waren Ziel und Nutzen der Lerninhalte klar erkennbar?

H3 O	Ja
H3 O	Nein

4. Gab es bei der Teilnahme an dem computer- bzw. internetbasierten Weiterbildungskurs irgendwelche technischen Probleme?

H4 O	Ja
H4 O	Nein *[Filter: wenn nein, weiter mit Frage H6]*

5. Wie oft traten welche technischen Probleme bei der Durchführung des E-Learning- bzw. Blended-Learning-Kurses auf, an dem Sie zuletzt teilgenommen haben?
[Bitte bewerten Sie die unten stehenden Aussagen mit Hilfe der Ihnen zur Verfügung stehenden Skala]

	Nie	Selten	Manchmal	Häufig
H5.1 Das Lernprogramm konnte nicht gestartet werden	O	O	O	O
H5.2 Durch eine fehlerhafte Funktionsweise der Lernsoftware war es mir nicht möglich, mich bei der Lernumgebung einzuloggen bzw. anzumelden	O	O	O	O
H5.3 Während einer Online-Konferenz brach der Kontakt zu den anderen KursteilnehmerInnen ab	O	O	O	O
H5.4 Während einer Online-Konferenz funktionierte mein Mikrofon und/oder Kopfhörer (Headset) plötzlich nicht mehr einwandfrei	O	O	O	O
H5.5 Bestimmte Systemeinstellungen der Lernumgebung waren mit den Einstellungen meines persönlichen Computers nicht vereinbar	O	O	O	O
H5.6 E-Mails der DozentInnen bzw. TutorInnen kamen nicht bei allen KursteilnehmerInnen an	O	O	O	O
H5.7 Mitten im Lernprozess reagierte die Lernumgebung nicht mehr auf meine Eingaben	O	O	O	O
H5.8 Die im Internet zur Verfügung gestellten Testaufgaben ließen durch einen Programmfehler keine Bearbeitung zu	O	O	O	O
H5.9 Sonstiges, und zwar: _____	O	O	O	O

6. Welche Eigenschaften einer computer- und internetgestützten Lernumgebung sind Ihnen besonders wichtig, welche weniger wichtig?
[Bitte bewerten Sie die unten stehenden Aussagen mit Hilfe der Ihnen zur Verfügung stehenden Skala]

	Gar nicht wichtig	Eher unwichtig	Eher wichtig	Sehr wichtig
H6.1 In der Lernumgebung sind Übungsaufgaben integriert.	O	O	O	O
H6.2 Die Arbeits- und Übungsaufgaben sind verständlich formuliert.	O	O	O	O
H6.3 Es wird ein Arbeits- und Zeitplan zur Verfügung gestellt, der als Orientierungshilfe für die Durchführung des Kurses dient.	O	O	O	O
H6.4 Der Aufbau und die Struktur der Lernumgebung sind übersichtlich und nachvollziehbar.	O	O	O	O

10.1 Standardisierter Fragebogen der Studie

6. Welche Eigenschaften einer computer- und internetgestützten Lernumgebung sind Ihnen besonders wichtig, welche weniger wichtig?
[Bitte bewerten Sie die unten stehenden Aussagen mit Hilfe der Ihnen zur Verfügung stehenden Skala]

	Gar nicht wichtig	Eher unwichtig	Eher wichtig	Sehr wichtig
H6.5 Bei der Lernumgebung wurde Wert auf einen pädagogisch-angemessenen Aufbau gelegt.	O	O	O	O
H6.6 Die Lernumgebung ist nicht unterhaltungs-, sondern sachorientiert.	O	O	O	O
H6.7 Die Lernenden können an einer beliebigen Stelle der Lernumgebung einsteigen.	O	O	O	O
H6.8 Die einzelnen Lerninhalte haben einen großen praktischen Bezug.	O	O	O	O
H6.9 Durch die in der Lernumgebung verwendeten Medien werden mehrere Sinneskanäle angesprochen.	O	O	O	O
H6.10 Die Lernumgebung erlaubt es den LernerInnen, sich auf verschiedene Art und Weise mit einem Thema vertraut zu machen.	O	O	O	O
H6.11 Den Lernenden werden interessante themenbezogene Downloads zur Verfügung gestellt.	O	O	O	O
H6.12 Die Lerninhalte sind aktuell.	O	O	O	O
H6.13 Den Lernenden wird ein Lernweg bzw. Leitfaden angeboten, mit dessen Hilfe sie sich die einzelnen Kursthemen in einer ganz bestimmten Reihenfolge aneignen können.	O	O	O	O
H6.14 Die Lernumgebung lässt sich einfach bedienen.	O	O	O	O
H6.15 Für bestimmte Aufgaben der Lernumgebung werden Lerngruppen gebildet.	O	O	O	O
H6.16 Für die Lernumgebung steht ein Inhaltsverzeichnis zur Verfügung.	O	O	O	O
H6.17 Innerhalb der Lernumgebung ist die Nutzung einer Suchfunktion möglich.	O	O	O	O
H6.18 Die Lernumgebung ist optisch professionell gestaltet.	O	O	O	O
H6.19 In das Lernprogramm ist eine Feedback-Funktion integriert, mit der der persönliche Lernerfolg überprüft werden kann.	O	O	O	O
H6.20 Es bestehen vielfältige Möglichkeiten, mit den anderen TeilnehmerInnen des Kurses Kontakt aufzunehmen.	O	O	O	O
H6.21 Für Schwierigkeiten und Probleme steht ein tutorieller Support zur Verfügung	O	O	O	O
H6.22 Die TutorInnen geben den Lernenden in regelmäßigen Abständen ein Feedback über deren Lernfortschritte.	O	O	O	O
H6.23 Zu Beginn der Weiterbildungsmaßnahme besteht die Möglichkeit, die TutorInnen persönlich kennen zu lernen.	O	O	O	O
H6.24 Für die Online-Kommunikation mit	O	O	O	O

6. Welche Eigenschaften einer computer- und internetgestützten Lernumgebung sind Ihnen besonders wichtig, welche weniger wichtig?
[Bitte bewerten Sie die unten stehenden Aussagen mit Hilfe der Ihnen zur Verfügung stehenden Skala]

	Gar nicht wichtig	Eher unwichtig	Eher wichtig	Sehr wichtig
anderen LernerInnen können emotionsfördernde Symbole (z.B. Smileys, Avatare etc.) genutzt werden.				
H6.25 Mit den anderen LernerInnen kann gechattet werden.	O	O	O	O
H6.26 Videos und Animationen können beim Lernen selbstständig übersprungen werden.	O	O	O	O

Themenmodul I: Ansprüche der Lernenden an einen E-Learning- bzw. Blended-Learning-Kurs
Versuchen Sie, sich für die folgenden Fragen noch einmal den gesamten computer- bzw. internetbasierten Weiterbildungskurs ins Gedächtnis zu rufen, den Sie zuletzt besucht haben. Wie waren Ihre Ansprüche vor Beginn der Veranstaltung und mit welchem Ergebnis haben Sie den Kurs beendet?

1. Welche Ziele konnten Ihrer Meinung nach durch die Teilnahme an der computer- bzw. internetbasierten Weiterbildungsmaßnahme hauptsächlich erreicht werden?
[Bitte bewerten Sie die unten stehenden Aussagen mit Hilfe der Ihnen zur Verfügung stehenden Skala]

	Trifft gar nicht zu	Trifft überwiegend nicht zu	Trifft überwiegend zu	Trifft voll und ganz zu
I1.1 Ich konnte ein umfassendes Verständnis des Kursthemas erwerben.	O	O	O	O
I1.2 Ich konnte meine Chancen auf dem Arbeitsmarkt verbessern.	O	O	O	O
I1.3 Ich konnte meine Kompetenzen im Umgang mit Computer und Internet steigern.	O	O	O	O
I1.4 Ich konnte viele der im Kurs erworbenen Kenntnisse in meiner beruflichen Praxis anwenden.	O	O	O	O
I1.5 Durch den Kontakt zu anderen TeilnehmerInnen war es mir möglich, mich mit Ihnen über unsere beruflichen Erfahrungen auszutauschen.	O	O	O	O
I1.6 Ich konnte mir das Kursthema schneller als im normalen Unterricht aneignen.	O	O	O	O
I1.7 Sonstiges, und zwar:_____	O	O	O	O

2. Wie hoch stufen Sie Ihren Lernerfolg ein?
[Bitte geben Sie anhand der Skala Ihre persönliche Einschätzung an]

I2 Sehr gering O O O O O O Sehr hoch

10.1 Standardisierter Fragebogen der Studie

3. Was verstehen Sie unter dem Begriff Qualität und welche Eigenschaften verbinden Sie damit?

[Bitte bewerten Sie die unten stehenden Aussagen mithilfe der Ihnen zur Verfügung stehenden Skala]

Qualität ist für mich, wenn…

	stimme gar nicht zu	stimme eher nicht zu	stimme eher zu	stimme voll zu
I3.1 …meine vorausgesetzten und/oder festgelegten Mindestanforderungen erfüllt werden	O	O	O	O
I3.2 …es eine Übereinstimmung zwischen meinen Erwartungen und meinen tatsächlich erreichten Zielen gibt	O	O	O	O
I3.3 …meine Ansprüche erfüllt werden	O	O	O	O
I3.4 …mich etwas zufrieden stellt	O	O	O	O
I3.5 …ich etwas als hochwertig bewerte	O	O	O	O
I3.6 …mich mein Betrieb darin unterstützt, dass ich mein berufliches Fachwissen stets aktualisieren kann	O	O	O	O
I3.7 …ich die Arbeit ordnungsgemäß ausführe	O	O	O	O
I3.8 …ich mit anderen Personen ›menschlich‹ umgehe	O	O	O	O
I3.9 …ich auf meinem Arbeitsgebiet fachliche Kompetenz besitze	O	O	O	O
I3.10 …ich (bei der Arbeit/beim Lernen) Fortschritte erzielen konnte	O	O	O	O

4. Wenn Sie jetzt darüber nachdenken, was für Sie Qualität beim Lernen bedeutet, wie wichtig sind Ihnen die unten stehenden Eigenschaften bei Ihrem eigenen Lernprozess?

[Bitte bewerten Sie die unten stehenden Aussagen mit Hilfe der zur Verfügung stehenden Skala]

	Gar nicht wichtig	Eher unwichtig	Eher wichtig	Sehr wichtig
I4.1 Ich habe die Möglichkeit, selbstständig zu lernen.	O	O	O	O
I4.2 Ich kann ortsunabhängig lernen.	O	O	O	O
I4.3 Ich kann zu selbst gewählten Zeitpunkten lernen.	O	O	O	O
I4.4 Ich kann beim Lernen auf vorgegebene Lernziele zurückgreifen.	O	O	O	O
I4.5 Ich kann meinen persönlichen Lernerfolg mit Hilfe verschiedener Übungsaufgaben kontrollieren.	O	O	O	O
I4.6 Ich kann meinen Lernprozess selbständig beaufsichtigen und werde dabei nicht durch eine/n TrainerIn oder DozentIn kontrolliert.	O	O	O	O
I4.7 Ich kann mein eigenes Lerntempo verfolgen.	O	O	O	O
I4.8 Ich bekomme viel Faktenwissen vermittelt.	O	O	O	O
I4.9 Ich habe die Möglichkeit, Fragen zu stellen.	O	O	O	O
I4.10 Ich empfinde keine Eintönigkeit oder Langeweile.	O	O	O	O

I4.11 Ich kann spielerisch lernen.	O	O	O	O
I1.12 Ich kann mich mit anderen MitlernerInnen austauschen.	O	O	O	O
I4.13 Ich kann das Gelernte praktisch umsetzen.	O	O	O	O
I4.14 Ich werde in meinem Betrieb dabei unterstützt, das Gelernte an meine ArbeitskollegInnen bzw. MitarbeiterInnen weiterzugeben.	O	O	O	O
I4.15 Lerninhalte, -aufgaben und -beispiele orientieren sich an der Wirklichkeit.	O	O	O	O
I4.16 Ich habe Spaß beim Lernen.	O	O	O	O
I4.17 Ich empfinde das Lernen selbst nicht als Belastung.	O	O	O	O
I4.18 Ich kann während des Lernens eine gewisse Anonymität wahren.	O	O	O	O
I4.19 Ich kann die Aufgabenstellungen eigenständig durcharbeiten.	O	O	O	O

5. Würden Sie in Zukunft wieder an einem computer- und/oder internetbasierten Weiterbildungskurs teilnehmen?

I5 O	Ja
I5 O	Nein *[Filter: wenn nein, weiter mit Frage G1]*

6. An welcher Kursform würden Sie am ehesten wieder teilnehmen?
[Bitte wählen Sie eine Antwortmöglichkeit aus]

I6 O	E-Learning ohne Lernphasen im Internet und ohne Präsenzunterricht (z.B. CBT)
I6 O	E-Learning mit Lernphasen im Internet, aber ohne Präsenzunterricht (z.B. WBT)
I6 O	Blended Learning (CBT/WBT + Präsenzunterricht)
I6 O	Sonstiges, und zwar:_____

Themenmodul J: Demographische Angaben
Vielen Dank für die Aussagen, die Sie zu den bisherigen Themen gemacht haben. Wir versichern Ihnen, Ihre Daten anonymisiert zu behandeln und nicht an Dritte weiter zu geben.
Dennoch ist es auch wichtig, die Ansprüche von Lernenden im Rahmen einer computer- oder internetbasierten beruflichen Weiterbildungsmaßnahme in Beziehung zu den unterschiedlichen Bevölkerungsgruppen zu setzen. Je nach Geschlecht, Alter oder Ausbildung können die Anforderungen an eine Lernumgebung variieren. Aus diesem Grund möchten wir Sie bitten, zum Abschluss der Befragung auch die folgenden Fragen zu beantworten. Vielen Dank für Ihr Verständnis und Ihre Hilfe!

1. Bitte geben Sie Ihr Geschlecht an. Sind Sie…?

J1 O	männlich
J1 O	weiblich

2. Welchen Familienstand haben Sie?
[Bitte wählen Sie eine Antwortmöglichkeit aus]

J2 O	Verheiratet und lebe mit meiner/meinem Ehepartner/in zusammen
J2 O	Verheiratet und lebe von meinem/meiner Ehepartner/in getrennt
J2 O	Ledig
J2 O	Geschieden
J2 O	Verwitwet

10.1 Standardisierter Fragebogen der Studie

3. In welchem Jahr sind Sie geboren?

J3 Ich bin 19 _ _ geboren.

4. Leben Sie mit einer/einem Partnerin/Partner zusammen?

| J4 O | Ja |
| J4 O | Nein |

5. Haben Sie Kinder?

| J5 O | Ja |
| J5 O | Nein *[Filter: wenn nein, weiter mit Frage J7]* |

6. Wie viele Kinder haben Sie?
[Bitte tragen Sie die entsprechende Anzahl ein.]

J6 Ich habe _ _ Kinder.

7. Leben noch andere Personen in Ihrem Haushalt?
[Bitte tragen Sie die entsprechende Anzahl ein.]

J7 In meinem Haushalt leben außer mir noch _ _ Erwachsene und _ _ Kinder.

8. Welchen höchsten allgmeinbildenden Schulabschluss haben Sie?
[Bitte wählen Sie eine Antwortmöglichkeit aus.]

J8 O	Von der Schule abgegangen ohne Hauptschulabschluss (Volksschulabschluss)
J8 O	Hauptschulabschluss (Volksschulabschluss)
J8 O	Realschulabschluss (Mittlere Reife)
J8 O	Abschluss der Polytechnischen Oberschule 10. Klasse (vor 1965: 8. Klasse)
J8 O	Abschluss Fachoberschule (Fachhochschulreife)
J8 O	Allgemeine/fachgebundene Hochschulreife/Abitur (Gymnasium bzw. EOS, auch EOS mit Lehre)
J8 O	Anderer Schulabschluss, und zwar:_____

9. Befinden Sie sich zurzeit in einer beruflichen Erstausbildung?

| J9 O | Ja, und zwar zum:_____ |
| J9 O | Nein *[Filter: wenn nein, weiter mit Frage 9]* |

10. Welchen beruflichen Ausbildungsabschluss haben Sie?
[Bitte wählen Sie alle für Sie zutreffenden Antwortmöglichkeiten aus.]

J10.1 O	kein beruflicher Abschluss und nicht in beruflicher Ausbildung
J10.2 O	beruflich-betriebliche Berufsausbildung (Lehre) als_____
J10.3 O	beruflich-schulische Ausbildung (Berufsfachschule/Handelsschule)
J10.4 O	Ausbildung an einer Fachschule, Meister-, Technikerschule, Berufs- oder Fachakademie
J10.5 O	Fachhochschulabschluss als_____
J10.6 O	Hochschulabschluss als_____
J10.7 O	anderer beruflicher Abschluss, und zwar:_____

11. Arbeiten Sie zurzeit in Ihrem erlernten Beruf?

J11 O	Ja
J11 O	Nein

12. Haben Sie bisher bereits berufliche Fort- und/oder Weiterbildungskurse besucht?

J12 O	Ja
J12 O	Nein *[Filter: wenn nein, weiter mit Frage J14]*

13. Welche Fort- und/oder Weiterbildungskurse haben Sie bisher besucht?

[Berufliche Umschulung/ Berufliche Fortbildung/ Sonstiges können jeweils angekreuzt und mithilfe einer offenen Frage benannt werden. Außerdem kann jeweils angegeben werden, ob die einzelne Weiterbildungsmaßnahme zertifiziert war oder nicht]

	Mit Zertifikat	Ohne Zertifikat
J13.1 Berufliche Umschulung zur/zum _____	O	O
J13.2 Berufliche Fortbildung und zwar _____	O	O
J13.3 Sonstiges, und zwar _____	O	O

14. Bei welcher (Bildungs-)Institution bzw. bei welchem Unternehmen haben Sie zuletzt einen E-Learning- bzw. Blended-Learning-Kurs besucht? [J14]

_____

15. In welcher beruflichen Stellung sind Sie derzeit hauptsächlich beruflich beschäftigt?
[Bitte wählen Sie eine zutreffende Antwortmöglichkeit aus.]

Auszubildende und Praktikanten	
J15.1 O	Auszubildende / gewerblich-technisch
J15.1 O	Auszubildende / kaufmännisch
J15.1 O	Volontäre, Praktikanten u.ä.
Arbeiter [auch in der Landwirtschaft]	
J15.2 O	Ungelernter Arbeiter
J15.2 O	Angelernter Arbeiter
J15.2 O	Gelernte und Facharbeiter
J15.2 O	Vorarbeiter, Kolonnenführer
J15.2 O	Meister, Polier

15. In welcher beruflichen Stellung sind Sie derzeit hauptsächlich beruflich beschäftigt?
[Bitte wählen Sie eine zutreffende Antwortmöglichkeit aus.]

	Angestellte
J15.3 O	Industrie- und Werkmeister im Angestelltenverhältnis
J15.3 O	Angestellte mit einfacher Tätigkeit
J15.3 O	-ohne Ausbildungsabschluss
J15.3 O	-mit Ausbildungsabschluss
J15.3 O	Angestellte mit qualifizierter Tätigkeit (z.B. Sachbearbeiter, Buchhalter, technischer Zeichner)
J15.3 O	Angestellte mit hochqualifizierter Tätigkeit oder Leitungsfunktion (z.B. wissenschaftlicher Mitarbeiter, Ingenieur, Abteilungsleiter)
J15.3 O	Angestellte mit umfassenden Führungsaufgaben (z.B. Direktor, Geschäftsführer; Vorstand größerer Betriebe und Verbände)
	Beamte [einschl. Richter und Berufssoldaten]
J15.4 O	Einfacher Dienst
J15.4 O	Mittlerer Dienst
J15.4 O	Gehobener Dienst
J15.4 O	Höherer Dienst
	Selbstständige [einschl. mithelfende Familienangehörige]
J15.5 O	Selbständiger Landwirt
J15.5 O	Selbständig im Handel, Gewerbe, Handwerk, Industrie oder Dienstleistung (auch Ich-AG oder PGH-Mitglied)
J15.5 O	Freie Berufe, selbständiger Akademiker (z.B. Arzt/Ärztin, Rechtsanwalt/-anwältin u.a.)
J15.5 O	Sonstige Selbständige

16. Unsere Gesellschaft setzt sich aus unterschiedlichen Bevölkerungsgruppen zusammen, von denen manche eher oben und manche eher unten stehen. Wir haben eine Skala für Sie vorbereitet, die unten mit 1 beginnt und oben mit 10 endet. Wo würden Sie sich auf dieser Skala einordnen?
[Bitte wählen Sie einen Punkt auf der Skala aus.]

J16 O	10
J16 O	9
J16 O	8
J16 O	7
J16 O	6
J16 O	5
J16 O	4
J16 O	3
J16 O	2
J16 O	1

17. Können Sie sich am Ende der Befragung noch in einer der unten aufgeführten Einkommensgruppen (in Bezug auf Ihr Netto-Gehalt) einordnen?
[Bitte wählen Sie eine Antwortmöglichkeit aus.]

J17 O	Bis zu 499 €
J17 O	500 – 999 €
J17 O	1.000 – 1.499 €
J17 O	1.500 – 1.999 €
J17 O	2.000 – 2.499 €
J17 O	2.500 – 2.999 €
J17 O	3.000 – 3.499 €
J17 O	3.500 – 3.999 €
J17 O	4.000 – 4.499 €
J17 O	4.500 – 5.000 €
J17 O	5.000 € und mehr

Unter allen befragten Personen verlosen wir im Rahmen unserer Online-Umfrage Digitalcameras, USB-Sticks, Lernsoftware etc. Damit wir Sie bei diesem Preisausschreiben berücksichtigen können, benötigen wir Ihre E-Mail-Adresse. Falls Sie Ihre E-Mail-Adresse nicht angeben und an der Gewinnauslosung nicht teilnehmen möchten, können Sie diese Frage einfach ignorieren. [J.18]

Ich möchte an der Gewinnauslosung teilnehmen und einen der attraktiven Preise gewinnen. Bitte schicken Sie mir im Falle eines Gewinns eine Nachricht an folgende E-Mail-Adresse:

_____

Vielen Dank für Ihre Teilnahme!

Ihr BEQS-Team!

Bei Fragen, Anregungen und Rückmeldungen, die unsere Untersuchung betreffen, können Sie uns auch jederzeit persönlich erreichen:

Projektleitung:

Prof. Dr. Klaus Peter Treumann
    fon: (0521)/106-4355
    mail: klaus.treumann@uni-bielefeld.de

Wissenschaftliche Mitarbeiter:

    Dipl. Päd. Sonja Ganguin
    Fon: (0521)/106-3305
    Mail: sonja.ganguin@uni-bielefeld.de

    Dipl. Päd. Markus Arens
    Fon: (0521)/106-3305
    Mail: markus.arens1@uni-bielefeld.de

10.2 Leitfadenstruktur der qualitativen Einzelinterviews

Nr.:	Fragenkomplex	Fragenanzahl
1.	Berufswerdegang und Arbeitsplatz	(5Fragen – 7Unterfragen)
2.	Allgemeines Weiterbildungsverhalten	(6 Fragen davon 3 Filterfragen)
3.	Berufliche Zukunftsperspektive	(3 Fragen)
4.	Lebenswelt/ Mediennutzung (Medienkompetenz)	(5Fragen – 1Unterfrage)
5.	Gründe des Online-Lernens	(4 Fragen – 1 Unterfrage)
6.	Qualitätsfeld: Infotransparenz des Angebots	(1 Frage – 3 Unterfragen)
7.	Lernmotivation	(4 Fragen)
8.	Voraussetzungen bei Lernenden	(3 Fagen – 5 Unterfragen)
9.	Qualitätsfeld: Kosten, Erwartungen und Nutzen	(7 Fragen – 8 Unterfragen)
10.	Qualitätsfeld: Didaktik	(7 Fragen – 7 Unterfragen)
11.	Qualitätsfeld: Tutorieller Support	(8 Fragen davon 6 Filterfragen– 2 Unterfragen)
12.	Qualitätsfeld: Kooperation und Kommunikation	(9 Fragen – 8 Unterfragen)
13.	Blended Learning	(4 Fragen davon 2 Filterfragen– 4 Unterfragen)
14.	Qualität	(10 Fragen – 3 Unterfragen)
		= **76 Fragen – 52 Unterfragen**

10.3 Leitfaden für die qualitativen Einzelinterviews

Eingangssequenz

Bevor wir mit dem Interview beginnen, würde ich Sie gerne noch auf etwas hinweisen. Wenn Sie zwischendurch irgendwie das Gefühl haben, dass das Gespräch nicht so recht läuft, oder Ihnen das Thema sehr unangenehm ist, dann wären wir froh, wenn Sie das in dem Moment ganz offen sagen würden, damit das Ganze für Sie und uns so angenehm und locker wie möglich verläuft. Alle Ihre Aussagen werden anonymisiert, d.h. Ihr Name erscheint nirgendwo.

Bereich 1: Berufswerdegang und Arbeitsplatz

Zunächst interessieren wir uns dafür, wie es zu Ihrer jetzigen beruflichen Tätigkeit gekommen ist. Deswegen würden wir gern etwas über Ihren bisherigen Lebensweg erfahren.

Können Sie in groben Zügen die Stationen Ihres beruflichen Werdegangs schildern?

(Filter: Falls noch nicht geäußert, aktuelle Situation nachfragen):

a) Was arbeiten Sie im Augenblick?

Haben Sie das Gefühl, dass Sie in den letzten Jahren mehr Verantwortung übernehmen mussten?
Wenn ja, woran ist Ihnen das aufgefallen?
a) Und welche möglichen Gründe können Sie mir dafür nennen?

b) Wenn nein – ist das in absehbarer Zeit zu erwarten?

Sind Sie mit Ihrer jetzigen Arbeit eher zufrieden oder eher unzufrieden?
Wie zufrieden sind Sie im einzelnen mit (und warum):

Einkommen/Lohn und finanzielle Sicherheit

Arbeitszeit und Tagesablauf

Betriebs-/Arbeitsklima

Mit den Möglichkeiten sich fort- und weiterzubilden

Karriere – Aufstiegschancen im Betrieb

Werden Sie als Mitarbeiter durch ihre Vorgesetzten zur Teilnahme an Weiterbildungen/ Fortbildungen angesprochen?

Wenn Sie an Weiterbildungskursen für ihren Beruf teilnehmen, wer übernimmt die Kosten?

10.3 Leitfaden für die qualitativen Einzelinterviews

Bereich 2: Allgemeines Weiterbildungsverhalten

Wie ist das eigentlich bei Ihnen? Lernen Sie allgemein gerne selbständig für sich, oder besuchen Sie lieber einen Kurs, wenn Sie sich etwas Neues aneignen wollen?

Wenn Sie in der Vergangenheit neue Kenntnisse und Fähigkeiten erwerben mussten, auf welche Weise haben Sie das gemacht? [selbstständig (z.B. Bücher lesen), inner-, außerbetriebliche Fortbildung, VHS-Kurse usw.]

a) und warum auf diese Weise?

> (Filterfrage: Wenn keine Kurse besucht wurden, dann weiter mit Frage 6)
> Wie kamen Sie zu den Kursen? Wurden Sie durch andere dazu aufgefordert oder haben Sie sich aus eigenem Antrieb für einen bestimmten Kurs entschieden?
>
> Was waren das für Kurse? (normale Seminarkurse, Online-Lernen, Blended Learning etc.)
>
> Wie würden Sie diese Kurse beurteilen, hat sich der Aufwand gelohnt?
>
> Wenn mehrere Arten genutzt wurden:
> Welcher Kurs hat Ihnen persönlich am Besten gefallen und warum?

Glauben Sie, in Zukunft regelmäßig an Kursen oder Schulungen teilnehmen zu müssen, um ihre jetzige Tätigkeit weiter ausführen zu können?

Bereich 3: Berufliche Zukunftsperspektive

Wie stellen Sie sich Ihre weitere berufliche Zukunft vor?

Haben Sie Befürchtungen, in Zukunft Einschränkungen hinnehmen zu müssen?

- z.B. dass Sie mehr arbeiten müssen oder weniger Lohn für die gleiche Tätigkeit erhalten?

- Andere Sie in der Karriere überholen

Wie können Sie Ihrer Meinung nach diese Unsicherheiten am Arbeitsplatz ausgleichen oder diesen Unsicherheiten vorbeugen?

Bereich 4: Lebenswelt und Mediennutzung (Medienkompetenz)

Weiter würde ich gerne ein paar allgemeine Fragen an Sie richten, die mit Medien zu tun haben.
Über welche Medien verfügen Sie zu Hause?

Nutzen Sie den Computer/ das Internet auch privat?

Was waren Ihre Gründe, sich zum ersten Mal mit dem Computer oder dem Internet auseinander zu setzen? Können Sie mir die Situation schildern?

Versuchen Sie Computerprobleme selbst zu lösen oder holen Sie sich dafür Hilfe?

Wenn ja, wo finden Sie dabei die meiste Unterstützung? (Handbücher, Familie, Freundeskreis, Lernprogramme, Hersteller-Support, Händler etc.)

Bereich 5: Gründe des Online-Lernens

Lebenslanges Lernen als die Fähigkeit zur Selbstvorsorge wird im Leben Erwachsener eine immer größere Rolle spielen. Und auch Sie selbst haben sich ja bereits mit Hilfe der Neuen Medien »Computer/ Internet« beruflich weitergebildet.

Warum haben Sie an einem Weiterbildungskurs teilgenommen?

(Werden berufliche Gründe angeführt, dann nach persönlichen Gründen fragen, die vielleicht zusätzlich zu dieser Entscheidung beigetragen haben und umgekehrt)

Gab es auch persönliche (beziehungsweise berufliche) Gründe für eine Teilnahme?

Haben Sie für den Kurs ein Zertifikat erhalten?

a) Wie wichtig ist Ihnen das?

Warum haben Sie gerade an einem computerunterstütztem Weiterbildungskurs teilgenommen?

Bereich 6: Qualitätsfeld: Infotransparenz des Angebots

Im Folgenden geht jetzt um den Weiterbildungskurs, den sie mit Hilfe der Neuen Medien gemacht haben.

Haben Sie vor Kursbeginn gezielte Informationen über den Kurs erhalten?

Gab es einen Schnupperzugang/ Tutorials?

Ziele und Teilnehmerzahl

Lerninhalte, Kursablauf und Zeitaufwand

der Art der Betreuung (z.B. durch TutorInnen)

Bereich 7: Lernmotivation

Haben Sie sich freiwillig für die Teilnahme an der E-Learning-Maßnahme gemeldet oder wurden Sie von Ihrem Arbeitgeber dazu aufgefordert?

Gab es etwas, dass Ihnen beim Lernen mit dem Computer besonders viel Spaß gemacht hat?
oder überhaupt keinen Spaß gemacht hat?

Wie haben Sie sich am Anfang des Kurses gefühlt? Können Sie sich daran erinnern?

10.3 Leitfaden für die qualitativen Einzelinterviews

Empfanden Sie es als Belastung, die Kursaufgaben regelmäßig zu bearbeiten oder hatten Sie keine Mühen damit?

Bereich 8: Qualitätsfeld: Voraussetzungen bei Lernenden

Im Folgenden geht es um ihre persönliche Erfahrung, die sie während der Nutzung der E-Learning-Umgebung gemacht haben.

Haben Sie sich selbst einen Arbeits- und Zeitplan erstellt, um die Lernaufgaben zu bearbeiten oder gab es Vorgaben im Kurs?

Wenn ja, hat Ihnen dieser auch geholfen?

Gelang es Ihnen relativ schnell, die Möglichkeiten der Steuerung und Bedienung des Lernprogramms herauszufinden?

Haben Sie Lerninhalte ausgedruckt, um diese besser lernen zu können?

wenn ja, warum?

Es gibt beim E-Learning unterschiedliche Möglichkeiten.

a) Erstens würde ich gerne wissen, wo Sie die Aufgaben für den Kurs bearbeitet haben. Zu Hause, im Betrieb oder woanders?

b) Können Sie besser von zu Hause oder in einem Seminarraum lernen?

c) Können sie besser zu einem festgelegten Termin oder zu selbst gewählten Zeitpunkten lernen?

d) Können Sie besser Lernen, wenn Ihnen die Ziele vorgegeben werden oder wenn Sie sich die selber setzen?

Bereich 9: Qualitätsfeld: Kosten, Erwartungen und Nutzen

Welche Erwartungen hatten Sie an den Kurs?

Wurden diese Erwartungen enttäuscht/ erfüllt/ übertroffen?

Welche Ziele konnten Ihrer Meinung nach durch den Kurs erreicht werden?

Wie stufen Sie Ihren Lernerfolg ein?

Welche Vorteile hat Ihnen die Teilnahme am Weiterbildungskurs gebracht?
(z.B. beruflicher Aufstieg, Sicherung des Arbeitsplatzes etc.)

Können Sie die Kenntnisse, die Sie im Kurs erworben haben, in Ihrer Arbeit anwenden?

Können Sie uns dazu ein Beispiel aus ihrer persönlichen Berufspraxis geben?
Und wie sieht das im privaten Bereich aus? Können Sie dort auch die Kenntnisse, die Sie im Kurs erworben haben, anwenden und ein Beispiel nennen?

Was insgesamt das Verhältnis von Ihren Kosten, die Sie aufbringen mussten und der Leistung, die Sie erhielten, angeht: Sind sie damit zufrieden, haben sich also die Kosten gelohnt? Oder hätten Sie für Ihr Geld mehr erwartet? Wenn ja, was hat Ihnen gefehlt?
So ein Kurs kostet ja nicht nur Geld, sondern auch Mühe und Zeit. Was waren für Sie die hauptsächlichen Belastungen bei dem Kurs? Zeit Mühe, Konzentration Organisation, z.B. Lernort und Zeiteinteilung Sich selbst zu motivieren/Disziplin Familiäre Umstände/ Situationen Sonstiges, und zwar:

Bereich 10: Qualitätsfeld: Didaktik

Wie empfanden Sie die Gestaltung der Lernumgebung? Was fanden Sie gut und warum? Was fanden Sie schlecht und warum?
Waren die Aufgaben verständlich formuliert?
War die Gliederung der einzelnen Lernabschnitte übersichtlich und klar?
War das Ziel und der Nutzen der Lerninhalte klar erkennbar?
Gab es auch Rückmeldungen, beziehungsweise ein Feedback durch die Lernumgebung/ das Lernprogramm?
Gab es bei der Durchführung des Online-Kurses irgendwelche technischen Probleme? a) Wenn ja, welcher Art waren sie?
Gab es Dinge bei der Lernumgebung, über die Sie sich während des Lernprozesses geärgert haben? Fehlerhafter und langwieriger Seitenaufbau Struktur der Lerninhalte Sonstiges, und zwar:
Kamen unterschiedliche Medien zum Einsatz? Zum Beispiel Bilder, Videomaterial, Spielesequenzen oder Audio? Fanden Sie das eher gut oder eher schlecht und warum? Welche Medien hätten Sie sich häufiger gewünscht und warum?

10.3 Leitfaden für die qualitativen Einzelinterviews

Bereich 11: Qualitätsfeld: Tutorieller Support

Haben Sie zu Beginn des Kurses eine Einführung in die Lernplattform von einem Betreuer erhalten?

Wurden Sie während des gesamten E-Learning-Kurses von einem bestimmten Ansprechpartner betreut?

Wie sah diese Betreuung konkret aus und wie sehr entsprach Sie ihren Erwartungen?

(Filter: Wenn es keinen Betreuer, Ansprechpartner gab, weiter mit Bereich 12)

Hatten Sie das Gefühl, den Betreuer immer bei Schwierigkeiten erreichen zu können?

Wenn ja, wie haben Sie hauptsächlich versucht Kontakt aufzunehmen? (z.B. E-Mail, Telefon etc.)

Konnte der Lernhelfer Ihr Problem auch sofort lösen?

Gab es Rückmeldungen über ihren Lernerfolg während des Lernprozesses?

Gab es auch die Möglichkeit, dem Betreuer eine Rückmeldung oder ein Feedback zu geben?

Hatten Sie während des Lernprozesses das Gefühl, eigene Lerninteressen einbringen zu können?

Hatten Sie den Eindruck, dass der Moderator/ Lernhelfer sich in dem Gebiet sehr gut auskannte oder würden Sie ihn eher als unsicher einschätzen.

Inwieweit haben die Teilnehmer aus dem Kurs selbst tutorielle Betreuungsaufgaben übernommen?

Was fanden Sie insgesamt an der Betreuung besonders gut und warum?

Was fanden Sie insgesamt an der Betreuung besonders schlecht und warum?

Bereich 12: Qualitätsfeld: Kooperation und Kommunikation

Im Folgenden möchte ich mich mit Ihnen über die Kooperations- und Kommunikationsmöglichkeiten während des E-Learning-Kurses unterhalten.

Gab es während des Kurses die Möglichkeit, Kontakt mit anderen Mitlernern aufzunehmen?

In welcher Form konnte dieser Kontakt hergestellt werden?
Mailingliste?
Diskussionsforum?
Chat
E-Mail?
Telefon?
Sonstiges, und zwar:

Welche haben Sie am meisten genutzt und warum?

Hatten Sie das Gefühl, dass sich durch den Kontakt mit den Mitlernenden ein Gruppengefühl eingestellt hat?

Haben Sie sich gegenseitig geholfen?
(z.B. Konnten Sie bei schwierigen Aufgaben sich bei anderen Mitlernen Hilfe holen oder geben?)

Haben Sie während des Kurses Beziehungen zu anderen Personen aufgebaut oder mit ihnen Freundschaften geschlossen?

Wenn ja, dauerten diese Beziehungen/ Freundschaften auch nach Ende des Kurses an?
Wie intensiv waren die Beziehungen?

Gab es auch persönliche Konflikte mit anderen Teilnehmern?

Wenn ja, wie konnten diese behoben werden?

Falls Sie in der Gruppe gelernt haben: Welche Vorteile sind Ihnen dabei aufgefallen?

Welche Kommunikationsformen außerhalb des offiziellen Kurses haben Sie genutzt, um mit anderen Mitlernenden Kontakt aufzunehmen?
z.B. private Chats, telefonische Kontakte…

In der Regel sind E-Learning-Kurse anonymer, weil Aufgaben hauptsächlich alleine vor dem Rechner bearbeitet werden. Finden Sie dieses Kennzeichen computerunterstützter Lernkurse eher positiv oder eher negativ. Begründen Sie bitte ihre Haltung.

Bereich 13: Blended Learning

In der Praxis gibt es sehr unterschiedliche Formen computerunterstützter Weiterbildungskurse. In der letzten Zeit werden immer häufiger Schulungen angeboten, in denen sowohl mit Computer, als auch ohne technische Hilfsmittel gelernt wird. Das bedeutet, dass sich computerunterstützte Lernphasen mit normalem Unterricht abwechseln. Die folgenden Fragen beziehen sich auf diese Form des Lernens.

Wie würden Sie sich den Kursablauf eines Online-Kurses wünschen, also in welchem Verhältnis sollten sich Anwesenheitsphasen und Online-Lernphasen abwechseln?

Welche Funktionen haben aus Ihrer Sicht die Präsenzphasen?

Um neue Leute kennen zu lernen
Um Tipps und Hilfen zu bekommen
Um Erfahrungen mit den anderen Teilnehmern auszutauschen
Um Konflikte zu lösen

Wie war das bei Ihrem Kurs und wie würden sie das beurteilen?

(Filter: Falls kein Blended Learning stattfand, sondern nur E-Learning weiter mit Bereich 14)
Welche Gründe haben Sie dazu veranlasst, Bildungsangebote auszuwählen, wo sich normale und computerunterstützte Unterrichtsphasen abwechseln.

Von welchen Vor- beziehungsweise Nachteilen können Sie aufgrund ihrer Erfahrung mit dem gemischten Lernen berichten?

Wo sehen sie die Vorteile bei üblichen Kursen, wie in der Schule?

Wo sehen Sie die Nachteile?

Wo sehen Sie die Vorteile reinen E-Learning?

Wo sehen Sie die Nachteile beim reinen E-Learning?

Bereich 14: Qualität

Im letzten Interviewteil geht es darum, zu erfahren, was in Ihren Augen und nach Ihrer Erfahrung Qualität beim Online-Lernen ausmacht. Es geht also um ihre ganz persönliche Bewertung des E-Learning.
Für unser Forschungsvorhaben ist es wichtig, dass Sie versuchen, sich noch einmal für die Schlussbetrachtung in Ihre Lernsituation hinein zu versetzen.

Wie fanden Sie das Lernen insgesamt?

a) Was fanden Sie besonders gut?

Was fanden Sie besonders schlecht?

Was haben Sie am Kurs vermisst?

Was würden Sie am Kurs verändern?

Was bedeutet für Sie (bezüglich Ihrer beruflichen Tätigkeit) Qualität?

Was bedeutet Lernen für Sie?

Was bedeutet für Sie Qualität beim Online-Lernen?

Sehen sie Probleme hinsichtlich Datenschutz und Datensicherheit im Zusammenhang mit E-Learning.

Würden Sie wieder an einem internetgestütztem Weiterbildungskurs teilnehmen?

(Wenn ja, warum?; wenn nein, warum nicht?)

Nach welchen Kriterien würden Sie wieder einen Kurs auswählen?

10.4 Postkript zum Leitfaden der qualitativen Einzelinterviews

Interview-Nr.:	Ort:	Datum:	Dauer:
Interviewer:	Alter:	Geschlecht:	Nationalität:

Selbstwahrnehmung Interviewer/in	
Situative Aspekte des Interviews	
Gesprächsinhalte vor der Tonbandaufnahme	
Gesprächsinhalte nach der Tonbandaufnahme	
Wahrnehmungen über nonverbale Aspekte	
Schwerpunktsetzung des Interviews	
Spontane thematische Auffälligkeiten	
Interpretationsideen	

Ranking	(1)	(2)	(3)

10.5 Kodewortbaum in MAXqda zu den Einzelinterviews

Kodesystem

Berufliche Zukunftsperspektive
Persönlichkeit
   Sozialisationsagenten
   Lebensmotto/ Leitmotiv
   Medien
      Abneigung/ Skepsis
      Akzeptanz
Berufsbiographie
   Patchwork-Biographie
      persönlichkeitsbedingt
      arbeitsplatzbedingt
Arbeit
   berufliche Tätigkeit
   Arbeitsplatz
      Soziale Unterstützung/ Arbeitsklima
      Weiterbildungsmöglichkeiten
         Weiterbildungsunterstützung
         Finanzierung
      Unzufriedenheit
      Zufriedenheit
      Verantwortung
      Belastungen
         Unsicherheit am Arbeitsplatz
      Großbetrieb versus KMU
      Veränderung der Marktlage

Weiterbildungsverhalten
   Antrieb: Aufforderung versus Selbstsuche
   Teilnahme an einem Kurs versus selbstständiges Lernen
      Lernerfahrungen
      Art der Kurse
      Kursbeurteilungen
         negativ
         positiv
   Vorteil Teilnahme
      beruflich
         beruflicher Aufstieg
         Sicherung Arbeitsplatz
         Erweiterung Medienkompetenz
         Sonstiges
      privat
         Wissenserweiterung
         Selbstbewusstsein
         Leute kennenlernen
         Sonstiges

- **Berufliche Zukunftsperspektive**
- **Kapitalsorten**
    - kulturelles Kapital
        - Zertifikat
            - Wichtigkeit
        - Medienkompetenz
            - Medienausstattung
            - Mediennutzung
                - beruflich
                - privat
            - instrumentell/qualifikatorische (Problemlösung)
            - Medienaneignung/ Situation
    - ökonomisches Kapital
    - soziales Kapital
        - Durch soziale Beziehungen geförderte Motivation
        - Probleme Neue Medien
    - symbolisches Kapital
- Lernen
    - Definition
    - Einstellung zum Lernen
    - Lernmotivation E-Learning
        - Gründe Online-Lernen
            - privat
            - beruflich
        - Anfängliche Gefühlssituation
        - Spaß versus Frust beim Online-Lernen
    - Lerntyp
        - Ziele: selbstgesteckt versus vorgegeben
        - Lernort
            - Betrieb
            - zu Hause
            - sonstiges
        - Lernzeit
            - festgelegte Termine
            - selbstgewählte Zeitpunkte
        - allein versus Gruppe
        - Lernstil (z.B. Divergierer oder Akkomodierer)
        - Medien
            - Alte Medien
- **Vorteile**
    - Fachzeitschriften
    - Buch
    - Neue Medien
        - Vorteile
        - Internet
        - PC
    - lebenslanges Lernen
    - *informelles Lernen*
    - defensives Lernen
- **expansives Lernen**
    - selbstgesteuertes Lernen/Selbstlernkompetenzen

10.5 Kodewortbaum in MAXqda zu den Einzelinterviews

Voraussetzungen beim Lernenden
- *Technische Voraussetzungen*
- *Fachspezifische Vorkenntnisse*
- Interesse /Akzeptanz geegenüber Medien
- Interesse am Thema
- Medienkompetenz
- Selbstdisziplin
- Selbstorganisation
- Selbstlernkompetenz

E-Learning
- Sonstiges
- Infotransparenz des Kurses
- Transferqualität der E-Learning-Inhalte
- freiwillige Teilnahme?
- *Erfahrung-Vorwissen*
- Technischer Support
- *Funktionalität/ Themen*
  - Nachteile/ Belastungen
    - Heterogenität der Lerngruppe
    - *Verlust von Authentizität*
    - Organisation
    - Zeit
    - Kosten
    - Familiäre Umstände
    - zu wenig Kontrolle
    - Disziplin
    - *körperl. Anstrengung*
    - Sonstiges
  - Vorteile
    - *Reduktion betriebl. Weiterbildungskosten*
    - *Interaktivität*
    - *Wegfall personenbezogener Ressourcen*
    - *Bequemlichkeit/Mobilität*
    - Kosten
    - Unabhängigkeit
    - Zeitersparnis
    - Flexibilität
    - Sonstiges
  - Kurserwartungen
    - Lernerfolg
    - Lernerwartung
    - Zielerreichung
  - Didaktik
    - E-Learning-Umgebung
      - *Tutorial*
      - *Individueller Schwierigkeitsgrad*
      - Tests/ Aufgaben
      - Anregungen
      - positive Kritik
      - negative Kritik
        - technische Probleme
      - Lernumgebungs-Gestaltung
      - Aufgabenformulierung

                    Gliederung/ Aufbau/ Struktur
                    Navigation
                    Feedback durch Programm
                    Gruppenarbeit
                    Multimediaeinsatz
                    Praxisbeispiele
                    Spielelemente
            Präsenzphasen
                    positive Kritik
                    negative Kritik
                    Rolle des Dozenten
                    Gruppenarbeit
                    Multimediaeinsatz
Tutorieller Support
    face-to-face-Kontakt
    Funktion
    Motivation
    Einführung
    Negative und positive Kritik
    Ansprechpartner
            Erreichbarkeit
                    Kommunikationsmöglichkeiten
                    zeitlich
            Lösungen bei Problemen
    Feedback
            Teilnehmer
            Tutor
    Fachkompetenz
            thematisch
            technisch
            didaktisch
    Gesamturteil positiv
    Gesamturteil negativ
Kommunikation/ Kooperation
    Gruppe
            Vorteile
            Nachteil
    Kontaktmöglichkeiten
            Nutzung und Begründung
    Gruppengefühl
            Konflikte
            Gegenseite Hilfeleistung[107]
                    medial
                    fachlich
                    sozial
            Freundschaften
            Anonymität
    Kritik

---

[107] Im Gegensatz zur Kategorie des »sozialen Kapitals«, die auf soziale Ressourcen außerhalb des Kurses verweist (z.B. Ehepartner, Freunde etc.), die sich aber auf den Lernprozess und -erfolg auswirken können, verstehen wir unter der Kategorie »Gegenseitige Hilfestellung« die soziale Unterstützung unter den Kursteilnehmern.

10.5 Kodewortbaum in MAXqda zu den Einzelinterviews

Blended Learning
    Vorteile
    Kursablauf
        Beurteilung
        Wunsch
    Präsenzphasen
        Funktion
        Vorteil
        Nachteil

Qualität/ Gesamturteil des Kurses
    Belastungen Gesamtkurs
    Lernen insgesamt
        positiv
        negativ
    Empfundene Lücken
    Änderungsvorschläge
    Definition Qualität
    Qualität Online-Lernen
    Datenschutz
    Erneute Teilnahme?
        ja-warum
        nein-warum
    Kriterien für erneute Teilnahme

Arbeitskraftunternehmer
    Selbstkontrolle
    Selbstrationalisierung
    Selbstökonomisierung

Gesellschaftlicher Wandel
Generationsspezfische Medienpraxiskulturen
Verschiedenes

10.6 Zusammensetzung der qualitativen Untersuchungsstichprobe

Fall	Name	Alter	Sex	Derz. berufl. Tätigkeit	Kursanbieter
1	ST01a	Herr Anstett	25 J.	m	Energieelektroniker	ETZ-Stuttgart[108]
2	ST02a	Herr Abt	24 J.	m	Elektroinstallateur	ETZ-Stuttgart
3	ST02b	Herr Arnold	25 J.	m	Radio-Fernseh-Techniker	ETZ-Stuttgart
4	ST03b	Herr Andres	28 J.	m	Elektroinstallateur	ETZ-Stuttgart
5	SL01a	Herr Berger	28 J.	m	Versicherungsvertreter	Bonner Akademie
6	SL03a	Herr Baltes	48 J.	m	Versicherungsvertreter	Bonner Akademie
7	SL01b	Herr Bentrup	46 J.	m	Versicherungsvertreter	Bonner Akademie
8	SL03b	Herr Baldur	26 J.	m	Versicherungsvertreter	Bonner Akademie
9	OL01a	Herr Christen	24 J.	m	Industrieelektroniker	BFE-Oldenburg[109]
10	OL02a	Frau Conrad	35 J.	w	Hausfrau/ Mutter (geler. Jusztizfachangestellte)	BFE-Oldenburg
11	OL03a	Frau Cordes	38 J.	w	Hausfrau/ Mutter (gelernte Fremdsprachenkorrespondentin)	BFE-Oldenburg
12	BE01a	Frau Englisch	43 J.	w	Fremdsprachenkorrespondentin/ Datenverwaltung	Shering AG
13	BE01b	Frau Ebert	54 J.	w	MTA (Medizinisch-Technische-Assistentin)	Shering AG
14	BE02a	Frau Engels	45 J.	w	Kaufm. Angestellte	Shering AG
15	HAM01b	Herr Dreier	29 J.	m	Lehrer	Prime Time
16	LE01b	Frau Diebrück	29 J.	w	Lehrerin	Prime Time

---

108 ETZ=Elektro-Technologie-Zentrum.
109 BfE=Bundestechnologiezentrum für Elektro- und Informationstechnik e.V.

10.6 Zusammensetzung der qualitativen Untersuchungsstichprobe

Ausbildungsziel	Lernumgebung					
	CBT	WBT	Virt. Kl.[110]	Präsenz	Tutor. Supp.	Bearb. Webg. Testitems[111]
ET-Meister[112]	X		X	X	X	
ET-Meister	X		X	X	X	
IT-Meister[113]	X		X	X	X	
ET-Meister	X		X	X	X	
Versicherungsfachm.	X			X	X	X
Versicherungsfachm.	X			X	X	X
Versicherungsfachm.	X			X	X	X
Versicherungsfachm.	X			X	X	X
ET-Meister	X		X	X	X	
ECDL[114]	X		X	X	X	
ECDL	X		X	X	X	
(Business-Englisch)	X					X
(Word, Power Point, Global Park….)	X	X				X
(Power Point)	X	X		X		X
Englisch/ Grundschule	X		X	X	X	
Englisch/ Grundschule	X		X	X	X	

---

110 Virt.Kl.=Virtueller Klassenraum.
111 Webgestützte Testitems=Webgestützte Testaufgaben.
112 ET-Meister=Elektrotechnik-Meister.
113 IT-Meister=Informationstechnik-Meister
114 ECDL=European Computer Driving License (Europäischer Computerführerschein).

10.7 Qualitative Inhaltsanalyse

	Kategorie	Definition/ Hypothese	Ankerbeispiel
i[115]	Persönlichkeit	Inbegriff der individuellen Eigenschaften einer Person.	Ich komme aus einer Arbeiterfamilie. Und ursprünglich auch aus der Türkei und bei uns in der Familie sind zwar alle mit Ausbildung, aber keinen Abschluss. Wie gesagt Arbeiterfamilie. Und ich hab mir dann zum Ziel gesetzt, das ich eigentlich mehr erreichen will. Nicht nur jetzt irgendeine Ausbildung, sondern einfach mehr (ST03b, Z. 292-296).
i	Sozialisationsagenten	Sozialisationsinstanzen, wie Familie, Schule, Peers, Medien etc., die direkt oder indirekt einen Einfluss auf die individuelle Disposition gegenüber dem Umgang mit (Neuen) Medien ausgeübt haben bzw. ausüben.	*Fördernde Sozialisationsagenten (Medien) vorhanden:* In meinem Elternhaus, wo ich aufgewachsen bin, da halt auch schon, bei älteren Leuten, bei meinen Eltern, da war halt Computer nie so ein Thema zu Hause und auf Grund von dem habe ich mich von klein auf privat immer mit anderen Sachen beschäftigt. Ich bin dann schon halt in, bei uns in der Schule, da war das halt auch noch nicht so ausgeprägt mit dem Computerunterricht, wie es heutzutage ist und der Computer fing bei mir eigentlich erst an in der Berufsschule während der Ausbildung, wenn man mal angefangen hat, ein, zwei Berichte oder Aufsätze, wo man für die Schule gebraucht hat, auf einem PC zu machen. Aber dann halt auch noch nicht über's Internet. Das ist dann auch erst später gekommen (ST01a, Z. 191-199).

---

115 i = Kategorie, die auf induktivem Wege gewonnen wurde.

10.7 Qualitative Inhaltsanalyse

	Kategorie	Definition/ Hypothese	Ankerbeispiel
			Fördernde Sozialisationsagenten (Medien) nicht vorhanden: Also ich hatte früher schon als Kind, da gab's damals diese Commodore und so, das war hauptsächlich, als Kind hat man das dann zum Spielen genutzt. Und dann bin ich dann irgendwann waren die weg und dann hab ich dann 3,4,5 Jahre nichts mehr gemacht und dann hat mein Interesse wieder geweckt. Und dann hab ich auch gesehen auch berufsbedingt, wo ich dann in der Elektrobranche mehr oder weniger richtig eingestiegen bin. Da bist nicht drum rum gekommen. Und dann hab ich mir meinen ersten PC gekauft und hab dann schnell Spaß dran gefunden, eigentlich (3), ja (ST03b, Z. 237-243).
i	Lebensmotto/Leitmotiv	Unter Lebensmotto verstehen wir eine ganz bestimmte Devise, sein Leben zu meistern bzw. eine Maxime, an der das Leben ausgerichtet wird. Unter Leitmotiv verstehen wir von dem Interviewten einen selbst gesetzten Schwerpunkt, der im Rahmen des Interviews kontinuierlich auftaucht (›Roter FADEN‹).	Lebensmotto: »Wer was erreichen will, muss hart arbeiten« (ST03b, Z. 480f.).
i	Medien	Die Rolle, die Medien in dem Leben der befragten Person einnehmen sowie seine Einstellung gegenüber Medien.	*Positive Beurteilung von Medien:* Ich bezeichne mich ein bisserl als Technik-Freak! Also, sagen wir so: Radio, Fernseher gehört halt zu jedem Haushalt dazu. Dann verfüge ich über einen Internet-Anschluss mit ›ner DSL-Verbindung. Den nutze ich auch tagtäglich, teilweise sogar ein bis zwei PCs parallel, wo ich dann natürlich auch jede Menge Information übers Internet hole, privat oder jetzt weiterbildungsmäßig bedingt! (ST01a, Z. 173-177). *Negative Beurteilung von Medien:* Laptop? Habe ich gar keinen. Es reicht, wenn ich ein Handy habe, dass ist schon die Geißel der Menschheit (ST02b, Z. 589-591).
i	Abneigung/ Skepsis	Beschreibungen von Einstellungen, erlebten Situationen, Erfahrungen oder Begründungen, die zu einer allgemeinen Antipathie gegenüber Medien geführt haben.	Ja, weil ich einfach nicht gewusst hab, ob das so gut funktioniert. Ich kenn halt dieses Chatten über das Microsoft, sag ich mal, und dann hat man immer wieder technische Probleme. Und wusste dann auch nicht, ob das dann so effektiv ist, wenn man hierher

	Kategorie	Definition/ Hypothese	Ankerbeispiel
			kommt (ST03b, Z. 454-457).
i	Akzeptanz	Beschreibungen von Einstellungen, erlebten Situationen, Erfahrungen oder Begründungen, die zu einer allgemeinen Billigung gegenüber Medien geführt haben.	Und hab mir das Wissen auch selber angeeignet, gerade übers Internet, wie man das halt programmiert und macht. Und ich denk daran merk ich auch selber, dass es mir Spaß macht, sonst würde ich das nicht machen, also, ja (ST03b, Z. 221-223).
d [116]	Berufsbiographie (1.)[117]	Der berufliche Werdegang einer Person mit seinen auf die Arbeit bezogenen Tätigkeiten	Ja, ich habe erstmal 1997 angefangen mit meiner Ausbildung zum Industrieelektroniker. Habe diese dann 2001 im Januar abgeschlossen. Bin dann anschließend bei uns in die Elektrowerkstatt gekommen und habe dann verschiedene Instandhaltungstätigkeiten durchgeführt (…). Bin dann für neun Monate im Mai 2001 zur Bundeswehr gegangen, war im Februar 2002 wieder da. Habe bei der Bundeswehr schon durch den Berufsförderungsdienst meine Ausbildereignungsprüfung gemacht. Das war dann halt im Februar 2002, oder im März war das dann, im März 2002 wieder bei meiner Firma tätig. Habe seitdem auch wieder diverse Tätigkeiten durchgeführt. Instandsetzungen, Wartungsarbeiten Umbaumaßnahmen und bin jetzt seit dem 1. Januar 2004 als Ausbildungsbeauftragter für die Industrieelektroniker bei uns in unserer Firma tätig (OL01a, Z. 4-16).
d	Patchwork-Biographie (1.1)	Eine Patchwork-Biographie setzt sich aus diversen Versatzstücken zusammen und entspricht kaum mehr dem standardisierten Lebenslauf. Gegenteil: Normalbiographie	Ich habe also als Verwaltungsangestellter angefangen (…). Dann habe ich dann noch die theologische Ausbildung gemacht als Diakon (…). Und dann habe ich mich selbständig gemacht auf diesem Gebiet als Therapeut, dann habe ich noch die Supervisionsausbildung gemacht, wo ich aber keinen Abschluss habe. Habe aber als Supervisor an einer Stelle gearbeitet (…). Und dann habe ich mich einem Gebiet

---

116 d = Kategorie, die deduktiv aus einer Frage des Interviewleitfadens abgeleitet wurde.
117 Im Klammerausdruck nach der Kategorienbezeichnung steht die Nummer des Bereichs und die der Frage, z.b. 10.1 = Bereich 10, Frage 1; Oberkategorien, die einen spezifischen Bereich des Fragebogens betreffen, sind durch Fettdruck hervorgehoben.

10.7 Qualitative Inhaltsanalyse

Kategorie	Definition/ Hypothese	Ankerbeispiel
		zugewendet, was ich eigentlich von zu Hause kenne, nämlich das Kaufmännische (…). War dann zeitweise auch ganz als Makler selbständig, ganz selbständig und habe mich dann letztes Jahr dem Herold angeschlossen, weil der mir eine Ausbildungsmöglichkeit hat zum Versicherungsfachmann (SL01b, Z. 9-36).
i persönlichkeitsbedingt	Wechsel von unterschiedlichen beruflichen Tätigkeiten aufgrund von Dispositionen, die im einzelnen Individuum liegen.	*Positives Beispiel:* Ich wurde sogar eher zurückgehalten. Also das heißt, dass man gesagt hat, nun bleib doch mal bei deinem Job. Aber es ist eben mehr so meine Art, dass ich dann mich neuen Dingen wieder zuwende (SL01b, Z. 134-137).
		Negatives Beispiel: Bin dann aber wieder zurück in die Forschung nach anderthalb Jahren und habe da bis letztes Jahr, Ende letzten Jahres gearbeitet und habe dann wieder die Stelle gewechselt nach achtzehn Jahren. Aber nicht, weil es mir da nicht gefallen hätte, oder weil mir die Arbeit keinen Spaß mehr gemacht hätte, sondern ganz allein aus gesundheitlichen Gründen. Ich habe eine fortgeschrittene Hüftgelenksarthrose auf beiden Seiten, eine Seite ist operiert, die andere noch nicht. Ich habe auch eine Arthrose in den Fingerbundgelenken und kann daher diese Labortätigkeiten nicht mehr machen (BE01b, Z. 19-25).
i arbeitsplatzbedingt	Der Wechsel von unterschiedlichen Arbeitsplätzen aufgrund betrieblicher oder arbeitsbezogener Strukturen.	*Positives Beispiel:* Ja einfach für mich, weil ich sage mal so, weil es für mich eigentlich klar war, dass ich jetzt nicht mein Leben lang als Monteur tätig sein will, sondern auch irgendwann mal eine leitende Funktion zu erfüllen, das wo natürlich für mich aufgrund von der Arbeit besser ist, weil man halt nicht mehr so mehr, also praktisch arbeitet, halt mehr theoretisch und die Arbeit natürlich dann auch besser bezahlt wird (ST01a, Z. 257-261).

	Kategorie	Definition/ Hypothese	Ankerbeispiel
			Negatives Beispiel: Habe ich in einem christlichen Werk Supervision gemacht in, sage ich mal, zwölf, zehn bis zwölf Mitarbeitergruppen betreut und so, das war auf Dauer gesehen auch keine Grundlage mehr letztlich dann finanziell (SL01b, Z. 25-27).
d	Arbeit (1)	Bewusster und zweckgerichteter Einsatz der körperlichen, geistigen und seelischen Kräfte des Menschen zur Befriedigung seiner materiellen und ideellen Bedürfnisse (Brockhaus 1996-1999)	Bei meinem Beruf als Sekretärin und Sachbearbeiterin sah es dann schon ganz anders aus. Da musste man viel mehr organisieren und war auch viel mehr für seine Arbeit verantwortlich und hatte auch viel mehr Möglichkeiten (OL02a, Z. 58-62).
d	berufliche Tätigkeit (1.1a)	Die arbeitsbezogene Tätigkeit einer Person	Die ganz genaue Fachbezeichnung ist Elektrotechniker im Fachbereich Gebäude- und Systemtechnik (ST02a, Z. 19-20).
d	Arbeitsplatz (1)	Der Arbeitsplatz ist der Ort, an dem die berufliche Tätigkeit ausgeübt wird.	Es gibt aber immer Sachen, die man verbessern kann. Vor allem die ganze Arbeitsstruktur, die wir jetzt hier haben beim Herold ist für mich auch was neues seit letztem Jahr. Wie wird gearbeitet und es ist nicht von heute auf morgen, dass man das jetzt alles, wie soll ich sagen, alles richtig einteilt und es von Anfang an richtig macht (SL01a, Z. 96-100).
d	Soziale Unterstützung/Arbeitsklima (1.3.c)	Die Arbeitsatmosphäre und der wechselseitige Beistand zwischen den Kolleginnen und Kollegen z.B. in Bezug auf die Hilfsbereitschaft. [Das Betriebsklima sowie die gute Zusammenarbeit unterstützen die Lernkultur – Ein lernfeindliches Klima im Unternehmen behindert die Lernkultur (vgl. Hagedorn 2001, S. 37)].	*Positives Beispiel:* Es ist, da wir ein relativ kleines Team sind, halt wie eine Familie. Also jeder versucht den Anderen zu unterstützen, wenn es Probleme gibt und daher fühlt man sich so wohl, weil man ja auch acht Stunden am Tag hier zusammen verbringt (BE02a, Z. 33-36).
			Negatives Beispiel: Das Betriebsklima ist, (2) sage ich mal in unserem Betrieb nicht ganz so gut. Weil wir eine recht große Firma sind (ST02a, Z. 85-88).

	Kategorie	Definition/ Hypothese	Ankerbeispiel
d	Weiterbildungsmöglichkeiten (1.3.d)	Fortbildungsmaßnahmen, die vom Betrieb zur Förderung und Weiterqualifizierung der Mitarbeiter angeboten werden.	*Positives Beispiel:* Die finde ich eigentlich recht gut, weil meine Firma auch noch so einen Fragebogen am Anfang des Jahres heraus bringt, wo man selber für sich als Person die Fortbildungsmaßnahmen eintragen würde, die der eigenen Meinung nach wichtig wären, oder die man gern machen würde. Und danach wird dann halt ab und an mal, ja, ab und an, oder danach wird dann halt durchgegangen, welche Fortbildungsmaßnahmen dann auch wirklich sinnvoll sind, wird abgeklärt und häufig dann auch durchgeführt (OL01a, Z. 73-79).
			Negatives Beispiel: Na, ja so eine Weiterbildung kostet Geld und da fehlt der Mitarbeiter und jeder einzelne Mitarbeiter ist wichtig und da stagniert dann auch die Projekte und das ist dann das Problem, dass der Chef sagt, dass bringen wir ihm selber bei (ST03b, Z. 65-68).
d	Weiterbildungsunterstützung (1.4)	Die Art der Unterstützung von Vorgesetzten, Kollegen etc. für Weiterbildungsmaßnahmen. Wenn ja, unterstützt dies die Lernmotivation. (vgl. Hagedorn 2001, S. 37)	*Positives Beispiel:* Das Thema Fortbildung wird in dieser Abteilung, in der ich jetzt arbeite, extrem groß geschrieben und das finde ich persönlich ungeheuer positiv. Es ist sogar so, dass ich denke, wenn Leute weniger motiviert wären, die könnten sich davon fast erdrückt fühlen, aber ich finde das einfach toll. Ich finde das super (BE01b, Z. 101-105).
			Negatives Beispiel: Leider weniger. Also wenn man eine Fortbildung machen will, muss man sich eigentlich selber dafür interessieren und auch zum Vorgesetzten hingehen und sagen ich will. Und dann dauert es, selbst dann dauert es noch lange, bis man dann endlich mal wo hinkommt (ST02a, Z. 102-104).
d	Finanzierung (1.5)	Der finanzielle Aufwand für Weiterbildungsmaßnahmen und deren Bezahlung durch Arbeitgeber oder Arbeitnehmer. Mitarbeiter sind bei Weiterbildungskursen stärker motiviert, wenn die Kosten durch den Arbeitnehmer gedeckt werden.	*Positives Beispiel:* Das war ein Angebot. Der hing bei uns im Lehrerzimmer und ich dachte, wenn man sich bewirbt und dann hat man so was auch gemacht, dann ist es gut. Und die Schule hat es auch bezahlt, also hat man zugegriffen. So ostwestfälische Greifmentalität (HAM01b, Z. 146-148).

	Kategorie	Definition/ Hypothese	Ankerbeispiel
			Negatives Beispiel: Das liegt am Betrieb selber, weil es ja ein Kleinbetrieb ist und die sagen, na ja das kannst du dir ja aneignen, da brauchst du net, da wird einfach gespart. Na, ja so eine Weiterbildung kostet Geld und da fehlt der Mitarbeiter und jeder einzelne Mitarbeiter ist wichtig und da stagnieren dann auch die Projekte und das ist dann das Problem, dass der Chef sagt, das bringen wir ihm selber bei. Das lernt er (ST03b, Z. 64-68).
d	Unzufriedenheit (1.3)	Aspekte bei der beruflichen Tätigkeit, die bei dem Befragten Unmut, Missfallen, Ärger oder Frustration hervorrufen.	Unzufriedenheit, äh, kommt dann auf, wenn man überlegt, dass es jetzt gerade auf Grund der wirtschaftlichen Lage, auch bei uns in der Energieversorgung immer zu einer größeren Belastung von den Monteuren kommt, weil sie mehr Aufgaben übernehmen müssen und mehr Arbeit haben und das natürlich dann finanziell (…) keine Anerkennung findet (ST01a, Z. 50-54).
d	Zufriedenheit (1.3)	Aspekte bei der beruflichen Tätigkeit, die der Befragte als angenehm empfindet oder die bei ihm Wohlwollen auslösen.	Man muss dann auch irgendwo mal eine Grenze setzen und wir verdienen, glaube ich, bei uns in der Firma schon recht gut. Das Arbeitsklima bei uns kommt stellenweise immer mal so auf den Chef an. Wie der so ist. Aber so unter den Gesellen und (…) auf der unteren Ebene ist das eigentlich hundertprozentig, also da gibt es gar nichts (OL01a, Z. 67-70).
d	Verantwortung (1.2)	Einschätzung der subjektiv wahrgenommenen Restriktivität der gegenwärtigen Arbeitstätigkeiten sowie den dafür benötigten Qualifikationen. Fragen zielen auf die Eigeninitiative und Selbstständigkeit des Interviewten ab, die in E-Learning-Maßnahmen erforderlich sind. Laut These des Arbeitskraftunternehmers (Voß/ Pongratz 1998) zielt der Abbau direkter Kontrollmechanismen auf verstärkte Selbststeuerung der Arbeitskräfte hinaus.	Ja, es sind bei uns auch viele Umstrukturierungsmaßnahmen in der Firma gewesen. Man kann nicht sagen, dass wir weniger Leute geworden sind. Es sind zwar einige in Rente gegangen, aber dafür sind auch welche nachgekommen, also es liegt größtenteils an Umstrukturierungsmaßnahmen. Aber ich denke mir mal auch, dass es daran liegt, um so je länger man arbeitet, um so mehr höher wird die eigene Qualifikation und um so mehr kriegt man dann Aufgaben übergeben, um die man sich schon mal allein kümmern muss, was man vorher einfach nicht konnte (OL01a, Z. 38-45).

10.7 Qualitative Inhaltsanalyse

	Kategorie	Definition/ Hypothese	Ankerbeispiel
d	Belastungen (1.3)	Aspekte bei der beruflichen Arbeit, mit denen der Arbeitnehmer Schwierigkeiten oder Mühen hat, so dass sie die Ausübung der Arbeit erschweren.	Unternehmerische, sage ich mal, unternehmerische, da das Unternehmen immer in der heutigen Wirtschaftslage gucken muss, dass es noch einigermaßen gut ›rauskommt‹ oder noch mehr zu erwirtschaften. Daher denke ich mal, dass da halt viel eingespart wird und das geht halt auf die Kosten von den Mitarbeitern, die dann auch mehr Verantwortung tragen müssen. ST01a, Z. 39-42)
d	Unsicherheit am Arbeitsplatz (3.2)	Durch äußere Faktoren (z.B. wirtschaftspolitische Situation, innerbetriebliche Umstrukturierung) verursachte Gefährdung der aktuellen beruflichen Beschäftigungsmöglichkeiten. Stichworte: Modernisierungstheorien; Lebenslanges Lernen, Risikobiographie; defensives Lernen (eigenen Status nicht gefährden)	Man weiß heute ja nie, ob man wirklich in dieser Firma bleibt und ob nicht durch irgendwelche ja, in Anführungsstrichen, Spinnereien von den Vorgesetzten oder von den Leitern von irgendwelchen Firmen, der Betrieb zugemacht wird, auch wenn er wunderbar produziert. Da steckt man ja heute nicht drin (OL01a, Z. 384-387)
i	Großbetrieb versus KMU	Belastungen, die innerhalb der individuellen Berufstätigkeit auftreten und in Beziehung zu der jeweiligen Betriebsgröße (des Arbeitgebers) gesetzt werden.	Und das andere ist, weil ich in Anführungsstrichen in einem kleinen Betrieb arbeite, man einfach auch Tätigkeiten machen muss, die vielleicht sonst, ein anderer machen würde. Weil in Großbetrieben hat jeder seinen Bereich, der macht das, was er, in dem Bereich, wo er arbeiten muss. Und es kann sein, dass ich an einem Tag einfach mal was anklemmen muss. Am nächsten Tag guck ich dann bei einer Baubesprechung, wo es um heikle Sachen geht. Also, das ist auch vom Betrieb abhängig (ST03b, Z. 38-44).
i	Veränderung der Marktlage	Subjektives Empfinden einer gewandelten beruflichen Situation, die sich auf Grund einer modifizierten Marktposition des Arbeitgebers eingestellt hat.	Aber trotzdem, so viel verkauft und gekauft wird nicht mehr, wie, ich sage mal, vor zehn Jahren (SL03a, Z. 53f.).
d	Weiterbildungsverhalten (2)	Der individuelle Umgang mit organisierten Lernprozessen, die sowohl unter institutionellen, als auch informellen Bedingungen vollzogen werden können.	Also überwiegend, einen Teil auf jeden Fall in betrieblichen Ausbildungsmaßnahmen. Und dann der andere Teil, jetzt hier gerade durch meine Meisterschule, jetzt viel durch zertifizierte Lehrgänge oder so und Wissen selber angeeignet dann, ja halt eher jetzt so im privaten Bereich, so wenn man jetzt da teilweise auch elektrotechnisch gesehen auf Grund von meinem Beruf, wenn man da jetzt halt, wenn man Bekannte oder so, wenn der mit

	Kategorie	Definition/ Hypothese	Ankerbeispiel
			einem Problem zu einem kommt und man ist sich da noch nicht Herr der Lage, dass man da eben auch Informationen einholt über Fachzeitschriften oder Internet oder so (ST01a, Z. 100-106).
d	Antrieb: Aufforderung versus Selbstsuche (2.3; 7.1)	Vergleich, ob der Antrieb für den Besuch einer Weiterbildungsmaßnahme vom Teilnehmer selbst initiiert wurde oder von anderen Personen (Vorgesetzter) ausging (Stichwort: Habitus). Die freiwillige Teilnahme korrespondiert mit einer speziellen Form der Lernmotivation. So gibt die Frage erste Einblicke hinsichtlich der extrinsischen versus intrinsischen Lernmotivation (vgl. auch Meister 2003, S. 268, Stichwort: Extrinsische und Intrinsische Lernmotivation).	Also, wenn mich was interessiert oder ich es fürs Geschäft benötige, dann bin ich eigentlich auch bereit, mir das selber anzueignen, wenn es halt um 'ne gewisse Tätigkeit oder um einen Wissensstand geht (ST01a, Z. 82-84).
d	Teilnahme an einem Kurs versus selbstständiges Lernen (2.1)	Besucht der Befragte allgemein lieber einen Kurs, wenn er sich Kompetenzen/ Wissen aneignen möchte oder lernt er lieber selbständig und alleine für sich. Herausfinden des allgemeinen Weiterbildungsverhaltens sowie von generellen Präferenzen.	Also ich besuch lieber einen Kurs, weil einfach dann die Verpflichtung dann auch da ist, dass man hingeht. Weil wenn man sich selber was vornimmt, ich weiß nicht, ob ich das sagen darf, den inneren Schweinehund bezwingen und das ist sehr schwierig. Und es ist einfach, wenn man einen Kurs besucht, dann wird man auch Sachen vermittelt bekommen, die man vielleicht, selber bis man sich die aneignet, recherchiert und aus Büchern sehr schwierig ist (ST03b, Z. 74-79).
d	Lernerfahrungen (2.2)	Die Erfahrungen, die während der Teilnahme an unterschiedlichen Weiterbildungsmaßnahmen oder durch selbstständige Wissensaneignung gemacht worden sind.	Das hat sich ein bisschen gewandelt. Ich habe früher viele Seminare besucht. Ich habe aber dann mit der Zeit gemerkt, dass Seminare, das ist zwar zum Input ganz gut, ich habe aber dann gemerkt äh, dass ich hauptsächlich lerne durch die Umsetzung. Also von Dingen, die ich selber aufnehme und dann umsetze. Dann lerne ich am meisten davon (SL01b, Z. 59-62).
d	Art der Kurse (2.2; 2.4)	Differenzierung zwischen unterschiedlichen Kursformen, wie VHS usw. Erfahrungen der Lerner mit bestimmten Formen von Weiterbildungskursen. Gibt Aufschluss über persönliche Präferenzen der Kursbeschaffenheit.	Das waren alles reine Präsenzkurse (OL01a, Z. 117).
d	Kursbeurteilungen (2.5)	Die Bewertung von einzelnen Kursen, aufgrund von Erfahrungen. Subjektive Bedeutungszuschreibung von der Teilnahme an Weiterbildungskursen für	Also ich sage mal, die Sachen, die ich speziell jetzt an der VHS gemacht habe, fand ich nicht toll. Also VHS gefiel mir insofern

10.7 Qualitative Inhaltsanalyse

	Kategorie	Definition/ Hypothese	Ankerbeispiel
		die berufliche Zukunft und persönliche Vorlieben über Kursformen der Befragten herausfiltern	nicht, weil äh, die meisten Lehrpersonen, die mir da begegnet sind, ich methodisch-didaktisch ziemlich schlecht fand (LE01b, Z. 95-97).
d	Negativ (2.5)	Subjektive Beurteilung einzelner Kennzeichen im Rahmen spezifischer Weiterbildungsmaßnahmen, die als nachteilig empfunden wurden.	Äh, das merke ich auch hier wieder. Ich habe mich eben mit den Dingen beschäftigt und das ist es mir eben hier im Seminar etwas zu langweilig und zu zäh (SL01b, Z. 66-68).
d	Positiv (2.5)	Subjektive Beurteilung einzelner Kennzeichen im Rahmen spezifischer Weiterbildungsmaßnahmen, die als vorteilhaft empfunden wurden.	Wenn ich das jetzt auf mein, auf mich anwende, denke ich, ich hab wirklich verdammt viel investiert, aber es hat sich auch gelohnt, also mein Fachwissen kann sich sehen lassen (ST01a, Z. 126-128).
d	Vorteil Teilnahme (5.1; 5.2.; 5.3; 7.2; 8.4; 9.3; 9.4; 9.5; 12.10;13.5; 14.9)	Der berufliche oder private Nutzen, der durch die Teilnahme an einem Weiterbildungskurs für das Leben entstanden ist. Die Frage gibt Aufschlüsse darüber, wie erfolgreich die Teilnahme am Weiterbildungskurs für die berufliche Entwicklung gewesen ist, sowie über die Ziele, die mit der Teilnahme verbunden waren (vgl. Fragenkomplex: Gründe des Lernens, Fragenkomplex A2) *Stichwort: Arbeitskraftunternehmer (Voß/ Pongratz), Modernisierungstheorien (Beck)*	Unter anderem die Kompetenzen, die ich mir halt äh, aneigne und natürlich auch mehr Verantwortung im Betrieb ein bisschen auch (ST02a, Z. 184f.)
d	Beruflich (5.1)	Berufliche Vorteile, die durch die Teilnahme an einem Weiterbildungskurs entstanden sind. Mögliche berufliche Gründe, für eine Teilnahme an Weiterbildungsmaßnahmen sind nach Gieseke (2003): beruflicher Aufstieg und die Sicherung des Arbeitsplatzes. Veränderungen am Arbeitsplatz können nicht mehr allein über Erfahrungslernen in der jeweiligen Situation bewältigt werden Verfolgung des Wissensfortschritts im eigenen Berufs- oder Tätigkeitsfeld Entstehung und Ausbau neuer Technologien Stichwort: Gesellschaftliche Wandlungsprozesse in der Arbeitswelt	Nee, das waren eigentlich die Gründe, warum ich das mache. Wie ich es vorhin schon gesagt habe. Aufstiegsmöglichkeiten, Sicherung der Zukunft. Also rein berufliches Interesse (ST02a, Z. 333f.).
d	beruflicher Aufstieg (5.1)	Die bewusste Entscheidung, eine berufliche Weiterbildung zu absolvieren, um innerhalb der berufsinternen Hierarchie befördert zu werden.	Ja einfach für mich, weil ich sage mal so, weil es für mich eigentlich klar war, dass ich jetzt nicht mein Leben lang als Monteur tätig sein will, sondern auch irgendeine, irgendwann mal eine leitende Funktion zu erfüllen, das wo natürlich für mich aufgrund von der Arbeit besser ist, weil man halt

	Kategorie	Definition/ Hypothese	Ankerbeispiel
			nicht mehr so mehr, also praktisch arbeitet, halt mehr theoretisch und die Arbeit natürlich dann auch besser bezahlt wird (ST01a, Z. 257-261).
d	Sicherung Arbeitsplatz (5.1)	Die bewusste Entscheidung, eine berufliche Weiterbildung zu absolvieren, um die berufliche Stellung zu erhalten bzw. zu festigen.	Zweitens ist es so, diese, diese, diesen Nachweis über diesen BWV, dass man also hier diese Grundkenntnisse erwirbt über diese Versicherungssachen, dass man auch seinen Finanzkauf macht, wird ja in naher Zukunft Pflicht werden, um überhaupt im Außendienst tätig zu sein (SL01a, Z. 154-157).
d	Erweiterung Medienkompetenz (5.1)	Der Zuwachs an der Fähigkeit, Medien und die durch Medien vermittelten Inhalte den eigenen Zielen und Bedürfnissen entsprechend effektiv zu nutzen. Es geht somit um den souveränen und selbstbestimmten Umgang mit Medien.	Das habe ich mir freiwillig ausgesucht. Als ich die Fremdsprachenkorrespondentinnenausbildung gemacht habe äh, gab es an der Schule noch keine Computerkurse und äh, ich war mir aber darüber klar, dass ich die bräuchte und habe dann an der Volkshochschule Kurse besucht (OL03a, Z. 43-46).
d	Sonstiges (5.1)	Keine Definition	Also uns interessieren viele Gebiete, weil es ist ja auch so, wenn man, wenn man eben die betriebliche Altersvorsorge, was für mich zum Beispiel wichtig ist, es ist ja auch ein gutbringendes Geschäft. Bloß ich gehe in keine Firma rein, wenn ich das Know-how nicht habe. Wenn ich kein Know-how habe, brauche ich da nicht hingehen. Bloß ich sage, dann muss man wenigstens mal ein Grundseminar machen. Das gleiche gilt für die Finanzierung. Finanzierung von Häusern. Wenn man da nicht viel Ahnung hat, ne? Dann macht man das nicht. Und das ist eben nur im BWV, was gefördert wird, oder eben eine (…)tagung und da wird ja mehr, ich sage mal, mehr über das Produkt gesprochen, als über die Sache, ne? Und das ist eben ein bisschen störend (SL03b, Z. 89-102).
d	Privat (5.1; 9.5b)	Private Vorteile, die durch die Teilnahme an einem Weiterbildungskurs entstanden sind. Mögliche private Gründe, für eine Teilnahme an Weiterbildungsmaßnahmen sind nach Gieseke (2003): Persönlich:	Ja, und bevor ich dann jetzt sage okay, ich arbeite erstmal bis 30, 35 und gucke dann mal, was ich mache. Dann habe ich vielleicht eine Familie. Dann habe ich mich an das Geld gewöhnt oder ich brauche das Geld auch für die

10.7 Qualitative Inhaltsanalyse

	Kategorie	Definition/ Hypothese	Ankerbeispiel
		nicht erworbene Abschlüsse, nicht umgesetzte Studienwünsche. Persönliche Krisen, welche zu einer individuellen Neuorientierung führen, die neues Wissen und Handlungskompetenz verlangt. Diffuse Unzufriedenheit mit einer Lebenssituation wird umgesetzt in mehr oder weniger gezielte oder explorative Weiterbildungspartizipation. Der Wille, am politischen, sozialen oder kulturellen Leben teilhaben zu können Stichwort: Selbstsozialisation, Umstrukturierung der Weiterbildung Die Teilnahme an Kursen dient auch der Fortsetzung, dem Erhalt und der Reproduktion von Biographien (Kade/Seitter 1996) oder der Bearbeitung von Identitätsproblemen über die soziale und kulturelle Zugehörigkeit, die in den Veranstaltungen erzeugt wird (Kade 1992; vgl. Meister 2003).	Familie und dann hat man einfach nicht mehr so diese Möglichkeiten, die man jetzt eben mit 24 hat (OL01a, Z. 318-322).
d	Wissenserweiterung (5.1)	Ausbau kognitiver Fähigkeiten und Fertigkeiten, die durch die Teilnahme an dem Kurs entwickelt werden konnte.	Aber ich sage mal, dass man zwei-, bis dreimal im Jahr einfach mal eine Schulung hat, wo gewisse Sachen aufgefrischt werden, oder aktuelle Themen, Gesetzesänderungen, was sich geändert hat, dass einem das mal so beigebracht wird im Rahmen einer Schulung und das ist eigentlich auch erstrebenswert von meiner eigenen Seite aus, dass man da irgendwas, Infos und Input bekommt (SL01a, Z. 181-186).
d	Selbstbewusstsein (5.1)	Das individuelle Empfinden, sein Selbstwertgefühl durch eine berufliche Weiterbildung steigern zu können.	Also das war irgendwie so ein richtiges ja, das war so ein ganz positives Erlebnis zu merken, das ist ja eigentlich gar nicht so wild und dann äh, es ist auch nicht schlimm, wenn man mal den Stecker irgendwie verkehrt herum oder woanders rein steckt, das wird nicht gleich explodieren. Dieses Gefühl hatte ich vorher immer, das darf man ja gar nicht tun, wenn man sich nicht so richtig auskennt und das ist mir so genommen worden und dann, jetzt probiere ich es schon auch selber (OL03a, Z.229-237).
d	Leute kennen lernen (5.1)	Den Wunsch, neue Menschen bei der Teilnahme an einem Weiterbildungskurs zu treffen und freundschaftliche Kontakte zu ihnen aufzubauen.	Kein Coding vorhanden!
	Sonstiges (5.1)	Gründe für eine persönliche Teilnahme, die nicht unter den vorangegangenen	So nach der Babypause und dem Erziehungsurlaub einfach mal

	Kategorie	Definition/ Hypothese	Ankerbeispiel
		Unterkategorien subsumiert werden können, wie z.B. – nicht erworbene Abschlüsse, – nicht umgesetzte Studienwünsche; der Wille, am politischen, sozialen oder kulturellen Leben teilhaben zu können	wieder was geistig leisten. Es war auch ganz nett so mal wieder was für sich zu tun (OL03a, Z. 265-268).
d	Berufliche Zukunftsperspektive (3)	Die persönliche Vorstellung in Bezug auf den Verlauf des weiteren beruflichen Werdegangs.	Wenn ich meinen Meister habe, dann gehe ich bei uns in den (…) Angestelltenbereich über. Das heißt dann für mich sowieso schon mal, dass ich einen 40-Stunden-Vertrag kriege. Ja, und das Geld, ja weiß ich nicht. Muss ich gucken, was dann kommt (OL01a, Z. 176-179).
d	Kapitalsorten	Unterschiedliche Ressourcen, die einem Individuum in Form verschiedener gesellschaftlicher Nutzungsmöglichkeiten zur Verfügung stehen und gewinnbringend eingesetzt werden können.	Kein Coding vorhanden!
d	kulturelles Kapital (4,1; 5.2)	Das *kulturelle Kapital* wird von Bourdieu wiederum in drei Erscheinungsformen ausdifferenziert. Erstens spricht er von dem (1) *inkorporiertem* kulturellem Kapital, als Sammelbegriff für alle verinnerlichten, dauerhaften Dispositionen beziehungsweise Fertigkeiten, die körpergebunden sind. Mit dem (2) *objektivierten* kulturellen Kapital meint Bourdieu die Gesamtheit kultureller Güter, also alle Kulturgegenstände (Bilder, Bücher, Skulpturen, Instrumente usw.). Als dritte Kulturkapitalsorte wird von Bourdieu das (3) *institutionalisierte* kulturelle Kapital genannt, worunter die vom Individuum erworbenen Bildungszertifikate oder Titel zu verstehen sind, womit diese Kapitalsorte auf das Bildungssystem verweist (vgl. Mörth/ Fröhlich 1994).	Und dann habe ich mich selbständig gemacht auf diesem Gebiet als Therapeut, dann habe ich noch die Supervisionsausbildung gemacht, wo ich aber keinen Abschluss habe (SL01b, Z. 20-22).

10.8 Vergleichsdimensionen

Tabelle 10.8.1: Hauptkategorien Weiterbildungsverhalten

Haupt-kategorie[118]	Sub-kategorie[119]	Eigen-schaften[120]	Dimensionen[121]			Kode[122]	Quel-le[123]	Theoretische Einbettung, Alltags-konzepte
Weiter-bildungs-verhalten	Initiative	Initiator	selbst-suchend	–	auffordernd	Antrieb: Aufforde-rung versus Selbstsuche	(2.3)	Weiterbil-dungsverhal-ten, Habitus
		Entscheid-barkeit	freiwillig (vgl. Grot-lüschen)	–	verpflich-tend (vgl. Grot-lüschen)	Freiwillige Teilnahme	(7.1)	Extrinsiche, Intrinsische Lernmoti-vation
	Kursform	Art der Eingebun-denheit	autonom	–	institutio-nell eingebun-den	Teilnahme an einem Kurs versus selbststän-diges Lernen	(2.1)	Selbstlern-kompetenzen, Selbstbestim-mung
	Zielset-zung, Gründe, Umzu-Motive	Beruflich	hoch[124]	–	niedrig	Vorteil Teilnahme – beruflich, Gründe Online-Lernen	(5.1)	AKU,[125] Modernisie-rungstheorien
		Privat	hoch	–	niedrig	Vorteil Teil-nahme – privat, Gründe Online-Lernen	(5.1; 9.5b)	Lebenslanges Lernen, Bildungsbio-graphie, Selbstsoziali-sation

---

118 Hauptkategorie = Klassifikation von Konzepten, Konzept höherer Ordnung.
119 Subkategorie = Konzept niedrigerer Ordnung einer Hauptkategorie.
120 Eigenschaften = Attribute oder Charakteristika, die zu einer Kategorie gehören.
121 Dimensionen = Anordnung von Ausprägungen von Eigenschaften auf einem Kontinuum.
122 Kode = Vorstufe eines Konzepts, das noch nicht in die Theorie eingebaut ist.
123 Quelle = Nummer aus dem qualitativen Leitfaden.
124 Hoch = Wenn alle Kodes gleichzeitig hoch positiv besetzt sind (niedrig = das Gegenteil).
125 AKU= Arbeitskraftunternehmer.

Tabelle 10.8.2: Hauptkategrie Lernen (E-Learning)

Haupt-kategorie	Subkategorie	Eigenschaften	Dimensionen		
Lernen (E-Learning)	Lernpräfe-renzen[126]	Lernort	Privat[127]	–	Betrieblich
		Lernzeiten	selbstgewählt	–	von außen festgelegt
		Lernziele	selbstgesteckt	–	vorgegeben
		Sozialität	allein (Einzelgänger)	–	Gruppe (Gemeinschaftslerner)
		Lernhaltung	positiv, aufgeschlossen	–	negativ, reserviert
	Selbstlernkompe-tenzen	Selbststeuerung	hoch ausgeprägt	–	gering ausgeprägt
		Selbstdisziplin	hoch ausgeprägt	–	gering ausgeprägt
	Medien	Einstellung	Akzeptanz	–	Abneigung
		Medienpräferenz	Alte Medien	–	Neue Medien

---

126 Veränderung der Subkategorie, hieß vorab »Lerntyp«.
127 Memo: privat (Zusammenfassung von früher »zu Hause« und »sonstiges«).

Tabelle 10.8.2 (Forts.)

Kode	Quelle	Theoretische Einbettung, Alltagskonzepte
Lernort	(8.4.b)	Lernpräferenzen, Lerntyp, individuelle Bedürfnisstruktur
Lernzeit	(8.4.c)	Lernpräferenzen, Lerntyp, individuelle Bedürfnisstruktur
Ziele: selbstgesteckt versus vorgegeben	(9.2)	Lernpräferenzen, Lerntyp, individuelle Bedürfnisstruktur
Allein versus Gruppe	(12.4; 12.5; 12.6; 12.8; 12.9; 12.10)	Lernpräferenzen, Lerntyp, individuelle Bedürfnisstruktur, Zugehörigkeitsgefühl, soziale Kompetenzen, Gruppenlernen, Anonymtität
Definition, Einstellung zum Lernen, Lebenslanges Lernen	(14.6; 14.7, 2.6)	Lebenslanges Lernen, Lerneinstellung, AKU: Selbstökonomisierung, Modernisierungstheorien
Selbstgesteuertes Lernen/ Selbstlernkompetenzen	(7.4; 8.2; 9.7; 10.6)	AKU: Selbstkontrolle/ Selbstrationalisierung, Selbstgesteuertes Lernen, Selbstlernkompetenzen,
Voraussetzungen beim Lernenden Selbstdisziplin	(9.7)	AKU: Selbstkontrolle/ Selbstrationalisierung, Selbstgesteuertes Lernen, Selbstlernkompetenzen,
Medien, Abneigung/ Skepsis, Akzeptanz	induktiv	Technische Ausstattung (ökonomisches Kapital), Medienkompetenz
Medien, alte Medien, Fachzeitschriften, Buch/ Medien, Neue Medien, Vorteile (Internet, PC)	(4.1; 4.2; 7.2)	Habitus, Bildungsbiografie

Tabelle 10.8.3: E-Learning (Qualität)

Hauptkategorie	Subkategorie	Eigenschaften	Dimensionen		
E-Learning (Qualität)	Lernerfahrung	Empfundene Vorteile	viele	–	wenige
		Empfundene Nachteile	viele	–	wenige
	Lernumgebung	Favorisierte Lernumgebung	virtuell Online	–	Face-to-face Präsenz
		Gestaltung	spielerisch	–	nüchtern, neutral
			variationsreich	–	gleichbleibend
			hyptertextual		linear
	Lernprozess	Emotionale Eingebundenheit	Spaß	–	Frust
		Instruktion	hoher Instruktionsgrad		niedriger Instruktionsgrad
		Tutorieller Support	Kommunikationsreich		Kommunikationsarm

10.8 Vergleichsdimensionen

Tabelle 10.8.3 (Forts.)

Kode	Quelle	Theoretische Einbettung, Alltagskonzepte
Interaktivität, Bequemlichkeit/ Mobilität, Kosten, Unabhängigkeit, Zeitersparnis, Flexibilität	(5.1; 5.3; 7.2; 8.4; 9.3;12.10;13.5;14.9)	AKU: Selbstkontrolle/ Selbstrationalisierung, Selbstgesteuertes Lernen, Selbstwirksamkeitsüberzeugung, Selbstlernkompetenzen, subjektives Qualitätsverständnis von E-Learning
Heterogenität der Lerngruppe, Organisation, Zeit, Kosten, familiäre Umstände, Disziplin, Körperliche Anstrengung	(9.7)	AKU: Selbstkontrolle/ Selbstrationalisierung, Selbstgesteuertes Lernen, Selbstwirksamkeitsüberzeugung, Belastungen, Selbstlernkompetenz, subjektives Qualitätsverständnis von E-Learning
Blended-Learning, Erneute Teilnahme etc.	(13)	Individuelle Bedürfnisstruktur der Lernform, Vorteile bzw. Nachteile (Verlust), subjektives Qualitätsverständnis
Spieleelemente, Didaktik	(10.8)	Game based Learning, Individuelle Bedürfnisstruktur, didaktische Konstruktion, subjektives Qualitätsverständnis
Didaktik	(10)	Individuelle Bedürfnisstruktur, didaktische Konstruktion, subjektives Qualitätsverständnis
Didaktik, Navigation	(10)	Individuelle Bedürfnisstruktur, didaktische Konstruktion, subjektives Qualitätsverständnis
Spaß versus Frust beim Online-Lernen	(7.2)	Habitus, Bildungsbiographie, Game based Learning, subjektives Qualitätsverständnis
Didaktik, Tutorieller Support	(10, 11)	Individuelle Bedürfnisstruktur, subjektives Qualitätsverständnis
Tutorieller Support	(11)	Subjektive Qualitätsansprüche hinsichtlich des tutoriellen Supports, Media-Richness-Theorie

10.9 Transkriptionsregeln[128]

(sagte er)	unsichere Transskription, schwer verständliche Äußerungen
( )	Inhalt der Äußerung ist unverständlich; Länge der Klammer entspricht etwa der Dauer der Äußerung
((lachen)); ((stöhnt)); ((Aw[129] verlässt die Diskussionsrunde))	Anmerkungen bzw. Kommentar des Transskribierers zu parasprachlichen, nicht-verbalen oder gesprächsexternen Ereignissen
,	kurzes Absetzen
(4)	Dauer der Pause in Sekunden
ja so war das nein ich	gleichzeitiges Sprechen von zwei Diskussionsteilnehmern ab »war«, d.h. Beginn einer Überlappung
ja = ja; oh = nee	schneller Anschluss bzw. Wortverschleifung
viellei-	Abbruch eines Wortes
ja: ; nei::n	Dehnung, die Häufigkeit vom »:« entspricht der Länge der Dehnung
mhm	Pausenfüller, Rezeptionssignal (z.B. des Interviewers)
<u>nein</u>	betont
NEIN	laut (in Relation zur üblichen Lautstärke des Sprechers/ der Sprecherin)
›nein‹	leise (in Relation zur üblichen Lautstärke des Sprechers/ der Sprecherin)

---

128 Vgl. Bohnsack (2001), S. 233-234 sowie Rosenthal (1987), S. 419.
129 Aw=Anwesende(r).

10.10 Merkmalsräume

10.10.1 Merkmalsraum Weiterbildung

Kategorie		Weitebildungsverhalten				
Subkategorie		Initiative		Kursform	Zielsetzung, Gründe, Umzu-Motive	
Eigenschaften		Initiator	Entscheidbarkeit	Art der Eingebundenheit	beruflich	privat
Dimensionen		Selbstsuchend vs auffordernd	Freiwillig vs verpflichtend	Autonom vs institutionell eingeb.	Hoch vs niedrig	Hoch vs niedrig
Versicherung	SL03a	◎[130]		◎	◎	◎
	SL03b	◎		◎	◎	◎
	SL01a	◎	◎	◎	◎	
	SL01b	◎	◎	◎	◎	◎
Weiterbildungs-zentrum 1	ST02a	◎	◎		◎	◎	◎
	ST02b	◎	◎		◎	◎	◎
	ST03b	◎	◎		◎	◎	◎
	ST01a	◎	◎		◎	◎	◎
Weiterbildungs-zentrum 2	OL03a	◎	◎		◎	◎	◎
	OL02a	◎	◎		◎	◎	◎
	OL01a	◎	◎		◎	◎	◎
Pharmazie	BE01b	◎	◎	◎	◎	◎
	Be01a	◎	◎	◎	◎	◎
	Be02a	◎	◎		◎	◎	◎
Lehrer-ausbildung	HA1b	◎	◎		◎	◎	◎
	LE01b	◎	◎		◎	◎	◎
		Beibehaltung	Beibehaltung aufgrund zu minimaler Varianz	Selektion aufgrund zu minimaler Varianz	Selektion aufgrund zu minimaler Varianz	Beibehaltung

---

130 Die Kreise geben an, inwiefern der Befragte auf den Dimensionen einzuordnen ist. In diesem Fall bedeutet es, dass der Inteviewte mit der Bezeichnung SL03a aufgrund der Aufforderung des Arbeitgebers (daher Ausprägung »auffordernd«) an einem Weiterbildungsangebot teilgenommen hat.

10.10.2 Merkmalsraum Lernen

Kategorie		Lernen …				
Subkategorie		Selbstlernpräferenzen				
Eigenschaften		Lernort	Lernzeit	Lernziel	Sozialität	Lerneinstellung
Dimensionen		Privat – Betrieblich	Selbstgewählt – von außen festgelegt	Selbstgesteckt – von außen festgelegt	Allein – Gruppe	Positiv – negativ
Versicherung	SL03a		◎		◎	◎	◎
	SL03b	◎	◎		◎		◎
	SL01a	◎	◎		◎	◎	◎
	SL01b	◎	◎		◎	◎	◎
Weiterbildungs-zentrum 1	ST02a	◎	◎		◎	◎	◎
	ST02b	◎	◎		◎	◎	◎
	ST03b	◎		◎	◎	◎	◎
	ST01a	???[131]		◎	◎		◎	◎
Weiterbildungs-zentrum 2	OL03a	◎	◎		◎	◎	◎
	OL02a	◎	◎		◎	◎	◎
	OL01a	◎		◎	◎	◎	???
Pharmazie	BE01b		◎	◎	◎	◎	◎
	Be01a	◎	◎	◎	◎		◎
	Be02a	◎	◎	◎		◎	◎
Lehrerausbildung	HA1b	◎		◎	◎	◎	◎
	LE01b	◎	◎	◎	◎	◎	
		Selektion aufgrund Annahme eines zu hohen Messfehlers (die Wahl des Lernorts spiegelte häufig nicht die Präferenz, sondern andere äußere Umstände wieder, z.B. Kosten)	Beibehaltung	Beibehaltung	Beibehaltung	Beibehaltung

---

131 Aufgrund der Datenlage keine eindeutige Zuordnung möglich.

10.10 Merkmalsräume

... Lernen			
Selbstlernkompetenzen		Medien	
Selbststeuerung	Selbstdisziplin	Einstellung	Präferenz
Hoch ausgeprägt – Gering ausgeprägt	Hoch ausgeprägt – Gering ausgeprägt	Akzeptanz – Abneigung	Neue Medien – Alte Medien
	◎	◎	◎
	◎	◎	◎
◎		◎	◎
	◎	◎	◎
◎	◎	◎	
◎	◎		◎
	◎	◎	◎
◎	◎	◎	
◎	◎		◎
◎	◎	◎	???
◎	◎	◎	???
◎	◎	◎	◎
◎	◎	◎	◎
	◎	◎	◎
◎	◎	◎	◎
◎	◎	◎	◎
Beibehaltung	Beibehaltung	Beibehaltung oder Selektion aufgrund unzureichenden Gewinns für eine Typologie	Beibehaltung oder Selektion aufgrund unzureichenden Gewinns für eine Typologie

10.10.3 Merkmalsraum Qualität von E-Learning

Kategorie		Qualität von E-Learning			
Subkategorie		Lernerfahrung		Lernumgebung	
Eigenschaften		Empf. Vorteile	Empf. Nachteile	Fav. Lernumgebung	Gestaltung
Dimensionen		Viele vs wenige	Viele vs. wenige	Virtuell vs face to face	Spielerisch vs nüchtern
Versicherung	SL03a	◉	◉	◉	◉
	SL03b	◉	◉	◉	◉
	SL01a	◉	◉	◉	◉
	SL01b	◉	◉	◉	◉
Weiterbildungs-zentrum 1	ST02a	◉	◉	◉	◉
	ST02b	◉	◉	◉	◉
	ST03b	◉	◉	◉	◉
	ST01a	◉	◉	◉	◉
Weiterbildungs-zentrum 2	OL03a	◉	◉	◉	◉
	OL02a	◉	◉	◉	◉
	OL01a	◉	◉	◉	◉
Pharmazie	BE01b	◉	◉	◉	◉
	Be01a	◉	◉	◉	◉
	Be02a	◉	◉	◉	◉
Lehrer-ausbildung	HA1b	◉	◉	◉	◉
	LE01b	◉	◉	◉	◉
		Selektion aufgrund zu minimaler Varianz sowie Uneindeutig--keiten bei der Zuordnung aus dem Datenmaterial	Selektion aufgrund zu minimaler Varianz sowie Uneindeutig--keiten bei der Zuordnung aus dem Datenmaterial	Beibehaltung	Beibehaltung

10.10 Merkmalsräume

Qualität von E-Learning				
Lernumgebung		Lernprozess		
		Emotionale Eingebundenheit	Instruktion	Tut. Support
Variationsreich vs gleichbleibend	Hypertextuell vs linear	Spaß vs Frust	Hoch vs niedrig	Kommunikationsreich vs Kommunikationsarm
◎	◎	◎	◎	◎
◎	◎	◎	◎	◎
◎	◎	◎	◎	◎
◎	◎	◎	◎	◎
◎	◎	◎	◎	◎
◎	◎	◎	◎	◎
◎	◎	◎	◎	◎
◎	◎	◎	◎	◎
◎	◎	◎	◎	◎
◎	◎	◎	◎	◎
◎	◎	◎	◎	◎
◎	◎	◎	◎	◎
◎	◎	◎	◎	◎
◎	◎	◎	◎	◎
◎	◎	◎	◎	◎
◎	◎	◎	◎	◎
Selektion aufgrund zu minimaler Varianz	Selektion aufgrund zu minimaler Varianz	Beibehaltung	Beibehaltung	Beibehaltung

10.11 Vergleichsdimensionen zur Entwicklung einer E-Learner-Typologie

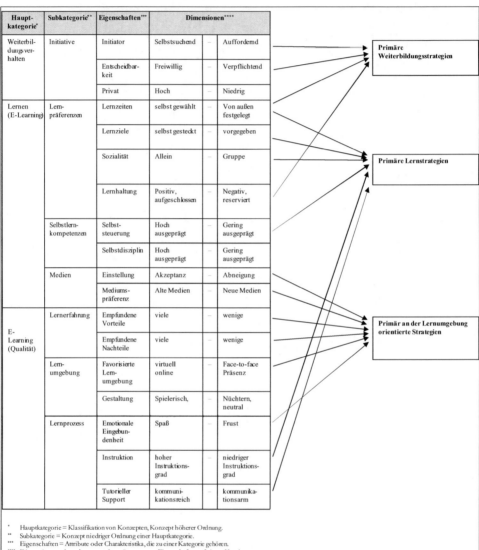

Haupt-kategorie[*]	Subkategorie[**]	Eigenschaften[***]	Dimensionen[****]		
Weiterbildungsverhalten	Initiative	Initiator	Selbstsuchend	–	Auffordernd
		Entscheidbarkeit	Freiwillig	–	Verpflichtend
		Privat	Hoch	–	Niedrig
Lernen (E-Learning)	Lernpräferenzen	Lernzeiten	selbst gewählt	–	Von außen festgelegt
		Lernziele	selbst gesteckt	–	vorgegeben
		Sozialität	Allein	–	Gruppe
		Lernhaltung	Positiv, aufgeschlossen	–	Negativ, reserviert
	Selbstlernkompetenzen	Selbststeuerung	Hoch ausgeprägt	–	Gering ausgeprägt
		Selbstdisziplin	Hoch ausgeprägt	–	Gering ausgeprägt
	Medien	Einstellung	Akzeptanz	–	Abneigung
		Mediumspräferenz	Alte Medien	–	Neue Medien
E-Learning (Qualität)	Lernerfahrung	Empfundene Vorteile	viele	–	wenige
		Empfundene Nachteile	viele	–	wenige
	Lernumgebung	Favorisierte Lernumgebung	virtuell online	–	Face-to-face Präsenz
		Gestaltung	Spielerisch,	–	Nüchtern, neutral
	Lernprozess	Emotionale Eingebundenheit	Spaß	–	Frust
		Instruktion	hoher Instruktionsgrad	–	niedriger Instruktionsgrad
		Tutorieller Support	kommunikationsreich	–	kommunikationsarm

[*] Hauptkategorie = Klassifikation von Konzepten, Konzept höherer Ordnung.
[**] Subkategorie = Konzept niedriger Ordnung einer Hauptkategorie.
[***] Eigenschaften = Attribute oder Charakteristika, die zu einer Kategorie gehören.
[****] Dimensionen = Anordnung von Ausprägungen von Eigenschaften auf einem Kontinuum.

10.12 Ausprägungen der 3 Cluster auf den 39 Hauptkomponenten (z-Werte)

		Die selbst-bestimmten E-Learner	Die betrieblich delegierten, aber desinteressierten E-Learner	Die auf ihre berufliche Praxis zentrierten E-Learner
1.	Affirmative edutainment-orientierte Computerakzeptanz	,1854	-,2715	,2531
2.	Selbstbestimmte, instrumentell-funktionalistische Computerakzeptanz	,3507	-,3481	,1982
3.	Sozialisationsabhängige Computerakzeptanz	,1302	-,0764	-,1534
4.	Aus Neugierde und Wissensbegierde gespeistes Computeraneignungsmotiv	,3975	-,5374	,2938
5.	Beruflich-instrumentell bedingtes Computeraneignungsmotiv	-,3096	,0681	,3899
6.	Gesellschaftlich-strukturell bedingtes Computeraneignungsmotiv	,1271	-,2262	,1799
7.	Funktionalistische Nutzung von Computer und Internet	,1703	-,3612	,3125
8.	Informations- und kommunikationsorientierte Internetnutzung	,0819	-,2449	,3374
9.	Nutzung von Computer-Standardsoftware	-,1429	,0195	,2878
10.	Unterhaltungsorientierte Computer- und Internetnutzung	,3668	-,2294	-,1627
11.	Selbstgesteuertes PC-Lösungsverhalten bei Soft- und Hardware	,3381	-,2195	-,1406
12.	Ambitionierte und auf Selbstverwirklichung zielende Einstellung zu Arbeit und Beruf	,2656	-,5132	,4635
13.	Informationen über und Unterstützung des Besuchs von Weiterbildungsangeboten [von E-Learnern] durch deren Arbeitgeber	-,5893	,2769	,4456
14.	Polare Berufs-Freizeit-Orientierung [Strikte Berufs-Freizeit-Trennung] versus (Teil-)Integration von Freizeit und Beruf	-,0143	,0237	-,1069
15.	Arbeitsplatzsicherndes, zukunfts- und aufstiegsorientiertes Weiterbildungsmotiv	,0587	-,1724	,0848
16.	Sozial-reputatives Weiterbildungsmotiv	-,5575	-,1251	,5544
17.	Auf Veränderung der Lebens- und Einkommenssituation zielendes Weiterbildungsmotiv	,4971	-,4542	-,2281
18.	Kompetenzerweiterndes und selbstverwirklichungsorientiertes Weiterbildungsmotiv	,4761	-,6183	,3666
19.	Vorteile von präsenzorientiertem Lernen	-,1702	,0326	,3766
20.	Vorteile von E-Learning	,1926	-,2720	,2124
21.	Vorteile des Lernens in Gruppen aus der Nutzerperspektive von E-Learnern	,4490	-,3276	,0684
22.	Mangelnde Kompatibilität der Lern- und Systemsoftware zwischen Anbieter und Anwender (Programmfehler, unvereinbare Systemeinstellungen, mangelnde Ansprechbarkeit und unvollständiger	,1032	-,1401	,0334

		Die selbst-bestimmten E-Learner	Die betrieblich delegierten, aber desinteressierten E-Learner	Die auf ihre berufliche Praxis zentrierten E-Learner
	E-Mail-Verkehr)			
23.	Instabilität der computervermittelten Kommunikationsverbindung während des Lernprozesses	-,5055	,2832	,0765
24.	Probleme beim Einloggen, Anwenden und Starten der virtuellen Lernumgebung	,0093	-,0531	-,0618
25.	Kooperations- und Kommunikationsmöglichkeiten mit anderen Teilnehmer-Innen oder TutorInnen innerhalb der Lernumgebung	-,3638	-,0584	,5052
26.	Benutzerfreundlichkeit sowie Spielraum für Eingriffsmöglichkeiten innerhalb der Lernumgebung	,1359	-,1896	,0944
27.	Multiperspektivität und -modalität der Lernumgebung	,10657	-,24586	,2622
28.	Sachorientierte und angemessene didaktische Strukturierung der Lernumgebung	-,3654	,0945	,3471
29.	Tutorieller Support und Feedback innerhalb der Lernumgebung	,0878	-,1451	,2270
30.	Kontrollmöglichkeiten des eigenen Lernerfolgs	,1457	-,1164	,0241
31.	Aktualität und Praxisnähe der Lerninhalte	,1320	-,3968	,4444
32.	Persönliche und berufliche Vorteile auf Grund der Teilnahme an einer computer- bzw. internetbasierten Weiterbildungsmaßnahme	-,0106	-,4379	,7530
33.	Soziale und beruflich-fachliche Kompetenz	,0627	-,2827	,4529
34.	Befriedigung individueller Ansprüche und Wertmaßstäbe	,2072	-,3558	,2134
35.	Selbstbestimmtes Lernen	,5123	-,5516	,2291
36.	Intrinsisch motiviertes, zwangfreies Lernen	,0334	-,3264	,4899
37.	Didaktisch angeleitetes, feedbackorientiertes Lernen	,2856	-,1696	-,0517
38.	Vermittelbares, realitätsnahes Lernen	-,3678	-,1842	,8227
39.	Anonymes, eigenkontrolliertes Lernen	-,0578	,0554	-,0164

10.13 Übersicht über alle Titel der Hauptkomponenten einschließlich ihrer Kurzbezeichnungen als abgeleitete Fragebogen-Themenmodul-bezogene Supervariablen, die bei der Clusteranalyse berücksichtigt wurden

Überblick der Hauptkomponenten	
Variable	Bezeichnung
HK_A1_1	Affirmative edutainment-orientierte Computerakzeptanz
HK_A1_2	Selbstbestimmte, instrumentell-funktionalistische Computerakzeptanz
HK_A1_3	Sozialisationsabhängige Computerakzeptanz
HK_A2_1	Aus Neugierde und Wissensbegierde gespeistes Computeraneignungsmotiv
HK_A2_2	Beruflich-instrumentell bedingtes Computeraneignungsmotiv
HK_A2_3	Gesellschaftlich-strukturell bedingtes Computeraneignungsmotiv
HK_A4_1	Funktionalistische Nutzung von Computer und Internet
HK_A4_2	Informations- und kommunikationsorientierte Internetnutzung
HK_A4_3	Nutzung von Computer-Standardsoftware
HK_A4_4	Unterhaltungsorientierte Computer- und Internetnutzung
HK_A5_1	Selbstgesteuertes PC-Lösungsverhalten bei Soft- und Hardware
HK_B5_1	Ambitionierte und auf Selbstverwirklichung zielende Einstellung zu Arbeit und Beruf
HK_B5_2	Informationen über und Unterstützung des Besuchs von Weiterbildungsangeboten [von E-Learnern] durch deren Arbeitgeber
HK_B5_3	Polare Berufs-Freizeit-Orientierung [Strikte Berufs-Freizeit-Trennung] versus (Teil-)Integration von Freizeit und Beruf
HK_C1_1	Arbeitsplatzsicherndes, zukunfts- und aufstiegsorientiertes Weiterbildungsmotiv
HK_C1_2	Sozial-reputatives Weiterbildungsmotiv
HK_C1_3	Auf Veränderung der Lebens- und Einkommenssituation zielendes Weiterbildungsmotiv
HK_C1_4	Kompetenzerweiterndes und selbstverwirklichungsorientiertes Weiterbildungsmotiv
HK_D8_1	Vorteile von präsenzorientiertem Lernen
HK_D8_2	Vorteile von E-Learning
HK_F9_1	Vorteile des Lernens in Gruppen aus der Nutzerperspektive von E-Learnern
HK_H5_1	Mangelnde Kompatibilität der Lern- und Systemsoftware zwischen Anbieter und Anwender (Programmfehler, unvereinbare Systemeinstellungen, mangelnde Ansprechbarkeit und unvollständiger E-Mail-Verkehr)
HK_H5_2	Instabilität der computervermittelten Kommunikationsverbindung während des Lernprozesses
HK_H5_3	Probleme beim Einloggen, Anwenden und Starten der virtuellen Lernumgebung
HK_H6_1	Kooperations- und Kommunikationsmöglichkeiten mit anderen TeilnehmerInnen oder TutorInnen innerhalb der Lernumgebung
HK_H6_2	Benutzerfreundlichkeit sowie Spielraum für Eingriffsmöglichkeiten innerhalb der Lernumgebung
HK_H6_3	Multiperspektivität und -modalität der Lernumgebung
HK_H6_4	Sachorientierte und angemessene didaktische Strukturierung der Lernumgebung
HK_H6_5	Tutorieller Support und Feedback innerhalb der Lernumgebung
HK_H6_6	Kontrollmöglichkeiten des eigenen Lernerfolgs
HK_H6_7	Aktualität und Praxisnähe der Lerninhalte
HK_I1_1	Persönliche und berufliche Vorteile auf Grund der Teilnahme an einer computer- bzw. internetbasierten Weiterbildungsmaßnahme
HK_I3_1	Soziale und beruflich-fachliche Kompetenz
HK_I3_2	Befriedigung individueller Ansprüche und Wertmaßstäbe
HK_I4_1	Selbstbestimmtes Lernen
HK_I4_2	Intrinsisch motiviertes, zwangfreies Lernen
HK_I4_3	Didaktisch angeleitetes, feedbackorientiertes Lernen
HK_I4_4	Vermittelbares, realitätsnahes Lernen
HK_I4_5	Anonymes, eigenkontrolliertes Lernen

10.14 Erläuterung der statistischen Kennziffern in den Tabellen zur binär-logistischen Regression

Dieser Anhang erklärt knapp die in der Darstellung der Ergebnisse vorkommenden statistischen Kennziffern. Die Reihenfolge der Darstellung folgt der Reihenfolge, in der diese Koeffizienten in den entsprechenden Tabellen (auch in den hier zur Erläuterung aufgeführten Tab. 5.2.3.1.1.2 und 5.2.3.1.2.5) auftreten.

Regressionskoeffizient B: Ist der Koeffizient, aus dem sich – unter zusätzlicher Heranziehung des Konstantenwertes (s.u.) – die Wahrscheinlichkeit berechnet, mit der ein Merkmalsträger dem in Frage stehenden Cluster angehört bzw. nicht angehört (Beispiel: Größe der Wahrscheinlichkeit, mit der ein E-Learner, der hinsichtlich seiner beruflichen Stellung der Gruppe der Selbstständigen zuzurechnen ist, dem Cluster der »Selbstbestimmten medienaffinen E-Learner« [s. z.B. Tab. 5.2.3.1.1.2, S. 243] angehört).

Bei dem Regressionskoeffizienten handelt es sich um einen logarithmierten Wert, der sich nicht anschaulich als Wahrscheinlichkeitswert interpretieren lässt. Allerdings gibt dieser Koeffizient über sein Vorzeichen und über seine betragsmäßige Größe Auskunft darüber, ob die Chance der Clusterzugehörigkeit für einen gegebenen Merkmalsträger kleiner oder größer 1 (z.B. »1 zu 2« oder »2 zu 1«) ist.

Ein positives Koeffizientenvorzeichen lässt erkennen, dass das Vorliegen eines gegebenen Merkmals (wie im obigen Beispiel) die Wahrscheinlichkeit der Clusterzugehörigkeit erhöht; ein negatives Vorzeichen bedeutet demgegenüber, dass das Nicht-Vorliegen eines Merkmals – etwa *keine* bereits vorhandene E-Learning-Erfahrung – die Wahrscheinlichkeit ihrer Zugehörigkeit zum Cluster der »Betrieblich delegierten, aber desinteressierten E-Learner« erhöht (vgl. z.B. Tab. 5.2.3.1.2.5).

Eine anschauliche Interpretation des Regressionskoeffizienten als Wahrscheinlichkeitsmaß ist über dessen Antilogarithmus (exp(B), s.u.) möglich.

Standardfehler: Es handelt sich hierbei um den Standardfehler des Schätzers für den Regressionskoeffizienten. Je größer der Standardfehler des Regressionskoeffizienten ausfällt, desto ungenauer ist dessen Schätzung und desto geringer ist die für ihn ermittelte Signifikanz.

Wald-Statistik: Sie dient als statistische Prüfgröße zur Beantwortung der Frage, wie weit die Berücksichtigung einer gegebenen Effektgröße in einem statistischen Modell die Vorhersagekraft des Modells signifikant verbessert. Die Wald-Statistik berechnet sich aus dem quadrierten Verhältnis von Regressionskoeffizient und Standardfehler, z.B. für die Selbstständigen unter den E-Learnern ein Wert von $(1{,}425/0{,}611)^2 = 5{,}439$. Die geringe Differenz zum Tabellenwert (5,646) in der Nachkommastelle ergibt sich daraus, dass SPSS mit wesentlich mehr Stellen nach dem Komma rechnet, als der Ausdruck wiedergibt, auf den wir uns bei der Berechnung stützen müssen. Sie ist gemeinsam mit den Freiheitsgraden (s.u.) Grundlage für die Berechnung der Signifikanz (s.u.) eines Zusammenhangs.

Freiheitsgrade (df): Die Zahl der sog. Freiheitsgrade bezieht sich auf die Anzahl der variablen Ausprägungen einer unabhängigen Effektgröße. Da es sich bei der Zugehörigkeit zu einem beruflichen Status um dichotome Effektgrößen mit jeweils zwei Ausprägungen (z.B. zugehörig vs. nicht zugehörig zurGruppe der Selbstständigen) handelt, beträgt die Anzhal der in diesem Fall variablen Ausprägungen (2-1) eins.

Sig. [Signifikanz]: Bezeichnet die statistische Wahrscheinlichkeit, mit der die Annahme einer Einflussbeziehung zwischen zwei Untersuchungsgrößen irrtümlicherweise zustande kommt (bzw. mit der die Annahme einer Nichtbeziehung zwischen zwei Untersuchungsgrößen irrtümlicherweise zurückgewiesen wird). So besagt – bezogen auf Tab. 5.2.3.1.1.2, S. (S. 243) – der Signifikanzwert von 0,017 für die Selbstständigen unter den E-Learnern, dass die Annahme eines positiven Zusammenhangs zwischen der Zugehörigkeit zum beruflichen Status der Selbstständigen und der Zugehörigkeit zum Clustertyp der »Selbstbestimmten medienaffinen E-Learner« mit einer Irrtumswahrscheinlichkeit von 0,017 * 100 = 1,7% verbunden ist.

Auf Grundlage der Irrtumswahrscheinlichkeit wird entschieden, ob die Annahme des statistischen Einflusses einer Effektgröße auf eine abhängige Variable – in unserem Fall die Clusterzugehörigkeit – angenommen oder verworfen wird. Entscheidungsgrundlage ist dabei das vorher festgelegte Signifikanzniveau. Im Rahmen unserer Untersuchung haben wir uns dazu entschieden, Einflussbeziehungen bis hin zu einer Irrtumswahrscheinlichkeit von 5 Prozent (p=0,05) als statistisch signifikant anzuerkennen. Der Zugehörigkeit zur beruflichen Statusgruppe der Selbstständigen kann damit ein statistisch signifikanter Einfluss auf die Zugehörigkeit zum obigen Clustertyp zugeschrieben werden.

Effektgrößen mit Irrtumswahrscheinlichkeiten von 5 bis 10 Prozent ($0,05 < p \leq 0,10$) wurde im Weiteren der Status einer *statistisch signifikanten Tendenz* zuerkannt. Lag die Irrtumswahrscheinlichkeit hingegen über dem Schwellenwert von 10 Prozent ($p > 0,10$), wurde die Annahme des statistischen Einflusses einer gegebenen Effektgröße als nicht signifikant zurückgewiesen.

Exp(B): Bezeichnung für den Antilogarithmus des Regressionskoeffizienten B, der eine anschauliche Interpretation dieses Koeffizienten erlaubt. Der exp(B)-Wert kann zwischen 0 und $+\infty$ variieren. Werte über 1 entsprechen dabei einem Regressionskoeffizienten mit positivem Vorzeichen, Werte unter 1 einem Regressionskoeffizienten mit negativem Vorzeichen. Exp(B)-Werte größer als 1 können – bezogen auf den zugrunde liegenden Effekt – direkt interpretiert werden: So zeigt sich etwa der exp(B)-Wert von 4,271 für die Selbstständigen (vgl. Tab. 5.2.3.1.1.2) an, dass die statistische Chance bzw. das Wahrscheinlichkeitsverhältnis, dass die Angehörigen dieser beruflichen Statusgruppe dem Cluster der »Selbstbestimmten medienaffinen E-Learner« angehören, relativ zu der entsprechenden Chance von *Nicht*-Angehörigen dieser Gruppe 4,271:1 beträgt. Zur Interpretation von exp(B)-Werten unter 1 wird demgegenüber der Kehrwert des Antilogarithmus herangezogen. So besagt – bezogen auf Tab. 5.2.3.1.2.5 – der exp(B)-Wert von 0,419 für die E-Learner mit 400 und mehr Stunden bereits gmachter E-Learning-Erfahrung auf der Grundlage seines Kehrwertes, dass die Chance, im Cluster der »Betrieblich delegierten, aber desinteressierten E-Learner« vertreten zu sein, für *Nicht*-Angehörige dieser bereits E-Lerning-Erfahrenen 2,39-mal so groß ist wie für die Angehörigen dieser Gruppe mit einer bereits vorhandenen E-Learning-Erfahrung von 400 und mehr Stunden (1/0,419=2,39).

Konstante: Bezeichnet im Rahmen der hier dokumentierten Analysen eine Grundwahrscheinlichkeit, mit der die Befragten der Untersuchungsstichprobe bei Ausblendung zusätzlicher Informationen über die im Modell berücksichtigten Merkmalsunterschiede einem Cluster zugeordnet werden. Bezogen auf Tab. 5.2.3.1.2.5 ließe sich entsprechend formulieren, dass die Chance, mit der Angehörige der Untersuchungsstichprobe – ohne weitere Kenntnis über ihre zurückliegenden E-Learning-Erfahrungen sowie alle anderen in dieser Tabelle aufgeführten Merkmalseigenschaften – dem Cluster der »Betrieblich delegierten, aber desinteressierten E-Learner« dem exp(B)-Wert zufolge 1,043-mal so groß ist wie die Chance, dass sie *nicht* diesem Clustertyp zugeordnet werden.

Die Konstante der logistischen Regression ist verfahrenstechnisch erforderlich, um für einen einzelnen Probanden mit einer konkreten Merkmalskombination die Wahrscheinlichkeit der Clusterzugehörigkeit zu ermitteln. Für die Interpretation der Einzeleffekte ist sie im Kontext der von uns durchgeführten Analysen ohne Belang.

Nagelkerke's R^2: Bestimmtheitsmaß, das den Anteil der durch die logistische Regression erklärten Varianz angibt. Der Wert dieses Bestimmtheitsmaßes kann zwischen 0 und 1 variieren. Ein R^2-Wert von 0,079 gibt in Bezug auf Tab. 5.2.3.1.2.2 an, dass durch das gegebene statistische Modell insgesamt 7,9 Prozent der Varianz der Verteilung der abhängigen Variablen – in unserem Beispiel: die Zugehörigkeit zum Cluster der »Betrieblich delegierten, aber desinteressierten E-Learner« – erklärt werden können. Je höher Nagelkerke's R^2 für ein gegebenes statistisches Modell ausfällt, desto größer ist die Anpassungsgüte des Modells an die Ausgangsdaten.

10.15 Exemplarische Axiale Kodierschemata

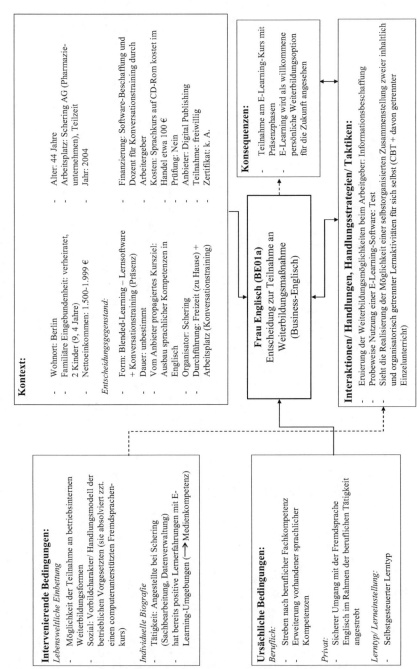

Abbildung 10.15.1: Entscheidung zur Teilnahme an einer Weiterbildungsmaßnahme, Fall BE01a

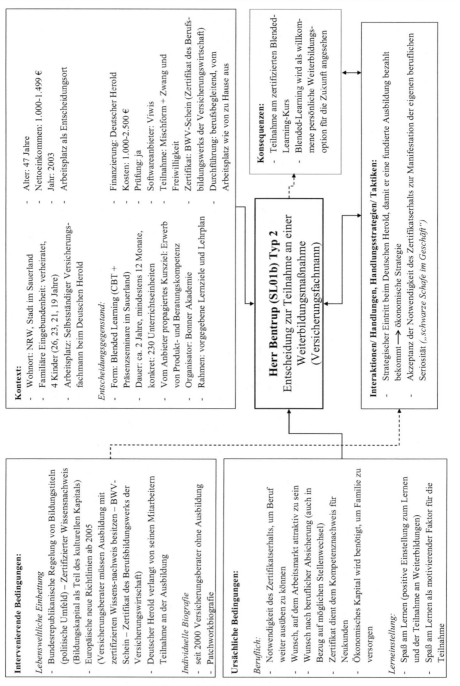

Abbildung 10.15.2: Entscheidung zur Teilnahme an einer Weiterbildungsmaßnahme, Fall SL01b

10.15 Exemplarische Axiale Kodierschemata

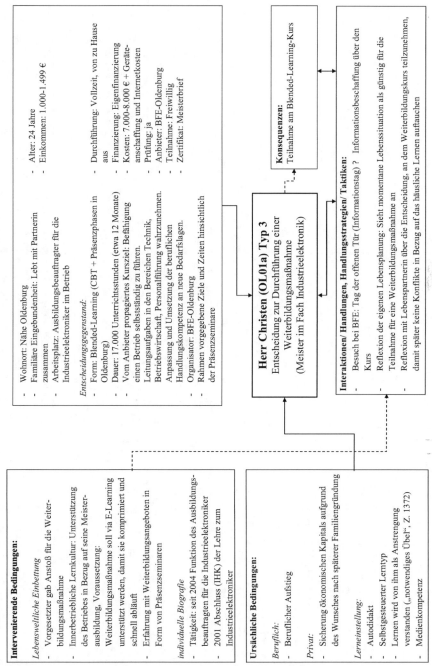

Abbildung 10.15.3: Entscheidung zur Teilnahme an einer Weiterbildungsmaßnahme, Fall OL01a

K. P. Treumann/ M. Arens/ S. Ganguin: DFG-Projekt BEQS: Grounded Theory
Phänomen: Entscheidung zur Teilnahme an einer Weiterbildungsmaßnahme/ Quelle: Herr Andres, ST03b, 297-298, Fallstudie, MAXqda

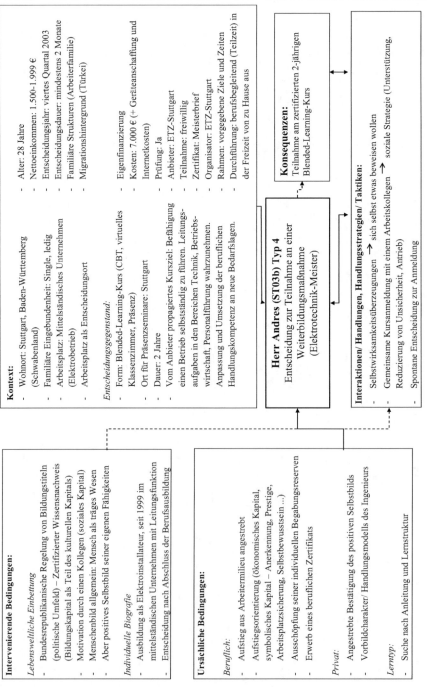

Abbildung 10.15.4: Entscheidung zur Teilnahme an einer Weiterbildungsmaßnahme, Fall ST03b

10.15 Exemplarische Axiale Kodierschemata

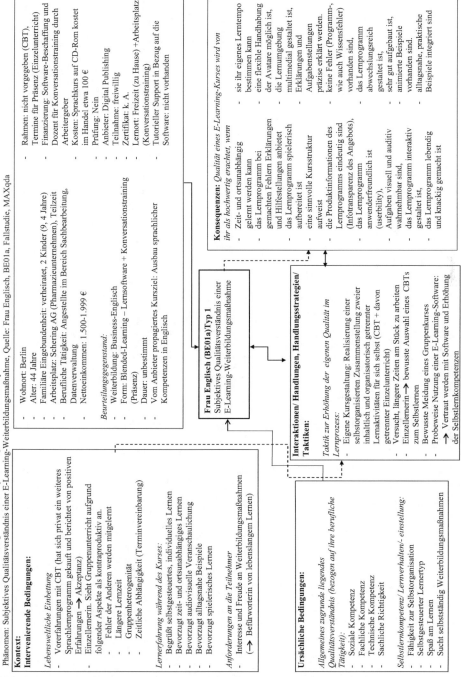

Abbildung 10.15.5: Subjektbezogenes Qualitätsverständnis einer E-Learning-Maßnahme, Fall BE01

K.P. Treumann/ M. Arens/ S. Ganguin: DFG-Projekt BEQS: Grounded Theory
Phänomen: Subjektives Qualitätsverständnis einer Blended-Learning-Weiterbildungsmaßnahme, Quelle: Herr Bentrup, SL01b, Fallstudie, MAXqda

Intervenierende Bedingungen:

Lernerfahrung während des Kurses:
- Benötigt die praktische Umsetzung/ konkrete Erfahrung des Gelernten
- Lerninhalt muss sich an Wirklichkeit orientieren
- Benötigt praktische Beispiele → Favorisiert konstruktivistischen Ansatz des situierten Lernens
- Benötigt Reflexion des Gelernten mit anderen Mitlernenden über den Lerngegenstand
- Favorisiert Neue Medien im Lernprozess
- Benötigt audiovisuelle Veranschaulichung im Lernprozess
- Bevorzugt zeit- und ortsunabhängiges Lernen
- Bevorzugt nachts zu lernen
- Bevorzugt Interaktivität im Lernprozess
- Favorisiert aktiven Lernprozess
- Begrüßt Feedback und Hilfestellungen des Lernprogramms

Anforderungen an die Teilnehmer
- Akzeptanz gegenüber Neuen Medien zu Bildungszwecken
- Computer-Literacy (Medienkompetenz)
- Selbstdisziplin
- Selbstorganisation
- Autarkes Lernen
- Planung

Ursächliche Bedingungen:

Allgemeines zugrunde liegendes Qualitätsverständnis (bezogen auf ihre berufliche Tätigkeit):
- Fachliche Kompetenz
- Beratungskompetenz
- Ständige Erreichbarkeit
- Soziale Kompetenz
- Integrität
- Aktualität
- Menschlichkeit
- Schnelle Erledigung

Selbstlernkompetenz/ Lernverhalten/-einstellung:
- Befürworter von lebenslangem Lernen

- Wohnort: NRW, Stadt im Sauerland
- Alter: 47 Jahre
- Familiäre Eingebundenheit: verheiratet, 4 Kinder (26, 23, 21, 19 Jahre)
- Arbeitsplatz: Selbstständiger Versicherungsfachmann beim Deutscher Herold
- Berufliche Tätigkeit: Versicherungsfachmann
- Nettoeinkommen: 1.000-1.499€

Entscheidungsgegenstand:
- Weiterbildung: Versicherungsfachmann
- Form: Blended Learning (CBT +Präsenzseminare im Sauerland)
- Dauer: ca. 2 Jahre, mindestens 12 Monate, konkret: 230 Unterrichtseinheiten
- Vom Anbieter propagiertes Kursziel: Erwerb von Produkt- und Beratungskompetenz
- Organisator: Bonner Akademie

- Rahmen: vorgegebene Lernziele und Lehrplan
- Finanzierung: Deutscher Herold
- Kosten: 1.000-2.500 €
- Prüfung: ja
- Softwareanbieter: Viwis
- Teilnahme: Mischform + Zwang und Freiwilligkeit
- Zertifikat: BWV-Schein (Zertifikat des Berufsbildungswerks der Versicherungswirtschaft)
- Lernort: berufsbegleitend vom Arbeitsplatz wie von zu Hause aus
- Tutorieller Support: vorhanden

Herr Bentrup (SL01b) Typ 2
Subjektives Qualitätsverständnis einer Blended-Learning-Weiterbildungsmaßnahme

Interaktionen/ Handlungen, Handlungsstrategien/ Taktiken:

Taktik zur Erhöhung der Qualität der WB-Maßnahme:
- Sucht Kontakt zur Gruppe (allerdings nur geringes Feedback → Resignation
- Macht Verbesserungsvorschläge an Dozenten
- Schlägt Organisator/ Dozent Methode des Gruppenlernens vor
- Kritisiert unzureichenden Medieneinsatz bei Präsenzseminaren

Konsequenzen: *Qualität eines Blended-Learning-Kurses*

Kursaufbau als qualitativ hochwertig, wenn
- sinnvolle Verknüpfung zwischen den computerunterstützten Selbstlernphasen und Präsenzseminaren stattfindet.

Präsenzseminare als qualitativ hochwertig, wenn
- sie dem Kennen lernen anderer Kursteilnehmer dienen
- unterschiedliche Lernformen, z.B. Gruppenarbeit, angeboten werden,
- die Seminare abwechslungsreich durch Medieneinsatz gestaltet werden

Tutorielle Betreuung wir als qualitativ hochwertig erachtet, wenn
- eine schnelle Rückmeldung bei Fragen und Problemen erfolgt,
- ein motivierendes, ausführliches Feedback über den Lernerfolg gegeben wird,
- der Lernprozess kontrolliert wird.
- der Dozent strukturierte Unterlagen bereithält,
- der Dozent Kompetenz in Bezug auf Didaktik, Methodik und Gruppenführung mit bringt.

Die Lernumgebung wird von Herrn Bentrup als qualitativ hochwertig erachtet, wenn
- eine audiovisuelle Anschauung in Form von praktischen Beispiele gegeben ist,
- Lerninhalte medial abwechslungsreich und anschaulich präsentiert werden,
- sie interaktiv angelegt ist und auf Aktivität im Lernprozess hinausläuft,
- sie Feedback und Hilfestellung anbietet,
- sie übersichtlich, gut strukturiert und verständlich aufgebaut ist.

Abbildung 10.15.6: Subjektorientiertes Qualitätsverständnis einer E-Learning-Maßnahme, Fall SL01

10.15 Exemplarische Axiale Kodierschemata

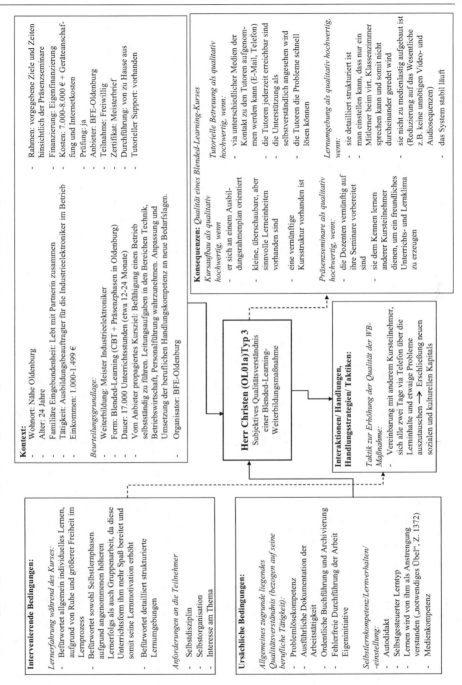

Abbildung 10.15.7: Subjektorientiertes Qualitätsverständnis einer E-Learning-Maßnahme, Fall OL01

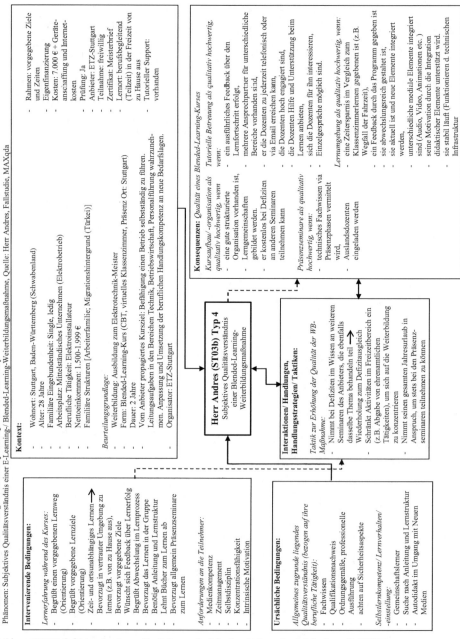

Abbildung 10.15.8: Subjektorientiertes Qualitätsverständnis einer E-Learning-Maßnahme, Fall ST03

10.15 Exemplarische Axiale Kodierschemata

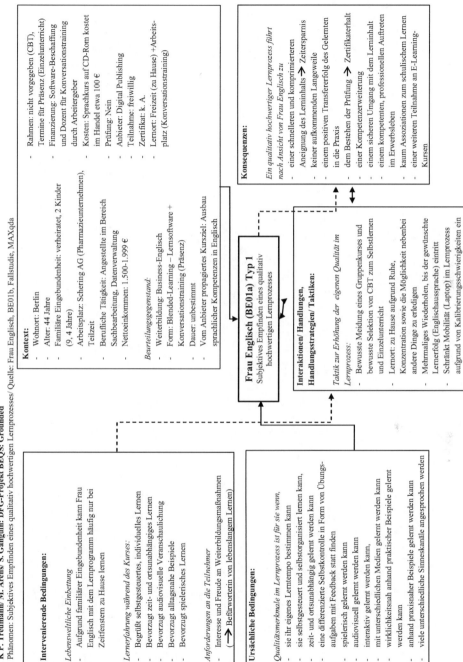

Abbildung 10.15.9: Qualitativ hochwertiger Lernprozess, Fall BE01a

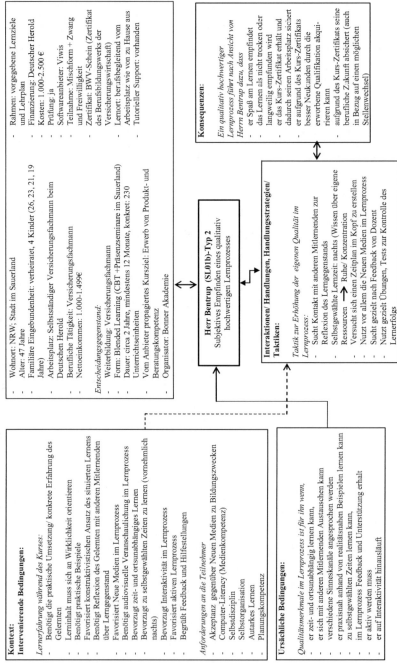

Abbildung 10.15.10: Qualitativ hochwertiger Lernprozess, Fall SL01b

10.15 Exemplarische Axiale Kodierschemata

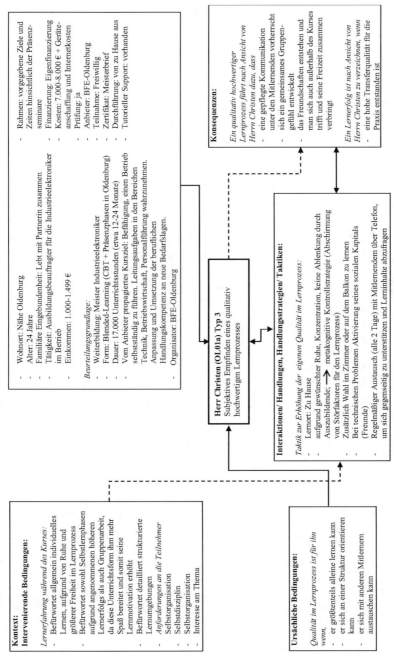

Abbildung 10.15.11: Qualitativ hochwertiger Lernprozess, Fall OL01a

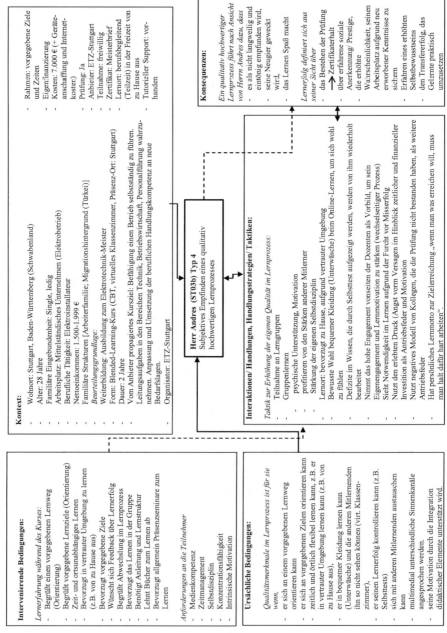

Abbildung 10.15.12: Qualitativ hochwertiger Lernprozess, Fall ST03b

Autorenverzeichnis

Klaus Peter **Treumann**, Dr. phil.
emerit. Professor an der Fakultät für Erziehungswissenschaft der Universität Bielefeld.
Arbeitsschwerpunkte: Qualitative und quantitative Forschungsmethoden einschließlich deren Kombination (Triangulation), Empirische Medienforschung, E-Learning, Kindheits- und Jugendforschung.
E-Mail: klaus.treumann@uni-bielefeld.de.

Sonja **Ganguin**, Dr. phil.
Wissenschaftliche Mitarbeiterin im DFG-Projekt »E-Learning in der beruflichen Bildung«; zzt. Wissenschaftliche Mitarbeiterin an der Universität Paderborn im Lehrbereich Medienpädagogik und empirische Medienforschung.
Arbeitsschwerpunkte: Computerspiele, Serious Games, Mobile Learning, Medienkritik, E-Learning.
E-Mail: sonja.ganguin@uni-paderborn.de

Markus **Arens**, Dipl.-Päd.
Wissenschaftlicher Mitarbeiter im DFG-Projekt »E-Learning in der beruflichen Bildung«; zzt. Wissenschaftlicher Mitarbeiter im Landesamt für Ausbildung, Fortbildung und Personalangelegenheiten der Polizei NRW.
Arbeitsschwerpunkte: E-Learning in der Aus- und Fortbildung, Qualitätssicherung, Didaktik.
E-Mail: markus_arens@web.de.

VS Forschung | VS Research
Neu im Programm Erziehungswissenschaft

Gabi Elverich
Demokratische Schulentwicklung
Potenziale und Grenzen einer Handlungsstrategie gegen Rechtsextremismus
2011. 448 S. Br. EUR 39,95
ISBN 978-3-531-17858-5

Marcel Klaas / Alexandra Flügel / Rebecca Hoffmann / Bernadette Bernasconi (Hrsg.)
Kinderkultur(en)
2011. 329 S. Br. EUR 34,95
ISBN 978-3-531-16468-7

Sabine Klomfaß
Hochschulzugang und Bologna-Prozess
Bildungsreform am Übergang von der Universität zum Gymnasium
2011. 360 S. Br. EUR 39,95
ISBN 978-3-531-18127-1

Andreas Knoke / Anja Durdel (Hrsg.)
Steuerung im Bildungswesen
Zur Zusammenarbeit von Ministerien, Schulaufsicht und Schulleitungen
2011. 166 S. Br. EUR 24,95
ISBN 978-3-531-17888-2

Alexander Lahner
Bildung und Aufklärung nach PISA
Theorie und Praxis außerschulischer politischer Jugendbildung
2011. 363 S. Br. EUR 49,95
ISBN 978-3-531-18041-0

Andrea Óhidy
Der erziehungswissenschaftliche Lifelong Learning-Diskurs
Rezeption der europäischen Reformdiskussion in Deutschland und Ungarn
2011. 239 S. (Studien zur international vergleichenden Erziehungswissenschaft. Schwerpunkt Europa – Studies in International Comparative Educational Science. Focus: Europe) Br. EUR 39,95
ISBN 978-3-531-18113-4

Victor Tiberius
Hochschuldidaktik der Zukunftsforschung
2011. 371 S. Br. EUR 49,95
ISBN 978-3-531-18124-0

Erhältlich im Buchhandel oder beim Verlag.
Änderungen vorbehalten. Stand: Juli 2011.

www.vs-verlag.de

Abraham-Lincoln-Straße 46
65189 Wiesbaden
tel +49 (0)6221.345 - 4301
fax +49 (0)6221.345 - 4229